湘潭县年鉴

XIANG TAN XIAN NIAN JIAN

2020

（总第24期）

湘 潭 县 人 民 政 府　主办

湘潭县年鉴编纂委员会　编

方志出版社
Publishing House of Local Records

图书在版编目(CIP)数据

湘潭县年鉴. 2020 / 湘潭县年鉴编纂委员会编. --北京:方志出版社, 2020.12

ISBN 978-7-5144-4712-5

Ⅰ. ①湘…　Ⅱ. ①湘…　Ⅲ. ①湘潭县-2020-年鉴　Ⅳ. ①Z526.44

中国版本图书馆CIP数据核字(2021)第004444号

湘潭县年鉴(2020)

编　　者:湘潭县年鉴编纂委员会
责任编辑:齐　笑

出 版 者:方志出版社
地址　北京市朝阳区潘家园东里9号(国家方志馆4层)
邮编　100021
网址　http://www.zgfzcb.cn
发　　行:方志出版社图书经销中心
电话(010)67110500
经　　销:各地新华书店
印　　刷:湘潭市沁园春印刷中心

开　　本:889×1194mm　1/16
印　　张:21.75
字　　数:754千字
版　　次:2020年12月第1版　2020年12月第1次印刷
印　　数:0001~1000册

ISBN 978-7-5144-4712-5　　定　价:200.00元

《湘潭县年鉴》编纂委员会

《湘潭县年鉴》编辑部

编辑说明

一、《湘潭县年鉴(2020)》坚持以马克思列宁主义、毛泽东思想、邓小平理论、“三个代表”重要思想、科学发展观、习近平新时代中国特色社会主义思想为指导,坚持辩证唯物主义和历史唯物主义的立场、观点和方法。记述2019年湘潭县自然、政治、经济、文化、社会和生态文明建设等方面的基本情况,为各级政府和部门决策提供依据,为社会各界了解和研究湘潭县提供基本信息资料;为续修《湘潭县志》积累史料。

二、本年鉴为中编结构,分“类目”“分目”“条目”三个层次。部分涉及面较广的“分目”下增设“副分目”。全书共30个类目。其中,卷首设图片专辑、特载、大事记、湘潭县概况4个类目;百科设中国共产党湘潭县委员会、湘潭县人民代表大会、湘潭县人民政府、政协湘潭县委员会、民主党派、人民团体、法治、军事、经济管理与监督、建设·环保、重点工程建设·园区建设、农业、工业、交通·邮政·通信、贸易·旅游、财政·税务、金融·证券·保险、教育·科技、文化·体育·传媒、卫生医疗·计划生育、社会生活、乡镇、人物·荣誉录、统计资料24个类目;卷末设附录、索引2个类目。除综合性类目分别置于首尾外,其余各类目按自然、政治、经济、文化、社会的顺序,依次排列。

三、为减少层次,避免交叉重复,《湘潭县年鉴》多数“类目”下不设“概述”,仅在“分目”或“副分目”下设“概况”作为第一条目,以对部门、单位期内情况进行综合性或概括性记述。

四、数字用法、标点符号、计量单位分别执行国家标准《出版物上数字用法》(GB/T15835-2011)、《标点符号用法》(GB/T15834-2011)、《国际单位制及其应用》(GB3100-1993)和《有关量、单位、符号的一般原则》(GB3101-1993)。考虑到社会使用习惯,全书中亩不统一换算。

五、本年鉴所载信息资料均由各部门、单位专人撰写,并经领导审阅,文中所用统计数据均由供稿单位审核。照片只注明供稿单位和作者,撰稿人随文署名,以示尊重其劳动成果并文责自负。“统计资料”由县统计局提供,凡因统计口径、方法、时间不同造成与条目中数据不一致时,均以《湘潭县2019年国民经济和社会发展统计公报》发布的数据为准。组织机构和负责人名录以2019年12月在职的领导班子成员为准,由各单位提供,经县委组织部审定。

湘潭县行政区划图

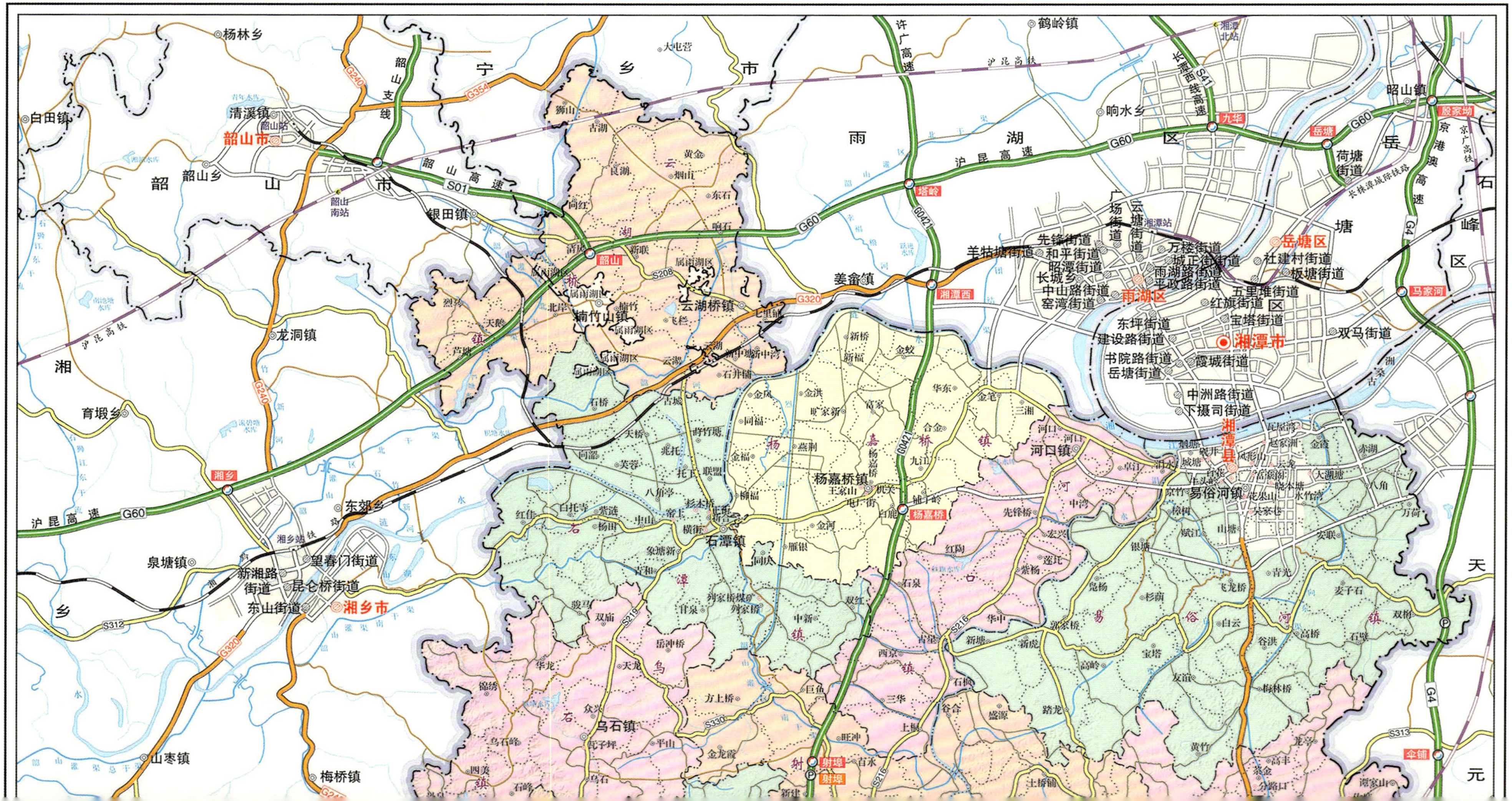

湘潭市
湘潭县
雨湖区
岳塘区
韶山市
湘乡市
易俗河镇
河口镇
杨嘉桥镇
石潭镇
乌石镇
花石镇
射埠镇
姜畬镇
云湖桥镇
楠竹山镇
银田镇
清溪镇
昭山镇
鹤岭镇
龙洞镇
东郊乡
泉塘镇
山枣镇
梅桥镇
白田镇
杨林乡
韶山乡
育塅乡
响水乡
双马街道
宝塔街道
霞城街道
中洲路街道
下摄司街道
东坪街道
建设路街道
书院路街道
岳塘街道
红旗街道
五里堆街道
社建村街道
板塘街道
荷塘街道
万楼街道
城正街道
雨湖路街道
平政路街道
先锋街道
和平街道
昭潭街道
长城乡
中山路街道
窑湾街道
羊牯塘街道
广场街道
云塘街道
望春门街道
新湘路街道
昆仑桥街道
东山街道
沪昆高速
京港澳高速
韶山高速
许广高速
长潭西线高速
沪昆高铁
韶山支线
G60
G4
G320
G240
G354
G0421
S01
S41
S208
S216
S218
S312
S313
S330
湘潭北站
湘潭站
韶山站
韶山南站
湘乡站
九华
岳塘
殷家坳
马家河
塔岭
湘潭西
杨嘉桥
射埠
伞铺
湘乡
韶山

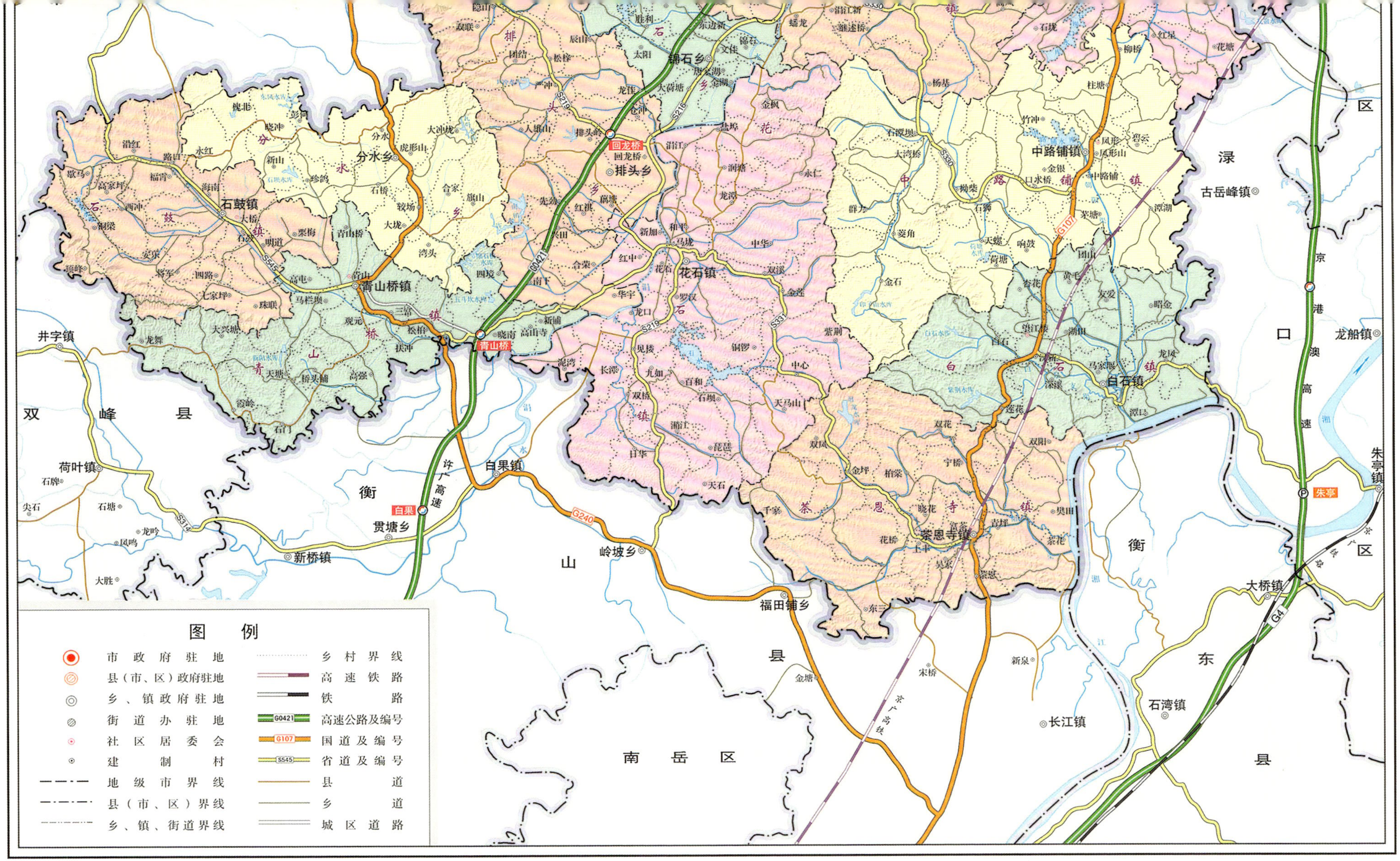

湖南省自然资源厅监制　　湖南地图出版社编制　　审图号：湘S（2019）107号

重要荣誉称号

★全国文明城市提名城市
★国家卫生县城
★全国投资潜力百强县
★中国湘莲之乡
★全国粮食生产先进县
★全国计划生育优质服务先进县
★全国科技进步先进县
★全国文化先进县
★全国返乡创业试点县
★全国绿化模范县
★全国健走示范县
★中国民间文化艺术之乡
★国家级出口湘莲质量安全示范区

★湖南省文明县城
★湖南省园林县城
★湖南省全面小康经济强县
★湖南省安全生产先进县
★湖南省粮食生产标兵县
★湖南省人口与计划生育工作优秀单位
★湖南省旅游强县

数字湘潭县2019

全县总面积	2140 平方千米
全县总人口	97.65 万人
全县生产总值	485.0亿元
其中：第一产业增加值	59.1亿元
第二产业增加值	259.0亿元
第三产业增加值	166.9 亿元
财政总收入	28.77亿元
规模以上工业企业增加值	197.4亿元
农林牧渔业总产值	102.0亿元
固定资产投资	226.4亿元
房地产开发投资	38.1亿元
社会消费品零售总额	106.3亿元
城镇居民人均可支配收入	37665元
农村居民人均可支配收入	20076元
城镇居民人均消费支出	21650元
农村居民人均消费支出	15833元

2月21日，副省长陈飞(前左二)到湘潭县调研工业经济、农业产业现代化和交通建设等工作

（左璆　摄）

3月26日下午，湖南省政协副主席贺安杰一行到湘潭就政协提案工作提质增效进行调研，并在湘潭县召开座谈会

（吴志勇　摄）

2月20日，湘潭市委书记、市人大常委会主任曹炯芳(右二)一行到湘潭县调研

(李思源　摄)

3月9日，市委副书记、代市长张迎春(前)率队到湘潭县调研经济社会发展情况

(李思源　摄)

7月24日，县委书记、天易经开区党工委书记傅国平（右四）深入经开区重点项目建设现场，调度重点项目建设工作

（何新闻　摄）

12月3日下午，县委副书记、县长段伟长（前左二）就"芙蓉学校"项目建设工作到石潭镇现场办公

（莫锦文　张学　摄）

湘潭县深化机构改革动员大会

湘潭县庆祝中华人民共和国成立70周年宣讲报告会

湘潭县“不忘初心 牢记使命”主题教育工作会议

（县融媒体中心　提供）

2月19日，湘潭县在白石文化广场隆重举行2019年"庆新春·闹元宵"欢乐嘉年华活动

（莫锦文　郭思斯　摄）

1月28日晚，"春到莲乡万家兴"2019年湘潭县百姓春节联欢晚会在县一中艺体馆举办

（罗建　莫锦文　摄）

2019年湘潭县第五届“K歌之王”竞选赛总决赛暨颁奖晚会

湘潭县庆祝中华人民共和国成立70周年歌咏比赛

（县融媒体中心　提供）

10月1日，中共湘潭县委、县人民政府举行庄严的升国旗仪式，高唱国歌，礼赞祖国

（郭思斯　摄）

2019年湘潭县欢送新兵入伍仪式

（周铁东　摄）

3月11日，湘潭县县直机关涉改单位集中挂牌

中共湘潭县委党史研究室
湘潭县地方志编纂室

湘潭县优化人居环境事务中心

湘潭县水利局

湘潭县退役军人事务局

湘潭县现行文件服务中心

湘潭县融媒体中心

（县融媒体中心　提供）

9月30日，湘潭县在晓霞山森林公园烈士纪念广场举行纪念日公祭活动

（彭圆　摄）

10月22日，湘潭市人民政府市长张迎春（前右二）考察“皇爷槟榔”

（周铁东　摄）

3月29日，湘潭县人民政府与湖南省农业信贷融资担保有限公司合作签约仪式暨农担业务推广会举行

（何新闻　摄）

9月17日，湖南巨丰舜发农业装备股份有限公司与美国消费资本集团签约仪式暨新闻发布会在华都大酒店举行

（杨建　摄）

8月16日，广州酒家集团利口福（湘潭）食品有限公司（广州酒家集团利口福湘潭生产基地）正式投产

（莫锦文　摄）

12月10日，湘潭生活垃圾焚烧发电项目开工建设

（莫锦文　杨建　摄）

3月30日，碧泉潭现代农业示范园举办企业落户签约、奠基仪式

（杨建　彭洁　摄）

8月29日，天易经开区与株洲三龙特种精密铸造有限公司等4个项目集中签约仪式举行

（彭洁　摄）

1月30日，湘潭县人民政府与湘潭钢铁集团有限公司战略合作协议暨金属资源综合利用项目签约仪式举行

（李思源　摄）

湘潭县涉农股改挂牌企业座谈会暨资本市场对接会　　（何新闻　摄）

湘潭县发展工业新兴优势产业链工作调度会　　（郭思斯　摄）

天易经开区重点建设项目调度会　　（张学　摄）

湘潭县脱贫攻坚工作推进会

湘潭县深化"放管服"改革优化营商环境推进会

湘潭县项目建设暨五大竞赛推进会

（县融媒体中心　提供）

湘潭县5G暨智慧城市建设工作调度会

（县融媒体中心　提供）

湘潭县·湘潭天易经开区重大产业项目集中开工、竣工（投产）暨湖南胖哥耀晨总部新生产基地开工仪式

湘潭县2019年“五一”劳模（工匠）座谈会

（县融媒体中心　提供）

4月19日，湘潭县2019年手工制茶技能竞赛举行

（杨建　莫锦文　张学　摄）

4月30日上午，“青春心向党 建功新时代”湘潭县纪念五四运动100周年特别主题团日活动

（罗建 郭思斯 摄）

2月21日，中共湘潭市委常委、市委宣传部部长吴小月（右二）到湘潭县调研文化产业发展、融媒体中心建设和新时代文明实践中心建设情况

湘潭县文化产业发展、融媒体中心建设暨新时代文明实践中心建设调研汇报会

（县融媒体中心　提供）

5月22日，中共湘潭市委常委周晓理(前右)到湘潭县调研宣传思想文化工作

（莫锦文　李思源　摄）

7月24日，湘潭县国家级“非遗”代表性项目“青山唢呐”吹打乐《青山乡韵》受邀参加雅韵三湘——“红心向党”献礼新中国成立七十周年暨湘音·乡韵湖南原生态民族民间音乐会演出　（龙蓉　摄）

1月25日，乌石镇第二届“将军颂”文艺会演暨“文明家庭”系列表彰颁奖典礼举行

（郭思斯　摄）

3月30日，锦石乡第二届“花朝节”开幕

（杨建　摄）

“我和我的祖国”——莲城大合唱比赛在湘潭大学体育广场举行，湘潭县代表队演唱的《祖国颂》获一等奖

（龙蓉　摄）

“党建领航　公益百千万”2019年社会组织、迅达集团关爱湘潭县孤儿、贫困学生助学仪式举行

（李思源　摄）

9月6日，在“99公益日”来临之际，城投（湘潭）制水专项教育基金捐赠100万元，定向用于乌石镇彭德怀红军小学助学奖教、改善办学条件等公益项目上

（杨建　摄）

11月15日下午，足球球星欧文、埃德米尔森、萨维奥拉齐聚湘潭子敬学校，参加“2019年湖南（长沙）国际足球文化节之青少年足球公益嘉年华”活动 （莫锦文 摄）

6月25日，湘潭县2019年"欢乐潇湘·大美湘潭·莲乡大舞台"射埠镇、杨嘉桥镇专场举行

（张学　摄）

4月4日，湘潭县二中、彭德怀希望小学800余名师生代表在彭德怀墓前开展"缅怀革命先辈，弘扬彭总精神"清明祭扫主题活动

（杨建　左璆　摄）

2019中国农民丰收节体育健身活动启动仪式暨"幸福新农村"湘潭县首届农民趣味体育活动

（周铁东　摄）

1月21日上午，湘潭市2019年文化、科技、卫生“三下乡”集中示范活动在湘潭县花石镇启动

（张学　摄）

湘潭江声实验学校学生参加科普活动　（周铁东　摄）

湘潭县"三创一治"工作总结表彰暨2019年工作动员大会

▲湘潭县2019年创建全国文明城市网上资料申报工作业务培训会议

▲湘潭县"歌颂伟大祖国 展示文明风采"主题诵读活动

（县融媒体中心　提供）

◀湘潭县居民素质提升行动暨新时代文明实践中心建设工作推进会

▶湘潭县创建国家卫生县城迎接省级调研工作调度会议

◀湘潭县创建全国文明城市宣传工作调度会

▶湘潭县创建国家卫生县城省级调研反馈意见整改交办会议

（县融媒体中心　提供）

9月12日，湘潭县创建国家卫生县城技术评估工作汇报暨反馈会议

（莫锦文　何新闻　摄）

湘潭县庆祝新中国成立70周年“欢乐潇湘·大美湘潭·莲乡大舞台”全县群众文艺会演

（周铁东　摄）

湘潭县汽车站以崭新的面貌和优质的服务为创建文明城市助力 （彭洁　刘安荻　摄）

湘潭县2019年县直机关羽毛球混合团体赛 （张学　摄）

元宵节千人拔河比赛活动 （莫锦文　郭思斯　摄）

3月13日，湘潭县举行新时代文明实践中心揭牌暨“建功新时代·志愿服务见我行”主题志愿服务活动启动仪式

（莫锦文　摄）

10月10日下午，县委书记傅国平（前中）带队深入城区农贸市场、居民小区、主要路段等地，检查“创文”开展情况

（莫锦文　何新闻　摄）

文体公园一角　　（杨柳　摄）

“双拥”公园　　（周铁东　摄）

6月14日上午，湘潭县“相约红领巾　安全文明行”主题宣传活动在湘潭子敬学校举办

（县融媒体中心　提供）

◀湘潭市2019年全国科普日主场活动在江声实验学校举行

（周铁东　摄）

▶湘潭县2019年“万步有约”健走激励大赛启动仪式暨无偿献血活动

8月15日上午，县委书记傅国平（前右）带队开展“送清凉”活动，看望慰问高温酷暑下坚守工作岗位的一线职工

（王华　左球　摄）

“幸福新农村”湘潭县首届农民趣味体育活动

梅林桃花谷

春色茶花村

德怀大道

（周铁东　摄）

锦石碧泉潭

花石荷花基地

锦石赏荷花

（周铁东　摄）

乌石羊鹿茶场

隐山

五龙山大杰寺　（莫锦文　摄）

（周铁东　摄）

晓南涓水河

湘潭二大桥

沿江风光带天易江湾广场

（周铁东　摄）

县城亮化

沿江风光带夜景

湘江外滩

外滩夜色

（周铁东　摄）

①
② ③
④

①美丽乡村锦石
②中路铺柳桥现代农业园
③中路铺龙凤茶园
④射埠境内S61高速公路

（周铁东　摄）

目　录
CONTENTS

图片专辑
PICTURE COLLECTION

特　载
SPECIAL EDITION

大 事 记
THE CHRONICLE OF EVENTS

湘潭县概况
GENERAL SITUATION OF XIANGTAN COUNTY

中国共产党湘潭县委员会
THE COMMUNIST PARTY OF CHINA XIANGTAN COUNTY MUNICIPAL PARTY COMMITTEE

政协湘潭县委员会
XIANGTAN COUNTY COMMITTEE OF CPPCC

民主党派
DEMOCRATIC PARTY

人民团体
PEOPLE'S ORGANIZATIONS

法　治
RULE OF LAW

军　事
NATIONAL DEFENSE CONSTRUCTION

重点工程建设·园区建设
CONSTRUCTION OF KEY PROJECTS AND ECONOMIC DEVELOPMENT ZONE

农　业
AGRICULTURE

工 业
INDUSTRY

交通·邮政·通信
TRANSPORTATION, POST OFFICE AND COMMUNICATION

贸易·旅游
TRADE AND TOURISM

财政·税务
FINANCE AND TAXATION

银行·证券·保险
FINANCE,SEURITIES AND INSURANCE

教育·科技
EDUCATION,SCIENCE AND TECHNOLOGY

文化·体育·传媒
CULTURE,SPORTS AND MASS MEDIA

卫生医疗
HEALTH CARE

社会生活
SOCIAL LIFE

乡 镇
VILLAGES AND TOWNS

人物·荣誉录
FIGURES AND HONOR DIRECTORY

统计资料
STATISTICAL DATA

附 录
APPENDIX

索 引
INDEX

在县委经济工作会议上的讲话

中共湘潭县委书记 傅国平

（2020年1月10日）

这次县委经济工作会议的主要任务是，以习近平新时代中国特色社会主义思想为指导，深入贯彻党的十九大和十九届二中、三中、四中全会精神，认真落实中央、省委、市委经济工作会议精神，全面总结2019年经济工作，分析把握当前经济形势，安排部署2020年经济工作。下面，我讲三个方面的意见。

一、全面总结2019年经济发展成绩和经验

2019年，全县上下坚持以习近平新时代中国特色社会主义思想为指导，深入贯彻中央、省委、市委各项决策部署，顶住经济发展持续下行的巨大压力，坚持稳中求进工作总基调，扎实推进“三大攻坚战”，紧紧围绕挺进“全国百强县”、创建“全国文明城市”两大目标，深入实施“强工惠农”发展思路，全力以赴防风险、保稳定、抓改革、促发展，全县经济发展呈现稳中有进、进中向好的良好态势。成绩来之不易，这是市委市政府坚强领导、大力支持的结果，是全县广大干部群众埋头苦干、团结拼搏的结果。回顾过去一年的经济工作，主要有以下做法和成效值得总结：

1.着力推动两大目标，发展路径更加清晰。我们坚持用“两大核心目标”来引领人、号召人、凝聚人，切实保持定力、全力奋勇争先，成功夺取一个又一个阶段性的胜利。去年，我县成功进入全国县域经济与县域综合发展百强县，位列全国第91位，较上一年前进16位，实现湘潭市“全国百强县”零的突破。在全市率先成功创建“国家卫生城市”，在全国文明城市省级复检中保持领先，人民群众的支持率、参与率和满意度显著提高，创建全国文明城市的工作基础进一步夯实。文明创建的显著成效，为全县经济发展提供了良好的硬环境和强大的软实力。这些阶段性目标任务的圆满实现，有力证明县十二次党代会确定的发展战略和思路的前瞻性、科学性，有力地凝聚全县干部群众“心往一处想，劲往一处使”的强大共识和合力，有力提振了全县上下加快发展的信心和决心。

2.着力攻坚项目建设，发展速度更加稳健。我们牢牢扭住项目建设这个经济发展的“牛鼻子”，全力以赴扩大有效投资，大力开展“产业项目落地年”活动和项目建设“百日攻坚”，持续整治项目建设环境，深入开展项目护建行动。全年开工建设重点工程项目96个，完成投资120亿元。克服重重困难，确保湘潭生活垃圾焚烧发电项目顺利开工，五洲通二期、广州酒家利口福一期、柏屹产业园二期等12个产业项目建成投产，德怀大道、青山大道等基础设施项目建成通车，湘莲大道、莲花大道快速推进，有力地支撑全县经济的稳健向好发展。全年实现地区生产总值增长8.2%，全口径税收增长6.1%，规模工业增加值增长

9.1%，固定资产投资增长16%，社会消费品零售总额增长10.4%，高新技术产业产值增长8.7%。主要经济指标增幅均高于国、省、市平均水平，多项指标有望排名全市第一。

3.着力加快产业发展，发展动能更加充足。我们坚持把产业发展作为经济发展的主引擎，把园区作为经济发展的主阵地，全力推动优势主导产业做优做强，为加快发展注入了强劲动能。全力壮大"一区多园"，天易经开区技工贸收入稳定在千亿元以上，综合实力在全省省级以上园区排名第16位，较上一年度前进10位；乡镇工业园区完成规模工业总产值46.9亿元，园区的发展主阵地作用进一步凸显。全力推进招商引资，全年新引进项目92个，其中过亿元项目13个，500强企业投资项目5个，引进项目数量和质量再创新高。全力推进优势产业链建设，围绕食品医药产业引进微草生物科技等项目10个，围绕装备制造产业引进昭成科技等企业15家，围绕新材料产业引进中微新材料等企业12家，产业链本地配套水平持续提升。

4.着力强化创新引领，发展质效更加明显。我们坚持以科技创新为引领，不断推进研发"增投"、成果"破茧"，驱动发展质量变革、效率变革、动力变革。按照"入规、登高、上市"的产业发展路径，着力提高发展质效。大力发展高新技术产业，全年新增高新技术企业33家，再创历史新高。围绕主导产业，努力培育规模企业，全年新增规模工业企业28家，发展实力不断壮大。持续加大研发投入，全年研发经费投入占GDP比重达到4%，高出全省一倍以上；发明专利申请率大幅提升，居全市第一。持续调优税收结构，税收占财政总收入比重达到77%，收入质量明显改善。全力推动企业股改，完成16家优质企业股改挂牌。扎实开展工作创新竞赛，全年形成各类创新成果98项，其中国家级成果8项、省级成果50项。

5.着力实施三大攻坚，发展基础更加牢靠。我们坚持把打好打赢三大攻坚战作为重大政治任务来抓，始终保持定力、精准发力，着力补短板、强弱项，为决胜全面建成小康社会奠定了坚实的基础。积极应对债务压力，强化财政运行调度，多渠道推动债务平滑，成功争取化债资金42.04亿元，压减政府性投资11.64亿元，减少一般性支出1.1亿元，顺利完成年度化债任务。以打翻身仗的决心全力推进脱贫攻坚，实行"一周一调度、一月一通报、一季一考核"的工作机制，全面夯实脱贫攻坚工作基础，全年实现稳定脱贫2380人，贫困发生率下降至0.22%，全面完成年度脱贫任务。为推动贫困户持续稳定脱贫，大力实施扶贫车间、扶贫农场、"一亩田脱贫"等产业扶贫模式，积极由全面脱贫向乡村振兴过渡。着力打好蓝天、碧水、净土保卫战，加大环境监管执法力度，全年开展环境执法1200余人次，查处各类环境违法行为46起，督促整改违法排污企业22家，取缔关停2家，落后产能淘汰退出和产业转型升级步伐明显加快。

6.着力深化改革开放，发展环境更加优良。我们坚持以企业需求为导向，以"放管服"改革为抓手，着力营造稳定、公平、透明、可预期的营商环境。全面落实园区"见章盖章、见章换文"的授权审批模式，大大提高园区的行政审批效率。全面推行"一件事一次办"，取消不必要证明和环节，进一步压缩"三证"办理时限，企业开办时间压缩至2个工作日，工程建设项目审批压缩至30个工作日。高度关注民营经济的发展，召开全县民营经济发展大会，出台促进民营经济高质量发展的系列政策措施，民营经济发展环境进一步优化。坚决落实国家减税降费政策，全年减免各类税费3.15亿元，企业获得感明显提升。结合扫黑除恶行动净化经济生态，推进"双随机、一公开"，夯实社会信用基础，营造诚实守信、合法经营的法治环境，为投资兴业创造良好环境。

二、科学研判今年经济发展形势

习近平总书记反复强调，领导干部要胸怀两个大局，一个是中华民族伟大复兴的战略全局，一个是世界百年未有之大变局，这是我们谋划工作的基本出发点。越是面对经济下行的压力和挑战，越要保持定力，按照中央、省委、市委确定的方向，确保各项工作始终沿着正确的道路前进；越是面对债务风险和发展压力的双重挤压，越要解放思想，锐意进取，以"踏平坎坷成大道"的坚定信心推动工作；越是面对改革发展稳定多重任务叠加，越要凝心聚力，心无旁骛地朝着既定目标奋勇向前。我们要善于从大势、大局着眼，善于发现和把握来自各个层面的发展机遇和积极因素，做到顺势而为、乘势而上。

1.国际环境复杂严峻、危机并存。当前，世界经济仍处在国际金融危机后深度调整期，同时由于西方资本主义国家制度基本矛盾激化，民粹主义、单边主义盛行，导致国际贸易摩擦愈演愈烈，绝大多数地区经济增长持续放缓。尽管中美第一阶段经贸协议已经达成，但美国全方位遏制打压我国发展的图谋不会改变，中美经贸摩擦的长期性、复杂性、反复性不会改变，给经济发展带来的不确定性影响将长期存在。但危机挑战处置得当就会转化为发展机遇。在国际合作受阻的困境中，为国内合作创造了新的机遇，比如受中美贸易战影响，美国代工厂伟创力与华为停止合作，大量订单被比亚迪接手，这就是危机转换的成果。我们要坚持用辩证思维看待形势发展变化，保持战略定力、强化战略思维，善于把外部压力转化为改革创新、加快发展的强大动力，力争在危机转化中抢得先机、赢得主动。

2.国内形势稳中向好、长期向好。我国经济由高速增长阶段转入高质量发展阶段，传统的经济增长动力明显不足以推动经济持续发展，经济结构性减速明显，下行压力将进一步凸显。但我国作为"世界工厂"和"世界市场"，经济发展具有巨大的韧性、潜力和回旋余地。特别是今年国家宏观政策逆周期调节力度加大，积极的财政政策大力提质增效，巩固拓展减税降费、增加发行专项债券、优化财政支出结构等政策将会叠加发力；稳健的货币政策灵活适度，降息降准空间加大，制造业中长期融资将增加，社会融资成本有望降低等等，这一系列政策工具都将有力地促进经济发展。因此，我国经济稳中向好、长期向好的基本趋势没有根本改变。我们要切实加强对宏观政策的研究和运用，把更多的政策利好转化为支持实体经济发展的具体成效，不断夯实我们的经济基础。

3.中部地区加快崛起、势头强劲。近年来，中部地区保持强劲发展态势，GDP增速持续领跑全国，地区经济总量在全国的占比达到21%。随着国际和沿海地区产业加快转移、国家促进中部地区崛起战略加速实施，中部地区在区域板块中的地位更加凸显。作为中部地区的重要省份，我省主要经济指标均高于全国平均水平，特别是投资、规模工业、出口增速等重点指标在全国排名第一，呈现出量质齐升的良好态势。同时省委经济工作会议明确，要大力推动长株潭智能制造发展，打造先进制造业集群；加快长株潭城市群一体化发展，努力打造高质量发展的示范区、基本实现现代化建设的先行区、区域一体化发展的样板区；要研究出台促进县域经济高质量发展的政策措施等等。无论是中部地区发展的强劲态势，还是长株潭一体化定位的明确、省委对县域经济发展的聚焦，都将给我县实体经济的发展壮大、传统产业的转型升级、城乡建设的提档提标产生积极的影响。我们要坚定信心、抢抓机遇，着力在补短板、强弱项、扬优势上寻求突破、取得实效，乘势而上加快县域经济发展。

4.市级战略聚焦县域、机遇空前。在刚刚召开的市委经济工作会和全市人大政协“两会”上，明确提出，要深入实施“湘潭向北、西拓南延”发展战略，要着力发展县域经济，下决心突破莲花大道、西二环的建设，支持湘潭县在全国百强县中争先进位，支持天易经开区创成国家级经开区。市委、市政府以前所未有的力度关注县域发展，将会在行政审批权力的下放、支持政策的制订、项目建设的铺排、招商引资的统筹、国土空间的规划等方面，为县域经济的发展提供支持和扶持。特别是“西拓南延”战略的提出，更为湘潭县的发展带来了重大利好和重要机遇。我们要主动作为，积极对接“南延”战略，要站在全市发展的高度，去谋划去推动湘潭县的发展。天上从来不会掉馅饼，所有的机遇只会青睐有准备的人。千万不能守株待兔，一味地“两眼向上”，要努力在市级发展战略中有所作为，用“有为才有位”的思维去赢得支持、赢得发展。

5.县域实力大幅提升、前景可期。县十二次党代会以来，在县委的坚强领导下，通过全县广大党员干部群众的戮力同心、奋力拼搏，全县各项事业取得长足的发展。特别是去年，面对政府债务化解的一波三折、脱贫攻坚的被动局面、“9·22”重大交通事故的突然发生等艰难形势，我们顶住重重压力、克服重重困难，全力以赴保稳定、促发展，县域经济和县域综合发展成功进入全国百强行列，实现历史性的突破。事实反复证明，湘潭县的干部队伍是经得起考验的，是值得依赖的；湘潭县积累强劲的发展动能，具备快速发展、高质量发展的能力，我们的发展前景是值得期许的。我们要倍加珍惜来之不易的发展基础，倍加珍惜团结奋进的工作氛围，坚持以经济建设为中心不动摇，不在畏首畏尾中贻误发展，不在犹豫不决中错失良机，不在坐而论道中浪费时间，进一步压实责任，强化举措，聚精会神，扎扎实实办好自己的事。

三、牢牢把握今年经济工作总体要求和主要任务

2020年是全面建成小康社会和“十三五”规划收官之年，是实现第一个百年奋斗目标的关键之年，做好经济工作意义重大。总体要求是：以习近平新时代中国特色社会主义思想为指导，全面贯彻党的十九大和十九届二中、三中、四中全会精神，认真落实中央、省委、市委经济工作会议精神，坚持稳中求进工作总基调，坚持新发展理念，坚持以供给侧结构性改革为主线，围绕县域经济与县域综合发展百强县排名进位、“全国文明城市”成功摘牌两大目标，以“全面小康决胜年”为抓手，深入实施“强工惠农”发展思路，着力推动高质量发展，全力打好“三大攻坚战”，全面做好“六稳”工作，统筹推进稳增长、促改革、调结构、惠民生、防风险、保稳定，确保全面建成小康社会和“十三五规划”圆满收官。

县委考虑，今年经济社会发展的主要预期目标是：地区生产总值增长9%；固定资产投资增长14%；财政总收入达到30亿元以上，其中税收增长9%以上；社会消费品零售总额增长11%；规模工业增加值增长10%；高新技术产值增长15%；城乡居民人均可支配收入分别增长8%、9%。这些指标是县委立足我县现有发展基础和态势，着眼于贯彻中央、省委、市委要求，着眼于县域经济与县域综合发展百强县排名进位，经过反复论证、审慎考量后提出的，有利于引导社会预期、提振发展信心、凝聚工作合力。

实现今年的主要预期目标，必须把握四个原则要求：一要坚持党的领导。要深入学习贯彻习近平新时代中国特色社会主义思想，坚持党的基本理论、基本路线、基本方略不动摇，坚决落实党中央、省委、市委关于经济工作的决策部署，切实提高领导经济工作的专业化、精准化水平。二要坚持稳中求进。坚持稳字当头、积极进取，认真做好“六稳”工作，在深化供给侧结构性改革上持续用力，确保经济实现量的合理增长和质的稳步提升。三要坚持目标导向。紧紧盯住全面建成小康社会、“十三五”规划收官等重大目标任务，仔细对照相关定性和定量指标，着力抓重点、补短板、强弱项，确保圆满完成各项工作任务。四要坚持底线思维。切实增强风险意识和忧患意识，保持对潜在风险的高度警惕，坚持一手抓发展、一手抓安全，两手都过硬，全面夯实高质量发展的根基。

要实现今年的主要预期目标，必须认真开展“五个年”活动：即全面小康决胜年、产业项目攻坚年、改革创新深化年、营商环境优化年和担当作为落实年活动，用“五个年”活动，为全年经济工作注入生机和活力。重点要完成九个方面的任务：

1.坚定不移贯彻新发展理念。理念是行动的先导，发展理念是决定发展成效乃至发展成败的根本。今年的中

央、省委、市委经济工作会议都重申贯彻新发展理念的实践要求,并明确把“坚定不移贯彻新发展理念”作为今年要重点抓好的首要工作。对此,我们要深刻领会、扎实践行。要切实提高政治站位,真正把贯彻新发展理念作为经济工作的根本要求,作为增强“四个意识”、坚定“四个自信”、做到“两个维护”的重要标尺。要深刻把握理念精髓,新发展理念是一个整体,提出的要求是全方位、多层面的。这就要求我们树立全局观念,克服单打一思想,既高度关注经济发展,又统筹社会发展、环境保护、民生福祉等各个方面。要全面贯穿工作始终,坚持把工作重点集中到解决各种不平衡不充分的问题上来,切实提高人民群众的获得感、幸福感;坚持把新发展理念贯彻落实到决策、执行各项工作上来,真正做到从实际出发、按规律办事。

2.坚定不移决胜全面建成小康社会。以“全面小康决胜年”为抓手,按照“一脱贫三促进六覆盖”的要求,着力补齐工作短板,努力建设更高质量、更加均衡、人民群众更有获得感的全面小康。要着力补齐基础设施短板。坚持把城乡基础设施建设放在县域经济发展大局中来谋划,加快推进城镇老旧小区改造、城乡供水一体化建设、城乡污水垃圾处理,加强“四好农村路”、农村电网改造升级、农田水利设施等建设,推动能源、信息、物流设施向农村延伸覆盖,提高农村地区经济发展配套能力。要着力补齐经济发展短板。根据高质量发展要求,研究出台促进园区、产业、企业发展的政策措施,支持特色主导产业补链强链、优势规模企业做强做优;支持有条件的乡镇建设乡镇园区、高速路口经济带。要着力补齐民生保障短板。大力实施就业优先政策,突出抓好农村富余劳动力、退役军人等重点群体就业,托底帮扶残疾人、低保对象等困难群体就业,确保零就业家庭动态清零。加快城乡教育一体化发展,打造县域特色教育品牌。深化医卫体制改革,进一步提高医疗卫生服务能力。健全社会保障体系,深入实施全民参保计划。

3.坚定不移打好三大攻坚战。三大攻坚战是全面小康必经的关口,我们要以决战决胜的态度和决心坚决打好打赢三大攻坚战。精准脱贫要着力长效。严格按照“两不愁三保障”标准,一项一项查漏补缺,确保精准脱贫不落下一户、不掉队一人。着力巩固脱贫成果,稳定脱贫政策,探索建立解决相对贫困的长效机制,防止脱贫人口返贫。污染防治要科学精准。坚持依法治污、精准治污、科学治污,以“一江两水”保护治理为重点,全力打好蓝天碧水净土保卫战,持续推进黑臭水体、垃圾污水、工矿企业污染、农业面源污染、工地扬尘等问题整治,推动生态环境质量持续好转。风险防控要积极稳妥。明年是政府隐性债务还本付息高峰期。要认真落实中央、省市关于化债工作的部署要求,用好债务风险缓释政策,统筹化存量和控增量,灵活运用多种手段削平峰值、平滑风险,确保政府债务风险平稳可控、有序化解。要严厉打击非法金融活动,及时有效处置各类金融风险。

4.坚定不移加快产业发展。产业是高质量发展的基础。要坚持以产业园区为载体,以产业项目建设为重点,扎实开展“产业项目攻坚年”活动,促进更多资源要素向实体经济集聚,着力推动高质量发展。要全力推动园区争先、进位、晋级。牢牢锁定创建国家级经开区和工业总产值过千亿的目标,更加注重园区集约化、专业化、特色化发展,打造“135”工程升级版,促进优势产业、企业向园区加速集聚,确保天易经开区在全市园区中领先,在全省省级以上园区中进入前10位。要全力推动产业链补链、强链、延链。坚持以提升产业链水平、促进产业集聚发展为导向,紧紧围绕槟榔、食品医药、海泡石和皮鞋皮具等特色产业链,大力引进产业集群中的领军企业、关键企业,形成集群集聚优势。要全力推动项目落地、建设、投产。聚焦项目前期工作不到位、要素保障不及时等突出问题,强化项目全程管理,建立项目建设全过程服务机制,进一步加强签约后、开工后的监管,确保项目招得进、落得下、建得快、发展得好。要全力推动企业入规、登高、上市。扎实推进县域金融工程试点工作,持续深化“千百扶培”行动,引导和鼓励企业扩大生产规模、开展技术创新、实施股份制改造,集中资源、资金扶持培育一批规模企业、高新技术企业、股改企业。

5.坚定不移深化文明创建。创建全国文明城市既是民生工作,也是经济工作,更是必须兑现的庄严承诺,要以背水一战的决心来推动,确保成功摘得全国文明城市这块“金字招牌”。要坚持对标对表。创文工作已经进行三年,现在已经到最后的冲刺阶段,3月份就要接受省级预检,年内要接受中央文明委的最终验收。一定要提高工作标准,严格对照国检标准,切实做好查漏补缺。一定要压实工作责任,承担创建任务的各责任单位要主动作为、认真履责,创建办、督查室要加大督查督办力度。要坚持务求实效。创文夺牌只是工作的一个方面,更重要的是要通过创文带动城市文明程度全面提高、群众获得感持续提升。要牢固树立“创建为民、为民创建”的工作理念,聚焦群众眼前的事、门口的事、窗下的事、身边的事,务实解决群众最关注、最期盼、最急切的问题,不断提高群众的认可度、满意度。要坚持群策群力。创建工作是群众运动,依靠群众、发动群众是创建工作的生命所在。要精心组织开展形式多样的群众性创建活动,在更大范围、更广领域、更深程度动员群众参与创建工作。形成人人关心创建、人人参与创建、人人支持创建的强大合力,让广大群众在参与创建过程中受到教育、提升文明素养。

6.坚定不移推动乡村振兴。乡村振兴是党的十九大提出的国家战略,是传统农业大县转型升级的重大机遇。要抢抓机遇,积极作为。要着力培育新型主体。加大对龙头企业、农民合作社、家庭农场、种养大户等新型农业经营主体的扶持力度,在政策、资金、项目、信息、市场等方面为新型主体提供支持。鼓励“公司+农户”的经营模式,构建利益联结机制,提高农业产业的抗风险能力,带动农民增收。要着力打造发展引擎。农业园区和特色小镇是乡村振兴的重要引擎,积极推动花石、乌石两个特色小镇和梅林、天马、碧泉三个农业园区建设,加大招商引资力度,着力提高农业产业的集聚能力,推动农业产业的规模化、集群化发展。着力促进天易经开区农产品精深加工园与县域农业产业的联结,不断延长农业产业链条,不断提高农业产业的发展效益。要着力盘活农村资源。要把盘活农村资源资产作为推动乡村振兴的重要抓手,着力盘活集体土地、集体建设用地、农民承包地等资源资产,着力推动建设用地增减挂钩,真正把资源资产变成资本,切实增加村级集体和农民的财产性收入。同时,要高度关注国土空间规划编制工作,为乡村振兴留下充足的发展空间。要着力推动扩权减负。乡镇是县域的重要组成部分,乡镇兴则县域兴,乡镇强则县域强。一方面要大力推动扩权强镇,把乡镇能承接下来的权力下放到乡镇,把引进项目、推进项目的主动权落实到乡镇。另一方面要大力推动基层减负,全面规范督查检查考核,全面精简会议报表文件,切实减轻基层负担,把乡镇的主要精力聚焦到主责主业上来,聚焦到加快发展上来。

7.坚定不移优化营商环境。良好的营商环境是经济实现高质量发展的重要基础。统筹推进"改革创新深化年""营商环境优化年"两大活动,不断提高我县的竞争软实力。要持续深化供给侧结构性改革。主动对接长株潭一体化发展战略,坚持错位发展,积极承接长株潭地区国家级园区产业配套。坚持以供给侧结构性改革为主线,加快清理"僵尸企业",推进"腾笼换鸟",有效盘活闲置存量资源资产。深入推进县属国有企业改革,做实做大做强天易发展集团和莲乡实业集团。要全面深化"放管服"改革。深化"一件事一次办"改革,推进简政放权、减证便民;实行市场准入负面清单制度,规范政务服务流程、标准和时限,营造公开透明、便捷高效的营商环境。以授权减负为主线,以理顺财税管理体制为重点,以便捷高效为目标,深化天易经开区的改革,打破行政壁垒,提高工作效能。要全力支持民营经济发展。认真落实省委《关于营造更好发展环境 支持民营企业改革发展的意见》,大力支持和引导非公有制经济发展。全面落实减税降费政策,降低企业用电、用气、物流等成本。着力提高融资担保能力,缓解企业融资难融资贵问题。严格限制对企业的检查评比,培育良好产业生态。

8.坚定不移加强社会治理。社会治理是摆在我们面前的重大课题。要着力提高社会治理的能力和实效,为发展提供和谐有序的社会环境。要压实信访责任。严格按照"谁引发、谁负责""谁主管、谁负责"的原则压实信访责任,全力以赴做实做细信访工作,确保"三到位一处置"原则落实落地。要积极畅通群众诉求表达渠道,及时回应群众关切,妥善化解信访事项。要用严厉的问责措施倒逼责任的落实。要强力维护稳定。维护稳定是县乡两级的政治责任,用铁腕维护社会稳定是必须坚持的一贯态度。深入推进扫黑除恶专项斗争,对危害社会稳定、恶意制造混乱、为个人利益聚众扰乱公共秩序、实施软暴力缠访闹访等违法犯罪行为,政法部门要坚持通力合作、露头就打、绝不含糊。要强化网格管理。大力推广乌石镇网格管理模式,积极发挥基层党组织在社会治理中的堡垒作用。完善网格化服务管理机制和应急管理机制,广泛开展平安创建活动。充分发挥社会组织、行业协会等团体作用,常态化开展行业整治、群防群治工作,打造共建共治共享的社会治理格局。落实安全生产责任,全力防范和化解重大安全生产风险,确保社会安全稳定。

9.坚定不移加强党的领导。加强党的领导是做好经济工作的根本保证。要着力完善党领导经济工作的机制、提高党领导经济工作的能力,确保党中央关于加强党对经济工作领导的要求得到不折不扣的贯彻落实。要全面加强理论武装。深入学习贯彻习近平新时代中国特色社会主义经济思想,在推进治理体系和治理能力现代化建设过程中,切实加强对经济社会发展重大问题的研究,立足全面小康新起点,高标准编制"十四五"规划。要掌握科学的思想方法和工作方法,着力提高抓经济工作的能力和水平,努力成为懂经济、抓经济的行家里手。要全面鼓励干事创业。推动经济高质量发展,关键在党,核心在人。要坚持正确的选人用人导向,健全干部考核评价机制,始终坚持政治优先、担当优先、实绩优先、一线优先的选人用人标准,引导干部勇于担当,引导干部扎根基层,引导干部务实创业,把县委关于今年经济工作的决策部署一项一项落实到位。要完善容错、纠错、防错的保护机制,建立诬告、错告的追究机制,探索建立首错免责机制,切实为担当者担当,对负责者负责,让实干者实惠,进一步提振全县上下干事创业的热情和激情。要全面深化作风建设。干部作风是事业成败的关键。要全面开展"担当作为落实年"活动,坚决克服经济工作中的形式主义官僚主义,对那些因循守旧不敢担当、得过且过不愿作为、滥用权力我行我素、不思进取尸位素餐、悲观丧气怪话连篇的,要发现一起处置一起,绝不姑息。要牢固树立过"紧日子"的思想,坚持厉行节约、勤俭办事,切实以党委政府过"紧日子"换来老百姓的"好日子"。

一代人有一代人的责任,一代人有一代人的使命。今年已进入全面建成小康社会的决胜阶段。让我们紧密团结在以习近平为核心的党中央周围,在省委、市委的坚强领导下,深入学习习近平新时代中国特色社会主义思想,认真贯彻中央、省委、市委各项决策部署,自加压力、保持定力,攻坚克难、团结拼搏,高质量完成全年经济社会发展目标任务,坚决夺取全面建成小康社会伟大胜利!

湘潭县人民代表大会常务委员会工作报告

湘潭县人大常委会主任　唐剑恒

2019年工作回顾

一年来，县人大常委会以习近平新时代中国特色社会主义思想为指引，坚持以人民为中心的发展思想，在县委的坚强领导下，不忘初心、牢记使命，依法履职行权，圆满完成了县十六届人大三次会议确定的各项任务。全年共召开常委会会议11次、主任会议23次，增开人代会1次，听取和审议专项工作报告13个，组织开展执法检查1次、专题视察调研5项，为"挺进全国百强县、创建全国文明城市"和县域经济社会高质量发展做出了积极贡献。

一、维护核心、提高站位，在坚持党的领导上践行了新要求

县人大常委会坚定不移坚持党的领导，充分发挥人大制度优势，将中央精神与地方实际紧密结合，在人大工作的具体实践中增强"四个意识"、坚定"四个自信"、做到"两个维护"。

自觉接受党的领导。严格执行请示报告制度，主动将人大讨论决定重大事项、开展重大活动、召开重大会议等情况及时向县委报告，确保人大工作与县委中心工作同频共振、合力合拍。坚持党管干部与依法任免有机统一，共任免国家机关工作人员88人次，任命人民陪审员115人次，依法完成41名市、县人大代表的辞补工作，实现党的意图和人民意志有机统一。依法行使决定权，相继就我县机构改革、基础设施PPP项目建设等6项重大事项作出决议决定，确保县委决策通过法定程序转化为人民意志。

严格执行县委决策。一年来，常委会认真贯彻县委重大决策部署，积极参与中心工作。在脱贫攻坚方面，常委会正副主任分别联系贫困村，派驻人大干部担任驻村帮扶工作队队长，全体机关干部深入精准扶贫一线，每名机关干部结对帮扶2户建档立卡贫困户，每月认真开展入户走访，共发放慰问物资360余份，为贫困户制定帮扶措施、反复宣讲政策，解决贫困户医疗、住房、就业、就学等具体问题，为全县脱贫工作做出应有贡献；在防范化解重大风险方面，听取和审议县人民政府隐性债务化解实施方案，向县人民政府提出严格项目管理、盘活资产资源、建立常态化监测和预警机制等建议；在打好污染防治攻坚战方面，听取《中华人民共和国环境保护法》贯彻实施和创建森林城市工作情况的报告，督促县人民政府压实环保工作责任、深化环境执法监管、推进城乡生态一体化建设，切实打好"蓝天、碧水、净土"保卫战。围绕推进"两大目标"，审查批准政府性重大投资项目9个，投资金额达16.7亿元；听取和审议创建"国家园林县城"工作情况的报告，提出加强组织领导、加强舆论宣传、加大财政投入三个方面的建议交县人民政府研究办理；机关干部全员参与文明劝导、"街长制"等志愿服务活动。常委会正副主任落实县委部署，认真开展联系重点项目建设、重点企业和群众工作，确保县委决策在人大机关得到全面贯彻。

充分发挥制度优势。以庆祝地方人大常委会成立40周年为契机，结合我县实际，创造性地开展各项工作，充分展现人大制度的强大生命力和显著优越性。"三联"工作成效显著，代表联系群众工作室(站)建设实现县、乡、村全覆盖，代表联系群众"四级联动"模式基本形成。一年来，各级代表入代表工作室(站)接待群众2340人次，收到各类问题2200余件，推动解决相关问题1500余件。如争取国土部门近3亿资金用于谭家山矿区生态修复治理，督促电力部门降低300多个村"雪亮工程"的道路摄像头电费收缴标准，推动射埠二桥项目建设、启动石湾大桥项目等，我县"三联"工作被全国人大常委会办公厅《联络动态》作为先进经验刊登推广。人大监督更具权威，在全省首创初审、联审、会议审"三位一体"规范性文件备案审查制度，切实维护法制统一，2019年备案审查文件18份，督促县人民政府废除规范性文件1份，修改文件4份，规范性文件备案审查的突出成效在省人大刊物《人民之友》专题刊发。实施"工作评议+专题询问"组合监督，组织121名省市县人大代表对县科技工信局和县水利局开展工作评议，要求被评单位负责人现场答复，回应代表和群众关注的热点问题，推动一批实际问题的有效解决。如推进了城乡废弃电杆、电

线“蜘蛛网”清理工作进度，推动4处重点水利工程竣工验收，44个河湖“四乱”问题清理到位，评议工作成效得到县委充分肯定。敢于动真碰硬，对7个单位的同级审问题整改情况进行满意度测评，现场公布测评结果，对满意度差的单位进行跟踪督促，有效增强审计监督威慑力。

二、围绕中心、依法履职，在助推高质量发展上贡献新力量

县人大常委会始终坚持服务发展大局，强化问题导向，紧紧围绕县域经济社会的高质量发展履职尽责。

着力推进经济平稳运行。7—8月，人大常委会成立五个调查组对2019年政府《工作报告》半年度执行情况进行调查，督促县人民政府针对调查发现的问题、短板，强化工作举措，确保完成全年经济社会发展各项预期目标；严把预算编制“初审关”、预算执行“监督关”、预算调整“批准关”和审计监督“质量关”，实现政府预决算的全过程监督，财经监督实效不断提升；跟踪督办《中华人民共和国中小企业促进法》执法检查审议意见，推动县人民政府成立产业引导基金，规范融资担保风险补偿资金的管理，加强对侵害企业权益的黑恶势力的打击力度，为民营经济的发展壮大营造良好的政策法治环境。

着力推进基础设施建设。视察全县交通基础设施建设情况，听取《湘潭县农村公路中长期发展建设规划》，提出积极筹措资金、加大争资力度、优化施工环境等建议交县人民政府办理落实。视察全县农村电网改造工作，推动电力部门加大建设投入，全年完成电力投资4亿元。视察全县文体旅游基础设施建设情况，推动县人民政府出台《湘潭县现代公共文化服务体系三年行动计划》，加大建设经费投入，为全县文体旅游事业的加快发展打下坚实基础。

着力推进法律法规贯彻实施。坚持用好执法检查“法律巡视”利剑，组织开展《中华人民共和国食品安全法》执法检查，列出问题清单向县人民政府交办，督促政府确保人民群众“舌尖上的安全”。听取和审议全县不动产登记工作情况的报告，督促县人民政府认真贯彻实施《不动产登记暂行条例》，逐步解决登记颁证历史遗留问题，压缩登记业务办结时限。跟踪督办《中华人民共和国城乡规划法》执法检查审议意见，督促县人民政府拆除城区各类违法建筑290处，完成多项专项规划和154个村庄规划的审定，推进城乡规划体系不断完善；跟踪督办《中华人民共和国传染病防治法》执法检查审议意见，督促县人民政府加强对重点人群的防控，配置冷链运输设备，实现城区学校医务室全部达标，为传染病防治工作的深入开展提供基本保障。

三、顺应民心、关注民生，在回应群众关切上作出了新努力

县人大常委会始终高度关注民生福祉，积极回应群众关切，切实提升人民群众的获得感安全感幸福感。

聚焦农业农村。跟踪督办乡村振兴战略实施情况审议意见，推动县人民政府编制《湘潭县乡村振兴战略规划》，为我县乡村振兴战略的有序推进提供具体方向。听取和审议我县严格管控区种植结构调整工作情况的报告，形成转变服务模式、优化产业布局等审议意见交县人民政府办理落实。视察现代农业示范园建设情况，督促县人民政府推进农业产业现代化、集约化发展。对全县粮食和生猪产业发展情况进行深入调研，提出健全体系、强化扶持等建议意见28条，为县委政府相关决策的出台提供重要参考。

聚焦医疗教育。针对基层干部群众反映的医卫人才保障政策落实难、人才“引不进，留不住”等问题，听取和审议全县医卫专业技术人才队伍建设情况的报告，督促县人民政府将乡镇卫生院工资经费纳入财政预算，加强本土乡村医生的培养，开辟“211”以上学校全日制本科及以上学历医卫人才引进入编绿色通道。针对人民群众反映强烈的公办幼儿园少且布局不合理等问题，听取和审议全县学前教育发展情况的报告，督促县人民政府加快天易水竹等公办幼儿园的建设，公办幼儿园所占比例较2018年度提高12.9%。

聚焦创业就业。就社会普遍关注的创业就业工作进行专题听取和审议，提出稳定就业、鼓励创业等4条建议交县人民政府办理落实，推动县人民政府出台开展“服务企业三年行动”等文件，认真执行“稳就业工作二十四条举措”，成立湘潭县莲乡融资担保公司，落实创新创业贴息贷款政策，缓解当前就业压力，进一步增强全县创新创业活力。

聚焦司法公正。对县人民政府依法行政工作和“两院”《工作报告》执行情况进行了调查，听取“一府一委两院”关于“扫黑除恶”工作情况的报告，督促“一府一委两院”认真解决人民群众反映强烈的执法不严、司法不公问题，努力提升人民群众满意度和司法公信力。

四、保持恒心、优化服务，在发挥代表作用上获得了新突破

县人大常委会持续加强服务和管理，不断深化和拓展代表工作，充分发挥代表主体作用。

履职保障不断加强。继续实施代表素质提升计划，组织110名县人大代表赴全国人大培训基地开展履职培训。拓宽知情知政渠道，坚持“以会代训”，全年邀请县人大代表180余人次列席常委会、专委会会议，组织150余名市县人大代表参与执法检查、视察调研、旁听案件审理等活动。组织35名由我县选举产生的市人大代表向常委会报告履职情况，对9名会议述职代表进行满意度测评，分批次安排县人大代表向本选区选民报告履职情况，有力促进市县代表的积极履职。

小组活动丰富多彩。积极开展代表小组活动，分专业类别开展视察调研，形成《打造“文化+农业+旅游”特色品牌 推进乡村振兴》等20余篇高质量调研文章，为县委政府科学决策提供重要参考。发动各级人大代表积极投身社会事业，以代表小组活动形式慰问困难群众400余户，筹资800余万元开展村级基础设施建设、爱心助学、爱老敬老、扶贫帮困等各项公益活动，涌现唐令、赵锦炎、郭秋连等一大批履职为民、甘于奉献、群众拥护的优秀代表，充分展现了代表的社会责任感。

代表建议督办有力。全年共收到代表建议379件，通过突出重点办理、落实“大督办”机制等方式，代表建议办理见面率、回复率为100%，满意率为93%，建议办理实效得到较大提升。如推进陈鹏年廉政文化园建设，启动易俗河榨万线修缮项目，加强了水利基础设施建设，解决部分边远山村用电难问题，确保民有所呼、我有所应。

五、不忘初心、牢记使命，在提升履职能力上取得了新成效

县人大常委会以深入开展“不忘初心、牢记使命”主题教育为抓手，切实改进工作作风，完善工作制度，不断提升履职能力。

主题教育深入开展。以多种形式组织理论学习26次，掀起学习习近平新时代中国特色社会主义思想热潮，党组成员讲授党课6次，聘请专家教授讲课12堂，开展主题研讨3次，98人次进行了学习心得交流。认真开展调研，形成高质量调研文章26篇。深入查找党组班子及成员问题，建立了问题清单和整改清单；召开对照党章党规找差距专题会议、民主生活会、组织生活会，认真开展批评与自我批评，发放党员政治生日卡，党员干部的党性修养和政治素养进一步增强，机关的凝聚力、战斗力得到有效提升。

作风建设持续推进。认真落实党风廉政建设责任制，严格按上级文件要求执行公务接待、公车管理等规定。开展作风建设专项整治5次，52名党员干部签订了相关承诺书、填报了自查自纠表，全年减少发文30%，整合、精简各类会议20%，廉政谈话提醒实现全覆盖。全体机关干部积极参与抗洪抢险、民情走访、信访维稳等中心工作，进一步提升了人大机关的良好形象。

能力建设常抓不懈。完成6个专委会的更名和组建工作，选优配强所有涉改专委会组成人员，适应人大工作的新要求。举办常委会组成人员履职能力提升班，邀请省人大领导和专家授课，提高常委会整体履职水平。修订常委会议事规则，完善了机关制度建设。筑牢意识形态工作责任，规范审编流程，持续办好人大网站和《莲乡人大》内刊，在国家、省、市级人大主流媒体刊发新闻报道和理论文章60余篇，牢牢把握了意识形态正确方向。加强对乡镇人大工作的联系，指导乡镇人大充分运用视察调研、执法检查、工作评议等监督方式推进中心工作，乡镇人大履职能力有效提高。

常委会所取得的成绩，是县委高度重视、全面领导的结果，是“一府一委两院”自觉接受人大监督、认真落实人大决议决定的结果，是全体人大代表共同努力和全县人民群众大力支持的结果!在此，我谨代表县十六届人大常委会，向所有关心支持人大工作的领导和同志们表示衷心的感谢，并致以崇高的敬意!

在总结成绩的同时，我们也清醒地看到，我们的工作还存在不少困难和不足。主要是：对政府工作执行情况的监督力度不够，监督实效还有待提升；重大事项决定权的行使还不到位，工作创新亮点不够多；代表的履职水平和县乡人大工作者的能力素质还有待进一步提升；代表建议办理“被满意”现象仍然存在，代表建议督办力度还有待进一步加大等等。这些问题我们将认真研究，在今后的工作中逐步加以改进。

2020年工作谋划

党的十九届四中全会明确提出要坚持和完善人民代表大会制度。人民代表大会制度是坚持党的领导、人民当家作主、依法治国有机统一的根本政治制度安排，是支撑我国国家治理体系和治理能力的根本政治制度。在新时代的伟大征程中，必须充分发挥人民代表大会制度作用，继续通过人民代表大会制度牢牢把国家和民族前途命运掌握在人民手中。这是新时代赋予我们的崇高使命和光荣任务。

2020年县人大常委会工作的指导思想是：以习近平新时代中国特色社会主义思想为指导，全面贯彻落实党的十九大、十九届二中、三中、四中全会精神，始终坚持以人民为中心的发展思想，在县委的坚强领导下，围绕打好打赢“三大攻坚战”和“挺进全国百强县、创建全国文明城市”的目标任务，依法履行宪法和法律赋予的职权，为决胜全面建成小康社会贡献人大力量。

一、坚持党的领导，强化政治引领

继续坚持好重大事项、重要活动、重点工作向县委请示报告制度，确保人大工作与县委中心工作同心同向。进一步规范重大事项决定权的行使，加强对事关全县发展全局的政治、经济、社会、文化等重大事项的决议决定。行使好人事任免权，使县委推荐的人选通过法定程序成为国家机关的领导人员，确保组织意图的贯彻落实；加强对人大任命的国家工作人员的跟踪监督。强化常委会党组的政治领导，切实担负起常委会党组把方向、管大局、促落实的重要政治责任，把新时代人大工作推上新台阶。

二、坚持服务发展，强化监督职能

始终把贯彻县委决策、服务发展大局作为人大监督工作的着力点，不断提升监督实效。

(一)突出监督重点。围绕“两大目标”，进一步强化对政府重大投资项目的审查和批准，加强对全县“放管服”改革工作的监督，持续优化营商环境；听取《城乡规划法》贯彻实施情况的报告，进一步完善城乡规划体系。围绕“三大攻坚战”，强化政府债务监督，督促县人民政府严格落实隐形债务化解方案，牢牢守住风险底线；针对贫困群众精准帮扶、激发贫困人员内生动力等方面开展视察调研，推动相关民生问题的解决；开展全县污染防治工作专项调查，听取《中华人民共和国环境保护法》贯彻实施情况的报告，为打好污染防治攻坚战保驾护航。围绕民生福祉，综合运用多种监督方式，重点加强对农村人居环境整治、安全生产应急救援、基层专业人才队伍建设、生猪产业发展、

医卫体制改革、学前教育、全域旅游、宗教管理等工作的监督，力促民生改善。围绕法治建设，开展《中华人民共和国行政复议法》执法检查，强化对“两院”《工作报告》执行情况和县人民法院涉诉信访工作的监督，持续推进规范性文件备案审查，加快推进“法治湘潭县”建设进程。

（二）创新监督方式。认真落实习近平总书记关于“地方人大及其常委会要结合地方实际，创造性地做好监督工作，更好助力经济社会发展和改革攻坚任务”的重要指示精神，强化刚性监督，积极探索新的监督方式，打好人大监督“组合拳”。深化“工作评议+专题询问”组合监督，组织由人大任命的“一府两院”部分国家工作人员向县人大常委会述职，探索政府民生工程人大代表票决制，推行财政预算联网监督，强化县乡两级人大联动监督，为县域经济高质量发展贡献力量。

三、坚持人民立场，强化代表工作

充分尊重人大代表的主体地位，不断提高服务代表水平，着重发挥代表桥梁纽带作用，引领代表在弘扬正能量、凝聚发展合力方面作表率。持续开展工作评议。针对人民群众普遍关心的热点难点问题，继续组织全县1/3以上的人大代表开展对政府部门工作的评议。加大建议督办力度。推进代表建议网上办理平台建设，以信息化手段完善建议办理机制；进一步落实“大督办”机制，推动代表建议“封闭式”办理向“开放式”办理转变，探索开展建议办理满意度测评，努力提升建议办理实效。深化代表“四级联动”。通过组织各级代表参加代表小组活动、到代表工作室（站）接待群众等形式，深化代表“四级联动”机制，注重发挥职务代表的示范引领作用，进一步拓宽民意表达渠道。不断提升代表素质。继续做好代表培训工作，深化“以会代训”机制，进一步扩大人大代表参与常委会工作的广度和深度，不断提升代表履职能力。

四、坚持固本强基，强化自身建设

以巩固和拓展“不忘初心、牢记使命”主题教育成果为抓手，全面强化自身建设。加强机关党建工作，深入推进党支部“五化”建设，严格执行党风廉政建设“一岗双责”和中央八项规定精神，落实意识形态责任制。提升机关工作效能，加强专委会建设，开展对专委会组成人员的履职培训；抓好人大有关工作制度的清理、修订，推进信息化办公建设；发挥人大代表联系面广的优势，抓好统战工作。做好机关工青妇、纪检监察、机要保密、信访维稳、老干、后勤接待等工作，全面提升机关工作水平。

五、坚持上下联动，强化联系指导

继续加强对乡镇人大工作的联系和指导，充分发挥乡镇人大作用。支持乡镇人大充分行使重大事项决定权，指导和协助乡镇人大依法创造性地开展视察调研、执法检查等活动，深化工作评议结果运用，打造乡镇人大工作亮点；指导乡镇人大组织好乡镇人大代表和人大工作者履职培训，强化乡镇人大主席团建设，提升县乡人大工作整体水平。

2020年是决胜全面建成小康社会和“十三五”规划的收官之年，做好今年的工作意义重大，让我们高举习近平新时代中国特色社会主义思想伟大旗帜，不忘初心、牢记使命，在县委的坚强领导下，守正创新、奋发有为，努力开创新时代人大工作新局面，为加快“挺进全国百强县、创建全国文明城市”而努力奋斗！

政府工作报告
——2020年1月2日在湘潭县第十六届人民代表大会第五次会议上

湘潭县人民政府县长　段伟长

一、2019年工作回顾

2019年，面对错综复杂的国际形势和经济下行的巨大压力，我们承载着化解政府债务、打好脱贫攻坚“翻身仗”和持续改善空气环境质量的特别任务，始终坚持以习近平新时代中国特色社会主义思想和党的十九大精神为指导，在县委的坚强领导下，在县人大、政协的监督支持下，全县上下紧紧围绕“挺进全国百强县、创建全国文明城市”两大目标，坚持“强工惠农”发展思路，全面实施“五大计划”，持续开展“五大竞赛”，扎实做好“六稳”工作，较好地完成年初确定的各项任务。县域经济与县域综合发展评价位列全国第91位，较上一年度前进16位；成功创建“国家卫生城市”；顺利通过全国文明城市创建省级复检。

1.经济质效稳步提高。全年实现规模工业总产值670亿元(预计，下同)，增长12.7%；规模工业增加值188亿元，增长9.1%；高新技术产业产值461亿元，增长11%；高新技术产业增加值135亿元，增长10.7%；地区生产总值增长8.2%。三次产业结构比进一步优化为11.1∶54.1∶34.8；财政总收入达到28.7亿元，其中税收收入22.1亿元，税收占比77%，收入质量进一步改善；社会消费品零售总额106亿元，增长10.4%；完成固定资产投资226亿元，增长16%，其中产业投资158亿元，占比70%，较上一年度提高5个百分点；城乡居民人均可支配收入达37561元、20039元，分别增长7.8%、8.7%。多项经济指标有望排名全市第一。

2.产业升级步伐加快。一是园区动能日趋强劲。天易经开区在全省133个省级以上园区综合评价中排名第16位，较上一年度前进10位，获评全省“发展开放型经济优秀园区”，技工贸收入稳定在千亿元以上。完成工业总产值706亿元，规模工业增加值、固定资产投资等主要经济指标位居全市园区前列。全年新开工项目15个，竣工、投产项目19个。柏屹产业园、宏信产业园和佳海食品医药产业园成功落户企业150余家。杨河工业园、青山皮鞋工业园、茶恩竹木工业园完成规模工业总产值46.9亿元。二是产业集聚日渐凸显。深入开展“产业项目建设年”活动，设立高质量发展专项基金，推动产业链蓬勃发展。先进装备制造、食品医药、新材料三大主导产业完成规模工业总产值491.5亿元，占全县规模工业总产值73%。以食品及槟榔、生物医药及高端医疗器械、海泡石、皮鞋皮具为主的“4+X”特色产业链链上规模企业突破140家，占全县规模工业企业总数60%以上。积极引导防腐保温产业集聚，省防腐保温产业协会落户我县。持续深化农业供给侧结构性改革，全县完成粮食总产量58万吨，实现农产品加工总产值335亿元。全力开展受污染耕地安全利用工作，完成种植结构调整面积7.04万亩；分水养羊、天马养牛、中路铺养鸡规模持续扩大。积极打造乡村休闲、户外体验及研学旅游产品，全年实现旅游综合收入68亿元。三是企业实力日益提升。召开民营经济发展大会，出台促进民营经济高质量发展的系列政策措施，形成支持民营企业发展的强大合力。全年新增规模工业企业28家，总数达到241家；新增高新技术企业33家，总数达到78家。电商平台门店超1500家，销售额突破6亿元。坚决落实国家减税降费政策，全年减免各类税费3.15亿元。全县发明专利年申请率增长30%，居全市第一。全力推动企业股改，完成16家优质企业股改挂牌。稳步实施“品牌强农”工程，市级以上农业龙头企业47家。重组成立天易发展集团和莲乡实业集团，注入资产7.33亿元，国有公司市场化转型迈出坚实步伐。

3.三大攻坚扎实推进。积极防范化解政府债务风险。通过明确“三个目标”、用活“六大手段”、落实“九大措施”，有效化解政府债务。成功争取化债资金42.04亿元，出让土地收入8.9亿元，压减政府性投资11.64亿元，减少一般性支出1.1亿元，顺利完成年度化债任务。全力打好脱贫攻坚“翻身仗”。围绕“两不愁三保障”，推进“双月四清零”，选派877名干部驻村帮扶、11241名干部结对帮扶，实行“一周一调度、一月一通报、一季一考核”，投入资金9279万元，深入开展教育扶贫、健康扶贫、产业扶贫、就业扶贫等工作。完成危房改造1303户，发放教育扶贫补助6888人次，落实健康扶贫“一站式”结算26531人次，县内报销比例达91%；大力推进“一户一产业工人”培育工程和就业扶贫车间工作，“立华扶贫农场”在全县推广，“一亩田脱贫”获国家科技创新发明成果奖；社保托底应保尽保，安全饮水工程全面完成，全年实现稳定脱贫2380人，贫困发生率下降至0.22%，群众满意度大幅提高。全面深化污染防治。打好蓝天、碧水、净土保卫战，完成第二次全国污染源普查，开展企业违法排污、秸秆焚烧、建筑工地和道路扬尘等领域专项整治行动，处理涉气环境违法行为32起，整治企业38家，移送公安机关6起、6人。严格落实“河长制”责任，全面推进一江两水“清四乱”、黑臭水体治理、畜禽粪污治理、非法采砂洗砂专项整治等工作，完成土壤污染治理式休耕1万亩、治理式耕地修复2万亩。城镇集中式供水水源地水质达标率100%，涓水、涟水断面水质达到Ⅱ类，湘江湘潭县段水质稳定在Ⅲ类以上。

4.五大竞赛再创佳绩。项目建设实现新突破。全年开工建设重点工程项目96个，完成投资120亿元，广州酒家等一大批产业项目建成投产。湘潭生活垃圾焚烧发电项目历时一年多，依法依程序完成立项、环评、稳评、用地报批和PPP社会资本方公开招标采购等工作，组织当地群众近5000人次外出参观，获得广泛认同，项目顺利开工建设，为全市绿色发展做出“莲乡贡献”。招商引资书写新篇章。全年新引进项目92个，增长31.4%；到位资金63.7亿元，增长22%，超额完成市下达的工作任务。引进中交集团、清华控股、昆仑能源、京东物流等“500强”项目4个，实际利用外资1.28亿美元。顺络电子、西南水泵、三龙精密轨道交通等一批优质产业项目成功落地。争支争项取得新业绩。全年完成争资12.76亿元，增长16.4%，交通运输局、自然资源局、农业农村局等单位超额完成全年目标任务；争取上级转移支付和专项补助资金34亿元；批回建设用地3805亩；争取电网建设投资7.15亿元，在全市占比近50%；莲乡融资担保公司成为省级再担保体系首家县级担保公司，为县内企业解决融资需求3.6亿元。行政执法展现新作为。全年查处行政违法案件8.1万件，增长29%；罚没收入3200万元，增长23%；乡镇办案100件，罚没收入50万元；破获刑事案件468起，挽回经济损失800万元。工作创新迈上新台阶。全年形成各类创新成果98项，增长227%，其中国家级成果8项，省级50项。成功争取国务院办公厅“双百”督查联系点；信访工作获省“百佳业务规范单位”；“党建引领社会治理百千万工程”“推行‘12345’工作法开创民政工作新局面”等多项经验在省市媒体推介。

5.城乡品质日益提升。空间规划更加合理。稳步推进国土空间规划编制，形成《湘潭县国土空间规划实施评估》等9个专题成果，工作经验在全省推介；全面启动“多规合一”村庄规划，完成农村人居环境整治村庄规划136个，实现村庄规划编制全覆盖。基础设施日益完善。全力推进“双修双改”，完成富豪阁老旧小区年度改造任务，城区排水系统清淤修复工程加快实施，西城片区开发等项目扎实推进。新建人防工程5.6万平方米。完成谭家山、中路铺、杨嘉桥3个乡镇污水处理厂和分水、排头、石潭等8个乡镇垃圾中转站建设，拆除破败“空心房”909处。完成青山大道、流河潭大桥、石湾大桥主体工程建设，改造农村公路94千米、危桥12座。整修骨干山塘558口，建设高标准渠道110千米，完成高标准农田建设1.23万亩。精细管理全面加强。扎实开展市容环境专项整治行动，做实“街长制”“门前三包”工作，积极推进“智慧城管”平台建设，农贸市场秩序进一步规范。全面深化农村人居环境整治，镇区“六乱”、村庄清洁、厕所革命、生活污水、农村生活垃圾等治理工作强力推进，乡村面貌明显改善。青山桥镇获批湖南省“特色产业小镇”，花石镇获批湖南省“特色农业小镇”，乌石镇成功创建全市首个国家卫生镇。

6.民生福祉不断改善。民生实事全面完成。全年各类民生投入46.77亿元，占公共财政支出73.21%。完成904千米村道硬化、126个建制村电网改造和350户棚户区改造；天易贵竹小学投入使用，子敬学校初中部主体工程完工；湘莲大道三期、下摄司大桥、莲花大道二期、谭家山矿区生态环境修复治理扎实推进；易俗河至谭家山18.8千米供水主管网建成。社会事业全面进步。云湖桥、杨嘉桥、白石公办幼儿园投入使用，48所农村小规模、寄宿制“两类学校”建设完成。县人民医院内科住院楼及综合楼投入使用，县妇幼保健院新院即将启用，成功争取全国紧密型县域医共体建设试点县。创新开展“莲湘颐老”农村养老服务工作，获民政部高度肯定。成功承办中国农民丰收节趣味运动会，积极组织“欢乐潇湘”“我和我的祖国”莲乡大合唱等文化活动，顺利创建中国楹联文化县；建成村级综合性文化服务中心266个。新增城镇就业6750人、农村劳动力转移就业3750人。社会大局平安稳定。深入推进“扫黑除恶”，全年侦破涉恶案件127起，处理涉恶人员239人，其中刑拘141人，打掉恶势力团伙5个。全面完成“雪亮工程”“一村一辅警”工作任务，石鼓派出所投入使用；加快“城市快警”站建设，社会治理格局逐步优化，公众安全感测评再次进入全省先进行列。扎实开展清理小微企业账款和拖欠农民工工资工作，未发生因拖欠农民工工资引发的上访事件。深入开展国防教育“六进”活动，民兵调整改革扎实推进，民兵应急处突能力明显提升，高标准完成省军区正规化建设现场观摩任务。全面完成退役军人和优抚对象信息采集。有序推进应急管理体制改革，各级各部门、生产经营单位安全生产责任进一步压实，工作经验在省级媒体推广。“非洲猪瘟”防控有力，全年可出栏生猪111万头。成功应对湘江流域历史第一洪峰流量的特大洪水，实现不死一人、不垮一堤。

7.政府效能持续优化。县乡机构改革全面完成，效能优势逐步凸显。持续深化行政审批改革。“放管服”改革力度不断加大，企业开办时间压缩至2个工作日，不动产登记压缩至3个工作日，工程建设项目审批压缩至30个工作日。760项审批服务事项可在政务大厅“一门”办理，民众诉求可通过“12345”市民服务热线“一号”受理，“莲不要跑”一体化服务平台上线运行。深化商事制度改革。推进“三十七证合一、一照一码”“证照联办”，工作经验被《人民日报》《学习强国》等主流媒体推介。加快实施农业农村改革。农村集体产权制度改革扎实推进，农村土地确权工作全面完成。城乡建设用地增减挂钩和耕地占补平衡较好地保障市县用地需求，工作经验在省市推介。厘清部门和乡镇执法权限,委托乡镇执法工作全面规范。持续构建县乡村三级供销惠农服务体系,村级供销惠农服务公司突破百家,改革工作走在全市前列。扎实推进其他重点工作。深入开展城区综合执法体制改革调研。全面推行"零基"预算,提高财政绩效管理水平。健全人才引进机制,招聘医卫技术人员102名、教师428名。社会信用体系建设稳步推进,社会法治环境进一步优化,荣获全国"七五"普法中期先进县。办理人大代表建议360件、政协委员提案132件,与代表委员见面率、沟通率达100%,满意率98%。

史志、档案、对台、外事侨务、民族宗教、气象、烟草、消防、通信、能源、邮政等工作顺利推进,工会、共青团、妇联、残联、工商联、文联、侨联、计生协、红十字会、科协、老干、关工委、老龄委以及各民主党派和其他社会团体工作不断加强。

历尽天华成此景,人间万事出艰辛。回顾2019年工作,成绩来之不易,经验值得总结。一是坚持政治建设统领。在县委统一领导下,全县党员干部不论是脱贫攻坚一线,还是重大项目现场;不论是债务化解谈判,还是污染防治攻坚;不论是文明创建劝导,还是争支争项协调,都能树牢"四个意识"、坚定"四个自信",做到"两个维护",这是勇于攻坚克难、善于斗争制胜的第一法宝。二是坚持新经济思想领航。坚持以人民为中心,以市场为导向,做强实体经济,提升经济效益,这是符合新经济思想的正确选择。槟榔企业坚持市场导向,深入研究消费市场,开发新产品;海泡石企业强化科技创新,持续加大环保产品研发;柳桥村、天马山村大力发展实体经济,引导群众广泛参与,为全县经济发展作出表率。三是坚持唯实理念支撑。坚持"不唯上不唯虚只唯实",大棚房整治、违建别墅清理等工作不搞一刀切;坚持"实践是检验真理的唯一标准",畜牧业禁、限养区域划分不盲目提高标准;坚持"不作无补之功,不为无益之事",农村公路建设、城乡环境整治,尽可能不突破财政承受能力,这是工作经得起历史检验的底气所在。四是坚持市场规律导向。社会主义市场经济的本质要求在于充分发挥市场在资源配置中的决定性作用,更好发挥政府作用。研究市场,尊重市场,顺应市场需求,引导各类市场主体不等不靠,主动参与市场竞争,这是推动经济高质量发展的唯一出路。

2019年所取得的一切成绩,离不开县委的坚强领导,离不开县人大的监督支持,离不开百万莲乡人民的奋力拼搏。在此,我代表县人民政府,向努力奋斗在各条战线的广大干部群众,向支持莲乡发展的全体人大代表、民主党派、工商联和社会各界人士,致以崇高的敬意和衷心的感谢!

看似寻常最奇崛,成如容易却艰辛。反思2019年工作,我们清醒地认识到,还有许多问题有待解决。一是经济高质量发展压力大。政府性投资的撬动作用发挥不明显,社会投资的带动作用没有充分释放,龙头产业项目引进没有突破性进展;传统产业转型升级步伐较慢,新兴产业还未形成强有力支撑,产业高质量发展后劲不足。二是风险防控压力大。政府性债务规模大、债务结构不合理,财政收支矛盾突出,缺乏稳定偿债资金来源;中小微企业融资难、融资贵的困境没有得到根本缓解,资金断链风险依然存在;环境保护、安全生产、信访维稳工作面临的压力没有根本缓解。三是民生改善压力大。基本民生投入逐年递增,刚性支出占比不断加大,财政资金保障比较紧张;群众反映集中的"大班额""看病贵"等社会热点问题短时期难以根治;城乡基本养老服务等领域难以满足群众快速增长的现实需求等。

二、2020年工作安排

2020年是完成"十三五"规划、全面建成小康社会的决胜之年,是实现第一个百年奋斗目标的关键之年。我们要客观看待发展形势,锁定目标、抢抓机遇,齐心协力推动高质量发展。

要在应对挑战中保持发展韧劲。当前我县总体上保持稳中向好的发展态势,但也面临着巨大的风险和挑战。风险挑战来自政府债务化解的繁重任务,2020年我县仍处于政府性债务风险高峰期;风险挑战来自持续下行的经济发展压力,过度依赖投资拉动的经济增长模式难以为继;风险挑战来自安全生产领域基础仍然薄弱,农村地区安全保障能力不足、群众安全意识不强的问题仍然突出。我们要抓住重点、注重实效,主动担当、团结协作,锲而不舍、久久为功,围绕县委、县政府确定的目标持续努力。

要在抢抓机遇中坚定发展信心。2020年,国家将继续实施积极的财政政策和稳健的货币政策,通过降准、重新划分中央和地方财政收入分配方式等措施,力求固定资产投资实现较大增长,惠民生、补短板项目融资问题将得到缓解。长株潭一体化加速推进,特别是"三干两轨"的建设,我县的区位优势将转化为发展优势。乡村振兴战略深入实施,大量外出务工人员返乡创业就业,农业产业发展迎来重大机遇,传统农业大县优势进一步彰显。我们要坚定信心,抢抓机遇,采取更加务实的举措,争取更加广泛的支持,实现更高质量的发展。

要在把握规律中增强发展定力。经济发展规律与国家政策、人民美好生活需要精准对接,就会形成发展风口。风口无法准确预判,规律必须遵循。拥有核心竞争力的实体经济必定会稳健发展,乡村振兴战略必定会持续推进,人民群众日益增长的美好精神文化需要必定会逐步满足。我们必须坚决落实创新引领开放崛起战略,大力发展实体经济,持续推动乡村振兴,不断改善民生福祉。在产业发展上,要做强食品加工、生物制药、新材料等优势产业;在争取支持上,要把毛主席家乡的政治影响变为国家和省里支持的政策优势;在消费升级上,要高起点规划和建设一批特色消费专区,承载好湘潭县乃至长株潭上千万人民群众不断增长的美好生活需求。

2020年政府工作的总体思路是:以习近平新时代中国特色社会主义思想为指导,深入贯彻党的十九大和十九届二中、三中、四中全会精神，紧紧围绕“两大目标”，坚持稳中求进工作总基调，以新发展理念为引领，以供给侧结构性改革为主线，坚决打赢三大攻坚战，全面做好“六稳”工作，统筹推进稳增长、促改革、调结构、惠民生、防风险、保稳定，实施“强工惠农”发展思路，开展“五大竞赛”，确保全面建成小康社会和“十三五”规划圆满收官。

2020年全县经济社会发展的预期目标是：地区生产总值增长9%；固定资产投资增长14%；规模工业增加值增长10%；社会消费品零售总额增长11%；财政总收入过30亿元，税收收入增长9%；城乡居民人均可支配收入分别增长8%、9%；实施重点项目100个，完成投资125亿元。

1.坚持发展为要，坚定不移推动百强排名进位。高质量发展是经济社会健康发展的根本要求，必须牢牢聚焦发展目标，进一步提振发展信心、提高发展质效。

（1）致力天易跨越，引领全县发展。突出天易经开区的支撑引领作用，全力支持天易经开区工业产值过千亿和创建国家级经开区。统筹推进西城片区、东部紫荆湖片区和南部“双创”产业园建设。深入开展“产业项目建设年”活动，推动丰达铂赛、商业电磁炉等10个以上项目开工建设，推动佳海食品等15个以上在建项目竣工投产。完成固定资产投资190亿元，其中产业投资115亿元；技工贸总收入增长10%；工业总产值增长12%；规模工业总产值增长13%；规模工业增加值增长12%；高新技术产值增长15%；财税总收入增长10%。确保在全省产业园区综合评价中争先进位，稳居省级经开区前三名。

（2）致力片区开发，引领区域发展。以国土空间规划试点县为契机，高起点编制“十四五”规划，重点加强对“一江两水”和国省干道周边生产力布局研究。以土地综合整治为抓手，加强土地要素保障，力争批回建设用地3000亩。推进紫荆河流域开发，统筹谭家山、梅林桥现代农业发展；启动涓水绿色经济带建设，加快花石县域次中心建设，壮大杨河工业园和花石湘莲产业园，加速青山桥等特色小镇发展，带动乌石、石鼓等乡村旅游开发；推进涟水流域开发，着力壮大云湖桥工业规模，繁荣石潭教育事业和商贸产业；推进湘江流域开发，打造中路铺特色农业产业，壮大泛白石文化旅游和茶恩寺竹木加工特色产业。

（3）致力延链强链，引领产业发展。坚持全产业链发展思路，完善产业链“两图两库两池”，探索建立特色产业链建设引导基金，重点支持县内“4+X”特色产业链发展，着力提升产业基础能力和产业链现代化水平，确保广州酒家二期、五洲通三期、胖哥耀晨等项目竣工投产，实现食品及槟榔产业链产值达到200亿元以上，生物医药及高端医疗器械产业链产值达到30亿元以上；支持皮鞋皮具产业园完成标准厂房、交易市场建设，力争引进5家以上鞋业及配套企业、1家以上知名企业，年产值达到8亿元以上；支持海泡石产业新设采矿权，加快海泡石科技产业园建设，确保年产值达到5亿元以上。全力开展产业链招商，紧盯三类500强、行业20强等重点企业，一手抓招大引强，一手抓亩产效益。力争全年新引进项目50个以上，实现到位资金65亿元以上。

（4）致力转型升级，引领企业发展。深入开展“千百扶培”工作，鼓励企业开展科技创新、技术升级、智能改造，推动企业高质量发展。围绕食品医药、智能制造、新材料三大主导产业以及湘莲、槟榔、海泡石、皮鞋皮具、竹木等特色产业，重点扶持30家骨干企业，力争全年新增规模企业20家以上、高新技术企业12家以上。积极推进县域金融工程试点，鼓励和引导企业股改，确保全年新增股改企业6家以上。加大金融机构对实体经济特别是中小微企业的资金支持力度。全面落实减税降费政策，有效降低企业生产成本，持续优化民营经济发展环境。

2.坚持品质为本，毫不动摇创建全国文明城市。创建“全国文明城市”是县委政府对全县人民的庄严承诺，必须牢牢把握“城市品质、群众素质”双提升这一本质要求，强化创建引领，确保2020年成功创建全国文明城市。

（1）推进城市提质改造。坚持规划引领，对接长株潭融城项目进行城市规划和路网建设。加大城区主干道建设力度，确保湘莲大道、云龙东路、梧桐南路建成通车，完成湘南路、八斗垭路、莲花大道城区段主体工程，启动紫芸路建设。加大老旧小区提质改造力度，完成12个老旧小区基础设施提质改造；完成棚户区改造200户以上。推进国家森林城市创建，完成植绿8万平方米，提质改造5条城市林荫路，推进小微湿地建设。加强园林建管工作，健全绿化管理制度，确保2020年顺利摘得国家园林城市称号。完善城区商业网点规划布局，依托滨江风光带、江湾广场等，重点打造富有特色和吸引力的文化商业活力带。

（2）提高群众文明素质。坚持常态管理，严格落实“街长制”和“门前三包”，有序推进垃圾分类，积极开展文明劝导和志愿服务，让礼让行人、爱护环境成为行动自觉。丰富创建载体，推进文明进机关、进企业、进校园、进门店、进小区、进家庭等活动，广泛开展文明家庭、文明社区、文明单位评选，让创文接地气、群众唱主角，形成全民支持、人人参与的创建氛围。全域全员动员，充分运用融媒体，围绕社会主义核心价值观、市民公约、家风家教、先进典型，开展全方位、高密度、多视角宣传教育，切实提高群众文明素质和社会文明程度。

（3）强化城镇智慧管理。按照“统一规划、分期推进”的原则，启动智慧城市管理平台建设，加快完善5G信息基础设施，启动城区停车服务收费工作，引进共享电动车，方便群众出行。创新城管执法模式，加大委托乡镇执法改革力度，加强乡镇执法队伍建设，逐步实现综合执法向乡镇延伸，提升城镇治理水平和服务质量。大力推进“智慧政务”，将“互联网+政务服务”一体化平台延伸至村、社区，实现“线上线下”融合发展。

3.坚持固本为基，全力以赴决胜三大攻坚战。“三大攻坚战”是党的十九大作出的重大部署，是决胜全面建成小康社会必须完成的政治任务。2020年是“全面小康决胜年”，必须切实提高站位、压实责任、精准施策，全面完成各项攻坚任务。

(1)严格标准决胜精准脱贫攻坚战。坚持对标“两不愁三保障”,统筹抓好就业扶贫、健康扶贫、教育扶贫、社会救助兜底保障,完成最后一批1958人年度脱贫任务,确保全县建档立卡贫困户稳定脱贫。启动新一轮脱贫攻坚“回头看”,制订已脱贫户产业发展计划,不断巩固脱贫成果。继续落实驻村帮扶、结对帮扶等措施,及时解决贫困群众诉求,全面提高群众认可度、满意度。继续实施产业扶贫,进一步扩大县域优势扶贫产业覆盖面;开展“三带三帮”活动,帮助贫困户稳定增收。开展脱贫攻坚领域作风纪律专项整治,为决胜脱贫攻坚提供坚强保障。

(2)从严执法决胜污染防治攻坚战。坚持精准治污,突出严管重罚,加强环保监管和综合执法,全力打好污染防治攻坚战。抓好源头防控,推进工业污染、工地扬尘、餐饮油烟、高污染燃料等专项整治,全域开展秸秆禁烧和综合利用工作,确保空气质量达标率稳定在85%以上。实现建制镇污水处理厂全覆盖,启动二污水处理厂扩容、杨河工业园污水处理厂建设,实施千吨万人以上集中饮用水水源保护区综合整治,确保水源水质达标率100%。强化土壤污染管控修复和矿区污染治理,按计划推进谭家山矿区生态环境修复治理和牛头化污染土壤修复项目二期。综合治理非法采砂洗砂,公开出让一批砂石矿采矿权。

(3)分类施策决胜风险防控攻坚战。积极稳妥推进政府债务化解,严控政府投资项目。积极争取政府债、企业债,积极处置土地等资源资产,确保完成年度还本付息任务,实现“刚兑不爆雷、付息不逾期、融资不违规”。优化财政支出结构,严格“零基”预算、刚性管理,全面压减非生产性支出,全力保工资、保运转、保基本民生。发展村级集体经济,开展村级债务专项清理,激活内生动力逐年化解村级债务。深入开展政、银、企合作,建立政府、银行、企业共同参与、合理分担风险的可持续合作模式;依法打击非法集资、非法融资等经济犯罪行为,争创省级金融安全区。突出抓好道路交通顽瘴痼疾专项整治,推进重点行业、高风险领域安全隐患大排查、大管控、大整治,深入推进安全生产领域打非治违,坚决杜绝较大以上安全事故发生;持续加强公共安全监管,确保食品、药品、特种设备、校园、农机、消防、森林防火等领域安全,积极做好重大疫情和重大传染病防控工作。

4.坚持“三农”为重,持之以恒加快乡村振兴。农业农村农民问题事关国计民生的根本,必须把解决“三农”问题作为重中之重,狠抓农业供给侧结构性改革,加快农村基础设施建设,千方百计促进农民增收。

(1)提升发展现代农业。完成6.7万亩高标准农田建设,推进生猪生产复养试点示范,加快恢复生猪生产。依托梅林桥、天马、碧泉潭现代农业示范园,倡导“公司+农户”合作模式,发展规模农业,确保引进和培育农业龙头企业、农产品精深加工企业8家以上。加快一、二、三产业融合,推动农业产业集群化发展。大力发展林下经济,以射埠为中心打造10万亩集中连片油茶基地,争创省级森林经营示范县。推进种植结构调整,完成调整面积7.25万亩。加大农业技能培训力度,积极培育新型职业农民。重点发展湘莲、羊鹿茶、碧泉潭贡米、分水黑山羊、小籽花生、射埠茶油、黄荆坪辣椒等特色产业,打造“铺里香”“乌石情”“湖湘源”“分水坳”等品牌,提升农产品附加值。

(2)加快基础设施建设。全力推进湘潭生活垃圾焚烧发电项目,力争2020年建成点火。完成400千米自然村通水泥(沥青)路和40千米窄路加宽;确保白马公路、青山河石鼓段河堤、排较线提质改造等项目建成通车;启动西二环、醴娄高速湘潭县段建设。全面完成涓水和青山河二期治理、四水治理卓江堤和涟水(古城堤、白托堤、建中堤)保护圈堤防加固、印子山灌区节水改造、京竹泵站更新改造、银泉河小流域综合治理项目及白石思变涵拆除重建工程,切实提升防汛抗旱能力。加快推进城乡供水一体化项目、城乡天然气一体化项目。投资7.78亿元,完成白沙洲、烟塘变电站新建和古塘桥变电站扩建,完成30个村农网改造升级。推进城镇人口密集区交通隔离安全设施建设,支持建设一批乡村集贸市场,完成年度安防工程建设任务。

(3)推进美丽村镇建设。稳步推进农业供给侧结构性改革,加快农村产权制度改革股权量化、农村宅基地房地一体确权登记颁证;扩大村级供销惠农公司覆盖面、壮大村级集体经济。扎实推进农村危房改造和农村人居环境改善工作,完成危房改造300户;继续推进“厕所革命”,改造农村户厕12000座、农村公厕10座,确保农村卫生厕所普及率达到85%以上;积极推动农村生活垃圾分类处理,健全农村卫生保洁付费制度,确保90%以上行政村生活垃圾治理机制长效化。持续推进乡风文明建设,扎实开展美丽乡村“十百千万”创建活动,创建美丽乡村示范镇2个、美丽乡村示范村7个、人居环境整治示范村10个。加快花石湘莲小镇、乌石军旅小镇建设。提高基层公共文化服务供给能力,建成57个标准化村级综合性文化服务中心。

5.坚持民生为先,倾情尽力增进民生福祉。坚持不懈保障和改善民生、千方百计为群众排忧解难,是以习近平为核心的党中央的深切牵挂。我们要对标省市要求,不遗余力全面完成省市下达的民生实事任务。

(1)着力打造健康莲乡。重视解决好“一老一小”问题,有序推进“莲湘颐老”农村养老服务体系建设,建成“莲湘颐老”村级互助点18个、特困失能老人集中照料护理中心6所、规范化养老机构8所、社区日间照料中心22个;支持社会力量发展普惠托育服务。健全社会保障体系,深入实施全民参保计划,稳步推进社保扩面征缴,进一步优化城乡低保、“五保”、社会救助、社会福利、慈善事业等制度。切实抓好医保基金征缴工作,确保城乡居民医保参保率稳定在95%以上。完成河口镇卫生院整体搬迁,启动花石镇中心卫生院、茶恩寺镇卫生院建设,努力打造紧密型医共体,全力推进“1+N”卫生健康信息平台建设;积极争创全国医改真抓实干示范县。

(2)办好人民满意教育。坚持教育优先发展,擦亮教育品牌。科学配置学前教育资源,推进城镇小区配套幼儿园治理,完成天易水竹公办幼儿园建设,确保公办幼儿园在园人数占比达到50%；建成子敬学校初中部、贵竹学校二期，确保2020年秋季开学投入使用，完成石潭芙蓉学校主体建设，完成12所寄宿制学校改扩建任务。加快教育均衡发展，公费定向培养农村中小学教师200人；稳步提高教育质量，不断提高升学率，力争县一中海航班首届毕业生升学率进入全国领先行列。深入推动县域办学模式改革，推动城乡学校结对帮扶深度融合。

（3）千方百计稳定就业。大力实施就业优先政策，全面落实稳就业政策措施，确保新增农村劳动力转移就业3750人、城镇新增就业6300人。扎实推进服务企业“三年行动”计划，大力支持创业带动就业、多渠道灵活就业，力争新增创业主体4500家。持续加强公共就业服务，探索具有县域特色的职业技能培训，突出抓好高校毕业生、农民工、退役军人等群体就业工作，确保零就业家庭动态清零、城镇登记失业率稳定在4%以下。

（4）完善社会治理体系。坚持共建共治共享社会治理制度，完善网格化服务管理机制和应急管理机制，广泛开展平安创建活动，进一步推进信访积案化解，完成国省交办件和一般性积案化解20件，提升初信初访办理质量。充分发挥社会组织、行业协会等团体作用，常态化开展行业整治、联群联防等工作，形成基层治理合力。深化“扫黑除恶”工作，保持严打犯罪高压态势，确保各类违法犯罪总量逐年减少。加快推进“公安派出所三年建设行动”，完成年度建设任务。完善“一村一辅警”考核评价制度，健全县乡政府维稳工作机制和遏制黑恶势力滋生蔓延的长效机制。完成云湖桥、中路铺、乌石专职消防队建设。扎实开展第七次全国人口普查工作，建设开发好“智慧莲乡”人口数据库。加强民兵队伍建设，完善国防动员体制，创新开展国防教育，推进武装部正规化建设上台阶。

三、加强政府自身建设

面对新形势、新任务、新要求，我们将勤勉尽责，主动作为，用新理念引领新发展，以新状态干出新业绩，不断增强思想自觉、政治自觉、行动自觉，坚持以人民为中心的发展思想，做到为人民服务、对人民负责、受人民监督、让人民满意。

1. 始终坚持对党忠诚。全面巩固和深化“不忘初心、牢记使命”主题教育成果，强化宗旨意识，推动主题教育常态化。树牢“四个意识”、坚定“四个自信”、做到“两个维护”，坚持用习近平新时代中国特色社会主义思想武装头脑、指导实践、推动工作，始终与以习近平同志为核心的党中央保持高度一致，做政治上的明白人。严守政治纪律和政治规矩，全面落实“一岗双责”，严格执行中央“八项规定”，坚决抵制“打擦边球”“搞变通”“打折扣”等行为，将党的领导落实到政府工作的各领域各环节。

2. 始终坚持科学施政。强化区域考核，把亩产经济作为衡量高质量发展的重要指挥棒，做到财税贡献与财政支出合理挂钩。强化预算管理，财政资金主要用于保工资、保运转、保基本民生和提高安全保障能力，坚决做到财政无预算的资金不拨、资金无着落的工程不上、配套压力过大的项目不争。强化效益导向，改花钱办事为用心干事，改注重建设为加快发展，改追求提标为追求公平，真正使过“紧日子”思想成为行动自觉。

3. 始终坚持依法履职。进一步厘清政府与天易经开区、政府与自治组织、县乡政府以及部门之间的职责边界，加快形成高效的法治实施体系、严密的法治监督体系、有力的法治保障体系。推进学法制度常态化，全面提高法治思维和依法行政能力，做到尊法学法守法用法，让再忙不忘法、再急不违法、再亲不枉法的观念入脑入心。坚持严格执法、文明执法，规范事关群众切身利益的执法办案工作。自觉接受人大监督、政协监督，主动接受群众和媒体监督，认真办理人大代表建议和政协提案，让权力在阳光下运行。

4. 始终坚持担当尽责。突出目标引领，紧盯“全国百强县”“全国文明城市”，明确主攻方向，细化工作举措，全力以赴推动经济发展提质提速。突出职责引领，找准履职重点，坚持“细致、精致、极致”的标准，用最务实的举措、最有力的行动，推动工作落实落地。突出实干引领，聚焦“五大竞赛”，开展“政府执行力建设年”活动，全力释放争支争项协调能力、招商引资服务能力、项目建设攻坚能力、行政执法联动能力、工作创新开拓能力，不断提高政府办事效率。

5. 始终坚持深化改革。唯改革者进、唯创新者强、唯改革创新者胜。必须全面解放思想，对接改革前沿，学习先进经验，勇于先行先试，大胆实践探索，打造莲乡发展新引擎。必须破除陈规旧习，深化行政审批改革，推进“一件事一次办”，以最精简的审批程序服务项目建设，以最高效的流程环节方便群众办事，打造“放管服”改革升级版；深化土地计划管理改革，推动工业用地、商服用地和居住用地合理转化、高效利用，盘活存量土地。必须鼓励改革创新，为勇于改革者撑腰，让改革者能干事、干成事，创造更多改革成果。

6. 始终坚持清正廉洁。坚决反对特权，防止“四风”反弹，破除形式主义、官僚主义，整治“提篮子”，查办“打牌子”，杜绝“钻空子”，持续整治群众身边的腐败和作风问题，严惩扶贫领域腐败、涉黑腐败及保护伞，持之以恒正风肃纪。强化制度约束，紧盯工程建设、土地出让、项目审批、公共资金等重要领域和关键环节，织密防范违规用权笼子，切实管好公共权力。坚持反腐败无禁区、全覆盖、零容忍，弘扬廉政清风，营造干部清正、政治清明、政府清廉的良好氛围。

成绩是奋斗出来的，幸福也是奋斗出来的。让我们紧密团结在以习近平同志为核心的党中央周围，在市委市政府和县委的坚强领导下，坚定信心，乘势而上，锐意进取，真抓实干，扎实完成全年工作任务，坚决夺取全面建成小康社会伟大胜利！

政协湘潭县第九届委员会常务委员会工作报告

县政协主席　刘铁强

2019年工作回顾

九届三次会议以来，政协湘潭县第九届委员会常务委员会在中共湘潭县委的坚强领导下，在县人民政府的大力支持下，深入学习贯彻习近平新时代中国特色社会主义思想和中共十九大、十九届四中全会精神，充分发挥协商民主重要渠道和专门协商机构作用，紧扣县委县政府重大决策部署，认真履行职能，为实现“挺进全国百强县、创建全国文明城市”目标作出了积极贡献。

一、强化思想理论武装，政治引领凝聚新合力

常委会始终把加强思想政治引领、广泛凝聚政治共识放在首要位置，确保政协工作始终沿着正确的政治方向前进。

1.强化思想政治引领。通过党组会和常委会专题学、委员和机关干部集中学、开展研讨和学习培训深化学、学习强国和政协云每日学等形式，深入学习党的十九大、十九届二中、三中、四中全会精神和习近平新时代中国特色社会主义思想。深入学习习近平总书记关于加强和改进人民政协工作的重要思想和新修订的政协章程，认真贯彻落实习近平总书记在中央政协工作会议暨庆祝中国人民政治协商会议成立70周年大会讲话精神，准确把握党对政协工作的新要求。按照“守初心、担使命，找差距、抓落实”工作要求，高标准高质量组织主题教育，以实际行动践行初心、担当使命。一年来，组织开展会议学习、研讨交流等主题活动20余次，举办政协大讲堂、专题培训8期，征集理论文章、心得体会300余篇。通过学思践悟，引导全体政协委员和政协工作者，牢牢把握“不忘初心、牢记使命”时代主题，增强“四个意识”，坚定“四个自信”，做到“两个维护”，夯实团结奋斗的共同思想政治基础。

2.始终坚持党的领导。常委会坚持在县委的统一领导下，依照《中国人民共和国宪法》和《中国人民政治协商会议章程》开展履职活动。主动向县委汇报政协年度工作重点，严格按照县委办、县政府办、县政协办联合下发的《2019年协商与监督工作计划》开展履职活动。全年共召开2次协商议政会、4次常委会，先后组织20余次集中视察、专题调研活动。严格落实请示报告制度，全年就重点工作、重大事项、重要建言向县委报告20余次。坚持重大活动邀请县委领导出席指导，协商成果及时向县委县政府报送。认真贯彻落实县委决策部署和交办任务，较好完成了脱贫攻坚、“三创一治”及一批重点项目工作任务。认真贯彻中办《关于加强新时代人民政协党的建设工作的若干意见》文件精神，着力提高新时代政协党建工作质量。建立完善政协党组成员联系党员委员、党员委员联系党外委员制度，实现党的组织对党员委员的全覆盖、党的工作对政协委员的全覆盖。

3.严守政治纪律规矩。切实履行政协党组全面从严治党主体责任，严明政治纪律和政治规矩。认真学习贯彻《中华人民共和国监察法》《中国共产党纪律处分条例》等党纪党规，集中观看廉政教育警示片，定期开展廉政谈心谈话，不断提高拒腐防变的能力。坚持遵章守纪、廉洁自律，加强对政协组织中党员的教育、管理和监督，依政协章程撤销1名政协委员资格，严把各项活动政治关，营造了既畅所欲言、各抒己见，又理性有度、合法依章的良好协商氛围。

二、广泛凝聚委员智慧，履职尽责彰显新作为

常委会坚持把服务发展作为重点，聚焦改革，深入协商，有效监督，精准建言，努力助推县域经济社会发展。

1.协商议政深入推进。常委会围绕全县“两个目标”的工作部署，聚焦高质量发展，积极开展协商议政。一是拓展协商内容。在全面把握县委县政府全年工作重点和人民群众关心的民生实事基础上，形成全年协商议政重点课题。围绕“挺进全国百强县”目标，就发展废钢产业、民营经济政策落实与完善、电商与特色产业融合发展等选题合理安排协商活动。围绕建立和完善基层社会矛盾化解机制、农村人居环境整治、鼓励社会力量办学等民生热点问题，组织委员调研协商，为推进社会治理、保障和改善民生建言献策。二是丰富协商形式。不断完善会议协商，全年召开全体会议集中协商、常委会议专题协商、主席会议重点协商、专委会对口协商等会议12次。九届三次全会，委员们认真讨论“一府两院”报告以及经济社会发展和财政预决算报告，提出意见建议40余条。强化提案办理协

商，加强提案"提、办"双方沟通联系，24个承办单位认真负责办理相关提案，深入研究、积极采纳意见建议。同时，还通过大会发言、社情民意信息、政协云微建议等形式，为委员履职提供了更加便捷高效的协商平台。三是注重协商实效。《高质量发展废钢产业》大会发言转化为九届三次会议"1号提案"，得到迅速落实。县委县政府领导亲力亲为，协调各方关系，畅通办理渠道，促进了湘钢金属资源综合利用项目顺利落地。针对《全力推进海泡石产业发展，打造中国海泡石之都》专题协商报告相关建议，县委县政府高度重视，全力支持海泡石特色产业发展，总投资达38亿元的湘潭海泡石新材料科技产业园于今年初开工建设，预计2020年6月底以前建成投产。

2.民主监督有效开展。常委会充分发挥民主监督重要职能，在监督中支持，在支持中监督，监督质量和实效不断提升。一是强化派驻监督。向县委组织部、县矿区生态环境修复治理指挥部、杨嘉桥镇等单位委派民主监督小组，围绕村级阵地规范化建设、矿区生态环境修复治理、废钢产业项目落地等工作开展民主监督。各监督小组围绕规范村部建设程序、提升村部利用率、合理利用矿区生态环境修复治理资金等建言献策，共提出改进建议30余条。二是突出视察监督。组织委员深入开展全国卫生县城创建、全国园林城市创建、农村人居环境整治和城区道路交通整治等专项视察，实地了解工作情况，为创建工作找症结、破难题。专委会及各联工委组围绕生物质能发电项目、精品旅游线路、财税工作和乡风文明建设等开展视察，突出问题导向，落实监督责任。三是扩大社会监督。选派60余名委员参加县法院涉黑涉恶案件公开庭审、财产保全现场执行、县政府重大项目前期决策听证等旁听监督活动，受邀参加多个部门的"不忘初心，牢记使命"主题教育征求意见座谈会。各乡镇联工委组织委员围绕乡镇重点项目建设、区域经济发展、社会综合治理进行观摩、评议和监督，委员们认真履行职责，真实反映群众意愿，及时提出意见建议。四是抓实评议监督。坚持把民主评议作为提升民主监督实效的重要方式，对县民政局、县卫健局、天易经开区建设管理局等3家单位的提案办理工作进行民主评议。通过评议，进一步提高了承办单位对提案办理工作的重视，同时也增进委员对提案办理单位的理解和支持。

3.参政议政注重实效。一是提案办理助推民生改善。一年来，委员们围绕全县经济社会发展和民生改善等重要课题，共撰写提案140件，经审查立案132件。各承办单位认真办理，办复率为100%，满意率和见面率为98%，帮助解决了一些发展难题，推动了一批民生事项落实。今年，全省提案工作提质增效调研座谈会在我县召开，省政协副主席贺安杰高度肯定我县提案工作。省政协《湘声报》、湘声头条以《重调研、重协商、重督办，湘潭县政协有本"提案履职经"》为题，推介了我县提案工作经验。二是专题调研回应群众关切。把调查研究作为"不忘初心、牢记使命"主题教育的重要环节，结合协商与监督工作内容，县政协党组和科级领导班子共确定调研课题19个，撰写调研报告19篇。调研组主动深入基层、深入群众，很多有前瞻性、有新意、有高度的建议被呈送到政府及相关部门，起到了良好的建言咨政作用。各专委会与联工委组落实"五联五问""四责四诺"工作要求，着眼农业种植结构调整、白石文化区旅游发展、民宿产业发展、智能制造和竹木产业发展等课题开展调研，提出了许多合理化建议。三是社情民意反映群众诉求。委员通过反映社情民意履职尽责，全年共收到社情民意信息及微建议100余条，绝大多数建议被政府及时采纳和办理，进一步提升了群众满意度。如《关于城市"牛皮癣"的问题及治理》《ETC办理中营销乱象频现亟待引起重视》等信息引起了社会广泛关注和参与讨论。

三、围绕中心服务大局，助推民生取得新实效

常委会始终把政协工作置身于全县工作大局，用恪尽职守诠释社会责任，用履职担当回应群众期望。

1.精准扶贫积极作为。县政协将精准扶贫作为重要政治任务抓落实。一是抓实结对帮扶。政协领导班子成员和机关干部认真落实县委要求，扛实扶贫责任，深入联点乡村结对帮扶，协调解决扶贫工作中的困难和问题。政协机关联点团结村，全面走访村民781户，释疑解惑，理顺情绪，收集整理意见建议89条，多个问题得到解决，赢得群众赞誉。发动委员和机关干部捐款6.86万元，帮助贫困户解决生产生活困难。二是做实驻村帮扶。机关选派1名科级干部驻省定贫困村团结村帮扶，因地制宜、因户施策开展扶贫工作。协助引进华懿生态农业有限公司花卉种植项目，流转土地900余亩，助推产业扶贫，帮助村民实现家门口就业，实现年务工收入超过60万元，村集体经济年收入超过6万元，为稳步推进乡村振兴奠定了良好基础。手机网易网、湖南"学习强国"平台、湖南在线、红网、湘潭在线、湘潭县网等媒体以《团结村开满"扶贫花"》为题，先后进行宣传报道和推介。三是倡导爱心帮扶。一年来，委员们发挥来自群众、联系群众、服务群众的优势，采取就业培训、提供就业岗位、资助贫困学子、送医药下乡等形式，帮扶困难群众1000余户，提供就业岗位上万个。唐见良委员代表市青年企业家协会积极为贫困户筹集危房修缮资金。企业界刘宪安、刘应龙、肖平等委员利用所在的胖哥、小龙王、伍子醉槟榔企业优势对口联系贫困村，积极开展帮扶工作。黄志明、熊梦娜、胡伟娟、吴良芳、宾益衡等委员建立扶贫农场、扶贫车间、家庭农场，解决贫困户就业问题。其中黄志明委员在全县推广立华牧业的扶贫农场模式，已经有8个乡镇29个村开始投入扶贫农场的建设，总受益建档立卡贫困群众超过500人。医卫界文育红委员带领团队救治建档立卡病人538人，减免费用8万余元。杨志委员为192户贫困户免费发放鸡苗和饲料价值近50万元，其参与扶贫的事迹被湘潭新闻频道、《湘潭日报》等媒体报道，其合作社被评为湘潭市2018—2019年度产业扶贫"突出贡献合作社"。

2.社会公益诠释真情。广大政协委员积极参与社会公益慈善事业，真情帮扶助解民困。捐资助学送温暖，关爱儿童献爱心。向平建、彭银香、刘应龙（路桥）、刘文进、

释唯静、叶彦彤等委员慷慨解囊，捐资50余万元，帮助多名贫困学生圆了“大学梦”；王奇、何俊田、胡雅淇、张鹏等委员积极关爱留守儿童，赠送校服、书籍、学习用品，并常年资助福利院残疾儿童。爱心义诊送健康，化解矛盾促和谐。肖荷南、陈娜、黄赛芝、刘辉、郭森泉、蔡子辉、谭照等委员深入敬老院、学校、社区开展爱心义诊、心理咨询、家风家教宣讲活动，免费健康体检、送医送药，传授急救知识，每年普惠群众千余人；胡学军、龙湘军、张炯、胡志高、谢英姿等委员利用法律专业及司法一线优势，积极投身基层社会矛盾化解工作。一年来，政协大家庭中涌现许许多多肩负社会责任、甘于奉献的先进典型，他们的博爱善举，真情诠释人民政协心系群众、履职为民的责任担当，为政协事业增添了光彩和荣耀。据不完全统计，全年全县政协委员参与支持捐资助学、爱心公益、扶贫济困等捐赠达400余万元。

3.中心工作全力以赴。按照县委统一部署，政协领导班子成员积极牵头和参与全县重点项目建设和群众工作。顺利推进西城片区棚户区改造、杨河堤防洪工程、天马现代农业示范园等项目建设。全力做好农村人居环境整治、创文创卫、民情大走访、滨江路“街长制”和河口垃圾焚烧发电项目等群众工作。

4.团结联谊持续开展。高度重视民主党派和工商联集体提案、大会发言和社情民意成果转化，联合开展推进民营经济发展政策落实与完善、破解民营经济高质量发展短板的对策、严守耕地红线等调研视察活动。加强与新社会阶层人士、民族宗教界人士、港澳台侨亲友的团结联谊，易俗河镇联工委连续36年举办三胞亲友联谊会，增进友谊，聚同化异，进一步凝聚各界力量。

四、持续加强自身建设，“两支队伍”展现新风貌

常委会始终把政协委员和政协机关干部建设摆在重要位置，全力打造“懂政协、会协商、善议政”的政协队伍。

1.不断扩大政协工作影响。拓宽媒体报导渠道，通过省政协云、湘声报、县报、县政协网站等媒体刊物，展现县域良好形象、政协履职动态和委员风采。积极推广使用政协云，委员们在云上的互动、履职更加积极主动，易俗河镇联工委主任周勇荣获省政协云应用创新大赛奖。全年县政协网站刊登各类调研文章、宣传稿件200余篇，出版《莲乡政协》专刊12期，发布政协云资讯130条。完成《彭德怀在家乡的故事》《卢冬生》文史专辑。积极参与庆祝人民政协成立70周年纪念活动，上报文史资料18件。省政协《湘声报》、湘声头条以《湘潭县政协务实开展“双助双行动”，彰显新时代新作为新担当》宣传推介我县政协工作经验。湘声报以《共绘莲乡民营经济发展新画卷》作专题报道，推介了我县8位政协委员“优秀民营企业家”的事迹。《“四个坚持”推动政协工作提质增效》《发挥协商民主优势，助力基层社会治理》等10余篇理论调研文章被人民法治网、廉政法治周刊、省政协云、湘声报等登载，进一步提升了我县政协工作的影响力和县域美誉度。

2.全面加强履职能力建设。建立政协领导班子联系常委，专委会、政协常委联系委员制度，完善政协领导联系联工委组、定期走访委员制度，完善委员履职考核制度，建立委员履职档案，促进委员尽职履责。积极搭建学习平台，为全体委员订阅《湘声报》，举办政协委员履职能力提升培训班，邀请专家讲授《练就调查“硬本领”，提升研究“软实力”》课题，辅导机关干部、政协委员提高调研写作技能，选派委员、机关干部参与全国政协举办的业务培训班，进一步提升委员建言献策能力。充分发挥“委员之家”的阵地作用，各委组定期组织委员开展丰富多彩的履职活动。易俗河镇联工委依托委员群众工作室，每月定期两次开展委员接待群众日活动，助力社会和谐稳定。广大政协委员立足本职和岗位，发挥各自优势，争当行业的“排头兵”。刘石美、宋志龙、唐迪辉等8位政协委员获全县“优秀民营企业家”称号；陈娜委员获2019年度湖南省院前急救工作先进个人；熊杰明委员获评阳光保险湖南公司优秀共产党员；唐澄、蔡子辉委员获“湘潭市第三批优秀人才”称号。

3.有效发挥专委会枢纽作用。顺应政协事业发展新形势，健全6个专委会设置，强化专委会工作职能，完善专委会联系县直部门和联工委组工作制度，专委会工作进一步规范。建立专委会兼职副主任和委员制度，邀请54名委员任专委会兼职副主任和委员，专委会力量进一步充实。

4.切实提升机关服务质量。注重发挥机关党支部战斗堡垒作用，扎实推进“两学一做”学习教育常态化制度化，落实“三会一课”制度，开展党员进社区、结对帮扶活动，推进了机关作风建设。强化机关运转中枢职能，完善机关工作制度，统筹安排调研视察、专题培训、各类会议、支部和工会活动，做好老干部服务工作。支持县纪委监委派驻第二纪检监察组履行职责，严格落实中央“八项规定”精神，开展各类违纪问题自查自纠、专项整治，规范后勤接待和经费管理，机关综合协调和服务保障水平进一步提高。

一年来，县政协常委会工作取得新的进步，这得益于中共湘潭县委的坚强领导，得益于县人民政府、县人大常委会的大力支持，得益于政协各参加单位及相关部门的通力合作，离不开各位老领导、老同志和社会各界的关心关注，凝结着全体政协委员和广大政协工作者的智慧、心血和汗水。在此，我谨代表政协湘潭县第九届委员会常务委员会，向大家表示崇高的敬意和衷心的感谢！

总结一年来的工作，我们深深体会到，只有始终坚持党的集中统一领导，自觉服从大局、服务大局，才能充分彰显政协的独特优势和价值；只有准确把握政协性质定位，把协商民主贯穿履职全过程，商以求同，协以成事，才能有效发挥专门协商机构的作用；只有主动顺应人民对美好生活的新期待，协商于民，协商为民，才能真正赢得人民的信赖与支持；只有切实发挥委员主体作用，让委员在政协舞台上建言资政，履职建功，才能不断焕发政协活力，成就政协事业。

我们也深知，对标新时代人民政协的新方位新使命新任务，我们的工作仍然存在着一些差距和不足，如党建工

作基础还需进一步夯实，思想政治引领还需进一步强化，协商议政质量还需进一步提高，履职能力建设还需进一步加强，等等。这些问题既是差距又是导向，我们将高度重视并在今后的工作中努力加以改进。

2020年工作思路

2020年县政协工作的指导思想是：高举习近平新时代中国特色社会主义思想伟大旗帜，深入贯彻落实中共十九大、十九届四中全会精神，牢牢把握新时代人民政协工作的新方位新使命，聚焦“挺进全国百强县、创建全国文明城市”目标任务，坚持建言资政和凝聚共识双向发力，为推动县域经济高质量发展贡献政协智慧和力量。

一、切实加强政协党的建设

习近平总书记在中央政协工作会议暨庆祝中国人民政治协商会议成立70周年大会的重要讲话，全面总结70年来人民政协事业发展的历史经验，深刻阐述了新时代人民政协工作的使命任务、总体要求、着力重点，为新时代坚持好人民政协制度、发展好人民政协事业指明了前进方向，提供了根本遵循。

在坚定政治方向中凝聚共识。把学习习近平新时代中国特色社会主义思想和习近平总书记在庆祝人民政协成立70周年大会上的讲话作为增进社会各界思想政治共识的重要基础，加强学习研讨，强化理论武装，团结带领全体政协委员增强“四个意识”，坚定“四个自信”，做到“两个维护”，确保人民政协事业沿着正确的政治方向前进。

在服务发展大局中凝聚共识。坚持把县委决策部署贯彻到政协履职全过程，立足县委县政府的工作重心履职尽责。坚持重要工作主动向县委请示，重大活动积极邀请党政领导参加，协商成果及时向县委县政府报送，努力将县委的决策部署转化为政协各参加单位、全体政协委员、社会各界人士的一致共识。

在加强党的建设中凝聚共识。坚持以《关于加强新时代人民政协党的建设工作的若干意见》统领政协党建工作，以党的政治建设统领政协全局工作。进一步发挥政协党组的领导核心作用、机关党支部的战斗堡垒作用、政协组织中共产党员的先锋模范作用，把中央和省市县委的决策部署和对政协工作的要求落到实处。要把强化思想政治引领同经常性思想政治工作结合起来，求同存异、聚同化异，推动各党派团体和各界人士实现思想上的共同进步。

二、充分发挥专门协商机构作用

聚焦县委、县政府的奋斗目标，发挥专门协商机构作用，在建言资政和凝聚共识上双向发力，为县域经济社会发展贡献力量。

聚焦“经济发展”精准调研。关注县域经济发展，围绕特色产业品牌打造、传统产业转型升级、骨干企业群体做强做优等课题，深入走访调研，积极建言献策，为县域经济高质量发展贡献智慧。围绕健全园区发展机制、拓宽财源建设渠道、优化园区政务环境、加强园区基础设施建设等开展议政建言，助力县委县政府各项决策部署落地见效。

立足“社会治理”协商议政。围绕“推进社会治理体系和治理能力现代化”主动协商议政。就完善基层社会治理体系、加强村级组织建设、完善社区治理、加大基层协商民主力度等社会治理中基础性、前瞻性、全局性问题，广泛倾听群众诉求，多献可行之策、务实之计，为县委县政府提供决策参考。

围绕“文明创建”建言献策。2020年是我县“创建全国文明城市”的终期考核年，也是决战决胜之年。要聚焦垃圾分类、住宅小区管理、市民文明素养等创建热点议题，开展专题协商、对口协商，群策群力共同推动创建难题的破解。要聚焦农贸市场、“六小”行业、环卫设施、道路交通等我县文明创建中存在的主要短板和难点问题，加大民主监督力度，通过察实情、讲真话、建诤言，全力助推创建工作。

紧扣“脱贫攻坚”鼓劲聚力。充分发挥政协优势，聚集政协力量，协助县委、县政府全力以赴打好高质量脱贫攻坚战。紧紧围绕脱贫攻坚重大举措、重要政策、重点任务的落实情况，主动开展民主监督。引导委员积极投身精准扶贫工作，通过产业扶贫、就业扶贫、技能培训、法律援助等方式，为贫困群众办实事、做好事、解难事，为贫困户、贫困村找项目选项目出智出力，为推进脱贫攻坚，巩固脱贫成果贡献政协智慧和力量。

三、汇聚团结联谊强大合力

积极发挥桥梁纽带作用，营造和谐共处、团结共进的氛围，找到最大公约数、画出最大同心圆。

广泛凝聚社会各界力量。要进一步密切与各民主党派、工商联、人民团体、无党派人士的联系交流，加强与港澳台同胞和海外侨胞、民族宗教界人士、新社会阶层人士的联系沟通，引导各界群众积极支持和参与改革发展，努力为改革发展增进共识，凝聚合力。利用各方资源、各种平台开展联谊活动，为引进项目、资金、人才、技术牵线搭桥，助推县域经济社会发展。

主动维护和谐政治局面。发挥政协作为最广泛统一战线组织的作用，调动一切积极因素增进社会团结。要密切关注社会治理难点和矛盾集中点，广泛收集社情民意，及时做到“下情上传”和“上情下达”，准确反映群众诉求，及时宣传县委决策部署，做好理顺情绪、化解矛盾工作，汇聚维护大局稳定的“正能量”。

坚持走好网上群众路线。政协云是积极运用现代化信息技术，推动政协履职与互联网深度融合、提高政协工作质量效能的有益尝试，是实施网上群众路线的新平台、民主监督的新渠道。要加大对政协云应用工作的宣传和推广，让委员“云”上履职成为新常态。要用好新闻资讯等基本功能，用活提案、微建议、社情民意、热点关注等履职功能，积极探索远程协商、线上线下互动等拓展功能，助推政协履职提质增效。

四、强化“两支队伍”责任担当

坚守初心使命，强化责任担当，持之以恒加强政协委员和机关干部队伍建设。

切实发挥委员表率作用。进一步发挥政协常委会的示范引领作用,确保当好“关键少数”。引导委员强化主体意识和责任意识,加强委员的学习培训和服务管理,激励和引导委员在本职岗位上建功立业,在界别群众中示范引领,打造一支“能为全县发展贡献智慧、能为政协事业增光添彩、能为人民群众真心代言”的政协队伍。

切实发挥机关保障作用。着力加强专委会建设,健全专委会联系委组和委员制度,增强专委会的工作活力。切实抓好政协机关和干部队伍建设,加强正向激励,鼓励担当作为,提升服务效能。全面落实党风廉政建设主体责任和意识形态主体责任,巩固和扩大“不忘初心,牢记使命”主题教育成果,积极营造风清气正的政治生态和干事创业的履职环境。

新时代、新理论、新目标、新征程,赋予我们新使命、新任务、新责任、新担当！让我们以习近平新时代中国特色社会主义思想为指引,在中共湘潭县委的坚强领导下,不忘初心,牢记使命,不断开创我县政协事业新局面,为实现“挺进全国百强县、创建全国文明城市”宏伟目标而不懈奋斗！

1月

1日，政协湘潭县第九届委员会第三次会议召开第四次全体会议。县领导傅国平、段伟长、刘铁强、韩炎、欧建美、何晓春、刘新玉、马新国参加会议。

是日，湘潭县第十六届人民代表大会第三次会议举行第二次全体会议。

2日，湘潭县第十六届人民代表大会第三次会议举行第三次全体会议。

10日，县委书记傅国平率队到湖南力威液压有限公司、县妇幼保健院整体搬迁工程项目现场以及江湾步步高广场开展安全生产大检查。

15日，县委副书记、县长段伟长一行到县城尚御尊城小区内，就该小区在绿心控建区范围内的项目建设情况进行督查，并召开天易经开区、国土、规划、建设等部门负责人会议。县领导荣虎成参加。

21日，湘潭县委经济工作会议召开。县委书记傅国平全面总结2018年全县经济工作，分析当前经济形势，明确2019年经济工作的总体要求和主要工作任务。县委副书记、县长段伟长就2019年经济工作作具体部署。县领导傅国平、段伟长、刘铁强、王成林、周贤、谭何龙、刘耀奇、胡亚湘、李豪雄、陈卫兵、谭捍卫、尹明忠、赵苏阳参加会议。

是日，湘潭县乡镇和县直行业系统党（工）委书记抓基层党建工作和落实意识形态工作责任制述职评议会议在县委党校召开，傅国平在会上作讲话。市委组织部、市委宣传部有关负责人，县领导段伟长、周贤、谭何龙、刘耀奇、胡亚湘、陈卫兵、谭捍卫、尹明忠、赵苏阳参加会议。

22日，湘潭县委第十二届四次全体（扩大）会议召开。会上，县委书记傅国平代表县委常委会向全会作2018年工作报告。县委副书记、县长段伟长主持会议，并就抓好今冬明春重点工作提出要求。县领导刘铁强、谭何龙、刘耀奇、胡亚湘、李豪雄、陈卫兵、谭捍卫、尹明忠、赵苏阳参加会议。

是日，湘潭县2019年老干部代表迎春座谈会召开。傅国平、段伟长、刘铁强、刘耀奇、谭捍卫等县领导与老干部代表欢聚一堂，通报2018年工作，听取意见建议，向老干部送上新春祝福。

是日，湘潭县召开各界代表人士迎春座谈会，喜迎新春、共叙情谊、共谋发展。县领导傅国平、段伟长、刘铁强、周贤、胡亚湘、陈卫兵、谭捍卫参加会议。

23日，县领导傅国平、段伟长、刘铁强、谭捍卫一行带着全县人民的深情厚谊，先后到县人武部、消防救援大队、武警中队、光荣院、军干所等单位走访慰问，共叙军民鱼水深情。

是日，县委副书记、县长段伟长走访慰问湘潭县部分劳动模范和专家，向他们送去新春的祝福。

24日，县委书记傅国平到易俗河镇石壁村走访慰问困难群众，向他们送去党和政府的关怀以及新春祝福。

25日，湘潭县召开“三创一治”工作总结表彰暨2019年工作动员大会，县领导傅国平、谭何龙、刘耀奇、胡亚湘、李豪雄、陈卫兵、谭捍卫、唐仁光、肖燎、杨欣荣、荣虎成、陈义参加会议。

28日晚，“春到莲乡万家兴”2019年湘潭县百姓春节联欢晚会在县一中艺体馆浓情上演。傅国平、谭何龙、刘耀奇、胡亚湘、李豪雄、陈卫兵等在家县级领导到场观看晚会。

29日，县委常委班子2018年度民主生活会召开。县领导傅国平、段伟长、周贤、谭何龙、刘耀奇、胡亚湘、李豪雄、陈卫兵、谭捍卫、尹明忠、赵苏阳参加会议，县政协主席刘铁强列席会议，市纪委、市委组织部有关负责人到会指导。

30日，湘潭县人民政府与湘潭钢

铁集团有限公司战略合作协议暨金属资源综合利用项目签约仪式举行。市县领导陈小山、傅国平、段伟长、赵国政、唐仁光、肖燎、韩炎参加会议。

31日,中国共产党湘潭县第十二届纪律检查委员会第四次全体会议召开,县委书记傅国平出席会议并讲话,县委副书记、县长段伟长主持会议。县领导唐剑恒、刘铁强、周贤、谭何龙、刘耀奇、李豪雄、陈卫兵、谭捍卫、尹明忠、赵苏阳参加会议。

2月

1日,县委书记傅国平一行先后走访慰问部分困难家庭、困难党员、军烈属、困难残疾人、困难职工、劳动模范、优秀文艺工作者等,向他们送去党和政府的关怀与问候,并祝福大家新春愉快、阖家欢乐。县领导李豪雄、谭捍卫参加。

3日,县委书记傅国平一行到县保密局、燃气公司、金霞山广场、京湘供水公司等地看望慰问坚守在一线工作岗位的干部职工,并代表县委、县政府向奋战在各条战线上的全县广大干部群众,致以新春的问候和诚挚的祝福。县领导谭捍卫参加。

是日,县委副书记、县长段伟长,县人大常委会主任唐剑恒先后到县电力局、交警大队、人民医院、应急联动指挥中心,看望慰问坚守在一线的工作者,向他们致以新春问候。

11日,傅国平、段伟长、唐剑恒、刘铁强、尹明忠等全体在家在职的县级领导向县人民政府办公大楼的毛主席铜像敬献花篮,深切缅怀毛主席的丰功伟绩,重温党的光辉历史。

是日,湘潭市委书记、市人大常委会主任曹炯芳到湘潭县茶恩寺镇茶花村,了解扶贫攻坚进展情况以及工作中存在的薄弱环节,帮助当地找准工作着力点,更好地推进扶贫攻坚工作。市县领导陈忠红、傅国平参加。

13日,县委副书记、县长段伟长率队前往花石镇开展调研活动,着重了解特色小镇建设和打造县域次中心情况。县领导谭捍卫、荣虎成参加调研。

20日,市委书记、市人大常委会主任曹炯芳一行到湘潭县调研园区工作。市县领导何俊峰、陈忠红、傅国平、段伟长、谭捍卫参加调研。

21日,湖南省副省长陈飞到湘潭县调研工业经济、农业产业现代化和交通建设等工作,市、县领导陈小山、傅国平、段伟长、唐仁光参加。

3月

4日,湘潭县召开深化机构改革动员大会和机构改革培训会议,县领导傅国平、段伟长、唐剑恒、刘铁强、周贤、谭何龙、刘耀奇、胡亚湘、李豪雄、陈卫兵、谭捍卫、尹明忠、赵苏阳参加会议。

5日,第十三届全国人民代表大会第二次会议在人民大会堂开幕。傅国平、刘铁强、周贤、谭何龙、刘耀奇、胡亚湘、李豪雄、谭捍卫、赵苏阳等全体在家在职的副县级以上领导干部集中收看会议盛况,认真聆听李克强总理所作的政府工作报告。

8日,全县党务工作会议召开。县领导傅国平、段伟长、唐剑恒、刘铁强、刘耀奇、胡亚湘、李豪雄、陈卫兵、谭捍卫、尹明忠、赵苏阳及全体在家县级领导参会。

是日,全县建议提案办理工作会议召开,县领导周贤、曾耀辉、欧建美参加会议。

9日,市委副书记、代市长张迎春率队到湘潭县调研经济社会发展情况。县领导傅国平、段伟长、唐剑恒、刘铁强、周贤、陈义参加。

11日,中共湘潭县委网络安全和信息化委员会办公室、湘潭县医疗保障局、湘潭县退役军人事务局、湘潭县融媒体中心、湘潭县商务局等涉改单位集中挂牌,县领导周贤、谭何龙、刘耀奇、李豪雄、陈卫兵、谭捍卫、尹明忠、唐仁光、肖燎、杨欣荣、荣虎成、陈义分别参加挂牌仪式。

13日,湘潭县举行新时代文明实践中心揭牌暨“建功新时代·志愿服务见我行”主题志愿服务活动启动仪式,市县领导吴小月、傅国平等共同为湘潭县新时代文明实践中心揭牌。县领导段伟长主持启动仪式。

14日,县委书记傅国平走进百花社区郭良林等多位普通群众家,了解群众所需,倾听百姓心声,访民情、听民意、解民忧。县领导谭捍卫、杨欣荣参加。

15日,湘潭县2019年县委农村工作会议召开。县领导傅国平、段伟长、唐剑恒、刘铁强、谭捍卫、赵苏阳、李西文、陈义、马新国参加会议。

20日,湘潭县召开2019年县委政法(信访)工作会议。县领导傅国平、谭何龙、谭捍卫、李西文、彭世辉、何晓春参加会议。

23日,县委书记傅国平主持召开湘潭县安全生产和防汛工作紧急会议。县领导陈义、刘新玉、蒋中军参加。

25日,2019年湘潭县文明委全会召开,县领导傅国平、李豪雄、曾耀辉、杨欣荣、荣虎成、陈义、何晓春参加会议。

28日,全国人大常委会委员、全国人大社会建设委员会副主任委员李培林带领调研组一行到湘潭县调研《中华人民共和国就业促进法》贯彻实施情况。省人大常委会委员、省人大社会建设委员会主任委员祁圣芳,市县领导彭子玉、刘永珍、唐剑恒、周贤参加调研。

29日,湘潭县委理论学习中心组(扩大)集中学习举行,傅国平、段伟长、唐剑恒、刘铁强等全体在家的县级领导,县委第二理论学习中心组成员,县委巡察组正、副组长,各乡镇党委书记,乡镇长、党委副书记、人大主席、政协联工委主任、宣传统战委员参加学习。

4月

1日,2019年度全县生态环境保护工作会议召开。县领导傅国平、段伟长、赵国政、唐仁光、韩炎、刘新玉参加会议。

3日,县委书记傅国平就扫黑除恶专项斗争工作到花石镇进行督导,并指导软弱涣散村党组织工作。

8日，湘潭县召开促进民营经济发展暨推进制造强县动员大会，傅国平、段伟长、唐剑恒、刘铁强等全体在家县级领导参会。

11日，县委书记傅国平到花石镇和杨嘉桥镇，调研督导农村人居环境整治和基层党建等工作。县领导刘新玉参加调研。

是日，县委副书记、县长段伟长到易俗河镇，就农村人居环境整治工作进行督导。

12日，县委书记傅国平到易俗河镇新梅林民宿度假生态园调度项目建设，县领导陈义参加。

15日，湘潭县在深圳召开粤港澳大湾区招商恳谈会。县领导傅国平、段伟长、陈卫兵、肖燎、蒋中军、唐争耀，来自珠三角地区智能制造产业、新材料、食品医药产业、皮具皮鞋产业企业家、商会领导参加恳谈会。

17日，湘潭县2019年一季度经济形势分析暨挺进"全国百强县"工作调度会议召开。县级领导周贤、杨欣荣、荣虎成、陈义、刘新玉、蒋中军参加会议。

22日，湘潭县召开2019年安全生产、防汛抗旱、森林防火工作会议。县领导傅国平、段伟长、周贤、赵苏阳、彭世辉、唐仁光、肖燎、杨欣荣、荣虎成、陈义参加会议。

是日，湘潭县召开全县农村人居环境整治工作紧急调度会，县领导傅国平、段伟长、赵苏阳、唐仁光、肖燎、杨欣荣、荣虎成、陈义、刘新玉参加会议。

29日，县委理论学习中心组集中学习、理论研讨举行。县领导傅国平、段伟长、唐剑恒、刘铁强以及全体在职县级领导参加学习。

是日，湘潭县庆"五一"劳模（工匠）座谈会召开，县领导谭捍卫、唐仁光、韩炎参会。

5月

11日，湘潭县召开脱贫攻坚工作推进会，县领导傅国平、段伟长、唐剑恒、刘铁强等全体在家县级领导参加会议。

13日，县委书记傅国平到花石镇琵琶村开展"三走访、三督导、三签字"工作。县领导谭捍卫参加。

是日，2019年湘潭县人大代表工作评议动员大会召开，县领导傅国平、段伟长、唐剑恒、赵国政、曾耀辉、刘绵晖、胡自庚、唐仁光、陈义参加会议。

16日，湘潭县召开2019年河长制工作暨人居环境、脱贫攻坚工作推进会议。针对三项重点工作，县委副书记、县长段伟长提出"学懂、弄通、干好"六个字的要求。县领导周贤、唐仁光、陈义参加会议。

21日，湖南皇爷食品有限公司总部搬迁暨全面开工典礼举行。县级领导周贤、唐争耀、贺玉良参加活动。

27日，湘潭县召开2019年创建工作领导小组会议，县级领导周贤、李豪雄、谭捍卫、杨欣荣、陈义、蒋中军、罗义彬参加会议。

29日，湘潭县召开创建省级金融安全区暨防范地方金融风险不良贷款清收工作会议。县领导周贤、谭何龙、李豪雄参加会议。

是日，县委副书记、县长段伟长到县市场监管局现场办公。县级领导周贤、肖燎、蒋中军参加会议。

6月

4日，县委副书记、县长段伟长前往谭家山、白石等地督查防汛备汛和河长制落实等工作。副县长陈义参加督查。

5日，湘潭天易经开区重大产业项目开工、竣工（投产）暨胖哥耀晨总部新生产基地开工仪式举行，集中开工、竣工（投产）的34个项目，总投资近50亿元。县领导段伟长、唐剑恒、刘铁强、周贤、谭何龙参加开工仪式。

8日，湘潭县召开农村人居环境整治工作推进会，对下阶段工作进行再部署。县领导傅国平、段伟长、唐仁光、荣虎成、陈义、刘新玉参加会议。

12日，湘潭县召开"五大竞赛"调度会。县领导段伟长、周贤、肖燎参会。

13日，湘潭县"非洲猪瘟"防控工作推进会召开。县委副书记、县长段伟长在会上要求，要全民参与，上下齐心，打赢"非洲猪瘟"防控战争。副县长陈义参加会议。

24日，县委副书记、县长段伟长给湘潭县第24期青干班的53名学员讲授《经济工作专题》。

28日，湘潭县办公室系统第二十期"周末大讲堂"举行。当天，主讲人以《练就调查"硬本领"，提升研究"软实力"》为主题，围绕调查研究是什么、为什么、怎么办，讲述开展调查研究的重要性、注意事项以及党办工作人员应该如何开展调查研究等内容，对全县办公室系统工作人员开展高质量调查研究、提高写作水平和能力进行专题辅导。县领导韩炎主持学习培训班。

7月

4日，湘潭县创建国家卫生县城迎接省级调研工作调度会召开，县领导周贤、杨欣荣参加会议。

8日至9日，创建国家卫生县城省级调研专家组就创建国家卫生县城工作到县调研，县领导周贤、李豪雄、杨欣荣、刘新玉参加调研活动。

15日，全县创建国家卫生县城省级调研反馈问题整改交办会召开。县领导周贤、杨欣荣参会。

18日，县委书记傅国平带队，对创建工作开展全面督查。县领导周贤、谭海洋、李豪雄、谭捍卫、唐仁光、肖燎、杨欣荣、陈虹伶、刘新玉参加。

23日，县委书记傅国平带队前往杨嘉桥镇和石潭镇，就村级服务阵地规范化建设工作进行现场办公，并就农村人居环境综合整治、脱贫攻坚等工作进行安排部署。县领导周贤、刘耀奇、罗霄、刘新玉参加。

是日，湘潭县人民政府第十六届六次全体（扩大）会议暨2019年上半年经济形势分析会议召开，会议认真总结上半年政府工作开展情况，科学研判当前经济形势，安排部署下阶段工作。段伟长、谭海洋、刘耀奇、赵苏阳及县人大、县政府、县政协、天易经开区的相关县级领导参加会议。县委副书记、县长段伟长传达市委半年度经济形势分析会的主要精神,通报全县半年度各项指标排名情况。就做好下阶段全县经济工作,段伟长指出,一是丢掉幻想,自力更生。二是摆脱依赖,艰苦奋斗。三是不忘初心,勇于奉献。四是居安思危,知足常乐。会上,段伟长还就制订农民收入稳增长的政策措施、出台国有企业转型发展政策、加大服务企业三年行动的调度等当前八项工作进行安排部署。

24日,县委书记、天易经开区党工委书记傅国平深入经开区重点项目建设现场,调度重点项目建设工作。天易经开区常务副主任谭海洋等参加活动。

是日,湘潭县召开农村人居环境整治工作调度会。县领导周贤、陈义、刘新玉参会。

25日,县委理论学习中心组(扩大)集中学习举行。县委书记傅国平主持学习活动。县委理论学习中心组成员、县委第二理论学习中心组成员、县委巡察组正副组长、乡镇主要负责人、全县专武干部等参加学习。

26日,县委财经委员会第一次会议暨县全面建成小康社会推进工作领导小组会议召开。县领导傅国平、段伟长、刘耀奇、谭捍卫、赵国政参会。

31日,县领导傅国平、唐剑恒、刘铁强一行先后到县军干所、县武警中队、县光荣院、县消防救援大队、县人武部开展走访慰问活动。县领导刘耀奇、谭捍卫、尹明忠参加慰问。

是日,县委书记傅国平带队察看2019年创建工作整改情况,并就后期创建工作进行安排部署。县领导段伟长、周贤、李豪雄、肖燎、杨欣荣、刘新玉参加。

8月

1日,省委常委、省委统战部部长黄兰香到湘潭县参加省人大代表湘潭第一小组活动,并就优化营商环境,促进民营经济高质量发展召开专题调研座谈会。市县领导李江南、杨真平、徐亚健、傅国平、段伟长、唐剑恒、陈卫兵参加。

2日,县委书记傅国平带队察看创建国家园林县城工作开展情况,并就迎检工作进行调度。县领导周贤、荣虎成、刘新玉参加活动。

12日,县委书记傅国平带领创建办相关负责人,深入城区大街小巷,查死角、看盲点,暗访创文、创卫、创园工作开展情况。

13日,县委书记傅国平带领相关责任单位,检查12日暗访发现的创文、创卫突出问题进行现场办公。县级领导谭捍卫、蒋中军参加。

15日,县委书记傅国平带队开展“街长制”巡察,对大鹏路沿线的环境卫生、车辆停放、门店经营等情况。

是日,县委书记傅国平带队开展“送清凉”活动,看望慰问高温酷暑下坚守工作岗位的一线职工。县领导韩炎参加慰问。

16日,广州酒家集团利口福(湘潭)食品有限公司(广州酒家集团利口福湘潭生产基地)正式投产,出席当天活动的嘉宾有:广州市国资委党委书记、主任陈浩钿,广州酒家集团党委书记、董事长徐伟兵,县领导傅国平、谭海洋、刘耀奇及天易经开区在家班子成员。

19日,湘潭县召开2019年创建工作推进会,县领导傅国平、段伟长、周贤、谭海洋、刘耀奇、颜炬、李豪雄、陈卫兵、罗霄、杨欣荣参加会议。

是日,县委书记傅国平走进百花社区普通群众家中,了解民情,听取民声,回应民意。副县长杨欣荣一同参加。

22日,湘潭县召开农村人居环境整治半年度讲评暨工作推进会。市、县领导毛先林、傅国平、周贤、李西文、陈义、刘新玉参加会议。

是日,天易经开区召开2019年度党风廉政建设和反腐败工作会议。县领导傅国平、谭海洋等出席会议。

23日,湘潭县绩效考核工作讲评大会召开。傅国平、段伟长、周贤、唐剑恒、谭海洋、刘耀奇、颜炬、李豪雄、陈卫兵、罗霄等全体在家的县级领导出席会议。

是日,县委理论学习中心组(扩大)开展集中学习。傅国平、段伟长、周贤、李豪雄、陈卫兵、罗霄等全体在家的县级领导参加学习。

27日,县领导周贤、陈义一行来到青山桥片区,调研青山桥镇、石鼓镇、分水乡危房改造和产业扶贫工作。

是日,湘潭县召开农村“厕所革命”工作推进会,县领导周贤、陈义参会。

30日,湘潭县在长沙组织召开湘潭县生物医药产业招商恳谈会,市县领导何俊峰、杨英杰、傅国平、段伟长、谭海洋、陈卫兵、肖燎、杨欣荣出席会议。

9月

2日,湘潭县召开创建国家卫生县城再动员大会,县领导傅国平、段伟长、周贤、谭海洋、肖燎、杨欣荣等出席会议。

4日,县委书记傅国平带队到茶恩寺镇、白石镇、中路铺镇,开展脱贫攻坚“三走访、三督导、三签字”活动。县领导谭捍卫参加走访。

8日,湘潭县举行2019年度新兵欢送仪式,市县领导刘新文、傅国平、刘耀奇、尹明忠参加活动。

9日,湘潭县脱贫攻坚季考核讲评暨工作推进会议召开,对全县脱贫攻坚工作进行讲评和再动员。县领导傅国平、周贤、谭捍卫、罗霄、赵苏阳、李西文、陈义、马新国出席会议。

是日,县委书记傅国平带队督查创卫工作,对湘潭县创卫工作进行回头看,查漏补缺,重点对工作中存在的不足和整改不到位的地方进行现场交办。县领导杨欣荣参加督查。

是日,湘潭县扫黑除恶专项斗争领导小组(扩大)会议召开,县领导傅国平、周贤、颜炬、罗霄、唐仁光、李西文、彭世辉、何晓春等参加会议。

10日,全县教育工作大会暨庆祝第三十五个教师节表彰大会召开。县领导傅国平、段伟长、周贤、唐剑恒、刘铁强、谭海洋、曾耀辉、杨欣荣、刘新玉参加会议。

11日，湘潭县“不忘初心、牢记使命”主题教育工作会议召开。市委主题教育第一指导组有关领导，在职党员县级领导，县委主题教育领导小组成员及办公室负责人，参加主题教育的乡镇、县直机关、企事业单位党委（党组）主要负责人，县委主题教育指导组正副组长出席会议。

16日，湘潭县全体在职党员县级领导到彭德怀纪念馆开展“不忘初心、牢记使命”革命传统教育活动，追忆红色故事，重温入党誓词，开展学习讨论，感悟中国共产党人的初心和使命。

17日，湘潭县第十六届人民代表大会第四次会议举行主席团第一次会议，县领导傅国平、唐剑恒、段伟长、周贤、颜炬、罗霄、赵国政、曾耀辉、刘绵晖、李西文、胡自庚参加会议。

18日，湘潭县第十六届人民代表大会第四次会议举行第二次全体会议，在圆满完成各项议程后，大会胜利闭幕。

是日，湘潭市2019年“全国科普日”主场活动启动仪式在湘潭江声实验学校举行。市县领导何俊峰、阳建民、胡振湘、周贤、陈虹伶参加活动。

是日，全县扶贫领域腐败和作风问题专项治理工作推进会召开。县领导周贤、颜炬、陈义参加会议。

20日，县委理论学习中心组开展“不忘初心、牢记使命”主题教育集中学习。市委“不忘初心、牢记使命”主题教育第一指导组副组长、市委政法委副调研员陈文洪出席指导学习活动。县领导傅国平、唐剑恒、刘铁强、刘耀奇、李豪雄、陈卫兵等县委理论学习中心组成员参加学习。

22日，县委书记傅国平主持召开全县安全生产工作紧急会议。县委副书记、县长段伟长，县领导赵苏阳、肖燎、杨欣荣、荣虎成、陈虹伶参加。

24日，中国建设银行总行调研组到县开展乡村金融调研。县领导周贤、赵苏阳参会。

26日，县委理论学习中心组开展“不忘初心、牢记使命”主题教育集中学习。县领导傅国平、段伟长、唐剑恒、颜炬、李豪雄、罗霄、唐仁光、赵苏阳参加。

是日，县委书记傅国平主持召开县委理论学习中心组“明初心、守初心，坚定理想信念”主题研讨交流会。县领导段伟长、周贤、唐剑恒、刘铁强、谭海洋、李豪雄、陈卫兵、罗霄、唐仁光、赵苏阳参加。

27日，湘潭县举行庆祝中华人民共和国成立70周年宣讲报告会，县委书记傅国平作主题宣讲报告。县委副书记周贤主持。县领导唐剑恒、刘铁强、颜炬、李豪雄、陈卫兵、罗霄参加。

28日，县委副书记、县长段伟长到中路铺镇、茶恩寺镇、排头乡，重点督查各乡镇安全生产、森林防火、农村人居环境整治、交通安全综合整治等工作。

29日，县委理论学习中心组开展“不忘初心、牢记使命”主题教育集中学习。县委书记傅国平主持，县领导周贤、唐剑恒、刘铁强、谭海洋、李豪雄、陈卫兵、罗霄、唐仁光参加。

是日，庆祝中华人民共和国成立70周年“我和我的祖国”——莲乡大合唱比赛在县文体广场举行，县领导傅国平、段伟长、周贤、唐剑恒、刘铁强、谭海洋及县委、县人大、县政府、县政协、县人武部、天易经开区在家的县级领导出席活动。

30日，湘潭县在烈士纪念广场举行烈士纪念日公祭活动。县领导傅国平、段伟长、周贤、唐剑恒、刘铁强、尹明忠，烈士遗属、退伍老兵、学生代表等200余人参加。

是日，县委书记傅国平、县人大常委会主任唐剑恒到离休干部周汉轩家中，开展走访慰问活动，向他送上中共中央、国务院、中央军委颁发的“庆祝中华人民共和国成立70周年纪念章”及慰问金。

10月

9日，县委书记傅国平到花石镇讲授“不忘初心、牢记使命”主题教育党课。县领导罗霄及花石镇工作组负责人、党政班子、全体机关干部、村（社区）党组织书记等参加学习。

是日，县委书记傅国平到花石镇调研指导“不忘初心、牢记使命”主题教育，实地走访软弱涣散基层党组织，开展“新形势下的农村安全生产与社会治理”课题调研。县领导罗霄参加活动。

是日，县委副书记周贤为云湖桥镇机关干部及村（社区）负责人等，讲授“不忘初心、牢记使命”主题教育专题党课，并就脱贫攻坚、主题教育、村部建设、安全生产等工作进行调研指导。

10日，市政协主席周放良一行到县就破解民营经济高质量发展短板的对策开展调研。县领导傅国平、刘铁强、谭海洋等参加。

是日，县委书记傅国平带队深入城区农贸市场、居民小区、主要路段等地，检查创文工作开展情况。县领导李豪雄、肖燎一同参加。

是日，县委副书记、县长段伟长就医疗保障工作开展调研，医保部门要不忘医保制度的初心和牢记医保工作的使命，要把握好医保基金的性质和互助宗旨；要坚持问题导向，大胆创新，维护好基金的安全和群众的利益；要坚持务实工作，打造特色，将医疗水平和特色服务广泛进行推广，使全县医疗保障事业让政府放心，让人民满意。县领导杨欣荣参加调研。

12日，县委书记傅国平主持召开全县扫黑除恶专项斗争领导小组（扩大）会议，县领导段伟长、颜炬、李豪雄、罗霄、唐仁光、李西文、彭世辉、何晓春参加会议。

14日，湘潭县“不忘初心、牢记使命”党建引领基层治理工作现场交流会在乌石镇召开。县委副书记周贤主持会议，县领导罗霄、唐仁光参加。

15日，县委常委班子“不忘初心、牢记使命”主题教育征求意见座谈会召开，县领导傅国平、罗霄出席会议。市委第一指导组组长陈小放，副组长陈文洪到会指导。

17日，县委理论学习中心组“担使命、履职责，矢志为民服务”主题研讨交流会举行。县委书记傅国平主持会议并作交流发言,市委“不忘初心、牢记使命”主题教育第一指导组组长陈小放到会指导,县领导段伟长、周贤、唐剑恒、刘铁强、谭海洋、刘耀奇、颜炬、李豪雄、陈卫兵、罗霄、唐仁光、赵苏阳参加。

是日,县委理论学习中心组开展“不忘初心、牢记使命”主题教育集中学习。学习活动由县委书记傅国平主持,县领导段伟长、周贤、唐剑恒、刘铁强、刘耀奇、唐仁光、赵苏阳参加。

18日,2019年县人大评议部门工作集中评议大会举行。县领导傅国平、唐剑恒、颜炬、曾耀辉、刘绵晖、李西文、胡自庚、陈虹伶、陈义参加。

21日,县委书记傅国平专题听取石鼓镇、分水乡人大代表建议和群众意见办理情况。县领导唐剑恒、颜炬、李豪雄、曾耀辉、荣虎成、陈虹伶参加。

是日,湘潭县召开“三大攻坚战”调度会,县委副书记、县长段伟长就防范化解重大风险、精准脱贫、污染防治三项工作进行安排部署。

22日,县委书记傅国平主持召开县委常委班子“不忘初心、牢记使命”主题教育对照党章、党规找差距专题会议。市委第一指导组组长陈小放到会指导。县领导段伟长、周贤、刘耀奇、颜炬、李豪雄、陈卫兵、罗霄、唐仁光、赵苏阳参加会议。县领导唐剑恒、刘铁强列席会议。

28日,湘潭县脱贫攻坚考核暨人居环境整治工作部署会召开。傅国平、段伟长、周贤、唐剑恒、刘铁强等县领导出席会议。

29日,县委书记傅国平带队到杨嘉桥镇、石潭镇、云湖桥镇开展安全生产检查及巡河工作。

30日,省委“不忘初心、牢记使命”主题教育第四巡回指导组组长、省政协常委邓三龙带队到湘潭县,就主题教育、基层组织建设、项目建设等工作进行考察,市县领导周晓理、傅国平、谭海洋参加。

31日,中共湘潭县委常委班子“不忘初心、牢记使命”主题教育调研成果交流会召开,市委副书记、市长张迎春出席会议,傅国平、段伟长、周贤等县委常委班子成员先后作交流发言,县领导唐剑恒、刘铁强列席会议。

11月

5日,省委主题教育办常务副主任、省委组织部副部长蔡建和一行到湘潭县调研主题教育工作。省委第四巡回指导组副组长邝邹飞,市县领导陈忠红、傅国平、罗霄等参加。

6日,2019年县委统战工作领导小组会议召开,县领导周贤、陈卫兵参加会议。

是日,“唱响新时代,文艺进乡村”活动在梅林桥启动。县领导周贤、杨欣荣参加启动仪式。

7日,县委书记傅国平主持召开县委人才工作领导小组会议。县领导罗霄参加会议。

11日,县委书记傅国平到花石镇、杨嘉桥镇开展基层党组织走访及脱贫攻坚“三走访、三督导、三签字”活动。

是日,县委副书记、县长段伟长分别赴工交系统和商务系统开展专题调研。县领导赵苏阳、肖燎、陈虹伶分别参加调研。

12日,县委书记傅国平到河口镇和易俗河镇调研督导乡镇工作。

是日,县委副书记、县长段伟长带队就《政府工作报告》起草工作,先后听取县公安局、人社局等单位工作汇报,并就下阶段法治、财贸工作提出具体要求。县领导刘耀奇、彭世辉参加调研。

13日,县委理论学习中心组集中学习暨“改作风、勇担当,带头真抓实干”主题研讨交流会举行。县委书记傅国平主持并带头作交流发言,县领导段伟长、周贤等县委理论学习中心组成员参加学习交流活动。县领导唐剑恒、刘铁强列席。市委主题教育指导组相关负责人到会指导。

14日,县委“不忘初心、牢记使命”主题教育暨县委理论学习中心组(扩大)11月集中学习活动举行。县委书记傅国平主持学习活动,县领导段伟长、周贤、唐剑恒、刘铁强等县委理论学习中心组成员参加学习活动。

14日晚,县委副书记、县长段伟长深入治超一线,前往青山桥镇松柏桥地段治超执法现场和吴家巷治超站督查治超工作。县领导陈虹伶一同参加督查。

近日,市委书记、市人大常委会主任曹炯芳率队赴湘潭县项目现场调研,并召开现场办公会。市县领导陈忠红、陈小山、傅国平、段伟长、周贤、谭海洋、刘耀奇、唐仁光等参加。

18日,湘潭市“不忘初心、牢记使命”主题教育先进典型报告会湘潭县专场在县委党校大礼堂举行。县委书记傅国平作初心分享,段伟长、周贤、唐剑恒、刘铁强等全体在家县级领导参加活动。

是日,县委副书记、县长段伟长赴天易经开区,就《政府工作报告》起草工作开展专题调研。县领导谭海洋、赵苏阳参加调研。

是日,湘潭县召开脱贫攻坚工作推进会议,就当前脱贫攻坚工作进行点评,着重分析存在的问题,安排部署迎省检相关工作。县领导傅国平、周贤、陈义参加会议。

19日,县委书记傅国平带队到青山桥镇调度皮鞋皮具产业链建设工作。县领导刘耀奇、罗霄、赵国政、陈虹伶等一同参加。

是日,县委副书记、县长段伟长带队就《政府工作报告》起草工作,听取县自然资源局、林业局、住建局、城管执法局等6个部门单位的意见和建议。县领导荣虎成参加调研。

20日,湘潭县召开2019年度污染防治攻坚战工作推进会议。县领导周贤、肖燎、陈虹伶参加会议。

是日,在全县污染防治攻坚战推进会召开之后,县委副书记、县长段伟长带队实地走访县城区部分在建项目,督查大气污染防治工作开展情况。县领导陈虹伶一同参加督查。

21日至24日,中共湘潭县委召开2019年工作务虚会,县委书记傅国平出席并主持会议,县领导段伟长、周贤、唐剑恒、刘铁强、谭海洋、刘耀奇、颜炬、李豪雄、陈卫兵、谭捍卫、罗霄、唐仁光参加会议。

25日，县委副书记、县长段伟长对农口系统开展专题调研，县领导陈义参加调研。

26日，以“三带三帮，扶贫惠农”为主题的湘潭市现代农业千亿产业集群发展暨“三带三帮”脱贫奔小康现场对接活动在岳塘国际商贸城举办。县领导周贤参加活动。

28日，县委书记傅国平以人大代表身份参加所在的县人大代表花石小组活动，开展现场视察，听取人大代表履职情况和意见建议，并入户开展脱贫攻坚“三走访、三督导、三签字”工作。县领导谭捍卫、曾耀辉参加活动。

12月

5日，中共湘潭县委常委班子“不忘初心、牢记使命”专题民主生活会召开。县委书记傅国平主持会议并代表县委常委班子作对照检查发言和表态发言。市委第一指导组组长陈小放以及市纪委监委、市委组织部相关负责人到会指导。县领导段伟长、周贤、刘耀奇、颜炬、李豪雄、陈卫兵、谭捍卫、尹明忠、罗霄、唐仁光参加会议，唐剑恒、刘铁强列席会议。

是日，省商务厅调研组一行到湘潭县调研马路市场搬迁、农村集贸市场建设管理和成品油市场经营管理工作落实情况。县委副书记、县长段伟长参加调研活动。

10日，承载全市上下期盼的湘潭生活垃圾焚烧发电项目正式开工建设。县领导傅国平、段伟长、唐剑恒、刘铁强、唐仁光、赵国政、彭世辉、荣虎成、欧建美及光大环保能源有限公司相关负责人等出席开工仪式。

11日，市委书记、市人大常委会主任曹炯芳带队巡河和督查水利建设工作。市县领导向敏、傅国平、陈义参加。

12日，县委书记傅国平专题调度湘潭至花石快速干道（莲花大道）项目，深入现场查看建设进度，座谈听取相关情况汇报，并就项目推进过程中遇到的具体问题进行调度。县领导唐仁光、陈虹伶参加。

13日，党的十九届四中全会精神宣讲报告会暨县委理论学习中心组（扩大）12月集中学习活动举行。市委宣讲团成员、中共湘潭县委书记傅国平作党的十九届四中全会精神宣讲报告。中共湘潭县委副书记、县长段伟长主持学习活动。

是日，中国美协、中央美院、四川美院等雕塑专家们到湘潭县，就县城文体公园主题雕塑设计进行论证。县领导傅国平、唐剑恒、刘铁强、谭海洋、李豪雄参加论证会。

17日，湘潭县“双联”和困难职工帮扶工作领导小组会议召开。县领导周贤、陈虹伶、韩炎、何晓春参加会议。

18日，县委书记傅国平与党外人士联谊交友，座谈听取大家对县域经济社会发展等方面的意见建议。县委常委、县委统战部部长陈卫兵主持会议，副县长肖燎参加会议。

是日，县委办机关党支部“不忘初心、牢记使命”专题组织生活会召开。县委书记傅国平，县委副书记周贤，县委常委、县委办公室主任谭捍卫以普通党员的身份参加会议。

是日，县委副书记周贤先后到县中医医院、易俗河农贸市场、水竹安置区、贵竹农贸市场等地督查创卫工作。

19日，县委书记傅国平到医卫系统现场办公。县领导李豪雄、谭捍卫、杨欣荣一同参加。

25日，“不忘初心　匠心筑梦”锴鑫·森林雅园杯2019年“最美天易工匠”表彰大会举行，10名在平凡岗位坚守初心，为大美莲乡建设做出贡献的工匠获“最美天易工匠”称号。县领导傅国平、谭海洋、刘绵晖、韩炎、唐争耀、楚荣光为获奖者颁奖。

26日，湘潭县委召开全县领导干部警示教育大会。县委书记傅国平出席会议并讲话。唐剑恒、刘铁强、谭海洋、刘耀奇、颜炬、李豪雄、谭捍卫、尹明忠、罗霄、唐仁光等全体在家在职县级领导参加会议。

是日，县委宣讲团成员、县委副书记周贤到云湖桥镇宣讲党的十九届四中全会精神。

29日，政协湘潭县第九届委员会第四次会议举行第三次全体会议。

30日，政协湘潭县第九届委员会第四次会议召开第五次全体会议，圆满完成各项议程，胜利闭幕。

湘潭县概况

概 况

【地理概况】 湘潭县位于湖南省中部偏东，湘江下游西岸，北纬27°20′00″～27°50′44″，东经112°25′30″～113°03′45″。东与株洲市天元区和渌口区相连，东南隔湘江与衡东县相望；南与衡山县接壤，西南与双峰县相邻；西与湘乡市接界，西北与韶山市毗连；北与宁乡县相接、与湘潭市雨湖区、岳塘区隔涟水、湘江相望。

【面积】 湘潭县自宋朝元符元年（1098年）至民国时期，县域没有变化。1949年，县境跨湘江下游东西两岸，今湘潭市区、株洲市区全部及韶山市、株洲县大部分都属湘潭县统辖，全县面积为4586平方千米。中华人民共和国成立后，境域析置多变，析出划入相抵，总计减少面积2073.77平方千米。至1990年，全县面积为2512.23平方千米。1991年3月至1994年4月，县国土部门进行县域土地详查，详查后确定县域土地面积为2512.98平方千米。2009年7月1日，根据《湖南省民政厅关于将湘潭县响水乡成建制划归雨湖区管辖的批复》（湘民行发〔2009〕7号）文件规定，湘潭县响水乡成建制划归雨湖区管辖。行政区划调整后，湘潭县总面积2374平方千米。2010年11月20日，根据《湖南省民政厅关于将湘潭县响塘乡和姜畲镇成建制划归雨湖区管辖的批复》（湘民行发〔2010〕15号）文件规定，湘潭县响塘乡、姜畲镇成建制划归雨湖区管辖。行政区划调整后，湘潭县总面积为2132.8平方千米。

【资源】 ①植被。县域内属中亚热带东部常绿阔叶林亚林带，按植被区系划分，属华中偏东亚系。过去对天然植被利用不当，致使现皆为次生植被或人工植被。次生植被的组成主要有壳斗科、樟科、山茶科等；人工植被的组成主要有用材林、油茶经济林及沼泽性水上植物等群落。地貌形态多样致使植被各具特色。县境内野生植物资源较为丰富，名目较多，主要有林木类、竹类、药用植物类、花卉类等数百个品种。②野生动物。县境内野生动物属亚热带林灌丛草地农田动物群，常见的野生动物有鼠、野兔等6个种；禽类有麻雀、野鸡等22个种；鳞类有鲤、鲢等40多个种；介类有龟、蟹等6个种；昆虫类有蜘蛛、蝉等46个种；无脊椎类有蜗牛、蚯蚓等6个种；脊椎爬行类有眼镜蛇、水蛇等14个种；两栖类有泥蛙、泽蛙等5个种。③矿产。县境内已探明的矿产资源主要有煤、锰、铅、磷、石膏、海泡石、矽砂、石灰石、铁、金、高岭土、白云石和矿泉水等。

【县治】 南朝梁天监年间（502—519年）立湘潭县，县治在湘江东岸今衡东县石湾一带。唐天宝八年（749年），县治移至洛口（今易俗河镇）。南宋年间（1127—1279年），移至今湘潭市雨湖区观湘门直街。1995年9月28日，移至易俗河镇至今。

【历史概况】 境内荆洲老虎坑、锦石乡堆子山发现大溪文化时期聚落遗址（属湘中四大大溪文化遗址），从这里收集的彩绘陶器等文物，证明早在距今5000年左右，县内先民已由狩猎、采集活动，进入畜牧、水稻生产阶段，形成定居。

商周时期，境内出土的文物较多，其中最珍贵最有代表性的是九华桂花村船形山出土的豕尊和青山桥镇高屯村老屋出土的窖藏尊、鼎、觯、铙、爵、钟等青铜器。青铜器的种类、形制和纹饰工艺，说明境内先民已用青铜制作生产工具，懂得酿造技艺，尚祀神饮酒和娱乐活动。

战国时期，县域属楚国。隶长沙郡。境内已使用铁制工具，饮食具“饭稻羹鱼”特点。秦灭楚，置临湘县，今县地属临湘县，隶长沙郡。

西汉，析临湘置湘南县（湘南，临湘之南，非湘水之南），隶长沙国。治所在今花石镇，今县地湘河口（原涟口）以北属湘南县，以南属临湘县。

东汉延光四年（125年），安帝封黄龙为湘南侯，湘南为侯国。永和二年（137年）废湘南侯国，复为湘南县，隶长沙郡。建安十九年（214年），三国东吴孙权置建宁县（今株洲）。

三国东吴太平二年（257年），分临湘立湘西县，治所在今石潭镇古城村。今县地分属湘南、湘西县，隶衡阳郡。晋，湘南、湘西隶属关系未变。南朝齐建元二年（480年），湘南县废。今县地分属湘西、湘乡、新康县。梁天监年间（502—519年），分阴山县立湘潭县，湘潭县始立，县地多在今衡东县境，治所在衡东石湾附近，隶湘东郡。

隋开皇九年（589年），湘潭县域扩大，将茶陵、攸水、阴山、建宁县并入，今株洲县凤凰山以北部分地域亦属湘潭县，隶衡阳郡。衡山县域亦扩大，湘西、湘乡县、新康县部分并入。今县地属衡山县，隶潭州长沙郡。

唐天宝八年（749年），原湘潭县除凤凰山以北元建宁县域外，余划属衡山县，衡山县北部划属湘潭县，县治移至洛口（今易俗河镇），隶潭州总管府。至此，县境初定，名地相符。是时，碧泉潭涌泉，利于灌溉。湘潭、易俗河等港口，利于船舶停靠。刘禹锡、杜甫等著名诗人，至此多有诗作，中原文化影响益深。

五代十国时期，县域属马殷楚国，隶潭州长沙府。易俗河商业发达，设置场馆。

宋代，湘潭县隶荆湖南路潭州。县人开采金矿，开垦山田，扩种水稻。株洲商业兴起，开征酒税。元符元年（1098年），湘潭县析出2乡、长沙县析出5乡置善化县。南宋，县治移至今湘潭市观湘门直街，设立学堂。崇安人胡安国从荆门移居县域，筑碧泉书堂讲学，撰成《春秋传》，创湖湘学派，开一代学风。

元贞元年（1295年），湘潭县升为州，隶湖广行省潭州路。元末，人民不堪重负，湘乡人易华据境内乌石寨起兵反抗。后为陈友谅农民起义军参政，抗衡朱元璋。

明初，朱元璋部将常遇春平湘潭，其部杀易华于乌石峰下，并大肆屠戮，全县幸存20053人。湘潭复降为县，隶长沙郡。此后，县民多从江西迁入，经过休养生息，人口渐繁。湘潭成为湘江交通枢纽，县治筑城，工商业发达，易俗河成为著名米市。

清顺治六年（1649年），清军入城，杀明督师大学士何腾蛟，并“以邑人多贰于圣朝”，下令“血洗县城”，全城幸存者不满百人。清康熙十三年（1674年），吴三桂反清，占领县城。清康熙十八年（1679年），清军复定湘潭，兵戎蹂躏，境荒田20余万亩。清咸丰四年（1854年），太平军袭占县城。曾国藩以侍郎督师专征东南，治兵衡阳，倚湘潭为饷源，其后筹饷皆取自湘潭，且大兴县城。自此，沿江十余里，商贸繁荣，城中街坊街总，楼宇整峻。时称天下第一壮县。

光绪三十一年（1905年），湘潭辟为寄港地，外国商品涌入，民族工业、手工业受到冲击。同时，县内效兴洋务，电话、电报事业始兴；株萍铁路、粤汉铁路长株、株渌段建成；西医随教会传入；废除书院，兴办学堂，数十名青年东渡日本留学，寻求救国救民之术。刘揆一与黄兴等创立华兴会，任副会长，曾代行总理职务。他与孙中山，黄兴同为同盟会三巨头，曾联络会党谋划反清起义。刘道一参加同盟会，参与领导萍浏醴起义，壮烈牺牲。武昌起义胜利后，湖南首先响应，10月27日，湘潭宣布反正。

民国3年（1914年），湘潭县隶湘江道。民国11年（1922年）撤道，隶湖南省。民国27年（1938年），隶湖南省第一行政督察区。袁世凯窃国后，县人参与护国反袁运动。

民国8年（1919年）以后，受俄国十月革命和国内“五四运动”的影响，县人开始研究马克思主义，共产主义运动兴起。毛泽东在湖南创建中国共产党早期组织，一批先进分子加入中国共产党。他们中多数人回县，深入工农群众，宣传马克思主义，建立中共湘潭县基层组织和中共湘潭地方执行委员会，领导湘潭工农运动。蒋介石发动“四一二”反革命政变后，许克祥在长沙发动“马日事变”，其部进驻湘潭，实行白色恐怖，全县共产党员、工农运动领导人及革命群众共200余人惨遭杀害。中共湘潭地方组织被迫转入秘密活动。

抗日战争开始后，国共两党实现第二次合作，中共湘潭县工作委员会建立，开展抗日救亡工作。1939年，“平江惨案”后，国共合作再度破裂，中共湘潭地方组织又被迫转入秘密活动。1944年6月17日，县城沦陷，日军在县境四处扫荡，到处奸淫、烧、杀和掳掠，全县死伤13万余人。1945年9月20日，日军向驻潭国民革命军缴械投降。抗日战争胜利后，蒋介石发动反人民的内战。

1949年8月，湖南和平解放。8月9日，中国人民解放军第一三八师第四一三团进驻湘潭县城。11日，南下途中组建的中共湘潭县委率干部百余人抵城，宣布湘潭和平解放。县域隶长沙专区（1952年10月，长沙专署改名湘潭专区，县域隶湘潭专区）。13日，中共湘潭工委与中共湘潭县委合并。22日，县人民政府成立，接管旧政权，开展筹粮支前，清匪反霸，安定社会，发动群众兴修水利，恢复生产。1950年，县城关区析出，建县级湘潭市。此后，县内开展减租退押，开始土地改革，试办农业互助组，镇压反革命，着手兴办地方国营企业和区、乡供销合作社，动员青年参加中国人民志愿军赴朝参战。

1951年，株洲镇及太平桥等7乡从县境析出，建株洲市。同年，开展土改复查，至1952年结束。

1953年，县内开始进行农业、手工业和私营工商业的社会主义改造。1956年，全县基本实现农业合作化，完成手工业和私营工商业的社会主义改造。同时在农村开展反资斗争。1956年6月，衡山县新岚乡划入，析出昭山区4乡划入株洲市，析出9乡1镇入湘潭市。1957年，第一个五年计划完成，全县工农业总产值1.2897亿元，为1949年的140%。此后，政治运动不断。1957年，县委在党内开展整风运动，后期转到反右派斗争。1958年，开始大跃进、人民公社化运动，办公共食堂，大炼钢铁，共产风、浮夸风等五风盛行，加上自然灾害，导致发生1959—1961年的国民经济严重困难。1959年，县境析出五星、卫星、星星、上游4个公社和红旗公社所辖原伞铺、妙泉、马家河3乡及雷打石镇入株洲市。1959年4月，属湘潭市。1960年，县内整风整社，纠正五风错误。1961年5月复属湘潭地区。1963年，开展社会主义教育运动。1966年，“文化大革命”开始，历时10年，国民经济遭到严重破坏。1966年，兴建韶山灌区工程，为农业发展创造条件。1968年12月，析出韶山区建省属韶山特区。

1978年，中共十一届三中全会后，县委清理“左”的思想，拨乱反正，平反冤、假、错案，以经济建设为中心，实行改革开放，县域经济飞速发展。1980年，全县工农业总产值达32612.29万元，为1949年的3.56倍。

1981年1月复划归县辖。1983年7月，湘潭地区撤销，县属湘潭市。1984年12月，韶山区划出湘潭县。1992年，规划易俗河镇为新县城所在地，并启动新县城建设。1995年9月28日，县治由湘潭市观湘门直街移址易俗河。同年，在首批百家中国特产之乡命名宣传活动组委会举办的首批“中国特产之乡”命名大会上，湘潭县被命名为“中国湘莲之乡”。1997年，全县综合实力进入全省十强县，生猪生产为湖南第一，粮食生产为湖南第二。1998年8月，县内出现严重旱情，经全县人民奋力抗旱，仍有万余亩晚稻减产。同年10月20日，彭德怀诞辰百周年纪念大会暨铜像揭幕仪式在彭德怀纪念馆隆重举行。

2001年，县委、县政府提出“主攻工业，提升农业，大力发展第三产业”发展思路，推动工业园区建设，易俗河经济开发区和新县城建设以及县域经济发生全新变化。2008年县域经济综合实力跻身全省第十位，被授予全省县域经济“十强”县。

2009年7月，析出响水乡入湘潭市雨湖区。2010年8月，析出响塘乡、姜畲镇入湘潭市雨湖区。2016年，坚持“强工壮县、惠农富民”发展举措。2017年，湘潭县围绕“挺进全国百强县、创建全国文明城市”奋斗目标，持续实施“强工壮县、惠农富民”发展举措，2019年，面对错综复杂的国际形势和经济下行的巨大压力，全县上下紧紧围绕“挺进全国百强县、创建全国文明城市”两大目标，坚持“强工惠农”发展思路，全面实施“五大计划”，持续开展“五大竞赛”，扎实做好“六稳”工作。县域经济及各项社会事业保持持续健康发展。实现地区生产总值485.0亿元，增长8.0%。完成财政总收入287747万元，增长0.2%。居民人均可支配收入26647元，增长9.5%。城镇居民人均可支配收入37665元，增长8.1%；农村居民人均可支配收入20076元，增长8.9%。

【行政区划】 2019年，湘潭县辖14个镇、3个乡，为易俗河镇、谭家山镇、中路铺镇、白石镇、茶恩寺镇、河口镇、射埠镇、花石镇、青山桥镇、石鼓镇、云湖桥镇、乌石镇、石潭镇、杨嘉桥镇、分水乡、锦石乡、排头乡。全县321个建制村，9035个村民小组；22个社区居委会，12个居委会。

【民族宗教】 湘潭县是全省39个宗教工作重点县（市）之一，县内天主教、基督教、佛教、道教、伊斯兰教等5个宗教派系齐全，1995年6月和2005年12月分别成立佛教协会和基督教协会两个宗教团体，2010年行政区域调整之后，全县有依法登记的宗教活动场所51处，其中天主教2处，梅林桥镇麦子石管区和锦石乡东坝村各1处；基督教10处，其中市级重点聚会点2个（射埠聚会点和易俗河聚会点）、真耶稣教派1处（易俗河聚会点位于易俗河镇城塘社区）；佛教活动场所21处，其中省级重点活动场所有 1处（中路铺镇的五龙山大杰寺），市级重点活动场所3处 （易俗河镇的龙兴寺、慈航阁、射埠镇的西灵寺）；道教14处；民间信仰场所4处。此外，易俗河镇甘霖寺和锦石乡碧圣寺还在建设中。

全县共有教职人员21人，其中佛教17人、基督教3人、天主教1人，宗教界人士进入政协委员的4人，信教群众约17万人。

湘潭县是散居少数民族县，境内现有28个少数民族，1800多名常住人口，17个乡镇均有分布，呈散居状，大多数为外来嫁入女性，其中以苗族、土家族、壮族人数居多，2008年根据市少数民族联谊会的要求成立县少数民族联谊活动小组。

【风景名胜】 湘潭县属中亚热带湿润气候区，土地肥沃，植物茂盛，山川相映成趣，雄奇与精微、恢宏与质朴浑然一体，形成众多钟灵毓秀的山水景观，加上地处全省五大旅游区的中心，北有长沙，南有衡山，西有武陵源，东有神农谷，具有明显的区位优势。

湘潭县山川秀丽。湘江和涓水、涟水穿越县境；湖湘文化发祥地之一的隐山、高耸入云的昌山、巍峨挺拔的乌石峰、傍江而立的金霞山可登高览胜；碧泉潭、砚井、汉城桥等名胜古迹可游目骋怀。历代留下“岸花飞送客，樯燕语留人”“绿水暖青萍，湘潭万里春”“杯底还缴龙安云，剑边更落金霞山”等千古绝唱。

湘潭县名人辈出。汲湘江之膏泽，受湖湘文化心性修养、经世致用精神的熏陶，孕育出老一辈无产阶级革命家彭德怀、罗亦农以及世界文化名人齐白石、近代文学艺术界杰出人物黎氏八兄弟、一代文豪王闿运、诗僧释敬安、音乐家吕骥等名人。这里还是台湾地区政要马英九、宋楚瑜的祖籍所在地。

县内有革命纪念地、全国爱国主义教育基地和国防教育基地、国家AAAA级旅游景区—彭德怀纪念馆，世界文化名人齐白石故居，国家AAA旅游景区、湖南省重点佛教活动场所—五龙山大杰寺，湘潭重要的革命传统教育基地、湖南省级文物保护单位、国家级AAA级旅游景区—周小舟故居等名胜，旅游资源丰富。

【交通状况】 湘潭县境内公路总里程为9785千米，其中：高速公路(含辅道)4条约80千米(即沪昆高速、岳临高速、韶山高速、潭衡高速)、国道3条88千米(即国道107线、国道320线及国道240线)、省道9条约417千米(省道216线、省道219线、省道325线、省道327线、省道329线、省道330线、省道331线、省道536线、省道545线)，其余均为县乡村道。城市公交线路10条，其中：县城公交线路4条（601路、602路、603路、605路），县域公交线路6条（10路、23路、101路、108路、116路、123路）。港口1个——湘潭港易俗河港区千吨级码头，码头一期已建成营运。

【气候特点与气象灾害】2019年湘潭县年平均气温17.8℃，较常年偏高0.6℃；年降水总量1349.3毫米，较常年偏少2.9%；年日照时数1454.4小时，较常年偏少5.7%。全年气候呈现出：气温偏高，年高温日数偏多，多月极端最高气温创历史极值；年内降水量正常，空间分布为“北多南少”，期间有涝有旱；日照时数分布呈“西南多、东北少”，总体正常。年内出现寒潮、风灾、雹害、五月低温、高温热害、干旱、连阴雨及大雾等灾害性天气。据统计，全县灾情较上年有所增加，累计受灾人口47366人，其中安置转移9020人；直接经济损失14213.78万元，其中农业经济损失1209.78万元，受灾面积88551公顷，绝收面积19615公顷；其他经济损失603万元。综上所述，2019年湘潭县地区气候年景较差。

全年平均气温偏高。2019年湘潭县年平均气温为17.8℃，较历年偏高0.6℃，与上年相比偏低0.3℃，按照气温异常等级标准，年平均气温评定为偏高范畴，与2009年和2015年同为1959年以来的第五高值。极端最高气温为39.5℃（9月13日），较上年偏高0.3℃，与2009年同为1981年以来第六高值。湘潭县南部为明显的极端最高气温中心。极端最低气温为-1.4℃（1月1日），位于1981年以来第四高位，处于偏高水平。全县存在多个最低气温中心，分布上有“西低东高”的特征。

全县降水总量正常，年降水日数偏多。2019年全县年平均降水总量为1349.3毫米，较常年偏少40.2毫米（-2.9%），按照降水量异常等级标准，评定为正常范畴。湘潭县雨（雪）日（日降水量≥0.1毫米）平均有164天，占全年天数的44.9%，较历年平均偏多11天，比上年偏多4天，与1993年和1999年同为1981年以来第八多值。1981年至今雨日总体呈现出增多的趋势，近两年均多于历年平均。

全年日照时数正常。2019年全县平均总日照时数1454.4小时，较历年偏少88.3小时（-5.7%），比上年偏少116.5小时（-7.4%），按日照时数异常等级标准，评定年日照时数正常。从1981年以来日照时数整体表现为缓慢下降趋势，但在2013年短暂增加到1739.2小时达历史最高值，尔后回升趋势。

重度冬酣，连阴雨创历史极值。2018/2019年冬季湘潭县雨（雪）日为56天，与历年同期相比偏多17天，达到重度冬酣标准。季内出现两段阴雨寡照天气，分别为2018年12月30日—2019年1月11日和2月7—24日。其中12月30日—1月11日累积降水量为60.4毫米，日降水量≥0.1毫米且过程日平均日照时数≤1.0小时的日数为11天，达中度连阴雨标准。2月7—24日累积降水量为97.8毫米，日降水量≥0.1毫米且过程日平均日照时数≤1.0小时的日数为18天，达重度连阴雨标准。历年冬季最长连阴雨天数为14天，此次连阴雨过程创历史新高。长时间的阴雨寡照天气对各行业和人民生产生活造成很大影响，尤其对农业生产，主要表现在由于湿渍害和光合作用减少，越冬作物生长影响很大。此外，雨天道路湿滑，对交通运输产生一定的影响。

冷空气频繁，出现寒潮。2019年湘潭县多次受到北方冷空气南下影响，初春与西南暖湿气流交绥，产生强对流天气，秋季灾害性天气则以大风和降温为主，其中有5次达到中等强度及以上冷空气标准，分别是3月21—24日、4月9—11日、11月13—15日、11月16—18日以及11月24—26日。

轻度雹灾。2019年度全县雷电、雷雨大风、短时强降水等强对流天气频发，出现一次局地最大直径≤9毫米的冰雹，持续时间短暂、雹粒小，属于轻度雹灾。受到副热带高压外围偏东风扰动和地面辐合线影响，8月21日傍晚前后有热对流天气发生，并伴有短时强降水和雷雨大风，局地阵风9级，其中中路铺镇观测到最大直径为7毫米的冰雹。据监测显示，当天瞬时极大风速为22.4米/秒（21日17时05分）。据统计，此次强对流天气中累计受灾人口1476人，农作物受灾面积4270公顷，房屋倒塌32间，造成直接经济损失1124.74万元。

5月低温。5月5—9日连续5天日平均气温≤20℃，均达到“五月低温”标准。据监测显示，全县平均气温为17.3℃，较历年同期平均值偏低4.0℃，较历年同期最高值偏低8.6℃（2011年）。湘潭县地区2019年指数为10.39。1981年以来全县5月低温指数总体呈下降趋势，近10年仅出现2次，分别为2016年和2019年。虽然2019年“5月低温”持续时间不长，但强度大，其指数全县平均为12.4，是21世纪以来的次极值，仅次于2002年（22.1）。

暴雨洪涝。据统计，2019年湘潭地区出现2天暴雨。全县暴雨强度为83.6毫米/24小时，空间分布呈“西南弱、东北强”，全县暴雨强度整体差别不大。暴雨集中率为11.9%，空间分布表现为“西低东高”。从暴雨强度和暴雨集中率综合考量，2019年由暴雨洪涝灾害造成的损失主要位于湘潭县东北部。2019年强降水过程主要发生在入汛前期，分别出现在4月26—27日、5月12—13日、5月19—20日、6月6—9日、6月21—23日、7月7—9日和7月11—13日，区域性暴雨过程主要有5月12—13日、6月21—23日、7月7—9日三次。据统计，湘潭县受灾人口达45890人，紧急转移安置9020人；农作物受灾面积84281公顷，其中绝收面积19615公顷；倒塌房屋66间，因灾造成直接经济损失达12401万元。

高温热害。2019年湘潭县高温日数为51天，与历年同期相比偏多27天。全县存在不同高温日数多值中心，空间分布上表现为“西部少、中部以东多”。8月的高温日数最多，其次是7月和9月。湘潭县出现3段轻度高温热害期、2段中度高温热害期。

极端干旱。2019年湘潭县地区出现不同程度气象干旱，且持续时间长、影响范围广。按照GB/T20481-2006《气象干旱等级》中的综合气象干旱等级划分标准，1—7月基本无旱；8月开始出现不同程度的气象干旱，8月12日—10月1日出现长时间中旱，10月2—11日发展为特旱，10月12—13日减弱为中旱，尔后逐步缓解；11月下旬全县干旱再度有所发展；12月中旬全县出现降水，旱情解除。

（说明：以上各气象要素的统计时间划分：年度指本年1月—12月；冬季指上年12月—本年2月。）

（黄昱博）

国民经济和社会发展

【概况】 2019年，实现地区生产总值485.0亿元，增长8.0%。其中，第一产业增加值59.1亿元，增长2.5%；第二产业增加值259.0亿元，增长9.5%；第三产业增加值166.9亿元，增长7.1%。三次产业结构比为12.2∶53.4∶34.4，第一、二、三次产业对经济增长的贡献率分别为3.6%、69.8%和26.6%。财政总收入287747万元，增长0.2%。年末，金融机构本外币各项存款余额456.0亿元，增长5.8%；本外币各项贷款余额360.7亿元，增长16.1%。居民人均可支配收入26647元，增长9.5%。城镇居民人均可支配收入37665元，增长8.1%；农村居民人均可支配收入20076元，增长8.9%。

【农业】 实现农林牧渔业总产值102.0亿元，增长2.7%。粮食播种面积8.0万公顷，粮食总产量59.9万吨，下降1.8%；蔬菜播种面积2.0万公顷，增长3.8%，蔬菜产量61.6万吨，增长2.6%；油料播种面积1.1万公顷，增长5.45%，油料产量1.9万吨，增长6.8%。水产品产量4.5万吨，增长8.6%；禽蛋产量1.9万吨，增长4.4%；出栏肉猪116.5万头，下降20.0%；出栏牛0.8万头，增长82.6%；出栏羊5.6万头，增长8.2%。水利工程投入资金3.0亿元，开工各类水利工程0.75万处，完成水利工程土方石750万立方米。新增农田有效灌溉面积0.5万亩。年末农业机械总台数31.68万台，总动力达144.7万千瓦。粮食机耕率达98.0%，机收率达98.4%，机播率达37.2%,农作物机械化率达70.8%。

【工业、建筑业和交通】 2019年，全县规模以上工业企业完成总产值667.4亿元，增长12.0%，完成规模工业增加值197.4亿元，增长8.9%，其中天易示范区完成规模工业增加值154.4亿元，增长9.7%，占全县规模工业增加值的比重为78.2%。全县规模工业企业实现主营业务收入619.2亿元，增长12.2%，实现利润总额22.2亿元，增长15.9%。

实现建筑业增加值42.7亿元，增长13.8%。有资质等级的总承包和专业承包建筑业企业实现利润总额2.3亿元，增长4.6%。房屋建筑施工面积318.3万平方米，增长16.4%，其中新开工面积153.4万平方米，下降7.0%；房屋建筑竣工面积172.6万平方米，下降5.7%。全年商品房销售面积106.1万平方米，增长5.2%，其中住宅销售面积89.3万平方米，下降5.7%。商品房销售额59.7亿元，增长25.7%，其中住宅销售额45.4亿元，增长8.1%。

【固定资产投资】 2019年，投资保持较快增长。固定资产投资增长16.2%。其中，产业投资172.9亿元，增长26.6%；工业投资126.4亿元，增长8.0%；基础设施投资11.9亿元，下降36.7%；高新技术产业投资21.4亿元，增长89.9%；民生工程投资11.2亿元，增长95.8%；生态环境投资5.0亿元，增长42.8%；房地产开发投资38.1亿元，增长5.1%。

【贸易和旅游】 2019年，实现社会消费品零售总额106.3亿元，增长10.7%，其中限额以上法人批发零售、住宿餐饮企业实现零售额18.4亿元，增长16.3%。进出口总额21986万美元，增长30.4%，其中，进口总额21843万美元，增长31.2%；出口总额142万美元，下降30.6%。接待游客1146.1万人次，增长11.1%，实现旅游综合收入93.0亿元，增长6.3%；其中境外入境游客2.02万人次，实现境外入境旅游收入4640万元，增长13.9%。居民人均消费支出18006元，增长8.2%。城镇居民人均消费支出21650元，增长8.5%；农村居民人均消费支出15833元，增长8.9%。

【教育和科学技术】 2019年，有中等职业教育学校5所，招生人数1790人，在校学生4810人，毕业生1621人，教职工412人。普通高中9所，招生人数6037人，在校学生17846人，毕业生6402人，教职工1606人。初中学校60所，招生人数9377人，在校学生28741人，毕业生10131人，教职工2576人。普通小学140所，招生人数8793人，在校学生48781人，毕业人数7431人，教职工2658人。特殊教育学校1所，在校学生68人，教职工12人。幼儿园在园幼儿22539人。小学适龄儿童入学率、高中阶段教育毛入学率均为100%。落实义务教育保障资金9186.6万元，发放普通高中国家助学金562.9万元；发放中职国家助学金165.1万元，资助中职学生1651人次；落实中职免学费资金1023.6万元，资助中职学生8530人次。

实现高新技术产业总产值409.5亿元，增长13.4%;高新技术产业增加值129.5亿元，增长14.1%，占GDP的比重为26.7%。专利申请量623件，授权量284件。其中发明专利申请量134件，增长57.7%；发明专利授权8件。

【文化、卫生和体育】 2019年，有群众艺术馆、文化馆1个，公共图书馆1个，博物馆、纪念馆1个，国家级非物质文化遗产保护目录1个，省级非物质文化遗产保护目录1个，艺术表演团体2个。有线电视用户达6.6万户，广播综合人口覆盖率100%，电视综合人口覆盖率90%。全年放映农村公益电影7775场。

2019年，有医疗卫生机构803个，其中医院11个，妇幼保健院1个，专科疾病防治院1个，疾病预防控制中心1个，卫计综合监督执法局1个，乡镇卫生院19个，诊所、卫生所、医务室218个，村卫生室552个。卫生技术人员4603人，其中执业医师和执业助理医师1745人，注册护士2163人。医院、乡镇卫生院共有床位3808张。

2019年，共有体育场地1548个，其中体育馆2座，运动场223个，游泳池10个，各种训练房106个，开展全民健身项目16项次。

【人口、人民生活和社会保障】 年末，全县户籍人口97.65万人，常住人口87.35万人，其中，城镇人口41.23万人，农村人口46.12万人，城镇化率47.20%。全年出生人口9608人，出生率9.61‰，死亡人口6446人，死亡率6.45‰，人口自然增长率3.16‰。按民政部门统计，全县60周岁以上老年人口206228人。

全县居民人均可支配收入26647元，增长9.5%。城镇居民人均可支配收入37665元，增长8.1%；农村居民人均可支配收入20076元，增长8.9%。全县居民人均消费支出18006元，增长8.2%。城镇居民人均消费支出21650元，增长8.5%；农村居民人均消费支出15833元，增长8.9%。

全县城镇新增就业人员6756人，失业人员再就业1490人，城镇登记失业率3.38%。全年获得政府最低生活保障的城镇居民26491人，全年累计发放城镇居民最低生活保障资金954.3万元。全年获得政府最低生活保障的农村居民200964人，全年累计发放农村居民最低生活保障资金5114.3万元。特困供养对象84997人，发放特困供养资金5340.8万元。年末各类养老机构床位7670张。全年销售社会福利彩票6137.8万元，筹集社会福利资金1410万元，直接接收社会捐赠8.47万元。年末，参加机关事业单位养老保险人数15832人，参加企业单位养老保险人数45392人，参加城乡居民养老保险人数510516人，参加城镇职工基本医疗保险人数45296人，参加城乡居民基本医疗保险人数762117人，参加生育保险人数28323人，参加失业保险人数29005人，参加工伤保险人数60013人。

【资源、环境和安全生产】 2019年末全县耕地保有量65300公顷，基本农田面积55020公顷。全年完成造林面积1266公顷，其中荒地造林面积0.1万公顷，增长230%，年末实有封山育林面积1333公顷，活立木蓄积量463.9万立方米，增长4.0%，森林覆盖率达46.3%。有自然保护区1个，面积0.45万公顷。

安全生产形势稳定。全年共发生安全生产经营性事故26起，下降18.8%，死亡25人。

（说明：地区生产总值、各产业增加值绝对数按现价计算，增长速度按可比价计算）

组织机构和负责人名录

（截至2019年12月31日）

中国共产党湘潭县委员会

书　记　傅国平
副书记　段伟长　周　贤
常　委　刘耀奇　颜　炬（女）
　　　　李豪雄　陈卫兵（女）
　　　　谭捍卫　尹明忠
　　　　罗　霄　唐仁光

湘潭县人民代表大会常务委员会

主　任　唐剑恒
副主任　赵国政　曾耀辉　刘绵晖
　　　　李西文　胡自庚

湘潭县人民政府

县　　长　段伟长
常务副县长　刘耀奇
副 县 长　彭世辉　肖　燎
　　　　杨欣荣（女）　荣虎成
　　　　陈虹伶（女）　陈　义

政协湘潭县委员会

主　席　刘铁强
副主席　韩　炎　欧建美
　　　　何晓春（女）　刘新玉
　　　　马新国

湘潭县人民武装部

部　长　尹明忠
政　委　胡轶飞
副部长　罗志军

党群系统

县委办公室

县委常委、县委办公室主任　谭捍卫
常务副主任　赵勇光
副　主　任　宋春香（女）　王　军

县纪律检查委员会、县监察委员会

县委常委、县纪委书记、县监委主任　颜　炬（女）
纪委常务副书记、县纠风办主任、县监察委副主任　朱良红
纪委副书记、县监察委副主任　刘会琴（女）　唐湘鹏
纪委常委、县监察委委员　黄拥军　肖　鹏　成鹏万
纪委常委　王　沛　谭　义

县委组织部

县委常委、组织部部长　罗　霄
常务副部长　赵迎新
副　部　长　胡厚浪　张拥军（兼）
副部长、县非公有制经济组织和社会组织党工委书记　左润江（女）
部　务　委　员　虞　也

县委统战部

县委常委、统战部部长　陈卫兵（女）
常务副部长　王　璧（女）
副　部　长　赵邵雍　周　峰
　　　　谷述良（兼）

县委机构编制委员会办公室

主　任　邱伶俐（女）
副主任　龙　飞　谭　丹（女）

县委党校

常务副校长　韩　云
校委委员、副校长　王三文　王　耀
　　　　胡　巧（女）

县委党史研究室

主　任　胡建军
副主任　徐　戳　马　水

县委网络安全和信息化委员会办公室

主　任　周　军
副主任　陈治国

县创新发展研究中心

主　任　余成武
副主任　冯　镭　肖智敏

县档案馆

党组书记、馆长　贺红宇（女）
党组成员、副馆长　胡协邦
　　　　齐海英（女）

县总工会

县政协党组副书记、副主席，县总工会主席　韩　炎
党组书记、副主席　胡理芬（女）
党组成员、副主席　胡　钧（女）
　　　　陈欣波

团县委

副书记　袁　毅　赵　浩

县妇联

党组书记、主席　潘　娟（女）

党组副书记、副主席　何小梅(女)
党组成员、副主席　刘胜林(女)

县工商联

主席　刘绵晖
党组书记　谷述良
副主席　曹　颖(女)　徐　琳(女)
党组成员(兼)　刘　广

县科协

党组书记、主席　贺　博
党组成员、副主席　曾正芳(女)
副主席　杨跃军

县计划生育协会

党组书记、常务副会长　莫金明

县侨联

党组书记、主席　李　言
党组成员、副主席　李　霞(女)

县红十字会

常务副会长　尹白健

县离退休干部服务中心

党组书记、主任　杨艳辉(女)
党组成员、副主任　刘　荣
刘　鸽(女)

宣传系统

县委宣传部

县委常委、宣传部部长　李豪雄
常务副部长　刘立新
副部长　张宁波(女)
王　燕(女)

彭德怀纪念馆

党组书记、馆长　李日方
党组成员、副馆长　陈　艳(女)
张小莉(女)

县文化旅游广电体育局

党组书记、局长　莫柏槐
党组成员、副局长　符双之　黄中柱
张　杰

县融媒体中心

党组书记、主任　黄旭术
党组成员、副主任　莫为利　郭　杰

县文联

党组书记、主席　苏新波
副主席　杨　敏(女)

政法系统

县委政法委员会

县委常委、县委政法委书记　唐仁光
常务副书记　成　凯
副书记　陈大伟　赵文彬
委员　陈江华

县公安局

党委书记、局长　彭世辉
党委副书记、政委　曾正新
党委副书记、副局长　陈一新
党委委员、副局长　曾文博　谢　伟
樊海冰　胡　鹍
党委委员　郭　松

县消防大队

大队长　付英德
教导员　陈　嘉

县人民检察院

党组书记、检察长　胡湘晖
党组副书记、副检察长　谭文见
党组成员、副检察长　曾国富
党组成员、副监察委员会专职委员
尹爱辉(女)
副检察长　邓宏英
检察委员会专职委员　周红灿

县人民法院

党组书记、院长　余清华
党组副书记、副院长　冯革新
党组成员、副院长　赵超纲　罗　星
党组成员、政治部主任　张　琦
审判委员会专职委员　刘伟政
谷　峰

县司法局

党组书记、局长　肖云祥
党组副书记、副局长　刘新群
党组成员、副局长　刘新宇　傅钰凯

县民政局

党组书记、局长　汤立新
党组副书记、副局长　杨立新
党组成员、副局长　刘　纲　王　军
王　忠

人大常委会各委室

县人大办公室

党组成员、办公室主任　唐新提
办公室副主任　赵风华(女)
代奇峰

选举任免联络工作委员会

主任　倪　波(女)
副主任　左安安(女)

民族华侨外事委员会

主任委员　唐　荣
副主任委员　冯建新

监察和司法委员会

主任委员　杨立明

常委会专职常委、监察和司法委员会

副主任委员　刘德纯(女)

财政经济委员会

主任委员　冯旭辉

专职常委、财政经济委员会

副主任委员　王彩玉(女)

教育科学文化卫生委员会

主任委员　谭卫兵
副主任委员　胡利芳(女)

环境与资源保护委员会

主任委员　刘天星
副主任委员　张　晟(女)

农业与农村委员会

主任委员　王佳洪
副主任委员　马　令(女)

社会建设委员会

主任委员　马勇军
副主任委员　马树湘(女)
专职常委　冯　敏(女)
程密群(女)
徐湘琼(女)　胡志明
谢尚志　王美玉(女)

政府办系统

县人民政府办公室

党组书记、主任　符念龙
党组成员　欧少泉
党组成员、副主任　周建新　阳　波
汤炳奎　言志强
黄　鑫
王冬高(兼)
优化办主任　邓厚江
建议提案组组长　刘亮亮(女)
民族宗教事务组组长　唐湘平
企地关系协调办主任　吴健敏

县人力资源和社会保障局

党组书记、局长　张拥军
党组成员、副局长　杨志强　熊　军
张　昶　周国丰

县自然资源局

党委书记、局长　王铁钢
党委副书记、副局长　姜伟文
党委委员　彭志高　黄　宁
党委委员、副局长　冯光志　奚勇军
总工程师　谭　勇

县信访局

党组书记、局长　王冬高
党组成员、副局长　赵庆武　陈建军
彭双飞(女)

市住房公积金管理中心

湘潭县管理部主任　何湘龙
副主任　周志钢

县行政审批服务局

党组书记　张学峰

主　任　肖小年

党组成员、副主任　刘毅

副主任　朱建强

县机关事务服务中心

党组书记、主任　彭志辉

党组成员、副主任　欧阳畅　徐　新　周　志

县残疾人联合会

党组书记、理事长　谭海涛

党组成员、副理事长　胡平均　王兰英(女)

县退役军人事务局

党组书记、局长　王　剑

党组成员、副局长　张亚丰　鄢自存

县应急管理局

党组书记、局长　章建新

党组副书记　龙显清

党组成员、总工程师　陈建强

党组成员、副局长　林志勇　田　灿　方金平

党组成员　张　沙

县政府金融工作办公室

党组书记、主　任　张　燕(女)

党组成员、副主任　张乐芳(女)　李　江

县医疗保障局

党组书记、局　长　李学军

党组成员、副局长　王新其　彭　军

县优化人居环境事务中心

党组书记、主　任　左　华

党组成员、副主任　齐　冕　肖志国

县离退休干部服务中心

党组书记、主　任　杨艳辉(女)

党组成员、副主任　刘　鸽(女)

县农业发展服务中心

党组书记、主　任　彭均赞

党组成员、副主任　李建军　任韩辉

副主任　颜昌杰

县贫困帮扶中心

党组书记、主　任　袁　冰

党组成员、副主任　马亚平　陈夏银

政协各委室

县政协办公室

党组成员、秘书长、办公室主任　周　令(女)

办公室副主任　陈　柳(女)　齐瑾玲(女)

委员学习联络委员会

主任　谭甚昭(女)

副主任　杨永幸

提案委员会

主　任　肖和平

副主任　周艳洋(女)

经济科技和外事委员会

主　任　王建军

副主任　陈艳妮(女)

农业农村和人口资源环境委员会

主　任　胡雨雪

副主任　李　芳(女)

文教卫体和文史委员会

主　任　盛瑾瑜

副主任　刘放明

社会法制和民族宗教委员会

主　任　刘冰薇(女)

副主任　周自伦

专职常委　欧阳红梅(女)　李映红(女)

人民武装部各科室

军事科科长　傅益文

政工保障科科长　陈永祥

湘潭天易经开区管委会

党工委书记　傅国平

党工委副书记、管委会主任　段伟长

党工委委员、管委会常务副主任　谭海洋

党工委委员、管委会副主任　蒋中军　胡明伟　罗义彬　唐争耀　楚荣光

党工委委员、总工程师　贺玉良

党工委委员、纪工委书记　陈群量

办公室主任　刘献忠

办公室副主任　龚志刚　许　婷(女)

经济发展局局长　左和平

经济发展局副局长　谭　亮　段威特

招商和商务局局长　沈铁强

招商和商务局副局长　彭　合　黎　蜜(女)

建设管理局局长　尹锦龙

建设管理局副局长　胡勇星

财政和国有资产管理局局长　莫　明

财政和国有资产管理局副局长　宋艳萍(女)　王国强

公用事业和行政执法协调局局长　冯志远

公用事业和行政执法协调局副局长　陈　虹　易佑斌(女)

组织人事和社会事务管理局局长　方小山

组织人事和社会事务管理局副局长　杨立华(女)　胡　汝(女)

纪工委副书记、监察局局长　胡孝泉

纪工委副书记　胡凌云

监察局副局长　胡启洲(女)

天易发展集团董事长、总经理　肖旭阳

监事会主席　彭素芝(女)

副总经理　龚　亮　马新龙　欧阳赞(女)

发展改革系统

县发展和改革局

党组书记、局长　赵龙江(女)

党组副书记　唐丛虎

党组成员、副局长　周志鹏　卢　旺

党组成员　谭文忠

副局长　易　文(女)

县统计局

党组书记、局长　刘智勇

党组成员、副局长　尹文湘　唐双娟(女)

县国调队

队　长　唐泽斌

副队长　谢　卫

纪检员　黎　俐(女)

经信系统

县科技和工业信息化局

党委书记　罗刚强

局　长　周　毅

党委委员、副局长　黄飞龙　黄凡强　徐智勇

党委委员、总经济师　唐定伟

县交通运输局

党委书记、局长　王富强

党委副书记、副局长　彭友瑜

副局长　苏自立

党委委员、副局长　王　斌　邓艳春

党委委员、总工程师　熊　雄

县市场监督管理局

党委书记、副局长　邓高燕

党委副书记、局长　张国富

党委副书记　陈向阳

党委委员、副局长　王大洪　文翰吾　曹立明　唐雄飞

党委委员 许 旦(女)

农业系统

县农业农村局

党委书记、局长 肖 军
党委副书记 汪文治
党委委员、副局长 罗 超 罗伟民 丁唯芳(女) 李 奇 洪孝昌
党委委员 阳爱华(女)
党委委员、总农艺师 扶利民

县林业局

党组书记、局长 陈金红
党组成员、副局长 王 翔 何天然 王迪清
党组成员、总工程师 莫叶青(女)

县水利局

党委书记、局长 吴 能
党委副书记、副局长 唐应能
党委委员、副局长 马红军 彭义波 齐向中 赵向阳

县气象局

局 长 周小兵
副局长 吴先觉

财贸系统

县财政局

党组书记、局长 杨 林
党组成员 阳 敏
党组成员、副局长 唐启武 陈先知 陈争光
党组成员、总会计师 刘先辉

县审计局

党组书记、局长 蔡 坚
党组成员 裴建新 陈晓慧(女)
党组成员、副局长 谭 晋
总审计师 袁英姿(女)

县供销合作总社

党组书记、理事会主任 许伟成
党组成员、监事会主任 刘晓年
党组副书记、理事会副主任 赵新辉
党组成员、理事会副主任 唐明旺 袁 勇

县商务局

党委书记、局长 陈志锋
党委委员、副局长 楚英姿(女) 张 毅 何乐为
党委委员 彭志祥
副局长 周理湘

县国税局

党组书记、局长 贺昌泰
党委副书记、副局长 丁 武
党委委员、副局长 周朝君 张晓峰 李湘珍 刘黎明 冯 军 官红荣 袁 磊 沈 文
党委委员、纪检组组长 楚晓锋

县烟草专卖局

书记、局长、经理 肖铁山
党组成员、副局长 李 丹
党组成员、纪检组组长 唐 宾
党组成员、副经理 彭卫东

教科文卫系统

县教育局

党委书记、局 长 李 鹏
党委委员、副局长 彭利红 杨伟军
副 局 长 王兴奇
党委委员 贺鹏程
县政府教育督导室主任督学 张焕明
县政府正科级督学 杨 荣 周幸炎

县卫生健康局

党委书记、局长 贺卫文
党委副书记 曾金华
党委委员、副局长 周 平 齐先强
党委委员 胡再辉 赵英姿(女)

城建系统

县住房和城乡建设局(县人民防空办公室)

党委书记、副局长 韩铁军
党委副书记、局长 周向荣
党委副书记 杨建军
党委委员 郑良德
党委委员、副局长 康健明 向日辉 贺国泉 刘顺奇 林 涛
副局长 贺松林
党委委员、总工程师 罗健芳(女)

市生态环境局县分局

党组书记 胡 勇
局 长 林亚科
党组成员(工会主席) 唐文辉(女)
党组成员、副局长 王 晋 彭玉辉 黄文斌
党组成员、总工程师 蔡艳红(女)

县城市管理和综合执法局

党组书记、局长 胡立新
党组副书记、副局长 赵 伟
党组成员、副局长 冯意果 周 武
党组成员、总工程师 刘文斌

乡 镇

云湖桥镇

党委书记 刘奇志
党委副书记、镇长 宾博韦
党委副书记 阳旭东
党委委员、人大主席 蔡 茁
党委委员副镇长政协联工委主任 许 鹏
党委委员纪委书记 郭 虎
党委委员(组织) 唐 春(女)
党委委员(宣传统战) 王建伟
党委委员(武装部部长)副镇长 刘治国
副 镇 长 史江宏 汤进军

杨嘉桥镇

党委书记 周冬林
党委副书记、镇长 赵 珊
党委副书记 黄杨林
党委委员、人大主席 唐建新
党委委员、副镇长、政协联工委主任 董继兵
党委委员纪委书记 王格律
党委委员(组织) 胡玉光
党委委员(宣传统战) 谢 敏(女)
党委委员(武装部部长)副镇长 周鹏程
副镇长 周敬东(党外) 齐万丰

石潭镇

党委书记 戴 勇
党委副书记、镇长 唐 木
党委副书记 谭鸿斌
党委委员、人大主席 张学军
党委委员副镇长政协联工委主任 陈立强
党委委员、纪委书记 崔 强
党委委员(组织) 周琼宇(女)
党委委员(宣传统战) 赵珊玲
党委委员(武装部部长)副镇长 李 想
副镇长 彭 坤(党外) 王令东

乌石镇

党委书记 周 波
党委副书记、镇长 曾慧聪(女)
党委副书记 丁铁它
党委委员、人大主席 肖铁光
副镇长、政协联工委主任 蔡剑锋
党委委员、纪委书记 唐军红

党委委员(组织) 张步升
党委委员(宣传统战) 陈灿辉(女)
党委委员(武装部部长)副镇长 张国强
党委委员、副镇长 朱建成
副镇长 陈方旭

分水乡

党委书记 刘江华
党委副书记、乡长 张 振
党委副书记 谭铁权
党委委员、人大主席 梁 军
党委委员、副乡长、政协联工委主任 张海花(女)
党委委员、纪委书记 胡昭洁
党委委员(组织) 刘 颖(女)
党委委员(宣传统战) 王 峰
党委委员(武装部部长)副乡长 黄 旭
副乡长 章金标(党外) 刘 臻

石鼓镇

党委书记 周海洋
党委副书记、镇长 陈万春
党委副书记 徐 彬
党委委员、人大主席 肖经炎
党委委员副镇长政协联工委主任 谭金丹
党委委员、纪委书记 焦乐平
党委委员(组织) 陈 良
党委委员(宣传统战) 赵 强
党委委员(武装部部长)副镇长 曾纪兵
副镇长 康安定 莫柏华

青山桥镇

党委书记 彭光宇
党委副书记、镇长 龙 江
党委副书记 唐 滚
党委委员、人大主席 张 霞(女)
党委委员、副镇长、政协联工委主任 莫 凌
党委委员、纪委书记 叶栋琪
党委委员(组织) 肖 敏
党委委员(宣传统战) 赵 祥
党委委员(武装部部长)副镇长 胡志勇
副镇长 杨 毅 任志文

花石镇

党委书记 何海军
党委副书记、镇长 马勇根
党委副书记 刘新军
党委委员、人大主席 张恩奇
党委委员、副镇长、政协联工委主任 贺 虎
党委委员纪委书记 彭 龙
党委委员(组织) 谢 镇
党委委员(宣传统战) 罗 莎(女)
党委委员(武装部部长)副镇长 程磊鑫
副镇长 刘 荣 胡天真

排头乡

党委书记 冯传强
党委副书记、乡长 周杏安(女)
党委副书记 张杨佑
党委委员、人大主席 熊志军
党委委员、副乡长、政协联工委主任 方新奇
党委委员纪委书记 刘 念(女)
党委委员(组织) 陈松波
党委委员(宣传统战) 徐 俊
党委委员(武装部部长)副乡长 符 鑫
副乡长 张 荡 罗正良

锦石乡

党委书记 周风华
党委副书记、乡长 何 敏
党委副书记 胡海军
党委委员、人大主席 王 锋
党委委员副乡长政协联工委主任 贺细谷
党委委员、纪委书记 肖 莹(女)
党委委员(组织) 张 媛(女)
党委委员(宣传统战) 张金平(女)
党委委员(武装部部长)副乡长 崔 凯
副乡长 胡 兴 周文广

射埠镇

党委书记 陈泽锋
党委副书记、镇长 向海军
党委副书记 唐晓昆
党委委员、人大主席 刘 蔚(女)
党委委员、副镇长、政协联工委主任 谭思恩
党委委员、纪委书记 苏旭鹏
党委委员(组织) 莫 美(女)
党委委员(宣传统战) 张伟河
党委委员(武装部部长)副镇长 彭 彰
副镇长 汪海军 林小明
副镇长 胡新国

河口镇

党委书记 欧阳钧
党委副书记、镇长 朱振华
党委副书记 倪赤炎
党委委员、人大主席 袁谷红(女)
党委委员副镇长政协联工委主任 宋学文
党委委员纪委书记 周 敏
党委委员(组织) 杨 琴(女)
党委委员(宣传统战) 董大治
党委委员(武装部部长)副镇长 张 斯
副镇长 段 斌 陈 波

易俗河镇

党委书记 陈 赞
党委副书记、镇长 张 宏
党委副书记 王 武
党委委员、人大主席 赵应和
党委委员、副镇长、政协联工委主任 周 勇
党委委员、纪委书记 马 耿
党委委员(组织) 吴海军
党委委员(宣传统战) 张密湘(女)
党委委员(武装部部长)副镇长 胡 勇
副镇长 楚放军 冯俊军 周剑波 唐高明 刘亮婷

谭家山镇

党委书记 黄宏伟
党委副书记、镇长 马 立
党委副书记 尹呈祥
党委委员、人大主席 胡咏新
党委委员、副镇长、政协联工委主任 朱建国
党委委员、纪委书记 刘泽林
党委委员(组织) 陶海峰
党委委员(宣传统战) 龙 博(女)
党委委员(武装部部长)副镇长 周 龙
副镇长 周佳文 苏显龙 罗陈鑫子

中路铺镇

党委书记 王 鑫
党委副书记(主持政府工作) 陈名勋
党委副书记 张 勇
党委委员、人大主席 周勇超
党委委员副镇长政协联工委主任 朱金凤(女)
党委委员、纪委书记 刘 杰
党委委员(组织) 李健民
党委委员(宣传统战) 贺 超
党委委员、(武装部部长)副镇长 齐志敏
副镇长 张 伟 廖 湘(女) 唐 忠(挂职) 张骞予

白石镇

党委书记 贺斗志
党委副书记、镇长 黄 虎
党委副书记 赵 露

党委委员、人大主席　王小干
党委委员、副镇长、政协联工委主任　刘　理
党委委员、纪委书记　杨　锋
党委委员(组织)　刘佳武
党委委员(宣传统战)　唐　亚(女)
党委委员(武装部部长)副镇长　王　锋
副镇长　胡孝全　陈发扬

茶恩寺镇

党委书记　唐智锋
党委副书记、镇长　綦　敏
党委副书记　马　亮
党委委员、人大主席　蔡　雄
副镇长、政协联工委主任　宾鸿涛
党委委员纪委书记　肖　湘
党委委员(组织)　熊小春
党委委员(宣传统战)　左明清
党委委员(武装部部长)副镇长　李耀湘
副镇长　马人君　李斐然

(县委组织部　提供)

中国共产党湘潭县委员会

概 述

【概况】 2019年，中共湘潭县委紧紧围绕“挺进全国百强县、创建全国文明城市”两大目标，坚持“强工惠农”发展思路，坚持稳中求进工作总基调，深入推进供给侧结构性改革，扎实做好“六稳”工作，全力打好“三大攻坚战”，深入开展“五大竞赛”，全县经济社会发展各项事业保持稳中有进、稳中向好的良好态势。成功进入全国县域经济与县域综合发展百强县，位列全国第91位，较上年前进16位，实现湘潭市“全国百强县”零的突破。成功创建“国家卫生城市”，在全国文明城市创建省级复检中保持领先，创建全国文明城市的工作基础进一步夯实。

加强党的全面领导。着力加强政治建设，坚持旗帜鲜明讲政治，自觉运用习近平新时代中国特色社会主义思想指导实践、推动工作，不断增强“四个意识”、坚定“四个自信”、做到“两个维护”，始终在思想上政治上行动上同以习近平为核心的党中央保持高度一致。严格落实理论中心组学习“每月一次，上下同题”要求，全年共组织14次县委理论中心组集中（扩大）学习，4次理论研讨，重点围绕习近平新时代中国特色社会主义思想、党的十九届四中全会精神、增强忧患意识和防范风险挑战、全面深化改革、民主集中制、意识形态工作等新理念新思想新战略开展学习研讨，紧盯矛盾问题，全面解放思想，注重学用结合，为全县各项事业发展提供坚实的思想政治保障。不折不扣落实习近平总书记重要指示、党中央重大决策以及省委、市委的部署安排，全年完成上级批示件、交办件29件。全面强化落实县委决策决定的督查督办，重点围绕“三大攻坚战”、项目建设、创建工作、安全生产及民生实事等重大决策部署开展督查24次，专题督查调研4次，及时纠正决策执行中的不足和偏差，确保政令畅通、令行禁止。

扎实开展主题教育。坚持把开展“不忘初心、牢记使命”主题教育作为重大政治任务来抓，严格按照“守初心、担使命，找差距、抓落实”的总要求，把学习教育、调查研究、检视问题、整改落实贯穿主题教育始终，全面确保主题教育落实见效。县委班子坚持带头示范，组织集中学习11次、交流研讨3次，2次召开常委会议检视班子问题64项，制定整改措施136条。抽调精干力量成立11个主题教育指导组，全面加强对各级党组织主题教育督查指导。充分发扬求真务实精神，大兴调查研究之风，全县共形成调研报告482份，征求意见建议2448条，建立问题清单1178条。坚持刀刃向内，做到查摆问题、整改落实同步推进。对照中央、省委、市委提出的9项突出问题，全面推进问题检视，共排查8大类435个问题，制订整改措施656条，已整改落实110个。明确驻村帮扶工作队队长、第一书记为村党组织主题教育指导员，组织开展“八个一”活动，农村党员主题教育实现全覆盖，取得的经验做法得到省委组织部推介。策划创作“彭德怀精神宣讲报告”，多视角展现彭总忠诚干净担当、为民务实清廉的崇高精神，用彭总的伟大人格为广大党员干部树起一个感人肺腑的“守初心、担使命”的不朽标杆。举办“熠熠党徽耀莲乡，建功立业正当时——身边的共产党员·微故事”主题教育宣讲活动，引导全县广大党员干部感受榜样力量，进一步筑牢信仰之基，补足精神之钙，激发务实担当的工作热情。

高位有效统筹协调。坚持并不断加强党对全县各项工作的领导，确保党始终总揽全局、协调各方。建立健全县委对重大工作领导的体制机制，进一步优化县委议事协调机构，切实把党的领导落实到改革发展稳定的各领域各环节。持续深化党政机构改革，加快转变职能，理顺职责关系，整合优化力量，发挥综合效益。先后召开县委全面深化改革委员会、县委全面依法治县委员会、县委财经委员会、县委审计委员会、县委编制委员会、教育工作领导小组、农村工作领导小组等专题会议，科学谋划全局工作。每月定期召开“四大家”一把手工作碰头会和常委部门工作碰头会，贯彻落实县委各项决策决定，安排部署重点工作，及时会商重大问题，统筹协调各方力量，推动决策高效执行和中心任务全面落实，形成全县上下步调一致、奋发进取的强大合力。

全面夯实基层基础。按照“重视基层、大抓基层”的工作导向，不断提高基层组织的向心力、战斗力。高标准推进“五化”建设，打造基层党建示范点200个，创建市级“五星”党支部101个，整顿软弱涣散党组织25个；投入3000万元完成48个村级服务阵地建设，实现村级阵地规范化建设全覆盖。全面发挥党建优势，突出以党建助推脱贫攻坚，调优配强驻村帮扶力量，向322个村派出驻村帮扶工作队；市、县、乡三级党员干部结对帮扶17094户，实现结对帮扶全覆盖；突出以党建促发展，制订《湘潭县村级集体经济红色孵化基金管理使用办法（试行）》，在全市率先探索开展科技特派专家人才组团服务村级集体经济发展工作。坚持务实担当和以实绩论英雄的用人导向，全年提拔6名乡镇党政正职，公开比选17个乡镇副职岗位，提拔24名后备干部到领导岗位任职，进一步树立务实干事、勤勉创业的良好风气。

强力推进正风肃纪。始终保持正风肃纪的高压态势，坚定不移纠“四风”，持之以恒改作风，精准有力惩腐败，切实营造风清气正的政治生态。县委常委带头落实党风廉政责任，认真履行“一岗双责”，将“两个责任”层层传导、扣紧压实。深入学习《中国共产党纪律处分条例》《监察法》等党纪法规，不断增强党员领导干部的纪律规矩意识。持续加大反腐斗争力度，全年立案审查群众身边腐败和作风问题226起226人，追缴违纪资金853万元，退还群众154万元。深入开展形式主义、官僚主义专项整治行动，大幅压缩会议、文件、检查、评比等，切实为基层松绑减负。深化扫黑除恶惩腐打“伞”，依纪依法严肃处理61人。集中开展中小学教师违规补课、家教家养等群众反映强烈的突出问题专项整治，取缔关停非法校外培训机构52家，限期清退上缴违纪资金630万元，严肃查处3所学校6名教师顶风违纪案件，取得良好的社会反响。牢牢把握政治巡察定位，紧扣“六围绕一加强”，先后开展3轮巡察，对31个单位进行全面政治体检，发出巡察交办函、整改函43份，交办并整改问题45个，移交问题线索21条。

推动经济高质量发展。全力提高发展质效，牢牢锁定“挺进全国百强”目标，切实加强统筹调度，全面压实工作责任，经济高质量发展态势明显。全年实现地区生产总值增长8.2%，规模工业增加值增长9.1%，固定资产投资增长16%，社会消费品零售总额增长10.4%，高新技术产业产值增长8.7%，财政总收入28.7亿元，税收收入22.1亿元，税收占比为77%，财政收入质量持续优化。主要经济指标增幅均高于国、省、市平均水平，多项指标排名全市第一。高度关注民营经济的发展，召开全县民营经济发展大会，着力改善民营经济发展环境。天易经开区技工贸收入稳定在千亿元以上，规模工业增加值、固定资产投资等主要经济指标稳居全市园区前列，在全省133个省级以上产业园区综合评价中排名第16位，较上一年度前进10位，被评为全省“发展开放型经济优秀园区”“湖南省商务工作先进单位”，经济发展主阵地和主引擎地位进一步巩固，朝着创建工业产值千亿园区和国家级经开区迈出坚实步伐。

强力推进项目建设。牢牢扭住项目建设这个经济发展的“牛鼻子”，大力开展“产业项目落地年”活动和项目建设“百日攻坚”，持续整治项目建设环境，深入开展项目护建行动，全力以赴扩大有效投资。全年开工建设重点工程项目96个，完成投资120亿元。五洲通二期、广州酒家利口福一期、柏屹产业园二期等12个产业项目建成投产；德怀大道、青山大道等基础设施项目建成通车；湘莲大道、莲花大道等重大交通基础项目快速推进；胖哥耀晨、柏屹产业园三期、海泡石产业园、金属资源综合利用、市政物流园、聚源农产品批发市场等项目稳步推进。强力实施湘潭生活垃圾焚烧发电项目，按照“项目选址绝不动摇、依法实施绝不含糊、强力推动绝不犹豫、维护稳定绝不手软”的原则，稳步推进项目前期工作，耐心细致做好群众情绪引导，河口镇、杨嘉桥镇的镇村干部，广大公安民警和所有参与项目的全体党员干部不辞辛劳、忍辱负重、顽强拼搏，有效破解“邻避效应”带来的恐慌心理和项目建设障碍，促成项目于12月10日正式开工建设，彻底攻克这一困扰全市十余年的巨大难题。项目建设始终突出以产业项目为重点，全年完成产业投资158亿元，占投资总额的70%，较上年度增长5个百分点。全年完成争资争项12.76亿元，增长42%；争取上级转移支付和专项补助资金30.02亿元；批回土地253.67公顷，占全市的36%，为全县项目建设提供可靠的要素保障。

大力开展招商引资。坚持把招商引资作为加快发展的“一号工程”。坚持精准招商，集中专业精干力量，对接粤港澳、京津冀、长三角等地区，积极组织粤港澳大湾区招商推介会、长沙医药食品专场招商推介会，参加北京湘潭市企业商会年会、深圳湘潭市商会年会等商务推介会，新引进项目92个，增长31%，其中过亿元项目13个；到位资金64.6亿元，增长22%。坚持招大引强，成功引进中交集团、清华控股、光大集团、昆仑能源、京东物流5家500强企业投资。坚持产业招商，围绕食品医药产业，引进微草生物科技等项目10个；围绕装备制造产业，引进昭成科技等企业15家；围绕新材料产业，引进中微新材料等企业12家。坚持以商招商，支持柏屹产业园、佳海食品医药园建设，动员投资方按照既定的产业定位，开展招商引资，严把入园项目门槛，促成产业集聚和产业集群发展，两个园区共引进项目92个。招商引资实现逆势上扬的良好态势。为全县经济发展注入强大动能。

持续推进深化改革。坚持向改革要动力、要活力，积极稳妥推进各领域深化改革工作。按照上级的统一部署，全面完成县乡党政机构改革，及时调整、理顺和完善各项改革举措，明确职责边界，重构工作流程，缩短改革的“磨合期”，形成精简高效的县乡管理体系。改革绩效评估办法，坚持以贡献论英雄的价值取向，对为全县经济社会发展作出突出贡献的县财政局等9家单位，给予直接晋级奖励。“放管服”改革力度不断加大，取消证明事项183项，取消行政许可事项4项，企业开办时间压缩至2个工作日，不动产登记压缩至3个工作日，工程建设项目审批压缩至30个工作日。政务大厅实现760项审批服务事项“一门”办理。深化商事制度改革，推进“多证合一、一照一码”“证照联办”，工作经验被《人民日报》、“学习强国”等主流媒体宣传推介。农村集体产权制度改革扎实推进，农村土地确权工作全面完成。城乡建设用地增减挂钩和耕地占补平衡较好地保障市县用地需求，工作经验在省、市推介。持续构建县乡村三级供销惠农服务体系，村级供销惠农服务企业突破百家，供销改革工作走在全市前列。重组成立天易发展集团和莲乡实业集团，注入资产7.33亿元，做实做强县属国有企业，国有公司市场化转型迈出坚实步伐。

加快推动乡村振兴。坚持把实施“乡村振兴”战略作为激活农业农村发展活力、提高农业质量效益的重大机遇。持续深化农业供给侧结构性改革，实现农产品加工总产值335亿元。全力开展受污染耕地安全利用工作，扎实推进种植结构调整，完成调整面积0.47万公顷，超额完成省市下达任务。统筹推进梅林桥、天马、碧泉潭三大现代农业示范园建设，完成基础设施投资4722万元，园区服务中心等配套设施不断完善；成功引进深圳聚艺、新恒厨等项目落户农业园区。稳步实施“品牌强农”工程，湘潭“湘莲”成功获评“湖南省十大农业公共区域品牌”,成功引进和建成广州酒家利口福湖南生产基地，为湘莲产业和食品行业的发展注入新的动力；湘莲、羊鹿茶、碧泉潭贡米、中路铺小籽花生、射埠茶油、分水坳黑山羊等莲乡特色品牌影响进一步扩大。花石镇获批“湖南省十大特色农业小镇”，青山桥镇获批湖南省首批“特色产业小镇”。大力培育新型农业经营主体和职业农民，培育新型职业农民378人，开展农业技能培训2000多人次，奖扶新型农业经营主体629个，培育市级以上农业龙头企业47家。

打好打赢三大攻坚战。积极防范重大风险，牢牢守住不发生重大风险的底线。坚持直面困难，积极应对债务压力，强化财政运行调度，优先保工资、保运转、保基本民生。通过明确“三个目标”、用活“六大手段”、落实“九大措施”，有效化解政府债务。成功争取化债资金42.04亿元，压减政府性投资11.64亿元，减少一般性支出1.1亿元，顺利完成年度化债任务。有序有力有效处置“9·22”重大交通事故，伤亡人员的医疗救护和善后处置迅速果断，网络舆情和社会舆论的引导及时有效，班子队伍的整体战斗力和务实作风，经受巨大考验，受到广泛好评。深刻吸取事故教训，着力完善应急管理体系，积极开展安全生产隐患“大排查大管控大整治”行动，全面取缔马路市场。全面压实食品安全等领域主体责任，确保食品领域的安全有序。

全力攻坚精准脱贫。坚持以打翻身仗的决心全力推进脱贫攻坚工作。围绕“两不愁三保障”，推进“双月四清零”，选派877名干部驻村帮扶、11241名干部结对帮扶，实行“一周一调度、一月一通报、一季一考核”。抽调业务骨干组成常态化考核组，对全县所有行政村进行全覆盖的业务考核，把考核的过程变成现场业务指导的过程，有力地夯实基层基础工作。投入资金9279万元，深入开展教育扶贫、健康扶贫、产业扶贫、就业扶贫等工作。完成危房改造1303户，发放教育扶贫补助6888人次，落实健康扶贫“一站式”结算26531人次，县内报销比例达91%，安全饮水工程全面完成。以增强“造血”功能为目标，着力推动产业发展和充分就业，大力推进“一户一产业工人”培育工程和“一亩田脱贫”计划。利用槟榔、湘莲、皮鞋等劳动密集型企业，为贫困劳动力提供足够的就业机会。全年建设扶贫车间33个，推广“立华牧业扶贫农场”7处。“一亩田脱贫”获国家科技创新发明成果奖，已在9个乡镇18村广泛推广。低保托底应保尽保，全年实现稳定脱贫2380人，贫困发生率下降至0.22%，群众满意度大幅提高。

扎实防治环境污染。牢固树立“绿水青山就是金山银山”的理念，全力打好蓝天、碧水、净土保卫战。实施源头管控，提高项目引进的环保门槛，杜绝新增污染源。同时，切实加大环境违法行为执法力度，全面开展企业违法排污、秸秆焚烧、建筑工地和道路扬尘等专项整治行动，处理涉气环境违法行为32起，整治企业38家，移送公安机关6起6人。扎实开展牛头化污染土壤修复项目，有序推进谭家山矿区生态修复项目，完成土壤污染防治治理式休耕1万亩、治理式耕地修复2万亩。严格落实“河长制”责任，全面推进一江两水“清四乱”、黑臭水体治理、畜禽粪污治理、非法采砂洗砂专项整治等工作，城镇集中式供水水源地水质达标率100%，涓水、涟水断面水质达到Ⅱ类，湘江湘潭县段水质稳定在Ⅲ类以上。

持续增加民生福祉。全面抓实民生事业，全面贯彻“以人民为中心”的发展理念。全年完成各类民生投入29.57亿元，占公共财政支出80%，全面完成省、市下达的各项民生实事。坚持把稳就业作为民生工作的重中之重，全面落实稳就业、促创业举措，新增农村劳动力转移就业3750人，新增城镇就业6750人，城乡居民人均可支配收入分别达到37561元、20039元。积极推动教育均衡发展，天易贵竹学校，云湖桥镇、杨嘉桥镇、白石镇公办幼儿园投入使用；子敬初中完成主体工程建设；完成农村小规模、寄宿制“两类学校”建设48所。招录422名中小学教师（幼师）、接收68名公费定向培养师范生补充教师队伍。持续增强民生保障能力，不断加大低保、五保、社会福利、临时救助等保障力度；实施全民参保计划，实现城乡居民医疗保险应保尽保。医疗资源不断优化，县人民医院内科住院楼及综合楼、县妇幼保健院新院投入使用；医共体内双向转诊制度不断完善，成功争取全国紧密型县域医共体建设试点县；创新开展“莲湘颐老”农村养老服务工作，获民政部高度肯定。文化供给不断丰富，积极开展“欢乐潇湘”“我和我的祖国”莲乡大合唱，成功承办中国农民丰收节农民趣味运动会等群众文化活动，成功创建中国楹联文化县；建成村级综合性文化服务中心266个。

深入推进“三创一治”。坚持把创建全国文明城市作为总抓手，深入开展“三创一治”工作，全面提升城乡品质。严格落实“街长制”和“门前三包”，深入推进“五大行动”，进一步完善园林、环卫等市政设施，美化公园广场，规范农贸市场，提档升级城区行道绿化，积极开展城区“六乱”专项整治行动，城区环境全面优化。全面深化农村人居环境整治，不断提高整治工作标准，按照“农村版的创文”的要求，强力推进村庄清洁、厕所革命、生活污水、农村生活垃圾等治理工作，乡村面貌显著改善。成功创建国家卫生城市，乌石镇成功创建全市第一个国家卫生镇；全国文明城市创建省级复检保持前三。人民群众对创文工作的知晓率、参与率、支持率大幅提升，人民群众的满意度和获得感大幅提升。

创新实施社会治理。坚持把“促一方稳定，保一方平安”作为加快发展的重要基础。深入推进“扫黑除恶”专项斗争，侦破涉恶案件127起，处理涉恶人员239人，其中刑拘141人，打掉恶势力团伙5个。持续加大违法打击力度，破获刑事案件468起，办理治安案件3039起；坚持“三调联动”，成功调解各类矛盾纠纷2422起；持续加强检察监督，全年受理移送审查起诉案件548件，审结537件。广泛深入开展“民情大走访”，共收集并解决意见问题52726件，群众满意度大幅提升，公众安全感测评再次进入全省先进行列。严格落实县级领导坐班接待来访群众制度，接待来访群众380批1234人次，约访13批次；深入推进重大矛盾纠纷和信访积案排查化解专项行动，实现全国“两会”期间和新中国成立70周年特护期进京“零非访、零滋事、零集访”的目标。创新党建引领社会治理举措，乌石镇党建引领社会治理“百千万”工程、易俗河镇“突出党建引领推动‘社区治理’变‘小区治理’”等工作经验在《人民日报》、湖南卫视等媒体推介。

凝聚团结奋进强大合力。深入发展民主政治，充分发挥县委统揽全局、协调各方的政治优势，持续巩固和发展团结民主的良好政治局面。全面支持县人大依法履行职能，县人大及其常委会坚持正确监督、有效监督，聚焦“两大目标”“三大攻坚战”“三创一治”以及社会民生，提出代表建议、批评、意见360件，积极开展执法检查、专题视察、工作评议，有力推动县委重大决策部署在全县全面贯彻和有效执行。全力支持县政协依照章程开展民主监督和民主协商，县政协先后围绕发展废钢产业、落实与完善民营经济政策、电商与特色产业融合发展等选题安排协商活动，开展专题调研和视察20余次，积极建言献策，提出改进建议30余条、政协委员提案132件。充分的民主协商，有力地凝聚全县上下的共识，汇聚推动发展的强大合力。

牢牢把握舆论导向。始终突出意识形态的极端重要性，牢牢把握意识形态的领导权、管理权、话语权，全面筑牢意识形态“防火墙”。常委会全年专题研究意识形态工作4次，联席会研讨3次，对16家单位进行意识形态工作巡察。坚持以创建全国文明城市为抓手，开展多种形式的文明创建活动，大力宣传社会主义核心价值观，倡导文明言行和文明风尚，推动新时代文明实践中心建设，引领主流意识形态。切实做好网络舆情监控、引导，妥善处理重大交通事故、重点项目建设等领域舆情，做好中华人民共和国成立70周年等重大节庆日的意识形态工作。突出用活融媒体平台，各媒体同步开展多种形式宣传报道，全面展现“融媒体矩阵”宣传效用，弘扬主旋律，传播正能量。成功取缔云湖桥韶山氮肥厂、易俗河镇金松一路等处疑似精神传销场所，破获“南天门”类邪教组织在湘潭县非法活动等案件。

扎实推进统战工作。始终坚持党对统战工作集中统一领导，不断增强党的政治领导力、思想引领力、群众组织力、社会号召力，确保统一战线始终坚持正确政治方向。全面巩固大统战工作格局，不断健全县、乡、村三级统战工作网络。注重发挥统一战线凝心聚力的法宝作用，认真落实《湘潭县统一战线凝心聚力“十三五”，助力挺进“百强县”行动实施方案》，引导统战人士在脱贫攻坚、乡村振兴、招商引资等方面发挥积极作用，扎实开展“引老乡、回故乡、建家乡”、异地项目推介会等主题招商活动，助推县域经济健康快速发展。统筹做好民族、宗教、外事侨务、对台、港澳等工作，成功化解龙兴寺系列矛盾纠纷。持续推进基层党委（党组）履行统战工作职责示范创建，按照“六个一”标准，实现17个乡镇和12家重点县直单位全覆盖，荣获全省统战工作实践创新成果奖，典型经验在全市推广。

全面落实党管武装。坚决贯彻落实习近平总书记强军思想，准确把握改革强军新形势下党管武装工作的新要求，不断强化政治责任，全面推进党管武装工作落实落细。坚持把武装工作纳入全县经济社会发展整体规划，召开县委议军会议，对民兵调整改革、“双拥模范城”创建、专武干部选拔培养、基层阵地建设、国教专干配备等重大事项进行专题研究和统一部署。

依托彭德怀故居全民国防教育基地资源，广泛开展群众性国防教育活动，深入开展“六进”活动，不断增强全民国防观念。投入400余万元推动基层阵地建设，圆满完成省军区赋予的正规化建设试点工作和正规化建设现场观摩任务。驻县武警部队、消防救援队伍、民兵应急队伍在特大洪水和“9·22”事故等急难险重任务中做出突出贡献。严格落实安置政策，完成军转干部和指令性安置退役士兵的安置工作。

重要会议和决策

【县委常委会议】 2019年1月10日，由县委书记傅国平主持召开。会议传达省委、市委经济工作会议精神；传达曹炯芳书记、谈文胜市长关于脱贫攻坚第三方评估迎国检工作的指示，研究湘潭县迎国检工作；审定县委书记傅国平、县长段伟长在县委经济工作会议上的讲话；听取

“三创一治”相关工作汇报；听取关于2019年元旦、春节期间退役军人走访慰问工作汇报；审议《2019年重点工程项目建设计划及责任分工》；研究干部人事工作。

1月21日，由县委书记傅国平主持召开。会议传达学习市“两会”精神和市委书记曹炯芳在湘潭县代表团上的讲话；传达学习曹炯芳在市委书记专题会听取十二届市委第七轮巡察情况会议上的讲话（节选）；审议《湘潭县机构改革工作方案》；审议《湘潭县农村人居环境整治三年行动实施方案（2018—2020年）》。

1月22日，中共湘潭县委第十二届四次全体（扩大）会议召开。会上，县委书记傅国平代表县委常委会向全会作2018年工作报告。县委副书记、县长段伟长主持会议，并就抓好今冬明春重点工作提出要求。县领导刘铁强、谭何龙、刘耀奇、胡亚湘、李豪雄、陈卫兵、谭捍卫、尹明忠、赵苏阳等参会。

1月28日，由县委书记傅国平主持召开。会议传达学习《中国共产党纪律检查机关监督执纪工作规则》；传达学习中央、省、市纪委全会主要精神，审议傅国平在县纪委第十二届四次全会上的讲话、胡亚湘在县纪委全会上的工作报告和会议方案；审议《中共湘潭县委常委班子民主生活会对照检查材料》；听取年前社会风险排查情况汇报；传达学习上级信访工作会议精神，听取湘潭县信访工作开展情况及2019年信访工作设想汇报；听取湘潭县关于落实“一村一辅警”和“城市快警”建设工作情况的汇报；审议关于给予县农业局党委委员、副局长蔡球辉、易俗河镇副科级干部谭望存党纪政务处分的决定。

2月22日，由县委书记傅国平主持召开。会议传达学习关于树牢“四个意识”坚决做到“两个维护”进一步加强党的政治建设的意见；听取县人大常委会、人民政府、政协、天易经开区、法院、检察院党组（党工委）工作情况汇报（2018年工作情况及2019年工作要点）；听取关于落实市委第五巡察组反馈意见的整改方案的汇报；听取湘潭县2019年财政预算编制情况汇报；传达2019年市纪委监委扫黑除恶专项斗争惩腐打伞工作推进会会议精神；听取关于2019年湘潭市劳动模范（先进工作者）推荐人选情况汇报。

3月1日，由县委书记傅国平主持召开。会议传达学习“坚持底线思维，着力防范化解重大风险”培训班精神；审议《湘潭县机构改革实施方案》《湘潭县党政机关机构设置的通知》《湘潭县深化机构改革动员大会及机构改革培训会会务方案》；听取关于在机构改革中调整县政府工作部门和市派出机构党组（党委）、县委直属事业单位县属国有企业党组织设置建议的情况汇报；审议《湘潭县2019年“扫黄打非”工作方案》；听取关于重点项目和“五大竞赛”工作情况的汇报；审议《十二届县委第九轮巡察工作方案》；审议《关于宣传贯彻〈关于发动群众检举揭发周智勇、范锦等人涉黑恶团伙违法犯罪和背后“关系网”“保护伞”及敦促涉案犯罪嫌疑人投案自首的通告〉的工作方案》；听取关于给予谭家山镇人大原副主席唐红庄党纪政务处分的情况汇报。

3月6日，由县委书记傅国平主持召开。会议传达学习《中国共产党政法工作条例》、习近平总书记关于新时代政法工作的重要论述和中央、省委、市委政法工作会议精神；听取政法工作情况汇报；审定《关于2018年乡镇和县直机关单位综治考评及民调奖励和责任追究相关情况说明》《关于开展2019年度上半年民情大走访活动的实施方案》和县委政法工作会议方案；听取常委部门工作情况汇报（2018年工作情况及2019年工作要点）；审议湘潭县党务工作会议方案（草案）和《湘潭县党务工作考核情况的通报》；听取湘潭县涉改单位挂牌工作情况汇报；研究干部人事工作。

3月14日，由县委书记傅国平主持召开。传达学习全市宣传部长会议精神和“学习强国”平台学习使用要求；听取关于“大棚房”问题清理整治情况汇报；审议《关于落实农业农村优先发展要求深入推进乡村振兴的实施意见》和县委农村工作会议方案；听取关于创建国家森林城市工作情况的汇报；听取关于湘潭县重点项目建设暨五大竞赛相关情况的汇报；传达学习习近平总书记关于审计工作的重要批示精神，听取省审计厅2018年四季度政策跟踪审计涉及湘潭县有关问题的汇报；审议《关于促进民营企业发展的意见》《湘潭县营造企业家健康成长环境弘扬优秀企业家精神更好发挥企业家作用的实施方案》，听取全县民营经济发展大会的情况汇报。

4月1日，由县委书记傅国平主持召开。会议传达学习习近平总书记关于安全生产的重要指示精神和省委、市委安全生产电视电话会议精神，安排部署全县安全生产工作；审议《关于集中整治形式主义、官僚主义的实施方案》；审议《湘潭县配合中央扫黑除恶专项斗争督导工作实施方案》《湘潭县配合中央扫黑除恶专项斗争督导工作任务分解表》；听取关于扶贫领域专项巡察整改进展情况的汇报；听取《机构改革干部人事工作原则》的汇报；研究干部人事工作。

4月4日，由县委书记傅国平主持召开。会议传达全国“两会”精神；传达学习习近平总书记在十九届中央纪委三次全体会议上的讲话精神；传达学习全省县级融媒体中心建设现场推进会议精神，听取县融媒体建设相关情况汇报；传达全市推进制造强市暨“千百扶培”行动动员大会会议精神，研究湘潭县贯彻落实的意见；审议《关于建立县人民政府向县人大常委会报告国有资产管理情况制度的意见》；研究干部人事工作。

4月23日，由县委书记傅国平主持召开。会议听取一季度经济形势分析汇报；传达全市党委办公室主任会议精神，审议《关于集中整治学风会风文风及检查调研方面存在突出问题的工作清单》及“五张清单”；听取县机构改革工作情况汇报；听取扫黑除恶专项斗争整改工作情况的汇报；听取2019年武装工作情况汇报；听取关于给予排头乡副科级干部赵凌党纪政务处分有关情况的汇报。

4月28日，由县委书记傅国平主持召开。会议传达习近平总书记在重庆关于扶贫工作重要讲话精神和省委扶贫工作电视电话会议精神；通报全省2018年度脱贫攻坚工作考核结果，通报湘潭县2018年度脱贫攻坚工作存在的主要问题，分析主要问题产生的原因；各行业主管单位就下阶段整改工作发言；传达市委书记专题会议精神和省委扶贫工作约谈有关情况，安排部署全县脱贫攻坚工作。

5月9日，由县委书记傅国平主持召开。会议传达全省纪检监察系统领导干部实战业务培训班、全省巡视巡察工作会议精神；传达省市统战部长会议精神；听取脱贫攻坚工作进展情况汇报；审定《脱贫攻坚驻村工作队员派驻方案》和《脱贫攻坚驻村工作队员管理考核办法》(审议稿)；审定县级领导、县直单位联系乡镇的安排；审定《湘潭县开展“双百攻坚”行动集中化解突出信访问题工作方案》；审定《湘潭县乡镇领导班子和领导干部政治建设考察方案》；听取2019年基层党建工作六项重要事项的情况汇报。

5月26日，由县委书记傅国平主持召开。会议审定《湘潭县乡村振兴战略规划(2018—2022年)》；审定县委深化改革委员会“两规则一细则”、专项小组成员建议名单、2019年工作要点；审定《湘潭县2019年秋季城区义务教育阶段学校招生实施办法》《关于全面深化新时代教师队伍建设改革的实施意见》《关于学前教育深化改革规范发展的实施方案》；审定《湘潭县事业单位公务用车制度改革实施方案》；审定《湘潭天易产业基金组建方案》；听取关于2019年县以下公务员职务与职级并行工作情况的汇报。

6月28日，由县委副书记段伟长主持召开。会议传达学习中央关于集中整治形式主义、官僚主义有关案件的通报；传达学习习近平总书记在江西召开的推动中部地区崛起工作座谈会上的讲话精神；听取半年度意识形态工作情况汇报；审议《湘潭县庆祝中华人民共和国成立70周年系列群众性主题宣传教育活动方案》；听取创建工作情况汇报；听取民族宗教工作情况汇报；审议《湘潭市开展湖南省深化供销合作社综合改革整体推进市建设湘潭县工作方案》；听取县委第九轮巡察工作开展情况汇报，审议《十二届县委第十轮巡察工作方案》；听取关于给予射埠镇原党委副书记杨习光党纪政务处分有关情况的汇报。

7月17日，由县委书记傅国平主持召开。会议审议县委常委分工安排及县级领导联系乡镇、重点项目、企业的调整安排；听取创卫工作情况的汇报；听取防汛抗灾情况的汇报；听取半年度经济形势分析情况汇报；研究干部人事工作。

7月30日，由县委书记傅国平主持召开。会议传达学习市委十二届七次全会会议精神；传达学习《关于坚决抵制和严肃查处利用领导干部名义“打牌子”办事的规定》；传达学习市委宣传工作会议精神，学习《中国共产党宣传工作条例》；审议《湘潭县庆祝中华人民共和国成立70周年“我和我的祖国”系列群众文体活动实施方案》；审议县党政领导班子和领导干部绩效考核委员会调整安排；听取2018年度科级领导班子绩效考核晋档、加分情况汇报；听取湘潭生活垃圾焚烧发电项目情况汇报；听取关于给予县水利局正科级干部彭代红党纪政务处分情况的汇报。

8月2日，由县委书记傅国平主持召开。会议传达贯彻市扶贫领导小组会议精神；审定湘潭县化债方案；审定2018年度科级领导班子和领导干部绩效考核结果；研究干部人事工作。

8月22日，由县委书记傅国平主持召开。会议传达学习全市乡村振兴重点工作书记专题会议精神；传达学习市委意识形态工作精神；传达学习《关于加强新时代基层人民武装部、村级民兵营(连)建设的意见》；审议县委常委会2019年上半年工作报告；审定《湘潭县2019年绩效考核实施方案》。

8月29日，由县委书记傅国平主持召开。会议审议《关于递补彭海勇等同志为县委委员的决定(草案)》。

9月6日，由县委书记傅国平主持召开。会议传达学习关于贯彻落实党中央决策部署典型问题的通报；听取全县基层党建工作重要事项情况汇报；听取脱贫攻坚工作情况汇报；听取中华人民共和国成立70周年特护期信访工作安排重点事项的情况汇报；听取关于从优秀村(社区)党组织书记、大学生村官、乡镇事业编制人员和选调生中择优选拔乡镇领导班子成员的工作方案的情况汇报。

9月11日，由县委书记傅国平主持召开。会议传达学习习近平总书记在“不忘初心、牢记使命”主题教育工作会议上的讲话、习近平总书记在中央政治局第十五次集体学习时的讲话、《中共中央关于在全党开展“不忘初心、牢记使命”主题教育的意见》；传达学习市委“不忘初心、牢记使命”主题教育动员会议精神；审议《中共湘潭县委关于开展“不忘初心、牢记使命”主题教育的实施方案》；传达学习新修订的《中国共产党问责条例》《中央纪委国家监委关于印发〈监察机关监督执法工作规定〉的通知》，研究湘潭县贯彻落实意见；听取关于民主党派工作情况的汇报；听取全县公务员职务与职级并行制度实施工作的情况汇报。

9月22日，由县委书记傅国平主持召开。会议通报花石镇“9·22”重大交通事故的发生、处置情况。传达学习省委书记、省人大常委会主任杜家毫，省委副书记、省人民政府省长许达哲，省委常委、省人民政府常务副省长谢建辉，省人民政府副省长许显辉、陈飞，市委书记、市人大常委会主任曹炯芳，市委副书记、市人民政府市长张迎春等领导的批示指示精神。听取县委组织部关于花石镇“9·22”重大交通事故涉及有关干部的问责方案。

10月15日，由县委书记傅国平主持召开。会议传达学习省委副书记乌兰在湘潭市及各县市区脱贫攻坚工作座谈会上的讲话精神，研究湘潭县贯彻落实意见；传达学习《关于牢固树立过“紧日子”思想大力压减一般性支出的通知》；传达学习《中国共产党机构编制工作条例》；审议《县管投融资公司重组和转型发展工作方案》；审议《县管国有企业领导班子及法人治理结构设置方案》，听取关于调整县管国有企业及个别公立医院党组织设置工作建议的汇报；审议《湘潭县实施乡村振兴战略实绩考核暂行办法》《中共湘潭县委实施乡村振兴战略领导小组中共湘潭县委农村工作领导小组议事规则》《关于成立湘潭县实施乡村振兴战略指挥部的通知》；审议《2019年湘潭县乡镇平安建设考评实施细则》《2019年湘潭县县直和驻县单位平安建设考评实施细则》；听取“不忘初心、牢记使命”主题教育问题检视及整改落实情况的汇报。

10月29日，由县委书记傅国平主持召开。会议传达学习《习近平关于“三农”工作论述摘编》《中国共产党农村工作条例》；传达全市平台公司、国有企业党风廉政建设专题会议精神，研究湘潭县贯彻实施意见；传达省纪委通报；传达全市经济形势分析会议精神，听取全县三季度经济形势分析情况汇报；审议《湘潭县安全生产和消防工作考核办法》；落实《关于全面加强生态环境保护坚决打好污染防治攻坚战的实施意见》任务清单；听取关于全县农村人居环境整治工作情况的汇报；听取县委第十轮巡察工作开展情况汇报，审议《十二届县委第十一轮巡察工作方案》。

11月13日，由县委书记傅国平主持召开。会议学习党的十九届四中全会精神，审议《中共湘潭县委关于做好党的十九届四中全会精神学习宣传的工作方案》；传达学习《中国共产党党内法规制定条例》《中国共产党党内法规和规范性文件备案审查规定》《中国共产党党内法规执行责任制规定（试行）》；传达学习全国、全省扫黑除恶专项斗争推进会精神，听取全县落实中央督导“回头看”反馈意见相关工作；听取“不忘初心、牢记使命”主题教育和主题教育专项整治工作有关情况汇报；听取易俗河镇信访工作情况汇报；审议《湘潭县乡村人才振兴行动计划》，听取关于《湘潭县人才引进实施办法》修改意见及2018年人才引进认定工作的汇报；审议关于给予锦石乡原人大主席李光灿、县城管执法局高新技术股股长陈智等2人党纪政务处分有关情况的汇报。

11月29日，由县委书记傅国平主持召开。会议传达学习习近平总书记在全国民族团结进步表彰大会上的讲话及省委统一战线工作领导小组宗教工作专题电视电话会议精神；审议《县委常委班子民主生活会对照检查材料》；传达学习全市领导干部专题警示教育大会精神和市委书记曹炯芳到县现场办公会议精神；传达学习市委书记专题会议精神、市委巡察办《关于全市安全生产领域反对形式主义官僚主义机动式巡察情况的反馈意见》，审议《湘潭市委安全生产领域“机动式”巡察组对湘潭县安全生产领域巡察反馈意见整改方案》，听取安全生产有关工作汇报；听取关于县“两会”筹备工作情况的汇报；审议湘潭县侨联改革方案；听取关于实施乡村振兴战略实绩考核相关事项的汇报。

12月16日，由县委书记傅国平主持召开。会议学习习近平在中央政治局第十八次集体学习时的讲话；听取2019年意识形态工作情况汇报；听取县融媒体中心相关工作情况汇报；听取2019年度全县老干部工作情况汇报；审议关于给予彭玉辉、唐振兴党纪政务处分、建议变更刘曦政务处分有关情况的汇报。

12月23日，由县委书记傅国平主持召开。会议审议县委常委会工作报告；审定县人大、“一府两院”、县政协工作报告；听取全县2019年国民经济社会发展计划执行情况，审议2020年国民经济社会发展计划；听取全县违建别墅清查整治和砂石矿规划布点及公开出让工作汇报；听取加强全县食品安全监管能力建设的工作汇报；审议全县2019年财政预算执行情况及2020年财政预算的报告。

【县委经济工作会议】 1月21日，中共湘潭县委经济工作会议召开。县委书记傅国平全面总结2018年全县经济工作，分析当前经济形势，明确2019年经济工作的总体要求和主要工作任务。县委副书记、县长段伟长就2019年经济工作作具体部署。2018年，湘潭县紧紧围绕挺进“全国百强县”、创建“全国文明城市”两大目标，深入实施“强工惠农”发展战略，全力以赴防风险、保稳定、抓改革、促发展，全县主要指标量质齐升，“三大攻坚战”成效显著，招商引资势头强劲，项目建设快速推进，乡村振兴开局良好，深化改革纵深推进，民生民利持续改善。傅国平要求，做好2019年的经济工作，要明确目标定位，牢牢把握经济工作总体思路和要求。要坚持以习近平新时代中国特色社会主义思想为指导，全面贯彻中央、省委、市委经济工作会议精神，坚持稳中求进工作总基调，坚持新发展理念和高质量发展要求，坚持以供给侧结构性改革为主线，坚持“强工惠农”发展战略，牢牢锁定挺进“全国百强县”、创建“全国文明城市”两大目标，全力打好“三大攻坚战”，全力加快实体经济发展，全力推进乡村振兴，统筹做好稳就业、稳金融、稳外贸、稳投资、稳预期各项工作，推动经济持续健康发展和社会大局稳定，为全面建成小康社会收官打下决定性基础，以优异的成绩庆祝中华人民共和国成立70周年。县领导刘铁强、王成林、周贤、谭何龙、刘耀奇、胡亚湘、李豪雄、陈卫兵、谭捍卫、尹明忠、赵苏阳等参会。

【深化机构改革动员大会】 3月4日，湘潭县召开深化机构改革动员大会和机构改革培训会议，标志着全县机构改革工作正式进入全面实施阶段。县领导傅国平、段伟长、唐剑恒、刘铁强、周贤、谭何龙、刘耀奇、胡亚湘、李豪雄、陈卫兵、谭捍卫、尹明忠、赵苏阳等参会。会议就机构改革工作的总体要求以及全县机构改革的主要任务作说明。根据潭市编〔2019〕3号文件精神，全县共设置党政机构37个，其中县委机构9个、县政府机构28个，另设置正科级事业机构11个。县委书记傅国平强调，要深刻领会机构改革的重大意义，准确把握机构改革的基本原则，务实扛起机构改革的政治责任，切实强化机构改革的保障措施。会议要求，机构改革期间，要按照“不立不破”的原则，确保工作不断、服务不断；要严把改革进度关，在10天内完成班子配备和新机构的集中挂牌，在20天内完成人员转隶、工作交接等，确保在规定时间内完成改革的各项任务；不论机构如何设置、职能如何配置，县委、政府服务的对象和服务的职能不变，全县干部职工必须保持足够的履职状态和工作积极性，做好改革、发展、稳定的工作。

【县委第十二届五次全体会议】 8月29日，中共湘潭县委第十二届五次全体（扩大）会议在县委党校召开。县委副书记、县长段伟长主持会议，县委书记傅国平代表县委党会从坚定不移加强党的领导、坚定不移加快经济高质量发展、坚定不移打好“三大攻坚战”、坚定不移增进民生福祉、坚定不移广泛凝聚合力五个方面，向全会报告县委常会2019年以来的工作情况。全会还以举手表决的方式，递补彭海勇、肖军、吴能为县委委员。县领导周贤、颜炬、陈卫兵、罗霄、唐仁光、赵苏阳参会。

重要调研

【脱贫攻坚工作调研】 2019年1月7日，市委副书记、市长谈文胜率队赴湘潭县花石镇、乌石镇、石潭镇等地，就脱贫攻坚工作进行调研督导。谈文胜强调，要摸政策清不清，摸查清楚县乡村各级干部、驻村帮扶工作队员以及贫困户自身是否已掌握精准扶贫各项政策，做到干部讲得清，对象说得清。要核帮扶实不实，通过及时开展回头看，全面核查危房改造、教育扶贫、健康扶贫等帮扶政策是否已经落实到位，确保政策落实不挂空挡。要看作风好不好，各级领导干部、驻村帮扶工作队员要严格落实扶贫工作责任，确保扶贫走心不走形式。要查质量高不高，坚持脱贫攻坚目标和扶贫标准，把工作评价权交给贫困户、交给老百姓，确保脱贫成效不掺水分。县领导段伟长参加。

2月11日，湘潭市委书记、市人大常委会主任曹炯芳到湘潭县茶恩寺镇茶花村，了解扶贫攻坚进展情况以及工作中存在的薄弱环节，帮助当地找准工作着力点，更好地推进扶贫攻坚工作。市县领导陈忠红、傅国平参加。在茶花村村部，曹炯芳主持召开扶贫工作调研座谈会。听取扶贫工作汇报后，曹炯芳指出，茶花村深入学习习近平总书记关于扶贫工作的重要论述，认真落实中央的扶贫政策，扶贫攻坚出新成效，各项工作上新台阶，基层干部精神面貌有新状态。

【园区工作调研】 2月20日，市委书记、市人大常委会主任曹炯芳一行到湘潭县调研园区工作。市、县领导何俊峰、陈忠红、傅国平、段伟长、谭捍卫等参加调研。曹炯芳一行先后到康普药业公司、凯依克物流、北汽大世汽车系统有限公司、湘潭市电线电缆有限公司，与企业负责人进行详细交谈，实地了解湘潭县的园区发展情况。曹炯芳在调研中表示，2018年湘潭县经济社会发展的速度效益提升，发展稳定共进，动力活力同兴，基层基础并重，对天易经开区的未来发展充满信心。他强调，园区是特区、新区，要以效益为中心，以项目为抓手，以产业为带动；园区是对外开放的窗口，要有新形象；园区是项目支撑的平台，要有新功能；园区是要素聚集的洼地，要有新活力；园区是干部锻炼的熔炉，要有新作风。

【工业经济工作调研】 2019年2月21日，湖南省副省长陈飞到湘潭县调研工业经济、农业产业现代化和交通建设等工作，先后到射埠互通至乌石公路（德怀大道）项目、湘潭县梅林现代农业示范园、湖南五洲通药业有限责任公司、湘潭市电线电缆有限公司、湘潭北汽大世汽车系统有限公司等处进行考察调研。陈飞指出，要长远规划企业发展，进一步聚焦产业方向，找准产品定位，力争在材料的环保性、安全性、耐久性等方面取得重大突破，不断做大做强，在该行业取得更大的成就。

【经济社会发展情况调研】 2019年3月9日，市委副书记、代市长张迎春率队到湘潭县调研经济社会发展情况，先后到彭德怀纪念馆、湘潭天易经开区等地实地调研文化旅游、工业制造、农业产业化、“大棚房”整治等有关工作，并听取湘潭县经济社会发展情况汇报。张迎春对湘潭县的工作给予充分肯定，认为工作思路清、亮点多、势头好、干劲足，让人倍感振奋。就湘潭县下一步发展，张迎春指出，要始终坚持精准定位，围绕既定目标和任务，持之以恒深入实施好“强工惠农”战略、统筹推进好“五大计划”、扎实开展好“五大竞赛”。县领导傅国平、段伟长、唐剑恒、刘铁强、周贤、陈义等参加。

【政协提案工作提质增效调研】 2019年3月26日，省政协副主席贺安杰一行到湘潭就政协提案工作提质增效进行调研，并在湘潭县召开座谈会，市县领导刘硕科、刘铁强、欧建美以及雨湖区、湘乡市、韶山市等县市区相关负责人参加座谈。贺安杰指出,要以提质增效为主线，有力推动提案工作高质量发展；要准确把握提案工作在政协工作中的全局性定位，是政协履职的基本手段和基本载体；要构建政协提案工作的大格局，党委政府要进一步加强对提案工作的认识；要推进提案公开，以公开促质量；要加强提案的信息化建设，运用信息化手段加强提案工作的效率。

【《就业促进法》贯彻实施调研】 2019年3月28日，全国人大常委会委员、全国人大社会建设委员会副主任委员李培林带领调研组一行到湘潭县调研《中华人民共和国就业促进法》（以下简称《就业促进法》）贯彻实施情况。省人大常委会委员、省人大社会建设委员会主任委员祁圣芳，市县领导彭子玉、刘永珍、唐剑恒、周贤等陪同调研。调研组一行先后实地考察易俗河镇谷洪村、湘潭新怡生态农业发展有限公司、湖南伍子醉食品有限公司等地，详细了解全县《就业促进法》实施情况及就业服务工作开展情况。全国人大社会建设委员会调研组对贯彻实施《就业促进法》情况给予充分肯定。调研组指出，就业是最大的民生，解决就业问题是事关改革发展稳定大局的重大问题，要以习近平新时代中国特色社会主义思想为指导，充分认识就业工作新形势，进一步增强法治意识，切实贯彻实施好《就业促进法》，为新中国成立70周年献礼。

【民营经济发展政策落实与完善情况工作调研】 2019年5月13日，省政协副主席、省工商联主席张健到县调研。此次调研的重点是：关注减轻企业税费负担、解决民营企业融资难、营造公平竞争环境、完善政策执行方式等。每到一处，张健都与企业负责人进行详细交谈，听取大家的意见建议。张健对县委、县政府认真落实关于促进民营经济高质量发展的意见，以实际行动推动民营企业高质量发展环境改善表示肯定，希望持续跟进企业的难点痛点，关注政策落实，积极反馈意见建议。市县领导胡振湘、刘铁强、马新国参加。

【彭德怀纪念馆考察调研】 2019年5月16日，国家文物局党组成员、副局长关强一行到彭德怀纪念馆考察调研。当天上午，关强一行沿着百米长梯拾级而上，向彭德怀铜像敬献花篮，并绕铜像一周，表达对彭总的敬仰与缅怀之情。随后，关强一行还先后前往纪念馆、故居、德怀墓，了解陈展体系、功能布局以及未来规划等。县领导李豪雄参加调研活动。

【司法业务用房建设工作调研】 2019年，为进一步完善《司法业务用房建设标准》的修订编制工作，6月13日，省司法厅党组副书记、副厅长黄春阳一行到湘潭县调研。通过实地走访县社区矫正中心和听取汇报，黄春阳要求，各级司法行政机关要进一步加强思想政治建设，利用好已有的硬件设施，提升基层司法所服务水平，将司法行政工作不断推上新水平。县领导段伟长参加。

【应急管理执法工作调研】 2019年7月24日，省应急管理厅副厅长罗德龙一行到湘潭县调研应急管理执法工作。调研组详细了解湘潭县应急管理执法工作开展情况。据悉，自2018年开展“强执法，防事故”专项行动以来，全县认真开展安全生产行政执法，安全生产形势持续稳定。是年，共组织检查企业1327家次，制作现场检查记录1327份，下达责令限期整改指令书428份，整改复查意见书377份，立案55起，行政处罚33.9199万元。县领导刘耀奇参加调研。

【农业农村和精准扶贫工作调研】 2019年8月6日，市委副书记、市长张迎春轻车简从，深入石鼓、青山桥、花石、排头、锦石、射埠等多个乡镇，就农业农村和精准扶贫工作进行调研。调研中，张迎春强调，要进一步细化完善农村环境卫生整治标准，大力改变农村老百姓生活习惯，持之以恒、久久为功抓好农村人居环境整治，让乡镇、村庄更洁、更美；要进一步加大精准扶贫工作力度，进一步加快乡镇特色产业发展步伐，推动乡村振兴战略落地落实。县领导段伟长、陈虹伶参加调研。

【乡镇人大工作调研】 2019年8月22日，省人大常委会党组副书记、副主任王柯敏率调研组到县，专题调研人大工作和建设情况。市县领导刘建业、唐剑恒参加调研。王柯敏一行深入易俗河镇人大代表联系群众工作站，就乡镇人大工作展开实地调研。王柯敏仔细查阅代表履职档案、代表接待群众记录、群众意见办理情况等资料，深入了解代表履职服务保障和监督管理等工作开展情况。王柯敏充分肯定湘潭县人大工作取得的成效，他表示，要不断加强各级人大代表与人民群众的沟通联系，完善工作站建设，不断提高代表联系、接待选民群众的活动质量和工作水平，发挥人大代表密切联系人民群众的积极作用，真正推动更多民生问题得到解决。

【主题教育工作调研】 2019年11月5日，省委主题教育办常务副主任、省委组织部副部长蔡建和一行到湘潭县调研主题教育工作。蔡建和强调，要认真抓实第二批“不忘初心、牢记使命”主题教育后阶段工作，持续推动主题教育走深走实，真正提升群众幸福感和获得感。省委第四巡回指导组副组长邝邹飞，市、县领导陈忠红、傅国平、罗霄等参加。蔡建和对湘潭县主题教育工作表示肯定，对存在的问题给予指导。他强调，各级党委（党组）要高度重视后阶段主题教育开展，要层层传导压力，压紧压实责任，将各项工作抓紧抓实抓出成效。

【项目现场调研办公】 2019年11月18日，市委书记、市人大常委会主任曹炯芳率队赴湘潭县项目现场调研，并召开现场办公会。曹炯芳强调，湘潭县要聚焦区域定位再提升，园区发展再跨越，项目谋划再升级，工作推进再加力，支持服务再优化，推动各项工作再上新台阶，为全市发展作贡献。市、县领导陈忠红、陈小山、傅国平、段伟长、周贤、谭海洋、刘耀奇、唐仁光等参加。

县委办公室工作

【概况】 2019年全县机构改革后，中共湘潭县委办公室（以下简称县委办公室）为县委的综合办事机构，内设11个组室，分别是秘书组、督查室、信息综合组、法规室、机要保密室、档案管理组、深化改革组、财经组、外事港澳台湾事务组、人事组、行财组。对外加挂县档案局牌子，对外使用县委保密委员会办公室（县国家保密局）、县委机要局（县国家密码管理局）、县委台湾工作办公室、县政府台湾事务办公室、县政府外事办公室、县政府港澳事务办公室名称。县委全面深化改革委员会办公室、县委财经委员会办公室、县委外事工作委员会办公室设在县委办公室。

2019年，县委办牢固树立“四个意识”，坚决做到“两个维护”，深入践行“五个坚持”，不断提高“三服务”水平，全力当好县委的“坚强前哨”和“巩固后院”。坚持把党建引领作为第一抓手，着力加强政治建设，深入开展党建主题教育，积极组织支部主题活动，大力实施党员结对帮扶，着力深化党风廉政建设。坚持把服务中心作为第一要务，围绕领导决策参谋辅政，围绕中心工作强力督查，围绕改革小康高位推进，围绕党委信息全面发力。坚持把敢于担当作为第一标准，高效完成中心工作，务实开展群众工作，切实提高执行效率，全面推动调查研究，高效统筹重大活动。坚持把统筹协调作为第一职责，突出做好牵头抓总，严谨细致做好公务安排，严格程序做好公文办理，严格高效做好后勤接待，严密规范做好保密政务。坚持把自身建设作为第一目标，全面提升队伍素质，组织开展能力提升活动，积极开展素质拓展活动，成功创建市级文明标兵单位。高质量完成主题教育、绩效考核及中央、省委巡视问题交办等全县性的中心工作。

【政策研究工作】 2019年，围绕挺进“全国百强县”、创建“全国文明城市”两大战略目标，深入开展乡村振兴、“三创一治”等专题调研，并形成高质量调研报告，为县委决策提供有力参考。在机构改革前，共起草和把关各类讲话材料、汇报材料30余篇，得到上级领导及县委主要领导的肯定。积极加强成果转化，在市级以上刊物和媒体发表文章10多篇，强化县域经济社会发展成果交流。

【综合信息工作】 2019年，积极发挥党委信息主渠道作用，加强对全县办公室系统信息工作的业务指导、统筹调度和工作考评，推动信息工作常态化制度化规范化。2019年，共向省委、市委上报信息766条，湘莲产业、乌石经验、“一亩田脱贫”等经验亮点获省委《要情汇报》单条采用；信息工作排名全省第三，全市第一。规范紧急信息报送制度，统一报送口径，严格执行24小时值班，建立以县委办、县政府办、县委网信办、县公安局、县应急管理局为主的党委紧急信息统筹联动工作机制，实行党委紧急信息调度会议机制和重大突发事件党委紧急信息集中会商、研判、报送机制；梳理分析不稳定因素和倾向性、苗头性问题，编发《要情汇报》70余期，没有发生漏报、迟报、误报、瞒报等现象。

【督查工作】 2019年，县委督查室认真贯彻落实《习近平关于督促检查工作论述摘编》精神，牢牢把握督查工作的政治性、权威性、统筹性和有效性，增强“四个意识”，坚定“四个自信”，做到“两个维护”，紧扣推动党中央和省市县委决策部署落实落地这一核心任务，更好发挥督查利剑作用和助手作用。年内，共办理省委、市委主要领导批示件21件，办理县委书记批示件31件；办理书记交办件11件，督办书记现场调度会交办事项82个，促进104个具体问题解决落地落实；办理代表意见建议43个，回复率100%，满意率95.34%；统筹规范督查检查考核事项，全县共开展督检考24次，减少80%以上，实现对乡镇企业（学校）减少50%的目标任务；编发督查通报7期，通报具体问题112个，绩效扣分单位8个；组织开展专项督查调研6次，其中全县全面工作4次；2次向省委督查室报告湘潭县督查工作情况，选派1人在省委督查室跟班学习1年。获得2019年度全省“督查系统先进单位”称号，樊超、冯丹两人获“全省督查系统先进个人”称号。

【保密工作】 2019年，大力开展保密法制宣传教育。全年讲保密知识课3堂；抓好日常保密宣传教育，充分运用网站、党政内部工作专网、县网手机报等载体不定期向全县干部职工开展宣传教育；督促各单位结合自身实际开展保密宣传教育活动，绝大多数单位按要求组织保密知识学习；抓好“订刊”“学刊”“用刊”工作，发挥《保密工作》宣传阵地作用。严格保密工作日常管理。组织县内91家单位签订目标管理责任书，689名涉密人员签订保密承诺书；加强保密要害部门、部位及计算机保密管理，重点加强党政机关和涉密单位计算机保密管理，督促有关单位建立健全保密管理制度，完善人防、物防、技防措施；加强信息公开保密审查工作，规范审查程序，加强对审查工作的督促检查；组织开展定密事项报备工作，全县91家单位报送报备统计表；做好防范手机窃密泄密工作；加强不存档文件资料的缴销工作，全年收缴各类文件资料4吨多。切实加强保密工作督促检查。加强对全县重大活动、会议及国家级考试等的保密监督和服务，协助教育部门和其他用人单位做好高考、高中学业水平考试、中考以及录用、招（竞）聘考试考点安全和试卷保密等工作，全年共参与有关保密监督10余次；加强保密工作日常检查和专项督查，对不符合要求的单位提出整改意见。

【电子政务工作】 2019年，将易俗河镇所有行政村、谭家山镇棠霞村、射埠镇方上桥村等44个行政村接入电子政务外网；更换电子政务外网平台核心设备，提高网络数据处理能力；完成党委视频会议系统延伸至乡镇的招标工作，并着手建设。全年调试、保障党委视频会议系统和幻真会议系统20余次，上报软件故障12次，解决电子公章故障3次；更换党政内部工作专网和电子政务外网设备5台；11月对全县所有单位使用和管理情况进行督促检查。

【办文办会工作】 2019年，办文工作继续保持及时高效传送和制发，法规工作继续在全市保持领先。2019年，处理各级来文2970余件，县委（办）共发文251件（涉及机构改革60件），发文总数较上年减少30%。向市委备案党内规范性文件15件，报备的党内规范性文件全部通过市委备案审核，无一件提醒和纠正件，文件报备率、及时率、合法合规率100%。同时，办理县委主要领导批示件210余件，传阅中央、省、市三级密级文件190件。严格落实请示报告制度，请示、报告数量和质量居全市前列。

会议方面。按照中央明确的“基层减负年”决策部署和全国、全省、全市党委秘书长会议提出的整治文山会海要求，充分发挥统筹协调职能，通过前置审核、套开会议、现场协调、召开视频会议等方式，全年，共召开全县性会议23次，同比减少34.5%。发放各类会议通知236个，协调服务107个会议活动，经县委办协调服务的相关会议活动，做到通知及时准确、会务准备细致周密。

公务活动方面。坚持执行县“6+5”周工作协调联动机制，全年编制并印发全县重要会议活动周安排表53期，服务领导公务活动59个，切实做好市委书记曹炯芳、市委副书记何俊峰等上级领导到县调研以及县委书记傅国平，县委副书记周贤，县委常委、县委办主任谭捍卫系列调研走访慰问活动的综合协调工作。

值班备勤方面。严格执行24小时值班工作制度，做到24小时值班无缝隙，确保上传下达畅通无阻。

及时安排好节假日值班工作，确保各类节假日的安全稳定。此外，还做好统筹调度全县领导干部集中休年假的工作。

【财经工作】 2019年，对照省、市改革要求，健全组织架构，配强财经办工作人员。召开县委财经委员会第一次会议，审议并出台财经工作规则和细则。深入开展工业地产发展情况专题调研，形成湘潭县发展工业地产的调研报告并编发《财经专报》。坚持党管财经工作的职责定位，强化与财政、税务、发改、商务等部门的统筹协调，建立季汇报、季调度工作制度。加大协税护税统筹力度，实行协税护税周调度机制，最大限度实现县域税收应收尽收。

【全面深化改革工作】 2019年，紧紧围绕中央、省委、市委全面深化改革决策部署，全面深化改革工作稳步推进、指向明确、落实具体，党的绝对领导更加有力，机构职能体系更加健全，工作体制机制更有活力。充分发挥党委牵头抓总作用。强化统筹协调，建立县级领导分线负责重大改革项目制度，确保改革成体系、联动式推进。全年召开县委深改领导小组会议、深改委会议与县委常委会议套开5次，研究审议改革事项26项。2019年，有115项重点改革事项，其中承接省级、市级任务109项，县自主铺排任务6项。已有106项改革事项出台文件或具体实施，其余9项改革事项已有序推进落实。湘潭县人民武装部被中央军委国防动员部评定为2019年度民兵调整改革先进单位（全国仅50个，湖南省仅4个）。紧盯重点改革事项精准发力，围绕优化园区发展环境，提高园区行政审批效率，推行“见章盖章”“见章换文”的改革举措，提高审批时效，助推园区招商引资和项目建设。聚焦关键领域开展创新举措，探索现代农业示范园“五个三”工作法，刊发在2019年24期《改革内参》上，实现国家级改革期刊发稿零的突破。积极参与财政部建制县隐性债务化解试点工作，争取建制县置换债券资金42.04亿元。探索社区矫正信息化建设试点工作，先后两次在全省社区矫正工作推进会上作先进典型发言。在国务院2019年落实有关重大政策措施真抓实干成效明显地方督查激励通报中，获国务院关于发展农村电商，拓宽农产品销售渠道的督查激励，为湖南省唯一一个受该项表彰的县市区。探索“党建+网格化管理”的基层治理模式被市委《领导参阅》刊发，市委书记曹炯芳高度评价，并作出“富有创新性，值得总结和推介”的重要批示；省委组织部副部长蔡建和到现场调研给予高度肯定，并由省委主题教育办在全省推介；同时该经验还先后被省委《送阅件》《湘组研究》刊发，被湖南卫视新闻联播报道。

【全面建成小康工作】 2019年，认真贯彻落实省、市小康工作安排部署，始终坚持把全面建成小康社会作为全局工作的总抓手，贯穿到各项工作中，加快推进全面建成小康社会进程。针对小康考核主要考短板指标的新变化，印发《湘潭县全面建成小康社会监测考评实施方案》《2019年湘潭县绩效考核小康工作目标考核评估办法》等文件，重点针对未达标的8个指标和存在不确定因素的指标，多次组织召开小康指标推进调度会，加大指标攻坚力度，并制订相应工作措施和方案。2019年，小康指标体系4大类16项33个指标中，有29项指标达到省定目标。小康总体实现程度达98.4%，提高6个百分点，增幅在全市排名前茅。

（汤岸峰）

纪检监察工作

【概况】 2019年，全县纪检监察机关忠诚履职尽责，敢于动真碰硬，不断巩固发展反腐败斗争压倒性胜利，全县党内政治生态持续好转，全面从严治党取得新成效。

强化监督检查，党员干部“两个维护”自觉性进一步提高。县委高度重视党的政治建设，深学笃用习近平新时代中国特色社会主义思想，扎实开展“不忘初心、牢记使命”主题教育，以向力力案和县内部分典型案件为镜鉴，举一反三、以案促改，引导党员干部筑牢思想根基、坚定理想信念。县纪委监委自觉将纪检监察工作置于党的领导下，主动向县委、市纪委监委报告工作，逐项抓好交办事项；始终着眼政治生态大局，突出政治监督，坚决查处白石镇非法采砂、县科工局服务乡镇园区建设不作为缓作为、天易公路二期绿化苗木枯萎干死背后的失职失责等问题，26名党员领导干部因主体责任落实不力被组织问责。

深化标本兼治，反腐败斗争压倒性胜利进一步巩固。坚持尺度不松、力度不减，始终保持惩腐高压态势。全年，共受理信访举报465件次，分类处置问题线索433条，立案368件，结案350件，给予处分350人，移送司法机关9人。胡某香、王某斌等一批群众反映强烈的腐败案件受到查处。在法纪震慑和政策感召下，2名党员干部主动投案。做好审查调查“后半篇文章”，坚持以案促改，透过个案找准行业性、系统性廉政风险，下发纪检监察建议书7份，督促相关单位整章建制、堵塞漏洞；召开全县领导干部警示教育大会，集中观看《初心不可背叛》警示教育片；继续发挥“一网一微”作用，开展“莲乡莲韵·清风徐来”纪律教育集中宣传活动，开办《莲乡纪检监察之声》电台专栏，营造崇廉尚洁的浓厚氛围。

持续正风肃纪，作风建设成果进一步深化。在落实中央八项规定精神上保持定力，对党员干部违规收送红包礼金、“提篮子”“打牌子”、毒黄赌等问题开展专项治理，严肃查处违反中央八项规定精神问题30起30人，查处涉赌涉毒酒驾问题70起70人，点名道姓通报曝光7批次16人。坚决向形式主义、官僚主义开刀，县委制订出台《集中整治形式主义、官僚主义的实施方案》，下大力气解决落实上级重大决策部署反应慢、打折扣、搞变通，文山会海，督检考过频等突出问题，发文、会议、考核等实现“五个同比下降”。县纪委监委坚持严查严办，查处形式主义、官僚主义典型问题20起65人，处分37人，问责免职处理1人。大力弘扬干事创业作风，县委旗帜鲜明提拔重用敢于担当、实绩突出的干部141名，按程序启用被问责后表现优秀的干部2名，为12名受到错告诬告者澄清是非，在全县树立重担当、重作为、重实绩的鲜明用人导向。

加强政治巡察，党内监督利剑作用进一步发挥。始终把“两个维护”作为根本任务，对标上级巡视巡察部署，全年组织开展三轮次政治巡察，包括对31家单位的常规巡察、重点项目建设领域和干部抽借调专项巡察以及重点安全生产领域“机动式”巡察，巡察覆盖率达75%；共发现问题516个，移交问题线索21条，追缴补缴各类资金33.2万元。抓铁有痕推进巡察整改，现场交办问题225个，立行立改问题187个；组织对被巡察单位巡察整改情况开展两轮次督查，清退违规发放资金1000万余元，建立健全各类制度80余项，推动巡察整改真落地、见实效。

做细做实监督首责，常态化监督网络进一步织密。县委严格落实交心谈心制度，县委常委班子成员带头开展廉政谈话提醒。县纪委监委紧盯“关键少数”，加大运用谈话函询处置问题线索力度，全年共函询科级领导干部20人次。严把党风廉政意见回复关，提出暂缓使用和不宜使用意见2人。充分运用监督执纪“四种形态”，全年运用第一种形态处置870余人，占比73.9%，惩前毖后、治病救人效果更加明显。加强片区协调联动，将全县各乡镇和县直单位划分为6个片区，由纪检监察室分片联系、统一调度，定期开展交叉监督检查、联合办案，实现优势互补、力量互助，凝聚起强大监督合力。

坚持以人民为中心，群众幸福感、获得感进一步增强。县委始终坚持人民立场，着力解决群众反映强烈的突出问题。县纪委监委坚决做好监督保障执行，以牵头开展主题教育八大专项整治为抓手，查处群众身边腐败和作风问题247起247人，追缴违纪资金1366万元，退还群众193万余元。其中，查处扶贫领域腐败和作风问题84起，处分65人，扶贫领域专项治理工作考核在全省72个非贫困县中排名第三。针对部分医院违规发放转诊费、中小学教师有偿补课、学校食堂克扣学生伙食费等群众反映强烈的突出问题，加强监督检查，收缴违规转诊费160余万元、违规补课资金630余万元，追缴食堂资金40余万元。认真开展“守初心、担使命，为民服务解难题”信访集中化解行动，县纪委监委领导班子成员带头包案、主动下访，着力化解群众最关心、要求最迫切的信访问题。持续深化扫黑除恶惩腐打“伞”，处置问题线索106条，立案36件，处分35人，先后查处张某、周某勇等一批涉黑涉恶案件背后的“保护伞”问题，人民群众获得感、幸福感、安全感明显增强。

稳步推进三项改革，纪检监察体制机制进一步完善。坚持对标看齐，扎实推进纪检体制改革，认真落实查办案件、提名考察、履职考核以上级纪委监委为主要求，定期向市纪委监委和县委请示报告，重要问题线索、案件查办重要环节及时报告；深化监察体制改革，加强与司法机关、执法部门的协作配合，建立健全监察机关与司法机关问题线索双向移送机制，推动纪法贯通、法法衔接更加高效顺畅；及时调整机构改革后派驻监督范围，全年各派驻纪检监察组共与被监督单位领导干部开展日常廉政谈话911人次，提出意见建议585条，立案85件85人，“派”的权威、“驻”的优势充分彰显。

加强自身建设，纪检监察队伍战斗力进一步提升。按照“讲政治、练内功、提素质、强本领”要求，全力打造纪检监察铁军。紧密结合纪检监察工作实际，认真开展主题教育，组织重温入党誓词、学习先进典型、接受警示教育，锤炼忠诚干净担当政治品格。以全员培训助推高质量发展，建立常态化内部培训机制，开展封闭式培训班2期，举办“莲乡卫士”大讲堂13期，培训2000余人次。积极组织举办纪法知识抢答赛，营造比学赶超氛围。为16名年轻干部“一对一”匹配“导师”，形成“老带新”传帮带工作模式。强化干部内外交流、上下交流，提拔重用14人，交流轮岗12人，激发干部队伍活力。开展“纪检监察工作质量提升”调研，查找并整改问题30余个，进一步理顺内部工作机制。坚持刀刃向内，立案查处纪检监察干部违纪违法案件2起2人，严防“灯下黑”。

【“村村响”奏响廉政“好声音”】 2019年2月27日，由湘潭县纪委监委联合湘潭县广电台打造的《莲乡纪检监察之声》电台专栏正式开播，共覆盖321个村的7000多只喇叭。该专栏节目在全县广播村村响县级平台开播，每周三晚6:20—7:00首播，每周四中午12:00至12:30重播，围绕反腐倡廉的最新动态、农村基层“微腐败”案例、党纪条规、名人名家廉政小故事、家风家规家训等内容，用“好声音”传递莲乡正风反腐正能量。

【用好用活纪检监察建议书】 2019年4月29日，湘潭县纪委监委印发《关于规范〈纪律检查建议书〉〈监察建议书〉制发及督促整改流程的规定》，对纪律检查建议书、监察建议书制订签发、登记备案、送达交办、催办督办、检查反馈、问责通报6个重要流程进行详细规定。全年，湘潭县纪委监委共向有关单位和党组织下发纪律检查建议书、监察建议书5份，问题均得到有效整改，做到建议事项“事事有回音，条条有落实”，取得良好的政治效应、纪法效应和社会效应。

【“一对一”传帮带 培养纪检监察“生力军”】 2019年5月，湘潭县纪委监委制订出台《导师“一对一”传帮带实施方案》，通过采取传帮带方式，由委班子成员和派驻、巡察机构及部室负责人担任传帮带“导师”，对近年新进纪检监察系统的青年干部以“四个注重”为重点，即注重理论辅导、注重实践指导、注重交心谈心、注重经验总结，开展“一对一”结对培养。此次导师“一对一”传帮带是湘潭县改革创新的一次有益探索，通过导师言传身教，干部学思践悟，不断提高青年干部政治素质和业务能力，培养纪检监察“生力军”。

【“亲情寄语”筑牢家庭廉政防线】 2019年6月，湘潭县纪委监委开展

"亲情寄语"活动，将家庭作为廉政教育的阵地，把亲情作为维护廉洁的力量，为党风廉政建设传递温馨的正能量。活动中，每名党员干部向父母、配偶、子女等亲人征集廉政亲情寄语，将征集到的亲情寄语制作成工作牌，摆放在办公桌前，时刻提醒自己不忘亲人嘱托。这次活动将家风传承与廉政文化建设相融合，推动党员干部廉洁齐家，自觉带头树良好家风。

【严禁违规操办"升学酒""谢师宴"】 2019年7月4日，湘潭县纪委监委下发《关于严禁党员干部和国家公职人员违规操办和参加"升学酒""谢师宴"的通知》，坚决杜绝党员干部和国家公职人员违规操办和参加"升学酒""谢师宴"等行为，营造风清气正、文明节俭的社会新风尚。一是严明纪律要求，要求党员干部和国家公职人员尤其是领导干部以身作则，带头坚决杜绝相关行为；二是严格教育监督，教育主管部门和全县各级各类学校要加强师德师风教育，倡导简朴、节俭的感恩方式，引导广大师生树文明新风；三是严肃问责查处，县纪检监察机关对违规操办和参加"升学酒""谢师宴"的，发现一起、查处一起、问责一起、曝光一起。

【开展信访举报集中化解专项行动】 2019年9月10日至11月30日，湘潭县纪委监委在全县开展"守初心、担使命、为民服务解难题"信访举报集中化解专项行动。此次信访举报集中化解专项行动以解决群众反映最强烈、最现实的问题为目标，通过统筹推进大排查清底数、大化解解难题、大调研建制度、大评比见成效四个阶段，进一步压实工作责任，健全工作机制，集中力量化解一批纪检监察信访举报难题。集中化解专项行动开展以来，全县纪检监察机关坚持以人民为中心的理念，领导率先垂范，面对面与群众交流沟通，真诚倾听群众呼声，积极主动作为，解决一批群众反映最强烈、最现实的问题，进一步密切纪检监察机关与广大人民群众的血肉联系。湘潭县纪委监委对谭家山镇郭某雄信访件等14件优秀信访件，第二纪检监察室等6家优秀组织单位进行通报表扬。

【湘潭县纪委监委举办知识抢答赛】 2019年9月20日，湘潭县纪委监委举办的"庆祝中华人民共和国成立70周年贯彻《中国共产党纪律检查机关监督执纪工作规则》《监察机关监督执法工作规定》知识抢答赛"在县委党校举行，来自全县纪检监察系统的8支代表队参加比赛。通过这场比赛，进一步贯彻落实中央、省、市纪委监委"全员培训"要求，提升纪检监察干部队伍业务水平，推动纪检监察工作高质量发展，向中华人民共和国成立70周年献礼。最终由天易经开区纪工委、县属国有企业纪委、县纪委监委组织部和案管室干部组成的第8代表队获得比赛一等奖，其他代表队分获相应名次。

【开展"不忘初心、牢记使命"革命传统教育】 2019年9月28日，湘潭县纪委监委机关全体党员干部赴彭德怀纪念馆开展"不忘初心、牢记使命"革命传统教育活动，缅怀彭总精神，重温入党誓词，感悟初心使命。参加教育活动的党员干部先后前往彭德怀铜像广场、彭德怀精神宣讲中心、纪念馆、故居等地，接受革命传统教育。在彭德怀铜像前，由县纪委常务副书记、县监委副主任朱良红领誓，全体党员干部面对铜像和党旗重温入党誓词。宣誓完毕后，全体干部在宣讲中心集中参加"不忘初心、牢记使命"彭德怀元帅精神宣讲报告会。随后全体干部参观彭德怀纪念馆。

【拍摄警示教育片《初心不可背叛》】 2019年12月，湘潭县纪委监委自主拍摄警示教育片《初心不可背叛》。《初心不可背叛》详细讲述"刹不住车"的畜牧站站长（王某斌）和"机关算尽"的副主任（胡某香）两名干部的违纪违法案例，对他们的案例进行深刻地剖析。影片完成后，县纪委组织600余人的全县警示教育大会，在会上组织观影，用身边的事教育身边人，警示效果撼动人心。

（杨紫依）

组织工作

【概况】 2019年，中国共产党湘潭县地方组织1846个。其中，党委43个，工委3个，党总支299个，支部1504个。党员39126名，其中女党员8679名，农村党员25865名。全年发展党员402名，其中女党员141名。

扎实开展主题教育。组织全体党员开展"八个一"学习教育活动，即组织一次主题党日活动、开展一次集中学习、报告一次个人学习体会、形成一篇调研报告、主讲一堂主题党课、组织一次学习讨论、学习一次先进党员事迹、办好一件实事好事，确保主题教育全覆盖。检视形成问题清单2219条，制订整改措施2245条，为民解决问题1856项。

推进机构改革。按照《湘潭县机构改革实施方案》的要求，出台59家单位"三定"方案，完成1030名人员转隶及实名制调整，其中跨部门调整73人，成建制调整196人，部门内部调整761人，调整配备涉改单位班子成员146人次，确保机构改革各项工作的稳步推进。

基层阵地建设。高标准推进支部"五化"建设，打造400个基层党建示范点，其中市级"五星"党支部101个，全县"四星"及以上党支部数量达90%以上，"五星"党支部数量达20%以上。投入3000万元对49个村级服务阵地进行规范化建设，其中新建28个、改扩建21个，让党员活动有场地、群众办事有场所。认真贯彻"三亮三联三带"活动要求，创新实施"党建引领百千万工程"，将乡镇、村、组三级网格延伸至农村党员网格，实现党委、支部、党员一网召集，为村级党组织和党员发挥作用搭建平台；实施党建引领小区治理，将党支部、物业公司、社区"三合一"，建设功能型党组织，破解无物业小区管理难的问题，受到《人民日报》、湖南《新闻联播》、《湘组信息》等媒体及内刊宣传推介。

抓党建促脱贫攻坚、乡村振兴。强化帮扶力量，派驻233支驻村帮扶工作队，安排市、县干部帮扶10105

户，帮扶工作实现全覆盖。成功申报中央扶持壮大村集体经济项目村7个，助推村级经济的发展。探索实施“党建共创、金融普惠”行动计划，与天易农商行合作为村级集体经济发展提供金融服务。对1947名在职村（社区）“两委”成员进行县级层面“八联审”，对摸排出的相关情况予以组织处理。

【党员干部教育管理】 2019年，承办全省贫困村暨民族地区和革命老区村党支部书记集中培训班，轮训村党支部书记1107名。组建中共十九大精神宣讲团，开展主题微宣讲400余场，广受群众好评。举办“熠熠党徽耀莲乡 建功立业正当时——身边的共产党员·微故事”宣讲活动，通过9个微故事的展示教育引导广大党员不忘初心，牢记使命。举办青干班、科干班、科级领导干部能力提升班等专题培训班，轮训干部159人次。加强领导干部出入境审批，完善更新因私出国（境）登记备案人员管理台账。动态维护干部信息库，及时更新干部人事管理决策支持系统，确保干部信息更新及时、客观、准确。

【干部队伍建设】 2019年，深入17个乡镇开展政治建设考察，对科级领导班子科学评价、精准识别。坚持“事业为上”的原则选优配强科级领导班子，严格落实干部“凡提四必”要求，坚决防止“带病提拔”。全年调整干部9批次447人次，其中提拔87人次，进一步使用54人次，将8名扎根基层、实绩突出的乡镇干部重用为党政正职，将因公被免职后表现突出的2名干部重新启用，推动干部“能上能下”成为常态。选拔17名优秀干部到乡镇担任班子成员，畅通乡镇干部晋升渠道。

【公务员管理】 2019年，全年招录公务员64人，为基层注入新鲜血液。按照职务与职级并行的要求，启动新的职务与职级并行政策实施工作，共套转905人，其中县直机关套转659人，乡镇套转246人。

人才引进、培育、服务。修改完善《湘潭县人才引进实施办法》，制订出台《湘潭县乡村人才振兴行动计划》，畅通人才引进的“绿色通道”。公开招聘教育、医卫类专业技术人才530人，以柔性引才的方式引进高层次人才69人。分两批次选派科技特派员（专家）139人，建立科技特派专家人才企业巡诊服务机制，组织专家针对企业存在的问题给予技术指导。探索开展科技特派专家组团服务村级集体经济发展工作，从政策、思路、技术、管理等多方面，为村级集体经济发展提供指导。组建9个类别26个专家工作室，培养青年专业技术人才。加大专业技术人才培养力度，先后组织举办专题培训班30期。扎实开展“名师带高徒”活动，全年促成师徒结对200对以上。围绕食品医药、智能装备制造、新材料三大工业主导产业，筹建高层次人才创业圈，建立孵化基地，筑巢引凤。出台《关于进一步加强党委联系服务专家工作的实施意见》，落实县级领导联系专家人才工作制度，为高层次产业人才提供一对一服务。开展“湘潭市第三批优秀人才”推荐工作，全县13人获“湘潭市优秀人才”荣誉称号。组织优秀专家人才开展“弘扬爱国奋斗精神”主题活动，激发专家人才的爱国情怀。开展优秀专家人才走访慰问、健康检查、暑期休假活动，营造尊才爱才的良好氛围。

组工干部自身建设。组织机关干部到锦石乡东剑村、白石镇湖田村开展走访慰问活动，走访居民户800余户，帮扶贫困户39户。积极开展“三创一治”“街长制”“河长制”等中心工作，认真落实“四责四诺”“五联五问”等有关文件精神，督促干部知责、履责、尽责。严格落实整治“形式主义”“官僚主义”的要求，全年办公室发文114份，同比下降33%。结合工作实际，进一步完善部机关工作制度，内部管理更加规范有序。推进文化长廊建设，开展文明卫生评比，树立省级文明单位的良好形象。

老干部服务管理工作。完成8400余名离退休人员的信息采集工作。严格按照上级部门及县委、县政府的有关政策，落实好老干部的政治待遇和生活待遇。组织老干部开展扶贫助学活动，扶助贫困学生500人，发放爱心扶助金80余万元。组织开展文艺会演、书法大赛等文体活动12次。 （彭 浪）

宣传思想工作

【概况】 2019年，湘潭县宣传思想文化工作坚持以习近平新时代中国特色社会主义思想为指导，深入贯彻落实《中国共产党宣传工作条例》精神，坚持围绕中心、服务大局，坚持稳中求进、守正创新，切实履行“举旗帜、聚民心、育新人、兴文化、展形象”的使命任务。理论武装、意识形态、精神文明建设、文艺文化、新闻宣传等各项工作任务均圆满完成。

理论武装方面。全年组织县委理论学习中心组集中学习（扩大）14次，开展理论研讨4次。组织开展全民素质提升工程——党的理论政策宣讲活动，宣讲内容涵盖习近平新时代中国特色社会主义思想、党的十九届四中全会精神、乡风文明建设、湖湘文化、农业技术、乡村旅游、文物保护等，共开展微宣讲400余场。抓好“学习强国”平台的学习使用，建立月报表制度定期统计分析全县学习情况，对平台推广使用先进集体、先进个人进行奖励，组织开展“学习再出发，莲乡在行动”——“学习强国”知识竞赛、“学习强国”进校园等活动，典型经验《湘潭县“学习强国”进校园树新风》在12月2日《湖南日报》发表。抓好理论研究，在《新湘评论》刊发理论文章《做好“大”“深”“活”“实”四字文章》《巧用“调色板”，绘制莲乡生态发展新画卷》，在“学习强国”平台刊发理论文章《五四读史》，在中红网刊发理论文章《中国共产党为什么“能”》。

舆论引导方面。落实党委（党组）意识形态工作责任制，将意识形态工作纳入党建工作、县委巡察、干部考核等范畴，县委常委会专题研究意识形态工作8次，召开意识形态工作联席会4次，对16家单位进行意识形态工作巡察，做好庆祝中华人民共和国成立70周年等重大节庆日的意识形态工作。加大网络舆情监控和引导的力度，组织网络安全事件应急演练，全年通过湘潭县舆情工作系统交办舆情1214条，办结率达97.8%，组织网评任务139次，妥善处理花石“9·22”事件、河口垃圾焚烧发电项目等敏感舆情32件。

精神文明建设方面。以全国文明城市、国家卫生县城、国家园林县城创建为抓手，深入推进市容环境整治、基础设施优化、小区综合治理、示范点创建、居民文明素质提升“五大行动”，开展文明过节、文明祭扫、文明用餐、文明旅游、文明排队、文明出行、文明观影、文明驾驶、文明求学、文明经营“十大文明”主题活动，成功通过“国家卫生县城”公示，以全省第二名的成绩顺利通过文明城市指数、未成年思想道德建设省级复检。选树好人好事好典型，左文雅、周咏申、龚梅珍上榜湖南好人，其中左文雅、周咏申入选中国好人候选人名单。抓好乡风文明建设，开展“户帮户亲帮亲 互助脱贫奔小康”活动，累计对接帮扶1.7万余次，开展“征集微心愿，温暖身边人”活动，完成微心愿2400条，推进移风易俗，举办“文明乡风大舞台”活动7场。抓好新时代文明实践工作，按照县、乡、村三级构架，建立组织领导机构，重点打造以实践中心、学习吧、宣讲中心、晓木塘社区、水竹村、子敬学校等多点支撑的城区新时代文明实践阵地及杨嘉桥镇、乌石镇等示范所（站）。在软件上，成立以机关党员、基层干部、先进人物、新乡贤、“五老人员”等为骨干的7支志愿服务队，共10146人。组织开展丰富多彩的文明实践活动580余场，服务群众14万余人次，如“歌颂伟大祖国 展示文明风采”主题诵读、“悦读心灵 畅谈人生”读书会、“畅响新时代 文艺进村组”巡演等，典型经验《成风化俗莲乡美》在《湖南日报》专版推介。

文化文艺方面。在石鼓镇田间地头举办中国农民丰收节体育健身活动启动仪式，参加湘潭市庆祝中华人民共和国成立70周年“我和我的祖国”——莲城大合唱比赛并荣获一等奖；原创小品《带着孩子去扶贫》在省、市文艺专场多次演出；举办了庆祝中华人民共和国成立70周年——“我和我的祖国”莲乡大合唱、“莲乡有个好江边”系列文艺活动；积极开展扫黄打非工作,湘潭县委宣传部获2019年省“扫黄打非”工作优秀集体；抓好文化体制改革工作，改革经验《做实县级媒体融合发展 壮大基层主流思想舆论》在市改革办《改革简报》第3期发表。

新闻宣传方面。2019年，在中央媒体上稿63条、省级媒体上稿526条、市级媒体上稿600余条。人民网刊发《湖南湘潭县人居环境大变样》、中央电视台13套播出《壮丽七十年，奋斗新时代——湖南声音推介花石镇湘莲产业系列报道》、“学习强国”全国平台上稿《湖南湘潭：打通服务群众最后一公里》,《湖南日报》头版头条刊发《千亿园区是这样炼成的 湘潭天易经开区聚焦产业经济发展纪实》。花石镇参加湖南广播电视台主办的《醉美湘镇》大型乡镇文化电视竞演活动，成功获评全省“醉美乡镇”。县内媒体围绕“庆祝中华人民共和国成立70周年”“不忘初心、牢记使命”等重大主题以及县委、县政府中心工作，如创建工作、农村人居环境整治、扫黑除恶专项斗争、脱贫攻坚、乡村振兴、莲乡好人好事、重点工程建设等设置专栏专版，推出《大美莲乡》《走进新农村》《莲乡党建》《莲乡清风伴我行》等特色栏目。

【举办庆祝中华人民共和国成立70周年系列活动】 2019年是中华人民共和国成立70周年，为营造浓厚宣传氛围，湘潭县广泛开展媒体宣传、社会宣传，举办一系列庆祝活动。4月21日，举办“我和我的祖国”亲子快闪活动，江声实验学校千人合唱《我和我的祖国》。9月27日，举行庆祝中华人民共和国成立70周年宣讲报告会，县委书记傅国平作主题宣讲报告。9月29日，举办庆祝中华人民共和国成立70周年“我和我的祖国”莲乡大合唱比赛；10月1日，组织收看收听庆祝中华人民共和国成立70周年大会、阅兵和群众游行实况。此外，国庆节期间，湘潭县还举办“唱响新时代，文艺进村组”主题巡演、“同升国旗，同唱国歌”、未成年人“传承红色基因，向国旗敬礼”主题教育实践等活动。

【举行新时代文明实践中心揭牌暨“建功新时代·志愿服务见我行”主题志愿服务活动启动仪式】 3月13日，湘潭县举行新时代文明实践中心揭牌暨“建功新时代·志愿服务见我行”主题志愿服务活动启动仪式，湘潭市委常委、市委宣传部部长吴小月，湘潭县委书记傅国平，湘潭市委宣传部副部长、市文明办主任罗玲玲共同为湘潭县新时代文明实践中心揭牌。启动仪式上，湘潭县委书记傅国平为9支志愿服务队授旗。此外，还组织开展巾帼志愿者法治宣传、“三官一律”进乡村（社区）等以“建功新时代·志愿服务见我行”为主题的志愿服务活动。

【举办“学习再出发，莲乡在行动”——湘潭县“学习强国”知识竞赛】 6月28日，湘潭县组织开展“学习再出发，莲乡在行动”——“学习强国”知识竞赛活动，全县各乡镇的机关干部、人民教师、医生护士、企业职工、农村村民共234名选手参加比赛。知识竞赛采用闭卷答题的形式，参赛题目全部来源于“学习强国”学习平台每周答题、专项答题的题库，题型设单选题、多选题、判断题、填空题，竞赛成绩按得分从高到低，设置一、二、三等奖。

【2019中国农民丰收节体育健身活动】 9月24日，在湘潭县石鼓镇铜梁村举办2019中国农民丰收节体育健身活动启动仪式暨“幸福新农村”湘潭县首届农民体育趣味体育活动，活动由中华全国体育总会、国家体育总局群众体育司主管，总局社体中心和湖南省体育局承办，以“全民健身，活力中国”为主题，以“体育+农事”的形式进行体育健身活动，活动内容包含青山唢呐演奏和油纸伞制作欣赏、丰收节套圈大赛、剁辣椒能手竞赛、巧手剥莲子竞赛、“农人三项”赛、泥塘摸鱼赛和拔河竞赛等，旨在传承和弘扬中华农耕文明和优秀传统文化，不断满足农民日益增长的美好生活需要。

【开展“户帮户亲帮亲 互助脱贫奔小康”系列活动】 7月4日上午，湘潭县举行“结对帮扶聚合力 邻里守望共小康”捐赠仪式暨“认领微心愿”

签名活动，为中路铺镇部分建档立卡贫困户“点亮”微心愿。11月14日下午，湘潭市“户帮户亲帮亲 互助脱贫奔小康”集中帮扶活动在湘潭县易俗河镇石壁村小学举行，市委副书记何俊峰宣布活动正式启动。活动上，主会场通过现场连线湘乡市、雨湖区、韶山市、岳塘区、高新区五个分会场，分别向观众展示“入户解难事”“入户送技术”“入户美庭院”“入户圆心愿”“入户送温暖”等志愿活动的开展情况，现场向观众展示《绿色精准扶贫》和《我要脱单》两个小品，并开展有奖问答互动活动。2019年,湘潭县通过开展“户帮户亲帮亲 互助脱贫奔小康”系列活动累计对接帮扶1.7万余次。（刘 杰）

统一战线工作

【概况】 2019年，按照机构改革的有关要求，县委统战部新增民族宗教工作和侨务工作职责，对外加挂县民族宗教事务局牌子，对外使用县政府侨务办公室名称，原对台工作职能划至县委办。内设6个组室，分别是办公室、干部和民主党派组、民族宗教组、非公有制经济工作组、新的社会阶层人士统战工作组、港澳台统战工作组。另设湘潭县新的社会阶层人士服务中心，为县委统战部所属公益一类全额拨款事业单位。

2019年，县委统战部紧紧围绕县委“挺进全国百强县”、“创建全国文明城市”的战略目标，加强政治引领，服务中心大局，协调好各类关系，构建大统战格局，圆满完成各项工作任务。

构建大统战工作格局方面。县委常委会4次专题听取和研究民族宗教、民主党派等统战工作，每月常委部门工作碰头专题听取研究统战工作。全年召开1次县委统一战线工作领导小组会议和1次全县民族宗教工作领导小组会议。落实县委常委与党外代表人士联谊交友制度，推进乡镇和县直单位班子成员联系党外人士制度，全县科级领导班子成员联系区域内500余名重点统战人士。健全县、乡、村三级统战工作网络，坚持涉统单位月例会制，坚持季度调度、半年度调研讲评、年度总结考评机制，压实全县各乡镇党委、县直机关党委（党组）部门履行统战工作的主体责任。

加强政治引领方面。县委常委会，各乡镇、县直机关党委（党组）中心组均组织开展2次以上统战理论专题学习。开展“不忘合作初心，继续携手前进”主题教育活动，组织各民主党派和知联会、新阶联等统战团体组织，开展庆祝新中国成立70周年座谈交流，赴彭德怀纪念馆、甘祖昌故居接受爱国教育等。开展全县宗教界人士政策法规学习培训，举办宗教界人士谈心谈话活动等。组织动员全县广大统战组织和统战成员，筹资近10万元，组成9支队伍，开展“统一战线在行动——慰问抗洪救灾干部群众”活动，同舟共济打好抗洪救灾攻坚战。

服务中心大局方面。召开全县各界代表人士迎春座谈会，广泛听取意见建议，及时交办督办意见建议16条。组织召开全县促进民营经济发展暨推进制造强县动员大会，出台促进民营企业发展系列措施制度，表彰奖励30家优秀民营企业和30名优秀民营企业家。开展“党建领航，非公助力，同心共筑脱贫致富梦”活动和“千企联万户”活动，加强村企对接,组织83家商协会、农业合作社、会员企业结对帮扶91个村。动员全县广大非公有制企业和非公有制经济人士加入帮扶队列，共有131家商协会、会员企业参与活动，设立扶贫车间7个，领办产业项目61个，开展公益捐款捐物330余万元，惠及贫困户1974户、贫困人口6474人。组织统战人士开展爱心助学活动，对接中国泛海集团，联合县教育局、县扶贫办、县教育发展基金会、湖南伍子醉食品有限公司等单位，对全县110名建档立卡贫困大学新生，捐助每人5000元以上的爱心助学金。引导县佛教协会、长沙洗心基金会筹措11万余元捐助县内贫困学子。发挥工商联（商会）、侨联、台办、海联会、知联会等部门团体的桥梁纽带作用，助力招商引资引智。持续开展“迎老乡、回故乡、建家乡”活动，先后召开粤港澳大湾区·湘潭县招商恳谈推介会、长沙·湘潭县生物医药产业招商恳谈会，与澳洲食品有限公司签订3000万美元的贸易合同。

民族宗教、中国港澳台地区统战、海外统战工作方面。县委常委会、县政府常务会、县委统一战线工作领导小组会议多次研究部署全县民族宗教、中国港澳台地区统战、海外统战工作。认真贯彻落实《宗教事务条例》，深入开展“宗教场所规范管理年”活动，加强少数民族流动人口管理服务，开展人员摸底，指导彭德怀纪念馆成功创建省级民族团结进步示范基地。推进县侨联改革，制订出台《湘潭县侨联改革方案》。广泛推进侨法宣传教育，成立2个村级侨联小组，在重点乡镇和社区设立大型侨务宣传栏。组织开展全县侨情摸底调查，加强与县籍境内外专家联系，为人才强县牵线搭桥。

基层基础建设方面。完善特约人员工作机制，加强对行政执法单位的民主监督。持续开展“民主党派基层组织规范化管理建设”，坚持党派主委例会制度，指导民革县总支、农工党支部开展换届，选优配强班子。加大党外代表人士政治安排，推荐2名党派成员担任政法系统正科实职。成立湘潭县新的社会阶层人士联合会，制订印发《湘潭县新的社会阶层人士工作实施意见》，建立人员信息库，建设高标准实践创新基地。指导乡镇建立统战工作台账，摸清底子，及时掌握统战工作情况。

【“不忘初心、牢记使命”主题教育】 2019年9月17日，县委统战部组织召开“不忘初心、牢记使命”主题教育工作会议，会议全面落实中央、省委、市委和县委的工作要求，对统战系统开展主题教育进行动员部署。10月31日，县委统战部组织县内各民主党派、知联会、新阶联的负责人及部分代表人士赴彭德怀纪念馆开展“不忘合作初心、继续携手前进”主题教育，全体人员向彭德怀铜像敬献花篮，认真聆听《以“石穿”精神守初心》的专题党课，并观看文献资料片《彭德怀元帅》。

【“同心美丽乡村”创建活动】 充分

发挥知名人士、新乡贤、统战团体和组织作用，结对开展同心美丽乡村创建。2019年，全县共有15个村开展创建活动，授牌7个县级创建点，潭口—双阳示范片、易俗河镇梅林桥村被授予“省级同心美丽乡村”称号。

【“基层党委党组履行统战工作职责示范创建”活动】 2019年，继续推进基层党委（党组）履行统战工作职责示范创建活动。9月6日，在中路铺镇召开全县创建工作讲评推进会议，并组织现场观摩。全年共有5个乡镇创建成功。基层党委（党组）履行统战工作职责示范创建纵深推进，截至年底，已覆盖17个乡镇和12家县直单位，取得明显成效。

【侨务工作】 2019年，因机构改革，原湘潭县人民政府办公室外事侨务港澳组的侨务工作职能划入县委统战部，县委统战部成立港澳台统战工作组（侨务组）。年内，走访慰问困难侨眷侨属11户，发放慰问金0.75万元。接待华人华侨和香港同胞4批次，其中接待新西兰侨领赵芳女士一行到彭德怀纪念馆参观考察。维护侨益，开展在非洲“三非”人员管控工作，落实1名新加坡“三侨考生”加分政策。选送2名教师分赴印度尼西亚、菲律宾侨校支教一年。

（胡晓丹）

民族宗教工作

【概况】 2019年，全县依法登记的宗教活动场所49处，民间信仰场所4处，县内共有30个少数民族，1800多名常住人口，17个乡镇均有分布，呈散居状。建立健全县、乡、村三级民族宗教工作网络，积极开展宗教工作督查整改专项行动，通过县乡村三级联动，对全县基督教私设聚会点情况进行摸底调查，逐一抓落实，整改工作取得全面胜利。督促龙兴寺进一步做好债务清退工作，并顺利通过中央、省、市的宗教工作督查；组织县消防大队为宗教场所负责人进行消防安全知识培训和消防演练；联合县应急管理局（消防）、县住建局、县市场监管局等多部门组成联合检查组，对重点宗教场所，进行安全工作专项检查，对发现的问题按“一单四制”的要求进行交办整改；与教职人员和场所负责人开展谈心活动，推进宗教活动场所“五进五好”活动，指导各场所建立健全财务、消防、食品安全、环境卫生等制度，加强场所管理，积极引导宗教与社会主义社会相适应。引导县佛协筹资3万元为谭家山镇20名贫困学生捐资助学，长沙洗心基金会捐资8万元解决全县20名大学新生的“入学难”问题。对全县少数民族人员进行摸底，办理少数民族成分变更1人，审核少数民族考生资格5人；指导彭德怀纪念馆成功创建为全省民族团结进步教育基地。

【湘潭县佛教协会换届选举】 2019年7月9日，湘潭县佛教协会第六届代表会议召开。全县佛教界的40多名代表参加会议，会议修改并通过《湘潭县佛教协会章程》，选举产生县佛教协会第六届理事会、常务理事会和新一届领导班子。会议选举唯静法师为会长，德愿、寂瑞、永学、见心四位法师为副会长，常明法师为秘书长。

（罗　伟）

网络信息工作

【概况】 2019年3月11日，中共湘潭县委网络安全和信息化委员会办公室正式挂牌成立（以下简称网信办）。该办是湘潭县委网络安全和信息化委员会常设办事机构，受县委网信委领导，负责处理县委网信委日常事务工作，坚持为县委服务，对县委负责；贯彻落实网信工作职能的优化、协同、高效，推动形成总揽全局、协调各方的网信工作领导体系，为正科级行政单位。内设3股室1中心：网络安全应急股（社会工作和信息化股）、网络宣传监管股、综合管理股，湘潭县互联网违法和不良信息举报中心（属二级机构）。

2019年，县委网信办深入学习贯彻中共十九大精神和习近平新时代中国特色社会主义思想，深入学习习近平总书记关于网络强国的重要思想和按照上级网信工作部署和县委要求，扎实开展网上正面宣传、舆情应急处置、网络安全保障，全县网信工作基础不断夯实，各项工作成效显著。

强化思想引领。2019年，围绕新中国成立70周年和县委、县政府中心工作，结合“不忘初心、牢记使命”主题教育、“壮丽70年，奋进新时代”“70年70城”“第二届中国国际进口博览会”“湖南全球推介活动”“脱贫攻坚”“扫黑除恶”“创文创卫”等主题宣传活动，统筹协调县域网上理论宣传和网络评论工作。依托新闻、政务新媒体和自媒体平台，坚持“大屏+小屏”联动、“网上+网下”互动，创新运用网民喜闻乐见的“网言网语”表达“党言党语”。

推进网络安全管理。2019年5月，联合县融媒体中心成功举办网络安全事件应急演练。通过此次演练，县网信办制订县域网络安全事件应急处理预案，完善应急响应机制，提高网络安全事件的应对时效和处置能力。是年，对全县纳入网络安全监管的37家政府机关及事业单位网站进行安全风险巡查评估100余次，编发《网络安全提示函》3期、《网络安全风险提示函》9期，对发现的网络安全风险及时交办各单位，并督促相关单位全部整改到位。

6月，对已有的舆情工作管理平台进行升级与二次开发。升级后的管理平台增加舆情专题模块，根据当前县内中心工作增设扫黑除恶、创文创卫、非法采砂洗砂等重点专题，实现特定舆情专门渠道，第一时间快速响应、快速交办，快速回应网民关注的敏感舆情。

抓好网民留言办理。2019年，结合“不忘初心、牢记使命”主题教育，湘潭县委网信办全力抓好网民留言办理，积极回应群众的期待。加强县、乡、村网信工作体系建设，搭建起三级“网上群众工作平台”。“人工+智能”，24小时全网络监测舆情；“线上+线下”，按照“四个第一时间”的要求，认真梳理网民留言，建立健全留言处置工作台账，进行线上交办线下处置；“跟踪+问效”，对相关单位处置情况及时跟踪问询，进行动态掌握，未能按时完成的进行督办。大力推动网民留言办理部门联动，齐抓共管，形成宣传、网信统筹推动，各部门相互协调配合的工作格局。湘潭县、乡两级党委政府在红网《百姓呼声》办理网友留言707条，回复率98.2%；红网《问政湖南》书记留言信箱279条、回复率96%；县长留言信箱55条，回复率96.3%；湘潭在线《民情在线》栏目留言126条，回复率96.8%。湘潭县网络留言办理量位居全省前列，县委网信办位居全省留言办理单位前列、全市第一。

【国家网络安全宣传周】 2019年9月16日至9月22日是“国家网络安全宣传周”，县委网信办开展以“网络安全为人民，网络安全靠人民”为主题的宣传教育活动。组织县委网信委成员单位设置宣传条幅、在现场发放宣传手册、接受咨询等，走进群众身边宣传安全知识。组织县内各单位工作人员积极参加市委网信办举办的网络安全知识答题活动，取得良好的宣传教育作用。

（彭志勇）

机构编制工作

【概况】 2019年，全县机关单位39个，其中县人大政协机关2个，县委机构9个，县政府工作机构28个，市政府工作部门派出机构1个（不计湘潭县机构限额）。全县群团组织11个，其中行政机构4个，正科级事业机构5个，副科级事业机构1个，股级事业机构1个。全县事业单位653个，其中正科级事业单位17个（县委直属事业单位3个，政府直属事业单位3个，部门所属正科级事业单位5个，正科级学校6个），副科级事业单位72个（副科级学校3个，天易经开区所属6个，县直部门所属63个），股级事业单位580个。行政实有2249人，事业实有11852人。

【机构改革情况】 2019年，该办以县委办、县政府办名义印发《湘潭县机构改革实施方案》（潭县办发〔2019〕1号），对机构改革的实施要求、实施内容、实施步骤、组织领导、责任分工等进行明确。3月4日，召开全县机构改革动员和培训会议，对全县机构改革工作进行全面安排部署和业务指导培训。上半年，全县涉改单位和部门的正、副职任职到位，全县涉改单位统一挂牌，县本级涉改单位办公用房调整全部完成，新组建和更名单位均按期完成机构转隶和挂牌工作，实现集中办公，全部启用新的印章。全年根据县委办、县政府办印发的《湘潭县机构改革实施方案》，调整原29个机构的65项职能。根据省市各级各部门“三定”规定，完成全县60家单位“三定”规定的印发，其中党政机关37家，群团10家，人大政协2家，正科级事业单位11家。根据县机构改革领导小组确定的涉改人员名单，完成1030名人员转隶及实名制调整，其中跨部门调整73人，成建制调整196人，部门内部调整761人。

6月13日，召开县委深化机构改革领导小组会议，安排部署全县乡镇机构改革工作，审议通过《湘潭县乡镇机构改革实施方案》。6月17日，召开全县机构改革工作推进会和业务培训会。6月25日，全县17个乡镇机构改革实施方案请示报告已经县委编委批复，机构均按要求设置。年内，各乡镇党政机构和事业单位已全部挂牌，全部启用新印章，人员调整到位。改革后，全县乡镇行政编制总计904名（含乡镇财政所行政编制137名），事业编制总计1191名，机关后勤服务全额拨款事业编制33名。

【启动综合执法机构改革工作】 2019年按照省、市关于文化市场、交通运输、农业、市场监管、城市管理、生态环境等六大领域综合行政执法改革机构整合和人员编制划转有关要求，对六大领域的执法编制和人员进行摸底上报锁定。11月，完成生态环境保护垂直改革机构编制移交工作，共计上收湘潭县行政编制14名，全额拨款事业编制38名，机关工勤编制1名。

【事业单位登记情况】 2019年，办理事业单位设立登记9家，事业单位办理年度报告公示270家，变更登记186家，新设立4家，注销5家。截至年底，全县已办理事业单位共364家。

【职能划转情况】 2019年7月份，该办顺利与县行政审批服务局完成职能划转移交：中央编办、省委编办、市委编办承担或有关部门下发文件涉及机构编制部门的工作，由县委编办承担；国务院办公厅、国务院审改办承担或下发文件涉及审批服务部门的工作由县行政审批服务局承担。县委编办保留“审核县政府工作部门行政权力清单，协调推进相对集中行政许可权改革”这两项职责，其余均划转至县行政审批服务局。移交后，配合县行政审批服务局对乡镇权责清单、赋予乡镇经济社会管理权限目录进行清理规范。

（李雨姣）

党校工作

【概况】 2019年，中共湘潭县委党校县行政学校（以下简称党校）坚持以习近平新时代中国特色社会主义思想为指导，全面贯彻落实中共十九大精神和十九届历次全会精神，紧紧围绕县委、县政府“挺进全国百强县”“创建全国文明城市”的目标，坚持党校姓党，全面落实《中国共产党党校（行政学院）工作条例》要求，强化“五项建设”（政治建设、作风建设、校风建设、品牌建设、制度建设），全力实施“三大工程”（目标工程、重点工程、创优工程），做强湘潭县干部教育培训中心、湘潭县会务中心，保持湖南省省内先进基层党校地位，推动党校整体工作水平上新台阶。

培训工作。2019年，共举办各级各类培训班48期，共培训学员7380人次。3月17日至4月26日，作为全省的培训基地之一，继续承办4期“全省贫困村暨民族地区和革命老区村党支部书记集中培训班”，共培训村党支部书记447名，培训效果得到上级肯定，吸引湘潭市纪检、组织、办公室系统等到党校举办重要培训班。

红色教育工作。参照长沙县委党校的办学模式，通过购买社会化服务方式，与湘潭红色文化学院开展合作办学，现场教学委托湘潭红色文化学院组织教学，并选派跟班班主任全程参加培训管理，形成

“党校主导、购买服务、优势互补、全面发展”的办学格局，党校对培训过程全程参与监督管理，并负责党性教育课程的开发设计和授课监管，推动县域经济社会的发展。年内，共合作办学10期，培训外省市学员655人次，实现培训收入110余万元，进一步推动红色教育培训，带动相关产业的发展。

科研工作。2019年，党校继续强抓科研工作不放松，积极组织教员申报课题，认真开展社会调研，积极参加各级征文比赛。年内，结项湖南省党校行政学院系统社科规划课题1个，立项1个；省级以上刊物公开发表论文4篇，获省级奖励论文14篇。

行政后勤工作。年内，承办会议49场次，服务15355人次。作为湘潭县的公共食堂之一，响应食堂改革的要求，不断改进菜品质量，提升服务水平，赢得一致好评。加强物业管理，后勤工作更加规范，服务更加细致，学员住宿环境得到改善，后勤服务保障水平得到较大提升。投入5万多元，对校园进行文化装饰，进一步提升校园文化氛围。

主题教育工作。按照要求完成好“规定动作”。9月18日，召开动员会，制订实施方案，成立领导小组，按要求开展集中学习、集中研讨和学习心得交流，开展调查研究和成果分享，进行问题检视和整改落实，组织党员干部到彭德怀纪念馆开展革命传统教育。同时，充分发挥党校理论优势和阵地优势，开设“不忘初心、牢记使命”专题课程，抓好理论宣讲。年内，共为部门、乡镇、农村和社区宣讲93场次，受众8543人次。将“不忘初心、牢记使命”主题教育内容纳入主体班的教学范畴。（钟　丽）

党史和地方志工作

【概况】 2019年，中共湘潭县委党史研究室、湘潭县地方志编纂室仍实行“两块牌子、一套人马”机制，有在职干部职工9人，中共党员9人。是年，全室人员切实履行职责，凝心聚力，开拓进取，党史和地方志工作取得新的进步，圆满完成年度各项目标任务。

突出政治建设，提升班子和队伍能力水平。年内，组织党员到韶山、罗亦农故居遗址、卢冬生故居遗址参观学习红色文化，接受革命传统教育，坚定理想信念。加强党员理论学习，提高思想理论水平。组织全室党员干部先后学习习近平总书记系列重要讲话、《中国共产党支部工作条例（试行）》《中国共产党党和国家基层工作条例》等著作和党规党法。全年集中学习12次，专题学习讨论3次。抓好主题教育，加强党员思想建设。根据县委部署，从9月开始，集中3个月时间开展“不忘初心，牢记使命”主题教育。整个活动按照县主题教育办公室的安排，分4个阶段进行。先后召开动员会、集中学习研讨会、主题宣讲会、读书分享会，制订主题学习计划清单，每月集中学习3天，举办主题教育研究会3次，撰写调研报告3篇，召开“对照党章找差距”专题座谈会1次，征求对班子集体意见建议20条，对班子成员的意见建议20条，召开专题民主生活会1次、组织生活会1次。组织党员干部观看典型事迹电教片，发放“政治生日卡”，给老党员送党课上门。主题教育达到“理论学习有收获，思想政治受洗礼，干事创业敢担当，为民服务解难题，清正廉洁作表率”的目的。加强支部班子建设。9月，按照县直机关工委的要求，履行“三请示三批复”的程序，进行室机关党支部换届选举，选出支部委员3名，分别担任支部书记、组织委员和宣传委员。规范党员管理制度。健全支部工作制度6条，完善和落实“三会一课”制度，支部书记讲党课，邀请县委党校副校长王耀讲党课，加强党员的教育管理，提高党员素质，增强党组织的战斗力，提升支部服务职能。

从严从实要求，推进党风廉政建设。落实党风廉政建设“两个责任”，制订党风廉政建设2019年度计划，制订《2019年县委党史研究室党风廉政建设和反腐败工作责任分解意见》《2019年度县委党史研究室领导干部党风廉政建设和反腐败工作责任清单》，印发各组室执行。强化“一岗双责”，构建“一把手”负总责，其他干部人人有责的责任体系，形成抓党风廉政建设和反腐败斗争的工作合力。作风建设常态化，坚持把党纪、规矩挺在前面，增强党员干部遵纪守法的自觉性。严肃执纪执法，促进干部作风转变。执行一把手“三个不直接分管”“末位表态”“三重一大”等制度，规范权力运行；实行民主集中制，重大事项坚持集体讨论决定；规范并严格执行财务制度，消费不超标，管理不违规；规范党员干部从政行为，实行党员干部重要事宜请示报告制度。年内，全室党员干部中未发现不廉洁行为。

党史征研工作卓有成效。《中国共产党湘潭县历史（第三卷）》的初撰文稿已基本完成。编写党史基本著作是丰富党的“红色家谱”，是党史部门的一项严肃而艰巨的政治任务。是年，县委党史研究室抓紧主业，充实撰写力量，县党史第三卷的初撰文稿基本完成，共42余万字。7月，邀请县史志联络组5位老干部重点审阅初撰文稿的第二编和第三编，提出重要修改意见，下一步将根据修改意见对这部分初撰文稿作大幅度的修改。高质量完成《湖南省党委工作纪事（2019）》中湘潭县委的组稿任务。《湖南省党委工作纪事（2019）》是全省地方党委展示工作决策、工作成效和工作特色的重要窗口，涉及面广，要求高。由中共湖南省委办公厅、省委党史研究院编著，各市、县（市）委党史研究室负责组稿，是每年必做的一项重要工作。县委党史研究室确定专人主笔，对接县委、县政府主要工作部门收集资料，进行审核、研究，去粗取精，完成“湘潭县委执政纪事”文稿，计2000余字，呈县委审查批准后，报送省委党史研究院。开展党史资料征编和革命遗址遗迹保护工作。根据县委关于庆祝新中国成立70周年的总体部署，组织开展“新中国70年”湘潭县故事征文活动。庆祝中国共产党成立98周年，与湘潭电视台联合制作学习传承罗亦农革命精神电视专题片和卢冬生专题片。经请示县委批准，开展韩联生烈士（湘潭县易俗河镇郭家桥人）史料征集工作，完成在其故居立碑标识的选址，将新添爱国主义和革命传统教育阵地。发挥县史志联络组成员的作用，组织审阅《中国共产党湘潭县历史（第三卷）》《湘潭县革命斗争史》等文稿。启动成立湘潭县红色文化研究会的筹备工作。

县志年鉴工作成绩优异。地方综合年鉴是记载一个地方经济社会发展基本情况的百科全书，当年年鉴记载上一年的情况，其作用独特，不可替代。县地方志编纂室紧盯年鉴编纂新动向，联系县内具体情况，开拓创新，精益求精，年鉴框架作了大幅度调整之后，更为优化并基本稳定下来。注重提高年鉴质量，对各单位年鉴稿件的撰写加强指导，同时做好审稿工作。《湘潭县年鉴（2019）》设30个类目，64个彩页，70余万字。书稿送方志出版社审查。至11月底，经方志出版社初审、复审和终审后，认为书稿符合国家《图书质量管理规定》的要求，可以公开出版。《湖南乡镇简志》经2018年省级评审会后，根据评审意见，由专人负责完成湘潭县各乡镇文稿修改工作，并交省地方志编纂室编辑出版。《湘潭县志》光绪版点校2018年启动，完成文字录入、序言撰写、书样设计、政府采购等一系列工作后，2019年6月印刷出版，成为县委、县政府重要外联礼品，提升县域文化意蕴和形象。是年，编印期刊《今昔湘潭县》第二、三期合集，增设党史资政栏目，为县委、县政府提供资政服务。

【《湘潭县革命斗争史》编纂工作】 该书稿是县委党史研究室根据省委党史研究院主持编纂的《湖湘红色基因文库》确定的子项目，按照县委关于"高质量完成任务"的指示，组织专门班子编写的。是年，县委党史研究室在上一年工作的基础上，组织编写人员根据市委、省委党史研究部门提出的审阅意见，对文稿进行认真修改，形成终审稿。上级审阅文稿后给予好评。（郭　晟）

外事·港澳·台湾事务工作

【概况】 2019年，湘潭县外事港澳台湾事务工作积极贯彻党的方针政策，认真落实各项要求，扎实完成各项任务。

外事工作。5月，协助美方到湘潭县调查飞机坠毁事件。

港澳工作。6月，香港教育大学志愿者到乌石镇彭德怀希望小学开展义教活动。

对台工作。配合台湾中国电视《大陆寻奇》栏目组，对齐白石故居、彭德怀纪念馆、青山桥镇唢呐艺术、石鼓镇油纸伞技艺等实地采访报道。接待台湾苗栗县青年代表团来县开展"白石故里行"经济文化交流活动；接待天津市台协会长罗文德所携的台湾企业负责人和青年创业者团队到湘潭县考察与交流。宣传教育。持续开展"涉台教育进校园"活动，新增易俗河镇烟塘学校、乌石镇彭德怀希望小学为县级涉台教育创建点。指导湘潭江声实验学校继续创建省级涉台教育基地。

【成立组织机构】 2019年，成立中共湘潭县委外事工作委员会，县委书记任组长，下设办公室，县委办公室副主任兼任办公室主任。成立中共湘潭县委对台工作领导小组，县委书记任组长。

【设置外事港澳台湾事务组】 2019年4月，按照县委机构改革的安排，外事、港澳事务工作职能从政府办划出转入县委办；撤销县台办，原有工作职能并入县委办。县委办设置外事港澳台湾事务组，将外事港澳台湾事务合署办公。同时，对外保留使用中共湘潭县委外事工作委员会办公室、湘潭县政府外事办公室、湘潭县政府港澳事务办公室、中共湘潭县委台湾工作办公室、湘潭县人民政府台湾事务办公室等机构名称。

【对台交流基地】 2019年，指导齐白石故居成功创建湖南省对台交流基地，这是湘潭市首个省级对台交流基地，为湘台两地交流搭建更为广阔的平台。（李　佳）

创新发展研究工作

【概况】 湘潭县创新发展研究中心成立于2019年3月，正科级，是县委直属公益一类事业单位。下设：办公室、基层党建研究股、经济发展研究股、社会民生研究股、综合编辑部。

2019年，中心上下围绕县委、县政府的中心工作，督促党员干部主动融入"创新引领开放崛起"战略，积极投身"三大攻坚战"，服务县域经济社会发展，进一步发挥好参谋助手作用，起草、参与起草或修改各类报告、讲话及其他文稿160余篇。紧扣经济社会发展需要，先后牵头或重点参与起草《关于全县基金运行情况的调研报告》《抓紧抓实产业项目建设全力推动经济高质量发展》《关于开展乌石景区管理机制调研的情况汇报》《以产业扶贫助推精准脱贫——湘潭县产业扶贫工作调研报告》等一批高质量的调研报告12篇，为县委、县政府决策提供具有参考价值的调研成果。在国家、省、市主流刊物发表文章14篇，其中国家级1篇，省级8篇，市级5篇。对"一件事一次办上门办"工作经验进行总结提炼，得到《人民日报》和"学习强国"平台、《湖南日报》、《湘潭日报》等主流媒体的典型推介，经验文章在省委改革办2019年第32期《改革简报》上发表；《筑牢安全发展生命线》在《湖南工作》发表等等，为全县经济社会各项事业发展进行积极正面的宣传，得到上级部门、领导的肯定和好评。

（汪凯晓）

老干部工作

【概况】 2019年，湘潭县行政事业单位有离退休人员8457人，其中离退休党员3610人，有64个离退休干部党支部。离休干部和享受副县级三项待遇及以上的退休干部中，80岁以上的65人，年龄最大的95岁。

全年组织离休干部和副县级及以上退休干部集中学习11次。在全县离退休干部中广泛开展"习近平新时代中国特色社会主义新思想'三进（进机关、进乡村、进社区）'"活动，有80余名以"五老志愿者"为主的宣讲员举办宣讲60余场，被《湘潭日报》和省、市老干部局推介。在全县离退休干部党员中以“五个一”扎实开展第二批“不忘初心、牢记使命”主题教育活动,活动中3名老干部代表参加市委主题教育调研座谈，为全市乡村振兴和基层治理建言献策，得到市委书记、市人大常委会主任曹炯芳等市领导的高度肯定。河口镇、县住建局（县人防办）离退休干部党支部成功创建为“市级示范离退休干部党支部”，市离退休干部工委进行授牌。县纪委监委、县离退休干部服务中心、青山桥镇、石潭镇4个单位离退休干部党支部创建县级基层党建示范点。下拨创建工作经费50余万元。开展全县离退休干部支部书记和老干专干培训会2次。七一期间，走访慰问7名“70年党龄”的离退休党员。6月至10月，在全县老干部中开展征文赛、书画赛，共收集到诗文作品215篇，书画作品116幅，评选书法作品一等奖2名，二等奖4名、三等奖3名，绘画作品一等奖2名、二等奖4名、三等奖9名；诗文作品一等奖2名、二等奖4名、三等奖6名。12月16日，县委常委会专题听取老干部工作情况汇报，审议通过《湘潭县离退休干部建议、意见办理制度》，由中共湘潭县委组织部、中共湘潭县委老干部局印发。

切实落实湘组〔2019〕54号、潭市组通〔2019〕8号文件精神，做好离休干部无固定收入配偶遗孀生活补贴提标工作，及时发放老干部各项经费360余万元，综治考核奖全额发放至每位离退休干部。完成全县8400余名离退休人员的信息采集工作。制订离休干部“一人一策”工作方案，实现离休干部所需所想与服务工作精准对接。6月12—19日，在湘潭县中医医院组织全县离休干部和副县级及以上退休干部进行健康检查。在离退休干部中开展“情暖夕阳·五送”活动，即送家政、送清凉、送祝福、送健康、送帮扶，全年湘潭县离退休干部服务中心共走访600余人次。“新中国成立70周年”之际、春节期间，县委书记傅国平，县委副书记、县长段伟长等县领导带头开展等走访慰问活动，为全县离休干部送去“庆祝中华人民共和国成立70周年纪念章”。春节前夕，中共湘潭县离退休干部工作委员会慰问全县困难老干部175名，送去节日慰问金8.75万元。

【机构改革】 2019年，按照县委机构改革总体安排部署，在县委组织部加挂县委老干部局牌子，组建湘潭县离退休干部服务中心，3月18日，举行县离退休干部服务中心挂牌仪式。原县委老干部局6名干部职工转隶至县离退休干部服务中心。3名工作人员分别转隶至湘潭县医保局、中共湘潭县委统战部、湘潭县人社局。7月，中共湘潭县委办公室印发县离退休干部服务中心“三定”方案，规定其职能职责，明确内设机构有办公室、服务管理股、宣传教育股、县关心下一代工作委员会办公室，核定全额拨款事业编制14名，设主任1名，副主任2名。

【主题活动】 2019年，充分发挥全县离退休干部党支部战斗堡垒作用，在广大离退休干部中广泛开展“新思想‘三进’”“银发助力三大攻坚战”主题活动。全县有万名“五老”结对帮扶困境青少年，有1000余名“五老”志愿者参加新时代文明实践中心志愿服务。开展“最美离退休干部支部”“最美老干部”“最美‘五老’志愿者”宣传活动，李罗莹、王辉炎、李罗斌、陈雪娥、张伏秋、丁玉清等一大批先进典型受到推介。

【涉老组织工作】 2019年，县关工委组织开展“传承红色基因、争做时代新人”“腾飞中国、辉煌70年”主题活动，多形式加强青少年思想品德、爱国主义教育。2019年县本级扶助各类贫助学生近500名，发放爱心扶助金80余万元。县门球协会举办“庆祝新中国成立70周年暨大美莲健”等主题门球赛，积极为“健康莲乡”“文明城市创建”贡献力量。县中老年保健协会在县委党校集中培训乡村以及分会会长。县老科协创新实施“一户一产业工人”，开设“科技110”积极助推“精准扶贫”“乡村振兴”。县老年书画家协会、县环保志愿者协会等涉老组织充分发挥其平台优势，积极开展各项正能量活动。

【县老年大学成立10周年活动】 2019年，重点开展“三个一”活动，即召开一次座谈会，编写一本纪念专辑《晚霞追梦》，举办一场文艺演出。7月10日晚上，在白石广场举办“庆祝新中国成立70周年暨县老干部（老年）大学成立10周年”文艺会演，市委组织部副部长、老干部局局长、市委离退休干部工委书记郭晓春，县领导罗霄、胡自庚、杨欣荣、韩炎及县内涉老组织负责人和老干部代表出席当天的活动，共演出17个节目，展现学校创办10年来的丰硕成果。7月19日，在县离退休干部服务中心召开庆祝新中国成立70周年暨县老年大学成立10周年座谈会。县领导罗霄出席会议，县老年大学历届校领导，县内涉老组织负责人以及老师、班长、党小组长、学员代表参加会议。

【老干部代表迎春座谈会】 2019年2月22日，县委、县政府在县离退休干部服务中心召开2019年老干部代表迎春座谈会，县四大班子主要领导、县委老干部工作领导小组正副组长及县委办、县政府办、县委组织部、县委宣传部、县财政局、县人社局、县民政局、县卫健局、县委老干部局等老干部工作领导小组成员单位负责人参加会议。座谈会上，县委副书记、县长段伟长通报2018年全县经济社会发展成就和2019年工作思路与目标，县委书记傅国平讲话。老干部们围绕老干部工作部门机构改革、乡村振兴战略、创文、罗亦农故居保护等方面提出意见和建议。（胡京卫）

档案工作

【概况】 2019年，湘潭县档案局（馆）接待查阅档案2887批，4733人次，查阅档案7892卷次，复印9224页,解决各类问题2214起。县档案局（馆）坚持以“为党管档、为国守史”为己任，按照新时代档案工作发展要求，通过全体“兰台人”扎实工作和奋力拼搏，在思想建设、作风建设、队伍建设、档案资源建设和档案信息化建设等方面取得较好的成绩。档案在服务经济建设、服务社会稳定、服务民生的“三服务”中发挥独特的作用。

【机构改革及更名】 根据潭县发〔2019〕5号、潭县发〔2019〕6号文件精神，成立湘潭县档案馆（湘潭县现行文件服务中心），属正科级事业单位。中共湘潭县委办公室对外加挂湘潭县档案局牌子。

【档案宣传工作】 2019年，积极上报档案信息，在县级及以上媒体共采用档案新闻和调研信息32篇。刊登档案史料和档案法律法规，进一步宣传和增强全民的档案意识。不断加强和完善档案信息平台建设。

【开展国际档案日宣传活动】 2019年6月9日，在县档案馆前坪举办以“新中国的记忆”为主题的第12个“国际档案日”宣传活动，活动现场有档案法律、法规、政策宣传，有档案史料图片展，有馆藏声像档案播放，有档案业务咨询等多项宣传服务。

【《湘潭县改革开放四十周年成就展》】 2019年1月，由县委、县政府主办，县委宣传部、县档案局承办的，利用馆藏档案和向全县征集的档案制作《湘潭县改革开放四十周年成就展》在白石广场展出，全面展示百万莲乡儿女发扬“自强不息，敢为人先”的县域精神，回顾艰苦卓绝的奋斗历程，激发广大人民群众的成就感、自豪感、荣誉感，激励全县人民在新时代撸起袖子加油干，在新时代创造新的业绩中谱写更加绚丽的乐章。

【指导基层档案工作】 对2019年涉改单位如安监局、规划局等10余家单位档案处置移交工作进行业务指导；对农村土地承包经营权确权20余万册档案进行初步验收，并接收进馆；业务指导、审查和接收县司法局、团县委等十七家单位的十年档案移交进馆；对湘潭县第一中学档案工作规范化管理达省一级进行验收。

【档案数字化工作】 2019年，完成对国家级重点项目馆藏重点档案卷内文件级目录数据录入30万条，并根据省局对湘潭县档案馆提交的目录数据的检查反馈，逐一清理整改；接收统计局、谭家山镇等27家单位电子档案书，共计产生目录文件48121条，原文数量48109件，数据容量139.47G。电子档案数据以光盘形式保存，共计接收59张DVD光盘。2019年新增馆藏扫描文件数221398个，备份数据总计容量676.21G，实现全县档案综合管理平台新增1TB数据的目标。

【档案资源建设】 2019年，接收县司法局、团县委、县统计局、县发改局、组织部、石潭镇、中路铺镇、谭家山镇等17家单位第六个十年档案进馆。接收县属单位报送的获省级以上的《湘潭县荣誉资料》，报送市档案馆编辑《湘潭荣誉》一书。

【档案安全工作】 2019年，档案安全是档案“三个体系”建设之一。档案馆认真做好档案“十防”工作，改善档案存放的条件，严格落实安全生产责任，聘请专业保安人员，24小时值守档案库房，确保安全无事故。同时，指导并督促全县各立档单位做好档案保管保护工作，确保档案安全。

【档案编研工作】 2019年，录入湘潭抗战档案史料选编有关史料《陷区日记》近万字；校改县史志联络组编《湘潭县革命斗争史》10余万字；协助市档案馆编纂《湘潭解放档案汇编》。编辑《湘潭县抗战动员档案汇编（第二辑）》初稿并送省局进行复审。

【档案执法检查工作】 2019年12月9日至27日，参与县委办公室组织的全县档案工作执法检查，对全县17个乡镇及县直机关进行检查并计分，对存在问题的单位出具整改通知并要求限期整改到位。通过每年的执法检查督促，既推动档案工作的业务建设，加大档案工作的宣传力度，也提高各单位档案的管理水平。

（韩　啸）

湘潭县人民代表大会

概 述

【概况】 2019年，县人大常委会以习近平新时代中国特色社会主义思想为指引，在县委的坚强领导下，不忘初心、牢记使命，依法履职行权，全年召开常委会会议11次、主任会议23次，增开县人民代表大会会议1次，听取和审议专项工作报告13个，组织开展执法检查1次、专题视察调研5项；任免国家机关工作人员88人次，任命人民陪审员115人次，依法完成41名市、县人大代表的辞职表决工作。

县人大常委会依法行使重大事项决定权，相继就机构改革、基础设施PPP项目建设等6项重大事项作出决议决定。湘潭县第十六届人大三次会议及闭会期间，收到代表建议379件，代表建议办理见面率、回复率为100%，满意率为93%。

重要会议

【湘潭县第十六届人大常委会第十六次会议】 2019年1月9日召开。会议补选市人大代表2名。

【湘潭县第十六届人大常委会第十七次会议】 2月26日召开。会议审议通过湘潭县人大常委会2019年工作要点。2019年，县人大常委会将重点做好四个方面的工作：围绕“两大目标”，开展正确监督有效监督；围绕发展大局，依法行使决定权和人事任免权；围绕优化服务，充分发挥代表主体作用；围绕素质提升，不断加强自身建设。会议审查批准县人民政府关于2019年部门预算编制情况的报告，补选市人大代表1名。会议还审议通过关于湘潭县第十六届人民代表大会代表异动情况和恢复1名县人大代表职务的审查报告。

【湘潭县第十六届人大常委会第十八次会议】 2019年3月18日召开。会议表决通过机构改革后19名县人民政府工作部门负责人的任职，并组织任职人员向宪法宣誓。会议审议批准1名市人大代表辞职事项，决定许可对1名县人大代表采取刑事强制措施。

【湘潭县第十六届人大常委会第十九次会议】 4月28日召开。会议审议和批准2019年县人民政府重大投资项目，听取和审议湘潭县创业、就业工作情况的报告，并提出审议意见；听取湘潭县农村公路中长期发展建设规划（2018—2030年）、创建森林城市工作和《中华人民共和国环境保护法》贯彻实施情况的报告。会议组织部分市人大代表向常委会报告履职情况，审议决定湘潭县人民法院人民陪审员名额为159名，审议批准4名县人大代表辞职事项，审查通过湘潭县第十六届人大代表资格异动情况的报告。

【湘潭县第十六届人大常委会第二十次会议】 2019年6月27日召开。会议听取县人民政府2018年度预算执行及其他财政收支情况的审计工作报告，审查和批准县人民政府关于2018年度县级财政决算（草案）的报告。会议听取和审议《中华人民共和国食品安全法》贯彻实施情况、学前教育发展工作情况的报告，并提出审议意见。会议组织部分市人大代表向常委会报告履职情况，审议批准1名市人大代表和1名县人大代表辞职事项，审查通过湘潭县第十六届人大代表资格异动情况的报告；任免县人民法院工作人员11名，任命县人民法院人民陪审员51名。

【湘潭县第十六届人大常委会第二十一次会议】 8月27日召开。会议听取和审议2019年“一府两院”《工作报告》上半年执行情况、上半年财政预算执行情况的报告，听取和审议县人民政府隐性债务化解实施方案，审议通过关于召开县十六届人大四次会议的议案。会议决定接受胡亚湘辞去县监察委员会主任职务，决定接受周贤、唐仁光辞去县人民政府副县长职务，决定任命县人民政府副县长2名，任免人大、政府、法院国家机关工作人员25名，任命县人民法院人民陪审员43名，并组织任职人员向宪法宣誓。会议审议批准3名县人大代表辞职事项，决定许可对2名县人大代表分别采取刑事强制措施和司法拘留措施，审查通过湘潭县第十六届人大代表资格异动情况的报告。

【湘潭县第十六届人大常委会第二十二次会议】 2019年9月11日召开。会议审议通过县十六届人大四次会议有关事项，决定于9月17日、18日召开湘潭县第十六届人民代表大会第四次会议，主要议程为补选事项。会议还审查通过湘潭县第十六届人大代表资格异动情况的报告。

【湘潭县第十六届人大四次会议】 2019年9月17日—18日召开。此次会议共召开两次全体会议，两次主席团会议。9月17日下午，大会在鑫田大酒店举行第一次全体会议暨大会开幕，18日上午，大会举行第二次全体会议暨大会闭幕。大会补选县监察委员会主任1名、县人大常委会委员3名；大会还以举手表决的方式通过湘潭县第十六届人民代表大会各专门委员会主任委员、副主任委员、委员名单。

【湘潭县第十六届人大常委会第二十三次会议】 2019年9月26日召开。会议决定许可对1名县人大代表采取刑事强制措施。

【湘潭县第十六届人大常委会第二十四次会议】 10月31日召开。会议审查和批准县人民政府2019年度预算调整（草案）的报告。会议听取和审议县人民政府创建“国家园林县城”、近两年来不动产登记、种植结构调整、医卫专业技术人才队伍建设情况的报告，并提出审议意见；会议听取“一府一委两院”关于“扫黑除恶”工作情况的报告。会议补选市人大代表2名，任命县人民法院人民陪审员21名。

【湘潭县第十六届人大常委会第二十五次会议】 2019年12月4日召开。会议听取县人民政府依法行政工作情况的报告，听取和审议“同级审”问题整改情况的报告，并对县财政局等7个单位的“同级审”问题整改情况进行满意度测评；会议审议关于召开县十六届人大五次会议有关议案，任免“一府一委两院”国家工作人员25名，并组织任职人员向宪法宣誓。会议组织部分市人大代表向常委会报告履职情况，审议批准1名市人大代表和4名县人大代表辞职事项，审查通过湘潭县第十六届人大代表资格异动情况的报告。

【湘潭县第十六届人大常委会第二十六次会议】 12月20日召开。会议审议县十六届人大五次会议有关事项和县人大常委会2019年工作报告，并推定唐剑恒为报告人。会议听取和审议“一府两院”办理代表建议批评意见的报告，听取《中华人民共和国城乡规划法》贯彻实施情况的报告，书面听取2019年财政预算执行情况及2020年财政预算情况（草案）、规范性文件备案审查工作、7个专委会年度工作、“三联”工作情况的报告。会议任免县人民检察院工作人员2名，审议批准3名县人大代表辞职事项，补选市人大代表1名，审查通过湘潭县第十六届人大代表资格异动情况的报告。

【决定决议】 2019年，县人大常委会依法行使决定权，相继就2018年财政决算、2019年部门预算、2019年预算调整、2019年县人民政府重大投资项目、机构改革、基础设施PPP项目建设6项重大事项作出决议决定。

【执法检查】 2019年，县人大常委会将《中华人民共和国食品安全法》确定为执法检查选题。5—6月，执法检查组对县人民政府及有关单位2017年以来贯彻实施《中华人民共和国食品安全法》的情况进行检查。检查组先后听取县监察委员会、县人民法院、县人民检察院、县市场监督管理局、县卫生健康局等单位的情况报告，开展座谈并查阅资料；着重深入花石镇、杨嘉桥镇、中路铺镇实地检查，听取人大代表、镇村干部、群众的建议和意见，对照《中共中央国务院关于深化改革加强食品安全工作的意见》规定要求，比较广泛地收集《中华人民共和国食品安全法》实施工作情况。经县十六届人大常委会第二十次会议审议后，列出5项重点问题清单，交县人民政府办理，要求进一步完善工作机制，强化监管执法，加强工作保障，打通食品安全监管“最后一公里”。

【规范性文件备案审查】 2019年，县人大常委会共收规范性文件15份，其中县人民政府及其办公室报送12份，中路铺镇人大主席团报送3份；所有符合规定要求的规范性文件均备案登记、建立档案。经审查，建议县人民政府废止规范性文件1份，建议有关单位自行整改3份，消除文件与法律的冲突。

【专题视察】 2019年，县人大常委会以“国家园林县城”创建、现代农业示范园建设、农村电网改造、旅游基础设施建设、交通基础设施建设等为主题，组织常委会组成人员和部分人大代表进行专题视察。

3月19日，由财经委牵头对全县交通基础设施建设情况进行视察。视察组一行先后到中路铺镇农村公路建设项目泉养线、白石至马家堰公路建设项目及齐白石旅游环线公路建设项目现场进行实地视察，详细询问、了解项目工程进度以及存在的问题，听取全县交通基础设施建设情况汇报。通过视察，向县人民政府提出建议，要高度重视道路交通建设，抓好政策落实，形成工作活力；要营造良好氛围、抓住问题典型，加大投入力度，立足服务发展、服务群众，推动交通基础设施高标准、高质量建设。

5月15日，由财经委牵头对农村电网改造工作进行视察。通过视察，向电力工作提出全力服务县域经济社会发展、全力向上争资争项、全力抓好安全生产、全力提高服务意识等建议。

7月18日，由农业农村委牵头对现代农业示范园建设进行视察。视察组一行实地查看天马现代农业示范园莲虾养殖基地、青蛙养殖基地、六斗冲黄牛养殖基地、薯粉加工厂生产情况，并召开座谈会，详细了解示范园区特色农业、基础设施建设等发展状况。通过视察，向县人民政府提出建议，要进一步高度重视园区建设工作，用好用活国家政策，大力依托产业发展，切实打造优质品牌，引领示范园区更好更快发展。

10月21日，由环境资源委牵头对“国家园林县城”创建工作进行视察。视察组一行先后到污水处理厂、滨江风光带、江湾广场、双拥公园等地，通过听取汇报、实地查看、开展座谈等方式，详细了解创建“国家园林县城”工作情况。通过视察，向县人民政府提出建议，要广泛宣传发动，营造浓厚创建氛围，进一步提高广大市民的知晓率和参与率；对照创建要求和标准，找差距、补短板，做好各项保障工作，确保成功创建“国家园林县城”。

10月下旬，由教科文卫委牵头对全县旅游基础设施建设工作进行视察。视察组一行先后前往杨嘉桥、石潭、乌石、石鼓、易俗河等乡镇实地查看旅游基础设施建设情况，广泛听取和收集镇村干部、人民群众的建议意见。通过视察，向县人民政府提出建议，要进一步加快工作进度、加大投入力度、加强工作合力，有效推进文化旅游基础设施配套建设，着力打好文旅牌，努力实现文旅产业融合发展的新突破。

【重点建议督办】 县十六届人大三次会议期间，共收到县人大代表建议、批评和意见360件，闭会期间收到代表建议19件，合计379件，其中党群系统承办18件，分别为县委组织部10件、县委政法委1件、县妇联1件、县“三创一治办公室”6件，均已办复，按照解决情况分类，A类建议10件、B类建议6件、C类建议2件；县人民法院闭会期间承办1件，已办复，为B类建议。县人民政府承办360件，其中：大会期间收到342件，已全部办复；闭会期间收到18件，因未满3个月的办理期限，尚有4件待办理。已答复代表的356件代表建议中，A类建议126件，B类建议218件、C类建议12件。代表建议办理见面率为100%，回复率为100%，代表满意率约为93%。县人大常委会主任会议确定2019年度以下6件建议重点督办：

1.谭俊岳代表关于重建碧泉书院项目的建议（332号，主办单位：县文旅广体局，督办委室：办公室、教科文卫委）。

2.胡卫代表关于将花石镇建设成为县域次中心的建议（34号，主办单位：县发改局，督办委室：环境资源委）。

3.胡佩林代表关于打造湘潭县湘莲美食文化艺术节的建议（333号，承办单位：县文旅广体局，督办委室：教科文卫委、联工委）。

4.杨立明代表关于进一步做好新型农业经营主体奖励扶持工作的建议（179号，主办单位：县农业农村局，督办委室：法制委）。

5.陈北球代表关于学习百步亭经验提高社会治理效果的建议（162号，主办单位：县民政局，督办委室：社会建设委、农业农村委）。

6.肖伏清代表关于申请易俗河镇榨万线大修的建议（129号，主办单位：县交通运输局，督办委室：财经委、民侨外事委）。 （代奇峰）

湘潭县人民政府

概 述

【概况】 2019年，湘潭县辖14个镇、3个乡，321个行政村，总面积2134平方千米，户籍人口97.65万人，常住人口87.35万人，其中，城镇人口41.23万人，农村人口46.12万人，城镇化率47.20%。出生人口9608人，出生率9.61‰，死亡人口6446人，死亡率6.45‰，人口自然增长率3.16‰。县域经济与县域综合发展评价位列全国第91位；成功创建“国家卫生城市”；顺利通过全国文明城市创建省级复检。

县域经济稳中有进。实现地区生产总值485亿元，增长8.0%。其中，第一产业增加值59.1亿元，增长2.5%；第二产业增加值259.0亿元，增长9.5%；第三产业增加值166.9亿元，增长7.1%。三次产业结构比为12.2:53.4:34.4，第一、二、三次产业对经济增长的贡献率分别为3.6%、69.8%和26.6%。财政总收入28.77亿元，增长0.2%。年末金融机构本外币各项存款余额456亿元，增长5.8%；本外币各项贷款余额360.7亿元，增长16.1%。居民人均可支配收入26647元，增长9.5%。城镇居民人均可支配收入37665元，增长8.1%；农村居民人均可支配收入20076元，增长8.9%。

农业生产稳步向优。实现农林牧渔业总产值102亿元，增长2.7%。粮食播种面积8万公顷，粮食总产量59.9万吨，下降1.8%；蔬菜播种面积2万公顷，增长3.8%，蔬菜产量61.6万吨，增长2.6%；油料播种面积1.1万公顷，增长5.45%，油料产量1.9万吨，增长6.8%。水产品产量4.5万吨，增长8.6%；禽蛋产量1.9万吨，增长4.4%；出栏肉猪116.5万头，下降20.0%；出栏牛0.8万头，增长82.6%；出栏羊5.6万头，增长8.2%。水利工程投入资金3亿元，开工各类水利工程0.75万处，完成水利工程土方石750万立方米。新增农田有效灌溉面积0.03万公顷。年末，农业机械总台数31.68万台，总动力达144.7万千瓦。粮食机耕率达98.0%，机收率达98.4%，机播率达37.2%,农作物机械化率达70.8%。

规模工业稳步增长。规模以上工业企业完成总产值667.4亿元，增长12.0%，完成规模工业增加值197.4亿元，增长8.9%。其中，天易经开区完成规模工业增加值154.4亿元，增长9.7%，占全县规模工业增加值的比重为78.2%。全县规模工业企业实现主营业务收入619.2亿元，增长12.2%，实现利润总额22.2亿元，增长15.9%。

建筑行业发展平稳。实现建筑业增加值42.7亿元，增长13.8%。有资质等级的总承包和专业承包建筑业企业实现利润总额2.3亿元，增长4.6%。房屋建筑施工面积318.3万平方米，增长16.4%。其中，新开工面积153.4万平方米，下降7.0%；房屋建筑竣工面积172.6万平方米，下降5.7%。全年，商品房销售面积106.1万平方米，增长5.2%。其中，住宅销售面积89.3万平方米，下降5.7%。商品房销售额59.7亿元，增长25.7%。其中，住宅销售额45.4亿元，增长8.1%。

投资保持较快增长。固定资产投资增长16.2%。其中，产业投资172.9亿元，增长26.6%；工业投资126.4亿元，增长8.0%；基础设施投资11.9亿元，下降36.7%；高新技术产业投资21.4亿元，增长89.9%；民生工程投资11.2亿元，增长95.8%；生态环境投资5.0亿元，增长42.8%；房地产开发投资38.1亿元，增长5.1%。

消费市场持续活跃。实现社会消费品零售总额106.3亿元，增长10.7%，其中限额以上法人批发零售、住宿餐饮企业实现零售额18.4亿元，增长16.3%。进出口总额21986万美元，增长30.4%。其中，进口总额21843万美元，增长31.2%；出口总额142万美元，下降30.6%。接待游客1146.1万人次，增长11.1%，实现旅游综合收入93.0亿元，增长6.3%；其中境外入境游客2.02万人次，实现境外入境旅游收入4640万元，增长13.9%。居民人均消费支出18006元，增长8.2%。城镇居民人均消费支出21650元，增长

8.5%；农村居民人均消费支出15833元，增长8.9%。

招商引资效果凸显。共引进新项目93个，其中过亿元项目13个，引进500强企业4个。实际引进境内省外资金67.4亿元，增长26.7%；实际利用外资15049.5万美元，增长24.5%。

交通建设扎实推进。完成交通基础设施建设投资17.8亿元，增长66.5%。其中，干线公路建设10.9亿元，农村公路建设5.2亿元，农村公路养护1.8亿元。完成脱贫攻坚自然村通水泥路904千米，窄路加宽94.4千米；完成安防工程849千米，危桥改造8座。建制村通客车率达100%。湘莲大道三期、青山大道、白马公路、青山河石鼓段河堤加固等干线公路建设稳步推进，德怀大道、青山大道完成交工验收，湘莲大道三期一标段、青山大道、白马公路一标段主体工程建成通车。

教育事业持续推进。有中等职业教育学校5所，招生人数1790人，在校学生4810人，毕业生1621人，教职工412人。普通高中9所，招生人数6037人，在校学生17846人，毕业生6402人，教职工1606人。初中学校60所，招生人数9377人，在校学生28741人，毕业生10131人，教职工2576人。普通小学140所，招生人数8793人，在校学生48781人，毕业人数7431人，教职工2658人。特殊教育学校1所，在校学生68人，教职工12人。幼儿园在园幼儿22539人。小学适龄儿童入学率、高中阶段教育毛入学率均为100%。落实义务教育保障资金9186.6万元，发放普通高中国家助学金562.9万元；发放中职国家助学金165.1万元，资助中职学生1651人次；落实中职免学费资金1023.6万元，资助中职学生8530人次。

科技事业不断进步。实现高新技术产业总产值409.5亿元，增长13.4%;高新技术产业增加值129.5亿元，增长14.1%，占GDP的比重为26.7%。专利申请量623件，授权量284件。其中，发明专利申请量134件，增长57.7%；发明专利授权8件。

文化事业繁荣发展。有群众艺术馆、文化馆1个，公共图书馆1个，博物馆、纪念馆1个，国家级非物质文化遗产保护目录1个，省级非物质文化遗产保护目录1个，艺术表演团体2个。有线电视用户达6.6万户，广播综合人口覆盖率100%，电视综合人口覆盖率90%。全年放映农村公益电影7775场。

卫生事业不断发展。有医疗卫生机构803个。其中，医院11个，妇幼保健院1个，专科疾病防治院1个，疾病预防控制中心1个，卫计综合监督执法局1个，乡镇卫生院19个，诊所、卫生所、医务室218个，村卫生室552个。卫生技术人员4603人，其中执业医师和执业助理医师1745人，注册护士2163人。医院、乡镇卫生院共有床位3808张。

体育事业健康发展。共有体育场地1548个。其中，体育馆2座，运动场223个，游泳池10个，各种训练房106个，开展全民健身项目16项次。

实事工作全面完成。承办24项省市重点民生实事全面完成工作任务，其中新增城镇就业、自然村通水泥路、减少义务教育大班额、农村危房改造、城镇棚户区改造、孕产妇免费产前筛查、农村适龄妇女和城市区低保妇女“两癌”免费检查、推行“一村一辅警”、改（新）建农村户用厕所、新增农村通自来水人口、中小学教室灯光照明提质改造、特困供养老人和低保老人家庭适老化改造、免费为新生儿进行遗传代谢病筛查等13项工作超额完成全年目标任务。

社会保障全面完善。城镇新增就业人员6756人，失业人员再就业1490人，城镇登记失业率3.38%。获得政府最低生活保障的城镇居民26491人，累计发放城镇居民最低生活保障资金954.3万元。获得政府最低生活保障的农村居民200964人，累计发放农村居民最低生活保障资金5114.3万元。特困供养对象84997人，发放特困供养资金5340.8万元。各类养老机构床位7670张。销售社会福利彩票6137.8万元，筹集社会福利资金1410万元，直接接收社会捐赠8.47万元。参加机关事业单位养老保险人数15832人，参加企业单位养老保险人数45392人，参加城乡居民养老保险人数510516人，参加城镇职工基本医疗保险人数45296人，参加城乡居民基本医疗保险人数762117人，参加生育保险人数28323人，参加失业保险人数29005人，参加工伤保险人数60013人。

生态环境持续改善。耕地保有量65300公顷，基本农田面积55020公顷。完成造林面积1266公顷，其中荒地造林面积0.1万公顷，增长230%。实有封山育林面积1333公顷，活立木蓄积量463.9万立方米，增长4.0%。森林覆盖率达46.3%。有自然保护区1个，面积0.45万公顷。全年空气质量达到优良以上标准279天，优良以上空气质量达标率为76.4%。地表水断面全部达到或优于三类水质标准。

重要会议

【县政府常务会议】 2019年1月23日，由县长段伟长主持召开。会议传达湖南省委经济工作会议精神，学习中办通报〔2018〕34期，省委通报〔2018〕35期、37期，习近平总书记在中央政法工作会议、中纪委全会及全国生态环境保护大会上的重要讲话，省委关于集中整治形式主义官僚主义的意见等文件精神，听取关于政府工作报告2019年重点工作任务责任分解的情况汇报，听取关于落实“一村一辅警”建设工作和湘潭县“城市快警”建设工作的情况汇报，审议《湘潭县2019年部门预算》，听取关于农民工工资拖欠和政府部门、国有企业拖欠民营企业账款问题的情况汇报，听取关于湘潭县人民政府与湘潭钢铁集团有限公司全面战略合作及湘钢金属综合利用项目有关工作的情况汇报，审议《2018年湘潭县稻谷补贴实施方案》，听取关于进一步优化设施农用地备案管理的情况汇报，听取关于明确乌石景区创建国家AAAAA级旅游景区相关事项的情况汇报。

2月1日，由县长段伟长主持召开。会议传达省市会议精神，听取关于县十六届人大三次会议、政协湘潭县九届三次会议所提建议、提案及办理要求的情况汇报，审议《湘潭莲湘产业投资基金组建方案》，听取关于县级公立医院养老金缴费的情况汇报，听取关于松材线虫病除治工作的情况汇报，听取关于创建国家森林城市工作的情况汇报。

2月20日，由县长段伟长主持召开。会议听取关于“五大竞赛”工作的情况汇报，审议《关于开展湘潭县“服务企业年”活动工作方案》《湘潭县营造企业家健康成长环境弘扬优秀企业家精神更好发挥企业家作用的实施方案》，审议《关于促进民营经济高质量发展的二十条措施》，审议《湘潭县促进民营经济发展千人大会会议方案》《湘潭县优秀民营企业和企业家名单》。

3月12日，由县长段伟长主持召开。会议传达学习习近平总书记关于审计工作重要批示指示精神和全省审计工作会议精神，研究我县贯彻落实意见，听取关于2019年“五大竞赛”工作安排的情况汇报，审议《县委农村工作会议筹备方案（送审稿）》，审议《关于促进民营企业发展的意见》，听取关于湘潭县“大棚房”问题整治整改的情况汇报，听取关于妥善解决企业职工基本养老保险补建补缴有关问题的情况汇报，听取关于湘潭市农村公路中长期发展建设规划（2018—2030）湘潭县规划分册工作的情况汇报，审议《湘潭县2019—2021年高档优质稻推广实施方案》，听取关于《湘潭县企业养老保险缴费费率过渡试点实施细则》的情况汇报，审议《表彰2018年马路市场整治工作先进单位和个人的方案》。

3月28日，由县长段伟长主持召开。会议传达学习全国“两会”精神和上级扫黑除恶专项斗争有关会议精神，听取县城管执法局关于湘潭生活垃圾焚烧发电PPP项目情况汇报以及关于全县扫黑除恶工作情况汇报。审议《湘潭县工业用地先租后让暂行办法》，听取县自然资源局关于设立湘潭县自然资源管理委员会的情况汇报。

4月30日，由县长段伟长主持召开。会议传达学习中央、省委扶贫工作会议精神，审议《湘潭县谭家山煤矿区生态保护修复项目实施方案》《农村环境整治基础设施建设PPP项目实施方案》《湘潭县乡村振兴战略规划（2018—2022）》《湘潭县融资担保风险补偿资金管理办法（试行）》《湘潭县事业单位公务用车制度改革实施方案》《2018年度全县耕地开垦工作先进单位和个人表彰奖励方案》。

5月24日，由县长段伟长主持召开。会议传达学习中共中央国务院《关于深化改革加强食品安全工作的意见》和《地方党政领导干部食品安全责任制规定》相关文件精神，听取关于食品安全工作的情况汇报，审议《关于鼓励社会力量兴办教育促进民办教育健康发展的实施办法》，听取关于进一步加快教育基金公益事业发展的情况汇报，听取关于深化湘潭县办学模式改革工作的情况汇报，听取关于湘潭县城乡建设用地增减挂钩及农村“空心房”综合治理项目实施方案的情况汇报，审议《百日攻坚大行动·交通执法大会战工作方案》，听取关于彭德怀国防教育示范基地项目建设的情况汇报，听取关于“智慧城管”平台建设工作的情况汇报，听取关于解决青山桥皮鞋小镇建设相关工作的情况汇报，听取关于湘潭县县管国有公司2019年度绩效目标考核工作的情况汇报，听取关于湘潭县城区部分公园命名工作的情况汇报，听取关于做强做大湘潭县红色文化培训产业发挥党校积极作用的情况汇报。

6月18日，由县长段伟长主持召开。会议听取关于解决“三师”补建补缴养老保险问题的情况汇报，听取关于“智慧城管”平台建设工作的情况汇报，审议《湘潭县砂石矿新立采矿权出让工作方案》《湘潭县开展闲置土地和低效用地清理处置工作方案》，听取关于启动西城片区一级开发土地收储项目的情况汇报，审议《湘潭市开展湖南省深化供销合作社综合改革整体推进市建设湘潭县工作方案（草案）》，听取关于湘潭县2018年度县本级预算执行和其他财政收支情况审计结果的情况汇报，审议《湘潭县关于公布规范性文件清理结果的决定》，听取关于调整2019年耕地地力保护补贴发放范围相关情况汇报。

8月1日，由县长段伟长主持召开。会议传达学习《关于促进生猪生产保障市场供应的政策措施》，传达学习省委办、省政府办《关于推进城市安全发展的实施意见》，听取关于建立健全县应急救援、防汛抗旱、森林防火、防灾减灾救灾组织指挥体系的情况汇报，听取关于地方政府债券项目申报等有关情况的汇报，审议湘潭县2019年度重点工程项目建设计划调整方案，审议湘潭生活垃圾焚烧发电项目被征地农民社会保障实施方案，审议《关于委托乡镇行使县人民政府工作部门部分行政处罚处权的实施意见》，听取关于全县民政工作——“1+4”养老服务体系建设情况汇报。

9月24日，由县长段伟长主持召开。会议传达学习省委办、省政府办《关于推进城市安全发展的实施意见》，听取关于花石镇“9·22”事故的情况汇报，听取关于建立健全县应急救援、防汛抗旱、森林防火、防灾减灾救灾组织指挥体系的情况汇报，审议湘潭县2019年度重点工程项目建设计划调整方案，审议《湘潭县打击和处置非法集资工作机制》，听取关于恢复县内生猪生产工作的情况汇报，听取关于全县民政工作“1+4”养老服务体系建设的情况汇报，关于传达学习《中共湘潭市委、湘潭市人民政府关于全面加强生态环境保护坚决打好污染防治攻坚战的实施意见》、听取全县污染防治攻坚战和《湘潭县2019年度污染防治攻坚战工作任务分解方案》的情况汇报。

10月11日，由县长段伟长主持召开。会议传达学习《中共湖南省委办公厅关于学习贯彻〈中国共产党机构编制工作条例〉的通知》，传达学习杜家毫的讲话，传达学习《湖南省人民政府办公厅印发〈关于促进生猪生产保障市场供应的政策措施〉的通知》，审议湘潭县2019年度重点工程项目建设计划调整方案，听取关于地方专项债券项目申报等有关情况的汇报，听取湘潭县打击和处置非法集资工作的情况汇报，审议《湘潭生活垃圾焚烧发电项目被征地农民社会保障实施方案》，听取关于推进“智慧磐石”“铁通工程”项目建设工作的情况汇报，审议《关于委托乡镇行使县人民政府工作部门部分行政处罚权的实施意见》，审议《关于全面开展工程建设项目审批制度改革实施意见》，听取关于隐山自然保护区工作的情况汇报，听取关于全县民政工作“1+4”养老服务体系建设的情况汇报。

10月30日，由县长段伟长主持召开。会议听取湘潭县2019年预算调整的情况汇报，听取湘潭县2020年部门预算编制（草案）的情况汇报。

11月14日，由县长段伟长主持召开。会议学习传达习近平在建设工作会上的讲话和《省委省政府〈打好防范风险攻坚战〉的通知》等精神，学习传达市委巡察办《关于全市安全生产领域反对形式主义官僚主义机动式巡察情况的反馈意见》和市委书记曹炯芳、市长张迎春专题讲话精神，审议市委巡察组对湘潭县安全生产巡察反馈意见整改方案，审议《湘潭县长江流域重点水域禁捕退捕工作实施方案》，听取湘潭县农产品公共品牌命名工作的情况汇报，听取湘潭县“十四五”规划编制前期工作情况汇报，听取湘潭县2019年生猪保供稳价工作的情况汇报。

12月19日，由县长段伟长主持召开。会议审议《政府工作报告》，听取2019年国民经济和社会发展执行情况和2020年计划草案编制情况汇报，审议《关于湘潭县2019年财政预算执行情况及2020年财政预算（草案）的报告》，听取湘潭县加油站历史遗留问题处置情况汇报，听取湘潭县清缴工业企业欠税奖扶工作情况汇报，传达学习湖南省政府办公厅相关文件精神，听取湘潭县首批砂石矿出让工作情况汇报，听取湘潭县民政工作情况汇报。

重要调研

【园区工作调研】 2019年2月20日，市委书记、市人大常委会主任曹炯芳一行到湘潭县调研园区工作。市、县领导何俊峰、陈忠红、傅国平、段伟长、谭捍卫等参加调研。曹炯芳一行先后到康普药业公司、凯依克物流、北汽大世汽车系统有限公司、湘潭市电线电缆有限公司，与企业负责人进行详细交谈，实地了解湘潭县的园区发展情况。

【县经济社会发展情况调研】 2019年3月9日，市委副书记、代市长张迎春率队到湘潭县调研经济社会发展情况。张迎春强调，要进一步坚持精准定位、精明增长、精细管理、精干突破，全力推进县域经济高质量发展，建设幸福莲乡。县领导傅国平、段伟长、唐剑恒、刘铁强、周贤、陈义参加调研或汇报会。

当天，张迎春先后前往彭德怀纪念馆、五洲通药业有限公司、梅林现代农业示范园、湘潭北汽大世汽车系统有限公司、湘潭市电线电缆有限公司、新向维包装有限公司、伍子醉食品有限公司等地，就湘潭县文化旅游、工业制造、农业产业化、“大棚房”整治等有关工作进行实地考察。随后，张迎春前往湘潭天易经开区管委会，详细听取了湘潭县经济社会发展情况汇报。

【《就业促进法》贯彻实施情况调研】 2019年3月28日，全国人大常委会委员、全国人大社会建设委员会副主任委员李培林带领调研组一行到湘潭县调研《中华人民共和国就业促进法》贯彻实施情况。省人大常委会委员、省人大社会建设委员会主任委员祁圣芳，市人大常委会副主任彭子玉，副市长刘永珍，县领导唐剑恒、周贤等陪同调研。

【彭德怀纪念馆考察调研】 2019年5月16日，国家文物局党组成员、副局长关强一行到彭德怀纪念馆考察调研。县委常委、县委宣传部部长李豪雄参加。关强一行沿着百米长梯拾级而上，向彭德怀铜像敬献花篮，并绕铜像一周，表达对彭总的敬仰与缅怀之情。关强一行还先后前往纪念馆、故居、德怀墓，了解陈展体系、功能布局以及未来规划等。

【人大工作和建设情况调研】 2019年8月22日，省人大常委会党组副书记、副主任王柯敏率调研组到湘潭县，专题调研人大工作和建设情况。市人大常委会党组副书记、副主任刘建业，县人大常委会主任唐剑恒参加调研。王柯敏一行深入易俗河镇人大代表联系群众工作站，就乡镇人大工作展开实地调研。王柯敏仔细查阅代表履职档案、代表接待群众记录、群众意见办理情况等资料，深入了解代表履职服务保障和监督管理等工作开展情况。

【疾病预防控制工作调研】 2019年9月3日，中国疾病预防控制中心党委书记、副主任李新华一行到湘潭县调研指导疾病预防控制工作。省疾控中心主任李俊华、县领导杨欣荣参加调研活动。当天，李新华一行到湘潭县疾控中心，察看该中心实验室、党建活动阵地、项目工作开展场地及疾控文化展厅等，并听取湘潭县疾病预防控制工作的情况汇报。

【考察园区企业和项目建设】 2019年10月30日，省委“不忘初心、牢记使命”主题教育指导组组长、省政协常委邓三龙带队到湘潭县考察园区企业和项目建设，市、县领导周晓理、傅国平、谭海洋参加。邓三龙一行首先考察湘潭佳海产业新城。并到皇爷槟榔、北汽大世、柏屹创新园、滨江风光带等地考察，听取有关负责人关于项目建设与发展、主题教育开展情况以及成效的汇报，详细了解基层党组织建设、党支部主题教育进展情况。

【主题教育工作调研】 2019年11月5日，省委主题教育办常务副主任、省委组织部副部长蔡建和一行到湘潭县调研主题教育工作。省委第四巡回指导组副组长邝邹飞，市、县领导陈忠红、傅国平、罗霄等参加。当天，蔡建和一行实地调研乌石镇大明村，通过走访党员干部、查阅相关资料等了解“党建引领社会治理百千万工程”开展情况，并召开座谈会，听取湘潭县委主题教育办以及县直相关部门、企业、基层党委关于主题教育开展情况汇报。在彭德怀纪念馆，调研组还聆听“以‘石穿’精神守初心”为主题的“不忘初心、牢记使命”彭德怀元帅精神宣讲报告会。（刘莉骏　黄思博）

2019年湘潭县落实省、市重点民生实事情况一览表

表1

序号	主要责任单位	实事类型	考核项目	考核指标	完成情况	完成进度
1	县人社局 相关乡镇人民政府	省(市)重点民生实事	新增城镇就业	6300人	6756人	107%
2	县交通运输局 相关乡镇人民政府	省(市)重点民生实事	自然村通水泥(沥青)路	879千米	904.231千米	103%
3		省(市)重点民生实事	提质改造农村公路	94.401千米	94.543千米	100%
4	县供电公司 相关乡镇人民政府	省重点民生实事	完成10千伏及以下行政村配电网改造	650万元	650万元	100%
5	县水利局 相关乡镇人民政府	省重点民生实事	新增农村通自来水人口	4.14万人	4.8万人	116%
6	县教育局 相关乡镇人民政府	省重点民生实事	减少义务教育大班额	175个	179个	102%
7		市重点民生实事	全市中小学教室灯光照明提质改造	150间	163间	109%
8	县卫健局 相关乡镇人民政府	省重点民生实事	孕产妇免费产前筛查	4600人	4996人	109%
9			基本消除村卫生室“空白村”	19个	19个	100%
10		市重点民生实事	救治救助贫困重性精神障碍患者	180名	180名	100%
11			免费为新生儿进行遗传代谢病筛查	5000例	5443例	109%
12		省重点民生实事	农村及城镇低保适龄妇女“两癌”免费检查	12000人	13436人	112%
13	县民政局 相关乡镇人民政府	省重点民生实事	提高农村低保标准和救助水平	不低于5520元/年、236元/月	已完成	100%
14			提高困难残疾人生活补贴和重度残疾人护理补贴发放标准	不低于70元/人/月	已完成	100%
15		市重点民生实事	全市城乡特困供养老人和低保老人家庭适老化改造	60户	62户	103%
16	县农业农村局 相关乡镇人民政府	省(市)重点民生实事	改(新)建农村户用厕所100万户以上	12172户	12298户	101%
17	县公安局 相关乡镇人民政府	省重点民生实事	推行“一村一辅警”	321人	354人	110%
18	县文化旅游广电体育局 相关乡镇人民政府	省重点民生实事	数字广播电视户户通工程	1座	1座	100%
19				4500户	4500户	100%
20	县住建局 相关乡镇人民政府	市重点民生实事	农村危房改造	916户	1303户	142%
21			城镇棚户区改造	350户	578户	165%
22	县总工会	市重点民生实事	帮助城市困难职工解困脱困	76户	76户	100%
23	县市场监督管理局 相关乡镇人民政府	市重点民生实事	启动城区豆制品、米粉生产经营店标准化整治	15家	15家	100%
24	县气象局	市重点民生实事	农村中小学防雷工程改造	2所	2所	100%

县人民政府办公室工作

【经济研究】 2019年，围绕县政府中心工作，深入园区、乡镇、机关和项目建设一线全面开展经济社会发展调研，为县域经济发展、三大攻坚战、改革创新、乡村振兴等工作发挥积极的参谋作用。先后起草《关于全县基金运行情况的调研报告》《抓紧抓实产业项目建设全力推动经济高质量发展》等高质量典型材料。认真撰写领导讲话材料和有关综合材料，全年撰写各类文章、领导讲话、工作汇报等综合性材料200余篇。及时从全县经济建设、社会发展、群众生活、社情民意等各个领域捕捉信息，搜集汇总，宣传推荐经验做法，全年共向省市上报信息200余条。牵头开展工作创新竞赛，对照《湘潭县工作创新竞赛实施方案》要求，对各单位特色亮点工作及时总结提炼，向上推介县内好的经验、做法，形成149余项创新成果，形成一批"莲乡经验"，获得一批上级荣誉。

【办文办会】 2019年，牵头组织全县性会议23次，政府常务会议14次，各类专题会议90余次。做好上传下达，确保政令畅达，全年共发放会议通知400余次，制订方案200余个，调度全县性重大活动20余次。做好公文办理，全年把关办理政府发文、县政府办发文272个。收到上级机关文件2199份，办理县直各单位和乡镇文件1572份。同时将办理完毕的文件材料及时收集归类，立卷归档，全年共整理归卷档案68盒1983件。

【政务督查】 全年共组织参与各类督查24次，编发《政务督查》8期，开展调研2次，办理市、县领导批办件32件。

【建议提案】 2019年，全县共承办市人大代表建议14件，市政协委员提案9件，承办县人大代表建议360件，县政协委员提案123件，参政议政发言12件。各建议提案均按法定时限办结，办复率、见面率均达100%，办理工作满意率进一步提升。

【优化经济发展环境工作】 2019年，湘潭县优化经济发展环境经济发展环境测评，测评结果位居全市前列。制订出台《湘潭县2019年优化经济发展环境工作要点》《湘潭县建设投资项目并联审批改革实施细则》，进一步完善"5+1+1+X"湘潭县模式，着力打造高效便捷的政务环境。围绕国务院减税降费政策落实深入开展督查，全年共计降低企业税费负担3.1亿元。开展重点工程建设项目环境督查1次，走访各类有代表性企业42家，为项目建设协调各类矛盾11起。

【行政后勤】 2019年，抓好实物采购、财务管理、公务消费管理、汽车管理等各项工作。加强车辆管理，坚决杜绝重特大事故。严格按车辆管理制度办事，坚决做到定点加油、定点维修，每月及时清算各车的行车公里数和油耗情况，节假日有专人登记车辆去向，做到问题早发现，早解决。坚决堵塞维修、加油的漏洞。汽车维修、汽车加油、"三公"经费同比下降23%。认真及时调度，确保领导用车方便。同时每月召开司机班例会，加强对驾驶员的安全教育，提高安全意识和服务水平。加强实物和财务管理，做到合理理财。实物的采购和领出手续健全，公开透明，并对全办固定资产进行全面清查。财务人员严格按财务制度办事，对各项支出均认真审核、合理调度，正确指导各组室合理、合规、合法使用有限的财政资金，保证全办干部职工工资、福利的按时发放和日常经费开支的正常运转。

【协调服务】 2019年，共排查矛盾纠纷隐患8起，接受协调处理有关单位之间矛盾纠纷39起，接待上访群众145人次，矛盾纠纷调处率为100%。同时充分发挥县政府办联系企业、群众的桥梁枢纽作用，协调解决谭家山矿区居民生活用水出现的矛盾问题，继续推进全县电网改造工程，有力地维护群众合法权益。

（刘莉骏　黄思博）

应急管理工作

【概况】 2019年，湘潭县圆满完成应急管理工作机构改革，牢牢守住安全生产基本盘，工矿商贸行业没有发生亡人安全生产责任事故；有力有序有效应对"9.22"重大道路交通事故抢险救援和善后处置工作；在全县遭遇百年一遇的洪涝灾害时，做到"不垮一堤、不死一人"；在森林防火高峰期，没有发生较大火灾事故。

加强安全生产监督，落实领导责任。县委常委会、县政府常务会先后9次专题研究安全生产工作，召开4次县安委会全体会议，业务专题会议13次。协助安委会主任、副主任开展带队检查工作23次。

加强应急演练。6月4日，应急、公安、消防、医疗等部门开展地质灾害综合应急演练，各乡镇、县直有关部门500余人现场观摩，湖南卫视、湖南经视进行专题报道。

强化安全培训。先后对全县工贸、非煤矿山、危化品及烟花爆竹企业负责人及安全管理人员（共计600余人）进行培训考核。在矿山、危化企业双重预防机制管理的基础上向工贸企业全面推广，先后组织200余家企业在湘潭蓝天气体有限公司召开现场推进会。

强化安责险推广。在矿山、危险化学品、冶金、交通运输、建筑施工等高危行业全面推进安责险，2019年，全县共有381家单位购买安责险，保费45.23万元。其中，非煤矿占比22%，危险化学品占比26%，烟花爆竹占比33%，建筑施工占比18%，工贸行业占比1%。

加强安全巡查。2019年，完善安全生产巡查制度，开展三轮巡查，共计巡查站办所50余个，企业62家，走访询问800余人次，发现问题隐患900余条，全部按照要求进行交办，下发安全生产交办函38份。据统计，全县受灾人口达52382人，紧急转移安置人口9020人，其中集中安置714人，洪涝造成倒房及严损户（农户）61户，一般损房户138户，风雹导致倒房及严损户22户，一般损房户456户。"9·22"重大道路交通事故，省事故调查组对湘潭县处置事故平稳、有序、有力、有效予以充分肯定。同时，成功争取北汽福田有限公司1500万元事故救助资金，向省应急管理厅争取50万元事故调查资金。

【行业专项整治】 2019年，开展“强执法防事故”、安全生产风险隐患“大排查大管控大整治”行动，突出矿山、危险化学品、烟花爆竹等重点行业领域，依法严厉打击非法生产经营建设行为，有效遏制各类生产安全事故。非煤矿山安全方面：深化非煤矿山整顿关闭工作，关闭湘潭县麦子石铁根采石场、长湘建材有限公司、湘潭县芮希石灰石矿3座非煤矿山。烟花爆竹安全方面：开展烟花爆竹“打非治违”专项行动，打击非法经营、储存烟花爆竹71起，没收730件烟花爆竹类产品，行政拘留1人，关闭4家无证经营烟花爆竹店。危化品安全方面：召开危险化学品安全综合治理会议，深入开展专项行动，检查企业385家次，出动执法人员752人次，查处隐患213条，整改隐患213条。工贸企业安全方面：以粉尘防爆和有限空间作业为重点开展专项整治，对全县77家企业进行专项检查，指导企业对烤房、污染物处理池等91个有限空间作业场所张贴警示标志标识，建立完善作业制度。是年，“强执法防事故”行动共出动2660人次，检查1112家次生产经营单位，排查风险隐患1640处，下达整改指令书706份，立案192起，经济处罚105.2万元，责令停产停业整顿企业8家，关闭取缔企业5家。

（陈　杰）

机关事务服务管理工作

【概况】 2019年，在新一轮的机构改革中，将县机关事务服务中心与县委县人民政府接待工作办公室职责整合，并对相关股室名称及职责进行调整。核定全额拨款事业编制39人，设主任1名、副主任3名，下设6个内设机构，分别为：办公室、资产管理股、公务用车管理股(公务用车车队)、接待服务管理股、物业管理股、机关后勤保障股。是年2月，通过实地走访，掌握全县办公用房情况，制订《办公场地和办公用房调整方案》，督促16家涉调单位按时搬迁到位，并为部分单位采购办公设备。对涉调单位中县金融办、县退役军人事务局、县妇联、团县委、县创新发展研究中心等5家单位的办公用房进行维修改善。完成领导交办的县税务局办税服务大厅改造、县人武部标准化建设、县政协四楼会议室改造、县商务局维修改造、县委宣传部图书吧建设、县行政审批局服务大厅改造装修6个项目，对接县建投公司对县园区商务中心食堂油烟道提质改造。群团综合楼一楼7个门面重新签订出租合同，为财政增加非税收入32万余元；腾空原县房产局、原机关工委办公楼待处置；调剂档案馆9楼5间房作为全县高考保密室使用。根据国家、省、市要求，10月底，完成全县党政机关办公用房信息统计报告工作，录入办公用房数据管理系统，为提升全县办公用房管理信息化、标准化、规范化水平提供重要支撑。10月，公共机构节能工作移交县机关事务中心负责。11月底，召开湘潭县公共机构能源资源节约工作动员暨业务培训会议，制订并印发《全县2019—2020年度公共机构节能工作要点》，建立节能管理制度和能耗统计员负责制，为公共机构节能降耗工作全面开展奠定良好基础。

严格管理，合理调配，保障公务用车安全出行。按照全年安全教育培训计划开展培训学习，加强安全驾驶的提醒，着力提高司勤人员的交通安全意识和处置突发事件能力。全年开展公车安全大检查2次，安全驾驶知识培训5次，发送安全驾驶提醒信息50余条。重点抓好人员、车辆日常管理以及平台建设。全年开展公车管理情况督查3次，车辆油耗分析2次，与司勤人员“一对一”谈心谈话活动1次。切实保障县委县政府重大活动、重大会议用车，重点做好“两会”维稳督查、中央扫黑除恶专项斗争督导、创文创卫迎检、“9·22”事故调查以及脱贫攻坚迎检等中心工作的车辆保障。全年共派出车辆3000余趟次，里程31万余千米，实现公车出行“零事故、零误差、零差评”。做好公务用车平台并入“全省一张网”的前期准备工作，协助做好事业单位公车改革方案的制订、保留车辆编制核定以及待处置车辆的封存。

统筹协调，细致周到，推动公务接待优质高效。2019年4月，公务接待职能移交单位。在公务接待中，严格接待审批程序，突出日常监管，注重接待服务与文明礼仪结合，积极推介湘潭县文化特色、建设成就，展现县城良好形象，为地区交流合作、促进县域经济发展做出积极贡献。全年共接待来宾96批次1400余人次，其中省部级领导11批次，国家各部委、省、市副厅级以上领导26批次；省内外地市、县考察团、考核18批次；其他接待41批次。为县直单位和乡镇的公务接待业务指导10余次。优质高效地完成重宾接待以及迎接创卫技术评估组、创文检查组、“9·22”事故调查组、脱贫攻坚检查组等全县中心工作的接待工作，为创建工作和脱贫攻坚工作等营造良好的氛围，“9·22”事故调查后勤保障工作受到省人民政府事故调查组致函感谢。

突出日常，精细管理，提升物业管理服务品质。做好物业区域日常防盗、防火安全检查，排查并解决楼顶、墙面安全隐患3处，更换消防灭火器42瓶，开展消防演练1次。在院内弯道处设置转角镜3块，督促物业人员做好车辆疏导，规范停车秩序。定期召开安全保卫工作会议，加强特护期间安保工作的协调。协助信访部门做好群众聚集上访劝返维稳工作。及时对院内水、电、监控等设备进行维修维护。对亮化景观灯设施进行全面检修，更新亮化灯带28条，更换射灯6盏，整改用电安全隐患1处，检修监控设备和提供弱电服务48次，保障设备设施的正常运转。强化会议服务保障，全年完成会议服务900余场次，重要会议现场值守98次。深入开展环境美化。扎实做好园林绿化、生物防治等工作，全年开展苗木修剪12次，施肥2次，病虫害防治24次。在做好日常环境卫生保洁的基础上，突出传统节日等重要节点、创文创卫迎检期间的环境卫生整治。圆满完成春节等传统节日氛围营造、国庆70周年活动系列宣传和升国旗仪式等重大活动的保障工作。

完善制度，强化监督，促进机关食堂、过渡性用房规范管理。县园区商务中心机关食堂元月1日正式开张营业，全县各定点食堂(含乡镇)统一结算方式改革于4月底全面完成，实现全县就餐“一卡通”，极大方便干部职工就餐，进一步规范食堂管理，降低行政运行成本。在机关食堂管理中，对食堂和超市的食材、商品、环境卫生等方面进行全面检查，重点对新鲜食材的进货渠道进行随机抽样检查。督促食堂承包方完善内部管理，建立健全食堂管理制度，规范工作流程。积极开展“文明餐桌”行动，创建“健康食堂”，倡导广大职工文明就餐，提高文明健康素养。制订《食堂监督管理考核方案(试行)》，充分运用日常检查考核结果实施奖惩。通过机关食堂问卷调查，开展满意度测评。同时，过渡性用房于2月正式投入使用。制订并下发《湘潭县过渡性住房的暂行规定》，进一步规范全县过渡性住房的管理，及时做好过渡性用房设备维修维护和服务保障工作。

【园区商务中心机关食堂正式投入运营】 2019年元月1日，机关食堂正式投入运营。由湖南德宏祥餐饮管理有限公司承包经营，采用自助、自选等方式为各单位干部职工提供伙食供应服务，可同时容纳1700余人就餐，解决县行政中心片区内各单位干部职工用餐问题。同时，机关食堂可提供公务接待用餐，进一步规范公务接待行为，节约开支。以园区商务中心机关食堂运营为契机推动全县机关食堂统一结算方式改革，在全县实现“一卡通”结算，进一步降低行政运行成本、改善就餐待遇、简便县内公务出行就餐流程，推动机关后勤规范化、标准化建设。

【县税务局办税大厅提质改造建设项目】 2018年11月启动施工，2019年8月初竣工。由湖南省天元建设有限公司中标并组织施工，各类办税服务设施按照标准化办税服务厅要求建设，区域划分更加科学合理，进一步优化办税服务质量，为纳税人提供更加舒适的办税服务环境。 (刘博文)

信访工作

【概况】 2019年，湘潭县信访局创新信访工作思路，强化信访工作措施，进一步规范信访秩序，切实化解信访矛盾纠纷，县人民来访接待中心共接待群众来访1285批3472人次，同比(1515批3971人次)批次减少15.18%，人次减少12.57%。其中集体访131批1760人次，同比(89批1143人次)批次增加47.19%，人次增加53.98%。

2019年，县信访局被县委评为优秀单位；张春城被评为湖南省信访工作基础业务“百佳业务能手”。

【县级领导挂牌接访制度】 进一步完善联合接访模式，依法分流办理各类诉求，加大对来访事项当场调处化解的力度。继续强化领导干部挂牌接访制度，大力推行县级领导约访制度，实现了各级领导干部接访下访包案常态化。2019年，攻坚化解一大批矛盾纠纷和信访积案，为全县社会大局稳定做出应有贡献。

【开展群众工作日活动】 2019年，结合“四责四诺”“五联五问”工作的推进，继续深入乡镇、村(社区)，每月24日、25日开展群众工作日活动。以群众工作统领信访工作，在全县以县委群众工作部为“龙头”，以乡镇和县直部门为“关节点”、以村为工作基础，以村民小组为工作前哨，构成“上下联动、责任明确、运行高效”的群众(信访)工作组织体系和工作网络。

【互联网+信访“四通工作法”】 继续大力推行互联网+信访“四通工作法”，及时处理初信访。严格规范信访“12345”工作流程，促使责任单位及时办理群众反映的诉求，同时积极引导群众依法逐级上访，规范信访秩序。截至12月31日，信访事项及时受理率100%，按期办结率100%，群众满意率96.0%，参评率96.9%，网信占比54.9%。

【信访积案化解】 2019年，共办理国家信访局交办“四重攻坚”信访件4件(重点群体2件，重点人员2件)，已全部办结，其中化解2件，依法处置1人。办理省信访局交办“四重攻坚”信访件7件(重点问题4件，重点领域3件)，已全部办结，其中化解6件。共受理涉扶贫领域信访件26件，已全部办结。共办理中央扫黑除恶第16督导组移交信访件25批112件，已全部办结。

认真开展“双百攻坚”行动，强力推进突出信访件的化(缓)解，明确13名县级包案领导和27名科级包案领导进行包案办理，通过领导亲自接谈信访人、与责任乡镇和单位会商、督查指导案件等方式推动工作开展。通过县信访联席会议调度督查、县级包案领导现场督办、县委督查室点对点督办推进，各责任单位和乡镇全力配合，成功化解12件，引导走依法维权1件，依法打击处理8人(其中，刑事拘留4人，治安拘留4人)，其他因政策层面的原因无法化解的，已全部程序性办结。

【基层基础建设】 2019年，以群众工作统领信访工作，深入推进“三无”创建活动，建立健全阵地建设，在抓好超前排查上下功夫，切实将矛盾纠纷化解在早、化解在小、化解在基层。制订下发了《“初信、初访、初网投”办理活动工作方案》，严格规范信访工作流程，切实加强初信初访的化解调处力度。通过各级信访机构的集中培训，积极开展回访核实，促使责任单位及时办理并主动化解初信初访，提高一次性办结率和群众满意率，减少重复信访和信访积案，真正做到为老百姓解决实际问题。在全县信访系统组织开展“人民满意窗口”创建活动，积极推动信访基础设施标准化、信访基础业务规范化、信访工作队伍专业化建设。积极探索和推行让群众“最多访一次”的做法，严格落实初信初访初网投首办责任。

【信访法治化建设】 2019年，认真贯彻落实信访法治化建设意见，严格落实诉访分离，推进依法分类处理，按程序开展复查复核，严格按照“三到位一处理”要求，确保群众合理合法诉求依照法律规定和程序得到有效解决。深入开展“信访法治宣传月”和“宪法宣传周”活动，进一步加大《信访条例》等与人民群众切身利益相关的法律法规和网上信访流程的宣传力度，引导群众依法依规办事。加大对非正常上访人员的教育、训诫和处置力度，全年共依法训诫185人次，治安处罚19人次(其中警告2人次，治安拘留17人次)，刑事打击处理6人次(其中易俗河镇4人、排头乡1人、谭家山镇1人)，树立违法上访依法处置的正确导向。 (方　婷)

人事工作

【概况】 2019年，湘潭县严格执行

“凡进必公开”原则。全年,面向社会公开招聘专业技术人员530名,其中教师428名,医卫专业技术人员102名。

组织县卫生健康局、县创新发展研究中心等单位公开选调考试,对县公安局公开招考驻村辅警、县教育系统公开招聘教师、县卫生系统公开招聘医疗卫生专业技术人员、县莲乡融资担保有限公司公开招聘、抽借调工作人员、易俗河中心学校面向乡镇公开选调教师、县财政局面向乡镇公开选调财务人员等进行全程指导,优化全县人才队伍结构。

落实《湘潭县人才引进实施办法》,对2018年引进的3名急需紧缺人才予以认定。及时对原《湘潭县人才引进实施办法》进行修改和完善,使全县人才引进工作更加科学和切合实际。

全力推进“人才素质提升”工程,强化人才培训,采取网络培训的方式开展专业技术人员公需科目继续教育培训2971人次,举办2019年度退役士兵岗前培训班1期共36人,有效提升履职能力。组织召开湘潭县专业技术人员激励与培养座谈会。

深化工资收入分配制度改革,落实事业单位岗位绩效工资制度,规范机关事业单位津贴补贴发放。协助做好全县事业单位公车改革工作,事业单位人员车补全面落实。

做好事业单位岗位设置动态调整工作,各事业单位完成岗位动态管理备案及审核402次,涉及1513人次的岗位调整。

2019年,推荐高级职称申报200人、中级职称申报329人。评审、认定初级职称404人。从生产、教学一线的员工中向上级部门推荐2名“莲城工匠”人选。推荐县中医医院1人参加正高三级评选。评审确认2018年度工程系列初级专业技术职称人员63人、农业系列初级专业技术职称人员16人、教师系列初级专业技术职称人员16人;认定初级专业技术职称人员300人;评审确认2018年度教师系列中级专业技术职称人员176人。

认真做好2019年度机关事业单位工勤技能考核人员网上报名、现场审查工作,共855人通过资格审查参加考核(其中一级28人、二级380人、三级243人、四级204人)。是年认定工勤技能三至五级人员251人,其中三级15人,四级122人,五级114人。

【工资福利】 2019年,调整全县机关事业单位工作人员基本工资标准,人均增资300元/月。拟定全县事业单位2018年奖励性绩效工资分配方案,审核2018年度奖励性绩效工资共3122人次;审核义务教育学校2018年上半年奖励性绩效工资共4150人次。办理机关事业单位在职人员工资异动10428人次,职务岗位变动1075人,更改工资结构56人。办理受刑事刑罚处分人员工资15人,办理降低岗位等级异动60人,停发工资8人,核算机关事业单位丧葬抚恤金待遇147人。认真审核企业参保、机关事业单位退休人员信息,审批原国有集体企业特殊工种提前退休申报183人,企业参保申请病退人员33人。

(李圣权)

民政工作

【概况】 2019年,全县共建设项目村302个,其中新建115个,改建187个。2017年和2018年的项目均已投入使用,2019年项目均完成项目建设;选取易俗河镇友谊村、河口镇石泉村、锦石乡文佳村、中路铺镇金石村和杨嘉桥镇同福村作为村民小组自治试点单位,并安排专人加强对试点工作的指导,切实抓好村民小组自治试点工作;按照“权随责走”的原则厘清社区职能,切实减轻社区行政事务负担,积极落实《首批取消村(社区)出具证明事项清单》,取消10大类,76项证明事项,并在各社区所在乡镇进行公示。对全县所有村(居)“两委”班子和村(居)民小组长、村(居)民代表是否涉黑涉恶进行专项深入排查。通过排查全县321个村、34个社区居委会,1980名村(居)“两委”干部、18850名村(居)民代表、9094名村(居)民小组长的背景资料,发现“两委”班子人员中有12人曾受刑事或行政处罚,均不属涉黑涉恶范畴。

【民间组织管理】 2019年,新登记注册社会组织47家,其中社团19家,民办非企业28家。变更登记27家,注销登记11家。依法对204家民办非企业单位、127家社会团体和1家基金会进行年度检查,先后下发年检通知和通报:年检合格的民办非企业单位192家,社团109家,基金会1家;不合格的民办非企业单位11家,不合格的社团17家。

【行政区域界线管理】 2019年,湘潭县完成湘潭/宁乡、湘潭/湘乡2段边界线的联检工作。湘潭县与宁乡市边界线全长45.75千米,共埋设界桩2个,分别是430103008号、430103009号界桩。涉及宁乡市大屯营镇三仙坳村、道林镇金华村;湘潭县的云湖桥镇向红村、良湖村、古湖村、狮山村、黄金村;韶山市银田镇南村共4个乡镇8个村。

【地名管理】 2019年,《湘潭县地名图集》《湘潭县地名录》《湘潭县地名词典》《湘潭县地名志》4套丛书编纂工作全面完成,已经移交给湖南省地图出版社,审核、出版。是年,根据建设“1+4”高品质生活社区的总体要求,湘潭县对城区的13社区楼栋门面牌、单元牌、户室牌进行全面细致地清理清查,对缺失的门牌进行增补。通过信息采集,共增补临街门面、户室牌1944块,楼栋牌123块、单元牌253块、楼层牌151块。

(黄添水)

退役军人事务

【概况】 2019年3月,组建湘潭县退役军人事务局,内设办公室(规划财务股、党务人事股)、政策法规股(思想政治和权益维护股)、就业创业安置股、拥军优抚股、军转军休股、退役军人服务中心。

【政策法规工作】 2019年,对各网站媒体、领导信箱和网上信息系统群众反映的问题能够快速处置,及时应对,回复百姓呼声、问政湖南、湘潭在线、市(县)长信箱、市(县)长热线5条。

【拥军优抚工作】 2019年,全县有退役人员2.5万人,享受抚恤补助优抚对象11303人,现役军人家属4768人。全年发放义务兵家属优待金1001万元，对获得军功的现役军人的家属兑现一次性立功奖励金8万元，发放重点优抚对象抚恤补助金9443万元，资助重点优抚对象参保参合138万元，发放门诊补助费、兑付住院补助费100.5万元，下拨临时救助补助460万元用于解决乡镇优抚对象生活困难。春节、“八一”期间，由县领导带队走访慰问驻县各部队官兵、军队离退休干部、部分一至四级伤残军人、三属、在乡老复员军人、县福利中心孤老复退军人及市精神病院优抚对象。针对全县全体军队退役人员和现役军人家属，开展“三个一”活动，为每一位军队退役人员送上一封慰问信，备一份纪念品，进行一次面对面的交流。年内，全县召开各类座谈会50余场，慰问优抚对象4000余人次，下拨乡镇走访慰问经费600万元，发放慰问年画3.5万张。对于行动不便，入住县福利院和军干所的优抚对象，县退役军人服务中心工作人员带着设备上户逐一进行信息采集，确保信息采集不漏一人。结合本次信息采集和八一走访慰问活动，共为申请悬挂光荣牌家庭悬挂光荣之家牌匾27432块。

【安置就业工作】 2019年，全县共接收退役士兵311人，其中自主就业的242人，符合政府安排工作的退役士兵51人，已全部安置到乡镇全额事业编岗位，军转干部2人严格落实行政编制，随军家属按相关政策均已安置。申请办理自谋职业1人，发放自谋职业一次性经济补助16.2万元。对64名转业士官发放待安置期生活补助60.672万元。制订《湘潭县关于解决部分退役士兵社会保险问题的工作方案》，严格按程序进行身份认定、信息比对核查、数据录入，共收到申请材料2000余份，全部录入系统，符合申请条件的共1615人。组织退役军人参加高职扩招，共123名退役军人报名。搭建退役军人就业平台，召开“退役军人暨军属”专场招聘会，发放宣传资料500余份，参会单位23家，提供3400个岗位，参会退役军人400余人，签订工作意向合同187人。

【军转军休工作】 2019年，对企业军转干部遗属补发一次性生活困难救助费2万元，所需经费按属地管理原则由同级财政负责解决。提高慰问标准，春节慰问费标准由原来的700元提高至1000元、“八一”慰问费标准由原来的600元提高至1000元。提高救助标准，因重大疾病住院而引起家庭和生活十分困难的企业军转干部，每年每人最高救助由原来的1万元提高到2万元，体检费用标准由原来的350元提高至450元。全年用于企业军转干部解困资金316万元。

【开展“9·30”烈士公祭活动】 2019年9月30日是全国第六个烈士纪念日。是日，在地处晓霞山森林公园的湘潭县烈士纪念广场举行烈士纪念日公祭活动。县级主要领导及驻县部队官兵代表、县直各单位干部职工代表、团员代表、烈士家属和退役军人代表、学生代表等200余人参加活动。

【档案管理】 2019年，开展退役士兵档案接收工作和档案清理工作。建成集防火、防盗、防尘、防雷、通风功能于一体的高标准档案室，经过整理归档，已正式投入使用；安排相关人员参加省厅组织的集中审核2018年度转业士官档案工作业务培训，经审查接收转业士官档案64份。其中有37个服役12年士官，1个服役14年士官，20个服役16年士官，4个直招士官；为进一步理顺和推动参战参试身份认定工作，化解矛盾，对全县已认定身份的参战参试退役军人3625人的个人资料和服役档案进行逐一清理，做到一人一档。 （胡宸睿）

政协湘潭县委员会

概 述

【概况】 2019年，湘潭县政协深入学习贯彻习近平新时代中国特色社会主义思想和中共十九大、十九届四中全会精神，充分发挥协商民主重要渠道和专门协商机构作用，紧扣县委县政府重大决策部署，认真履行职能，为实现“挺进全国百强县、创建全国文明城市”目标作出积极贡献。

强化思想政治引领。深入学习习近平总书记关于加强和改进人民政协工作的重要思想和新修订的政协章程，认真贯彻落实习近平总书记在中央政协工作会议暨庆祝中国人民政治协商会议成立70周年大会讲话精神，准确把握党对政协工作的新要求。按照“守初心、担使命，找差距、抓落实”工作要求，高标准高质量组织主题教育，以实际行动践行初心、担当使命。一年来，组织开展会议学习、研讨交流等主题活动20余次，举办政协大讲堂、专题培训8期，征集理论文章、心得体会300余篇。

始终坚持党的领导。常委会坚持在县委的统一领导下，依照《中华人民共和国宪法》和《中国人民政治协商会议章程》开展履职活动。主动向县委汇报政协年度工作重点，严格按照县委办、县政府办、县政协办联合下发的《2019年协商与监督工作计划》开展履职活动。全年共召开2次协商议政会、4次常委会，先后组织20余次集中视察、专题调研活动。严格落实请示报告制度，全年就重点工作、重大事项、重要建言向县委报告20余次。坚持重大活动邀请县委领导出席指导，协商成果及时向县委县政府报送。认真贯彻落实县委决策部署和交办任务，较好完成脱贫攻坚、维稳、“三创一治”及一批重点项目工作任务。认真贯彻中办《关于加强新时代人民政协党的建设工作的若干意见》文件精神，着力提高新时代政协党建工作质量。建立完善政协党组成员联系党员委员、党员委员联系党外委员制度，实现党的组织对党员委员的全覆盖、党的工作对政协委员的全覆盖。

严守政治纪律规矩。切实履行政协党组全面从严治党主体责任，严明政治纪律和政治规矩。认真学习贯彻《中华人民共和国监察法》《中国共产党纪律处分条例》等党纪党规，集中观看廉政教育警示片，定期开展廉政谈心谈话，不断提高拒腐防变的能力。坚持遵章守纪、廉洁自律，加强对政协组织中党员的教育、管理和监督，依政协章程撤销1名政协委员资格，严把各项活动政治关，营造既畅所欲言、各抒己见，又理性有度、合法依章的良好协商氛围。

协商议政深入推进。常委会围绕全县“两个目标”的工作部署，聚焦高质量发展，积极开展协商议政。拓展协商内容。在全面把握县委县政府全年工作重点和人民群众关心的民生实事基础上，形成全年协商议政重点课题。围绕“挺进全国百强县”目标，就发展废钢产业、民营经济政策落实与完善、电商与特色产业融合发展等选题合理安排协商活动。围绕建立和完善基层社会矛盾化解机制、农村人居环境整治、鼓励社会力量办学等民生热点问题，组织委员调研协商，为推进社会治理、保障和改善民生建言献策。丰富协商形式。不断完善会议协商，全年召开全体会议集中协商、常委会议专题协商、主席会议重点协商、专委会对口协商等会议12次。九届三次全会，委员们认真讨论“一府两院”报告以及经济社会发展和财政预决算报告，提出意见建议40余条。强化提案办理协商，加强提案“提、办”双方沟通联系，24个承办单位认真负责办理相关提案，深入研究、积极采纳意见建议。同时，还通过大会发言、社情民意信息、政协云微建议等形式，为委员履职提供更加便捷高效的协商平台。注重协商实效。《高质量发展废钢产业》大会发言转化为九届三次会议“1号提案”，得到迅速落实。县委县政府领导亲力亲为，协调各方关系，畅通办理渠道，促进湘钢金属资源综合利用项目顺利落地。针对《全力推进海泡石产业发展，打造中国海泡石之都》专题协商报告相关建议，县委县政府高度重视，全力支持海泡石特色产业发展，总投资达38亿元的湘潭海泡石新材料科技产业园于年初开工建设，6月底以前建成投产。

民主监督有效开展。常委会充分发挥民主监督重要职能，在监督中支持，在支持中监督，监督质量和实效不断提升。强化派驻监督。向县委组织部、县矿区生态环境修复治理指挥部、杨嘉桥镇等单位委派民主监督小组，围绕村级阵地规范化建设、矿区生态环境修复治理、废钢产业项目落地等工作开展民主监督。各监督小组围绕规范村部建设程序、提升村部利用率、合理利用矿区生态环境修复治理资金等建言献策，共提出改进建议30余条。突出视察监督。组织委员深入开展全国卫生县城创建、全国园林城市创建、农村人居环境整治和城区道路交通整治等专项视察，实地了解工作情况，为创建工作找症结、破难题。专委会及各联工委组围绕生物质能发电项目、精品旅游线路、财税工作和乡风文明建设等开展视察，突出问题导向，落实监督责任。扩大社会监督。选派60余名委员参加县法院涉黑涉恶案件公开庭审、财产保全现场执行、县政府重大项目前期决策听证等旁听监督活动，受邀参加多个部门的“不忘初心、牢记使命”主题教育征求意见座谈会。各乡镇联工委组织委员围绕乡镇重点项目建设、区域经济发展、社会综合治理进行观摩、评议和监督，委员们认真履行职责，真实反映群众意愿，及时提出意见建议。抓实评议监督。坚持把民主评议作为提升民主监督实效的重要方式，对县民政局、县卫健局、天易经开区建设管理局3家单位的提案办理工作进行民主评议。通过评议，进一步提高承办单位对提案办理工作的重视，同时也增进委员对提案办理单位的理解和支持。

参政议政注重实效。提案办理助推民生改善。是年，委员们围绕全县经济社会发展和民生改善等重要课题，共撰写提案140件，经审查立案132件。各承办单位认真办理，办复率为100%，满意率和见面率为98%，帮助解决一些发展难题，推动一批民生事项落地落实。是年，全省提案工作提质增效调研座谈会在湘潭县召开，省政协副主席贺安杰高度肯定该县提案工作。省政协湘声报、湘声头条以《重调研、重协商、重督办，湘潭县政协有本“提案履职经”》为题，推介湘潭县提案工作经验。专题调研回应群众关切。把调查研究作为“不忘初心、牢记使命”主题教育的重要环节，结合协商与监督工作内容，县政协党组和科级领导班子共确定调研课题19个，撰写调研报告19篇。调研组主动深入基层、深入群众，很多有前瞻性、有新意、有高度的建议被呈送到政府及相关部门，起到良好的建言咨政作用。各专委会与联工委组落实“五联五问”“四责四诺”工作要求，着眼农业种植结构调整、白石文化区旅游发展、民宿产业发展、智能制造和竹木产业发展等课题开展调研，提出许多合理化建议。社情民意反映群众诉求。委员通过反映社情民意履职尽责，全年共收到社情民意信息及微建议100余条，绝大多数建议被政府及时采纳和办理，进一步提升群众满意度。如《关于城市“牛皮癣”的问题及治理》《ETC办理中营销乱象频现亟待引起重视》等信息引起社会广泛关注和参与讨论。

精准扶贫积极作为。县政协深入联点乡村结对帮扶，协调解决扶贫工作中的困难和问题。政协机关联点团结村，全面走访村民781户，释疑解惑，理顺情绪，收集整理意见建议89条，多个问题得到解决，赢得群众赞誉。发动委员和机关干部捐款6.86万元，帮助贫困户解决生产生活困难。做实驻村帮扶。机关选派1名科级干部驻省定贫困村排头乡团结村帮扶，因地制宜、因户施策开展扶贫工作。协助引进华懿生态农业有限公司花卉种植项目，流转土地60余公顷，助推产业扶贫，帮助村民实现家门口就业，实现年务工收入超过60万元，村集体经济年收入超过6万元，为稳步推进乡村振兴奠定良好基础。手机网易网、湖南学习强国平台、湖南在线、红网、湘潭在线、湘潭县网等媒体以《团结村开满“扶贫花”》为题，先后进行宣传报道和推介。倡导爱心帮扶。唐见良委员代表市青年企业家协会积极为贫困户筹集危房修缮资金。企业界刘宪安、刘应龙、肖平等委员利用所在的胖哥、小龙王、伍子醉槟榔企业优势对口联系贫困村，积极开展帮扶工作。黄志明、熊梦娜、胡伟娟、吴良芳、宾益衡等委员建立扶贫农场、扶贫车间、家庭农场，解决贫困户就业问题。其中黄志明委员在全县推广立华牧业的扶贫农场模式，已经有8个乡镇29个村开始投入扶贫农场的建设，总受益建档立卡贫困群众超过500人。医卫界文育红委员带领团队救治建档立卡病人538人，减免费用8万余元。杨志委员为192户贫困户免费发放鸡苗和饲料价值近50万元，其参与扶贫的事迹被湘潭新闻频道、湘潭日报等媒体报道，其合作社被评为湘潭市2018—2019年度产业扶贫“突出贡献合作社”。

积极参与社会公益慈善事业，真情帮扶助解民困。捐资助学送温暖，关爱儿童献爱心。向平建、彭银香、刘应龙（路桥）、刘文进、释唯静、叶彦彤等委员慷慨解囊，捐资50余万元，帮助多名贫困学生圆“大学梦”；王奇、何俊田、胡雅淇、张鹏等委员积极关爱留守儿童，赠送校服、书籍、学习用品，并常年资助福利院残疾儿童。爱心义诊送健康，化解矛盾促和谐。肖荷南、陈娜、黄赛芝、刘辉、郭森泉、蔡子辉、谭照等委员深入敬老院、学校、社区开展爱心义诊、心理咨询、家风家教宣讲活动，免费健康体检、送医送药，传授急救知识，每年普惠群众千余人；胡学军、龙湘军、张炯、胡志高、谢英姿等委员利用法律专业及司法一线优势，积极投身基层社会矛盾化解工作。据不完全统计，全年全县政协委员参与支持捐资助学、爱心公益、扶贫济困等捐赠达400余万元。

拓宽媒体报道渠道。通过省政协云、《湘声报》、县报、县政协网站等媒体刊物，展现县域良好形象、政协履职动态和委员风采。积极推广使用政协云，委员们在云上的互动、履职更加积极主动，易俗河镇联工委主任周勇获省政协云应用创新大赛奖。全年县政协网站刊登各类调研文章、宣传稿件200余篇，出版《莲乡政协》专刊12期，发布政协云资讯130条。完成《彭德怀在家乡的故事》《卢冬生》文史专辑。积极参与庆祝人民政协成立70周年纪念活动，上报文史资料18件。省政协湘声报、湘声头条以《湘潭县政协务实开展“双助双行动”，彰显新时代新作为新担当》宣传推介湘潭县政协工作经验。《湘声报》以《共绘莲乡民营经济发展新画卷》作专题报道，推介8位政协委员“优秀民营企业家”的事迹。《“四个坚持”推动政协工作提质增效》《发挥协商民主优势，助力基层社会治理》等10余篇理论调研文章被人民法治网、廉政法治周刊、省政协云、《湘声报》等登载，进一步提升县政协工作的影响力和县域美誉度。

全面加强履职能力建设。建立政协领导班子联系常委，专委会、政协常委联系委员制度，完善政协领导联系联工委组、定期走访委员制度，完善委员履职考核制度，建立委员履职档案，促进委员尽职履责。积极搭建学习平台，为全体委员订阅《湘声报》，举办政协委员履职能力提升培训班，邀请专家讲授《炼就调查“硬本领”，提升研究“软实力”》课题，辅导机关干部、政协委员提高调研写作技能，选派委员、机关干部参与全国政协举办的业务培训班，进一步提升委员建言献策能力。充分发挥“委员之家”的阵地作用，各委组定期组织委员开展丰富多彩的履职活动。易俗河镇联工委依托委员群众工作室，每月定期两次开展委员接待群众日活动，助力社会和谐稳定。广大政协委员立足本职和岗位，发挥各自优势，争当行业的“排头兵”。刘石美、宋志龙、唐迪辉等8位政协委员获全县“优秀民营企业家”称号；陈娜委员获2019年度湖南省院前急救工作先进个人；熊杰明委员获评阳光保险湖南公司优秀共产党员；唐澄、蔡子辉委员获“湘潭市第三批优秀人才”称号。

重要会议

【政协湘潭县第九届委员会常务委员会第十二次会议】 4月16日，县政协召开第九届委员会常务委员会第十二次会议，县政协副主席韩炎主持会议，主席刘铁强、副主席欧建美、何晓春、刘新玉、马新国，秘书长周令及常委会议组成人员参加会议，县政协专委会负责人、县纪委监委派驻第二纪检监察组负责人及各委室副主任列席会议。

会议协商通过政协湘潭县第九届委员会常务委员会第十二次会议议程；传达学习全国“两会”精神；进一步学习传达扫黑除恶专项斗争精神，部署相关工作；学习《中共湘潭县委办公室 湘潭县人民政府办公室 政协湘潭县委员会办公室关于印发〈湘潭县政协2019年度协商与监督工作计划〉的通知》；协商通过《政协湘潭县第九届委员会常务委员会2019年工作要点》；通报县委机构改革关于政协各专委会机构设置情况；协商通过辞去、增补委员名单及有关人事任免事项。

【政协湘潭县第九届委员会常务委员会第十三次会议】 2019年8月14日，政协湘潭县第九届委员会常务委员会第十三次会议召开，县政协主席刘铁强主持会议，副主席韩炎、何晓春，秘书长周令及常委会议组成人员参加会议，县领导刘耀奇、县委组织部、县纪委监委派驻第二纪检监察组负责人及各委室副主任列席会议。

会议协商通过政协湘潭县第九届委员会常务委员会第十三次会议议程；听取县委常委、县人民政府常务副县长刘耀奇关于县人民政府2019年上半年经济工作完成情况的通报；协商通过政协湘潭县第九届委员会辞去、增补委员建议名单、联工委及委室负责人任免建议名单、联工组负责人及界别召集人任免建议名单等有关人事任免事项；协商通过《优化营商环境，推进我县民营经济发展各项政策落实和完善》《关于推进我县特色产业和农村电商融合发展的建议》2篇常委会议政性调研报告。

【政协湘潭县第九届委员会常务委员会第十四次会议】 2019年12月17日，政协湘潭县第九届委员会常务委员会第十四次会议暨民主评议提案办理工作会议召开，县政协主席刘铁强主持会议，县委常委、常务副县长刘耀奇，县政协副主席韩炎、欧建美、何晓春、刘新玉、马新国、秘书长周令及常委会议组成人员参加会议。

会议协商通过政协湘潭县第九届委员会常务委员会第十四次会议议程；对县卫生健康局、县民政局、天易经开区建设管理局3个单位2019年政协提案办理工作进行民主评议。分别听取被评议单位本年度提案办理工作情况汇报、县政协提案委负责人的评议综合汇报。县政协常委会议组成人员对被评议单位进行百分制民主测评，根据测评结果，县卫生健康局、县民政局、天易经开区建设管理局3个被评议单位得分均在90分以上。

会议还听取湘潭县人民政府工作报告（征求意见稿）的起草情况说明；审议政协湘潭县第九届委员会常务委员会工作报告（征求意见稿）、政协湘潭县第九届委员会常务委员会关于九届三次会议以来提案工作情况的报告（征求意见稿）；协商通过有关人事任免事项和政协湘潭县第九届委员会第四次会议的相关事项。

【政协湘潭县第九届委员会常务委员会第十五次会议】 2019年12月29日，政协湘潭县第九届委员会常务委员会第十五次会议召开，县政协主席刘铁强主持会议，副主席韩炎、欧建美、何晓春、刘新玉、马新国，秘书长周令及常委会议组成人员参加会议，县纪委监委派驻第二纪检监察组负责人列席会议。

会议协商通过政协湘潭县第九届委员会常务委员会第十五次会议议程；听取九届四次全会各讨论组讨论意见汇总，审议通过《补选办法》（草案）；总监票人、监票人名单（草案）；大会决议（草案），听取大会期间提案征集、审查情况，协商通过有关人事事项。

【政协湘潭县第九届委员会第四次会议】 政协湘潭县第九届委员会第四次会议于2019年12月27日至2019年12月30日召开，共召开五次全体会议。2019年12月28日上午，大会在鑫田大酒店举行第一次全体会议暨开幕会。2019年12月30日上午，大会举行第五次全体会议暨闭幕会。

会议期间，委员们听取并审议通过县政协主席刘铁强所作的《政协湘潭县第九届委员会常务委员会工作报告》、县政协副主席欧建美所作的《政协湘潭县第九届委员会常务委员会关于九届三次会议以来提案工作情况的报告》。委员、代表作《凝聚新乡贤力量，推动乡村振兴新发展》《加快杨河工业园发展，着力打造杨河新城》《大力推进文化养老，打造“幸福莲乡”新名片》《优化营商环境，推进我县民营经济发展各项政策落实和完善》《充分发挥人民群众在农村人居环境整治中的主体作用》《根治“牛皮癣”顽症，共建文明家园》《加强社区治理，共建美好家园》的参政议政发言。委员们认真听取县委书记傅国平的讲话。会议协商讨论并赞同县人民政府县长段伟长所作的《湘潭县人民政府工作报告》。赞同《湘潭县2019年国民经济和社会发展计划执行情况与2020年计划（草案）的报告》《湘潭县2019年财政预算执行情况和2020年财政预算安排（草案）的报告》《湘潭县人民法院工作报告》《湘潭县人民检察院工作报告》。会议经过酝酿、协商，补选政协湘潭县第九届委员会常务委员2名。

调研协商

【概况】 根据2019年度县政协协商与监督工作计划，县政协常委会组织对全县民营经济发展政策落实与完善情况开展调查研究。调研组先后走访县内五洲通、康普等10多家企业，并召开座谈会，经主席会议和常委会议协商通过，形成《优化营商环境 推进我县民营经济发展各项政策落实和完善》参政议政发言材料；4月，县政协常委会专题调研组先后走访茶恩寺、花石、排头、石鼓、青山桥5个乡镇，组织部分电商企业交流座谈，学习借鉴浙江遂昌、临安等地先进经验，形成《推进我县特色产业和农村电商融合发展》参政议政发言材料。

【召开“农村人居环境整治”调研座谈会】 2019年11月5日，县政协召开农村人居环境整治调研座谈会。县政协副主席韩炎、刘新玉、马新国、部分政协委员以及县整治办、农业局、住建局、交通运输局、自然资源局、市生态环境局湘潭县分局等牵头单位相关负责人参加会议。县整治办及相关单位负责人根据各自职能职责对农村人居环境整治情况进行汇报，调研组成员针对环境整治工作中存在的困难问题，提出具体意见和建议。县政协副主席韩炎指出，改善农村人居环境，建设美丽宜居乡村，是实施乡村振兴战略的一项重要任务，事关全面建成小康社会和广大农民的根本利益。要继续围绕目标任务，加强资金统筹，强化督查考核，完善长效机制，营造良好氛围，确保全县农村人居环境整治工作效果。

【召开“鼓励社会力量办学，促进教育事业发展”对口协商会】 2019年11月5日，县政协召开“鼓励社会力量办学，促进教育事业发展”对口协商会。县领导刘铁强、杨欣荣、刘新玉等参加座谈。会上，县政协文教卫体和文史委负责人从全县民办教育发展现状、存在问题和建议意见三个方面进行汇报。杨欣荣表示，此次协商会开得非常及时，调研报告抓住全县民办教育工作中的关键问题，提出很好的建议，下阶段将认真研究，争取尽快将具体政策出台并落实。县政协主席刘铁强指出，湘潭县作为民办教育的大县，有基础、有条件、也有必要，在民办教育发展上更上一层楼。办好民办教育，要坚持党的领导，坚持育人为本、德育为先，坚持统筹规划、合理布局，坚持分类管理、公益导向，坚持综合施策、优化环境，坚持依法管理、规范行为。

【召开“建立和完善基层社会矛盾排查化解机制”对口协商会】 2019年11月13日，县政协召开建立和完善基层社会矛盾排查化解机制对口协商会。县政协副主席何晓春、社法民宗委、部分政协委员以及县委政法委、法院、司法局、信访局、公安局等相关单位负责人参加会议。县政协社法民宗委负责人就该调研前期准备、实地考察及基层走访意见整理等工作进行汇报，调研组成员针对信访矛盾排查、矛盾纠纷源头防范等方面提出意见和建议16条。县政协副主席何晓春强调，各单位要根据委员提出的意见和建议，搭建工作平台，健全工作制度，强化阵地建设、队伍建设，为全县经济社会发展营造良好环境。

【考察调研民营经济发展政策落实与完善情况】 2019年5月13日，省政协副主席、省工商联主席张健到湘潭县就《推进民营经济发展政策落实与完善》开展调研。市、县领导胡振湘、刘铁强、马新国参加调研。张健表示，全力支持民营经济发展，是湖南省政协一直以来的履职重点。要贯彻落实习近平总书记在民营企业座谈会上的重要讲话精神，围绕民营经济发展精准建言资政。就下阶段的工作，他鼓励各企业负责人要正视企业发展中存在的问题和困难，敢于攻坚克难，在了解政策的基础上吃透政策，聚精会神谋发展，把企业做精做强。

提案工作

【概况】 2019年，政协湘潭县第九届委员会第三次会议共征集到委员提案140件，经审查有8件不予立案，转作来信来访，立案132件，根据有关规定和程序提交县委办、县政府办交由24个职能部门办理。立案的132件提案中，政治建设类4件，经济建设类48件，文化建设类34件，社会建设类26件，生态文明建设类20件。截至9月底，所有提案已全部办结，办复率100%，见面率、满意率均为98%。省政协提案工作提质增效调研座谈会在湘潭县召开，向省、市、县（市、区）政协领导介绍全县政协提案工作经验，加强省市县三级政协提案工作联动和交流。

【政协提案提质增效工作调研】 2019年3月26日，省政协副主席贺安杰到湘潭县调研政协提案提质增效工作。市、县领导刘硕科、刘铁强、欧建美以及湘乡、韶山、雨湖、岳塘等市（区）相关领导，省、市、县三级政协委员代表参加调研座谈会。会上，刘铁强汇报湘潭县政协提案工作办理情况。湘乡、韶山、雨湖、岳塘等市（区）政协领导，省、市、县三级政协委员代表进行交流发言。贺安杰强调，提案工作要以提质增效为主线，有力推动提案工作高质量发展；要准确把握提案工作在政协工作中的全局性定位，提案工作是政协工作的基础性、全局性、经常性工作，是政协履职的基本手段和基本载体；要构建政协提案工作的大格局，党委政府要进一步加强对提案工作的认识；要把重点放在平时，加大提案办理协商力度；要推进提案公开，以公开促质量；要加强提案的信息化建设，运用信息化手段加强提案工作的效率。

【谭家山镇重点提案现场督办】 2019年3月18日，县政协副主席欧建美率县政协提案委、县交通运输局负责人到谭家山镇现场督办重点提案。谭家山镇有关负责人，部分政协委员参加督办会。县政协九届三次会议期间，政协谭家山镇联工委提交《关于修复107国道提质改造期间因车辆分流破损的乡村道路的提案》，被列为年度重点提案，由县人民政府副县长唐仁光领衔办理，县交通运输局具体承办。座谈会上，谭家山镇负责人详细介绍相关乡村道路破损情况。县交通运输局负责人汇报提案的办理情况。参会政协委员对交通局办理提案表示满意。欧建美指出，提案办理要坚持问题导向，切实真抓实干，做到吃透政策、找准问题、落实责任。要建立跟踪督查和反馈机制，让提案中切实有效的建议真正落地。

【分水乡重点提案督办】 2019年4月4日，县人民政府副县长肖燎到分水乡督办重点提案。县政协提案委、分水乡有关党政负责人、部分县政协委员参加督办会。县政协九届三次会议期间，分水乡联工委联合青山桥镇、石鼓镇联工委提交《关于打造青山地区土特产名片的提案》，被列为重要提案，由县人民政府副县长肖燎领衔办理，县商务粮食局具体承办。座谈会上，委员代表通报了提案由来、调研、讨论、撰写及办理建议等情况。分水乡有关负责人详细介绍青山地区土特产规模、现状等发展情况，并就当前存在的问题提出今后发展的对策建议。肖燎要求，一是提案承办单位及当地党委政府思想上要高度重视；二是要落实责任，提案承办单位及分水、青山桥、石鼓三个乡镇共同成立办理协调小组，继续深入研究，提出可行性方案；三是要明确目标，抓出成果，办出实效。

民主监督

【概况】 2019年，县政协常委会继续发挥民主监督重要职能。

视察监督工作。组织委员开展全国卫生县城创建、全国园林城市创建、农村人居环境整治和城区道路交通整治等专项视察。专委会及各联工委组围绕生物质能发电项目、精品旅游线路、财税工作和乡风文明建设等开展视察。

社会监督工作。选派60余名委员参加县法院涉黑涉恶案件公开庭审、财产保全现场执行、县政府重大项目前期决策听证等旁听监督活动，受邀参加多个部门“不忘初心，牢记使命”主题教育征求意见座谈会。各乡镇联工委组织委员围绕乡镇重点项目建设、区域经济发展、社会综合治理进行观摩、评议和监督。

【委派民主监督小组】 2019年5月，县政协向杨嘉桥镇、县水利局、县委组织部和县矿区生态环境修复治理指挥部等4家单位委派民主监督小组，分别就高质量发展废钢产业、城乡供水一体化建设、村部规范化建设、矿区生态环境修复治理等4项工作进行监督，共提出改进建议30余条。 （杨　明）

民主党派

中国国民党革命委员会湘潭县总支委员会

【概况】 2019年，民革湘潭县总支有党员73名，其中省人大代表1人，市人大代表1人、市政协委员1人，县人大代表1人，县政协委员17人，其中4人为政协常委。党员中政府机关干部（含乡镇）30人、学校医院高级技术职称人员20人，非公经济组织及自由职业人员23人，涵盖面广，凝聚力强，充满生机活力。总支下属5个支部，总支委员会班子成员7人。

加强思想建设，提高党员政治意识。县总支及各支部共组织14次思想政治学习，共提交3篇理论文章，其中邓宏英撰写的《如何做好新时代党外知识分子的统战工作》被中共湖南省委统战部采用。

积极服务社会，提高组织责任担当。坚持走访县域范围内在世的5名抗战老兵。开展一系列“博爱·莲城”公益活动：慰问驻守于河口镇涓水村白米堤抗洪抢险干群，慰问物资近2000元；各支部开展捐资助学活动，共捐助11.3万元；全年为郭家桥敬老院捐赠慰问物资4万余元。

组织多彩活动，增强党员凝聚力。组织女党员开展“美丽女人 精致生活”沙龙活动；组织党员参加湘潭民革成立七十周年庆祝系列活动；在重阳节看望慰问70岁以上的老党员；开展联谊交流座谈会，加强横向沟通联系；组织30名党员赴云南腾冲开展“不忘合作初心，继续携手前进”主题教育活动，重温远征军之路，进行爱国主义教育。

2019年，民革湘潭县总支被市、县采纳信息16篇。3名党员被民革市委评为2019年度“纪念湘潭民革成立70周年活动”优秀党员；3名党员被评为2019年度优秀市人大代表、县政协委员；1名党员被市政府授予“湘潭市劳动模范”称号；1名党员被县政府授予“湘潭县优秀民营企业家”称号；1名党员获评湘潭市优秀德育工作者、湘潭县最美莲乡教师、湘潭县优秀国培专家。

【参政议政】 2019年，提高党员履职能力。全年共有18名党员参与省、市、县调研活动13次，形成调研报告《关于大力推进湘潭县乡镇工业园区发展建设的建议意见》。2019年两会期间，共提交建议提案26份，社情民意《关于限制“老赖”子女就读民办高收费学校的建议》被民革省委采用。有9名党员获邀担任特约监督人员。

【组织建设】 2019年，提高总支管理能力。及时进行人事调整，5月16日，县总支第二届委员会届中班子调整会议选举周毅任总支主委。10月29日，一支部届中班子调整会议选举吴展昭任支部主委。积极开展争先创优工作，设置总支办公室、活动室、阅览室和会议室，2019年12月20日“党员之家”举行揭牌仪式。2名党员被提拔为正科级干部，1名党员被提拔为副科级干部，1名党员被评定为正高级职称。全年新发展6名党员。 （陈　敏）

中国民主同盟湘潭县易俗河支部委员会

【概况】 2019年，民盟易俗河支部有盟员27人，其中教师20人，18人具有高级技术职称；机关干部5人，其中3人担任副科级职务；医疗卫生机构1人；私营企业主1人。盟员中有5人担任县政协委员，1人担任市政协委员，2人任县政协常委。4人担任特约人员，1人担任市、县信访局的信访听证员。

年内，马剑雄被评为省级督导评估专家；罗松林的画作被省美协评为优秀作品；曾平被评为市级优秀政协委员；陈明、杨智辉被评为县级优秀政协委员。

【开展支部活动】 2019年5月，组织盟员赴石鼓中学进行教育扶贫，送教下乡。盟员中的优秀教师、县级学科带头人、县教研室教研员讲授语文、英语、物理、化学、生物5堂示范课，同时向学校图书馆捐赠图书180册，向9名贫困学生捐资助学1800元。8月，支部组织盟员去江西庐山参观学习，接受革命传统教育，提高广大盟员的思想觉悟。年内，赴县特殊教育学校开展专题调研活动，撰写的调研报告《关爱残疾儿童，促进特殊教育事业发展》得到县政协高度重视，并在县政协全会上作为发言材料。（马剑雄）

中国民主建国会
湘潭县易俗河支部委员会

【概况】 2019年，民建易俗河支部会员共47人，其中县人大代表2人，县政协委员14人，县政协常委3人。

注重理论学习，提高整体素质。结合十九届三中、四中全会精神以及“不忘合作初心，继续携手前进”主题教育，组织会员开展6次集中学习，召开了2次调研写作讨论会议，提高会员的参政议政能力。是年，会员共撰调研报告2篇，提案8篇，社情民意3条。

加强自身建设，提高组织活力。进一步加强班子建设，坚持重大事情事先向民建市委和县委统战部请示和班子集体研究制度，班子分工明确，团结协作。积极参加民建市委和县委统战部组织的相关会议。组织会员开展各类支部活动共计8次，会员参与率达65%以上。支部有重点、有选择地发展会员，有计划的确定培养对象，并积极组织新会员参加省委、市委组织的培训学习。

立足本职工作，热心服务社会。结合县委县政府中心工作，积极参与社会服务工作，广泛传递正能量。在县委统战部组织的“慰问抗洪抢险干部群众”活动中，民建会员共捐款1万元，赴白石镇慰问坚守在抗洪一线的干部群众，并送去慰问物资；会员饶志宇常年组织爱心捐助贫困学生，全年捐助贫困学生13人，共计8400元；会员彭建平、唐筱毅、刘兀出积极组织爱心企业和志愿者赴锦石乡新塘村慰问孤寡老人，给他们送去拐杖、轮椅、米、油等慰问物资；会员胡雅琪作为湘潭市“向日葵”公益组织的一员，多次参加扶贫慰问、捐资助学以及关爱留守儿童等爱心公益活动，并被评为2019年度优秀义工；会员黄丹参加“唱响新时代、文艺进乡村”慰问演出10余场，并多次参加敬老院文艺慰问演出活动；会员黄赛芝结合医卫工作，积极参与健康知识进校园活动，给孩子们传授健康保健知识。

【参政议政】 2019年，支部针对农村人居环境整治工作开展专题调研，形成《充分发挥人民群众在农村人居环境整治中的主体作用》的调研报告，并在县政协全会上作参政议政发言。杨巧作为人大代表积极发声，为群众代言；周理湘、王琦、胡雅琪、黄赛芝等会员积极撰写政协提案和社情民意，反映人民群众的呼声，扩大支部的影响力。会员黄丹、胡雅琪荣获2019年度县优秀政协委员。（周理湘）

中国民主促进会
湘潭市委易俗河支部委员会

【概况】 2019年，民进易俗河支部有会员29人。其中，新发展会员2人；男16人，女13人；市政协委员2人，县人大代表2人，县政协委员12人。

政治学习。鼓励和引导会员加强学习，提高政治站位。3月，马新国赴长沙参加民进湖南省委举办的传达学习全国“两会”精神会议。5月，支部市、县政协委员8人赴湘乡参加民进市委举办的“民进湖南省委‘我身边的先进’湘潭站巡回宣讲会”活动。7月，马新国赴京参加“民进中央2019年脱贫攻坚民主监督工作培训班”。8月，马新国、彭红光参加县委统战部在井冈山举办的暑期谈心活动。10月，12名会员参加民进市委“不忘合作初心，继续携手前进”主题教育活动。

组织建设。2019年，支部荣获“民进全省组织建设示范支部”称号，会员李芳获“民进全省组织建设突出贡献”称号。

支部注重发展新会员，通过民进市委、县委统战部和支部的联合考察，新发展会员2人，新会员茹文超为县人大代表，陈舒来为县一中的骨干音乐教师。

【参政议政】 2019年，支部先后参加县政协“电子商务与特色产业融合发展”调研、民进市委《非国有博物馆发展情况》调研协商会；接待民进湖南省委社会和法制委员会“完善乡村规划，改善人居环境”课题组到县调研，马新国、李芳、彭红光陪同调研并实地走访易俗河镇、花石镇；组织开展“社会治理体系和治理能力建设”专题调研，会员李芳、马新国执笔撰写《加强社区治理 共建美好家园》的调研报告，李芳代表支部在县政协九届四次全会上作参政议政发言。

【社会服务】 2019年，支部会员响应县委统战部的号召，自愿捐款5000元，派出6人赶赴白石镇抗洪救灾现场，送去食品、矿泉水和防暑物资。积极参与脱贫攻坚工作，走访慰问排头乡团结村贫困学生邓良，并送上慰问金2000元。9月，马新国、李芳、彭红光参加民进市委在花石镇4个村开展的脱贫攻坚民主监督调研活动，并慰问走访8户贫困户，送去大米和食用油。会员们每人联系2户贫困户，按时走访慰问贫困户，累计筹资达15万余元。年内，还积极支持杨嘉桥同福村“同心美丽乡村”建设工作，并从支部经费中拿出1万元支持该村建设。

（李 芳）

中国农工民主党
湘潭市易俗河支部委员会

【概况】 2019年，农工党易俗河支部有会员24人，其中市政协委员2人、县政协委员7人（副主席1人、常委1人）。

加强学习，提高素质。支部制订学习计划和学习制度，坚持每季度集中学习1次。年内，共组织学习4次，通过各类学习，提高了全体党员政治思想素质，增强他们的责任感和使命感。

开展民主监督，助推脱贫攻坚。9月26日、11月14日支部先后组织党员到湘潭县石鼓镇铜梁村、安乐村、将军村开展脱贫攻坚专项民主监督，通过走访贫困户、查阅相关资料、检查驻村帮扶人员工作台账、开展问卷调查等方式，深入了解当地脱贫攻坚工作开展情况，并为6户贫困户送去3000元慰问金。

积极参与社会服务。7月12日，支部党员到易俗河京竹堤，慰问值守在防汛抗洪一线的干部群众，送去矿泉水、方便面、八宝粥、西瓜、驱蚊水等防暑防疫药品，共计7200元。11月14日，组织专家到石鼓镇安乐村村部开展义诊活动，为当地村民们提供问诊、诊疗、健康宣教等服务，发放宣传资料300多份。11月30日至12月5日，组织支部党员赴云南开展“不忘合作初心、继续携手前进”主题教育活动。

积极参政议政。支部党员积极围绕县委、县政府中心工作，深入调研，反映社情民意，提出切合实际的调研报告和提案，全年撰写政协提案4件，开展调研活动6次。

立足岗位，发挥模范作用。党员邓述东被授予2019年度“全国十佳农技推广标兵”“湘潭市劳动模范”荣誉称号；党员陈娜获湘潭市统一战线“风雨同舟70年、改革开放再出发”演讲比赛三等奖、“湖南省院前急救先进个人”称号。

【换届选举】 2019年4月26日，支部举行换届大会，选举产生新一届支委班子，唐高明任支部主委、赵晓红、邓述东任支部副主委，陈娜任组织委员，王婷任宣传委员。

（唐高明）

中国致公党
湘潭市委易俗河支部委员会

【概况】 2019年，致公党易俗河支部有党员23人。其中，男性15人，女性8人；政府机关党员10人，学校教师1人，非公有制经济人士6人，其他6人；市政协委员1人，县人大代表1人，县政协委员5人。

理论学习。2019年，支部开展2次集中学习活动，学习习近平总书记的系列讲话，提升党员对新时代中国特色的社会主义的理论认知，筑牢“不忘合作初心，继续携手前行”的思想基础，党员爱岗敬业、报国信念得到升华。

【参政议政】 2019年，党员陈志伟2篇建议获致公中央和致公省委采用。市政协委员彭红专就城乡公共厕所建设、物业管理、男女教师性别失衡、保护本土文化等撰写提案；县政协委员肖华辉就民营经济发展、减税降费政策多次撰写提案；委员徐鑫成就民办教育发展撰写的提案获评县优秀提案。

【社会服务】 2019年，全体党员响应县委、县政府的精准扶贫号召，开展各类扶贫捐款4万余元，向致公市委缴纳致助金3600元。同时加强与“同心社区”砚井社区的联系，为砚井社区的各项工作提供好服务。

（肖华辉）

人民团体

总工会

【概况】 2019年，县总工会认真贯彻落实中共十九大精神、中国工会十七大精神和省总工会“五个年”建设要求，团结和动员全县广大职工群众深入贯彻落实习近平新时代中国特色社会主义思想，主动融入工作大局，在挺进“全国百强县”、创建“全国文明城市”建设中作出积极贡献。

组织建设工作。2019年，新组建工会220家，发展会员8228人，新增农民工会员3174人。其中，企业工会43家，村级工会7家，行业工会3家。完成工会组织和会员实名制登记291家32637人。举办“八大群体”暨农民工集中入会仪式。授予小龙王食品有限公司等17家单位湘潭县模范职工之家，指导敏锐科技有限公司等9家单位工会创建县级模范职工之家，湖南伍子醉食品有限公司喷码班被评为市芙蓉标兵岗。

产业工人队伍建设工作。以“拥抱新时代·建功新莲乡”为主题，联合县人社局、县农业农村局、县教育局、石鼓镇等单位开展手工制茶、采茶、油纸（布）伞绘画、槟榔加工与制作，来自全县的37家企事业单位的500余名选手参加，带动相关行业技术练兵3万余人次。王丹蕾等5位选手代表湘潭市参加湖南省第一届中小学青年教师教学竞赛决赛，夺得两个一等奖和两个二等奖。其中，王丹蕾摘得初中语文组冠军，并被省总工会授予“湖南省五一劳动奖章”，5位选手均被授予“湖南省教学能手称号”。开展“名师带高徒”活动，1000多名徒弟进步明显。广泛开展“安康杯”竞赛活动，参赛单位达到228家（其中，非公企业202家），参赛班组达997个，参赛职工达20075人。

宣传教育工作。连续14年开展“工人阶级宣传月”活动，在县内主流媒体开辟“工匠精神莲乡行”宣传专栏。开展“中国梦·劳动美——永远跟党走”、女职工素质教育讲堂、职工大讲堂、劳模工匠大讲堂、芙蓉公益讲堂等活动120多场次，推动中共十九大精神和习近平新时代中国特色社会主义思想进基层一线、进工会干部和广大职工群众头脑。举办中国工会十七大精神暨业务培训班，100名基层工会主席参加。组织开展“献礼新中国成立七十周年”职工工间操大赛暨“千名职工同唱《我和我的祖国》”歌咏活动并积极参与省市比赛、组织千名职工“唱国歌、升国旗”，组织近百名爱好艺术的职工参与市新中国成立七十周年书法、绘画、摄影比赛。加强县总工会微信公众平台管理，全年共计发布各类信息72次85条，向上级媒体投送并被采用信息68条，其中中工网、《湖南工人日报》采用19条。

【劳模管理】 2019年，做好2019年全国、省级“五一劳动奖章”、市级劳模推荐工作。唐伟、钟金盆荣获省五一劳动奖章，邓述东、符利辉、曹铁光获评市级劳模。全国劳模邓新辉、龚梅珍两人获中共中央、国务院、中央军委颁发的“庆祝中华人民共和国成立70周年”纪念章。召开庆“五一”劳模（工匠）座谈会，20位各级劳模（工匠）代表形成合理化建议9条。开展劳模助力乡村振兴行动，组建4支劳模志愿服务队，开展各类种养殖技术、农村环境等现场培训、实地指导500多场次，12000多人次受益。组织劳模定期体检和慰问困难劳模活动，共计发放市级及以上劳模“三金”30余万元，发放县级劳模慰问金5万余元，组织9位劳模进行疗休养。

【维权帮扶】 2019年，组织20563人参加第六期职工医疗互助，缴纳互助金143.94万元，为1852名患病职工申请补助106.8万元，其中女职工特殊疾病受益7人，共计补助7万元。开展“双联”慰问和“送温暖”活动，走访慰问各类人员6939人次，发放慰问资金及物资折合144.14万元。开展“春送岗位”活动，发布求职信息3000多份，提供就业岗位1800余个。夏送清凉活动筹集资金60余万元，购买防暑物资和药品，走访慰问坚守在高温一线的环卫工人、交警、建筑工人等2万余人次。筹集“金秋助学”资金52.25万元，帮助370名困难职工、农民工家庭子女顺利上学。组织开展“百名工会干部进企入户”“精准识别回头看”“双联项目化”帮扶等活动，为76名困难职工解困脱困。“迎老乡、回故乡、建家乡”志愿服务活动，为3000多名返乡农民工提供暖心服务。社会化购买“职工心理健康讲座”35场次，组织职工心理关爱志愿者服务活动500余人次，有针对性地进行心理干预服务40余人次。加大“职工关爱室”建设试点投入，在伍子醉、小龙王、胖哥3家企业试点收效良好。积极建设母婴关爱室，县运输分公司湘潭县汽车站母婴关爱室被命名为省标准化母婴关爱室。积极倡导并与银监部门共商共建，建成第一批户外劳动者服务站点5个，为环卫工人、快递小哥、交警等特殊群体提供爱心服务。建立健全县乡村三级帮扶网络，共有中心（站、点）71家。规模以上企业工会全部建立劳动争议调解室，参与劳动争议调解112起，依法维权为职工追讨工资135.95万元。工会法律援助制度进一步完善，建立律师坐班制度，接待法律咨询230人次，参与办理法律援助3起。深入推进工资集体协商要约行动，共签订工资集体协议331份，覆盖企业386家，覆盖职工21949人，分别占规模企业和职工总数的95%。2019年，市电机车厂等3家企业被评为全市工资集体协商示范单位。珠江啤酒有限公司等4家单位被评为全市厂务公开示范单位。举办育婴师、皮鞋制作、茶叶加工、油纸伞制作、槟榔加工与制作等专业8期“一户一产业工人”培养工程培训班，共培训学员600余名。创设产业工人、手工艺人培训基地12个。（胡　伟）

共青团

【概况】 2019年，共青团湘潭县委组织乡镇团员青年开展“新青年、新农村、新家园”“青年带头树新风，绿色文明忆祖先”等各类主题专项整治活动10场；开展“青春志愿行 奉献新时代”“青春共创文明城”等各类青年志愿服务活动30余场次。创文创卫迎检期间，组织青年志愿者到各迎检点开展志愿服务工作。继续开展“共青团路”“红领巾街”创建活动，在少年儿童中开展“小小志愿者”活动，大力弘扬文明新风。

扶贫帮困。全力参与全县脱贫攻坚工作大局，在花石镇琵琶村对6户贫困户开展结对帮扶工作，提供助学资金、生活援助等有效的帮扶；开展“子敬阳光助学”“华融湘江助学”等希望工程助学活动，累计帮扶贫困学生700余人，发放助学金200余万元，加大与东莞市“千分一”助学团队合作力度，累计帮助近80余名学生达成长期助学结对，全年新增24人；募集希望工程一元捐资金13万余元用于希望工程助学。

学少工作。少队工作不断夯实，承办“红领巾心向党 争做新时代好队员”湖南省纪念中国少年先锋队建队70周年主题队日活动，团省委书记出席活动并讲话。选派一批优秀少先队辅导员参加省、市少先队辅导员技能比赛和培训。在青山桥镇开展“弘扬国学经典 情暖留守儿童”主题活动，带领全校学生诵读国学经典。在中路铺镇开展“七彩童年 绘出未来”99公益日活动。

青少年维权。积极开展青少年禁毒防艾、假期自护、普法宣传教育，努力提高青少年法律意识。切实发挥县未成年人保护委员会办公室工作职责，做好平安建设工作。联合县心理咨询师协会，开展困境青少年心理疏导等帮教活动。争取团省委支持，在全县4所中学开展“12355”高考减压公益讲座，覆盖500余名高考学生。配合县检察院、县公安局做好未成年人犯罪权益保护工作。

创新创业。围绕挺进“全国百强县”目标，积极引领团员青年参与乡村振兴行动。承办“志愿服务下乡、助力乡村振兴”湘潭市开展学雷锋集中服务活动，“助力乡风文明”“助力扶贫济困”“助力生态环境”。配合湘潭市组织开展“设计下乡”志愿服务活动，组织湖南科技大学学生志愿者到易俗河镇、花石镇、锦石乡三个乡镇和三个示范园区开展乡村设计；开展“凝聚莲乡青商 助力全国百强”创业沙龙活动，全面提升青年企业家经营管理者的综合素质。启动湘潭县青年创业协会和农村青年致富带头人协会的换届工作；开展以“青年人才助力乡村振兴战略”为主题的“共青团与人大代表、政协委员面对面”交流座谈会，广泛搜集意见建议为县两会建言献策。着力解决创业青年融资难问题，与天易农商行联系，帮助7个创业青年融资120余万元。

思想宣传。深入开展习近平新时代中国特色社会主义思想学习宣传教育，组织中共十九大精神和团的十八大精神等专题学习，做好“青年大学习”网上主题团课学习工作。“五四”期间，组织开展“青春心向党 建功新时代”湘潭县纪念五四运动100周年特别主题团日活动，县委书记参加并寄语全县广大青年，教育引导团员青年听党话、跟党走。

基层团建。通过发函督促、实地走访调研等方式强化工作，全县乡镇、县属中学中职团组织覆盖率达100%、村（社区）团支部覆盖率达95%、非公企业团支部覆盖率达60%。积极完善“智慧团建”系统，全县“学社衔接”率97.6%、“升学衔接”率99.2%，位居全市前列。积极推进团支部规范化建设，参照湘潭县党支部规范化建设手册，编印湘潭县团支部规范化建设手册1.5万本，做到全县所有团支部全覆盖。团支部班子建设完备、组织管理有序、组织运行正常、作用发挥明显，有力推进团组织规范化建设。严格控制团员发展数量，加强团员先进性建设，全年发展团员2500名。全面清理2017年以来团员发展摸底调查，重点掌握未满14岁团员发展情况，确保从源头控制团员数量。严格落实“三会两制一课”制度确保团员组织生活常态化，加强和改进团员关系接转等基础团务。推选江声中学团委获“湖南省五四红旗团委”。

【“青春心向党·建功新时代”湘潭县纪念五四运动100周年暨“文明创建青春助力”主题团日活动】 4月29日上午，在湘潭县一中艺体馆举行“青春心向党·建功新时代”湘潭县纪念五四运动100周年暨“文明创建 青春助力”主题团日活动。各乡镇团委专职副书记17人，县属中学中职团委书记14人，县属中学中职即将或刚刚年满18周岁的适龄学生代表2000人，幼师代表20人，消防官兵代表6人，大学生代表2人，家长代表5人。30日，在彭德怀纪念馆铜像广场，举行“青春心向党·建功新时代”湘潭县纪念五四运动100周年集中入团仪式。各级机构团组织负责人，2019年新入团的团员代表等200余人。举行新团员集中入团仪式，新入团团员代表向彭德怀铜像敬献花篮，集体参观彭德怀纪念馆。

【“红领巾心向党，争做新时代好队员”湖南省纪念中国少年先锋队建队70周年主题队日活动】 2019年10月12日上午，在湘潭子敬学校，举行“红领巾心向党，争做新时代好队员”湖南省纪念中国少年先锋队建队70周年主题队日活动。团省委书记汤立斌、省教育厅、省文明办、省关工委有关负责人，湘潭市政府、市教育局、市文明办、团市委、市关工委有关负责人参加。 （李思特）

妇女联合会

【概况】 2019年末，湘潭县有乡镇妇联17个，乡镇妇联主席17名，副主席68名，执委446名,其中14个乡镇妇联主席由班子成员兼任，村（社区、居委会）妇联主席355名，副主席756名，执委5790名，非公企业妇联组织5个。

深入推动党建带妇建。党建带妇建工作纳入绩效考核，发动执委参与基层妇联工作，谭家山镇紫竹村妇联、杨嘉桥镇金福村妇联先进经验在全市推介。做好党员结对帮扶，单位结对帮扶排头乡双联村8户贫困对象，年内开展走访12次。开展党员进社区活动，全体党员均到富豪阁社区进行报到，按照社区的统一安排开展相关工作。召开“新时代、建新功，改革路上当先锋”妇联改革座谈会，选送60人次妇联干部参加省、市妇联主席培训班，提高基层妇联干部的履职能力。

传递向上向善巾帼正能量。实施“美家美妇”行动，在县电视台、湘潭县妇联微信公众号开办专栏，讲述孝老爱亲群体、巾帼创业代表、中国妇女十二大代表等5个家庭和个人的感人事迹，号召广大妇女奋发向上、顽强拼搏，谱写新时代巾帼赞歌。年内，湘潭县有1人被评为省级三八红旗手、有3人被评为市级三八红旗手、有2个单位被评为市级三八红旗集体。

深化家庭文明建设。实施“家家幸福安康工程 父母成长计划”，开展家庭教育精品课程公益巡讲活动14场。年内，县内有1户被评为省级最美家庭、有7户被评为市级文明家庭、有4人被评为市级优秀家庭成员。表彰县级文明家庭24户、星级文明户6户、“书香家庭”30户。开展“我和我的祖国”亲子快闪和“向着希望奔跑”亲子锻炼计划，3000多个家庭参与。

深化“巾帼双创行动”。对接人社部门，争取小额贷款150万元；帮助县女性创业者协会申办食品生产许可证，对接电商平台，拓展销售渠道，年销售额逾百万元，协助会员申请农业信用担保4000余万元。联合北京农家女学校举办SYB创业培训，送训40人。11月，接待巴拿马国会第一副主席苏莱一行到县考察农村女性创业情况，获考察组好评。

深化“巾帼脱贫行动”。开展“户帮户 亲帮亲 互助脱贫奔小康”活动，每3名执委结对帮扶一户贫困户，共帮扶1604户贫困户，开展环境清扫、心理疏导、义务照料等帮扶行动3000余次。助力产业扶贫和消费扶贫，号召县女创协会员积极参与结对帮扶，送鸡苗、鸡饲料及养鸡技术上门，回购贫困户家的优质土特产，吸纳贫困户就近就业，鼓励贫困户勤劳致富。争取爱心企业捐赠有机复合肥128吨捐赠给建档立卡贫困户。助力健康扶贫，救助贫困“两癌”妇女148人，发放救助金53.3万元，为599名贫困妇女送去湘女关爱保。

深化“乡村振兴巾帼行动”。动员广大农村妇女充当环境整治的主力军，招募巾帼志愿者500名，开展清洁行动800多次。创建市级“美丽庭院”40户，县级“美丽庭院”400户。举办“湘潭县妇联农村人居环境整治村庄清洁巾帼行动”集中宣讲活动4场，发放《倡议书》1万份，赠送油茶树苗1600株。

做优维权服务。通过政府购买服务模式与湖南心语林咨询服务有限公司签订协议，购买心理、法律咨询及调解服务，招募法律工作者、心理咨询师、社会工作师12名作为义务调解员，为267个家庭提供调解服务，其中调和139例，调和率52%。县妇联接待并处理妇女群众上访57起。开展“三八”维权宣传月活动，举办“家庭律师基层行”主题宣传活动4场，线上线下多种方式开展反家暴法、婚姻法等妇女维权相关政策和知识宣传。

做实民生实事。协调县妇儿工委成员单位落实妇女儿童发展“两个规划”目标任务，完成规划中期监测评估。关爱农村留守儿童心理健康“知心屋”项目扎实推进，云龙实验中学获评省“知心屋”工作先进学校，适龄妇女“两癌”免费检查实事项目完成13436人，完成率112%。对全县留守儿童、困境女童进行摸底造册，实行动态管理。

做好扶贫帮困。继续联合迅达集团宝莲慈善基金会，在湘潭县开展一系列扶贫帮困活动。慰问贫困户246户家庭，慰问品和慰问金总价值达26万元；为36名孤儿送去助学金6.95万元；为330名贫困单亲家庭学子送去助学金51.09万元；为255名失依家庭学子送去助学金33.35万元。走访慰问40名贫困离任村妇代会主任，送去慰问金2万元。实施春蕾女童及困境儿童助学帮扶，慰问48人，发放助学金30400元。争取市妇联慰问金1.25万元慰问25个困难家庭，争取春蕾助学金1.64万元资助25名贫困学子。

【开展庆“三八”系列活动】 2019年3月7日，开展“巾帼心向党 建功新时代”纪念“三八”国际妇女节109周年活动，表彰文明家庭，慰问优秀女性和集体，开展“共建美丽家园 巾帼在行动”有奖答题活动，“线上+线下”举办答题抽奖活动4场。

【举办庆“六一”活动】 2019年5月

28日，召开湘潭县庆“六一”表彰大会暨“书香飘万家”亲子阅读分享会，30个“书香家庭”受到表彰，5个家庭进行亲子阅读现场分享。举办“户帮户亲帮亲 互助脱贫奔小康——春蕾助学”活动，慰问来自全县各乡镇的38名小学、初中春蕾女童，发放慰问金2万余元。这38名春蕾女童都来自湘潭县建档立卡贫困家庭。

【举办“我和我的祖国”亲子快闪】2019年4月21日，在江声实验学校青年广场举办“我和我的祖国”亲子快闪暨“向着希望奔跑”亲子锻炼计划，3000多个家庭参与，现场齐唱《我和我的祖国》。

【巴拿马国会一行到县访问】 2019年11月22日，巴拿马国会第一副主席苏莱一行到湘潭县考察农村妇女创业就业工作，在县女创协举办座谈会。 （陈思瑶）

科学技术协会

【概况】 2019年，县科协紧紧围绕科协系统“四服务一加强”职能定位，创新科普载体，深化科协系统改革工作，助力乡村振兴，全力提升全民科学素质，在全市五个县（市、区）中综合考核排名第一。

是年，根据《湘潭县科协系统深化改革实施方案》，进一步推动基层科协组织建设。成立天易经开区科协，将40多家规模高新技术企业纳入科协组织；17个乡镇科协组织相继成立，深入推进“三长制”改革工作；在全县355个村（社区）建立科普工作委员会，实现村（社区）科协组织全覆盖。组建一支县科技科普志愿者大队并在全县各乡镇、学会中成立29个中队，科普中国注册1820人，传播科普文章7649篇，组织“五类人群”73500多人参加全省第三届科素知识网络竞赛，为提高全民科学素质发挥积极作用。

与县教育局（县青少年科技教育协会）组织全县第39届青少年科技创新大赛，评选出“优秀科技创新成果”“优秀科技实践活动”“优秀科幻绘画”“优秀科技创意”“优秀科学DV”等作品一、二、三等奖420件。

科普讲座进社区活动中，邀请市科协专家人才库专家贾建安医师在吴家巷社区讲述心脑血管疾病预防及保健知识；县联通公司负责人为花果山社区群众开展“移动互联网上的衣食住行和如何防范电信诈骗”知识讲座；周璨晖医师在云龙社区主讲胸痛健康知识；彭海峰医师在百花社区主讲脑卒中可防可治。

科普讲座进校园活动中，邀请文斌医师在云龙实验小学进行日常疾病预防教育；邀请中国科学院力学研究所肖攀博士到县十中进行励志教育；科普大篷车在分水乡较场小学等五所学校展出“双曲狭缝”“异形齿轮”“椎体上滚”等24件科普展品、12块科普展板和400余册科普图书，为偏远乡村的师生们提供走近科学、学习科学的良好机会，并亲身体验科技的魅力与科学的神秘；

在科普讲座进乡村中，邀请冯德文兽医师在青山桥镇政府讲授“非洲猪瘟防控”的相关知识；高级农技师陈鹤松等科技人员到四境村向种植村民传授“水稻病虫害绿色防控和再生稻高产栽培”技术，并深入田间地头现场查看指导。

大力实施基层科普行动计划，助力乡村振兴战略。全年有11个项目单位被市科协、市财政局评为市基层科普行动计划奖补单位和个人，共计奖补金额57万元。有20个项目单位被县科协、县财政局评为县基层科普行动计划奖补单位和个人，共计奖补金额52万元。开展农民实用技术培训，助力产业发展。与县总工会在中路铺镇龙凤山庄开展炒茶竞赛活动；与乌石镇党委、政府在羊鹿茶基地开展乡村旅游节活动，与云湖桥镇党委、政府在行寅贤公司开展脐橙文化节；与县工商联举办2019年全县现代农业技术创新培训，中农博后农业科学研究院博士李洁讲授“高产高效农业的绿色发展，同时实现粮食安全与环境保护”课题。射埠镇科协创建校农合作教学和“一亩田脱贫”模式。该模式在湘潭县、湘乡市的20个村推广实施。另在永州、常德、益阳等5个地州市建立模式推广示范点，获得湖南省公益创投大赛金奖和中国科技创新成果奖。

学会搭建平台创新发展，科技人才亮点突出。成功对接国家级、省级学会在湘潭县建站工作。2019年，湘潭县龙飞藏香猪养殖协会、湘潭县养牛协会聘请省畜牧学会建立省级学会服务站2家、湘潭海泡石公司引入中国复合材料学会到该县建立国家级学会服务站。年初聘请吴常信院士，建立院士工作站1家。科技工作者日组织科技工作者座谈会，弘扬良好道德学风。

【2019年度“礼赞共和国，智慧新生活”科普日系列主题科普宣传活动】2019年，县科协组织开展科普日系列主题科普宣传活动，全市全国科普日主场活动启动仪式在江声实验学校举行，市委副书记何俊峰出席仪式。3D打印秀，机器人挑战赛，FLL、VEX机器人工程挑战赛，航模表演等科技项目一一亮相，精彩纷呈，尽展科技无限魅力。 （杨跃军）

归国华侨联合会

【概况】 2019年，湘潭县归国华侨联合会对照自身职能职责，认真落实县委各项中心工作任务安排，积极服务全县经济社会发展。

积极参加省、市活动，提升服务能力。参加市侨联八届二次全委会；4月10日至12日参加省侨联系统宣传信息公文写作综合培训班；组织侨界政协委员参加市侨联参政议政工作培训会；组织归侨侨眷代表参加湘潭市2019年“爱心湘潭·春满莲城·情暖侨心”新春联谊会；组织相关人员参加市老侨联谊会、市侨心合唱团成立大会暨端午节慰问活动；承办“湖南省华裔青少年夏令营湘潭县区域”活动；参加市侨联“侨这70年·心中有话对祖国说”诵读比赛，荣获二等奖；推荐优秀侨眷参加省侨联第八次归侨侨眷代表大会。

加强侨联自身建设，夯实工作基础。按照党中央对群团组织改革“强三性”“去四化”和县委对侨联改革的要求，牢牢把握改革正确方向。坚持党对工作的领导，不断增强“四个意识”，增强“政治性、先进性、群众性”，积极拓展服务职能，转变工作作风，着力解决自身“机关化、行政化、贵族化、娱乐化”等问题。积极与市侨联对接联系，按照时间节点重新制订“三定”方案（草案），召开党组扩大会议，形成改革方案的基本框架。多次向县委分管领导、湘潭市侨联汇报，多方征求意见，按要求报县委常委会审议。12月16日，由县委办印发《湘潭县侨联改革方案》。空缺的班子成员到位后，按照相关要求进行职责分工调整，单位工作效率进一步提升。

抓实侨联业务工作，强化责任担当。春节前后，对全县32户重点、困难归侨侨眷开展走访、慰问活动，发放慰问金2.3万余元。录制在海外的华人华侨向全县人民拜年的视频，收到良好的反响。为落实“莲城人才行动计划”，推动全县人才高地建设，聚集各类海内外高层次人才来县创新创业，主动对接天易经开区创新创业服务中心，了解园区企业情况，走访并动员相关企业人员参加湘潭市“汇智四海·创新湘潭”2019年湘潭市留学归国人员创新创业大赛。推荐的湖南苏普瑞环保科技有限公司的“大功率柴油发动机LNG–柴油双燃料系统”获大赛二等奖。深入企业走访调研，了解企业发展状况和需求，为企业排忧解难。陪同县委统战部部长和进出口贸易公司负责人到青山桥调研皮鞋产业，为湘潭县皮鞋产业对接国外市场搭建平台。陪同侨商企业——湘潭郭立明进出口贸易公司法人赴深圳参加粤港澳大湾区湘潭县招商恳谈会并赴长沙红星冷链集团洽谈业务，促成澳洲冷链食品公司与郭立明进出口贸易公司签约，合同年进出口贸易金额达3000万美元。接待联合国一级秘书（退休）彭啟洪一行，接待湘潭市海高会名誉会长陈仙辉院士并看望其母亲，引荐留美博士陈韶海到县洽谈OLED有机发光材料项目。在射埠镇、石潭镇、云湖桥镇制作大型侨法宣传栏，“国家宪法日”当天，在步步高广场开展侨法志愿宣传活动，积极营造全社会知侨法、懂侨法的良好氛围，也让归侨侨眷感受到自身的权益有法律的保障。开展侨情大调查，新增侨属侨眷、留学生、留学归国人员眷属43户，94人，进一步完善湘潭县侨情数据库，夯实工作基础。

【调研基层侨联组织建设情况】 2019年2月21日，市委常委、统战部长杨真平到湘潭县调研基层侨联组织建设情况，一行参观白石镇深溪村侨联小组活动场所，详细了解该侨联小组人数规模、成员身份、活动开展及群众反响情况并组织召开座谈会。杨真平对湘潭县侨联工作表示高度肯定，明确各级党委、政府要高度重视侨务资源的独特优势，加强与侨界人士的沟通、交流，增进了解和信任，让广大归侨、侨眷和海外侨胞深刻感受到家乡发展所带来的巨大变化，进一步增强民族自豪感。侨联组织要对照机构改革要求，加强自身建设，提升为侨服务水平，为经济发展和社会稳定作出积极贡献。

【新增一家基层侨联小组】 2019年12月13日，湘潭县易俗河镇小雨点侨联小组在晓木塘社区成立，这是湘潭县继白石示范片侨联小组之后成立的第二家侨联小组。湘潭县侨联、易俗河镇相关负责人、晓木塘社区“两委班子”成员及易俗河镇部分侨眷侨属、留学生眷属参加。

新当选的侨联组长吴湘宇在会上作表态发言，县侨联、易俗河镇希望侨联小组能够充分履行职能，加强对侨界群众思想政治引领，广泛开展活动，把侨联工作做出特色，为县域改革发展牵线搭桥，把侨联小组打造成温馨之家，团结之家，合作之家。

【县侨联组织侨企负责人参加粤港澳大湾区招商会】 2019年4月12日至19日，湘潭县郭立明进出口贸易有限公司法人、侨商郭立明在县侨联主席陪同下参加2019年粤港澳大湾区投资贸易洽谈周，并于4月16日与澳洲BRAU公司成功签约3000万美元进出口贸易。该公司经营范围涵盖酒类、日用品、机械设备、家用电器、海鲜水产、肉制品冷冻冷藏等进出口服务。经县侨联积极对接，4月17日，郭立明进出口贸易有限公司法人郭立明、澳洲BRAU公司一行与长沙红星冷链集团、长沙海关负责人在湘潭县鑫田大酒店洽谈进出口业务。

【“中国寻根之旅”夏令营走进湘潭县】 7月26日，2019年“中国寻根之旅”夏令营——湖南湘潭营走进湘潭县，80名来自西班牙、缅甸的海外华裔青少年在莲乡这片红色的土地上参观游览、学习体验，感受璀璨的中华文明和“敢为天下先”的湖湘精神。 （胡 彪）

工商业联合会

【概况】 2019年，湘潭县工商联有机关党支部党员16名，有会员1245个，比2018年底（988个）增加257个，增幅为26%。其中，企业会员873个，团体会员20个，个人会员352个，县工商联直属会员27个，商会组织会员20个。有执委197名，其中，常委50名，兼职副主席16名，兼职副会长12名。

2019年，被省工商联、全国工商联确认为2018—2019年度“五好”县级工商联。《打造三大品牌工程，助推县域经济发展》荣获2019年度创新中国工商联（商会）工作优秀案例。《湘潭县打造“三大品牌”助推民营经济高质量发展》被市委要情汇报采用、被《湘潭日报》报道。

【参政议政】 组织部分会员企业参加2019年各界人士迎春座谈会，并就非公经济的发展提出的建议和意见。召开专题调研会，听取非公经济人士的建议和意见。3月27日召开主席、会长会议，共同商讨2019年工作，与会副主席、副会长充分肯定工商联2018年工作，并就2019年的工作提出意见；同时，围绕县域经济发展提出建议。10月22日，召开县工商联农业行业发展情况调研座谈会，掌握了解企业发展状况、存在的困难和问题以及对县委、县政府及职能部门的意见建议。召开好执委会。7月3日，召开湘潭县工商联（总商会）第十二届执委四次会议，会上增补14名执委，达到197名。同时，围绕县域经济发展提出建议。引导非公有制经济人士中的人大代表、政协委员紧紧围绕全县中心工作、发展大局及人民群众普遍关心的问题，认真选题，深入调研，提交建议25件、提案17件。

【维权培训】 2019年，加强企业家队伍建设，实施素质提升工程。开设“民营企业家大讲堂”，组织开展《阳光心态》《创新创业需要几把刷子》《劳动用工管理》《“一带一路”讲座》《宪法对非公经济的保障和规范》等专题培训，参训达600人次。组织企业参加省市各类培训班6期，达到65人次。大力培育优秀民营企业家，有30名民营企业家被县委、县政府表彰，有2名民营企业家被市委、市政府表彰。依法维护会员企业合法权益。聚焦习近平总书记在民营企业座谈会上重要讲话中提出的六大举措落实情况,推动省、市《关于促进民营经济高质量发展的意见》《优化营商环境》等各项政策措施落地见效。加强联系和沟通，与县人民法院建立联席会议制度，为民营企业发展提供司法保障和服务；与县人民检察院开展以“检察护航民企”为主题的检察开放日活动。深入走访会员企业，了解企业的所思所盼所求，积极牵线搭桥，为会员企业提供融资、信息服务，力促合作共赢，解决困难问题25个。实施服务企业“三年行动计划”，扎实抓好帮扶企业工作，182名县级领导、县直机关和乡镇主要领导干部联系帮扶企业232家，及时解决制约企业发展的困难问题。切实缓解融资难融资贵问题，搭建银企合作平台，认真抓好《关于鼓励民营企业建立现代企业制度的意见》的贯彻落实，引导16家民营企业完成股改挂牌。密切与会员企业的联系，当好非公经济人士的娘家。建立机关干部联系非公经济人士制度，加强与非公经济人士沟通联系，践行亲清新型政商关系。关心企业家身心健康，组织全体执委进行身体健康检查。为兼职副主席、副会长赠阅《中华工商时报》29份。

【宣传教育】 2019年，坚持办好每月一期的会刊《商会动态》。在办刊质量上下功夫，每篇报导强调可读性、时效性，注重语言文字的精辟和简练，图文并茂，深受会员欢迎；通过微信群发送《商会动态》电子版，进一步扩大覆盖面。积极发挥《湘潭县总商会网》的作用。宣传党对非公经济方面的有关方针政策，积极推介优秀企业和非公经济人士，宣传湘潭县招商引资的优惠政策，取得良好效果。加强宣传推介，在媒体刊发各类稿件40篇。引导民营企业履行社会责任。深入开展“党建领航，非公企业助力，共筑脱贫致富梦”“千企联万户”“户帮户亲帮亲互助脱贫奔小康”等活动，有131家商协会、会员企业积极参与产业扶贫、就业扶贫、消费扶贫，惠及贫困人口6474人，开展公益捐献、扶贫助学活动，捐款捐物330.63万元，惠及贫困户1974户，涌现北马峰生态农业科技发展有限公司、湘之坊生态农业有限公司等一批典型。12月4日，《中华工商时报》以《湖南湘潭“四个帮扶”推进精准扶贫》为题对湘潭县民营企业参与脱贫攻坚的先进事迹进行报道。

【组织建设】 组织基础逐步夯实。开展“四好”商会创建活动，完善《湘潭县基层商会2019年考核实施细则》，领导班子成员按区域和行业分别下到基层指导工作。组织基层商会会长、秘书长参加年度工作总结会，通过培训、交流提升基层商会的业务水平，基层商会形成你追我赶的良好态势。会员队伍不断壮大。做好经常性会员发展工作，会员达到1245名，队伍结构进一步优化。基层商会活力凸显。指导商会开展建立友好商会、考察交流、维权服务、培训教育等活动，凝聚力影响力不断提升。杨嘉桥镇商会赴柬埔寨考察学习，石潭镇商会赴龙口市工商联考察学习，天易经开区商会组织赴井冈山、贵州等地进行传统革命教育，乌石镇商会组织非公经济人士赴岳阳平江考察学习，开拓非公经济人士的视野。

【交流合作】 2019年，广泛交流合作提升形象。坚持“走出去”与“请进来”相结合，拜访江西永修县工商联、郴州市北湖区工商联、贵州省湖南商会、深圳市湘潭商会、东莞市湘潭商会、安化县黑茶商会等10余家工商联、商会。4月，全国工商联到湘潭县调研工作。10月，西藏自治区工商联到湘潭县开展“五好”县级工商联互学互促活动。同时，湖南非公企业投资商会、湖南异地商会联合会、深圳市湘潭商会、北京湘潭商会等15批次客人到县考察交流；与郴州市北湖区、湖北省赤壁市、山东省龙口市等商会缔结为友好商会，友好商会达到40个。服务招商引资彰显作为。主动联系、服务在外的湘潭商会、经济界人士，发挥异地商会的资源优势服务县域经济发展，召开“迎老乡、回故乡、建家乡”座谈会2次，做好粤港澳大湾区湘潭县招商恳谈会、湘潭县生物医药产业招商恳谈会的客商邀请和联络服务工作；促成湖南众鑫轨道交通装备有限公司年产16000套轨道交通零部件及成套设备项目落户湘潭柏屹自主创新园，为县域经济发展作出积极贡献。

（谭　浪）

湘潭县工商业联合会（总商会）

主席、会长：刘绵晖

党组书记、副会长：谷述良

党组成员、副主席：徐　琳

党组成员、副主席、秘书长：曹　颖

兼职党组成员：刘　广

兼职副主席、副会长：尹立仁　刘仁波　张祖洪　周　建　周卫东　周国强　赵　胜　赵延安　胡红辉　胡海强　侯建荣　俞晓阳　袁扩军　宾海龙　彭　瑛　谢荣光

兼职副会长：马正湘　马　嫩　王　勇　方金泉　刘孟龙　杨良南　赵康宇　段　晖　郭铁球　黄力攻　章成文　赵声安

法 治

政法委与综治

【概况】 2019年，全县政法机关大胆创新、主动担当、积极作为，各项工作取得新的成绩，湘潭县公众安全感测评进入全省先进行列，荣获“全国七五普法中期先进县市区”荣誉称号，智慧社矫工作经验在全省推广。

维护社会稳定，确保社会大局的安定有序。紧紧围绕新中国成立70周年大庆安保维稳这一主线，统筹抓实意识形态、国家安全、公共安全等工作。深刻汲取花石“9·22”事件教训，集中整治人员密集场所，强化巡逻值勤、联防联控，提高见警率和管事率，稳妥处置因交通事故、医患纠纷、意外死亡引发的突发事件56起，全县公共秩序良好。做好省、市、县“两会”、新中国成立70周年等重大节点的安保工作；加强重点人员、重点群体、重点地段、重点时段稳控，有效稳控200余名重点人员，重点人员信访率下降40%。加大侦破打击力度，全年破刑事案件592起，办理治安案件3789起，刑事发案同比下降2%，全县八类案件、盗窃、两抢案件同比分别下降11.8%、4.5%、11%，“黄赌毒”警情同比下降13.3%，道路交通事故同比下降27.5%，全县社会面平稳在控。

服务“两大目标”，营造宜商宜业的发展环境。紧紧围绕县委“挺进全国百强县、创建全国文明城市”两大奋斗目标履职尽责，为县域经济发展和文明创建营造和谐环境。致力于为重大项目保驾护航，政法队伍发挥昂扬斗志，克服重重困难，立足岗位做贡献，坚守在湘潭生活垃圾焚烧发电项目现场，全面确保项目建设的顺利推进，获得省、市充分肯定；积极开展“百日护建”行动，为胖哥槟榔厂、二污水厂等重点项目实施保护性施工，项目建设环境不断优化。大力发挥司法办案职能促进经济发展，全年审结民商事案3863件，执结执行案2335件，执结标的5.18亿元，1157名“老赖”被纳入失信被执行人名单。依法审理刘某超等涉嫌组织领导传销活动罪、隐匿会计凭证罪重大疑难案件。批准逮捕生产、销售有毒、有害食品等破坏社会主义市场经济秩序犯罪案件，对涉案金额多达60多亿元的“伊思多尔”重大传销案、病死猪肉制作腊肉流向市场案、生产销售假飞天茅台、五粮液假名酒案提起公诉。研究制订《关于企业周边治安环境专项整治的实施方案》，推行“涉企案件经济影响评估制度”，开展“优化营商环境三年行动”，法治营商环境不断优化。

打击黑恶犯罪取得新战果，全县打掉涉恶团伙5个，破获涉恶刑事案件75起，查封、扣押、冻结涉案资产600余万元。线索核查达到新高度，以问题线索清零为目标，建立问题线索双向移交反馈“绿色通道”，收到举报线索349条，交办线索127条，移送纪委线索57件,办结中央督导线索53条。“打伞破网”获得新突破，对黑恶势力成长轨迹及其“关系网”“保护伞”一查到底，立案审查涉黑涉恶或保护伞问题17人，组织处理15人，向有关党委提出纪律检查建议2次。专项治理展现新成效，全面开展全县娱乐服务场所毒黄赌问题、全县整治充当黄赌毒和黑恶势力“保护伞”方面突出问题、经营性麻将馆专项整治、禁毒攻坚行动等专项整治工作，全力打好攻克黑恶势力、源头治理、打伞毁壤、专项整治的组合拳。制度建设迈上新台阶，涉黑涉恶重大案件法院、检察院提前介入、联合会商等制度不断完善，实现涉黑涉恶类案件快侦快捕快诉快判，行业主管部门严格落实监管责任，与纪监部门实现线索互通同步开展侦查、审讯，做到“打伞破网”同步推进，形成扫黑除恶工作新格局。

优化社会治理，夯实“三治”融合的工作基础。强化大抓基层、打牢基础，深入推进“三位一体”建设，自治法治德治不断深化、持续融合。综治中心实现互联互通、全面覆盖，县综治中心与市、县、乡、村（社区）四级联通，成功对重点工程建设、冰雪灾害、疫情防控、精准扶贫等工作进行动态监测、实时调度，乡镇综治中心规范化建设逐步推进，355个村（社区）级综治中心实现全覆盖。网格管理实现理念创新、机制提升，乌石镇强化党建的核心引领，推行“党建+社会治理‘百千万工程’”，让党员在社会管理上有所作为，提高基层社会治理精细化水平；进一步优化网格化服务管理，全年共录入人口信息99.4万人，录入率99.6%，办结网格员上报事件52726起，办结率99.3%；发动全县机关干部参与民情大走访共计2万余人次，走访群众56万多户（次），积极交办答复群众意见，解决一批群众反映强烈的问题，群众获得感不断增强。“雪亮工程”实现一体化运行、融合运用，在建成环县域边界和县城核心区两个视频防控圈的基础上，整合社会视频资源，发动群众自建，全年新增视频资源5169个。基层基础实现全面推进、不断夯实，积极推进派出所建设三年行动，全面完成驻村辅警建设，有序推进“城市快警”站建设，基层法庭、司法所建设不断加强。

推进依法治县，营造浓厚的法治氛围。充分发挥全面依法治县职能作用，加大统筹谋划力度，加强法治领域重大事项、重大问题的协调推进。严格执行“谁执法谁普法”责任制，开展“行政执法竞赛活动”，建立起“以案释法”的长效运行和推送机制。大力开展“七五”普法培训，国家工作人员学法考法参考率100%，合格率99.91%。推进乡村治理法治化，组织农村“法律明白人”学习，开展民主法治示范村（社区）建设，全面建立村级普法阵地。推进专业性、行业性调解委员会规范化建设，成功调解各类矛盾纠纷3267起，调解率98.5%。全面推行一村一法律顾问制度，全县355个村（社区）与16家律师事务所114名律师签订法律顾问合同，共办理法律援助案件435件。积极组织案件讲评、案件评查、涉黑涉恶案件庭审观摩等活动，扎实做好涉法涉诉信访工作，不断推进积案化解，提升执法质量。进一步丰富和创新法治宣传，以宪法宣传、农村法治宣传教育月、青少年法治宣传教育周等活动为载体，借助各类媒体平台，牵头组织县内各职能单位开展多形式、多层次的法治宣传教育活动，在全县营造浓厚的法治氛围。

开展主题教育，锻造忠诚为民的政法队伍。始终坚持党对政法队伍的绝对领导，统筹抓好“不忘初心、牢记使命”主题教育，切实加强政法系统的思想政治建设。以深入学习贯彻习近平新时代中国特色社会主义思想、中共十九大、十九届二中、三中、四中全会精神、《中国共产党政法工作条例》为抓手，以开展法治论坛为契机，以“学习强国”为平台，建立常态化学习机制，切实打牢政法队伍对党忠诚的思想基础。履行检查督促职责，严格按照《中国共产党政法工作条例》要求参加政法单位主题教育民主生活会。政法系统“一把手”带头下沉到乡镇、村（社区）、学校、企业开展法律政策志愿服务活动。将创先争优和主题教育紧密结合起来，大力推介政法系统先进典型，涌现出一批在政法战线上做出突出贡献的模范能手，县司法局杨铁强获全国模范司法所长、县法院崔赣入选全国法院十大亮点人物、杨嘉桥派出所刘保乐获全市“十佳政法干警”，还有11人获省级政法部门记功或表彰，21人获市政府、市级政法部门记功或表彰。

【民情大走访活动】 2019年，召开动员会议，组织全县干部职工全面深入开展民情大走访活动，不断完善“县级领导联社区、机关单位进网格、干部职工包楼栋”的走访工作机制和收集、整理、交办、督查、评价、考核、反馈的群众工作机制。全年参与走访的干部共2万人（次），走访群众56万户（次），群众满意度进一步提高。

【公众安全感测评】 2019年湘潭县在全省公众测评中，得分91.36分，高出省平均分0.49分，同比上升0.43分，排全市5个县市区中第3名。湘潭县石潭镇位列全市第一名，取得历史性突破。

【成立“湘潭县平安建设领导小组”】 2019年，经县委、县人民政府同意，成立湘潭县平安建设领导小组，由县委副书记任组长，县委政法委书记任常务副组长，县人大常委会副主任、县政协副主席、县公安局局长、县人民法院院长、县人民检察院检察长任副组长，成员单位分管负责人为成员。

【湘潭生活垃圾焚烧发电项目群众工作】 召开湘潭生活垃圾焚烧发电项目群众工作调度会议，调整群众工作人员部署，分类落实“三包一”等工作措施。围绕项目建设征拆工作，继续开展情报和现场稳控，坚持每日草莓园警力守点，主动维护现场交通秩序。2019年，湘潭生活垃圾焚烧发电项目进展顺利，核心区内所有房屋全部拆除，前期建设准备工作已基本完成，并进行项目招标开标。

【中华人民共和国成立70周年安保工作】 2019年9月，启动“战时”工作机制，制订专项方案，做好中华人民共和国70周年特护期间的安保工作，确保实现省市提出的工作目标。

【黄赌毒专项集中整治】 2019年，开展充当黄赌毒和黑恶势力“保护伞”方面突出问题专项整治，制订《全县娱乐服务场所毒黄赌问题专项整治行动实施方案》，对娱乐场所毒黄赌问题进行整治。捣毁10处赌博窝点；对辖区内的网吧、KTV、宾馆等进行全面摸底调查，查处一批黄赌、涉毒案件，侦破“6·21贩毒案”。

【“百日护建”行动】 2019年，牵头组建重点项目环境保障应急处突队，开展“百日护建”行动，统一安排调度相关责任部门积极履职。及时组织相关单位召开专题会议进行研究，对护建项目提前进行不稳定隐患摸排，制订详细工作方案和应急处置预案，严防发生群体性事件和个人极端行为。切实做好湘潭生活垃圾焚烧发电项目、胖哥槟榔厂新址动工、二污厂排污管道铺设等重点项目建设的护建工作，保障项目顺利推进，为企业的发展保驾护航，促进县域经济的发展。

【完成全县驻村警务室建设】 2019年，全面完成全县355个村、社区驻村辅警、警务室建设，警用装备配备到位，建立健全管理制度和考核办法；分批组织驻村辅警业务培训，驻村辅警在日常交通疏导、基础服务及创文工作中起到积极作用；全县15个派出所全部建立驻所调解室。（唐慧超）

法治政府建设

【概况】 2019年，继续加大委托乡镇执法改革力度，重新修订出台《关于委托乡镇行使县人民政府工作部门部分行政处罚权的实施意见》，将部分单位部分行政处罚权委托乡镇行使，推动执法重心下移，切实解决乡镇对辖区内违法行为有责无权的问题。组织开展全县乡镇综合执法人员培训班，不断加强执法队伍建设。

【规范性文件管理】 2019年，加强行政裁决和规范性文件、合同管理，全年司法局共为县政府处理行政复议23件、行政诉讼33件，审查政府规范性文件的文稿25件，合同16件，“三定”方案37件，完成县政府17件规范性文件报送市政府、县人大的备案工作。

【依法行政】 2019年，继续牵头开展行政执法竞赛活动，将参赛单位范围扩大到除具有行政执法职责的县直机关单位、天易经开区相应部门外的各乡镇人民政府。据统计，全年县直机关执法单位行政处罚案件总计86546件，与上年同期相比下降20.6%；到位罚没款3767.13万，与上年同期相比增长10.57%。乡镇执法方面，全年各乡镇共计查处违法行为170件，行政处罚146件，到位罚没款123.13万。（周 旭）

公 安

【概况】 2019年，湘潭县共接110报警电话158867个，有效报警83069起，各类报警中刑事类报警1659起，占比2%；治安类报警3338起，占比4%；交通类报警14982起，占比18%；全年刑事发案同比下降2%；破刑事案件592起，刑事拘留709人，移送起诉783人，抓获各类网上逃犯167人；办理治安案件3789起，行政拘留915人。县公安局被评为“全省公安机关侦破命案工作成绩突出单位”；在2019年湖南省公安工作公众满意度调查中，湘潭县位居全省第四十二位，排名全市第二；湘潭垃圾焚烧发电项目安保工作表现突出，县局被记集体三等功，河口派出所、拘留所以及陈一新、赵伟兵等受到记功嘉奖；圆满完成70周年大庆安保工作，云湖桥派出所被市局授予大庆安保工作先进集体；易俗河派出所的“一标三实”工作在全市作经验交流。

健全完善维护政治安全机制，深化“415”工作机制，严防境外非法组织对湘潭县进行渗透。风险防控为第一要务。严格落实情报分析推送机制，畅通与新组建职能部门的协作机制，构建风险防控大格局，确保新中国成立70周年大庆、彭德怀121周年诞辰等关键节点安全有序；侦破康梦园养老产业公司非法吸收公众存款案等经济犯罪案件，重大不稳定因素情报预警率保持100%；组织常态开展反恐演练11次，积极处置各类突发性事件，守住暴恐案事件“零发生”的底线。

侦破打击卓有成效。优化“大侦查”模式和“4+X”中心运作机制，全力投入“扫黑除恶”、“集打斗争”等专项行动，现行命案发4破4，成功摧毁赖某等有影响的涉恶团伙5个、传统侵财犯罪团伙13个，成功打掉邓某某网络贷款等电信诈骗团伙6个，打掉全市首个“民族资产”解冻类诈骗团伙；破经济案件29起，移诉36人，冻结、扣押涉案资产600余万元。立体防控不断完善。突出“打防结合，以防为主”工作理念，健全完善社会治安防控体系，大力推进“城市快警”建设，常态开展公安检查站查控勤务，结合天网视频开展网上巡逻，联合乡镇村组力量开展群防群治，全县八类案件、盗窃、两抢案件同比分别下降11.8%、4.5%、11%。要素管控持续严格。健全部门联动共治机制，深入开展新中国成立70周年大庆安保维稳风险隐患整治行动，集中摸排整改一批突出安全隐患；切实抓好道路交通安全“顽瘴痼疾”整治、“两逾”专项整治工作，配合取缔整改马路市场64处，道路交通事故同比下降27.5%；认真履行日常消防监督执法和消防宣传教育职能，全县消防安全形势持续平稳。推进“铁桶工程”建设、“监所民生领域突出问题”专项行动，确保监所安全稳定。

维护重大民生项目建设，融洽警务公共关系，护航发展保障民生。重点工程建设有序推进。完善护航项目建设体制机制，探索创新新时代公安机关群体性事件处置技战法，围绕湘潭生活垃圾焚烧发电项目建设，始终做到指挥调度、情报研判、现场处置以及打击震慑“四到位”，确保项目开工万无一失、项目建设有序推进。组织警力600余人次开展“百日护建”重点工程保护性施工9次。“三创一治”工作深入开展。围绕县委政府“三创一治”工作，深入开展蓝天、碧水、净土保卫战、“利剑行动”等，侦办食药农环案件18起，超额完成全年绩效任务；严肃查处超载、醉驾等交通违法犯罪行为，营造安全的发展环境。深入开展“扫黄禁赌”、禁毒攻坚行动，成功侦办“9·28”山湖农庄开设赌场案，市局交办“6·21”贩毒案等，黄赌毒警情同比下降13.3%。公安政务服务热情主动。深入落实“放管服”改革，确保走在政府机关前列；积极推广“政务服务一体化平台”“湖南公安服务平台”，先后公布354项县级公安机关政务服务事项，政务服务事项在线率、网上服务满意率均达100%。严格出入境管理，侦办非法入境案1起，刑事拘留6人，拘留审查8人。

以“派出所建设三年行动”为依托，构建现代警务机制。分乡镇建派出所工作有序开展。完成石鼓派出所建设；分水派出所已完成设计及前期准备工作；天易、排头、锦石派出所建设有条不紊推进。积极开展“枫桥式公安派出所”创建，基层公安机关服务经济社会发展的能力不断提升。驻村辅警建设全面落实。全面完成全县355个行政村（社区）驻村辅警、警务室建设、警用装备配备，建立健全管理制度和考核办法，分批开展业务培训，驻村辅警在日常交通疏导、基础服务等工作中起到积极作用。科技信息化建设稳步推进。推进县级公安大数据建设，建成并启用县乡两级公安视频会议系统，高质量推进“一标三实”工作，完善与政府职能部门的信息共享机制；在重点部位、核心区域新安装人脸识别系统21套，完成平安城市电警、卡口建设939路，“雪亮工程”1994路，归集社会视频1850路以及智能数据感知设备220处，收集各行业数据25类，积极推进各部门数据融合，“两车”物联登记5万余台。深推刑事犯罪现场“1+N”勘查模式，侦破“2004·6·3”中路铺镇天螺村齐某夫妇被杀案。

政治建警不懈怠。切实筑牢信仰之基、补足精神之钙、把稳思想之舵；扎实开展“不忘初心、牢记使命”主题教育，深入推进调查研究、专项整治、自查自纠等工作。对标“50项重点工作”“30件实事”研究制订具体方案，推动落实。从严治警不手软。按照要求对排查出的“学风不实、学风漂浮”问题开展深入整改；对违反大庆安保特护期战时纪律、工作落实不力的给予督察措施。深化执法规范化建设，办理民警维权行政、刑事案件共32起，公安执法工作继续保持排名全市前列。从优待警不缺位。积极落实各项优抚政策，完成两个职务序列改革；全年共有3人记二等功、14人记三等功，49人被市、县嘉奖。在省市县广电、网络传媒发布宣传报道219篇，通过自媒体平台发布信息600余篇，妥善处置各类涉警事件突发舆情；积极组织气排球、文艺会演等警营文化活动，队伍生态持续健康向上；县局在省公安厅政治、业务“双督察”中获得督察组一致肯定。

【2019年摩托车“戴帽工程”启动暨联合爱心企业开展安全头盔公益大赠送活动】 2019年1月3日，湘潭县2019年摩托车“戴帽工程”启动暨安全头盔公益大赠送活动在易俗河金霞广场举办。县委常委、县委宣传部部长李豪雄，市公安局党委委员、副局长、副县长、县公安局局长彭世辉，交警支队副支队长杨建园，湖南皇爷食品有限公司湘潭县总负责人谢斌等出席。县安监局、公安局等县直单位，各乡镇，湖南皇爷食品有限公司及金融行业相关负责人及员工共计700余人参加活动。

【“警民牵手110 共创平安迎大庆”宣传活动】 2019年1月10日，县公安局在易俗河步步高同丰广场开展“警民牵手110，共创平安迎大庆”集中宣传活动，各派出所在辖区内同步开展宣传活动。

【春节期间安保工作】 2019年2月4日至2月10日，全县公安机关落实各项安保维稳措施，节日期间社会大局平安稳定。期间，县公安局110接处警中心共接待群众来电3381个，派警处置1539起。其中，刑事类警情4起、治安类警情31起，同比分别下降77%、28%；交通事故警情570起、群众求助及其他934起。全县未发生重大有影响的案事件，交通秩序良好，重点项目现场安全有序。

【民警李旭家庭获“湘潭市文明家庭”称号】 2019年2月15日，市局禁毒支队政委李美群一行4人到县局，代表市文明办“送奖上门”，为射埠派出所民警李旭颁发“湘潭市文明家庭”奖牌。

【“一村一辅警”暨“两车”物联网防控系统建设动员部署会】 2019年2月15日，湘潭县召开“一村一辅警”工作推进会暨“两车”物联网防控系统建设动员部署会。县委常委、县委政法委书记谭何龙，县人大常委会副主任李西文，市公安局副局长、副县长、县公安局局长彭世辉，县政协副主席何晓春等出席会议。各乡镇党委书记、党委副书记，县民政局、县人社局、县财政局、县公安局局直相关单位及各派出所所长参加会议。

【督查道路交通安全工作】 2019年2月20日，省道安委督查组到湘潭县对《关于切实加强农村地区道路交通事故预防工作的紧急通知》落实情况和春运工作开展专项督查。县道安委办副主任、县公安局副局长谢伟参加。

【扫黑除恶案件通报会】 2019年2月22日，湘潭县召开扫黑除恶案件通报会，会议由市公安局副局长、副县长、县公安局局长彭世辉主持。省公安厅刑侦总队有组织犯罪侦查支队副支队长龚德龙、市局刑侦支队支队长王梁出席会议。湘潭县委组织部、县监委、检察院、法院分管扫黑除恶的领导、相关乡镇副书记、县“扫黑办”成员及县公安局在家局领导、所队一把手、各派出所刑事副所长、局“扫黑办”成员参加。

【全县公安工作会议】 2019年2月26日，全县公安工作会议召开。县委副书记、县长段伟长，县委常委、县委政法委书记谭何龙，县人大常委会副主任李西文，市公安局党委委员、副局长、县人民政府副县长、县公安局局长彭世辉，县政协副主席何晓春，县公安局党委副书记、政委曾正新等出席。县政府党组成员、县政府办主任楚荣光主持会议。彭世辉作题为《学习新思想 践行新使命 奋进新时代 以优异成绩献礼新中国成立70周年》的工作报告；曾正新宣读表彰决定，并对获奖集体进行颁奖。县公安局党委成员，驻局纪检组组长，消防大队、武警中队、市公安局网技支队派驻县大队负责负责人；各派出所、局直各单位副职以上负责人以及民警、辅警代表；警风监督员、特约人员代表、离退休老干部和民警家属代表等，共计280余人参加会议。

【驻村辅警第一期培训班结业汇报表演】 2019年3月11日，湘潭县驻村辅警第一期培训班结业汇报表演在县公安局举行，政委曾正新、副局长胡鹍观摩汇报表演。

【交通事故致人死亡逃逸案件破获】 2019年3月4日，湘潭县公安局交警、刑侦、网安大队和云湖桥派出所联合作战，成功破获2月4日（大年三十）发生的一起交通事故致人死亡逃逸案件。经查，2月4日6时许，唐某某驾驶无号牌普通二轮摩托车由湘乡市东郊乡往石潭镇方向行驶，途经320国道行至石潭镇通湖村鲁家组路段时与同方向行驶的夏某某尾随相撞，后唐某某逃逸，3分钟后，陈某某驾驶无号牌四轮电动车沿320国道由湘乡市往湘潭市方向行驶至事故现场时，从倒地行人夏某某身上碾压后逃逸。专案组于2月27日查找到两车下落，成功破获此案。后唐某某被行政拘留，陈某某因患重大疾病采取相应措施。

【摩托车电动车防盗备案登记启动仪式】 2019年3月20日，湘潭县摩托车电动车防盗备案登记工作启动仪式在易俗河同丰步步高广场举行。市公安局副局长、副县长、县公安局长彭世辉出席，县政府办、县委政法委、县公安局、易俗河镇有关负责人参加仪式。全县各乡镇综治工作负责人、易俗河派出所辖区社区负责人、县公安局局直相关部门及派出所主要负责人和民警代表、湖南湘盾投资控股集团有限公司工作人员、摩托车电动车车主代表共120余人参加活动。当天，全县各派出所、交警部门共计43个固定登记点的摩托车电动车防盗备案登记工作同步开展。

【道路交通安全工作会议暨“三创一治”交通秩序整治动员大会】 2019年4月1日，湘潭县召开2019年道路交通安全管理工作会议暨“三创一治”交通秩序整治动员大会，市公安局副局长、县人民政府副县长、县道安委主任、县公安局局长彭世辉，县“三创一治”办副主任、县委宣传部常务副部长刘立新出席会议，会议由县政府办副主任、县道安委副主任汤炳葵主持。刘立新宣读表彰通报。县道安委成员单位、各乡镇人民政府分管负责人、县内重点道路运输企业负责人、县移动公司、经开区企业服务中心负责人、县属学校、各乡镇中心学校及城区学校负责人参加会议。

【集中打击整治“三贷三霸”专项行动动员部署会】 2019年4月17日，县局召开集中打击整治“三贷三霸”专项行动动员部署会，会议由副局长樊海冰主持。各派出所所长、刑事副所长，局直单位主要负责人，刑侦大队中队长以上负责人，扫黑办全体成员参加。

【打击电信诈骗】 2019年6月，县公安局花石派出所、刑侦大队、网安大队成功抓获犯罪嫌疑人邓某一、陈某某、邓某二、华某、钟某某，打掉一电信诈骗犯罪团伙，追缴违法所得27万余元、车辆一台，冻结资金50余万元。经审讯查明：钟某某系缅甸境内某公寓楼的负责人，为实施诈骗提供场所，华某为中间人，介绍陈某某与钟某某商谈取款诈骗资金提成事宜，协助推广“贷款”诈骗，陈某某负责购卡并发展邓某一、邓某二等人取款。后犯罪嫌疑人邓某一、陈某某、邓某二、华某、钟某某因涉嫌诈骗罪被依法刑事拘留。

【垃圾焚烧发电项目安保工作调研】 2019年6月11日，市人民政府副市长、市公安局局长罗伟赴湘潭县调研垃圾焚烧发电项目建设及安保工作。市人民政府副秘书长王建军，市局党委副书记、常务副局长彭德清，市局党委委员、副局长韩伟，市、县两级公安机关，河口镇、杨嘉桥镇党委政府以及项目指挥部主要负责人参加。

【彭世辉接受中国警察网采访】 2019年6月17日至19日，市公安局副局长、县人民政府副县长、县公安局局长彭世辉参加公安机关领导干部学习贯彻全国公安工作会议精神政治轮训班第二期学习，期间接受中国警察网记者采访，在新中国成立70周年之际结合公安工作谈在新时代如何做好“不忘初心，牢记使命，走好新时代长征路”。

【“6·26”国际禁毒日主题宣传活动暨全民禁毒宣誓签名活动启动仪式】 2019年6月26日，县委副书记、县长、县禁毒委主任段伟长，政法委书记、县禁毒委副主任谭何龙，市公安局副局长、副县长、县禁毒委副主任、县公安局局长彭世辉，县禁毒委副主任、法院院长余清华，县禁毒委副主任、县检察院检察长胡湘晖，市禁毒办副主任、市禁毒支队副支队长张海钧，县禁毒委副主任、县政府办副主任、县禁毒办主任汤炳奎，湘潭县禁毒委组织成员单位，乡镇负责人以及学校师生等600余人在天易水竹学校举行以“健康人生、绿色无毒”为主题的禁毒宣誓、签名活动。

【禁毒工作会议召开】 2019年7月15日，县政府组织召开2019年度全县禁毒工作会议。县委副书记、县长、禁毒委主任段伟长，市公安局副局长、副县长、禁毒委副主任、县公安局长彭世辉，政协副主席、禁毒委副主任何晓春，法院院长、禁毒委副主任余清华，检察院检察长、禁毒委副主任胡湘晖出席会议。会议由县政府办主任楚荣光主持。彭世辉作全县禁毒工作报告。县禁毒委成员单位主要负责人、各乡镇长、综治中心主任、禁毒专干、县公安局相关部门负责人、派出所所长、禁毒大队全体民警共120余人参加会议。

【警务交流】 2019年7月23日，湘乡市副市长、公安局长崔勇率市政府办副主任邓金桥、市公安局副局长彭季夫及交警大队相关负责人一行到县局交警大队开展警务交流。县政府办公室副主任汤炳葵、县公安局副局长谢伟率交警大队负责人及相关股室负责人参加。

【芬太尼类物质摸排工作部署会议】 2019年8月6日，县禁毒办组织县公安局、县市场监督管理局、县应急管理局、县卫健局、县科工局召开部署芬太尼类物质摸排工作会议。县政府办副主任、禁毒办主任汤炳葵，县公安局党委委员、禁毒办副主任郭松出席会议。

【城区交通秩序整治工作调度】 2019年8月20日至21日，市公安局副局长、副县长、县公安局局长彭世辉召集公安、城管、交通、教育、卫健、天易经开区、山塘学校、人民医院等道安委成员单位和责任街道内成员单位，就城区交通秩序整治工作和落实“街长制”推进“三创一治”工作进行调度和安排部署，并开展街面集中巡查整治。县道安委副主任、县政府办副主任汤炳葵，县道安委副主任、县公安局副局长谢伟参加。

【查处一起越南人非法入境案】 2019年8月22日，湘潭县公安局中路铺派出所发现辖区内3名女子语言不通，没有任何身份证件，疑似外国人。后经市、县人口与出入境管理部门进一步调查查明，3名女子均自称越南人，没有办理出国（境）证件，也未经过边防检查进入中国境内。根据《中华人民共和国出境入境管理法》第五十九条、第六十条之规定，县公安局对非法入境的3人予以拘留审查。

【公安部交管局法制处调研指导法制工作】 2019年8月26日，公安部交通管理局法制处刘一波在湖南省交管局执法监督支队副支队长唐军陪同下一行3人到县公安局交警大队调研指导法制工作。交警支队副支队长杨怀湘、县局副局长樊海冰以及交警大队相关负责人参加调研。

【预防道路交通事故“大排查大管控大整治”工作部署会】 2019年9月24日，湘潭县召开预防道路交通事故“大排查大管控大整治”工作部署会，市公安局副局长、副县长、县交委主任、县公安局局长彭世辉出席会议，会议由县政府办副主任、县道交委副主任汤炳葵主持。

【破获“6·21”贩毒案】 2019年9月28日，湘潭县公安局成功侦破市局交办案件“6·21”贩毒案。县公安局抽调精干力量组成“6·21贩毒案”专案组，通过三个多月侦查研判，先期查处何某、姚某、刘某一3人的吸毒违法行为，对涉嫌容留他人吸毒的姚某依法刑事拘留。在获取李某即将与下线进行毒品交易的情报后，专案组于9月27日抓获李某与下线刘某二以及李某女友谭某某，缴获疑似冰毒、麻古45.4克。

【打击福建省漳平籍网络贷款诈骗】 2019年9月，县公安局射埠、白石、青山桥派出所及刑侦、网安大队经两个多月缜密侦查，相继抓获宜章县籍犯罪嫌疑人王某豪、刘某梦，福建省漳平市籍陈某军、黄某影等共计9名犯罪嫌疑人，成功打掉一电信诈骗犯罪团伙，涉案资金达百万余元，刑拘上网追逃6人。经查，2019年3月至7月间，犯罪嫌疑人陈某军、林某阳、张某等人搭建虚假小额贷款平台“信财金融有限公司”APP，以要收取网络小额贷款额6%的手续费及20%保证金为由骗取被害人的钱财。

【处置一起燃气泄漏警情】 2019年10月1日22时许，湘潭县易俗河镇海棠南路星火加气站发生天然气槽罐车漏气事件。接警后，县局迅速启动突发事件应急预案，联动消防救援、燃气公司等应急单位前往处置。经查，泄露系该加气站内一辆牌号为湘C16116的存储槽罐车罐体焊点出现裂缝所致，该罐内当时存有2吨压缩天然气。后经妥善处置，事故未造成人员伤亡和重大财产损失。

【道路交通安全顽瘴痼疾整治工作】 2019年10月11日，县长段伟长在县政府三楼常务会议室主持召开县人民政府第十六届四十三次常务会议，研究湘潭县整治交通安全顽瘴痼疾和逾期未年检未报废车辆有关工作。县公安局、县财政局、县交通运输局、县教育局、县科技工信局、县应急管理局、县水利局、县住建局、县市场监管局、县自然资源局、天易经开区建设管理局、县农业农村局、交发集团、县校车办参加会议。

【娱乐服务场所毒黄赌专项整治行动推进会召开】 2019年10月14日，湘潭县组织召开全县娱乐服务场所毒黄赌专项整治行动推进会。市公安局副局长、副县长、县公安局局长彭世辉，县委政法委副书记赵文彬、县公安局副局长樊海冰出席，县政府办副主任汤炳奎主持会议。全县18个乡镇、8个成员单位以及县公安局相关所队参加会议。

【驻村辅警工作调研】 2019年10月16日，市委政法委常务副书记张伯文带领市委政法委委员、政治部主任张湘东及市委政法委政治部、政策研究室等部室负责人到射埠镇、锦石乡调研检查驻村辅警工作。县委政法委常务副书记成凯，射埠镇党委副书记唐晓坤及县局治安大队、射埠镇法庭庭长、射埠派出所相关该负责人及全体社区民警参加。

【快速侦破“10·14”交通肇事逃逸案】 湘潭县公安局通过综合运用科技信息化手段，快速侦破“10·14”交通肇事致人死亡逃逸案件。2019年10月15日0时，县道021湘潭县射埠镇湾塘村花桥组地段发生一起交通肇事致人死亡逃逸案件。接警后，县局迅速抽调警力组成专案组，结合现场勘查情况，综合运用刑事技术等侦查手段，成功将侦查范围缩小至含肇事车辆在内7台嫌疑车辆上。10月15日，该案肇事司机冯某迫于压力主动向专案组投案自首，并如实供述肇事经过。经查，2019年10月14日20时许，冯某驾驶湘C52X52小型汽车沿X021公路由东往西方向行驶，行至湘潭县射埠镇湾塘村花桥组地段时，与相对方向行走的行人贺某某相撞，造成贺某某当场死亡。事故发生后，冯某见四下无人便驾车逃逸。随后，根据冯某的交代和指认，民警查获该案肇事车辆。

【破获一起重大盗窃车内财物案】 湘潭县公安局在市公安局刑侦支队的指导下，成功破获一起重大盗窃车内财物案，追回赃款5万余元。2019年11月7日，李某某停放在湘潭县易俗河镇政务中心停车场的轿车车窗玻璃被砸，副驾驶座位上的27.6万余元现金被盗。案发后，湘潭县公安局成立专案组开展侦破工作。11月16日，专案组果断出击在云南昆明市抓获犯罪嫌疑人范某某，并追回被盗资金5万余元。经审讯，范某某如实交代上述砸车窗实施盗窃的犯罪事实。

【湘潭县成功打掉首个“民族资产”解冻类诈骗团伙】 2019年11月底，市县两级公安机关成功打掉全市首个“民族资产”解冻类诈骗团伙。2019年9月16日，湘潭县易俗河镇谢某某被诈骗2万余元。市县两级公安机关刑侦部门迅速成立工作专班，通过近两个月的调查取证，查明该团伙系以李某某为首、层次分明，盘踞在河北省秦皇岛市的一个典型“民族资产”解冻类诈骗犯罪团伙。11月26日，在省厅刑侦总队的积极协调和河北警方的全力支持下，专案组在秦皇岛和湘潭县两地同步收网，成功抓获李某某、彭某某等12名犯罪嫌疑人，捣毁“民族资产”解冻诈骗窝点3个，解救被蒙蔽群众20余人，扣押赃款现金105万元，冻结涉案银行资金214万元，扣押赃款购置汽车3辆、房产1套。经审讯，犯罪嫌疑人均对其虚构、编造“国家红利释放”诱骗百姓钱财的犯罪事实供认不讳。

【快速破获一起现行命案】 2019年11月28日，湘潭县公安局抓获犯罪嫌疑人陈某，快速破获一起现行命案。11月28日，居住在湘潭县白石镇白石村旦斗组的罗某某被人杀害后抛尸于化粪池内。接警后，县局立即启动命案侦破工作机制。在专案组强大的侦破攻势下，犯罪嫌疑人陈某迫于压力到公安机关投案自首。经审讯，陈某如实交代因其深陷网络赌博导致经济严重亏空，了解到本组罗某家境殷实且独居，11月28日凌晨其携带起子驾驶小货车采取撬门方式进入罗某某家，在实施盗窃过程中被罗发现，两人发生激烈肢体冲突，后陈某将罗某某杀害，将其尸体用棉被包裹丢入罗家化粪池内，并在房屋内翻找财物偷走一台手机后逃离的犯罪事实。

【湘潭生活垃圾焚烧发电项目开工】 2019年12月10日，湘潭生活垃圾焚烧发电项目正式开工。市人民政府副市长向敏在仪式上宣布项目开工，县委书记傅国平、中国光大环保(中国)有限公司副总裁邱波致辞，县委常委、县委政法委书记唐仁光作开工动员，仪式由县委副书记、县长段伟长主持。

【湖南省道安委督查组到湘潭县督查道路交通安全顽瘴痼疾集中整治工作】 2019年12月17日，省道安委督查组到湘潭县督查道路交通安全顽瘴痼疾集中整治工作，县政府办副主任、县道安委副主任汤炳葵，县公安局副局长谢伟率交警大队及相关中队负责人陪同。

【公安部交通管理科学研究所到湘潭县督导检查工作】 2019年12月25日，公安部交通管理科学研究所副所长俞春俊、科研所干部吴昌成在省交警总队事故预防支队支队长郭亮夫、事故预防支队综合科科长曹银辉、市交警支队副支队长杨怀湘等的陪同下到湘潭县督导检查工作，在家大队领导及机关股室负责人陪同督查。（黄思溸）

交通管理

【概况】 2019年，湘潭县交警大队精心动员部署，坚持严管重罚，强化隐患治理，强化交安宣传，最大限度地控风险，防事故，全力做好道路交通安全保畅和交通事故预防工作。

注重综合治理，推进交通安全社会化。借助道安委平台，进一步发挥道安委办公室职能作用，加强监督检查与指导协调，实行每两月一考核一通报，促进各乡镇将包保责任制落到实处。落实派出所协管交通，分批次对全县驻村辅警进行全覆盖式培训。强化分析研判，排查出农村地区易拥堵点91处，利用道安委平台推动乡镇派出干部、派出所安排村警在重大节假日期间到堵点劝导执勤。同时每周对农交安APP登录及数据录入情况在工作微信群内进行通报，纳入对驻村辅警的个人考核，纳入对乡镇的道路交通安全管理考核。初步形成农村交通安全管理无盲区的工作格局。

突出秩序治理，全力预防交通事故。严查各项交通违法行为。先后开展“湘潭县农村道路交通安全守护行动工作”“2019年全县公路交通安全整治工作”、酒驾专项治理、道路交通安全大排查大管控大整治行动、“强执法防事故”行动等，最大限度地将警力投入到重点路段、时段，从严查处涉牌涉证、酒驾、毒驾、驾驶摩托车不戴安全头盔、摩托车载客超员、机动车逾期未年检、货车超载等严重交通违法行为。是年，共查处交通违法行为237043起。其中，现场违法行为18628起，非现场违行为218415起，无证驾驶1543起，酒驾337起，醉驾131起，毒驾4起，涉牌涉证1483起，放大号牌不清晰2067起，货车超载997起，大型货车车辆改型107起，摩托车不戴头盔1622起，客车超员128起。扎实推进治超工作。在县治超办的领导下，抽调专人协同交通部门执法人员驻站治超的同时，督促各乡镇辖区交警中队积极参与治超。交警大队通过路面巡查、固定守卡、错时用警的勤务方式，开展针对性的治超专项行动，共计检查各类货车38977余台次，开展治超专项整治行动138次，查处涉嫌违法的货车1910余台次，查处各类交通违法行为5275起。其中，大型货运车辆超载997起，小型、低速载货车辆超载228起，大型货运车辆改型107起，移送治超站场处罚277台次。常态化推进校车安全管理。对全县校车及驾驶人基本情况进行摸底造册，将校车以及私人提供车辆接送学生等基础信息纳入车辆户籍化管理；会同教育、安监、交通等部门按照相关规定，对学生接送车辆进行安全检查，对驾驶人的驾驶资格和安全驾驶资历进行资质审查，依法严厉处罚校车违法行为。年内，共查处校车交通违法27起，使用未取得校车标牌车辆提供校车服务的5起，驾驶校车运载学生不按照经审核确定线路行驶的14起，校车超员1起，其他违法行为7起。

夯实精细管理，助推安全隐患治理。强化源头管理。严把源头关，强化机动车和驾驶人规范化建设，严格按照相关法律法规办理机动车登记和机动车驾驶证业务，筑牢交通安全的第一道防线。全年，共办理摩托车注册登记3888辆，汽车注册登记1690辆，新能源车注册登记22辆，6年免检车年检11738辆，注销登记13627笔；共注销、补领、换领机动车驾驶证10783本，驾驶人满分学530人，审验4480人，恢复驾驶资格77人次，共计受理摩托车驾驶证报考3255人次。认真落实重点车辆监管职能，强化对重点群体点对点提示，落实重点驾驶人违法记分、临界告知制度。年内，共督办违法未清零重点车辆2184台，逾期未检重点车辆7544台，逾期未报废重点车辆3025台，督办逾期未审验、逾期未换证、驾驶证停止使用重点车辆驾驶人4764人，短信提醒共计17000余条。加强对“两客一危”车辆和驾驶人的管理，深入客、货运公司督查12次，约谈运输企业负责人、安全管理人员4次，督办清理车辆违法行为389起，下发隐患整改通知书18份，抄告安监、交通部门13份；短信督办逾期未检、违法未清车辆389余次。共办理新增、换发校车标牌389台次，办理新增校车驾驶人资质58人，注销校车驾驶人资质66人次，下发隐患整改通知书4份。强化隐患排查治理。先后召开道路交通安全隐患排查调度会17次，常态对农村道路交通事故多发点段、高风险等路段进行再排查，对排查出218处的道路交通安全隐患逐一登记，积极向县人民政府汇报，向相关安全监管单位发出隐患交办函，完善相关交通标志、标线，已整改隐患110处。省、市道安办交办3处，已全部整改完毕。2019年10月，为吸取“9·22”重大交通事故教训，加强国庆特护期内道路交通安全管理工作，公安交警部门深入排查出105处新隐患，整改方案报县人民政府审批。强化事故预防工作。充分运用典型事故深度调查与生产安全事故调查“一案双查、三责同追”机制，查找引发或者诱发事故相关安全隐患及管理薄弱环节，科学把握事故规律特点，提升事故预防工作的针对性、有效性。以中队为作战单元，凡辖区发生涉及酒驾、重点车辆（大中型客车、旅游客车、危化品运输车、重中型货车、工程运输车、校车等）亡人道路交通事故适时启动道路交通事故预防等级响应，加强路面秩序整治管控，切实预防和减少道路交通事故的发生。年内，全县共接到交通事故报警17825起，其中快赔中心共受理案件2671起，受理一般程序道路交通事故442起。共受理交通肇事逃逸案件16起，侦破116起。大队呈报吊销交通肇事机动车驾驶证22人次，降低机动车驾驶证等级16人次，从源头堵塞执法漏洞，全面消除执法隐患。

【交通安全宣传】 2019年，提升全民安全意识。扎实推动“七进”宣传工作，做细警示提示。针对不同受众及群体，大力开展交通安全宣传教育进企业、进学校、进社区、进农村、进家庭、进媒体、进网络等“七进 ”工作。联合相关单位开展“三下乡”活动，将通俗易懂、应知应会的交通安全常识送达到群众身边。针对“两客一危一货”运输企业，通过播放警示教育片，进企宣讲等方式，强化安全主体责任警示宣传教育。加强对“两站两员”及驻村辅警的宣传教育培训，提升其开展交通违法劝导及交通安全宣传教育工作的水平。结合警车配套喇叭、农村“村村响”大喇叭及城区路口喇叭等系统性地播放交通安全知识，将交通安全宣传落到实处。加强客车、货车、校车等重点车辆宣传教育。先后召开湘潭县货运行业交通安全座谈交流会，道路交通运输安全生产培训会，会同交通、应急等部门召开高风险企业警示约谈会，定期到客货运输有限公司开展交通安全检查和警示教育。深化摩托车戴帽工程行动。印制并发放倡议书15万份，各学校、各单位为员工讲解交通安全常识、赠送安全头盔。大队联合企业先后送出头盔5000余顶。关注“一老一小”宣教活动。重点加强老年人和中小学生“一老一小”交通安全自护知识宣传，结合“六一”、暑假、开学季等时间节点，组织开展“知危险 会避险”等交通安全宣传活动。先后开展“十里风荷”杯《文明在路上 平安在莲乡》交通安全征文比赛及演讲比赛，“相约红领巾·安全文明行”创建全国文明城市主题宣传活动，“百警千师讲万课”等活动。针对老年人事故多发的势头，联合乡镇开展送反光手环等公益赠送活动。同时持续加强“湘潭县交警”微信宣教工作，常态开展交通安全宣传、典型案例警示、交通违法曝光。

（黄思漾）

检 察

【概况】 2019年，县人民检察院紧紧围绕全县发展大局、坚决执行县委决策部署，强化法律监督，深化司法改革，加强队伍建设，为县域经济社会发展贡献检察力量。全年受各级各类表彰47人次，获全国检察机关检务保障先进个人、全省检察机关纪念五四运动先进单位、全市先进基层院等荣誉，月形农牧场养殖污染行政公益诉讼案、恶势力团伙寻衅滋事案等4案被省院评为优案。

精准服务打好“三大攻坚战”。把依法办案与维护稳定相结合，防范化解金融风险，重点惩治非法吸收公众存款、集资诈骗、非法经营、组织、领导传销活动等涉众型经济犯罪，批准逮捕8件11人，提起公诉16件40人，涉案金额达63亿余元、涉及会员10万余人的“伊思多尔”案以涉嫌组织、领导传销活动罪依法提起公诉，11名被告人分别被判处两年至十二年不等的有期徒刑；把检察职能与精准脱贫相结合，改善民生促进发展，落实上级对扶贫工作的部署，深入开展对口帮扶工作，坚持进村入户，全院干警结对帮扶88户，全年走访帮扶对象共计1100余人次，选派2名干警驻村任驻村帮扶工作队队长，对扶贫领域犯罪案件起诉3人；把法律监督与污染防治相结合，服务生态文明建设，积极参与农村环境问题综合治理，开展涟水河流域水质达标综合整治专项监督，与相关职能部门联合排查安全隐患，对污染环境、非法采矿等犯罪批捕5件8人，起诉8件16人。

综合施策助推创新发展。加强权益平等保护，切实维护企业合法权益。打击侵犯企业财产权、经营权和知识产权类犯罪案件22件31人，打击破坏社会主义市场经济秩序类犯罪案件43件80人。全力支持县重点项目的推进，对涉嫌妨害公务的张某进、方某强、涉嫌聚众冲击国家机关的胡某新等29人依法提起公诉，确保湘潭生活垃圾焚烧发电项目顺利推进。在办案中注重对民营企业保护，对涉嫌经济犯罪的企业，在综合评估社会危害性、处罚适当性后，通过制发检察建议、公开听证等方式督促企业整改，对整改到位且符合条件的，依法适用不起诉，最大限度保护市场主体的发展空间，对1家民营企业及3名民营企业家依法作出不起诉决定。

扎实推进扫黑除恶专项斗争。坚决贯彻上级决策部署，强化政治担当，明确工作任务，依法快捕快诉，确保案件不在检察环节“梗阻”。批捕涉黑涉恶犯罪18人、起诉18人。加强与公安、法院的沟通协调，统一执法尺度、证据标准，做到精准打击。健全快速办理、提前介入引导侦查、与监察机关线索移送机制，提升打击实效，提前介入涉黑涉恶案件8起，移送“保护伞”线索6条、涉恶线索5条。依法严惩以暴力、胁迫等方式欺行霸市、强揽工程、强买强卖、敲诈勒索等黑恶势力犯罪。注重检察职能延伸，对重点行业、重点领域、重点地区治理发出检察建议11份。

切实维护正常的信访秩序。对于非法上访、缠访闹访、以访施压、制造极端事件的违法上访人员，特别是对违法上访的策划者、组织者和煽动者，坚决从重从快打击，批捕5件7人，起诉4件6人。

深化“平安莲乡”建设，认真履行司法办案职能。严厉打击刑事犯罪，着力净化治安环境，切实增强人民群众安全感和幸福感。全年受理提请逮捕案件421件564人，批准逮捕342件453人，逮捕率80.3%。全年受理移送审查起诉案件548件765人，审结537件727人（含积案），审结率87.8%，提起公诉443件607人。在司法办案中注重多重效果的有机统一，如对以病死猪肉制作腊肉流向市场的刘某某等11人以涉嫌生产销售不符合安全标准的食品罪提起公诉，一审均被判处六个月至一年八个月不等的有期徒刑和5000元至28万元不等的罚金，该案被检察日报、湖南都市频道等媒体报道，起到良好的法律效果和社会效果。

依法惩治职务犯罪，深入开展反腐败斗争。坚决贯彻党中央反腐败斗争决策部署，构建“纪法贯通、法法衔接”工作机制，加强与监委的沟通协调，健全日常联络、个案协调、重大事项通报、提前介入和线索双向移送机制，受理监委移送案件15件17人，提前介入案件15件，作出逮捕决定8人，起诉15人，如对未经检疫的生猪出具检疫合格证明、收受他人贿赂的湘潭县茶恩寺镇动物防疫站站长王某斌以涉嫌受贿罪、动植物检疫徇私舞弊罪提起公诉，一审被判处有期徒刑三年二个月，有效发挥检察机关在反腐败斗争中的职能作用。

高度重视控告申诉，积极化解社会矛盾。深化涉法涉诉信访机制改革，压实“群众来信件件有回复”工作责任，确保每一件群众来信七日内程序性回复、三月内实体性答复。共受理群众来信来访73件105人次，办理刑事申诉案件3件、司法救助案件3件、国家赔偿案件1件。设立“12309”检察服务中心，开通检察服务热线，实行院班子成员坐班接访制度，推行律师代理申诉、律师参与化解和代理涉法涉诉信访工作。严格落实“谁执法谁普法”的普法责任制。

稳步推进刑事诉讼监督。加强刑事立案和侦查活动监督，注重程序公正和实体公正，监督公安机关立案8件、撤案1件、追捕5人、追诉漏犯9人，追诉漏罪28笔，发出纠正侦查活动违法通知书9件，采纳9件。加强对审判机关刑事审判活动监督，提起抗诉1件1人，获改判5件5人（含积案），纠正法院审理程序瑕疵和不规范问题14件，纠正意见采纳率100%。检察长列席同级审委会发表意见3次，加强检法两院在重大疑难案件法律适用等方面的良性沟通，形成司法共识，维护司法公正。

继续强化民行诉讼监督。通过抗诉、检察建议等方式，对民事、行政诉讼活动实行法律监督。办结民事行政诉讼监督案件130件，其中生效裁判监督案件5件、审判活动程序违法案件90件、执行监督案件24件、督促履职案件1件。向审判机关发出检察建议124件，采纳并回复123件。

深入开展公益诉讼检察。部署生态环境和资源保护、食品药品安全等专项活动，通过使用无人机等高科技手段、遍访全县17个乡镇，摸排线索，共立公益诉讼案件110件，发出诉前检察建议110份，行政机关回复率100%。针对人民群众反映强烈的食品安全问题，通过开展“保障千家万户舌尖上的安全”、网络外卖平台入网监管等专项监督，打击无证经营、超范围经营等餐饮违法行为，对城区校园周边食品安全隐患进行重点排查，共立案22件，均督促市场监督管理部门整改到位。

均衡开展刑事执行监督。强化驻所检察，通过受理控告、安全检察、专项清理，及时监督纠正违法情形，切实保障在押人员合法权益和监管场所安全稳定，强化刑罚变更执行监督，开展羁押必要性审查12人，经审查后建议改变强制措施10人，被采纳10人。书面纠正刑罚执行和监管活动违法3件，发出检察建议8份均被采纳。常态化开展社区矫正检察，对交付执行违法和监管活动违法进行监督纠正，有效遏制社矫人员脱管漏管虚管现象，审查社区矫正评估意见345份，办理报请审查特赦案件11件。

深化司法责任制改革。深入推进检察体制改革，进一步落实检察官办案责任制，确保权限划分明确、办案流程规范。坚持领导干部带头办案，院领导办理各类案件138件。完善“捕诉合一”办案机制，扁平化管理体制得到进一步加强。落实重大监督事项“案件化”办理，强化检察机关审前程序中的主导和把关，打造刚性、规范监督模式，以“案件化”方式办理重大监督事项11件。强化检察官业绩考核，严把办案质量关。

落实认罪认罚从宽制度。贯彻宽严相济的刑事政策，扎实抓好认罪认罚从宽制度，形成繁简分流、有序衔接的多层次诉讼制度。严格把握从宽尺度，审慎提出量刑建议。规范办理流程，强化人权保护，建立值班律师制度，律师提供法律帮助并全程见证犯罪嫌疑人签署《认罪认罚具结书》。对犯罪情节较轻、社会危害性较小等情况的犯罪嫌疑人依法从宽处理，决定不批捕103人，不起诉116人。推进检调对接工作，促成刑事和解53件。

探索检察工作机制创新。不断加大检务公开力度，公开法律文书信息549条，案件程序性信息947条。加大检察宣传力度，编发莲乡检察报4期、莲乡检察手机报6期，依托“两微一端”发布重点工作、重大案件信息等300余条，在各类新闻媒体发表宣传稿件120余篇，及时回应社会关切。构建良性互动的新型检律关系，引导律师在检察案件信息公开网上注册并预约查询案件，接待律师阅卷107人次。抓好智慧检察建设，检委会案件讨论实现无纸化，检委会会议网上流转；探索推行大数据辅助办案系统，如建设档案数字化，将建院以来所有档案进行电子化归档。

【捕诉监防一体化办案模式】 2019年，切实加强未成年人检察工作。实行“捕诉合一+专业化”办案模式，推行未成年人刑事案件捕诉监防一体化。批捕侵害未成年人犯罪11人、起诉17人。批捕未成年人犯罪10人，起诉15人。积极开展犯罪记录封存、亲情会见等工作，加强对涉罪未成年人的感化和挽救，坚持慎捕、慎诉和不诉，不捕4人，不诉7人。落实最高检一号检察建议，大力开展“法治进校园”活动，检察长、副检察长分别担任辖区3所中小学法制副校长，定期开展法律讲座。积极防治校园欺凌，举办“携手关爱、共护明天”检察开放日等活动10场次，发放法律知识读本6000余册。未检工作走在全市前列。

（汪炳祥）

法 院

【概况】 2019年，县人民法院全面贯彻落实中共十九大精神，紧紧围绕“努力让人民群众在每一个司法案件中感受到公平正义”工作目标，不断提高审判质量效率、队伍素质能力和司法公信力。全年，共受理各类案件7671件（含旧存），审执结7014件，结案率91.4%，法定审限内结案率99.6%。内设机构改革如期完成，审判法庭项目全面开工，原花石法庭庭长崔赣入选《人民法院报》2018年度全国法院十大亮点人物。

依法惩治刑事犯罪。共审结各类刑事案件557件，判处罪犯737人，其中129人处三年以上有期徒刑。积极开展扫黑除恶专项斗争。受理涉恶案件7件全部审结，30名罪犯全部被判处实体刑。深挖黑恶线索。法官对自己承办的案件进行“回头看”，逐案过筛审查“保护伞”线索，做到“一案三查”。对中央扫黑除恶专项斗争督导组及省、市、县级交办的线索，均已办结。派专人对审结的涉黑恶类案件逐一排查，深挖“关系网”“保护伞”，对排查出的8条有价值的涉恶线索，依法处理。对在办案中发现的管理漏洞，向有关单位发出司法建议6条。在公开审理的唐某军犯寻衅滋事罪、强奸罪，张某犯寻衅滋事罪、故意伤害罪，刘某林犯寻衅滋事罪一案中，对上述罪犯依法从严从重分别判处七年、四年、二年六个月有期徒刑，并就该恶势力团伙犯罪案件反映出的问题向行政机关发出司法建议，引起相关单位高度重视，并重点整治娱乐场所存在的无证经营、超时经营、无巡查制度、安保不规范、涉“黄赌毒”等违法犯罪行为，取得成效。依法严惩危害群众生命财产安全犯罪。判处黄赌毒、盗抢骗、传销和电信网络诈骗等犯罪222案293人。判处危险驾驶、交通肇事等犯罪151案151人。判处危害食品药品安全犯罪2案17人。判处涉环境类犯罪7案17人，重点案件由院长担任审判长进行审理。继续推进反腐败斗争。对贪腐类犯罪案件，均由员额法官组成合议庭、专业法官会议集体研究，从严把关，判处贪污贿赂等职务类犯罪13案13人。

妥善化解民商事纠纷。共受理民商事案件4174件（含旧存），审结3863件，其中以调解、撤诉方式结案1865件，调撤率达48.3%。审结交通事故、产品责任、医疗纠纷等人身、财产侵权纠纷620件，依法保障民生权益。审结婚姻、继承等家事纠纷815件，切实保障未成年人、妇女、老年人、残疾人等合法权益。审结劳动争议案件140件，为劳动者维权打开绿色通道。审结买卖合同纠纷、民间借贷纠纷案件1598件，审结金融纠纷案件633件，为打造湘潭县金融安全区提供有力的司法保障。继续做好湖南龙畅房地产有限公司破产清算工作，依法处置破产财产，提高债权清偿率。

监督和支持行政机关依法行政。全力支持县域重点项目征地拆迁及维稳工作，确保垃圾焚烧发电、白马公路、湘莲大道、西城片区棚户区改造等重点工程顺利推进。共审结行政诉讼案件82件，非诉审查结案43件，其中行政机关负责人出庭应诉35人次。新成立国家赔偿、司法救助机构，规范办理国家赔偿、司法救助案件流程，办理国家赔偿案件3件和司法救助案件70件，司法救助金额87万元。

巩固“基本解决执行难”成果。共受理各类执行案件2629件（含旧存），执结2335件，执结标的5.18亿元。开展专项执行。集中行动40余次，在“涉工程机械行业执行案件专项执行活动”中，两次派30余名干警赴江浙一带进行强制执行，现场交付37万元，约谈、拘留被执行人9人，查封各类设备48台，控制财产金额5000余万元。强化联动协作。加强与公安、民政、人力资源和社会保障、自然资源、住房城乡建设、税务等部门的协调和互联互动，形成工作合力，在全市法院率先开展不动产登记信息实时共享合作，以及关于不动产执行案件网络司法拍卖定向询价合作事项，提高执行效率。打击拒不执行人民法院生效裁判行为。移送拒不执行裁判犯罪2案，司法拘留137人次，并将1157名“老赖”纳入失信被执行人名单及限制高消费，有效震慑拒执行为。规范执行行为。对执行案件实行繁简分流，设置速执、普执、保全及异议审查团队，提升执行质效。全面落实“一案双查”和电子卷宗随案同步生成，确保办案过程全程留痕。涉案财产处置一律依法在互联网上公开拍卖，网拍成交金额8038万元。所有执行案款一律实行“一案一账号”，案款一一对应，杜绝挪用、拖延支付等违规现象。

【司法改革工作】 稳妥推进内设机构改革和审判团队建设。根据司法改革精神，县法院于3月完成内设机构改革，将原有的院机关16个机构合并为10个，提高办公和办案效率。同时，根据省高院关于在全省范围内统一开展基层人民法院一审行政诉讼案件集中管辖的决定，自2019年5月1日起，原由县院管辖的行政诉讼案件由湘潭市雨湖区人民法院集中管辖。县院积极宣传、解释并配合有关单位相关工作，确保这一改革的顺利推进。将一部分80后、90后年轻干警充实到法庭，并担任庭长职务，激发中层干部队伍活力。

组建以员额法官为主、法官助理和书记员为辅的审判团队，明确审判团队中的承办法官、合议法官、法官助理、书记员的权力清单和职责任务，实现以审判团队作为审判、管理、考核的基本单元。积极开展书记员聘用制改革。根据湖南省高级人民法院要求，面向社会公开招聘38名书记员，推进聘用制书记员正规化、专业化和职业化建设。

落实刑事诉讼制度改革。严格执行罪刑法定、疑罪从无、非法证据排除，启动非法证据排除1案2人，依法宣告1名自诉案件被告人无罪。完善侦查员、鉴定人、证人出庭作证机制，上述人员出庭作证23人次。强化控辩双方平等对抗，保障被告人和律师诉讼权利，并为16名盲、聋、哑人或者限制行为能力的人、开庭审理时不满十八周岁的未成年人被告人，指定律师出庭辩护。大力推进示范开庭，做到诉讼证据出示在法庭、案件事实查明在法庭、控辩意见发表在法庭、裁判结果形成在法庭，办案质量得到进一步提升。

推行两个“一站式”服务。9月份，县法院改建的600多平方米的诉讼服务中心全面启用，具备安检、导诉咨询、立案审查、自助立案、跨域立案、信访化解、诉讼调解、便民服务等功能，做到诉讼服务“一站式”，矛盾化解“一站式”。搭建诉调对接平台，安排5家人民调解、行业调解组织、20名调解员、律师进驻法院，仅11月就有246件纠纷在诉前调解，调解成功68件。完成网上立案232件，跨域立案29件。推进案件繁简分流，民事简易程序适用率78.4%，立案速裁庭98%以上案件均在一个月内办结。

坚持院庭长带头办案。落实院庭长到一线办案，率先垂范，逐级压实责任。以一线法官人均承办案件数量为基准，院长、副院长、庭长办案数分别不得低于10%、30%、70%的任务，且每月内部公示，定期通报，促进院庭长办案常态化。是年，院庭长办案1951件，占全院结案总数的27.8%。强化院庭长对“四类案件”的监督管理职责，落实办案部门、承办法官、分管领导等在立案、审理、执行多个环节对“四类案件”进行甄别、监督，并通过院庭长参加庭审、提交主审法官会议和审判委员会议研究等方式进行监督，如在审理一起参与人数10万余人、涉案金额60余亿元、案卷3000多卷的重大疑难犯罪案件中，由刑庭庭长任审判长，院长多次召开会议，研究案情，制订协调“三同步”方案，督促召开有代理人、公诉人参加的4次庭前会议，为案件的顺利办结打下良好基础。

大力推进智慧法院建设。年内，县法院着力推进智慧法院建设。实现电子卷宗随案同步生成和深度应用，全面开通法院门户网站和微博、微信，“裁判文书、审判流程、执行信息、庭审直播录播”4个平台对外公开已成常态，裁判文书上网率100%。通过新浪网等新媒体平台直播庭审活动1080场，实现公众对庭审过程的全程监督。全力推进档案数字化。已完成近八年的诉讼案卷电子卷宗扫描，上传400余万页。待档案数字化全部完成后，当事人即可在网上查询自己的案件情况。湘潭县人民法院审判法庭已建至4层。因法院财物省级统管相关工作需要深入对接等原因，该项目在7月底才全面开工。

【司法公开工作】 依法接受人大监督、政协民主监督和法律监督。全年，邀请人大代表、政协委员近百人次视察调研、见证执行、庭审观摩，充分展示法院工作全貌，2019年7月20日至10月21日，邀请人大代表、政协委员37人次观摩庭审和集中宣判涉黑涉恶案件。及时办结人大代表书面建议1件，回复口头建议11件，回复政协提案1件。对检察机关提出建议的案件依法办理，其中立案再审5件。

增强司法公开透明度。主动邀请社会各界人士参加法院“公众开放日”活动，参观人数累计近千人次。进一步加强人民陪审工作，159名人民陪审员参与2405件案件的审理，参审率达到100%。加强与新闻媒体合作沟通，主动邀请新闻记者旁听庭审或参与执行，传播法院好声音。切实履行司法领域意识形态安全责任，筑牢“互联网+”时代司法网络安全“防火墙”。加强互联网宣传阵地建设，实现网站、微信、微博、客户端全覆盖，全力构建开放、动态、透明、便民的阳光司法机制。在微信公众号上发表宣传文章126篇，微博400余条，关注县法院审判工作的粉丝逐年增加，影响力与日俱增，如在湖南法院新媒体传播力10月排行榜中，县法院官方微博月榜排名全省第九、官方微信月榜排名全省第四。加大法制宣传力度，组织干警深入乡镇、社区和企业开展巡回开庭、法制讲座等63场次，发放司法宣传资料1.6万份。

（谷　赞）

司法行政

【概况】 2019年，按照全县机构改革的统一安排，原湘潭县司法局与原湘潭县人民政府法制办合并，重新组建湘潭县司法局。全县司法行政工作围绕全县经济发展大局，以服务高质量发展为主线,以公共法律服务体系建设为总抓手，不断加快职能整合、人心融合，司法行政各项工作稳步向前。是年，湘潭县被全国普法办评为“七五”普法中期先进县，易俗河司法所被省司法厅评为全省司法所工作表现突出单位。

【全面依法治县】 8月28日，县委全面依法治县委员会第一次会议顺利召开，会议审议通过《中共湘潭县委全面依法治县委员会2019年工作要点》等一系列文件，为全县依法治理全面推开奠定基础。严格落实“谁执法谁普法”责任制。年内，司法局以农村法治宣传教育月、青少年法治宣传教育周等活动为载体，借助各类媒体平台，牵头组织县内各职能单位开展一系列多形式、多层次的法治宣传教育活动。国家机关工作人员年度学法考试工作顺利开展。是年，湘潭县共有13657名国家机关工作人员通过如法网参加国家工作人员学法用法考试，参考率100%，合格率99.91%。同时，各类法治创建活动也深入开展，并将诚信建设相关内容作为创建指标的一项重要内容。7月，湘潭县司法局顺利完成对全县所有省级和国家级民主法治示范村的复核。湘潭县共有省级和国家级民主法治示范村14个，诚信守法企业4个。

【人民调解】 进一步健全调解网络。2019年，司法局在积极开展村级人民调委会规范化建设的基础上，继续严格按照“八有”“六统一”的标准，推动专业性、行业性调委会的建设。10月，正式成立县校调委会，配备专职调解员1名。同时，积极组织全县各级调解组织开展“坚持发展枫桥经验，实现矛盾不上交三年行动”“大排查、大调处、促和谐、迎国庆”“四查四防化纠纷、千乡万村创四无”等专项调解活动，积极参与“9·22”花石重大交通事故、县二中学生意外死亡事故等县内一系列重大矛盾纠纷调解处置，最大限度地影响社会稳定的不和谐因素。是年，全县各级调解组织共排查调解各类矛盾纠纷3317起，调解成功3267起，成功率98.5%。

【社矫安帮】 2019年，严格科学管控特殊人群。严格按照社区矫正、安置帮教工作要求，加大对社区服刑和刑释解教人员的监管力度。年内，全县共有社区矫正对象260人，安置帮教对象2356人，无一脱管、漏管。进一步规范社区矫正调查评估流程，制订并下发社区矫正社会调查评估报告模板，进一步规范司法所调查评估行为，严格执行局长办公会集体研究的相关规定，确保调查评估结果的公正性。全面推进“智慧社矫”建设。在社区矫正指挥中心增设亲情会见室、远程视频会见室，通过司法行政专网实现监狱服刑人员与其亲属、监护人和帮教人员的视频语音交流，率先成为全省第一批试点单位。湘潭县司法局分别于2月、10月先后两次在全省社区矫正工作推进会上作先进典型发言。

【法律援助】 2019年，坚持以法律援助工作为突破口，着力提升人民群众对公共法律服务体系的知晓率和满意度，围绕县内重点工程项目、民营企业发展、群众合法权益维护等焦点、热点问题，引导律师、公证员、司法鉴定人员和法律服务工作者主动提供优质高效的法律服务，并不断扩大法律援助的覆盖面。是年，全县共办理法律援助案件435件，其中刑事132件，民事303件。

【公共法律服务】 2019年，深入推行“一村一法律顾问”工作。全县355个村（社区）与16家律师事务所114名律师签订法律顾问合同。一年中，村级法律顾问通过定期走访、按时坐班、微信联系、电话交流等方式，积极为基层群众解答法律问题，宣传政策法规，为村民排忧解难。进一步完善县公共法律服务中心、乡镇公共法律服务站、村公共法律服务点的工作，并通过如法网、“12348”热线等网络平台，积极探索适合湘潭县县情的公共法律服务新模式。广泛开展“法润三湘”志愿者活动。充分发扬志愿者精神，调动和培育社会力量，组织广大志愿者深入基层、深入群众，通过以案说法、现场咨询等方式免费为广大人民群众法律服务。是年，全县共办理法律援助案件435件，其中刑事132件，民事303件。 （周 旭）

军事

人民武装

【概况】 2019年，湘潭县人武部围绕职能任务，务实推动、创新发展各项工作，全县国防动员和后备力量建设呈现稳步发展的良好态势。圆满完成省军区赋予的“不同类型单位正规化建设”现场观摩会试点任务，被国动部评为“民兵调整改革先进单位”，被省军区评为“先进团级党委”“先进人武部”“军事训练先进单位”。

抓首位，坚定维护核心看齐追随。认真抓好理论学习。按照武装思想、指导实践、推动工作总要求，持续抓好习近平新时代中国特色社会主义思想和强军思想学习贯彻。突出抓好教育灌输。以“不忘初心、牢记使命”“传承红色基因、担当强军重任”主题教育为牵引，结合单位实际制订政治教育计划，注重在固本培元、凝魂聚气上下功夫。部党委严格落实议教制度，着重研究解决突出的矛盾和问题，议透带倾向性的问题。结合民兵政治工作，推动宣讲教育向基层广大民兵延伸，深刻理解党和国家各项事业取得历史性成就、人民军队实现历史性重塑，最根本的就在于习近平总书记的核心领导。稳步抓好作风建设。持续抓好党委班子作风建设，树立良好形象。部党委认真贯彻民主集中制，按党委议事规则办事，自觉维护班子内部团结，树立班子集体权威。

抓五率，着力提高兵员质量。扎实摸清兵员底数。组织专武干部、民兵干部走村入户进行调查摸底，到公安、卫健、教育部门了解适龄青年数（质）量及分布情况，掌握登记报名对象的真实年龄、文化程度、身体状况、外出去向、现实表现及家庭成员等基本情况，切实做到心中有数。精准开展宣传发动。将征兵宣传活动贯穿全年，编印发放2万多份宣传手册，1000余份宣传海报。结合兵役登记、民兵整组等有利时机，通过电视台，微信、短信平台和LED显示屏等形式，广泛宣传政策，既为适龄青年及家长释疑解惑，大力宣讲参军入伍政治上的优势，又耐心细致为他们算好义务兵津贴、士官工资、政府优抚等经济帐，激发报名参军热情。持续抓好廉洁征兵。县征兵办牢固树立服务基层意识，建立24小时值班制度，接受应征青年咨询。严格按照各级要求，公开标准条件、公开征集程序、公开定兵名单；设立举报电话、信箱，广泛接受组织、群众和舆论监督；廉洁征兵是征兵工作的底线，是年，参加征兵的工作人员，人人签订《廉洁征兵承诺书》，做到谁承办、谁签字、谁负责；坚持把预防基层征兵“微腐败”贯穿于征兵全过程，并联合县纪委监委派出检查组，对县、乡镇、村各级廉洁征兵情况进行全面检查，全程实施监督管控，确保征兵工作健康有序推进。

抓基层，不断夯实党管武装基础。基层是部队建设和战斗力的基础，把基层武装工作的末端落实作为重中之重，对照典型单位抓建标准，合力抓基层打基础。推进依法履职。通过召开县委议军会、党管武装述职会、军地座谈会等时机，采取领导介绍、文件解读等方式，及时研究解决国防动员和后备力量建设重大问题。在制度落实上，严格落实请示报告、民兵动用、请销假等制度，及时了解掌握专武干部队伍现状，有针对性地开展帮建帮带工作。

抓联动，助力双拥工作创新发展。主要开展“三项活动”，脱贫攻坚活动。对口帮扶石潭镇中新村23户贫困户，坚持落实每月走访制度，坚持分析找准每一户的致贫原因，立足户情因户因人施策，逐户找出脱贫短板，确定有针对性的脱贫措施。在双合格的前提下，对建档立卡的贫困对象，优先征集入伍，既了应征青年参军心愿，也帮贫困家庭实际解困。走访慰问活动。按照摸清底数、多方联动、全员覆盖、常态运行的工作思路，积极推动在全县范围内深入开展“四走访、四助力”活动。在走访的过程中，确实感到这是一个稳军心、暖人心的活动。同时为现役军人和非现役文职人员的直系亲属提供免费家庭医生基本医疗签约服务，营造“让军人成为全社会尊崇的职业”的浓厚氛围。积极协调相关单位，在现行政策允许范围内，积极协调相关部门做好涉军家庭子女入学入托、征地征拆、家属安置、困难救济等合理诉求46起，真正做到解难题、办实事，解除后顾之忧。参建参治活动。始终牢记人民军队宗旨，争当助力经济社会发展的生力军、促进精神文明建设的排头兵。组织民兵开展义务植树活动，积极参加地方民情大走访，创文创卫等活动，着力为群众办实事，解难题。

抓保障，突出后装精细化管理。坚持训练导向，强化民兵经费保障效益。严格执行《湖南省民兵事业经费管理办法（试行）》规定，坚持训练经费专款专用，落实军地联合检查，无截留、克扣、挪用及超范围开支现象。给参训、执勤民兵购买人身意外伤亡保险，按时按标准发放训练补助，按标准规定开支伙食费、服装费。严格执行制度，提高武器装备管理水平。武器弹药均账物相符。严格按照《中国人民解放军装备条例》和《民兵武器准备仓库暂行规定》要求，落实干部24小时住库值班、钥匙管理、登记统计、动用使用、擦拭保养、领导查库等制度，确保装备管理绝对安全。

抓规范，突出安全管理严规肃纪。针对部队安全形势和人员思想实际，党委“一班人”时刻保持清醒头脑，始终以严肃认真的态度抓管理抓安全。注重提高认识。紧紧抓住检查、考勤、讲评、奖惩等方法，组织学习《军队安全管理条例》《军队保密条例》《国防动员系统战备、训练、工作、生活秩序规范》等文件。注重制度落实。对照安全职责新要求，调整健全领导机构，深入开展条例月学习活动，每月组织1次军容风纪检查，纠治干部职工着装、仪容等方面的问题。集中清查治理管密治密、保密能力、涉密场所管控、涉密文件载体管理、军事活动保密、涉密网络防护、信息化办公设备监管、智能电子设备管控、新闻宣传报道审查等方面存在的问题隐患。对干部职工私家车、手机网络账号以及参加社会组织和活动、发表言论等情况进行认真清理清查。注重安全防范。配备灭火器材、沙池、应急照明等消防设施设备并定期进行了维护保养，建立应急消防应急预案。安装避雷设施，在枪弹室、保密室、文印室等场所安装配备安防报警系统。积极组织涉密岗位人员政治考核，积极与地方公安、综治维稳部门联系协作，全力做好教育防范。

【国防动员】 2019年，围绕提高基于打赢战争和服务大局的组织动员力、快速反应力、支援保障力。第一，全力推进应对强敌国防动员专项准备。采取分工协作、上下联动、协调推进的办法，搞好国防动员方案制订和对接，形成上下配套、体系完备的行动预案。坚持从研究辖区环境和敌情威胁出发，部领导带机关对辖区重要目标和过境交通干线重新进行勘察梳理，分别拍照留存，建立数据库并适时更新，熟悉兵要地志，做到“两个搞清”（搞清可能担负的任务，搞清重点目标）。第二，扎实推进深化民兵调整改革。认真贯彻落实省市两级民兵调整改革会议精神，牢固树立精准建设、精细管理、精确动员理念，进一步压减数量规模，优化结构布局。着力在三个方面下功夫：在军地联合抓建上下功夫。贯彻落实“四个纳入”，将民兵调整改革工作领导班子纳入县委深化改革工作领导小组；将民兵预建党组织建设纳入乡镇党建工作范围；将民兵调整改革工作落实情况，纳入党管武装工作绩效考核；将民兵调整改革工作纳入县委、县政府重点工作督查范围。在国防动员潜力调查上下功夫。采取“量体裁衣”“对号入座”等办法，组织人员利用半个月时间，重点对县直部门和园区企业进行专项调查，详实掌握适编人员和通用装备、物资器材的数质量情况。针对编兵对象存在适编兵员多、实际在位少，工业企业多、能编单位少，编组数量多、可用力量少“三多三少”问题，组织相关部门召开联席会议研究对策措施，制订在县直局办委和天易经开区编组方案，为整组实施打下良好基础。在编组布局优化上下功夫。按照“民兵布局就是作战部署”和“作战编成带动人员编组”的原则，采取应急队伍均衡编、专业队伍对口编、特殊队伍重点编的办法，在保持民兵组织县域全覆盖的前提下，着力推进“三个调整”：①农村乡镇向城区单位调整；②偏远地区向交通干线调整；③专业分队向对口部门调整。

【国防教育】 2019年，积极适应转型后职能使命要求，打造全民国防教育标杆。完善机构设置。根据新时期国防教育工作要求和人事调整变动，发文明确县国教委领导机构、成员单位及职能职责。将热爱国防事业、有工作经验的骨干力量纳入国防教育队伍，协调安排2名政府行政编制人员担任国教专干，推动国防教育军地合署办公。将国防教育工作纳入全县经济社会发展整体规划、纳入全民教育计划、纳入党管武装工作绩效考核，从制度上保障国防教育工作有力有效落实。坚持分类施教。突出抓好领导干部、青少年学生、民兵预备役人员的国防教育。坚持把国防教育纳入各级党委（党组）中心组学习内容、纳入县委党校教学计划和培训内容。坚持国防教育从娃娃抓起，推动国防教育进校园、进教材、进学生头脑。坚持将国防教育融入民兵预备役人员思想政治教育和训练演练，结合民兵整组、军事训练、遂行任务，开展内容丰富、形式多样的国防教育活动，不断强化履行国防职责的责任感和自觉性，助力提升“平时服务、急时应急、战时应战”的能力素质。

武警湘潭县中队

【概况】 武警执勤五中队主要担负

湘潭县看守所的武装看守任务。2019年，在武警湘潭支队党委、执勤二大队党委的正确领导下，中队支部一班人坚持以习近平系列重要指示精神为指导，贯彻落实中共十九大精神，狠抓经常性、基础性工作落实，在全体官兵的共同努力下，圆满完成以执勤、处突为中心的各项任务。

加强班子建设。中队党支部注重从不断统一思想、深化认识入手，支部“一班人”始终能做到互相信任，互相沟通，相互提醒，相互促进，相互关心。特别是在研究重大问题上，支部一班人能够主动相互交换意见，充分发扬民主，不搞暗箱操作，营造团结互助的良好氛围，增强党支部的凝聚力和战斗力。

加强思想政治建设。中队始终坚持把思想建设摆在首位，从思想上、组织上、行动上牢牢掌握部队，针对驻地环境复杂、拒腐防变形势严峻等特点，努力探索思想政治工作的新特点、新规律和新方法，围绕“永远做党和人民的忠诚卫士”这一最高政治目标，结合官兵思想实际，制订教育计划。强化思想政治建设的首位意识，进一步校正官兵的人生观、世界观和价值观，筑牢拒腐防变的思想防线。开展党员重温入党誓词，纪念五四运动100周年主题活动，庆祝新中国成立70周年活动，密切内部关系教育、法纪教育、爱装管装教育、时事政策教育、心理健康教育、执勤教育、爱国奉献主义教育等。通过开展一系列教育活动，进一步激发官兵爱岗敬业精神，提高官兵明辨是非的能力。官兵理想信念坚定、思想稳定、纪律严明，争先创优意识明显提高。

强化军事训练。中队始终扭住能打仗、打胜仗这个强军之要，强化官兵当兵打仗、带兵打仗、练兵备战思想，牢固树立战斗力这一根本的标准，按照打仗的要求搞建设、抓备战。坚持把军事训练作为和平时期提高部队战斗力的主要途径，严格按照新《军事训练大纲》科学组训，从难从严从实战需要出发摔打部队，坚持以提高执勤和“处突”能力为目的，按纲施训，科技练兵，不断提高官兵军事训练素质。中队应急班在支队组织的应急班组比武竞赛中荣获第一名；年底，被总队评为执勤正规化中队。

【双拥共建活动】 2019年，中队继承和发扬部队的光荣传统，开展警民共建活动，做好拥政爱民工作。积极投身地方建设，开展“把驻地当故乡，视人民为父母”的拥政爱民活动，为驻地群众排忧解难、支援建设、抗洪抢险。积极配合县公安局、目标单位开展联合演练，出动60人次，协助看守所圆满完成押解任务17次，押解犯人300人次。利用节假日参加“送温暖、献爱心”、义务献血、看望慰问困难群众等活动。通过扎实有效的拥政爱民工作，促进警政警民关系和谐，得到地方政府和人民群众的好评和大力支持。节假日各级政府和群众主动到中队慰问，使官兵们深深感受到湘潭县乡亲父老的深情厚谊，筑牢战士们扎根部队建设、安心服役的思想，激发为第二故乡奉献青春的热血信心。（罗怀远）

人民防空

【概况】 2019年，共审批42个项目，审批建筑面积137.26万平方米，其中民用建筑面积87.85万平方米，工业生产用房建筑面积49.41万平方米；审批结建防空地下室项目3个，下达人防工程建设方案告知书的项目1个，面积1.4万平方米；全年开工建设的“结建”人防工程项目6个，新增竣工验收项目2个，新增主体验收项目5个。

【人防指挥通信体系建设】 2019年，圆满开展“11·1”防空警报试鸣，试鸣鸣响率和覆盖率均达100%。人防办主要负责人到党校主体班开展人防专题讲座2次。组织开展“5·12”防灾减灾应急宣传日、“11·1”防空警报试鸣日人防专题宣传、普法宣传等活动，效果良好。向机关、学校、企业、社区等发放《人民防空知识读本》，宣传人防，方便群众办事。积极支持湘潭县青少年综合实践基地人防场馆建设，多次前往湘潭县青少年综合实践基地开展调研、座谈，研究在资金、建设模式、展馆设计、社会效益等方面的改进措施。制订《湘潭县人防“准军事化”训练年活动方案》。7月上旬，派员参加“湘防—2019”全省通信技能比武活动。7月25日，邀请市人防办一同进行指挥通信及体能训练。9月，选派21名工作人员参加市人防办组织的庆祝中华人民共和国成立70周年活动暨军事训练周的活动。（彭　力）

经济管理与监督

发展与改革

【概况】 2019年，县发展和改革局以习近平新时代中国特色社会主义思想为指引，紧紧围绕县委、县政府总体思路，坚持稳中求进总基调，坚持高质量发展新要求，以供给侧结构性改革为主线，统筹稳增长、促改革、调结构、惠民生、防风险等工作措施，狠抓年度计划落实。全年，县内实现地区生产总值485.0亿元，增长8.0%；完成固定资产投资226.4亿元，增长16.2%，其中产业投资完成172.9亿元，增长26.6%；实现规模工业总产值667.4亿元，增长12.0%，规模工业增加值197.4亿元，增长8.9%；实现社会消费品零售总额106.3亿元，增长10.7%；第三产业增加值166.9亿元，增长7.1%。

是年，为防范化解重大风险，严控政府投资项目准入，同比压减政府性投资11.36亿元。启动县城区内重污染企业搬迁改造，控制全县煤炭消费总量，实现单位GDP能耗下降3.66%以上，全力推进花石尾矿区污染防治和邯郸港黑臭水体治理。是年，易地扶贫搬迁入住率、基础设施与基本公共服务设施覆盖率、折旧及复垦率、后续帮扶措施覆盖率均已实现100%。

2019年，继续深化经济体制和社会体制改革。做好54个改革事项（经济、社会体制改革事项各27项）的联络工作，全面推行产业项目行政许可全程代理服务和推进信用体系建设，全年归集信用平台数据38.4万条，其中双公示3885条，实现涉企信息归集共享；价格认证受理部门委托案件224宗，办结率100%，办案经验在全省价格认定工作会上推广；启动临时价格补贴联动机制，保供稳价态势良好；出台《湘潭县城镇生活垃圾处理收费管理实施办法》，完成并公布湘潭县政府定价的经营服务收费目录清单；完成全国政策性粮食库存数量和质量大清查，地方储备粮轮换6615吨，地方临储粮收购1.1万吨；牵头编制出台《湘潭县乡村振兴战略规划（2018—2022）》，为补民生短板提供有力支撑。

【重点项目投资工作】 2019年，聚焦国、省、市重大规划重点投资等7大领域，成功策划包装优质项目17个，包括国家层面的保障性安居工程配套基础设施建设，教育现代化推进工程、农业可持续发展专项、坡耕地水土流失综合治理工程、全民健康保障工程、政法基础设施建设等11个项目支持，省级层面的农村综合服务平台建设、青山桥镇产业小镇、城乡供水一体化等6个项目支持，到位资金2.02亿元。

（王廷玉）

【物价管理】 2019年，县市场监督管理局密切关注教育、医疗、交通运价、停车、物业等民生价费热点问题，切实加强对水、电、气的价格监管，扎实推动价格诚信建设，全面推进明码标价工作。开展春运客运票价、春秋季开学收费、医药卫生服务价格、转供电、涉企收费等9项专项检查，查处各类违法案3件，清退不合理收费108854元，行政处罚24000元；受理价格举报和咨询74件，回复率达100%。

（罗　源）

审计管理

【概况】 2019年，县审计局完成审计项目120个：预算执行审计和财政财务收支审计项目10个，专项审计调查项目3个，经济责任审计项目10个，政府投资竣工结算审计项目97个。审计共查出各类违纪违规金额7553万元，管理不规范资金44835万元，通过审计处理应增加财政收入15965万元。向纪检监察和相关部门提交移送处理书8份，向县政府报送呈阅件、审计要情9份，向相关单位出具审计督促整改函1份、审计督促整改通知书5份。

6月18日，县审计局向县人民政府常务会议作《关于湘潭县2018年度县本级预算执行和其他财政收支的审计结果报告》，6月27日该局受县人民政府委托，向县人大常委会作《关于湘潭县2018年度县本级预算执行和其他财政收支的审计工作报告》，报告有针对性地提出4条审计建议。县人大常委会对县级财政预算执行情况审计给予肯定。2019年12月该局向县人大常委会汇报审计问题整改落实情况，审计整改成效大幅度提升，完全整改到位的问题占比由2018年的58.8%提升到74.4%。

完成97个投资审计项目，在建设单位初审基础上核减金额13715万元，核减率14.78%。对湘潭县交通基础设施建设PPP项目开展跟踪审计，对隐蔽工程和变更工程重点监控，严格把关。

2019年，重点对全县2017年至2018年度产业扶贫资金管理使用情况进行专项审计调查。有针对性地提出审计建议，推动部门单位加强和规范资金管理，促进维护人民群众根本利益，向相关单位出具督促整改函1份、整改通知书5份。

2019年，审计局机关党支部荣获全市第二批“五星”示范党支部荣誉称号，该局实施的湘潭县供销合作社联合社主要负责人任期经济责任审计荣获省审计厅优秀项目。

【经济责任审计工作】 2019年，经济责任审计项目10个，共审计主要领导干部19名。其中乡镇经责审计项目3个（同步开展领导干部自然资源资产审计项目1个），县直部门经责审计项目7个。查出违规金额294万元，管理不规范金额5956万元，出具审计报告10份，提出审计建议29条，下达审计决定10份，向组织部门上报审计结果报告13份，向纪委监委等部门提交移送处理书6份，向县委、县政府领导提交审计呈阅件5份，提交审计要情1份。

（汤雨常）

统计管理

【概况】 2019年，湘潭县统计局以提高统计能力、统计数据质量、统计公信力为主线，以决胜全面小康、挺进全国百强县、扎实推进全国第四次经济普查为中心，加强经济形势研判和预警预测，及时准确反映问题，并提出针对性强的工作建议，为县域经济社会发展提供有力保障。

【机构改革】 《中共湘潭县委 湘潭县人民政府办公室关于湘潭县统计局职责和机构编制调整的通知》（潭县办〔2019〕48号）明确，取消县统计局对统计人员从业资格认定的相关工作职能。县统计局内设机构4个，分别为办公室、统计执法监督股（审批服务股）、综合核算股、产业统计股。

【统计监测】 2019年，紧盯目标任务，强化经济运行监测分析。紧紧围绕全县“十三五”规划和主要经济指标完成情况，加强统计监测预警；定期对县域经济运行情况进行研判，抓住重点、关注热点、破解难点，不断提高预警预测能力。强化与上级统计部门和县发改、科工、商务局等部门沟通，加大对GDP、服务业、规模工业、固投、社消零等重点指标监控力度；积极配合县小康办做好小康指标监测工作，深入分析县全面建成小康社会进程情况，及时提供监测建议给领导及有关部门；持续加大短板指标攻坚力度，督促短板指标单位对标对账、分头落实，确保全面小康整体实现程度持续稳步提升。加强对“全国百强县”门槛参考值的比较分析监测，及时向县挺进“全国百强县”工作领导小组反馈汇报指标发展情况，提出建议对策，以打造县域区块经济为核心，全力助推挺进“全国百强县”。

【统计服务】 坚持服务全县经济社会发展，认真做好《湘潭县国民经济和社会发展统计公报》《统计综合月报》等系列资料的编印和发布工作。2019年，共撰写统计工作信息48条，撰写统计分析文章每季度经济形势分析在全县经济形势会上作重点发言。县统计局力争多种方式全面宣传湘潭县取得重大成果的经济发展举措。撰写《高质量发展县域经济·大步伐挺进全国百强》、《喜看莲乡千重景，进军百强正当时》《以主题教育为抓手，助推“全国百强县”建设》等系列文章，并在华声在线、今日头条、中国民生网等媒体刊发。由湘潭县统计局党组书记、局长刘智勇参与撰稿的《莲乡儿女的二次创业——湘潭县进军全国百强县纪实》在湖南日报刊载。依托县民意调查中心，对扫黑除恶、扶贫、综治工作开展民意调查电询。在扶贫工作民意调查中，抽取2.1万个样本电话进行调查访问，取得有效电话5610个；在扫黑除恶、综治民意调查中对各乡镇村（社区）和县直机关、二级机构、驻县单位和县属学校等单位均随机抽取28万个样本电话进行调查访问，分别取得有效样本电话20630个、12100个，对群众反映的突出问题及时汇总反馈，为县委政府提升群众工作水平提供参考。

【统计法制】 2019年，建立健全“企业一套表”制度，严格按照“先进库，后有数”“要进库，走程序”的原则，及时更新维护基本单位名录库，全县纳入全国“企业一套表”联网直报平台的“四上”企业和投资5000万元以上企业每月都顺利完成联网直报工作，联网直报率均达100%，建立联网直报工作长效机制。大力宣传《中华人民共和国统计法》，结合“七五”普法、“统计法进党校活动”、培训会和法律法规知识考试等多种手段开展统计法制宣传，深化普通民众和统计工作人员对统计法律法规的认识。坚持常态化统计执法检查，协助市统计局对湘潭县的统计执法检查，县本级统计执法首次采用“双随机”抽查方式，对20家单位的统计基础台账、虚报、漏报、拒报数据等情况进行执法检查，未发现相关统计违法行为。

【统计基础】 2019年，严格把关，确保“四上”企业及时入库。做好名录库更新维护，加强企业一套表新增和变更管理，积极开展企业“上规入统”培育和申报工作。建设乡镇示范统计站，夯实统计基层工作基础。指导排头乡按照统计基层基础规范化建设的标准，创建示范单位，树立样板。指导乡镇和相关单位建立健全统计电子台账、工作制度和数据审核报送流程，做好原始记录，确保数据采集通畅、规范到位。对联网直报进度进行实时监测，对遇到的各种问题及时解决，确保联网直报顺利运行。

【经济普查】 2019年1月1日，正式开始全国第四次经济普查入户登记工作，至5月底完成普查正式登记，全县完成5054家非一套表单位和2225家个体户的入户登记调查。普查登记期间，县统计局多次组织开展普查工作推进、业务培训会议；顺利迎接省经普办对湘潭县第四次全国经济普查正式登记工作的专题调研；对乡镇开展普查专项调研，进行业务指导，开展数据质量核查；组织普查员进行数据审核改错；做好普查宣传工作，利用电视、微信、广播、电子显示屏等多种方式进行宣传，为普查登记工作创造良好的舆论氛围。在经济普查的过程中，同各乡镇在规定的普查时间节点保质保量的完成各项工作任务。湘潭县全国第四次经济普查工作取得显著成效，湘潭县统计局荣获湖南省第四次全国经济普查先进集体。

（雷　静）

国土矿产资源管理

【概况】 2019年，是湘潭县自然资源管理体制改革开局之年，原国土资源局和城乡规划局合并组建自然资源局。是年，湘潭县资源要素保障、土地节约集约、耕地开垦保护、矿产资源管理、执法监察、国土空间规划体系建立、服务民生等方面取得较好的成绩，有效保障县域经济社会发展的资源要素需求。县自然资源局获年度乡村振兴先进单位、创建工作先进单位、综治工作先进单位、部门决算先进单位等荣誉。

聚焦主业，高效服务，强力助推县域经济发展。攻坚克难、主动作为，在新增建设用地指标极度紧缺的形势下，竭力护航民生发展，批回新增建设用地项目21个，总面积253.67公顷，占全市的36%。重点保障德怀大道、武广大道、垃圾焚烧发电、胖哥槟榔、湘钢金属资源综合利用项目等重点建设项目及招商引资项目的用地需求，尽全力做到“只要项目质量好，用地需求能保障”。

节约集约用地。恪守节约集约用地之道，邀请省自然资源厅专家赴湘潭县进行节约集约专题讲课，切实提升干部队伍节约集约意识，致力加强项目建设用地综合管理。《加强项目用地综合管理实施方案》《闲置土地和低效用地清理处置工作方案》《农村“空心房”整治工作方案》等文件相继出台。全年共计清理处置闲置土地43.6公顷，盘活空闲土地67.6公顷，“清闲”工作得到市县两级政府的赞誉。以农村“空心房”整治为切入点，推进农村存量土地的盘活利用，拆除破败“空心房”1305处，拆除整治20万余平方米，农村“空心房”整治工作成绩得到市人民政府高度肯定，工作经验在湘潭日报和湘潭在线头条予以推广。

凝心聚力，担当作为，全力打好脱贫攻坚战。扎实开展茶恩寺镇茶花村、双阳村、东三村，石鼓镇福宵村，云湖桥镇芦塘村、射埠镇谷合村驻村精准扶贫工作。用心做好花石镇联点帮扶工作，开展养蜂产业扶贫，受益贫困户达34户95人，人均增收500余元；开展贫困学子爱心助学活动，发放助学金共计171500元，捐赠物资12000余元，受益贫困学子达212人。

【耕地开垦】 建管结合，严守每一条红线。2019年，投入资金2.5亿元，完成开发项目新增耕地确认162.80公顷，增减挂钩117.13公顷，支持市级需求33.67公顷。占补平衡指标按市级指标价格计算，可实现经济效益1.7亿元；按省厅耕地指标交易指导价计算，可实现经济效益5.7亿元。增减挂钩指标可实现经济效益3.2亿元。为项目建设提供坚强的要素保障，有效缓解市县财政压力，增减挂钩工作经验得到市人民政府充分认可。

【土地矿产经营】 锐意创新，沉着应对自然资源系统改革以来土地市场持续低迷的形势，主动作为、用心谋划，采取召开全县房地产企业家座谈会等多方式包装推介，激活土地经营市场。新增储备土地31公顷，实现土地经营收入8.9亿元。坚持生态为本，践行绿色发展理念，《湘潭县2019—2025砂石土矿开采专项规划》编制工作走在全省前列。力推砂石矿权出让，在全县踏勘10个点，选定8个点，分水乡白沙岭—青翠峰矿区建筑用山砂矿、排头乡珠穆塘矿区建筑用板岩矿等4家新设矿权申请省自然资源厅组织公开出让。

【自然资源综合执法监管】 2019年，铁腕整治，以“零容忍”的态度坚决打击自然资源违法行为。持续推进委托执法，将部分行政执法权委托乡镇人民政府行使。全年开展动态巡查170余次，立案查处自然资源违法案件178宗，收缴罚款800余万元，拆除违章建筑287处，面积9950平方米，白石潭口沙场、梅林桥乐林游乐园、杨嘉桥违建别墅等大棚房清理和违建别墅整治有力推进，复垦面积达10.67公顷。

【环境治理】 2019年，采取一系列有力措施和手段，强力将各级环保部门交办督办的环境污染整改内容全部销号。全面助推绿色矿山治理和生态修复工作。谭家山煤矿区生态环境保护修复工程全面推进，青山桥观山采石场突发地面塌陷和谭家山湘煤集团四井山顶作业区突发地面塌陷等地质灾害点得到有效治理。

【争支争项】 2019年，共计争取上级项目资金1.95亿元，高标准完成县委县政府下达目标任务的282%。完成2018年续建土地整治、复垦项目36个，建设规模4.2万亩，申报生态修复综合项目15个。

【政务服务】 2019年，有序推进行政审批事项集中办理，招商引资并联审批时限由原来的80个工作日压缩至30个工作日。持续推进不动产登记改革，全面推行“一件事一次办”，进一步优化审批流程、简化办理程序，办事效率大幅提升，共计办理各类不动产权证11813本，受理档案查询42983宗，不动产登记中心的服务工作得到各级领导和办证客户的高度赞誉和肯定。致力科技创新，全面提升测绘技术水平，全年完成测绘面积335万余平方米。凭借自有技术力量利用地理信息软件平台，搭建湘潭县资源资产一张图单机版系统。全面开展不动产登记历史存量数据整合，实现不动产登记档案资料全面数字化建库，完成数字化不动产登记档案46563卷，为建设数字档案馆奠定坚实的数据基础。

【民生实事】 2019年，全力推进扫黑除恶工作和历史遗留问题化解开展，扫黑除恶工作得到自然资源部的高度肯定。实行局领导班子坐班接访制度，办理信访事项130件，原临雇老国土员信访事项和谭煤宿舍、宏通御景湘等一大批不动产历史遗留办证问题得到有效化解，民调成绩排名全县第一，群众满意度不断提升。切实做好汛期地灾防治值班值守，确保地质灾害“零伤亡”，保障人民群众的生命财产安全。

（马立准）

工商行政管理

【概况】 2019年，湘潭县市场监督管理局紧紧围绕县委、县政府工作要求，全面深化商事制度改革，进一步优化营商环境；加大质量品牌提升力度，夯实高质量发展基础；扎实开展食品药品和特种设备安全监管，巩固安全底线；强化执法监管，促进市场规范。全年未发生食品、药品、特种设备安全事故，确保人民群众生命财产安全。创新推进“上门办、就近办”服务，营商环境得到进一步优化，工作经验被学习强国等100家媒体争相报道。强化知识产权工作，实现发明专利申请量全市第一的目标。

【知识产权工作】 2019年，专利申请623件，其中发明专利申请134件、实用新型专利申请333件、外观设计专利申请156件；专利授权284件，其中发明专利授权8件、实用新型专利授权156件、外观设计专利授权120件。每万人发明专利拥有量达到1.36件/万人，发明专利申请量居全市第一。

【企业登记管理】 2019年，全面落实商事制度改革各项改革任务和改革举措，创新服务理念，提高服务能力，打通“放管服”改革“最后一公里”，不断优化营商环境，推进简政放权、释放市场潜力，切实增强群众和企业获得感，较好地促进经济社会持续健康发展。统筹推进“多证合一”“证照联办”改革，整合涉及21个部门的37项涉企证照事项至营业执照，对不能纳入“多证合一”的后置审批事项，实现“一网通办、一窗核发、数据共享共用”。扎实推进“证照分离”改革，对第一批106项涉企行政审批事项分别按照直接取消审批、审批改为备案、实行告知承诺、优化准入服务等四种方式实施“照后减证”，解决“办照容易办证难”“准入不准营”等问题。压缩企业开办时间，企业开办平均时间压缩至2.5个工作日以内，对各类无须实地审查的行政许可事项，办理时间较法定时限平均减少70%以上，实现无须前置审批的市场主体“领照即开业”。积极推进“一件事一次办”，对涉市场监管部门审批的42件事实现“一件事一次办”。全力推进全程电子化登记和电子营业执照应用，全面实行名称自主申报制度，对市场存量主体全部赋码电子营业执照。创新推进“上门服务就近办”，赴乡镇开展上门办活动，将“坐等审批”变为上门服务，已为90多家企业、个体工商户、农民专业合作社办理了营业执照、食品经营许可证等，工作经验被“学习强国”等100家媒体争相报道。进一步推进市场主体注销便利化，实行注销业务“信息共享，同步指引”，实现企业注销“一网”服务，真正做到“让数据多跑路，让企业少跑腿”。全年共办理注销业务474件，其中简易注销204件，为企业节省报纸公告费用29万元。主动提前介入园区招商项目，拓宽企业融资渠道，为企业和金融部门搭建起服务保障平台，对签约落地企业做好服务和帮扶。

2019年，全县新发展各类市场主体6122家，其中企业1299家，办理股权出质设立登记14件，办理动产抵押登记53件，抵押物价值金额76亿元，助企融资金额29亿元，办理司法冻结股权6件，药品经营许可89件，第三类医疗器械许可登记3个，第二类医疗器械备案登记3件，食品生产加工小作坊许可35件。全程电子化登记率和名称自主申报率达到70%，位居全市第一。

【信用监管】 2019年，全面归集和公开涉企信息，实现行政许可信息、行政处罚信息100%公开。部门信息归集达到85.53%以上。全面开展年报试点工作，年报率86.56%，居全市第二。大力推广“双随机”抽查工作，建立“一单两库一细则”，基本建立市场主体和执法人员名录库。将785家企业依法列入经营异常名录并公示，对152户被列入经营异常名录届满3年仍未履行相关义务的企业列入严重违法失信企业名录。

【商标广告管理】 2019年，精准实施商标广告战略。采取多种形式，加大商标宣传力度，提高企业和全社会商标法律意识。利用3.15国际消费者权益日和4.26世界知识产权日活动，向群众发放宣传资料300份，接待咨询30起。深入走访企业，上门进行商标注册宣传工作，共走访企业20家，发放商标宣传资料40份。在日常检查中向经营者、消费者宣传注册商标法律、法规知识，发放宣传材料200份；指导经营户做好申请商标注册、驰名商标申报工作。指导帮助167家企业和个人申请注册商标，商标转让2件，商标提出异议2件，商标变更1件，商标续展3件，新注册商标1200余件，重点指导地理标志证明商标“湘莲”商标的续展和转让；全年处理广告投诉67件，商标侵权投诉5件。

【市场监管执法】 2019年，强化执法监管，提高执法办案能力。全年立案查处各类违法违规案件101起，结案107起，文书处罚金额229.8万元。其中，1月22日会同湘潭县公安局干警、衡山县市场监督管理局执法人员对衡山县的三个槟榔造假窝点进行执法行动，查获涉嫌假冒槟榔包装袋355700余个，奖票91300张，成品12869包，单口包装槟榔98300余颗，散籽97300余颗，封口机、打码机等制假设备一批，已移交公安局处理；2019年4月28日查处一米粉黑作坊；查处2起过境农产品生鲜冷链案件，涉案物资39.85吨，涉案金额80余万元。继续保持打击传销高压势态，出动执法人员19人次，车辆7台次，查处传销案件1宗，捣毁传销窝点1个，教育、遣散传销人员6人，发放宣传刊物300余份，打击传销工作取得明显成效。

【消费者权益保护】 2019年，推动消费环境持续改进。开展和参与烟花爆竹、电取暖器、消防产品质量、四轮电动车、校园周边文化用品店、建材产品质量、娱乐场所食品安全、成品油质量、红盾护农等20多项专项整治，全力保障健康有序的市场秩序；开展放心消费创建活动。开展"3·15"国际消费者权益保护日系列活动。发放法律法规宣传材料2000余份，接受咨询100余人次；处理消费者投诉举报，登记消费者来电、来访、来函、互联网络、上级交办的投诉举报524件，办理反馈"12345"工单197件，依法不予受理197件，已办结309件，法定处理期限内18件。涉及消费金额100万余元，为消费者挽回经济损失13万余元。利用投诉、举报线索查办案件7件，罚款11万余元。 （罗　源）

质量技术监督

【概况】 2019年，湘潭县市场监督管理局加强计量管理监督，推进标准网上公示工作，指导和督促企业进行标准网上公示，已公示企业83家，公示标准320项，涵盖821种产品；积极协调农业部门、湘莲协会、龙头企业、种植大户开展标准制订工作，编写成《地理标志产品湘莲》地方标准；对强制检定工作计量器具进行备案；对机动车安检公司等涉安企业加强日常监督检查，对区域内3个高速公路通道的超载超限用衡器以及吴家巷超限监测站、河口卸载场在用衡器进行检查，对3家检验机构及其检验服务活动进行监督管理；开展眼镜制配场所、加油站、农贸市场、商品净含量专项计量监督检查以及认证单位双随机监督检查；处理计量投诉20余起，对辖区内9家相关单位强制检定计量器具超期未检的行为进行立案查处。

【特种设备安全监察】 2019年，制订特种设备监管执法工作计划，根据属地监管原则，划分到各有关单位和乡镇监管所，从责任分解、执法方法、内容、频次、措施以及定点行政执法检查对象及检查时间都做了详细明确的说明和安排；开展起重机械、电梯、压力容器（茶恩寺炭化炉）、气瓶充装、液化石油气安全、锅炉等专项整治6次；开展元旦、春节、"两会"、"五一"、国庆重大节会特种设备大检查4次；开展特种设备安全风险隐患大排查大整治1次；联合县应急管理局开展茶恩寺镇竹木企业炭化炉专项整治，集体安全警示约谈16家竹木企业负责人，逐步规范茶恩寺竹木企业特种设备安全管理使用；开展的"3·15""防灾减灾宣传周应急知识""安全生产月"宣传活动，宣传特种设备安全常识和法律法规。全年共出动执法人次1203人次，现场检查记录525份，及时发现并消除隐患85处，下达特种设备监察指令书共50份，下达责令整改通知书35份，立案6起，处罚人民币45万元。

【产品商品检验检测】 2019年，扎实开展涉及贸易结算、安全防护、医疗卫生等领域的计量器具检定业务，开展基层医疗卫生机构医用计量器具免费检定工作。对89家加油站实现全覆盖检定，累计检定加油站1264枪次；检定压力表4505件次，检定商贸衡器367件次，检定医用计量器具320件次，为各企事业单位节约资金百余万元，有效地维护市场公平；加强技术机构自身能力建设。注重完善技术机构基础硬件设施，增配必需的检测设备。加强专业人员培训，注重专业素质提升，参加全省加油机检定能力比对、国家局组织的实验室内审员培训，2人获得国家注册计量师资格证书。检测中心分别于7月23日、8月6日顺利通过湖南省市场监管局组织的计量标准考核和法定计量检定机构资质复评，获得考评组专家高度肯定；积极推进湖南省地方特色产品（湘莲）质量监督检验中心项目建设，实验室硬件设施处于省内同级机构中的领先水平，县政府主要领导现场视察，充分肯定项目建设成绩。

（罗　源）

食品药品安全监管

【概况】 2019年，湘潭县市场监督管理局扎实开展食品药品安全监管，全县有食品生产企业160家，食品加工小作坊40家；餐饮服务单位1551家,其中社会餐饮单位956家、学校幼儿园食堂433家、企事业单位食堂162家。

加强食品安全监管整治，健全食品安全责任体系。严格落实单位和食品生产经营企业责任。加强对全县食品安全工作的领导，落实食品安全党政同责，将食品安全工作纳入绩效考核体系。

加强风险分级分类管控。对食品生产经营单位进行风险等级评定，共评定食品生产单位A类3家，B类64家，C类67家，停产6家，95%以上的单位风险评级为BC级以上。对餐饮经营单位实施量化分级管理，共评定餐饮单位2151家，其中A级26家，B级431家，C级1694家。对2584家餐饮经营单位实施风险分级管理，其中A级28家，B级556家，C级1959家，D级41家。

加强食品生产企业巡查监管。巡查企业140家，下达日常监督检查书200份，督促企业按照《食品生产加工企业落实质量安全主体责任监督检验有关规定》开展自查。

开展重大活动餐饮服务保障工作。共保障人大政协会、百姓春晚、欢乐嘉年华闹元宵等10余场大型活动食品安全。其中，全省贫困村暨民族地区和革命老区村党支部书记集中轮训班食品安全保障工作得到省委组织部和市委组织部领导高度肯定，"三考"期间食品安全保障得到县委、县政府领导的高度评价。

开展餐饮服务质量安全提升行动。以"三创一治"工作为契机，提质改造110户，关停卫生状况差、设备设施简陋的小餐饮6户。规范"小餐饮许可证"许可工作，发放376张小餐饮经营许可证。提升明厨亮灶覆盖率，已有352家学校幼儿园食堂实施明厨亮灶，覆盖率达81.29%。

推进民生实事工程。组织开展豆制品、米粉生产经营标准化整治行动，已成功创建豆制品标准化小作坊2家，豆制品标准化经营店8家，米粉标准化经营餐饮店5家。

开展食品安全监督抽检工作。覆盖全县17个乡镇，针对与广大消费者密切相关的米、面、食用油、酒、婴幼儿配方奶粉、校园周边小食品及节令性、传统性等食品开展质量抽样检测工作，共计2000批次。其中，食用农产品1363批次，生产环节162批次，流通环节224批次，餐饮100批次，保健品20批次，其他131批次，合格率达98%。

开展各项专项整治工作。联合县公安局等单位开展食品安全联合整治行动、校园及周边食品整治、护苗、护老、清网等10余项专项整治行动。其中元旦、春节、国庆等重大节日期间，检查餐饮服务单位386家次，督查整改78家；3—4月、9-10月分别启动春、秋两季学校幼儿园食品安全专项检查暨护苗行动，共出动执法检查人员545人次，执法车辆155台次，对433家中小学校、幼儿园食堂及周边160家食品经营店进行两轮全面检查。检查各类食品原料500余种，下达监督意见书739份，责令整改214户。查处不符合食品安全标准的食品131.5千克，立案5起；开展网络食品安全“清网行动”，对286家入网餐饮单位进行检查，下达责令改正通知书26份；开展保健食品“护老”行动，出动执法人员136人次,检查辖区内112家次保健食品经营单位，下达责令整改通知书27份。

开展食品安全宣传周活动。是年6月19日，在湘潭县一中艺体馆举行食品安全宣传周启动仪式暨食品安全进校园活动，300余人次参加启动仪式；组织开展中小学校落实食品安全主体责任专题培训200余人参加；6月20日，组织召开商务领域食品安全工作座谈会；6月27日，组织县委理论学习中心组食品安全专题学习讲座，县级领导等300余人参加学习；组织开展食品安全“四进”活动。发放食品安全相关消费风险提示、法律法规画册等宣传资料万余份。

【药品医疗器械安全监管】 2019年，全县有涉药涉械单位1052家。其中，医疗器械生产企业1家、医疗器械批发企业5家、医疗器械（隐形眼镜）经营企业21家、药品生产企业3家、药品经营企业212家、各类医疗机构810家。

完成49家零售药店的认证换证工作。依法依规进行行政许可工作，受理行政许可事项89项，均已办结。持续推进不良反应监测工作，上报药品不良反应报告共641例，医疗器械不良事件报告145例,化妆品不良反应报告121例,均如期超额完成本年度任务。加强药品、医疗器械监管，开展药品安全风险隐患大排查大整治、中药饮片质量集中整治等8项专项整治行动。

开展药品安全风险隐患大排查大整治专项行动。采取随机抽查、突击检查等方式开展监督检查，出动执法人员42人次，检查涉药涉械单位21家，立案查处5起，罚没款4.12万元，发现县疾控中心有近效期疫苗的问题，已整改完毕。

开展中药饮片质量集中整治。出动执法人员92人次，检查涉药单位43家，立案3起，罚没款2万余元。完成20个批次的中药饮片抽检。

开展执业药师“挂证”行为整治。收到企业自查报告199分，检查企业26家，下达《责令改正通知书》8份，处罚6家未按规定销售处方药的企业。

开展节前和“三考”药品、医疗器械安全检查。对部分涉药涉械单位和考点及周边的校园医务室、大药房进行监督检查，出动执法人员59人次，车辆12台次，检查药械经营单位18家，使用单位9家，确保了节日期间和“三考”前用药用械安全。

开展特殊药品、专管药品和疫苗专项检查。对26家疾病预防控制机构和接种单位进行检查，检查未发现疫苗有质量问题；与县卫健局、县公安局禁毒大队协同开展专管药品检查，检查未发现特殊药品和专管药品有流弊现象。

开展无菌和植入性医疗器械专项监督检查。出动执法人员60人次，车辆20台次，对辖区内25家无菌和植入性医疗器械经营使用单位进行拉网式检查，严厉打击无菌和植入性医疗器械经营使用过程中违法犯罪行为。

开展医疗器械“清网”行动。抽查6家批发及批零兼营的医疗器械批发企业，发现1家批零兼营企业存在从事医疗器械网络销售的问题，已责令整改到位。

开展安全用药月活动。11月15日,在湘潭县同丰步步高广场开展以“安全用药 良法善治”为主题的安全用药月启动仪式。现场接受群众咨询102人次，发放药品、医疗器械、化妆品相关宣传资料802份；11月11日，召开新修订《中华人民共和国药品管理法》宣贯暨药品经营企业换证工作培训会，200余人参加。

开展禁毒宣传活动。通过摆放宣传海报、悬挂横幅标语、现场答疑等方式，全方位、多角度向人民群众宣传毒品知识和毒品的危害。

（罗　源）

国有资产管理

【概况】 2019年，国有资产管理办公室顺利地完成预定的工作任务，尤其是全县国有资产划拨处置、资产配置标准、县管国有公司年度绩效考核基准值的出台、国有企业重组和转型、事业单位公车改革、县管国有企业财务审计、国有资产建立政府向人大报告制度等工作方面。

开拓创新强化国有资产监督管理，确保国有资产保值增值。以县人民政府办公室的名义印发（潭县政办函〔2019〕8号文件）《关于湘潭县行政事业单位国有资产处置划拨的会议纪要》。会议明确此次湘潭县行政事业单位国有资产处置划拨的各相关单位的职能职责和税费问题，为后续推进资产管理程序，进行确权、划拨等相关工作明确方向。

国有资产的处置和划拨、清查。对闲置资产进行清查，走访老县城、各乡镇，对闲置资产进行实地调查了解。2019年，处置22处闲置资产，1台车辆，拍卖金额1907.86万元；组织召开全县部分资产划拨会议，加快4个国有企业资产划拨的推进速度。

坚持完善监督机制，有效提升监管水平。出台《湘潭县县管国有公司2019年度绩效考核基准值的通知》（潭县政办函〔2019〕47号文件），明确县管国有公司2019年度绩效考核基准值，为2019年度国有公司绩效考核提供考核依据。

对国有企业进行2018年度财务审计和2019年度上半年财务检查。5月份，聘请诚正会计师事务所对国有企业的2018年度各项计划指标的完成情况、财务管理制度执行情况、资金、财产的使用和管理情况、各项财务收支和管理费用开支情况以及国有资产的保值增值情况等财务审计。7月底，以监事会的名义对2019年度上半年国有企业的资产负债、盈利、融资、财务制度等方面进行检查。

聚力改革攻坚任务，持续深化国企改革。以县人民政府办公室的名义制订《湘潭县县管投融资公司重组和转型发展工作总体方案》（潭县政办函〔2019〕79号文件）、《湘潭天易发展集团有限责任公司重组工作方案》（潭县政办函〔2019〕78号文件）、《湘潭莲乡实业集团有限责任公司重组工作方案》（潭县政办函〔2019〕80号文件），县属4家国有公司合并为2家，全力推进重组企业“三转”，为做大做强做优县管企业，提高国有资本运营效益，促进全县经济持续健康发展奠定坚实的基础。

建立和完善各项制度，推动事业单位车改。与机关事务服务中心联合制订《湘潭县党政机关单位2019—2020年通用资产配置标准》（潭财发〔2019〕11号文件），为各行政事业单位在通用设备、办公家具、办公用房装修维修等资产配置方面提供标准。

制订《中共湘潭县委关于建立县人民政府向县人大常委会报告国有资产管理情况制度的意见》（潭县发〔2019〕7号文件），为切实摸清国有资产家底，提高国有资产管理公开透明度，提升国有资产管理公信力，推动规范和改进国有资产管理，推进国有资产治理体系和治理能力现代化。

【公务用车改革】 制订《湘潭县事业单位公务用车制度改革实施方案》（潭县车改〔2019〕1号文件），并于6月28日召开全县事业单位公车改革动员暨业务培训会，明确事业单位车改的时间、原则、范围、部门工作职责，解读改革政策，规定报送程序、方式、时间、要求，程序，为事业单位公车改革顺利推进奠定基础。年底，各事业单位车改审批工作相继完成，车补陆续发放到位，事业单位车改工作进入尾声。

（王　汝）

建设·环保

城乡规划

【概况】 2019年，精益求精，高效推进第三次国土调查工作，全面摸清“家底”，为国土空间规划编制的全面开展提供精准的数据支撑。湘潭县第三次国土调查内业核查以0.02%的低错误率高质通过国家级内业核查，国检质量排名全市第一。湘潭县作为湖南省国土空间规划编制试点县之一，确立湘潭县国土空间总体规划“1+1+12”的任务体系，形成《湘潭县国土空间规划实施评估》《湘潭县资源环境承载能力和国土空间开发适宜性评价》等9个专题的初步成果。2016—2018年编制村庄规划158个，2019年编制“多规合一”村庄规划27个，农村人居环境整治村庄规划136个，实现村庄规划编制全覆盖，规划编制工作经验在全省市县长培训班上予以推介。

（马立准）

住房和城乡建设

【概况】 2019年3月，县住建局与县人防办合署办公，实行一套工作机构、两个机关名称。年内，建设行业发展态势较好，新型城镇化建设不断推进，人防水平不断提升，民生服务成效显著。完成建筑业产值62.64亿元，比2018年递增30%；创税约4亿元。完成商品房销售6952套，销售面积为80.45万平方米，完成商品房销售金额44.02亿元。全年完成非税收入3053万元。

【建筑业市场】 2019年，湘潭县3家建筑企业资质从二级升为一级，4家建筑企业资质从三级升为二级。新增建筑企业9家。全年实施招标投标监管项目33个，核发施工许可证46个、竣工验收备案122个。企业品牌和信誉大有提升，23家建筑业企业被评为市信用等级AAA或AA企业；省防腐保温协会正式落户湘潭县，成为省内唯一一家总部设在县级城市的省级协会。

【房地产市场】 2019年，完成房地产固定投资38.06亿元，创税约4.8亿元。11个房地产项目列入县级重点工程，计划总投资16.88亿元，房地产业全年完成重点工程项目投资20.06亿元。是年，发放预售许可证29个，预售面积105.44万平方米。按照《湘潭县商品房预售款监管实施办法》的相关要求，对权限范围内经批准预售的商品房预售款的收取、支付、使用实施全程监管，共38个开发项目使用审批674宗，拨付商品房预售款13.47亿元。是年，参与湘潭县城市建设的房地产开发企业共有51家，其中二级资质1家、三级资质17家、四级资质22家、暂定资质11家。

【燃气管理】 2019年，湘潭县有天然气企业1家，CNG汽车加气站2座，在县经营的液化石油气企业6家（县属企业2家，市属企业4家），建有充装站3座，下设网点108个。天然气年供气量约4745万立方，液化气年供气量1.27万吨。年内，组织应急消防演练2次，成功处置一起CNG撬车燃气泄露事件。共组织燃气安全生产大检查4次，通过系列安全检查及专项行动共查改安全隐患200多处，出具督查整改指令书100余份，查封关停液化气充装站2家，暂停经营网点3家，安全转移液化石油钢瓶225个，取缔黑网点8处，行政立案4起。全县17个乡镇设立液化石油气安全使用知识宣传栏180处，覆盖全县村部及社区。共向城区居民和各乡镇发放安全宣传资料3000余份。组织对燃气从业人员、乡镇燃气管理专干200余人开展安全教育培训。全年燃气行业未发生安全事故，安全生产形势平稳可控。

【建筑设计】 2019年，湘潭县建筑规划设计院设计总产值完成约480万元，设计总建筑面积35万平方米。设计项目主要为房地产项目、天易经开区的市政项目、招商引资的工业厂房项目以及乡镇小城镇开发项目，全年承担各类项目总量共计53个。完成湘潭县乡镇镇区道路提质改造工程设计，所有背街小巷的提质改造设计，以及杨嘉桥、河口、分水、锦石4个乡镇的排水规划。此外，还承担上级主管部门或关键客户安排的工程检查、验收、鉴定及技术咨询等工作。

【设计审查】 初步设计严格审查工程投资、雨污分流、海绵城市建设、建筑节能、绿色建筑、装配式建筑、光纤到户、二次供水、充电桩等方面。2019年，共完成限额以下项目初步设计审查18项，参与天易经开区限额以上项目初步设计评审项目18个。2019年7月20日，全面取消社会投资项目初步设计审批。消防设计项目审查46个，施工图审查备案办结88个。2019年10月14日，在由省住建厅举办的湖南省施工图“多审合一”“多图联审”业务培训视频会议中通报表扬湘潭市，湘潭市施工图审查效率排名全省第一，施工图审查平均用时17.2工作日。实行施工图审查政府购买服务，为企业减负。全年签订施工图审查合同66个，合同金额434.13万元，其中消防审查费用63.93万元，人防审查费用5.78万元。2019年末已支付施工图审查费用351.58万元。

【建筑节能】 2019年，湘潭县新开工项目42个（其中新开工民用建筑工程23个），面积106.32万平方米，所有城镇新建民用建筑项目都进行建筑节能设计，无违反节能标准现象，城镇新建建筑设计阶段节能强制性标准实施率达100%；新建建筑项目竣工备案49个（其中新建民用建筑竣工备案34个），建筑面积54.07万平方米，实施建筑节能的项目建筑面积54.07万平方米，湘潭县施工阶段执行节能强制性标准达100%。

【绿色建筑与装配式建筑】 2019年，新建（开工）绿建项目5个（大汉紫敬龙城二期、湘潭县人民法院、福湾八期2A#、6#、7#楼、锴鑫·森林雅园、湘潭子敬学校初中部建设项目），共计建筑面积56.17万平方米，均采用一星绿色建筑标准设计，新建民用建筑建筑面积（城镇）106.32万平方米，新建绿色建筑面积与城镇新建建筑面积比例为52.83%。是年，获得一星级绿色建筑设计标识有三建天易江湾高层住宅楼（1#~6#）和锴鑫尚御尊城恒郡两个项目，合计建筑面积26.72万平方米，占湘潭县新建建筑面积的25.05%。全年，湘潭县新开工装配式项目13个，建筑面积33.27万平方米（乡镇3个，城区10个），城区装配式建筑建筑面积32.28万平方米，城区新开工建筑项目（民用和工业）33个，建筑面积为137.58万平方米。是年，湘潭县城区新建装配式建筑占比城区新建项目建筑面积23.46%。

【建筑质量安全】 2019年，质量安全监督项目101个，建筑面积318万平方米；竣工验收项目78个，建筑面积203.94万平方米。湘潭县建筑行业安全生产年死亡率继续保持为“0”，确保全县建设领域安全生产形势持续稳定向好。全年获评市湘莲奖3项、创建市优质工程9项，市观摩工地1项，为全县高质量发展提供重要保障。加强质量安全督导，全年累计检查项目959项次，查改隐患2100余处，下发质安隐患限期整改通知书225份，停工整改通知书43份，设备限制使用通知书46份，约谈项目17项次，下发不良行为告知书8份，下发不良行为决定书3份，处理建设工程质量问题投诉90余起。

【建筑执法】 2019年，通过加强日常巡查、季度检查和开展专项行动，对全县在建工程严格按相关法律、法规和检查标准进行常态化检查，检查中对项目部和施工现场存在的问题及时提出整改意见，对存在安全隐患的项目下发整改通知书，并督促将隐患整改到位，重点整治施工现场防坍塌事故、施工起重机械、深基坑防护、高处坠落、施工用电等重大危险源。全面贯彻落实中央、省、市、县环保督查有关文件和会议精神，进一步落实建设领域“三创一治”和“蓝天保卫战”工作，严格执行“8个100%”要求，有效降低建筑工地扬尘污染，在建工地现场推广使用远程视频监控系统，将建筑扬尘PM10和安全生产管理纳入视频监控系统，进一步提升施工现场安全文明施工管理水平。

【重点工程项目建设】 2019年，湘潭县有德客隆·十里荷风、天元·海棠湾、万通逸城二期、银港国际、涓江天易新城、米罗云山二期、天易江湾住宅小区、水岸龙庭三期、湘江外滩商业街、大汉紫敬龍城、碧桂园天玺等11个在建房地产项目列入县级重点工程，计划总投资16.88亿元，全年实际完成投资20.06亿元，占计划总投资的118.84%。滨江风光带（杨河段）提质改造工程在2018年通过指挥部研究决定调整计划缩减投资，项目总投资1.7亿元，至年底已完成1.2亿元左右。是年，完成投资约1500万元，其中征拆和协调完成约350万元，工程建设完成约1150万元。此工程项目一、二标段进入扫尾阶段；四标段水利建设进入扫尾阶段。

【住房安全保障】 2019年，农村危房改造开工916户，竣工1303户，完成省市农村危房改造和实事工作任务，由财政直接通过银行“一卡通”系统分五批拨付（含2018年）的1690户共计2996.53万元危改资金直接发放给农户，并顺利通过国家、省脱贫攻坚检查。是年，湘潭县棚户区改造350户（烟塘片区城中村项目），按照棚户区货币安置计算办法完成439户，超额完成年度工作任务。全年农村危房改造任务916户，开工1303户，竣工1303户，超额完成省、市、县年度工作任务。

【特色小镇建设】 2019年，花石湘莲小镇累计投资8715万元。涉及湘莲文化展馆、花石镇人行桥（花石二桥）改建、镇垃圾中转站建设、污水处理站、湘莲产业园和仓储物流中心、天马现代农业示范园园区道路、河道治理7个基础设施投资项目。

【新型城镇化发展】 结合农村环境整治基础建设PPP项目、农村双改等工作，全面推进新型城镇化进程。2019年，完成花石镇、石潭镇、射埠镇、青山桥镇、云湖桥镇5个镇的污水处理厂建设并处于设备调试阶段；已开工建设中路铺、杨嘉桥2个乡镇污水处理厂；已完成青山桥镇、花石镇、锦石乡、易俗河镇4个乡镇垃圾中转站建设并投入使用；完成锦石乡唐家湖黑臭水体治理。根据《湘潭县农村“双改”实施方案

(2017—2020年)》，推动2019年农村“双改”实施项目工作，落实农村生活污水治理和垃圾治理工程、黑臭水体治理工程、农村危房改造工程、特色小镇培育工程、农村建筑工匠培育工程，年度城乡基础设施建设项目投资额约2.1亿元。

【物业管理】 2019年，湘潭县有43家物业服务企业，其中本土物业服务企业23家，外来企业20家，行业从业人员2000余人，28个小区成立业主委员会，实施物业管理小区59个、1300多万平方米，规范化物业管理覆盖面积达70%，小区服务实现“建”“管”分离。及时地处理多起小区的投诉，保障业主的合法权益；县住建局较好地完成各小区的物业服务工作；规范各新建小区的前期物业管理；严格执行《物业承接查验办法》，确保物业承接查验工作得到有效监管。

【物业专项维修资金管理】 2019年，全县共归集维修资金6882万元，累计归集维修资金已达到4.45亿元。有65个项目申请使用维修资金，41个项目已竣工验收，共拨付维修资金82.13万元，圆满完成各项工作任务。

【白蚁防治】 2019年共计接待电话来访咨询700余次，外出查勘施药210次，查勘施药面积约178.88万平方米；办理城市房屋白蚁预防实施证明51个，共计建筑面积约178.34万平方米；办理城市房屋白蚁预防公共服务受理登记单23个，共计建筑面积约113.16万平方米。

（彭　力）

城市供水

【概况】 2019年，湘潭京湘供水有限责任公司以安全优质供水为根本，以标准化建设为抓手，主动适应新时代高质量发展的新要求，在应对挑战中改革创新，在攻坚克难中砥砺奋进，较好地完成各项目标任务。新增固定资产投入1240万元，日供水能力11万吨（含城投水厂)，供水主管网220余公里，供水覆盖率达100%，水质综合合格率99.95%以上，肩负着县城15万人口、1200多家企事业单位的供水重任。公司先后获得“省级文明单位”“省级文明卫生单位”“省级城镇供水行业文明创建工作先进单位”“省集中式供水卫生监督量化分级管理A类单位”“省五四红旗团支部”“省级青年文明号”“省级巾帼文明岗”“市级园林式单位”“市级无烟单位”等荣誉称号。

【供水工作】 2019年，公司以“创新发展，节能增效”为主线，创新思路、抢抓机遇、主动作为，把安全、优质、恒压供水工作放在首位，全年实现总供水1457万吨。水质综合合格率99.95%；为进一步降低生产成本、提高生产效能，公司先后完成一泵房3号机组，二泵房1号、2号、3号机组的电机和水泵节能改造。

公司按照县城“五大片区”的供水建设构架，以“加快城区供水管网敷设，完善城市供水基础功能，为城区经济发展保驾护航”为重点，紧紧围绕天易经开区的工作目标任务，切实做到“道路修到哪儿，供水管网敷设到哪儿”。是年完成滨江路、海棠路、香樟路等DN300以上供水主管安装5.9千米；完成天元海棠湾、天易新城等34个小区的供水安装工程，新增验收开户6941户；完成背街小巷项目富豪阁金松3路至6路及洛口大道杨茂山片区的供水改造。全年完成全县17个乡镇、28家供水单位184件水样、43项常规指标的检测任务，及5座中型水库55件水样的月检测任务。从5月起，增加开展对县内建档立卡贫困户的水质抽查工作，完成17个乡镇、51个行政村、245户农户、245件水样的检测任务，全面达到上级各部门的工作要求。

【安全生产】 2019年，公司严格按照安全生产标准化二级达标企业要求，不断提升职工安全生产意识、不断强化作业场地设施安全、不断规范安全操作流程，全年安全责任事故零发生。

制订《企业安全生产责任书》，与各部门签订安全生产目标责任状，形成“公司统一领导、单位全面负责、职工全面参与”的共同责任网络，并严格执行目标考核，促进各级安全生产责任的落实。实施常态化安全检查，全年开展领导带队安全生产检查4次、季节性安全检查4次、公司内部安全专项检查15次、外线安全巡查16次，查出并整改安全隐患12处；开展消防器材及电器设备专项检查12次，更换灭火器药粉89瓶；配合相关安全检查单位的安全生产资料及现场检查20余次。加强安全教育培训。组织《有限空间作业和危险化学品知识》《安全法律、法规及用电安全知识》《消防安全知识》《酒驾警示教育》等讲座；开展以“防风险，除隐患，遏事故”为主题的安全生产月系列活动，并组织安全知识竞赛；参加省职安协会安全生产标准化自评员培训、县应急管理局企业主要负责人和安全管理员考证等专业培训；所有新进员工均组织三级安全教育培训和考试。

【服务创新】 2019年，公司始终把“简化、优化、明确、标准”落实到用户服务中，规范服务标准，优化工作流程，争创优质服务品牌。持续提升公司大厅窗口人员的首问责任制和“一站式”服务理念，逐步实现公司各项业务办理让客户“最多跑一次”；走进街头开展“3·15”消费者权益日、“世界水日”和“中国水周”主题活动，增强用户科学用水观念；坚持开展“服务进小区”活动，宣传政策、听取意见、优化服务；深化开展单位用水户走访活动，为企业搭建沟通平台；公司服务热线和抢修人员24小时受理解决用户用水方面的问题，全年接听热线电话13980个，派出工作联系单2456件，电话回访510件，用户满意度100%；采用专人专管，处理各类来电、来信、来访204件，答复率、及时率达100%；全年发送催缴、预交、停水通知、温馨提醒等各类短信65万余条。

【党群建设】 2019年，公司充分发挥党建带群团作用，实现共建相融。3月，组织女职工登金霞山活动，开展以“创绿、爱绿、护绿”为主题的石鼓镇顶峰寒梅园植树活动；7月，组织无偿献血活动，组织职工健康体检；9月，组织全体党员到芷江接受革命传统教育；新中国成立70周年之际，组织拍摄“我和我的祖国”短视频，表达对祖国热爱之情；10月，前往长沙泰龙山庄开展户外拓展训练。各项活动的开展，提升职工的整体意识和团队精神。

按照县委、县政府关于《开展“脱贫攻坚大走访”》的通知要求，公司结对帮扶排头乡狮龙村、回龙桥村、排头岭村、双联村、辰山村的176户贫困户。公司88名干部职工坚持每月下户走访，了解基本情况，摸准困难问题，与帮扶对象结“穷亲戚”、交真朋友，并开展“微心愿”“同干农活”“同吃一餐饭”等活动，全年为联系的5个村送去慰问物资2万余元。继续与易俗河镇石壁村6户贫困户开展精准扶贫，引导帮扶对象学习政策、转变观念、树立信心，激发内生动力，并送去慰问金1200元，慰问物资900元，支持扶村资金10万元。（段海艳）

电网供电

【概况】 国网湖南省电力有限公司湘潭县供电分公司供电范围覆盖湘潭县全境，供电面积为2132.8平方千米，承担着湘潭县17个乡镇，共40.95万电力客户的供用电管理任务，全县10千伏线路共154条，共有35千伏变电站15座，110千伏变电站9座，220千伏变电站2座。

2019年，公司完成售电量12.996亿千瓦时，同比增长11.71%；电费自然回收率排名全省第一，在全省范围内率先实现公、专变电费自然回收率100%。售电均价647.09元/兆瓦时，累计台区线损率4.48%，同比降低0.94个百分点；综合线损率6.45%，同比降低0.73个百分点。全年未发生人身、电网、设备事故，保持了长周期安全生产记录。

2019年，公司获得省公司“红旗党委”“五四红旗团支部”，省公司“电费回收先进单位”，省公司“供指中心深化运营先进单位”，市公司“先进单位”、湘潭市“文明单位”等称号，同业对标综合排名全省A段第11名，连续三年年度绩效市公司排名A段。

安全生产稳中有序。全力打造“大安全”体系，明确安全责任清单，充分发挥安委会职能，建立健全三级稽查网络，设立安全总监，利用现代化管理手段，积极探索尝试远程视频稽查，全面提升稽查质效；跨专业整合人员力量，着力提升安全监管能力。全面诊断、精准施策，从问题诊断、指标管理等方面抓实班组、供电所基础管理工作，梳理出41个指标，建立供电所同业对标体系，强化指标对安全生产的引领作用，促进班组、供电所安全生产管理提质增效。强化培训，突出对“三种人”队伍的培训考试和审核，确保“三种人”队伍的整体素质；结合施工单位资质审核、台区经理大练兵，开展“十条红线”、典型违章、习惯性违章培训讲解，为作业现场规范、有序打好基础。开展安全生产问题诊断专项行动，累计发现问题121条，全部纳入周例会实行“销号式”管理。公司全年稽查现场6377处。其中，分包队伍的作业现场5751处，占现场总数的90.18%；班组及供电所作业现场626处，占现场总数的9.82%。查处违章现场总计211处，其中特别严重违章20处、严重违章现场49处、一般违章现场142处。在违章总数中，分包队伍违章现场200处，占比94.79%；班组及供电所违章现场11处，占比5.21%。共处理违章内部人员56人，拉黑违章现场施工队伍5个。

营商环境不断优化。扎实开展优化营商环境专项治理，全面推进业扩“一次都不跑”，办电环节、报装受理资料大幅压降，进一步规范业扩报装流程，高压业扩平均接电时长压降至48.83天；进驻湘潭县政务服务中心，在政务中心设立供电服务便民窗口，提供全方位服务，给用电客户带来极大的便利；开展三大农业产业示范园专项规划，安排项目及资金，促进乡村振兴产业项目落地实施，助力县域经济发展腾飞；及时对接园区、大客户，主动上门服务，通过业扩配套解决小龙王、佳海地产等大型用电企业的用电难题；响应园区发展需要，争资争项，多方协同，仅用45天就完成园区5千米10千伏新建线路从项目立项至建成投产全过程，获得县委县政府和客户的一致好评。

【供电服务】 2019年，制订公司层面供电服务管控方案，明确职责分工，加强专业协同，以客户为中心打造“大服务”体系。在全省率先组建大数据分析诊断室，采用柔性团队实体化运作方式，充分发挥数据中心“神经中枢”功能，精准查找问题短板，提供专业管理改进提升建议，全年累计治理低电压用户9305户，用户电压合格率从78.96%提升至91.47%，获得省公司相关部门高度认可，在省公司供电服务指挥中心深化运营发布会上，荣获县级单位全省第一名。以指标分析会为抓手，以“五个零时差”“一停多用”为着力点，破除专业壁垒，树立供指权威，通过“摆数据、重分析、抓落实”，确保指标数据时时在眼，时时在手，时时在心，10千伏配变停运率下降29.5%，10千伏公变平均停电时长同比下降24.96%，配网故障报修率同比下降35.42%，故障抢修平均恢复时长同比下降73.29%，中大型企业平均接电时长同比缩短49.27天，百万客户投诉量同比下降91.3%，客户用电体验明显改善，公司供电服务水平全面提升。

【电网建设】 2019年，电网建设推行“政企联动、责任共担”的新模式，执法机关开展护建行动6次，顺利推动110千伏天平、河口、白沙洲输变电工程建设。迎峰度夏前完成110千伏天易变电站扩建工程和5条10千伏配套线路工程，有效缓解城区供电压力，保证迎峰度夏期间的电力供应；积极争取政府支持，妥善处理射埠特高压换流站噪声扰民和临时征用地等历史遗留问题，确保备用水源施工建设环境。定期召开雅中至江西±800千伏特高压工程属地协调工作例会，形成“每周总结，双周督办”的常态化管理机制，高效推进特高压工程建设。是年，湘潭县农网投资规模4.41亿元，涉及299个单项工程，完成137个行政村配电网改造工程，配网建设完成率100%，工程进度全省排名第一；新建、改造10千伏线路462.15千米，新建、改造806个配电台区，新增、改造配变容量113650千伏安，新建、改造低压线路2419.36千米。新建10千伏线路252.64千米，新建、改造配变802台、低压线路1621.62千米。

（彭翔晖）

城市管理

【概况】 2019年，湘潭县城市管理和行政执法局紧紧围绕县委、县政府提出的“挺进全国百强县、创建全国文明城市”奋斗目标，认真落实县委、政府明确的重点工作任务，全力推进县城设施提质、管理提效、品质提档、环境提标，城市管理各项工作取得明显成效。

市容市貌管理。加大严管重罚力度，强化常态化管控，强力推进市容整治。先后开展占道堆物、出店经营、广告招牌等市容整治。全年开展市容整治及联合执法行动157次，共纠正出店经营、沿街叫卖、乱牵乱挂、噪音污染等各类违章行为30393件（次），规范门店装修201家，拆除门店违规设置的门店招牌108块，清理破损招牌、灯箱等358块，横幅、墙壁布幅等455条，查处散发小广告违法行为120起，没收违法小广告5万余份，清理违规种菜26处。

环境卫生管理。推进环卫市场化，严格对市场化公司检查考核，强化环卫精细化保洁，提升环卫工作水平。实行机械化加人工保洁模式，有效保持城市卫生洁净，做到城区生活垃圾日产日清，垃圾无害化处理率达到100%。2019年，共清运垃圾15.1万余吨，清理各类牛皮癣20万余张。完善环卫配套设施，完成了城区19座公厕升级改造，新建凤凰中学初中部和白石广场2座二类公共厕所。

园林绿化管理。元旦、春节、国庆节期间，在城区主要路段、交通分流岛悬挂灯笼、中国结，在城区出入口等重要节点摆放立体花卉、草雕12处，营造祥和、喜庆的节日气氛。以“林荫大道”为标准，加强道路绿化建设，提档升级城区主干道绿化，开展“3·12”植树节活动，补植各类苗木770株，新增绿化面积4200平方米。提升城区绿化档次、增强街头彩色，对城区交通四岛绿岛、金霞山广场按季节栽植鲜花3次，美化面积5500平方米。充分利用跨线桥、人行天桥、桥墩等一切可造绿空间，种植多年生草本花卉、藤蔓植物，推动立体绿化建设，完成二桥南桥体立体绿化建设项目。

市政设施管理。开展市政设施安全生产风险隐患“大排查大管控大整治”百日行动，发现并及时维修整改安全隐患34处。加强道路维护改造，修复城区破损沥青路面1300平方米；重点提质改造金桂路东侧、云龙路南侧人行道面积6900平方米；重点修复沿江风光带步行道及城区人行道彩板6000 平方米。加强市政设施巡查，及时修复城区零星破损的井盖48个、雨水篩254个;完善排水管道的防汛功能，对县城区排水系统进行彻底清淤，清掏雨水篩1320个，清掏雨污井760个。加强公共自行车系统维护，保障市民出行。2019年，公共自行车骑行量达240019次。

路灯照明管理。推广绿色照明节能改造，根据季节变化及人流量特点，优化照明开关时间，严厉查处盗用路灯用电行为，实现照明用电节约管理；对城区路灯、景观灯进行巡查，确保城区主次干道装灯率100%，主次干道亮灯率达99%，背街小巷亮灯率达97%。对照明设施和景观亮化灯进行全面彻底的安全隐患排查，对破损的灯具及时进行更换，共修复路灯400余盏，修复造型灯、亮化景观灯300余具，维修路灯控制箱11个；完成湘潭县湘湘干线路灯安装工程。

金霞山公园管理。加强公园日常管理，做好森林防火、环境卫生、枯死树木清理、树木病虫防治、乱搭乱建乱葬乱磨（坟）、白蚁防治等工作。全年查处破坏公共设施2起，劝阻公园内吸烟、乱扔垃圾等不文明行为170余人次，上坟烧香纸、乱砍乱伐、乱磨坟20起，清理枯死树木160余棵。加强基础设施维护维修，硬化公园入口道路750平方米，全面修缮公园内破损的游步道、路灯、石桌、石凳，制作安装创文、森林防火、禁烟等公益宣传160处。

农贸市场管理。加强农贸市场招租收费，采取抽签的形式公开招租，全年收取摊位费233.16万元。加强禽流感、“非洲猪瘟”防控工作，严格落实“一日一清洗、一周一消毒、一月一休市、过夜零存栏”制度。加强日常管理，督促各商户切实履行“门前三包”责任，狠抓市场及周边的秩序管理，针对市场及周边出店经营、乱摆乱占等现象，开展专项整治，市场管理得到进一步规范。全年完善市场设施42处，清理出店经营65户，流动摊贩170余次，清理市场周边“牛皮癣”小广告，形成“行商归市，坐商归店”的良好经营秩序，营造环境优美的市场环境。

脱贫攻坚。湘潭县城市管理和综合执法局118名干部职工与易俗河镇京竹村、友谊村、高岭村、新塘村、黄竹村、梅林村的235名建档立卡贫困户建立结对帮扶的关系。按照每月走访主题，每月不少于1次到结对的贫困户家中看望和帮扶，走访了解情况；分析帮扶对象的困难原因，制订“一户一策”，落实帮扶项目，坚持扶贫与励志、日常帮助和临时救济、物质帮助和精神激励相结合。认真实施“三个一”活动，即结对帮扶责任人与贫困户同吃一餐饭、同做一件力所能及的劳动、完成一个微心愿，结合贫困户实际情况，着力解决实际困难，因户制宜地赠送电视机、电风扇、电饭煲、皮鞋等生活物资和台灯、书包等学习用品及禽类、鱼塘石灰等生产物资，协助农副产品销售等，群众反响很好。另外，该局分3批次派遣5名驻村队员助力脱贫攻坚，5名同志分别担任石鼓镇四路村、易俗河镇友谊村、中路铺镇柱塘村、中路铺镇潭湖村、茶恩寺镇千家村的驻村工作队长。

【“蓝天保卫战”】 2019年，集中开展渣土扬尘、露天焚烧垃圾、城区餐饮店油烟治理、禁止焚烧垃圾、禁止燃放烟花鞭炮、禁燃煤等专项整治。开展大气污染专项行动13次，阻止露天烧烤经营行为396次、焚烧垃圾25起、燃放烟花爆竹18次，处理餐饮门店油烟扰民投诉162次，拆除运离经营性小煤炉133个、烧烤灶

17个。制订《湘潭县建筑垃圾管理办法》，对渣土运输坚持严管重罚，共收取渣土处置费36.72万元，收取卫生保证金67万元，行政处罚60600元。有效打击垃圾焚烧、道路污染等行为，确保空气质量。（宋波南）

住房公积金管理

【概况】 2019年，湘潭县住房公积金管理工作立足支持住房消费，坚持"房住不炒"理念，以服务民生、改善民生为抓手，把人民群众对美好生活的向往作为工作目标，各项工作顺利推进，各项经济指标完成情况较好。

全年共归集住房公积金4.06亿元，同比增长15.6%，累计归集住房公积金21.89亿元，归集余额10.75亿元；共办理提取业务74901笔，提取金额2.32亿元；累计个人提取住房公积金15.85亿元，发放住房公积金贷款874笔共3.09亿元，个人住房贷款余额占缴存余额的比例为112.28%，累计发放住房公积金贷款5386笔共19.5亿元，贷款余额12.07亿元；共回收住房公积金贷款1.18亿元，同比增长4.42%。

继续扩大公积金覆盖面。抓好政策宣传，借助主流媒体和新兴媒体，向社会公开各项业务政策、办事流程；以非公规模以上企业为建制扩面重点，逐步开展新市民、自由职业、灵活就业人群缴存住房公积金的业务，着力拓宽制度覆盖面。

个贷业务调控有力。根据房地产市场形势和国家宏观经济调控政策要求，实行"保一限二禁三"的差别化信贷政策，优先保证缴存职工购买首套房的贷款需求，适当提高第二套房或第二次公积金贷款首付比例（由20%提高至50%）和贷款利率（提高至1.1倍），停止发放第三套房及以上或第三次及以上使用公积金贷款。

提升服务质量和效率，加快推动"马上就办、最多跑一次"改革落地见效。通过减少审批要件、压缩审批时间，全面梳理、落实改革措施，最大程度增加人民群众的获得感。建立数据共享平台，中心与民政、公安以及住建、不动产登记、人民银行、人社、税务、工商等13个部门建立数据共享机制，可联网核查住房公积金业务申办人的婚姻登记、户籍、房产备案、抵押、征信、大病医疗等方面信息，实现数据共享全覆盖，做到让数据多跑路，让群众少跑路。（刘赞红）

环境保护

【概况】 2019年，湘潭县环境保护局紧紧围绕"打赢污染防治攻坚战，改善环境质量"这一中心，提高人民群众的幸福感和获得感为目标，全面实施"蓝天、碧水、净土"三大保卫战，以改善环境质量为重点，全力整治突出环境问题，严格环境执法和环保准入，持续推进大气污染综合治理，全年空气质量优良率为76.4%，优良天数279天，湘江湘潭县段水质稳定在三类以上。

【省环保督察及中央环保督察"回头看"】 2019年，做好省环保督察交办反馈问题整改工作。湖南省第三环境保护督察组反馈至湘潭市委、市人民政府20个问题中，涉及湘潭县的共计14个问题。县委、县政府按要求配合市直相关单位完成反馈问题的整改工作。交办信访件共计80个中，除邯郸港黑臭水体和云水支渠整治2个问题尚在整改外，其余信访件均于2019年4月30日全部办结，并于12月31日销号78个。

做好中央环保督察"回头看"交办问题的整改工作。中央环保督察"回头看"交办湘潭县的56个信访问题已于4月23日全部办结，已组织开展整改和整治工作。从反馈意见来看，涉及湘潭县的只有共性问题"绿心"的整改工作，无个性问题，达到县委提出的"不发生重大环境问题、干部不被问责"的要求。

【污染防治攻坚战】 2019年，市生态环委办下达湘潭县的年度考核任务涉及蓝天、碧水、净土等八大类90项工作任务，市生态环境局县分局作为污染防治攻坚战主要责任单位，承担46项工作任务。

"蓝天"保卫战。执法监管力度更大。在延续"亮剑""利剑""飓风"行动的同时，开展夜间大气执法的"夜鹰"行动，依法从严查处涉气环境违法行为。截至到12月底，全县共办理涉气环境违法案件30起，其中行政移送6起，共处罚款130余万元。巡查交办问题更多。在"蓝天保卫战"中，县环委办全年共交办涉气问题228件，交办焚烧秸秆（垃圾）共计1100起，单独或配合县委、政府督查室开展三次现场核查，提请县人民政府分管负责人对秸秆（垃圾）焚烧问题多发易发的乡镇负责人进行提醒、约谈；整改销号效率更高。对市生态环委办交办湘潭县81处裸露黄土控尘专项整治任务中，该县已按要求完成79处，并通过市生态环委办验收。"蓝天保卫战"所涉及的重点污染源治理步伐加快，16家重点整治单位已完成相关治理任务。省环督办交办湘潭县的南方阀门、凯依克（二期）、德天润3个问题已完成整改工作，并得到市生态环委办的认可。1—12月，县环委办交办的365个问题中，已通过"一单五制"整改销号320个，整改销号率为87.7%。

"碧水保卫战"。邯郸港治理有序推进。9月底，一污向二污应急调水工程完成建设后，已形成每日调水量约2万吨的能力。调节池清淤工作已启动，预计2020年1月完成清淤工作。禁、限养退养进展顺利。涟水流域（湘潭县段）共计退出养殖户355户，依托整县粪污治理推进项目，完善粪污治理设施。河长制工作落到实处。"清四乱"专项行动共交办问题44个，销号率为100%。水质较上年度明显好转。1—12月地表水3个国、省控考核断面（国控1个，省控2个）全部达到Ⅲ类水质及以上，涟水入河口断面水质累计均值由Ⅲ类好转为Ⅱ类，未发生水污染事故。

"净土保卫战"。完成牛头化工（一期）被污染地块以及治理工作，有序推进牛头化工（二期）治理和红燕氧化锌污染地块土壤修复工程；积极争取生态环境部土壤司对恒盛化工涉重金属镉本底值偏高的地块的治理项目支持，已进行项目包装；完成治理式休耕1万亩，完成治理式耕地修复2万亩。完成尾矿库的风险排查工作，制订整改方案，有序推进尾矿库整治工作，未发生土壤污染事故。

农业农村污染治理攻坚战。加强农村饮用水水源保护专项行动，推进饮用水水源地划定和整治工作；推进乡镇垃圾中转站建设。已完成射埠镇等11个乡镇垃圾中转站建设并投入使用；大力推进全县农村环境整治基础设施建设PPP项目落地，吸收社会资本，支持乡镇污水处理设施及配套管网建设。

长江经济带污染防治。开展清废行动、饮用水水源地保护、打击固体废物环境违法行为等专项行动；积极配合相关部门推进“三线一单”编制工作；开展“三磷”专项整治，对县磷矿加强执法监管，督促业主开展生态治理和修复工作。

【第二次污染源普查工作】 2019年，制订《湘潭县第二次全国污染源普查工作实施方案》等一系列文件，由县人民政府督查室牵头、污普办组织相关人员对全县17个乡镇和天易经开区污染源普查工作开展情况进行3次专项督查。根据省、市下发的名录库并由各乡镇普查办确认，共清查锅炉底册153家，其中纳入普查范围内生活源锅炉4家，计9台;入河排污口底册清查7个，新增排污口32个，纳入普查范围内的排污口39个。工业企业和生产单位底册为3163家，新增加90家，纳入普查范围内的企业为812家；集中式污染治理设施底册为114家，纳入普查范围5家；农业源规模化养殖场底册349家，纳入普查的261家。

【项目审批】 2019年，依法严格环境准入。严格按照相关法律法规及相关规定开展环评审批工作，1—12月共审批的项目96个，不符合窗口受理要求（提交资料不齐、没有总量指标等）26个，拒批11个（不符合产业政策等要求），没有越权审批和违规审批现象。对审批过程中发现的7批次11个违法建设项目信息移交环境监察处理；严格排污许可证发放。1—12月共发放排污许可证103个，审查资料100多本，查勘现场100余次，退窗21家，将5家存在违法行为的线索移交环境监察处理。优化项目环保审批。进一步做好“放管服”审批事项，通过精简、优化建设项目环保审批流程，缩短审批时限，认真落实“最多跑一次”，对重点项目提前介入，主动服务，动态跟踪，从产业政策、选址等环节给予企业大力指导，为项目顺利推进提供优质服务。

【环境监察】 2019年，加强队伍建设和管理。实施岗位责任制，强化内部管理，根据工作实际实行分片包干制，明确指标，落实任务，责任到人，各司其职，各负其责；同时参加省、市组织的各类业务培训300多次，组织的各类业务知识学习20余次。通过认真学习环保法律法规和业务知识，不断提高自身的业务素质和综合管理素质，为环保监察工作规范化、法制化奠定坚实的基础；加大环境执法力度。通过开展专项行动，严查各类环境违法行为，共出动执法人员900多人次，查处各类环境违法行为40余起；对未批先建、超标排污、非法转移处置危险废物、取缔“散乱污、脏乱差”等环境违法行为，立案查处38余起，取缔关停3起（主要以非法洗砂为主）、移送公安行政拘留6起，拟处罚款170万余元；加强司法衔接联动。进一步加强与司法部门的工作衔接与配合，会同县检察院共同督办案件4起，配合县法院对2018年茶恩寺非法处置废矿物油案搜集相关庭审证据，完成对相关责任人的判决。

【精准扶贫】 2019年，按扶贫工作要求，深入开展精准扶贫。该局联点青山桥镇天塘村、霞岭村，完善《结对帮扶工作方案》、帮扶计划、帮扶台账，联系贫困户67户138人，严格按照“五查五看“行动要求，全年扶贫走访累计13批次。选派两名优秀党员分别在柳桥村、海南村担任一支书，积极搭建产业扶贫平台，多次邀请爱心企业到现场办公、捐资助学、考察产业扶贫项目、开展节日慰问，进一步充实帮扶力量。

（彭　燕）

优化人居环境

【概况】 2019年，县优化人居环境事务中心严格贯彻执行征拆工作的各项法律法规，征收工作按照“联席会议管总、征拆机构主管、乡镇主责、各方协作推进”的实施原则，科学指导各涉征单位开展征拆工作，以推动项目建设、完善工作制度、加大监管力度、畅通沟通渠道为抓手，稳步推进县域征拆工作开展。

健全工作机构，强化组织领导。2019年4月，通过全县机构改革调整，正式挂牌成立湘潭县优化人居环境事务中心，为直属正科级公益类事业单位，中心下设党政综合办公室、财务股、政策业务股、稽核股、湘潭县征地拆迁事务所，主要负责贯彻执行国家和省、市、县征地拆迁补偿安置法律、法规、政策，完善征地拆迁工作规章制度；负责实施和管理全县集体土地征收、房屋拆迁补偿安置和国有土地上房屋征收与补偿事务性工作。

大力开展征拆业务，确保全县重点项目实施。2019年，全县本年共实施征拆项目20余个，共完成征地面积合计231.64公顷（其中天易经开区153.71公顷，共签订土地协议91个，县本级共征地77.93公顷）；共征收房屋451栋（其中天易经开区共签订404户房屋协议），共支付征拆资金7.36亿元（其中天易经开区共支付征拆补偿资金6.09亿元）；天易经开区另迁坟1398家，清表腾地186.67公顷，全面完成海泡石一期、胖哥耀晨一期、杭州网营物联、凯伊克物流二期、新亚行国际商贸城、子敬初中、广州酒家一期、佳海食品医药、裕鑫房产、白沙洲变电站、烟塘变电站、法治公园等12个项目征拆腾地扫尾工作。县本级重点项目主要有垃圾焚烧发电项目、湘潭港易俗河港区一期工程等项目。

全力以赴落实杆线迁移工作，年内完成德怀大道、AAAAA景区、青山大道、陈垅线、沿江风光带（滨江堤）、白马公路、山花复线等项目的扫尾工作，进行湘钢金属资源利用、河口千吨级码头、湘潭垃圾焚烧发电、石潭芙蓉中学项目的拆迁工作。

攻坚克难，狠抓落实，积极协调排除中石化输油管道安全隐患。杨嘉桥镇铺子岭村和云湖桥镇天鹅村两户存在较大的安全隐患。关于这两户的房屋拆迁，按政策自拆自建的方式进行安置，户主以宅基地无法安置为由，一直未达成征拆协议。经中心征拆队员与云湖桥镇政府多方协调于11月签订房屋征拆协议。

创新工作举措，深入推进“征拆对象购房优惠”活动。5月中心制订关于“实施征拆对象购房优惠”活动的工作方案，并召集各房产开发商召开“征拆对象购房优惠”活动会议，收集各房产开发商提供的活动优惠方案，制订宣传册，由中心工作人员将宣传册送至近两年内征拆户手中。同时，通过媒体对活动的宣传，增强各征拆户的购房意愿。

【湘潭生活垃圾焚烧发电项目建设】 2019年在该项目进行征地拆迁的工作中，部分被征拆对象及周边群众对该项目持抵触情绪，不但不配合征地拆迁工作，还围堵谩骂甚至威胁恐吓征拆小组工作人员，导致征拆工作推动缓慢，征拆队伍压力很大。特别是在与组委会成员谈土地征收协议时，大多数组委会成员不愿在协议上签字，但中心征拆队员会同河口镇政府干部及县委办驻早发组、发改局驻银毫组工作人员发扬敢打敢拼的精神，克服种种困难，逐个地反复上门，耐心细致地宣传解释相关政策法规。在征拆队员们的不懈努力下，组委会成员终于在土地征收协议上签上自己的名字。签定房屋拆迁协议17户，拆除房屋9栋12户，共支付房屋拆迁款2902.96万元；土地协议已签订核心区7.84公顷，防护区35.46公顷，共计43.30公顷，共支付土地补偿款4605.96万元；已完成银毫组、早发组群众代表现场指界；全面完成核心区7.8公顷内1200米边沟放线、定桩、三杆搬迁、清表、防护网及宽8米长300米的施工便道工作。

【S331白马公路项目】 该项目需征收马家堰油站，该油站没有办理用地手续，其余相关证照齐全，并请专业评估公司进行评估。2019年，县优化中心根据出具的评估结果，多次与加油站业主商谈对该油站移址补偿等问题，但双方因移址和业主要价过高等相关问题未达成一致。由于该加油站未拆迁，导致白马公路建设遭遇“瓶颈”。县委巡察组也专项提出整改要求，在接到县委巡察组整改要求后，中心高度重视，通过多次做工作，最终与业主签订协议。

（刘　娟）

重点工程建设·园区建设

重点工程建设

【概况】 2019年，全县安排重点工程项目107个，年度计划投资138.2亿元（其中政府性投资项目计划投资11亿元，同比压减50%）。年内动、开工项目96个，完成投资122.5亿元。年内已竣工投产和建成投入使用的项目35个。

佳海食品一期和五洲通药业生产基地等省重点工程和省“五个一百”项目超额完成年度目标任务。二污水厂配套管网工程、德怀大道、脱贫攻坚通自然村水泥/沥青路等3个基础设施项目建成投入使用或建成通车，青山大道主车道建成通车；广州酒家一期、湘潭柏屹二期、年产冲压件15万台套和沙发骨架15万台套生产线、年产5万吨不定型耐火材料、年产2万吨铜母线深加工、年产120万件锂电池正极材料专用匣钵、年产0.2万吨无缝钢管管道配件及机加工配件生产线、年产1.2万吨钙锌高效环保热稳定剂生产线、互联网+智能低温热解系统、华绿有机肥生产等14个工业项目建成投产或试投产；四水治理、湖南华懿生态农业基地等9个项目建成投入使用；天易贵竹学校一期、人民医院内科住院楼及门急诊医技综合楼建设工程、县妇幼保健院整体搬迁、乌石镇特色民宿建设等8个三产服务类项目建成或投入使用。

佳海食品、胖哥耀晨、海泡石新材料产业园一期、金属资源综合利用、生活垃圾焚烧发电、湘潭联海商贸城、湘莲大道三期、云龙东路、牛头化污染土地修复二期治理等项目均按时序进度要求快速推进。其中总投资2亿元的金属资源综合利用建设项目是年内新增招商引资项目，从合作协议签订到开工建设，只用短短几个月的时候，刷新湘潭县招商引资项目落地建设新速度。

县域2019年市级重点工程项目54个,年度投资计划72.4亿元。年内全部实现开工，竣工项目21个，完成投资91.2亿元，完成年度投资的120%。市级重点工程综合考核全市排名第一。

【湘潭佳海食品医药产业园一期建设项目】 2019年，该项目用地8.67公顷，建设25.8万平方米，食品级医疗机械加工厂房,年计划投资7亿元。是年底，一期58栋厂房竣工交付使用，完成投资8.3亿元。

【湖南五洲通药业生产基地二期工程】 该项目用地2.7公顷，建设外用药车间1个、生化提取车间1个、外用制剂车间1个等年计划投资4亿元。年底建成投产，完成投资5.72亿元。2019年，五洲通药业公司实现销售收入9.5亿元，创利税1.05亿元。

【广州酒家集团利口福(湘潭)食品生产基地一期建设项目】 该项目用地19.03公顷，总建筑面积约21万平方米，建设月饼馅料生产线3条、月饼生产线2条、速冻产品生产线2条。新建1层钢结构厂房5栋，仓库8栋，办公楼及食堂1栋,年计划投资2.5亿元，实际完成投资2.8亿元。2019年8月16日建成投产，当月实现产值近0.3亿元。

【湘潭柏屹自主创新产业园二期、三期工程建设项目】 2019年，该项目用地21.47公顷，二期工程建设标准厂房9.3万平方米，三期工程建设厂房9.9万平方米,年计划投资4亿元。年内，二期工程建成投产，完成投资5.9亿元。

【湖南胖哥耀晨食品有限公司总部及生产基地】 2019年，该项目用地约26.33公顷，总建筑面积约20万平方米,建设食用槟榔生产中心、研发中心、物流仓储等，年计划投资3亿元，实际完成投资3.7亿元。

【铜母线深加工项目】 该项目占地10公顷，总建筑面积6.3万平方米，一期新建生产车间2栋及仓库、员工宿舍楼、科研楼、办公楼各1栋；二期新建生产车间3栋主要建设生产车间、办公大楼、仓库及其生产配套供水、供电设施和宿舍、食堂、绿化区域等生活区。2019年计划投资

1.5亿元，实际完成投资1.9亿元。是年底，建成投产。

【县人民医院内科住院楼及门急诊医技综合楼建设工程】 该项目用地2.8公顷，总建筑面积6.4平方米，建设内科住院楼（13层、2万平方米）、医技综合楼（4层、2.9平方米）、地下层（1.4万平方米）及相关配套设施等。2019年计划投资0.65亿元，实际完成投资0.65亿元，于11月份竣工并投入使用。

【湘潭县妇幼保健院整体搬迁】 该项目用地3.74公顷，总建筑面积4.5万平方米，建设门诊急诊楼、住院楼、医疗辅助用房、后勤保障楼及相关配套设施。2019年计划投资1.1亿元，实际完成投资1.1亿元，于年内竣工验收并投入使用。

【天易贵竹学校】 2019年，该项目用地4.67公顷，总建筑面积约1.8万平方米，主要建设教学楼、综合楼、食堂及其附属工程等。年计划投资1.6亿元，实际完成投资1.7亿元。在天易经开区的统筹调度下，克服工程体量大、建设时间短、资金不足等一系列问题，敢于担责、勇挑重担，以8月31日为时间节点，将各项工作责任细化到每天，不分昼夜，攻坚克难，在规定时间内高效优质完成一期小学教学楼、食堂项目及附属设施建设。9月1日实现正常开学，缓解学位不足的压力。

（杨庆丰）

2019年湘潭县重点工程项目投资进度情况一览表

表2　　　　单位:万元

项目类别	序号	项目名称	2019年建设任务		责任单位及责任人	责任领导	1—12月累计投资	项目建设进度	是否开工	是否竣工
			责任目标	计划投资						
总计	107			1382024			1225119			
城镇基础设施	1	市政物流园PPP项目(湘莲大道三期)	完成路基和排水工程	50000	经开区相关局室 指挥部	唐剑恒 罗义彬	57070	至洛口大道段完成一层沥青,至潭花线段完成四座桥桥梁桩基施工,上部结构完成80%;涓水桥基础完成95%;精加工完成85%	是	否
	2	县城第二污水厂配套管网工程建设项目	建成投入使用	4000	经开区相关局室	蒋中军	4120	竣工投运	是	是
	3	湘南路道路工程	完成路基和排水工程	25000	经开区相关局室	蒋中军	11008	正在进行土方施工	是	否
	4	梧桐南路道路工程	完成路基和排水工程	8500	经开区相关局室	蒋中军	7750	完成路基排水,水稳完成55%,正在进行碧泉潭路至武广大道段路面施工	是	否
	5	云龙东路道路工程	主车道建成通车	7000	经开区相关局室	蒋中军	8160	道路已竣工,桥梁完成89%	是	否
	6	220千伏鹤麦线、麦经线、110千伏麦长线迁改工程	完成线路迁改工程	8000	经开区相关局室	蒋中军	1662	正在进行基础施工	是	否
	7	县城市防洪工程涓水(凤凰西路~胜利闸段)项目	完成京竹泵站建设	5500	经开区相关局室 县水利局	蒋中军	2450	副厂房及管理用房建设;泵站进水池及前池、泵室建设;泵站出口压力箱涵和自排涵穿堤建筑物建设;堤基灌浆160米。主体工程完成85%。	是	否
	8	莲花线(湘潭下摄司经易俗河至花石公路)二期(一标段)工程	二期(一标段)6.65千米完成征拆、开工建设	10000	指挥部 县交通运输局 易俗河镇	傅国平 唐仁光	2960	前期工作已完成,正在进行土地、房屋征拆,已开工	是	否
	9	青山大道	建成通车	1000	指挥部 县交通运输局 青山桥镇	罗　霄 陈虹伶	3239	主车道已建成通车,正在进行附属工程施工	是	否

续表 2

单位:万元

项目类别	序号	项目名称	2019年建设任务		责任单位及责任人	责任领导	1—12月累计投资	项目建设进度	是否开工	是否竣工
			责任目标	计划投资						
城镇基础设施		白马公路	完成一标段路基建设	2000	指挥部 县交通运输局 白石镇	陈卫兵 陈虹伶	2784	K0+000~K3+600段路面工程碎石垫层、水稳底基层、下基层及上基层已全部完成，完成K0+000~K1+050和K1+140~K3+600段沥青下面层、上面层施工，圆管涵已全部完成；完成水沟6534米，预制盖板2400米，浆砌工程1365.7立方米，弃土场排完成污水沟119立方米；K3+600–K5+600段抛石挤淤12900立方米。上庵子中桥及马家堰大桥已完成预制箱梁场地建设，上庵子中桥已基本完成；马家堰大桥已完成12根桩基和下部结构施工，完成20片箱梁架设，完成第1~3跨湿接缝施工。	是	否
	11	青山河石鼓段河堤加固(山花线改线段)	实施路基工程	3000	指挥部 县交通运输局 石鼓镇	颜　炬 陈虹伶	4946	现场清表已基本完成，路基填土方32303.35立方米，换填碎石土35409.32立方米，完成浆砌挡墙17958.8立方米，完成圆管涵31道，盖板涵7道，边沟1430米，改沟150米，青山河桥已完成桩基及下部结构施工。	是	否
	12	交通基础设施PPP项目	农村公路生命防护工程、陈龙线大中修建成投入使用通车；完成其他项目相关前期工作	14000	县交通运输局 相关乡镇	陈虹伶	17563	1.危桥：2019年度危桥项目已经开始施工，跃进桥已主体结构施工；黄龙桥完成桩基及下部结构施工；新花桥、美德桥、方上二桥、景泉水库桥、长塘桥、万金桥、润塘拱桥、合拢桥已完成全部施工。2.安保工程：2019年度第一批安保线路已完成波形护栏34347米；标志标志标牌及反光镜828个；警示柱4983根，交通标线16148.06平方米；2019年度第二批安保线路已完成波形护栏19840米，标志标志标牌及反光镜137个，警示柱33根，交通标线769.5平方米	是	否

续表2

单位:万元

项目类别	序号	项目名称	2019年建设任务		责任单位及责任人	责任领导	1—12月累计投资	项目建设进度	是否开工	是否竣工
			责任目标	计划投资						
城镇基础设施	13	德怀大道(岳临高速射埠互通—乌石连接线)	完成附属工程并交工验收	23200	指挥部 县交通运输局 相关乡镇	胡自庚	23200	已全线竣工通车	是	是
	14	脱贫攻坚通自然村水泥/沥青路	完成880千米水泥路建设	39600	县交通运输局 相关乡镇	陈虹伶	47972	已完成904千米	是	是
	15	西二环(三期)	年内启动项目建设	5000	县交通运输局 河口镇 杨嘉桥镇	陈虹伶	4300	已完成前期工作、初步设计及征地,因市政府于10月份将建设主体由市城铁投再次变更为县政府,且县级近日才确定莲乡实业集团为该项目建设业主,建设标准也因资金问题反复进行调整,加上县级财政紧张,资金暂无着落,导致此项目已停滞	否	否
	16	G60醴娄高速湘潭县段	启动征拆		指挥部 县交通运输局 相关乡镇	刘铁强	0	正在进行征拆摸底等前期工作	否	否
	17	配电网改造及主网建设工程	建成并投入使用	34009	指挥部 县供电公司 相关乡镇	陈虹伶	34009	1.白石天平变输变电工程已完成,变电站已送电,河口、烟塘已完成初步选址,白沙洲变已进场进行土建施工;2.126村网工程已完成设计,已完成施工招标,已完成126个村施工	是	否
	18	电信工程	建成并投入使用	6256	县电信分公司经理 相关乡镇乡镇长	马新国	4577	73.17%(完成86个4G基站的建设、121个室内无线分部系统建设,2252个光网端口扩容,线路整治157.43千米)	是	否
	19	通信工程	建成并投入使用	1400	县移动通信分公司经理 相关乡镇	何晓春	1400	已竣工投入使用	是	是
小计	19	基础设施		247465			239170			

续表2

单位:万元

项目类别	序号	项目名称	2019年建设任务		责任单位及责任人	责任领导	1—12月累计投资	项目建设进度	是否开工	是否竣工
			责任目标	计划投资						
工业经济	20	湘潭佳海食品医药产业园一期建设项目	完成13万平方米食品级医疗机械加工厂房建设	70000	经开区相关局室负责人	唐争耀	83000	开工建设20万平方米共78栋,其中58栋已竣工,其他正在进行主体施工,正在进行附属工程建设	是	否
	21	湖南胖哥耀晨食品有限公司总部及生产基地	完成部分厂房建设	30000	经开区相关局办负责人	谭海洋	36920	基础施工	是	否
	22	湖南五洲通药业生产基地二期工程	建成投产	40000	经开区相关局室负责人	罗义彬	57200	已建成投产	是	是
	23	湘潭柏屹自主创新产业园二、三期工程建设	完成二期配套工程和三期工程5万平方米厂房建设	40000	经开区相关局室	蒋中军	59300	二期已竣工,三期正在进行主体建设	是	是
	24	县返乡农民工创新创业园建设项目	启动道路和场平	10000	经开区相关局室	谭海洋 蒋中军	3000	正在征拆	否	否
	25	年产30万台(套)汽车座椅骨架及头枕制造生产线建设项目	建成投产	6000	经开区相关局室	罗义彬	8300	已建成投产	是	是
	26	年产冲压件15万台套和沙发骨架15万台套建设项目	完成厂房主体工程建设	6000	经开区相关局室	谭海洋	4200	临时厂房已投产	是	是
	27	年产5万吨不定型耐火材料项目	建成投产	8000	经开区相关局室	贺玉良	11100	已投产,正在进行附属工程建设	是	是
	28	年产2万吨铜母线深加工项目	建成投产	15000	经开区相关局室	贺玉良	15500	试投产	是	是
	29	年产2万台高端制冷展示柜项目	建成投产	10310	经开区相关局室	唐争耀	9100	正在进行厂房主体建设	是	否
	30	年产100台套高温真空设备生产线建设项目	建成投产	3800	经开区相关局室	唐争耀	6600	已进入试投产阶段	是	是

续表2

单位:万元

项目类别	序号	项目名称	2019年建设任务		责任单位及责任人	责任领导	1—12月累计投资	项目建设进度	是否开工	是否竣工
			责任目标	计划投资						
工业经济	31	15万吨工业废渣资源化利用建设项目	建成投产	5000	经开区相关局室	贺玉良	7200	已进入试投产阶段,正在进行附属工程建设	是	是
	32	广州酒家集团利口福(湘潭)食品生产基地一期建设项目	一期工程建成投产	25000	经开区相关局室	唐争耀	28420	已建成投产	是	是
	33	年产120万件锂电池正极材料专用匣钵项目	建成投产	7000	经开区相关局室	唐争耀	8200	已进入试投产阶段	是	是
	34	年产10万千米特种电缆、橡套电缆生产线建设项目	建成投产	9400	经开区相关局室	贺玉良	11580	地面平整及钢构搭建	是	否
	35	年产1万吨通用机械设备生产线建设项目	建成投产	7200	经开区相关局室	蒋中军	7300	在建	是	否
	36	年产2000吨无缝钢管管道配件及机加工配件生产线技改项目	建成投产	5000	经开区相关局室	唐争耀	2200	已投产	是	是
	37	年产12000吨钙锌高效环保热稳定剂生产线技改项目	建成投产	8000	经开区相关局室	贺玉良	11000	已投产	是	是
	38	华利纸品公司总部及中、高档瓦楞纸、纸箱生产项目	启动项目建设	2000	经开区相关局室	唐争耀	0	未报批	否	否
	39	富鼎兴精密电子科技有限公司项目	完成部分车间、辅助用房主体工程	10000	经开区相关局室	唐争耀	0	未报批	否	否

续表 2

单位：万元

项目类别	序号	项目名称	2019年建设任务		责任单位及责任人	责任领导	1—12月累计投资	项目建设进度	是否开工	是否竣工
			责任目标	计划投资						
工业经济	40	苏普瑞总部及发动机LNG–柴油双燃料系统装配基地项目	建设公司总部及大功率发动机LNG–柴油双燃料系统装配生产线5条。改建车间及办公面积约5万平方米	50000	经开区相关局室	唐争耀	46600	已完成厂房购置和设备订制	是	否
	41	湘潭海泡石新材料产业园建设项目一期工程	完成主体工程	50000	经开区相关局室	贺玉良	11000	已完成一期一阶段部分钢结构厂房建设	是	否
	42	伍子醉生产线智能化改造、科研平台及年产1万吨槟榔生产线扩建项目	完成改造和可研平台建设，新建年产1万吨槟榔生产线建成投产	23000	经开区相关局室	唐争耀	13405	正在智能化改造	是	否
	43	互联网+智能低温热解系统	完成项目选址	2000	经开区相关局室	罗义彬	2505	租赁厂房已投产	是	否
	44	众祥海泡石活性白土生产项目	建成投入使用	10000	经开区相关局室	贺玉良	0	未报批	否	否
	45	中微新材料总部、研发及生产基地	启动项目建设	5000	经开区相关局室	唐争耀	0	未开工	否	否
	46	大型输送设备及汽车生产线设备制造项目	启动项目建设	5000	经开区相关局室	唐争耀	0	未开工	否	否
	47	湘潭生活垃圾焚烧发电	完成主体工程建设	40000	指挥部 县城管执法局 河口镇 杨嘉桥镇	唐仁光 胡明伟	17000	核心区117亩内所有房屋全部拆除；边界沟开挖任务、清表任务全部完成；进场施工道路已硬化；“三杆”建设已全部完成；围栏铁丝网已完成合围；现场正在开展地勘，即将开始场平；手续办理方面：正在申报电力接入	是	否
	48	昌山风电场项目	启动项目建设	5000	石鼓镇	颜　炬 陈虹伶	800	确定装机定位	是	否

续表2

单位:万元

项目类别	序号	项目名称	2019年建设任务		责任单位及责任人	责任领导	1—12月累计投资	项目建设进度	是否开工	是否竣工
			责任目标	计划投资						
工业经济	49	湖南省(青山桥)皮鞋皮具特色产业园	引进和建设入园企业5家	4200	青山桥镇	罗 霄 赵国政	5000	湘湘潭励诚鞋业有限公司已正式投产、湖南星辉鞋业有限公司、湘潭创盛鞋业有限公司、完成标准厂房建设、设备购买安装调试、厂区内环境优化,正式投产运营,完成土地平整、通路、通电、通水、排水、排污、绿化相关配套设施建设	是	否
	50	茶恩竹木产业园二期工程	引进和建设入园企业2家	3000	茶恩寺镇	唐争耀	420	正在进行土地招拍挂,国防光缆改迁走报批程序,正在进行场地平整及管网建设	是	否
	51	杨河循环产业基地	杨嘉桥、河口各新增2家以上企业并建成投产	20000	杨嘉桥镇 河口镇	唐仁光 彭世辉	23500	湖南择利建设项目部分土地已摘牌,28亩土地尚未报批;天意和建土地已摘牌;长乐建材42亩土地正在进行摘牌,剩余土地正在报批;正在办理前期手续;湘潭银源金属制品有限公司进行投产;湖南巨丰舜发农业装备股份有限公司进行投产;湘潭英达机电生产线建设项目正在进行厂房、办公楼建设及部分生产设备的添加和购置;湘潭佳程建材有限公司正在进行试投产,部分生产设备的添加和购置	是	是
	52	湘莲产业园	完成项目前期工作及征地	10000	花石镇	周 贤 荣虎成	1800	已完成部分前期工作	否	否
	53	宏大玻璃建设项目	建成投产	3500	谭家山镇	陈虹伶	2200	已完成建设	是	是
	54	金属资源综合利用基础建设	完成基础施工	2000	指挥部 杨嘉桥镇 河口镇	唐仁光	3500	场地平整已完工,即将开始厂房建设	是	否
小计	35	工业		550410			497850			

续表 2

单位:万元

项目类别	序号	项目名称	2019年建设任务		责任单位及责任人	责任领导	1—12月累计投资	项目建设进度	是否开工	是否竣工
			责任目标	计划投资						
农业	55	3500万羽一体化养鸡项目	总部办公物流区建成投入使用;1个鸡场完成主体工程量50%,另1个完成前期工作;孵化厂完成主体工程量30%;启动饲料厂(射埠)主体工程	11200	射埠镇 中路铺镇	唐剑恒 杨欣荣	14528	总部办公物流区建成投入使用;种鸡场清表完成;孵化厂土方完成;饲料厂(射埠)清表完成	是	否
	56	万盛园农业科技有限公司蛋鸡养殖场项目	一期工程建成投产	3000	中路铺镇	杨欣荣	3390	钢结构全部完成安装,办公楼进入装修阶段,设备等待进场	是	否
	57	湘潭县城乡供水一体化PPP项目	完成石潭水厂和石鼓水厂建设;完成石鼓至青山桥、石潭至乌石、易俗河至谭家山的管网建设	15000	县水利局 相关乡镇	陈　义	3700	1.石鼓水厂完成取水泵房筒体基础建设;2.石潭水厂完成迁坟工作;3.石潭至乌石管网完成1.5千米建设预埋;4.易俗河至谭家山管网完成8千米的主管	是	否
	58	县农村土地整治项目	完成2018年度续建项目剩余的60%工程建设任务,项目全面竣工	2814	县自然资源局	荣虎成	2814	续建项目已完成工程结算和验收工作,顺利完成全年目标工作任务	是	是
	59	高标准农田建设项目	完成年度建设内容	10892	县农业发展服务中心 相关乡镇	陈　义	7100	项目分43个标段。少数标段主体已完成,也有少数标段进度较慢,总体进度在70%左右	是	否
	60	湘潭县畜禽粪污资源化利用整县推进项目	建设1个区域性粪污集中处理中心;新建3座大型沼气工程和2座大型沼气工程建设配套设施;实施杨嘉桥镇和石潭镇规模场户项目	8000	县农业农村局 相关乡镇	陈　义	14684	实施进度:粪污处理中心已全面竣工,9个大型沼气及配套工程、280个规模场基本完成建设任务	是	是

续表2

单位：万元

项目类别	序号	项目名称	2019年建设任务		责任单位及责任人	责任领导	1—12月累计投资	项目建设进度	是否开工	是否竣工
			责任目标	计划投资						
农业	61	华绿有机肥生产项目	建成投产	2980	杨嘉桥镇	彭世辉	2968	已竣工投产	是	是
	62	金峰生态农业科技园	种植罗汉松2万棵、桂花和杜鹃各1万棵；约4万平方米马尼拉草、玉龙草的铺设和万寿菊等13种花圃的培育及水库养殖等	3500	杨嘉桥镇	彭世辉	3564	正在进行花圃的培育养护，楠木的种植、盆花的制作以及蔬菜的种殖、鱼类和鸡的养殖等。	是	否
	63	河道整治及紫荆山水库灌区节水灌溉改造	完成90%的建设任务	1810	县水利局 相关乡镇	陈　义	1810	朝阳渠：护脚护坡长度3.0千米，护脚长度3.5千米；青山河：护坡护脚长度2.7千米；紫荆山灌区渠道浇筑2.0千米(已完工)；白石支渠100米护砌	是	是
	64	湘潭县四水治理杨嘉桥和石潭保护圈堤防加固工程	完成90%的建设任务	3694	县水利局 相关乡镇	陈　义	3694	完成高喷灌浆1.97千米；护坡、护脚5.65千米；6个涵闸改造	是	是
	65	农田水利和农业水价综合改革试点县项目	完成90%的建设任务	2000	县水利局 相关乡镇	陈　义	1940	友爱村装配式渠道9千米，湖田渠道衬砌4.8千米。杏花、白石、莲花、潭口村铺设低压管道37.48千米；北干渠改造8.0千米，白石支渠改造2千米	是	是
	66	龙亭母猪繁育场	建成投产	3000	谭家山镇	陈虹伶	3000	已完成建设	是	是
	67	湘潭涓水绿色经济带建设	完成前期工作，启动部分项目建设	10000	县林业局 相关乡镇	段伟长 刘耀奇 荣虎成	0	已完成初步规划文本等前期工作	否	否

续表2

单位：万元

项目类别	序号	项目名称	2019年建设任务		责任单位及责任人	责任领导	1—12月累计投资	项目建设进度	是否开工	是否竣工
			责任目标	计划投资						
农业	68	梅林桥现代农业示范园	完成紫荆河11座桥梁旧桥改造工程，创建AAAA级旅游景区（建设四季花海、景区综合服务区、游客服务中心、公共厕所、停车场等），建设万亩蔬菜基地三期等	20635	指挥部 易俗河镇	段伟长 陈　义	21333	四季花海建设，游客服务中心建设，公共厕所、停车场，道路基础建设，新梅林民俗建设启动，完成道路基础等基础设施建设，梅林山莊续建等	是	否
	69	天马山现代农业产业园	完成山地流转10000亩，1500亩流转土地的平整；平整、硬化河堤和通往天马山道路；项目区域内耕地平整、线缆地埋、河道清淤并修建桥梁5座、拦河坝1座。建设900亩高标准蔬菜栽培基地，完成畜禽养殖区建设	10000	指挥部 花石镇	谭捍卫 欧建美	12960	已完成年度大部分建设任务	是	否
	70	双溪农业发展有限公司种养殖项目	完成1500亩油茶、200亩莲虾共养、200亩药材、40亩大棚蝗虫养殖、20亩特色水产基地建设	2000	花石镇	谭捍卫 欧建美	2000	已建成投入使用	是	是

续表2

单位:万元

项目类别	序号	项目名称	2019年建设任务		责任单位及责任人	责任领导	1—12月累计投资	项目建设进度	是否开工	是否竣工
			责任目标	计划投资						
农业	71	碧泉潭现代农业示范园	启动碧泉书院恢复重建工作和生态景观林建设,完成娃娃鱼养殖基地搬迁,完成园区游客服务中心和华绿农产品展示中心建设,完成唐家湖湿地公园二期建设任务,园区核心区、碧泉溪房屋搬迁和电杆迁移工作	10000	指挥部 锦石乡	刘耀奇 曾耀辉	7000	园区9路1桥已基本完工,华绿完成澳洲谈水龙虾养殖和300亩寸衫莲种植.园区杆线迁移项目已启动。湖南顺餐食品加工厂6000吨/年食品加工生产线项目已启动建设,碧泉溪项目全力推进	是	否
	72	湖南华懿生态农业项目	完成鸢尾、美人蕉等水生植物生态观光农业项目建设	2000	排头乡	刘铁强	2000	完成土地流转900亩,并已实施种植鸢尾、美人蕉约250亩	是	是
小计	18	农业		122525			108485			
第三产业	73	凯依克物流二期工程	完成主体工程	15000	经开区相关局室	李西文 陈群量	4585	已完成场地平整,正在进行图审	是	否
	74	网营物联(长株潭)智能供应链运营中心一期工程	完成部分主体工程	20000	经开区相关局室	陈群量	6860	场平已完成	是	否
	75	湘潭联海商贸城建设	新建地下室面积9435平方米及部分主体工程建设	40000	经开区相关局室	罗义彬	50000	正在进行主体建设及外装饰	是	否

续表 2

单位：万元

项目类别	序号	项目名称	2019年建设任务		责任单位及责任人	责任领导	1—12月累计投资	项目建设进度	是否开工	是否竣工
			责任目标	计划投资						
第三产业	76	西城片区开发项目	完成314户征拆任务	40600	指挥部 经开区相关局室	荣虎成	20537	1.已签订征拆协议275户，拆除房屋240户，腾地12.3万平方米，另39户正在洽谈中；完成玉兰北路临街门面及航运公司宿舍楼房屋面积认定工作；完成木工厂宿舍楼住户情况摸底、房屋资料整理、拟定补偿方案工作。2.目前自筹资金(5000万元)余下的3500万元仍未到位；3.牛头化公司征拆款1.19亿元未到位，维稳压力大。4.进一步筹措资金，有序推进其他拟征户的协议签订工作	是	否
	77	湖南绿信农产品智慧物流产业园一期工程	完成部分土方平整，启动建设	20000	经开区相关局室	贺玉良	2000	已开工建设	是	否
	78	天易贵竹学校	一期小学部建成投入使用，二期初中部完成部分主体工程	16000	县教育局 经开区相关局室	杨欣荣 蒋中军	17668	一期竣工投运，二期场平完成，教学楼、科技楼主体完成，实验楼、艺体馆地下室底板施工	是	是
	79	子敬学校(初中部)	完成主体建设	16000	县教育局 经开区相关局室	杨欣荣 蒋中军	4700	主体封顶	是	
	80	校舍危房改造	建成投入使用	8000	县教育局 相关乡镇	杨欣荣	8000	危房拆除及县职校竣工验收，学校维修和旱改水厕建设都完成	是	是
	81	县人民医院内科住院楼及门急诊医技综合楼建设工程	建成投入使用	6500	县卫健局	杨欣荣	6500	已经竣工，11月已投入使用	是	是
	82	湘潭县妇幼保健院整体搬迁	建成投入使用	10950	县卫健局	杨欣荣	10950	全部建成，竣工验收	是	是
	83	县殡仪馆及公墓建设项目一期	完成殡仪馆及公墓山建设	20000	县民政局 相关乡镇	荣虎成 陈　义	0	选址踏勘、初步测量	否	
	84	救助站(未成年人保护中心)及军休服务大楼建设	建成投入使用	1400	县民政局	陈　义	0	已经完成选址和立项	否	

续表2

单位:万元

项目类别	序号	项目名称	2019年建设任务		责任单位及责任人	责任领导	1—12月累计投资	项目建设进度	是否开工	是否竣工
			责任目标	计划投资						
第三产业	85	县人民法院审判法庭	主体工程竣工	3764	县人民法院分管负责人	彭世辉	1892	主楼三层、裙楼三层柱、梁钢筋焊接和绑扎及支模	是	否
	86	基层派出所建设	石鼓派出所建成投入使用,天易派出所、排头派出所启动主体工程建设	1480	县公安局分管负责人	彭世辉	300	石鼓派出所已竣工;天易派出所正在办理建设许可证	是	
	87	谭家山煤矿区生态环境保护修复工程	矿山地质灾害治理工程、水资源破坏治理工程、地形地貌景观治理工程、矿区土地复垦工程、搬迁避让工程、监测工程	12000	县自然资源局 指挥部 谭家山镇	周　贤 荣虎成	4108	部分项目已开工建设	是	否
	88	牛头化污染土地修复二期治理	完成60%以上工作任务	5400	市生态环境局县分局	荣虎成 陈虹伶	1350	将厂区的危险废液全部转运至湖南景翌湘台环保高新技术开发有限公司安全处置。共计748.090吨。危险废渣全部转运至湘潭康大工贸有限责任公司处置,共计4404.87吨。将现场的危险化学品转运至深圳粤鹏环保技术股份有限公司暂存。完成处理厂混凝土地坪建设工作,混凝土地坪面积约2800平方米,完成钢结构棚基础浇筑、桁架焊接完成30%。完成土方开挖、转拨约40000立方米。完成混凝土面层道路浇筑工作,道路长160米,宽8米面积约1280平方米。	是	否
	89	湘潭港易俗河港区一期工程	建成并投入使用	12000	河口镇	陈虹伶	12000	进行房屋征拆工作,已完成部分清表	是	否

续表2

单位:万元

项目类别	序号	项目名称	2019年建设任务		责任单位及责任人	责任领导	1—12月累计投资	项目建设进度	是否开工	是否竣工
			责任目标	计划投资						
第三产业	90	梅林山莊乡村旅游度假村	园区核心区景观的绿化及各功能配套、市政等工程;景观大门和游客中心的建设;完成综合楼的装修及使用;扩大农业种植、养殖工作	6000	易俗河镇	肖 燎	6671	已基本完成尚雅苑园林绿化工程,综合楼装修已全部完成,新增园林绿化面积约20亩,新建育苗大棚一座,投放鱼苗3000尾,无公害蔬菜种植基地翻耕约20亩。花卉育苗、移植约20000株	是	否
	91	新梅林民宿	完成项目区内道路基础设施及绿化,完成休闲垂钓及体验农业基地建设,完成部分民居、民俗装修	1200	易俗河镇	陈 义	1505	完善民宿区域内道路基础设施,绿化等,土地平整,硬化整理休闲垂钓骨干山塘,亲子乐园配套游乐设施建设,改造样板民居民宿一户	是	否
	92	乌石镇特色民宿建设	建成投入使用	1000	乌石镇	李豪雄	1200	已营业	是	是
	93	聚源农产品批发市场	建成投入使用	10000	云湖桥镇	周 贤	6600	正在进行场内道路硬化和开挖基础	是	否
	94	湘潭双禾米业仓储精选配送基地	建成投入使用	3500	石潭	尹明忠 韩 炎	2100	仓库2#建设已完成,并投入使用;检验楼主体建设已完成,购置设备;仓库1#主体3层已建完;仓库3#土地已平整	是	
	95	农村环境整治基础设施PPP项目	建设完成并投入运营	7000	县住建局 相关乡镇	荣虎成	3000	已委托招标代理公司进行了资格预审文件及招标文件的编制;2019年6月26日,对资格预审文件及招标文件进行了预审,目前两个文件已完善;2019年11月22日,对PPP项目合同初稿进行了审议;2019年11月25日项目挂网采购;2019年12月18日在湘潭市公共资源交易中心进行了PPP项目社会资本方采购评审。已完成5个污水处理站建设	是	否

续表2

单位:万元

项目类别	序号	项目名称	2019年建设任务		责任单位及责任人	责任领导	1—12月累计投资	项目建设进度	是否开工	是否竣工
			责任目标	计划投资						
第三产业	96	德客隆·十里风荷一期房地产开发项目	完成主体工程及配套工程的施工	20000	县住建局	荣虎成	18500	1#、5#、6#、7#、8#、9#、10#栋均处于建筑装饰装修阶段及各配套工程施工当中。2期土方开挖已完成。3#、12#、15#主体施工当中	是	否
	97	天元·海棠湾建设项目	1栋、2栋、3栋、5栋地下室竣工达到交房条件,配套设施、绿化进行施工阶段,6栋、7栋、8栋、9栋完成主体建设,并进行装饰施工阶段	18000	县住建局	肖　燎	18800	1栋、2栋、3栋、5栋全部竣工,水、电、气、有线电视已全部安装到户,室外附属工程绿化完成95%,6栋拆除40%外架,7栋、9栋拆除90%外架,8栋已全部拆完;同步完成瓷砖贴面工作,室内管道安装	是	否
	98	湘潭万通逸城住宅小区一期	7栋、8栋、11栋完成竣工验收,9栋、10栋、19栋主体完工,进入装饰阶段	7000	县住建局	唐仁光	24412	9#、10#、19#装饰装修阶段	是	否
	99	银港国际住宅小区	6栋、7栋开工建设	35000	县住建局	赵国政	38920	4号、5号栋园林绿化施工中,泛会所交付中,6号栋贴外墙砖、7号栋打桩基	是	否
	100	涓江天易新城住宅小区	完成该项目的道路、绿化建设	3000	县住建局	曾耀辉 刘绵晖	8700	已交房	是	是
	101	米罗云山二期	5栋、6栋、7栋、8栋主体完工,达到验收标准	5000	县住建局	欧建美	4960	11栋~13栋已竣工验收并交房,1栋~4栋、9栋已办理不动产证并结算。5栋~8栋封顶,相关配套绿化公共设施建设中,15栋~17栋施工建设中	是	否
	102	天易江湾住宅小区	1栋~6栋内外装饰装修工程全部完工	1830	县住建局	胡铁飞	7000	1栋~6栋已全部竣工	是	是
	103	裕鑫水岸龙庭住宅小区三期建设	8栋、9栋封顶,内外粉刷部分完成	4000	县住建局	韩　炎	4126	8栋、9栋地下室涂料工程	是	否
	104	湘江外滩商业街建设项目	主体工程竣工	10000	县住建局	贺玉良	10000	1栋、2栋、3栋已全部完工,进入附属工程扫尾阶段	是	是

续表2

单位：万元

项目类别	序号	项目名称	2019年建设任务		责任单位及责任人	责任领导	1—12月累计投资	项目建设进度	是否开工	是否竣工
			责任目标	计划投资						
第三产业	105	大汉紫敬龍城	一期主体施工，二期基础及主体施工	30000	县住建局	蒋中军	30000	6#20层浇筑完成,防坠落平台搭设完成；7#内墙抹灰、室内修补；8#内墙抹灰、室内修补；9#27层梁板钢筋绑扎；10#内、外墙抹灰；11#内、外墙抹灰；13#内墙抹灰、室内修补；15#室内修补；16#室内修补；1#8层梁板浇筑完成；2#15层梁板钢筋绑扎；3#首层墙柱钢筋绑扎、支模架搭设；4#6层梁板钢筋绑扎；5#13层梁板浇筑完成；12#栋地下室顶板钢筋绑扎完成；14#栋地下室顶板钢筋绑扎	是	否
	106	碧桂园天玺房地产开发项目	完成1栋~8栋主体工程	35000	县住建局	蒋中军	35200	目前项目1#栋已封顶；2#栋已封顶；5#栋已封顶；6#栋已封顶；8#栋施工已封顶；3#栋施工至第10层、7栋已施工至主体工程第1层、9#栋已经出土0、10栋已施工至−1层	是	否
	107	错鑫·森林雅园	开工建设10万平方米	15000	县住建局	罗义彬	6470	主体施工	是	否
小计	35	三产业		461624			379614			

园区建设

天易经开区

【概况】 2019年，天易经开区紧紧围绕创建千亿园区和国家级经开区的目标，牢固树立和践行高质量发展理念，扎实开展“不忘初心、牢记使命”主题教育，坚守防范化解重大风险、污染防治攻坚战和安全生产的红线底线，大力推进“产业项目建设年”，园区经济社会发展稳中向好。是年，天易经开区获评“2018年度全省经济技术开发区先进单位”。

园区争先进位取得突破。在2018年全省133家省级及以上产业园区综合评价中，天易经开区排名16位，超过8家国家级开发区，进入省级园区前8名，在省级经开区序列中位居前三，天易经开区在争先进位中跃上新的台阶。被省政府评为2019年度真抓实干成效明显的园区（推动产业发展、招商引资、项目建设方面）。落实市委、市政府“园区十条”的具体做法得到迎春市长的批示：“天易在发展过程中探索一些方法，突破一些难点，形成一定成效，值得借鉴。”

“产业项目建设年”成效明显。全面打响项目建设“百日攻坚战”，全力保障项目建设用地报批、征地拆迁和资金投入，采取有力措施，破解各项工作难题，先后处理联海商贸城、胖哥耀晨、二污厂调水工程等项目建设阻工，解决五洲通杆线迁移、云龙中学土地报批和白沙洲变电站征拆资金支付等困难和问题，加速推进项目建设，确保产业项目尽快建成、竣工，投产达效。园区完成产业投资118.9亿元，占总投资的比重为69.9%，全年新开工项目19个，主体竣工或投产项目21个。推动产业项目建设的做法在省市主流媒体多次宣传推介。如《湘潭天易经开区项目护建护航企业发展》在湖南卫视《新闻联播》播报，《千亿园区是这样炼成的》《天易经开区的图强之路》等报道在《湖南日报》头版刊登，大大提升园区的知名度和影响力。

党建基础更加牢固。主题教育期间，归纳梳理党工委领导班子问题43条，个人80条；科级领导班子问题152条，个人240条。对归纳梳理的问题进行集中研究，制订整改措施，明确整改时限。通过逐一销号的方式解决一些突出问题，形成一批长效机制，取得一定的实效。明确党建工作的目标和任务，牢固树立“大党建”思维，做好党员发展工作，落实“三会一课”、“主题党日”、民主评议等工作制度，真正发挥党内政治生活教育改造提高党员干部的作用；加强基层党组织建设，建立健全党建工作制度，切实改善基层党建工作条件和环境，保障各项党建活动的顺利健康开展。

队伍素质全面提升。全面落实《莲城人才行动计划》，摸底掌握教育培训需求，合理制订学习计划。统筹组织4期天易学院集中学习，90余名干部参加市县干部教育培训网络学习。充分发挥纽带作用，积极对接相关部门和园区企业，深入宣传人才扶持政策，积极提供专技职称申报、教育培训等信息，认真落实在职学习教育激励机制，3名干部职工申报再教育学习奖励。

招商引资量质齐升。全年引进招商引资项目55个（其中同园区签订入园协议项目共16个，入驻标准厂房和闲置厂房的项目39个），其中过亿元项目16个，合同引资186亿元，引进500强项目4个。全年到位省外境内资金60亿元，同比增长19.05%；直接利用外资10000万美元，同比增长12.74%；实现外贸进出口总额21600万美元，同比增长30.12%。先后引进行业龙头江苏宏发纵横有限公司的高性能玻璃纤维增强材料项目，出口创汇型企业博富印刷、昭成科技大型输送设备汽车生产线、湖南三龙精密轨道交通、协鑫智能机械先进装备制造等一批优质项目。2019年，园区获评为“湖南省商务工作先进单位”。

产业发展提质提效。全年三大主导产业完成规模工业总产值495.9亿元，占园区规模工业总产值的96%以上，全年新增规模企业24家，总数达到144家，新增高新技术企业18家，总数达56家。积极推进海泡石、食品和槟榔、皮具皮鞋、生物医药和高端医疗器械产业链建设。积极支持宏信创新产业园、柏屹自主创新园、佳海食品医药产业园建设，充分发掘产业园中园的集聚优势，累计引进企业100余家。

要素保障有力有序。2019年，共签订土地协议87个，征收土地145.07公顷，全面完成海泡石一期、胖哥耀晨一期、杭州网营物联等11个项目征拆腾地扫尾工作。全面推进低效闲置土地清理，成功收回珠江啤酒、宏信产业园、南方阀门等闲置用地13.33余公顷。全年批回用地106.13公顷，供应土地43.16公顷，保障子敬中学、胖哥槟榔、梧桐南路、湘莲大道等重点项目用地。

发展环境更加优化。推行“见章盖章”“见章换文”“容缺受理”“并联审批”等模式，提高行政审批效率，加快项目落地；健全完善项目、企业、创新创业服务体系，以全方位、精准化、专业化的优质服务，全心全意为项目建设、企业发展保驾护航；严格落实项目“护建”工作机制、党工委领导联项目、联企业的“五个一”工作机制和重点项目指挥部协调服务和推进机制等，妥善处置园区企业生产经营中的一系列突发事项，如及时解决长乐建材、伍子醉、仙女竹业等企业员工安全事故引发的矛盾纠纷，高效处置复瑞医药污水外溢引发的群众集访、闹访，既维护周边群众和企业职工利益，也赢得投资商和园区企业的一致好评。

【皇爷食品总部搬迁至天易经开区】 2019年5月21日，在震撼、大气的“击矢而歌”中，皇爷食品总部搬迁暨全面开工典礼在湘潭天易经开区拉开序幕，这意味着“槟榔名城”再添一名发展生力军。

【广州酒家集团利口福（湘潭）食品有限公司正式投产】 2019年8月16日，广州酒家集团利口福（湘潭）食品有限公司（广州酒家集团利口福湘潭生产基地）正式投产，带来业内领先的自动化生产线，湘潭天易经开区食品产业再添龙头企业。广州市国资委主任、党委书记陈浩钿参加活动，湘潭市委常委、市委统战部部长杨真平出席并宣布投产。湘潭县委书记、湘潭天易经开区党工委书记傅国平，广州酒家集团股份有限公司负责人，湘潭天易经开区在家领导及相关部门负责人，县直部门负责人等参加活动。

【湖南绿信农产品智慧物流产业园项目启动】 2019年12月31日，湖南绿信农产品智慧物流产业园项目启动仪式在天易经开区举行。农业农村部原副部长路明，商务部原副部长丁俊发，中国航天建设集团党委书记、董事长高峰，共青团湖南省委副书记、党组成员李志超，市、县领导杨真平、刘永珍、谭海洋、陈卫兵、陈义、罗义彬、贺玉良及合作单位来宾、市县相关部门负责人等共同见证项目启动仪式。

【项目集中签约仪式】 2019年12月12日，湘潭天易经开区与天津滨环化学工程技术研究院有限公司、成都西南水泵厂、湖南飞山奇模架有限公司、湖南省大有福进出口贸易有限公司四个项目集中签约。湘潭市政协副主席周佩珞，湘潭天易经开区党工委委员、管委会常务副主任谭海洋，湘潭天易经开区党工委委员、管委会副主任唐争耀等出席签约仪式。

（张　缤）

【天易经开区杨河工业园】 2019年，杨河工业园依托天易经开区的平台优势、资源优势、政策优势以及便利的交通区位优势，积极发动已落户的园区企业参与招商引资，盘活原有土地和厂房资产。杨河工业园投入资金392万元，回购湘潭星河科技和湖南美农生物闲置土地2.5公顷，与湘潭长乐建材有限公司的1.8公顷土地回购已达成初步意向。吉安汽配已完成竣工投产，三树青已完成主体建设。推动湖南择利制造和湘潭天意和建，完成在湘潭县的工商注册，发改立项。

【天易经开区茶恩竹木工业园】 2019年，茶恩竹木工业园通过走出去、以商招商、“请老乡、回故乡、建家乡”等不同方式，多次前往怀化、邵阳、桂东和广州、东莞等地与投资客商洽谈，充分利用资源优势，引进湘潭瑞薪和湘潭恩竹两个企业，分别投资2000万元和1500万元生产环保炭，不断丰富竹木产品类型。利用园区剩余土地引进湘潭佳富液化气项目，投资800万元入驻园区。成立电商行业协会，涌现出楼外楼家居等30余家电商企业，销售额占据整个产业园销售份额一半以上，线上销售已经成为茶恩竹木产业一个必不可少的销售渠道。

【天易经开区青山皮鞋工业园】 青山皮鞋工业园认真按照县委、县政府“一区带多园”发展战略要求，以创新省级工业集中区为总目标，以项目建设为主战场，以全新服务为保障，强举措，重推进，园区在运行、建设、扩展等方面保持良好发展势头。2019年，园区新引进3家企业累计到位投资1850万元。其中，湘潭励诚鞋业于5月份正式投产，实现新增就业人员92人；湘潭创盛鞋业于8月建成投产。园区完成下水、电力等各类基础设施投入680万元，总投资1000万元的液化气供应站正在开展土地平整。通过与湘潭高新区师创鹏博合作，共同在网上打造“青山桥”皮鞋销售天猫旗舰店，实现年新增100万双以上网上销售目标，进一步拓宽园区产品销售渠道，提升地方品牌影响。通过“飞地”发展模式，园区投资400万元在温州设立产品研发室，产品式样得到及时更新，逐步实现产品与温州同步上市。

（袁　晶）

农业

概述

【概况】 2019年，全县完成农业总产值102亿元。完成粮食种植面积8.0万公顷（高档优质稻1.67万公顷），粮食总产量59.9万吨。种植蔬菜、湘莲、花卉苗木、中药材等经济作物4.33万公顷。出栏生猪111万头。完成规模以上农产品加工业产值321.6亿元。完成农机生产总值10多亿元，农作物综合机械化率70.8%；农村居民人均可支配收入达20076元，增速8.9%。荣获“湖南省农村人居环境整治先进县市区。”

（唐　杰）

农业产业化

【概况】 2019年，湘潭县农业产业化工作以现代农业示范园区建设和“三产融合”等为工作重点，突出抓好项目建设和招商引资。全县各类市级以上龙头企业47家，其中省级12家，市级35家（其中加工企业32家），实现销售收入170亿元。全年农产品加工产值达382亿元以上，增长16%。

梅林桥园区入园经营主体数达23家。华阳构树、竹盛农业等企业今年共投入1400万元以上；梅林山庄、梅林花果园等产业项目稳步推进；新引进深圳聚艺视界研学园投资9200万元，设立研学基地；引进新梅林民宿流转土地33.33公顷，投资200万元购置亲子乐园设备。天马园区入园经营主体数达20家。湖南北马峰公司的20公顷天马山云雾茶叶和233.33公顷红薯种植加工基地已完工；双溪农业发展公司的200公顷特色水产养殖和533.33公顷的油茶基地套种药材等项目有序进行；新引进的湖南北马峰湘里味食品有限责任公司计划总投资1583万元，项目已开工建设。碧泉潭园区入园经营主体数达29家。碧泉潭泉水农业服务中心加快推进；华绿公司的体验观光和有机农业栽培技术推广应用基地稳步推进；引进顺餐农产品加工企业计划总投资5000万元，项目已进入土地平整。金风食品在全县发展糯稻种植，面积不断扩大。湘之坊开展各类节会活动，有效促进旅游收入和农产品销售。

农产品质量安全认证和品牌建设方面。2019年，湘潭县无公害农产品认证企业25家，认证产品65个，绿色食品认证企业12家，认证产品46个。湘潭县农产品检测中心抽检蔬菜水果农残速测样2005批次，合格2001批，农残合格率为99.80%，不合格样4批次；抽检农残定量样100批次，全部合格，合格率为100%。全年共接受部、省、市例行监测、监督抽查等抽取农产品样254批次，合格批次253批次，合格率为99.6%。以湘莲区域品牌为引领，积极组织企业参加国际农产品交易会等相关节会，取得良好成效。湘莲产业获农业农村部等7部委批准认定为中国特色农产品优势区。湖南莲冠湘莲食品有限公司湘莲荣获湖南省最喜爱的绿色食品荣誉。

（唐　杰）

农业项目建设

【概况】 2019年，争取项目资金47571.27万元,其中中央和省级财政45845.34万元，市级财政1725.93万元。主要项目资金到位情况：重金属污染耕地修复、种植结构调整及休耕治理资金为18550.94万元，高标准农田建设资金为10080万元，农机购置补贴1950万元，生猪调出大县奖励953万元，湘莲产业集聚区（省级现代农业产业园）1000万元，畜禽粪污资源化利用整县推进2500万元，扶贫发展4368万元。

【畜禽粪污资源化利用整县推进项目】 2019年，项目总投资15017.35万元，其中中央财政资金6000万元。截至12月，该项目基本完成全部建设任务。项目主要建设内容为：建设1个区域性粪污集中处理中心（含粪污下田社会化服务）、9个大型沼气工程（9800立方米）、实施323个规模场户粪污处理利用设施改扩建和粪污处理配套设施改造升级综合治理工程。

【湘莲现代农业产业集聚区项目】 2019年，湘莲现代农业产业集聚区（省级现代农业产业园）通过省里认定，省财政补助1000万元。集聚区创建范围包括易俗河、河口、谭家山、中路铺、花石5个乡镇共792.26平方千米（7.92万公顷）。分为核心区、标准化种植示范区（0.39万公顷）、产地集散市场（花石湘莲市场）、发展区（上述三个区域以外的其他区域）等功能分区。计划到2021年，实现三个100%，即良种覆盖率100%、莲田规模化标准化生产100%、产地初加工率100%；集聚区湘莲综合产值由2016年的53.86亿元增至100亿元。集聚区农村居民人均可支配收入由19301.6元增加到31100元，带动全县3万人稳定脱贫致富。

【现代农业特色产业园建设】 2019年，围绕粮食、生猪、湘莲、竹木、油茶5大主导产业和茶叶、蔬菜、中药材、畜禽、养蜂、油菜、水果、槟榔、休闲旅游9大特色产业发展，创建一批县、市、省级现代农业特色产业园。2019年，新创建10个县级、4个市级、1个省级特色产业园，使湘潭县特色产业园分别达到20个、5个、11个，另有林业省级现代农业特色产业园4个。

【花石镇农业产业强镇建设】 花石镇以湘莲为主导特色产业，继2018年成功申报省级产业强镇项目（省财政补助200万元）的基础上，2019年又成功申报国家级产业强镇项目（中央财政补助1000万元）。省级产业强镇项目已通过验收，国家级产业强镇项目主要建设内容包括标准化规模种植基地、农产品加工、公用品牌培育、基础设施建设四大类九小类，计划总投资12440万元，建设期2年。 （唐　杰）

精准扶贫工作

【概况】 2019年脱贫820户2380人，2014—2019年全县累计脱贫15872户42750人，28个省定贫困村全部摘帽退出，贫困发生率由2014年的5.41%下降至0.22%。坚持以党的十九大报告提出的“坚决打赢脱贫攻坚战，决胜全面建成小康社会”战略要求为指引，严格按照中央、省委部署，落实扶贫责任、强化扶贫举措，完善脱贫机制、提升脱贫成效。

着力强化组织保障。持续强化县、乡、村三级脱贫攻坚领导机构，全面落实党政“一把手”“双组长”负责制。各级党政主要负责人严格落实领导责任，扎实开展“三走访三督导三签字”活动，县委书记、县长“三走访”活动覆盖全县28个原省定贫困村，共帮助贫困村解决具体问题42个。建立脱贫攻坚工作例会制度，县精准扶贫工作领导小组定期召开调度会议。根据年度脱贫攻坚任务，县委、县政府与17个乡镇党委政府签订脱贫攻坚责任书，乡镇与321个行政村签订脱贫攻坚责任书，细化分解脱贫攻坚任务。

全面健全责任体系。坚持脱贫“任务书”清单化、扶贫“路线图”规范化，出台《湘潭县关于坚决打赢脱贫攻坚战的实施意见》《湘潭县建立健全稳定脱贫长效机制实施办法》《湘潭县精准扶贫工作实施方案》《湘潭县精准脱贫行动实施方案》《湘潭县关于提高脱贫质量促进稳定脱贫的实施方案》《湘潭县关于进一步巩固提升脱贫攻坚成效的实施办法》《湘潭县脱贫攻坚责任清单》等一系列文件，制订湘潭县脱贫攻坚工作考核办法、脱贫攻坚工作问责办法，开展脱贫攻坚“大排查、大整改、大提升”“五查五看”“双月四清零”等专项行动，构建“1+7+23”脱贫攻坚政策支撑体系，形成可量化、可操作的工作程序，为解决“两不愁三保障”问题、化解产业失败风险、就业不稳风险提供政策保障。

强力推进驻村帮扶。按照“尽锐出战”的原则，优先安排优秀年轻干部、后备干部和有基层工作经验的干部参加驻村帮扶工作，精心选派877名干部驻村，投身脱贫攻坚主战场，全县321个行政村实现驻村帮扶全覆盖。对驻村帮扶队工作进行精准考核，坚持考勤和考绩相结合，平时考核、年度考核与期满考核相结合，工作总结与村民测评、村干部评议相结合，并将考核结果记入个人档案，作为干部提拔使用、评先评优的重要依据。2019年，共提拔重用2名驻村工作队员，推荐2名驻村工作队员获评湘潭市“最美扶贫人物”，并对28个工作不力、不遵守驻村纪律的驻村帮扶工作队予以通报批评，约谈5人。

精准实施结对帮扶。调优配强结对帮扶力量，选派11241名市县乡村干部结对全县17139户贫困户，全面实现干部结对帮扶全覆盖。制订出台《湘潭县贫困户帮扶责任人考核管理暂行办法》，压紧压实帮扶责任人责任。组织帮扶责任人开展业务培训和测试，全面提升帮扶责任人素质能力。帮扶责任人根据结对帮扶贫困户的家庭情况，制订详细的帮扶计划，全力推动相关帮扶措施落实，各帮扶责任人年均上门走访9次以上，切实提升结对帮扶工作成效。

务实开展督查考核。实行脱贫攻坚工作“一周一调度、一月一通报、一季一考核、一季一讲评、一季一奖惩”制度。成立县脱贫攻坚常态化督查考核组，负责全县村季考核督查工作，将各村季考核结果列入乡镇年度工作考核计分范围。考核中发现的相关问题，由县精准扶贫工作领导小组办公室统一收集、建立台账、督促整改，并将问题及整改情况予以通报，作为对县直机关单位年度脱贫攻坚考核的重要依据。

持续深化作风建设。全面构建巡察、审计、督查“三位一体”的监督工作格局，完善“三公开”机制，确保脱贫攻坚工作在“阳光下运行”，推动脱贫政策落地落实。从严从实抓好扶贫领域腐败和作风问题专项整治，按照“优先处置、提级办理”要求，对扶贫领域腐败和作风问题深挖细查、严查严处。2019年，全县查处扶贫领域腐败和作风问题84起84人，其中立案查处65起65人，诫勉谈话和组织处理19人，清退追缴资金442万余元。

构建“1+N”产业扶贫利益联结机制。坚决贯彻省委“四跟四走”产业扶贫思路，2019年投入产业扶贫资金3977万元。依托梅林桥、碧泉潭、天马、花石湘莲4个农业园区打造扶贫基地，累计帮扶贫困人口6000余人。实施全国“精准扶贫十大工程”之一的构树扶贫工程，建设万亩构树种植基地，打造集种苗培育、饲料加工、规模养殖于一体的产业链，带动1000余人就业，人均年增收3000元。引进上市公司立华牧业参与产业扶贫，通过“龙头企业+贫困户”的模式，帮扶贫困人口440人；通过“龙头企业+村集体企业+贫困户”的模式，帮扶贫困人口1560人，人均年增收2000元。重点支持新型农业经营主体打造产业扶贫示范点，白泉养羊、彭老倌养蜂两个省重点产业扶贫项目为880名贫困人口带来5年以上的长效受益，人均年增收3000元以上。通过构建“1+N”产业扶贫利益联结机制，各类帮扶主体共为24600余名贫困群众带来稳定收入，全县有产业发展能力和参与意愿的贫困户100%得到产业扶持。

大力推广“一亩田脱贫”模式。“一亩田脱贫”模式投入低、效益高、易操作，获得第十六届中国科学家论坛2019年科技创新发明成果奖。该项目采用“一季稻+稻草种菇”等轮作方式，亩产保底收入7500元以上，贫困户种植一亩即可稳定脱贫。2019年，以连片示范、分散种植的形式，在9个乡镇18个村实施，取得良好成效，项目成功在长沙、常德、怀化等地推广。产品已销往部分机关单位、学校食堂、星级酒店，形成完整的产供销链条。

深入开展“一户一产业工人”培育工程。依托湘莲、槟榔、油纸伞、皮鞋等特色产业，整合就业、工会、教育、农业等部门资源，深入实施“一户一产业工人”培育工程，组织贫困家庭“两后生”开展创业培训及技能培训101人，通过“春风行动”、“就业扶贫日”专场招聘会、“311”就业服务等公共就业服务活动，年内新增贫困劳动力转移就业437人，“四个渠道”(有组织劳务输出、扶贫车间吸纳、公益性岗位安置、返乡创业带动)吸纳就业674人，带动9371名建档立卡贫困劳动力就业，月平均就业收入达2757元。按照“政府引导、部门扶持、企业主体、社会参与”的原则，鼓励企业或返乡创业人员创建就业扶贫车间，培育1家省级就业扶贫基地、5家市级就业扶贫基地、33家县级就业扶贫车间，开发并安排贫困劳动力就业岗位1500多个，补贴就业扶贫车间场地费、物流费、以工代训费、岗位及社会保险费152.5万元，发放9346名跨区域外出务工贫困劳动力交通补助235.38万元、8079名贫困劳动力求职创业补助242.37万元，持续释放“磁吸效应”。

分门别类推进安居扶贫。对建档立卡贫困户等四类重点对象进行住房安全等级鉴定全覆盖，并严格按照工作流程，精准实施农村危房改造工程。对建档立卡贫困户新建房屋每户补助3万元，修缮加固房屋每户补助1万元。同时，对非四类重点对象的住房困难户同步实施危房改造。加强易地扶贫搬迁后续产业帮扶，全县易地扶贫搬迁脱贫率、入住率、基础设施与公共服务覆盖率、后续帮扶措施覆盖率、拆旧复垦率均达到100%。

深入细致推进教育扶贫。加强对义务教育阶段建档立卡学生疑似辍学摸排，对有辍学迹象的学生，实行“三帮一”劝返复学工作；对残疾学生，做好随班就读和送教上门工作，全县义务教育阶段没有建档立卡贫困学生辍学。对所有在读建档立卡贫困学生(含本县籍在县外就读和外县籍在本县就读的贫困学生)，按照国家政策和地方政策落实教育资助并免费发放教辅资料，共计资助建档立卡贫困学生13445人次，发放和减免资金1828余万元。申报2019年春季“雨露计划”1055人次，通过“一卡通”拨付“雨露计划”补贴158.25万元。各学段所有建档立卡贫困学生资助政策实现全覆盖，全县没有一人因贫困而失学。

稳妥有序推进健康扶贫。2019年度实现全额资助参保，全县44722个建档立卡贫困人口城乡居民基本医保、大病保险参保率达到100%。家庭医生签约实现“应签尽签”“应履尽履”“按需履约”。对贫困患者实施“先诊疗后付费”，按项目付费的住院报销比例提高10%，大病二次补偿起付线降低50%，门诊统筹支付最高支付限额提高到1500元/人/年。全面执行健康扶贫“一站式”结算，全面完成19个建制村卫生室“空白村”标准化建设并投入使用。

全面精准推进兜底扶贫。全面精准推进兜底扶贫。严格按照省、市要求，积极开展农村低保专项治理工作，确保无错退、漏保现象。将农村最低生活保障标准提高到每人每年5520元，按照A类460元/月、B类280元/月、C类150元/月的兜底补助标准及时发放到位。全面落实残疾人“两项补贴”应审尽审、教育助学应补尽补。

持之以恒推进基础扶贫。完成贫困地区安保工程项目50.8千米，自然村公路通达计划29千米，贫困村的基础设施和公共服务设施得到有效改善。制订贫困户安全饮水实施方案，通过安装自来水、打井等方式为40户122名贫困人口解决安全饮水问题。全力实施城乡供水一体化项目，进一步提升全县农村人口饮水安全标准。

广泛发动推进社会扶贫。积极推广“社会扶贫网”，全县累计注册爱心人士53820人、贫困户16405人。扎实推进“户帮户亲帮亲 互助脱贫奔小康”活动，广泛动员社会各界爱心人士对接帮扶16326次。组织“千企联万户”“公益一日行”活动，发动317家企业和主体帮扶贫困户3686人。深入推进“姐妹守望 邻里相助”活动，争取175.59万元帮扶1253个困难家庭。组织开展育婴师、保育员、家政服务、养老护理员等培训共30多期。充分发挥工会组织优势作用，带动消费扶贫1082.63万元，积极组织“三带三帮”脱贫奔小康活动，签约金额达到1.02亿，营造多方联动的大扶贫格局。

不折不扣抓实问题整改。对照2018年国家第三方评估、省级实地考核、中央巡视反馈问题，围绕“两不愁、三保障”政策落实等重点内容，全县开展“五查五看”行动和“大排查、大整改、大提升”行动，全面梳理6大类66个方面的问题，对摸排出来的问题，按照“一个问题，一名牵头领导，一个专门班子负责，一套整改方案”的工作机制，坚持“问题不查清不放过、整改不到位不放过、成效不符合上级要求不放过、群众对整改不满意不放过”的原则，全面整改到位。

严格流程抓实脱贫退出。健全贫困户退出机制，严格按照“一超过、两不愁、三保障”的标准，严格执行村民主评议、贫困户确认、村级公示、乡镇入户核实、乡镇公示上报、县比对抽查、市州核查、县市区批准公告等程序，做好脱贫退出工作，坚决防止“数字”脱贫、虚假脱贫。2019年全县脱贫2380人。坚持脱贫不脱政策、不脱措施、不脱责任，始终做好跟踪服务工作，及时掌握贫困户脱贫后的生产生活状况，避免脱贫再返贫。

用心用情抓实群众工作。实行“一月一主题”结对帮扶走访，在走访过程中开展“三个活动”和“十必看”，分类实施产业扶贫、培训就业、社保兜底等扶贫举措，帮助贫困户解决实际问题。抓实扶贫信访工作，督促支村两委干部和驻村帮扶工作队每月组织1次全覆盖入户调查，对重点对象实行专班负责，切实提升群众满意度。

从严从实抓实资金监管。克服财政压力，加大投入力度，县本级安排财政专项扶贫资金3761万元。按照省、市关于财政扶贫资金管理使用相关要求，出台《湘潭县财政扶贫资金管理办法》《湘潭县产业扶贫贷款贴息管理办法》《湘潭县金融产业扶贫风险补偿资金管理办法》，严格执行财政专项扶贫资金县级报账、国库集中支付制度，逐步建立覆盖资金分配、拨付、使用、项目立项、实施、验收、绩效评价、监督管理等各个环节的资金管理制度体系。

精准高效抓实信贷发放。2019年1—11月，共向建档立卡贫困户发放小额信贷799笔，总额3976万元，超额完成贫困户贷款需求测算目标，切实满足贫困户贷款需求。2019年1—3季度累计贴息557万余元，风险补偿资金余额2652.92万元，全县无逾期贷款、无呆账死账，也没有动用风险补偿资金。

积极主动抓实典型推介。广泛宣传扶贫工作先进事迹和典型经验，营造比学赶超的工作氛围。实时报送工作动态、经验做法110余条，湘潭县强化产业发展、搭建就业服务平台、户帮户亲帮亲等经验做法被《人民日报》、中国民生新闻网、《湖南日报》、湖南卫视等媒体宣传推介，其中，产业扶贫出实招的做法被省小康办《全面小康工作情况交流》推介。白石镇湖田村驻村帮扶工作队队长朱文礼、射埠镇扶贫办工作人员周海龙、花石镇琵琶村党总支书记周春花被授予湖南省“百名最美扶贫人物”荣誉称号。

（李培彬）

【产业扶贫】 2019年，湘潭县整合产业扶贫资金共计5138.92万元。其中，产业扶贫专项项目资金2185万元，奖扶144个新型农业经营主体（含自主创业贫困户），帮扶贫困人口8700人次，年人均收入达到1000元以上；乡镇奖扶285万元，帮扶贫困人口1200人次，年人均收入达到800元以上；村级产业帮扶资金1357万元，帮扶贫困人口18000人次，年人均收入达到600元以上；金融扶贫资金1165万元（含小额信贷贴息805万元，风险基金360万元）；供销体制改革100万元。湘潭县产业扶贫出实招的做法被省小康办《全面小康工作情况交流》推介。

推广两种模式。2019年6月13日，在县政府五楼会议室召开全县产业扶贫工作推进会，副县长陈义在会上对全县产业扶贫作安排部署，“立华扶贫农场”和“一亩田脱贫”模式技术负责人作经验介绍。“立华扶贫农场”模式按照“财政资金+村集体投入+帮扶主体自筹”的资金筹措方式，帮扶期内项目产生的效益优先保障帮扶对象分红，剩余部分可作村集体收入。通过形式多样的委托帮扶模式，使脱贫攻坚后期剩下未脱贫的部分老、弱、病、残贫困人口实现稳定增收或脱贫，是实现产业帮扶全覆盖的重要手段。“一亩田脱贫”模式采用“一季稻+稻草种菇”轮作方式，种植一季富硒特色水稻，利用收割后的稻草种植蘑菇，是一种见效快、投入低、效益高、易操作、可循环种植并可解决稻草焚烧难题的科学扶贫模式，获第十六届中国科学家论坛2019年科技创新发展成果奖。

【消费扶贫】 2019年，湘潭县积极组织农产品经营主体参加各级各类产销对接活动。其中，国家级2次，省级1次，市级1次，县本级组织1次，乡镇组织2次。共计实现销售额200多万元，达成销售协议1.2亿元。供销社组织设立3家消费扶贫专店、机关事务中心食堂等设立扶贫产品专柜。步步高、绿丰农场、华绿、锦绣莲乡等20多家企业积极代销扶贫农产品。全县各类网店3000余家，从业人员8000余人。年内，农特产品网上交易额过亿元，有效带动贫困户200余户。是年开设“湖南扶贫小店”541家，其中68家直接设立在省定贫困村。网上交易的扶贫农产品70余种。

（丁 侣）

农村人居环境整治

【概况】 2019年，全县农村人居环境整治聚焦三年行动重点任务，狠抓“脏乱差”整治，农村人居环境基础进一步夯实，乡村人居环境进一步优化，圆满完成县委、县政府确定的在全市“争一”的目标任务，获得“全省农村人居环境整治先进县”称号。乌石镇、中路铺镇、青山桥镇被评为“全市农村人居环境整治”先进乡镇。

聚集“大合力”，形成上下联动新态势。坚持全县“一盘棋”，构建县、乡、村三级书记抓农村人居环境整治的责任机制，采取“末位淘汰、挂牌督办、公开通报”硬措施，压实工作责任。完善县、乡、村三级农村人居环境整治工作网格，确保事有人做、责有人负。建立县级领导督导，县整治办明察暗访，县委、县政府督查室重点督查的督导体系，推行“一单四制”问题交办整改销号制度，抓好问题整改落实。是年，县级领导督导58人次，交办整改问题126个，问题整改完成率达到90%。各乡镇、县交通运输局、县农业农村局等部门聚焦七大任务，密切配合、协同作战，任务较好完成。其中，改建农户无害化卫生厕所12658座，完成年度任务的104%；建设自然村通水泥道路904千米，完成年度任务的103%。

开展“大攻势”，取得乡村面貌新提升。深入开展农村人居环境整治夏季攻势、三季度月攻势、冬季战役，全力推进国省县道沿线、镇区、“空心房”、马路市场等专项整治行动，启动云湖桥镇、易俗河镇、谭家山镇、茶恩寺镇镇区弱电杆线整治，在梅林桥农业现代示范园试行人工湿地+单户厕所革命+污水治理的新模式，清垃圾、清死角、清沟渠、治乱象，乡村更加卫生、整洁、有序。全年累计出动整治人员15万人次、工程车辆1.2万余车次，清运陈年垃圾1.3万余吨，清理河塘沟渠2万处，消除卫生死角2.2万处，清除“牛皮癣”近3万处，拆除违章建筑284处、面积9950平方米，拆除破败“空心房”1305处、面积20.29万平方米、拆除高空招牌2000块；增设镇区设置停车位5500个，绿化空地7.76万平方米。

实施“大引导”，呈现共治共享新局面。将组织发动群众参与作为农村人居整治重要方面来抓。做好氛围营造文章。通过新闻媒体、村村响、宣传车、宣传栏、宣传手册以及白化标语等形式，以及开展农民丰收节和“美丽乡村我的家——农村人居环境整治宣传乡村行”“主题党日”“不忘初心、牢记使命”主题教育等活动，广泛持续宣传发动农村人居环境整治，营造良好的社会氛围。全年在省、市主流媒体宣传报道工作动态、典型经验100余条，开展各类宣传活动1000余次，设置各类公益宣传广告3000多块、喷绘标语近1200条，发放宣传海报和倡议书38万余份。做好制度约束文章。坚持党建领航，以乡风文明建设为抓手，将农村人居环境整治纳入村规民约重要内容。在全县321个行政村建立村级人居环境理事会（协会），协助村级抓好人居环境整治。成立“文明实践志愿者”队伍，每月开展志愿清扫行动，积极促进文明卫生习惯的养成。做好示范引领文章。广泛开展美丽乡村示范村、农村人居环境整治示范村、美丽屋场创建以及美丽庭院的评选活动，增强群众美化家园、爱护环境的意识。是年，全县创建美丽乡村示范村19个，创建美丽屋场7个，评选美丽庭院3996户。石潭镇的“五星农户”、中路铺镇的“星级文明户”、“优秀保洁员”、排头乡的“创建示范路段”、乌石镇的“五美家庭”、青山桥镇的“五看五比一争”等富有特色的评选活动，起到积极效果。

围绕“大发展”，探索长效治理新机制。各乡镇、有关部门立足常态长效，认真学习借鉴汨罗市等地的经验和做法，积极创新举措，取得了一些机制上重大新突破，营造出“比学赶超”“争先进位”的工作势头。如，在乌石镇实施的城管执法进乡镇试点，让镇区“六乱”得到较好整治，效果得以巩固和提升，为依法整治镇容环境找到答案；排头乡的“垃圾分类赚积分”、杨嘉桥镇金福村实施“生活垃圾定时定点集中收集”制度等为有效处置农村生活垃圾提供易坚持、经济、简便的方法；易俗河镇梅林桥村的“五个一”工作方法、谭家山镇的党员联户制度、茶恩寺镇茶花村的“一约五会”制度等强化村规民约、“门前三包”的落实，为村庄人居环境整治长效管护机制的建立找到对策；启动的农村垃圾处理付费制度，行政村实施率达到15%，筹集资金150多万元，为解决村级人居环境整治资金不足困局探索出新路子。

（黄　丽）

农村能源建设

【概况】 2019年，新建池容2400立方米大型沼气工程1处，池容1400立方米大型沼气工程1处，池容1000立方米大型沼气工程2处，池容600立方米立方米大型沼气工程2处。争取农业农村部人居环境整治技术服务提升项目资金60万元，省级专项资金20万元，市级专项资金20万元，共100万元。

【项目建设】 2019年，大型沼气工程。禽粪污资源利用整县推进项目中大型沼气工程6处，按初步设计要求完成所有建设内容。新建共7000立方米发酵主池，1390立方米储气罐，购置6台沼气发电机组功率，共计360KW及其他相关附属设施，年产沼气110万立方米，各项目已进入试运行阶段。该批项目总投资2493.8万元，其中中央投资1052万元，省市配套211.4万元，企业自筹1220.4万元。锦石乡碧泉村人居环境整治技术服务与提升项目。此项目全面维修维护全村315个户用沼气池，150盏太阳能路灯，维护200台太阳能热水器，项目建设后全村共增收节支110万元左右，美化亮化农村生活环境，促进农村自然资源与人文资源的有效配合，彰显人文内涵，留住美丽乡愁。此项目争取农业农村部专项资金60万元。省级示范项目，湘潭县花奇生种养专业合作社种养结合生态循环农业项目，此项目建设小籽花生基地6.67公顷，项目实施后养殖场粪污全部资源化利用，改良土壤，提高产量，提升质量，节约成本，保护生态环境。此项目争取省级专项资金20万元。

【沼气安全生产】 2019年，以湘潭县农业局为主体与湖南方达可再生能源技术服务公司签订大型沼气工程（含大中型沼气工程10处、校园和小区沼气工程68处）第三方安全运营与日常管理服务合同，合同中托管费用为26.8万元，明确服务内容，双方的责任、义务，采用人防与技防相结合管理方法加以管理，由该局负责监管并指定由第三方运营服务公司统一组织。开展定期的走访、巡查，及时发现安全隐患，及时维修服务，填写好隐患整治任务交办单、安全生产检查台账，湘潭县依托湖南方达可再生能源技术服务有限公司，负责相关数据的收集与整理，实现远程监控，彻底消除安全隐患坚决遏制和杜绝安全事故的发生。全县10处大型沼气工程项目按照各级部门的整改意见，已全部整改到位，安全隐患已销号、清零，实现全年零事故。建立主管部门“一单五制”▲制度，压实企业主体责任，督促各企业完善“一必须五到位”制度，各相关企业安全生产主体责任清单要和第三方运营服务单位按照《中华人民共和国安全生产法》等法律法规要求，做好安全突发事件应对处置工作，按照“应急与预防并重，常态与非常态相结合”的原则，进一步完善应急预案和应急机制，健全安全应急体系，落实安全工作责任，认真查找沼气建设和使用中的安全隐患，做好巡查记录，完善安全管理措施。建立重大事故报告制度，遇有重大安全事故，必须在当日内将情况及时上报县农业局可再生农村能源办公室，该办于元月15日、3月28日、7月21

日、9月24日、12月29日按照“一单五制”“一必须五到位”的要求，对全县10处大中型沼气工程进行安全检查，下达事故隐患整治任务交办单，当场指出隐患内容，要求企业及时与托管公司联系限期整改，排除安全隐患。

▲“一单五制”，是指建立隐患清单，实行台账制、交办制、销号制、通报制、清零制。

（唐 杰）

农业发展服务

【概况】 2019年3月，成立湘潭县农业发展服务中心。是机构改革涉改新成立的正科级公益一类事业单位，7月，下达职能配置及内设机构和人员编制规定。县农业发展服务中心是贯彻落实党中央关于农业发展服务工作的方针政策和决策部署，全面落实省委、市委、县委关于农业发展服务工作的部署要求，在履行职责过程中坚持和加强党对农业发展服务工作的集中统一领导。

内设8个股室，分别为综合股、财务股、农业发展改革股、农民权益维护股、集体经济发展股、农田项目计划发展股、农田项目建设管理股、人事股。

【集体经济发展】 县农业发展服务中心成立，着手集体经济发展与农村集体产权制度改革相结合，把农村集体资产清理、成员身份认定、集体经济组织成立等作为集体经济发展的基础，通过对集体经营性资产清理，挖掘集体经济发展潜力；同时积极争取上级奖励扶持资金。2019年，共有7个村获得中央、省级支持的集体经济奖励资金的扶持，共计350万元。村集体经济收入总额达到1559.8万元。其中，10万元以上的村数32个，5万~10万元的村63个。

【土地承包和土地流转】 根据统计，2019年，湘潭县耕地流转面积共约2.88万公顷，占耕地面积的57.61%。总体来看，土地流转呈现向大户集中、规模经营的态势，有力推动水稻、湘莲、蔬菜、林木、油茶、茶叶等传统优势产业和特色产业基地迅速发展壮大。中心作为县级管理服务部门，着力于健全体系，规范流转；加强监管，确保规范；搭建土地流转信息平台，做到信息畅通。积极组织争取上级奖补资金。组织全县33家新型经营主体申报市农业农村局土地流转改革专项以奖代补资金180余万元。

【新型经营主体培育】 2019年，湘潭县有工商注册登记的农民专业合作社1824家、家庭农场1126家（数据来源于市场监督管理局，农服中心备案数量为合作社1059家，家庭农场735家），其中，国家级示范社9家，省级示范社17家，省级示范家庭农场6家，市级示范社83家、市级示范家庭农场47家，县级示范社132家，县级示范家庭农场91个。合作社入社农户近3万户，合作社和家庭农场辐射带动周边农户5万余户，其示范带动效应已显现。县农业发展服务中心按职能职责做好指导和服务。联合合作促转型。采取“宣传引导、培育改造、规范提升、优惠扶持”及示范创建、以家庭农场为单位组建合作社等一系列措施，在做好经营主体的成本降低基础上促进稳步、健康、持续发展。清理整顿促规范。开展农民专业合作社专项集中清理整顿工作，初步清理出“空壳社”650家。培训主体促提升。是年，选送100名新型农业经营主体负责人参加省市县举办的各类培训班，以提高主体负责人市场开拓意识，品牌创建意识和可持续发展意识。积极推送促发展。2019年度，推送2家合作社和5个家庭农场申报省级示范创建工作，并成功创建，同时新创建2家国家级示范性农民合作社。

【土地确权颁证】 为贯彻党中央关于农村改革工作的重大部署，湘潭县按照省市的统一安排部署，积极主动开展农村土地确权登记颁证工作。至2019年底，湘潭县基本完成农村土地确权登记颁证主体工作任务。湘潭县农村土地确权登记颁证涉及17个乡镇、321个村，9024个村民组，涉及承包耕地农户22.52万户，实际已完成承包耕地确权面积（实测）5.93万公顷，已印制农村土地承包经营权证书21.13万本。除少数涉及征拆、存在矛盾纠纷和小调整的村组外，证书已基本发到户。完成档案整理工作，已申请省级验收；数据已汇交到农业农村部和省厅，数据质量通过县级自查、市级核查和省级验收。

【农村集体产权制度改革】 湘潭县农村集体产权制度改革工作涉及17个乡镇，329个村（社区）。县农业发展服务中心成立以来，积极推动和指导改革工作。抓好中路铺凤形山村、河口华中村两个试点村工作，确保先行先试，发挥带头引领作用。全面完成清产核资工作，数据100%录入进全国农村集体资产清产核资管理系统，对涉及123个村225个问题整改纠错，顺利通过省、市验收和审核通过。基本完成成员身份认定工作（除涉及征收的15个城区村外），确定成员数88.65万人；256个村的成员身份信息通过四轮甄别的方式录入全国登记赋码系统。积极组织村集体成立（股份）经济合作社，已完成256个涉改村（社区）的经济合作社成立并登记赋码。

【高标准农田建设】 2019年，湘潭县高标准农田建设涉及15个乡镇49个行政村，计划总投资10277万元。其中，中央财政资金5460万元，省级财政资金4817万元，县级财政配套30万元。建设高标准农田0.42公顷。主要建设内容为：土地平整64.18公顷，土壤改良0.38万公顷；维修山塘124口，整修河坝10座，整修泵站3座，疏浚沟渠15.26千米，衬砌灌溉渠道68.4千米，衬砌排水沟26.39千米，高效节水灌溉工程433.33公顷；建设机耕路32.79千米，硬化机耕路0.58千米，建设生产路3.09千米。项目于2019年11月6日开工，至年底全部完成主体工程建设任务。项目实施后，新增和改善灌溉达标面积0.41万公顷，新增和改善排水达标面积0.34万公顷，新增节水灌溉面积0.04万公顷，增加粮食生产能力705.76万千克，项目区直接受益农民年纯收入增加总额1612.17万元。

【海南省到湘考察高标准农田建设】

2019年7月31日，海南省农业农村厅一行17人，考察湘潭县花石镇湘莲特色产业园和梅林现代农业园等处，湖南省农业农村厅副巡视员罗振新、省农田建设与农垦处处长唐满平、副县长陈义、县农业发展服务中心主任彭均赞等陪同考察。他们就园区的规划、资金的整合、产业的发展等进行实地调研，并与园区项目单位负责人深入进行交谈。考察团表示，湘潭县有值得学习的经验，主要是各部门资金整合力度大、群众参与度高、产业结构得到优化、园区建设的质量好。

【全国农田建设标准及定额制订现场考察会】 2019年11月15日，农田建设管理司二级调研员何冰带队一行35人，将湘潭县高标准农田建设项目作为全国农田建设标准及定额制订会议现场考察点，在该县开展现场考察。

【湖南卫视对湘潭县2019年高标开工情况进行报道】 2019年11月，湘潭县高标准农田建设项目开工建设，湖南卫视记者赴湘潭县高标项目现场花石镇进行现场拍摄采访，并作为全省高标准农田建设项目代表在卫视以及中央十三套进行报道。

（邓新湖）

种植业

【概况】 2019年，完成粮食总面积8.0万公顷，粮食总产59.9万吨。落实早稻面积3.2万公顷，总产1.42万公顷；一季稻面积1.07万公顷，总产8.79万吨；晚稻面积3.44万公顷，总产25.54万吨；旱粮面积0.5万公顷，总产3万吨。夏收油菜实际面积1万公顷，冬种油菜面积达到1.35万公顷。全年完成蔬菜种植面积2万公顷（含复种面积），总产量60.56万吨，总产值18.9亿元。是年，全县落实经济作物面积0.98万公顷，其中主宗经济作物柑橘类面积0.18万公顷、西瓜面积0.15万公顷、茶叶0.15万公顷、花卉苗木0.09万公顷，桃、梨、杨梅等小水果0.1万公顷。

【蔬菜生产】 2019年，争取各类资金102万元发展湘潭县蔬菜生产。积极推广九华红菜薹、矮脚白两个地理标志产品在湘潭县易俗河、杨嘉桥、射埠3个乡镇种植。完成蔬菜保险823.63公顷，其中露天蔬菜承保面积799.92公顷，大棚蔬菜承保面积23.71公顷。强化蔬菜技术培训和指导,认真组织各项目的实施。形成以易俗河镇的顺兴、绿丰、文超、湘桥等合作社为代表的丝瓜种植，杨嘉桥的益盛合作社的空心菜、香葱种植，三汇公司的红菜苔种植，茶恩寺的白薯种植等特色蔬菜种植基地。截至2019年底，有楚佳、绿丰、好吃莲藕等18家单位的55个产品获得无公害农产品认证，北马峰的9个品种获得绿色农产品认证；注册金肴、白鹿冲、绿满湘情等8个蔬菜商标。

【经济作物生产】 2019年，羊鹿、龙凤、船形、莺鸣春的茶叶品牌优势日益凸显。谭家山乌梅、云湖桥脐橙、茶恩寺猕猴桃、107线葡萄、本地草莓等水果的市场影响力增大。热带水果火龙果在湘潭县易俗河、河口等地试种成功。新增枳壳、玉竹、栀子、迷迭香、瓜蒌、金银花等中药材规模种植面积，县内中药材产业发展趋势良好。是年，有湘潭腾顺农业公司猕猴桃基地、船形茶叶基地、湖南南苹南方苹果基地申报市级农业专项奖补项目。湘潭羊鹿茶业有限公司成功申报省级2019年农业优势特色千亿元产业茶叶绿色精细高效示范基地、湘潭县谭智奇中药材种植专业合作社成功申报中药材绿色精细高效示范基地。

【种植结构调整】 2019年，湘潭县种植结构调整为质量效益年。全年重点围绕提质增效、可持续开展工作，按照“稳调整、稳主体、稳环境、稳流转、稳情绪、稳生产”的工作思路采取有力措施，大力发展秋冬种油菜生产。对纳入调整任务的种植结构调整区免费发放油菜种子，精心打造7个千亩、5个五百亩示范片。新增调整湘莲、旱粮作物、蔬菜、花卉苗木、草皮、中药材、果树、水产养殖0.14万公顷。结构调整区冬种油菜面积0.53万公顷，完成省市下达的新增年度任务，巩固2018年调整的区域面积。通过种植结构调整调减水稻种植1.27万公顷，根本解决这些区域种植稻谷镉超标而导致农产品质量安全风险隐患，化解减少省、市、县财政处置镉超标稻谷补贴资金2.15亿元，解决因稻谷镉超标导致销售难的问题。湘潭县的种植结构调整典型材料在全省农业农村局长电视电话会议上印发。

采取“龙头企业+合作社+农户”“合作社+基地+农户”等模式，打造一批产销两旺的特色基地，如排头乡团结村鸢尾种植基地、易俗河镇及谭家山镇恒基苗木基地、中路铺镇柳桥村小籽花生基地、花石镇天马村特色红薯基地、白石镇昭金村莲虾生态养殖等。通过招商引进广州酒家集团投资2.5亿元新建月饼馅料生产线3条、月饼生产线2条、速冻产品生产线2条，生产基地年需红莲3000吨以上，进一步拓宽湘潭县湘莲销售渠道；白石等乡镇引进省内外经营主体发展龙虾、芡实、中药材、鸢尾、草皮等产业。种植结构调整的产业链不断完善。是年，投资建设湘潭讯丰生态农业公司的红薯淀粉加工厂、湘潭县祥瑞种养合作社和湘潭县新时代六斗冲农业公司的牛羊规模养殖场，以及湖南景鸿湘莲公司的藕鞭、藕带加工厂，湖南伟蘅农业发展公司的特色蔬菜加工厂等产业链建设。

【水稻集中育秧】 2019年，为创新集中育秧机制，提高集中育秧市场化、现代化水平。稳定传统优势区水稻生产，加快绿色优质稻米生产基地建设。进行场地无盘旱育机插秧技术示范。全县集中育秧面积0.35万公顷。

【“稻油”水旱轮作试点】 2019年以粮油协调发展为基础，以油菜面积增加为目标，突出冬闲田油菜开发，将“一季稻+冬闲田”模式调改为“一季稻+油菜”模式。以乡镇或行政村为单元集中连片实施，全县试点面积0.19万公顷，试点乡镇包括青山桥、花石、排头、射埠、锦石、乌石、云湖桥、中路铺、茶恩寺9个乡镇，单片面积66.67公顷以上。推行一片一种，统一栽培管理，推广高产高效栽培技术，确保优质高产。

【粮油绿色高质高效行动暨做优做强湘米工程】 2019年，积极推进“早加晚优”模式，早稻推广高直链淀粉加工型品种，一季晚稻和双季晚稻推广高档优质稻。创建石潭、杨嘉桥、锦石、排头、青山桥、茶恩寺、分水、易俗河10个“早加晚优”模式万亩示范片，通过示范带动、增加投入、订单生产有效推进了高档优质稻开发进程，高档优质稻面积大幅增加。是年，全县高档优质稻面积1.67万公顷。推广“公司+基地+农户”高效模式，实行订单生产，确保优质优价，实现企业和农户双赢。

【惠农政策落实】 2019年，切实做好耕地地力保护补贴和粮食适度规模经营补贴的登记、审核、汇总、公示、复核和发放工作，做到数据真实、上报及时，确保补贴及时、足额、依规发放给种粮农民和规模经营主体，充分发挥补贴资金的支农稳粮作用。县、乡两级做好基础数据审核、监督考核等工作，严防虚报、套取农业支持保护补贴资金。是年，实际发放耕地地力补贴资金1.18亿元；发放2018年粮食适度规模奖扶资金942.45万元。

【秋冬种生产】 制订《湘潭县2019年秋冬种生产工作方案》，全县落实秋冬种总面积4.05万公顷。重点抓好锦石、射埠、排头、云湖桥、中路铺、乌石、青山桥、茶恩寺8个乡镇稻油轮作试点，县乡两级增加投入，强化措施，搞好服务，为确保稻油轮作试点和油菜大户种植面积的落实，通过政府采购的形式采购优质油菜种子3.6吨。全县实际完成油菜种植面积1.6万公顷。

【农业执法】 2019年，农业综合执法大队高度重视农业行政执法工作，农业、农机、畜牧、渔政四个中队分工合作，协调配合，充分发挥执法职能作用。开展农资及农产品质量安全整治专项行动。抓源头、强管理、规范农机市场秩序。有序开展春季禁渔工作。规范开展检疫监督工作。全面开展畜禽产品质量安全监管工作。认真落实病死动物无害化处理制度。全年立案50起，执法巡查次数1625次，到位罚没款138064元。参加省农业行政执法处罚案卷评查，使用破坏渔业资源的方法进行捕捞案获2019年全省农业行政处罚优秀案卷。全年无行政复议或行政诉讼被复议机关或者法院撤销的案件，没有发生一起涉法上访或群体性闹事事件发生，没有出现重大坑农害农事件和重大农产品质量安全事故。

【湘莲产业发展】 湘潭县是湘莲产业的核心区域，具有极佳的种植资源禀赋，拥有悠久的种植文化传统，积累先进适用的栽培技术，已形成涵盖良种选育、标准化种植、加工流通与品牌营销、农旅融合的全产业链发展格局。湘莲产业现已拥有品牌、良种、基地、加工、交易等方面的优势，凸显其在全国莲子产业的巨大影响力与领头羊地位。2019年，花石镇成功申报省级农业特色小镇；湘莲入围“湘九味”道地中药材，湘潭县编制出台《湘潭县湘莲规划》，为湘莲产业发展提供科学指导；拟定《湘潭县人民政府关于支持湘莲产业发展的意见》，为湘莲产业发展提供良好的政策保障，为莲产品进军保健品和药品开发领域指明方向。全县湘莲种植面积0.34万公顷，湘莲加工企业47家（其中有4家省级龙头企业，10家市级龙头企业），年加工湘莲10万吨，占全国莲子加工总量的70%。湘潭县花石镇是全国最大规模的莲子集散中心，年集散湘莲10万吨以上，湘莲出口贸易额达3亿元。全县从事湘莲种植、加工、收购、物流、外出承包经营总人数在10万人以上，实现湘莲全产业链产值90亿元以上。

【耕地修复治理和休耕】 2019年，湘潭县在1万亩安全利用区轻、中度污染耕地继续采用“VIP+n”修复治理类技术，在轻度污染区域具体采用4项“VIP+n”修复技术措施（低镉水稻品种推广+优化水分管理+撒施生石灰+施用有机肥）、中度污染区域具体采用5项“VIP+n”修复技术措施（低镉水稻品种推广+优化水分管理+撒施生石灰+施用土壤调理剂+施用有机肥），加快推进受污染耕地安全利用。其中，易俗河镇郭家桥村233.33公顷、宝塔村100公顷，共计333.33公顷中度污染耕地；杨嘉桥镇柳福村173.33公顷、雁银村160公顷，共计333.33公顷轻度污染耕地。通过采用竞争性磋商方式，选定4家中标企业实施修复治理，项目实施后稻米镉达标率达到91.9%。

2019年，全县耕地轮作休耕制度试点区域涉及全县9个乡镇16个村，休耕总面积1322.85公顷，全部进行深翻耕、种植绿肥。全县设立休耕监测点15个，涉及9个乡镇14个村。监测点按监测方案要求，均设立监测分区处理；采集水稻样品30个、土壤样品45个。 （唐 杰）

养殖业

【概况】 2019年，受“非洲猪瘟”疫情影响，全县生猪养殖下降幅度较大，存栏量从年初67.08万头下降至年底37.137万头，全年生猪出栏量为111万头。同比下降36%。在生猪养殖下降的同时，其他畜禽保持健康快速发展。全县全年出栏牛1.16万头，同比增长8%；出栏羊5.92万只，同比增长20.6%；出笼家禽1500万羽，同比增长109%；全县放养水面86820亩，同比增加7.78%；水产品37190吨，同比增加1.06%。莲（稻）渔综合种养面积15300亩。

【养殖业技术服务和推广】 2019年，共开展养鸡技术2期，“非洲猪瘟”防控技术3期，共培训450人次，日常接待养殖户技术咨询110人次。广泛开展畜产品质量安全宣传活动，全年发放宣传资料1200余份。积极推动海兰黑山羊饲养专业合作社做好《2018年南方现代草地畜牧业推进行动项目》的建设工作，已完成第一阶段的建设任务。

【重大动物强制免疫】 2019年，猪牛羊禽春秋两季强制性免疫率、耳标配挂率均达到100%，畜禽免疫抗体水平检测均达到75%。

【疑似非洲猪瘟防控】 2019年，广泛宣传“非洲猪瘟”防控知识，强化养殖户的主体责任，提升防控意识与技术水平。加强疑似疫情排查以及应急处置，建立县—乡—村—户完善的疫情排查体系，实行网格化管理。加强冻库、屠宰户、生猪运输车辆环境检测排查。全面开展“非洲猪瘟”防控“夏季攻势”“冬季大消毒”等行动，落实消毒灭源工作。强化病死畜禽的收集及无害化处理。严格按照应急处置指南，做好疑似疫情的扑杀、封锁、消毒、无害化处理工作。切实加强应急值守，严格落实24小时专人值班制度。强化“两场”防控，确保“两场”周边生物安全。

【生猪复产】 2019年，出台《湘潭县稳生猪生产保市场供应政策措施》。加强“非瘟”防控与复养技术培训指导，成功举办19期生猪复产技术培训班，培训养猪场（户）技术人员3000余人次。争取市级资金30万元，在县域内6个不同规模的养殖场推进生猪生产复养试点示范。组织4个规模养猪场申报2020年农业项目中央预算内投资项目中新建、改扩建养猪场项目。组织23个规模养殖场成功申报共计214万元市级防疫设施建设和提质改造项目，提升完善养殖场生物安全水平。

【畜禽养殖污染治理】 2019年，完成禁养区内60个畜禽养殖场（户）退养，退出栏舍面积18286.73平方米，发放补偿资金425.8657万元。完成涟水河沿岸畜禽养殖退养任务355个，退出栏舍面积61074.58平方米（其中功能性拆除30790.11平方米、全拆30284.47平方米），发放补偿资金1532.34万元。完成长江经济带生态环境问题整改工作，17个养殖场养殖污染问题全部整改到位 。截至到2019年12月31日，畜禽粪污资源化利用整县推进项目完成进度为：由湖南华绿生物科技有限公司负责投资建设的区域性粪污集中处理中心已全面竣工，并于2019年12月25日正式投产运营。粪肥专用输送车辆已在采购当中。9个大型规模场中6个大型沼气工程、3个大型沼气工程配套工程已竣工8个，1个已进入扫尾阶段，该部分已完成建设进度95%。280个规模场（户）分类实施粪污治理工程、粪污处理设施改造工程已完成建设任务的95%。全县畜禽粪污综合利用率达到90%以上；规模养殖场粪污处理设施装备配套率达到95%以上；大型规模养殖场粪污处理设施装备配套率达到100%。

【渔业资源保护】 2019年，继续在湘江干流实施4—6月春季禁渔制度，有重点、有计划地开展巡查执法行动，强化禁渔期间的监督管理，做到全面禁渔，接案必复，接案必出，严厉打击违禁行为。禁渔期间，没收渔船2艘，收缴背包式电鱼机7台套，地笼2000余米，纱套网11套，行政处罚2起。2019年8月9日，湘潭县在河口镇新昱船厂码头举行湘江湘潭段鱼类人工增殖放流活动，放流共投放四大家鱼666万尾。其中，大规格鱼种2万尾，4厘米以上夏花664万尾，有效促进湘潭县渔业资源多样性。启动长江流域重点水域禁捕退捕工作，退捕持证专业渔民26户、持证兼业渔民41户。

（唐　杰）

林　业

【概况】 湘潭县林业用地面积9.89万公顷，公益林面积有4.6万公顷，其中国家级公益林4.0万公顷、省级公益林0.6万公顷。2019年，湘潭县林业工作紧紧围绕“挺进全国百强县，创建全国文明城市”目标，以创建国家森林城市为抓手，突出“生态保护、生态修复、生态惠民”三大重点举措，推进“森林调优、湿地提质、城乡添绿、产业增效、管服做精”五个工作主题，全年实现营造林7266.7公顷，义务植树199.5万株，森林蓄积量达463.85万立方米，蓄积量增长率达4%，森林覆盖率保持在46.3%，林木绿化率保持在48.32%,湿地保护率稳定在70.2%以上，古树名木建档率100%，森林火灾受害率控制在0.9‰以下，争取上级资金3500万元。是年，湘潭县林业局成功创建市级文明标兵单位，在全县机关群众满意度调查中排名并列第一，荣获“环境保护工作先进单位”“绩效考核优秀单位”等荣誉；林业系统中，郑尚志荣获全国森林防火工作先进个人。

【造林绿化】 2019年，实施森林质量精准提升工程，对乌石国有林场、深溪等集体林场进行森林提质，带动荒山造林、封山育林、林相提质改造等全域造林绿化，完成人工造林1266.7公顷，封山育林1333.3公顷，退化林改造666.7公顷，森林抚育4000公顷。齐白石森林公园成功申报森林质量精准提升项目133.33公顷；积极培育珍贵苗木、乡土树种苗木基地2个；建设梅林桥、天马山、碧泉潭3个乡村森林公园；巩固“四片一走廊”林相改造效果，推动生态廊道建设，建设多层次、多功能的森林景观。

【义务植树】 2019年，深入开展全民义务植树活动，印发《湘潭县人民政府办公室关于深入开展全民义务植树活动的通知》，组织各乡镇、各县直单位开展义务植树，全县公民义务植树尽责率达96.54%，人均植树3棵，造林面积累计1566.67公顷，打造义务植树典型基地22个，其中县级5个，乡镇17个。

【古树名木保护】 2019年，湘潭县绿化委员会向社会公布湘潭县古树名木保护名录。公布的古树名木有811株，并对所有古树名木进行挂牌保护，并将2019年度古树名木保护资金拨付到各乡镇，做好古树名木保护工作资金保障。

【退耕还林还湿工程】 2019年，继续深化推进退耕还林还湿工程，全面实施湘江流域和洞庭湖山水林田湖草生态保护修复工程试点项目。完成寻笔港退耕还林还湿灾后重建9.9公顷；唐家湖山水林田湖草综合治理项目提质建设约40公顷。推动绿心区小微湿地建设，完成湾东港小微湿地保护建设项目3.17公顷。

【森林城市建设】 2019年，积极推动国家森林城市创建工作，湘潭县委、县政府召开会议专题研究创国森工作，出台《湘潭县创建国家森林城市的决定》等文件，开创省、国森同创的新局面。湘潭县成为全国第一批申报创建国家森林城市的县级单位之一，《湘潭县国家森林城市建设总体规划（2019—2028年）》在北京通过专家评审，推荐金霞山公园成功申报省级生态文明教育基地。在金霞山公园、沿江风光带等群众休闲区域设立创森标识标牌，提高人民群众的创森知晓率、满意率。

【林业资源管理】 2019年，严格管理保护全县森林资源，办理征占用林地审批32宗共91余公顷，收缴植被恢复费1595万元；核发林木采伐证54份，采伐总蓄积6256立方米，严格控制在采伐限额内。严格防治森林病虫害，清理枯死松木6240株，利用直升机向疫区松林喷洒“绿色威雷”农药1000公顷，坚决遏制松材线虫病蔓延，确保西南部山区松林资源安全。加强野生动植物保护，销毁捕鸟网2000平方米，收缴捕鸟杆5根、捕鸟夹30个，签订承诺书40份，规范年审野生动植物经营许可证31个、驯养繁殖许可证11个。

【林业行政执法】 2019年，加强林业行政执法，加大林业资源管理力度，在湘潭县范围内巡查410余次，查处各类林业行政案件10起，刑事案件7起，罚没收入19万余元，拆除杨嘉桥非法占用林地违章别墅1座。开展“绿卫2019”保护森林资源行政执法行动，下达行政处罚21起；完成2019年度国家森林督查迎检工作，核实督办288个交办图斑。

【林业审批服务】 2019年，深化“放管服”便民利民服务，落实办证最多跑一趟政策。全年办理行政许可事项378件，其中木材运输证126件、植物调运检疫证194件、林木采伐许可证47件、野生动物驯养繁殖许可证11件。服务群众726人次，群众满意率100%，获得“为企业排忧解难”锦旗1面。

【森林防火】 2019年，湘潭县继续保持森林防火高压态势，未发生重特大森林火灾和人员伤亡事故，未发生受灾面积30公顷以上森林火灾。召开全县森林防火工作会议，做好清明节、国庆节等节日期间森林防火工作；森林防火期实行提级响应，对齐白石森林公园、隐山自然保护区等自然保护地和工厂油库周围进行重点巡查；严格落实24小时领导带班、在岗值班制度，安排2名专职人员全天候值班。是年，湘潭县接到森林火灾报警91起,核实森林火灾2起，派出宣传车203台次、宣传员2100余人次，发放宣传单25万余份，设置大型森林防火宣传牌6处、中型宣传牌30块，开展“树苗换纸钱、鞭炮”活动得到省、市森林防灭火指挥部通报表扬。

【林业产业】 2019年，推进“一乡一品一特色”工程，油茶、竹木加工、森林旅游、林下经济四大产业逐步升级壮大。实施油茶抚育1466.7公顷和省级油茶产业项目266.7公顷，射埠、谭家山万亩油茶高产示范基地品质提升。茶恩寺竹木产业园新增楼外楼家居等30余家电商企业，年销售额将突破1亿元。擦亮齐白石（省级）森林公园等森林旅游品牌，完成齐白石森林公园勘界落标和《省级森林公园建设总体规划》编制工作。受理森林资源流转2起22.4公顷，推荐省级林下经济示范基地1家，申请中央财政贷款贴息资金71万元，林下经济发展逐渐活跃。

（夏智武）

水　利

【概况】 2019年，县水利局完成争支争项1.76亿元。全县完成各类水利建设总投入3.67亿元，完成骨干山塘整修558口，完成高标准渠道建设109.75千米，改善灌溉面积1333.33公顷，恢复灌溉面积666.67公顷，新增灌溉面积333.33公顷，新增保收面积800公顷。完成总投入180万的县管中型水利工程管理单位及韶山灌区支渠的水利工程体系建设和2018年防汛抗旱过程中出现的重点隐患、损毁工程整修200万元，投入180万元对57个村的险工隐患修复进行修复。全面完成河流整治项目朝阳渠白石河段和青山河晓南港河段治理工程、四水治理杨嘉桥保护圈和石潭保护圈堤防加固工程、银泉河小流域综合治理、中央财政农田水利和农业水价综合改革试点县项目及紫荆山水库灌区节水灌溉省级配套资金改造项目建设。全力推进城乡供水一体化PPP项目建设，由县农发公司作为临时业主实施易俗河至谭家山镇主管网建设，投资2000万元，全长18.7千米。年内扎实推进水利脱贫攻坚任务，完成省、市重点民生实事任务新增农村自来水人口4.18万人，完成农村饮水安全巩固提升工程17.8万人，年度目标任务超额完成。2019年，解决全县贫困人口饮水安全问题846户2205人，拨付贫困人口饮水安全补助资金180.84万元，全面完成农村饮水安全“回头看”和“面子工程”整改工作，落实资金500万元。

是年，湘潭县被确认全省“第一批节水型社会建设达标县”，县水利局获“湘潭市抗洪抢险先进单位”。

【水土流失治理和水土保持监督管理】 2019年，完成中路铺项目区银泉河小流域治理项目。全年征收水土保持补偿费34万元，完成审批水保方案报告书表14个，治理水土流失面积近24平方千米。全面完成项目清单21家单位(或项目)整改，全力做好长江经济带水土保持监管工作。

【水资源管理】 2019年，持续落实落细最严格水资源管理制度，规范取水许可办理，推进全县取水工程（设施）核查登记工作，全年征收水资源费96.99万元。9月，湘潭县全面完成节水型社会达标建设工作。10月，湖南珠江啤酒有限公司、湘潭县第一中学被确认为省级节水载体荣誉称号。

【防汛抗旱】 2019年汛期，湘潭县遭受多轮强降雨袭击，特别是7月8日至9日，全县普降大暴雨，受暴雨及上游来水影响，“一江两水”水位迅速上涨，涟水超警界水位，湘江、涓水均超保证水位，湘江洪峰水位达41.42米，为历史第二高水位，相应流量超历史，频率为200年一遇，严峻的汛情导致全县水利工程水损水毁共计1341处，水利设施直接经济损失6400万元。县委、县政府高度重视、严密部署，全力应对强降雨及高洪水位的安全防御工作，及时召开防汛会商会，县防指于7月8

日19时起启动防汛Ⅳ级应急响应，根据水情预报和汛情发展趋势，于7月9日7时起将防汛Ⅳ级应急响应提升至Ⅲ级。各级防汛部门坚持领导带班，24小时值班，县级联点领导及后盾单位第一时间赶赴各自联点的乡镇指导支援抗洪抢险工作，县水利局对白石、茶恩、杨嘉桥、河口、易俗河等重点乡镇进行科学调度，增派技术员和技术领导进行技术支援，全力以赴抢险救灾。县防指统一调度抢险队伍、抢险物资器材等，共计调拨300立方米砂卵石、1.2万平方米彩条布、2万只编织袋、3000只麻袋，600只吨袋，50立方米木材等抢险物资，调用运输车辆49台次，安排县抗旱服务队出动抽水设备7台套。市、县调集武警、民兵应急分队200人次，县乡干部1.1万余人次，机动抢险队伍2800余人次，发动群众参与5000余人次进行抢险救灾，抢筑子堤10余米，共完成重点险情处置35处，如：杨嘉桥镇龙华堤苏家港附近渗水；河口镇卓江堤白米滩地段一处渗漏发展为直径约为30厘米的管涌，卓江堤胜天闸进水口处3处管涌，莲托大堤外白沙洲子堤缺口；易俗河镇涓水沿线大小10余处管涌和滑坡；白石镇白溪支渠滑坡近3米，潭湘堤沉陷8余米等。因湘江高洪水位、堤垸内渍和堤防工程险情严重，易俗河、河口、石潭、白石、云湖桥等乡镇共计紧急转移安置9020人，且无一例人员伤亡，全县实现“未溃一堤、未垮一库、未死一人”的目标，全面实现省、市明确的防汛抗旱“五个确保”目标。

【河长制工作】 2019年是河长制工作“从全面建立到全面见效”的关键之年。湘潭县代表市迎接省河长办的考核中取得较好成绩，被市河长办评为优秀县区，较好的完成河长制“全面见效”的工作目标。全县河湖保护治理成效明显，易俗河镇小微湿地试点建设任务、锦石唐家湖、邯郸港2处黑臭水体治理项目、涓水采砂规划的方案编制和县域内15条流域面积50平方千米以上河流的河湖划界方案编制工作全面完成；高标准完成全县47处“清四乱”专项整治和17个乡镇52处城乡饮用水卫生监测点项目，全县辖区内国家考核断面水质1—12月，县级集中式饮用水水源地水质达标率及省级功能区断面水质达标率均为100%；积极完成全县17个乡镇样板河的打造任务，花石镇花石河被省水利厅评选为“美丽河湖”。

【2019年度银泉河项目区国家水土保持重点治理工程】 该项目治理面积为30平方千米，总投资1276万元，其中国家投资900万元，地方配套376.97万元。实施内容为：坡改梯23.10平方公顷，水土保持林359.16平方公顷，经果林136.95平方公顷，封禁治理1458.75平方公顷。兴修各类小型水利水保工程32处。其中，山塘10口，沉砂池10个，蓄水池4个，消力池4个，沟渠共3处5.0千米，生产道路1处1.24千米。该项目2019年6 月25号开标，中标单位为湖南佳信工程建设有限公司，湖南省水利电力咨询监理有限公司对工程施工进行监理，湘潭市水利工程质量安全监督站进行质量安全监督。8月10日，正式开工建设。

（齐华志）

农业机械化

【概况】 2019年，全年共补贴农户262户，申领确认书282份，补贴机具329台。共计补贴金额1229.782万元（九华补贴资金2320.292万元），其中报废补贴资金7.3万元（九华申请报废补贴资金211.5万元）；培训各类农机手138人次，年检机车557台，全县没有发生农机作业重大安全事故；农机专业合作社总数达到223家，其中2019年现代合作社13家。全县农机拥有量和总动力达到31.68万台、144.67万千瓦，农机生产总值10亿多元，农作物综合机械化率70.78%，是全省一类农机大县。其中水稻机耕率达到98.6%，机收率达到98.1%，机插率达到39.65%，综合机械化率达到80.15%；油菜机耕率达到95%，机收率达到98%，机播率达到43.65%，综合机械化率达到80.5%。

2019年，继续实行“百千万”现代农机合作社建设项目并积极整合粮食适度规模经营项目资源，结合湘潭县现代农机合作社规范化建设实施方案，实施以奖代补，突出重点扶持和典型示范。重点突出规范化建设，对已申报的70家现代农机合作社进行有效管理同时在合作模式上创新，促进合作社的健康、快速发展。全县在工商部门注册的农机服务专业合作社达到223个，是年，成功申报现代农机合作社13家。其中省财政扶持的现代农机合作社83家，是全省最多的县市之一。

结合推进平安县城的创建工作，积极创新方法，强化管理，多措并举助力“平安县城”建设。全年上户拖拉机42台、联合收割机256台，全年年检拖拉机401台、收割机156台，报废更新179台，为合作社减少负担，提高安全。创新方法打造平安农机。谭家山镇被评为全省“平安农机”示范乡镇，全年无重大农机安全隐患，无重特大农机安全事故的发生。切实开展安全隐患排查。以季节性安全生产检查、节假日期间与专项整治相结合，按照定期与不定期的安全大检查的制度相配合。在安全生产检查中，共发现并排除安全隐患15起，纠正违规行为15起，现场直接整改1处，发放整改通知书限期整改1起。探索农机监理新模式，全面清查，摸清“家底”，建立高标准农机档案；全面规范牌证管理，新车上户挂牌率要达到100%；全面规范农机手培训与考试工作，做到培训合格率100%；全面加强横向联系，探索联合执法新路子，扎实推进拖拉机安全顽瘴痼疾专项整治工作，进一步规范全县拖拉机管理，年检拖拉机收割机557台以上，确保农机平安无事故，助力“平安县城”建设。

本着为民办实事的宗旨，进一步规范对农机驾驶操作人员的培训和考核，切实做到理论培训、技术培训不少于规定课时，技术培训保证机手能够熟练掌握有关的操作技能。全年开展各类农机培训班5期，培训各类农机手138人次。精心组织机构跨区作业服务，免费帮助机手办理跨区作业证，在中国农业机械化信息网上发布跨区作业信息，了解跨区作业点的具体情况、价格等，保障机手一路绿色通行。全年共免费发放联合收割机跨区作业证60张。

（唐　杰）

气 象

【概况】 2019年，县气象局紧紧围绕“加强气象服务”这个中心，全面贯彻落实县委工作要点、县政府工作报告工作部署，认真履职、主动作为，在服务经济社会发展、规范内部运行管理、推进气象部门党的建设等方面狠下功夫，取得一系列成果。

聚焦气象服务卓有成效，预报预测能力有力提升。面对年初低温雨雪冰冻，以及主汛期的复杂天气形势，该局严密监测、准确预报、及时预警、科学应对，全方位做好决策、公众服务，为防灾减灾、保障民生提供了精准的气象服务保障。是年，共对外发布各类气象预警预报服务98期，其中气象预报服51期，重大气象信息专报5期，春运气象服务专报1期，春耕春播气象服务专报5期，秋收秋种气象服务专报16期，节假日及重大活动气象专题服务20期，为县委、县政府及各部门提供公众气象服务约10682次。加强突发灾害性天气的监测和预警服务，遇有灾害性天气过程通过手机、短信、QQ、邮箱、微信、电子显示屏、突发事件预警发布平台等方式向党政领导、乡镇责任人、种粮大户等发送气象灾害预警信息。全年发送气象预警信号51046人次。

开展富有地方特色的现代农业气象服务，加强气象农业需求指导。针对上半年降水偏多的气候特点，根据春耕春播时节需求，在石潭、花石等地针对特色农业种植大户、专业合作社、种植养殖大户等进行实地调研指导，了解当前农业生产形势、农业种植结构、农业气象服务重点和需求，及群众获取气象信息的主要渠道及服务效果等情况，并就前期气候特点和近期的降水情况、土壤墒情、灾害性天气信息获取渠道等进行详细解答及现场指导。

强化责任意识，认真做好汛期预报服务工作。自3月20日进入主汛期以来，加强汛期气象服务的部署，细化各项工作安排。加强值班值守，实行24小时双岗值班和领导带班值班制度；设立专人负责气象装备保障人员，制订区域自动站日检查制度，及时维护、维修和巡检，提升自动站在线率；加强气象业务培训，组织值班人员熟悉掌握突发事件预警信息发布平台、ASOM操作流程。每次服务过程做好留痕管理，在“市县气象服务一体化”平台上详细记录，自动生成并存储值班日志，积极实现气象服务值班工作痕迹“全过程、自动化”记录。

抢抓时机开展人影工作，有效缓解县域内旱情。年初就制订好年度人影工作计划，完成37高炮的年检工作，参加省人影办组织的人影培训共计2人次。9月份以来湘潭县受气温偏高、降水偏少影响，达到中度气象干旱标准。面对严峻的干旱形势，该局抓住有利时机，适时开展人工增雨作业。全年共计开展人影作业6次，作业后全县普降小到中雨，为农业抗旱保水、降低森林火险等级发挥积极作用，广受好评。

履行防雷监管职能，强化气象防雷监管责任力度。是年，完成县域内加油加气站、危化企业、雷管炸药库等85家企业的防雷设施安全检查。把安全生产工作同“不忘初心、牢记使命”主题教育结合起来，教育全体干职工要时刻绷紧“安全”这根弦，牢固树立“安全意识”，国庆前由分管负责人带队到全县各加油站、危化场所、烟花爆竹等重点行业领域进行气象防雷大排查大管控大整治。通过“3·23”气象日、“5·12”防灾减灾日等活动进行综合防灾减灾知识的科普宣传，发放防雷宣传挂图、避险手册、科学认知雷电等自然灾害气象科普资料，提高公众的气象防灾减灾意识和自救互救能力。（黄昱博）

移民开发

【概况】 2019年，下达移民后扶项目343个（含移民培训、精准扶贫、特困移民慰问3个项目），项目资金3365.78万元（其中，政策内资金后扶基金1750.86万元，其余为向上争取资金）。其中，道路交通、农田水利等基础设施类项目303个，投入资金2760万；产业开发类项目37处，投入资金512万元；移民培训项目投入资金50万元；精准扶贫项目40.78万元。2019年，完成10户26人避险解困重点民生实事任务；推进移民培训，完成农业实用技能培训4个班300人次，新型职业农民培训1期75人次，就业技能培训2期100人，中长期职业教育补助自主培训补贴15人，参加省级培训8人。有序开展重点移民村建设工作，2017年度第二批2个整村推进移民村（铜锣、石垅）项目于2019年10月通过省局验收，其中谭家山镇石垅村被市水利局向省移民局推选为湘潭市“整村推进移民美丽家园项目建设优秀村”；2018年度重点移民村（金石、石坝）项目建设进展顺利；2019年选定花石镇百和村，中路铺镇凤形村、柱塘村3个村为整村推进村，分别投入移民资金210万元实施基础设施补短板、人居环境改善、移民产业扶持项目。

【移民后扶资金监管】 2019年，按时按季度发放后扶直补资金共692.175万元，完成移民后扶补助数据核定，其中移民核减193人；发放移民困难大学生补助2.3万元、困难高中生补助2万元、关爱移民计生特困家庭补助0.6万元、移民计生家庭医疗补助2.2万元。

【移民产业开发】 2019年，共下达移民产业开发项目37处，投入移民资金512万元。完成油茶提质改造133.33公顷，茶叶基地提质改造26.67公顷，中药材栽培33.33公顷，蔬菜、蚕桑种植80公顷、水果基地改造43.33公顷。

（齐华志）

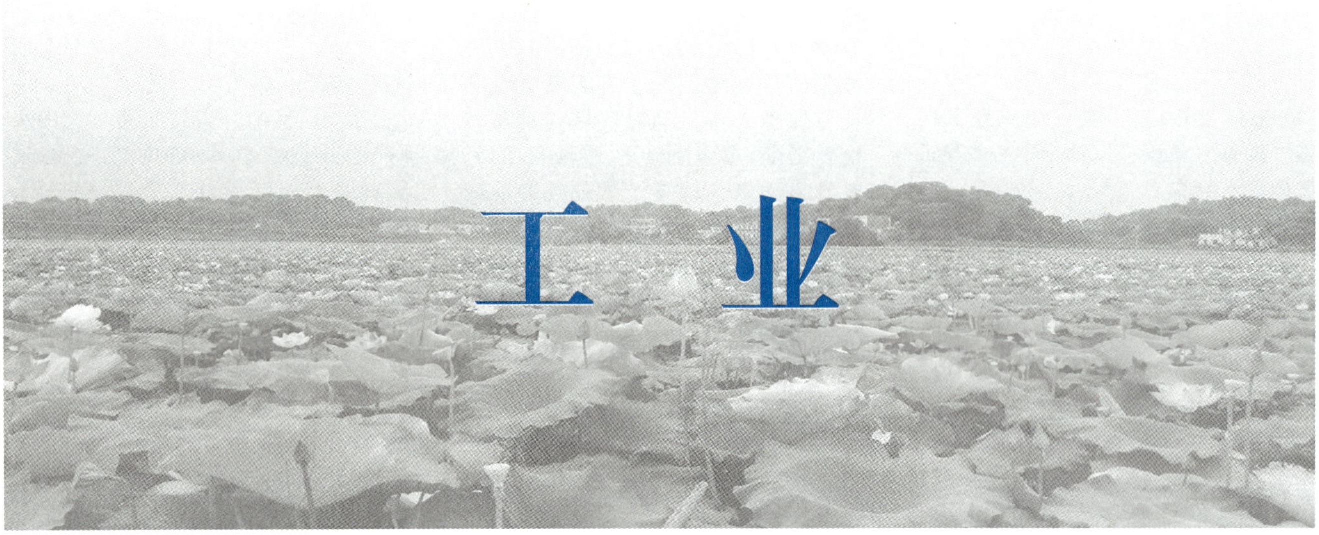

工业

概述

【概况】 2019年，湘潭县新增规模工业企业42家，全县规模工业企业总数达252家；完成规模工业总产值667.4亿元，同比增长12.02%；完成规模工业增加值197.4亿元，同比增长8.9%。两项增速排名全市第一。园区规模工业产值为518.2亿元，占比达到77.6%。全县在建工业投资项目366个，完成工业投资126.43亿元，增速为8%;完成工业技改投资93.68亿元，增速为37.6%。

【国有工业企业改革】 2019年，湘潭县经直国有工业企业共有15家，已经全部改制完毕，所有社会事务已经移交至当地社区。

2019年湘潭县规模工业企业一览表

总计(246家)

表3

天易经开区(139)家		
湘潭湘达离心机有限公司	湘潭红燕化工有限公司	湖南同方电气有限公司
湖南鑫煜混凝土股份有限公司	湘潭宏润金属科技有限公司	湖南鼎珩智能机械有限公司
湘潭建联丰禾生物科技有限责任公司	湖南涓江鞋业有限公司	湖南傲农生物科技有限公司
湖南湖湘木刻艺术产业有限公司	湘潭億特玻璃有限责任公司	湘潭潭建佳程混凝土有限公司
湖南金力型材有限公司	湘潭源远海泡石新材料股份有限公司	湖南力神新材料科技有限公司
湖南盈通供水设备有限公司	湖南中建建科建筑科技有限公司	湖南江南钢构工程有限公司
湖南一和环保科技有限公司	湘潭市乡味食品有限公司	湘潭富民农业机械有限公司
湘潭县海能塑料薄膜制造有限公司	湖南意歌生态科技有限公司	湖南可菲香精香料科技有限公司
湖南傲派自动化设备有限公司	湖南友谊包装材料有限公司	湖南吉光科技有限责任公司
湖南双玺科技有限公司	湖南嘉逸环保设备开发有限公司	湘潭国发重工有限公司
湖南湘久阳能源科技有限公司	湖南恒会昌彩印包装有限公司	湖南金风食品有限责任公司
湖南杰萃生物技术有限公司	湘潭县宇诚塑胶有限公司	湖南莲港紧固件有限公司
湖南映日荷花食品有限公司	湘潭浏阳河饲料科技有限公司	湖南贡莲皇酒业有限公司
湘潭市电机车厂有限公司	湖南新向维包装有限公司	湖南珠江啤酒有限公司
湘潭市电线电缆有限公司	湖南银钻特种变压器有限公司	湘潭博亿机电设备制造有限公司

续表3

湖南敏锐科技有限公司	湖南信诺颜料科技有限公司	湖南统塑管业有限公司
湖南康宁达医疗科技股份有限公司	湖南森泰生物科技有限公司	湖南复瑞生物医药技术有限责任公司
湖南江宏机械制造有限公司	山东喜君康医药集团湘潭有限公司	湖南实达丰新材料科技有限公司
湘潭三金特种玻璃有限责任公司	湘潭市至诚机械制造有限公司	湘潭宏硕汽车部件有限公司
湖南银远电气有限公司	湘潭县楚润碲业有限公司	湖南汇特焊材科技有限公司
湖南惠天然冶金材料有限公司	湘潭市冶金设备制造有限公司	湖南九宇新材料有限公司
湘潭市新峰金属科技有限公司	湘潭市金鹰环保设备有限公司	湖南鑫聚利机械有限公司
湖南五里重型机械有限公司	湖南中成科技发展有限公司	湖南博富印刷股份有限公司
湖南莲美食品有限公司	湘潭县恒盛化工有限公司	湖南健坤环保工程有限公司
湖南乐为机车配件有限公司	湖南恩尔安防科技有限公司	湖南乐派食品有限公司
湖南江麓建筑工程机械有限公司	湖南圣雅凯生物科技有限公司	湖南联兴润泽科技发展有限公司
湘潭市特种线缆有限公司	湘潭宝马金属材料有限公司	湘潭市益友科技有限公司
北京中农大动物保健品集团湘潭兽药厂	湘潭冠华环保制品有限公司	湘潭丰达铂赛汽车零部件有限公司
湘潭高耐合金制造股份有限公司	湘潭埃索凯科技有限公司	湖南南托造型材料有限公司
湖南胖哥食品有限责任公司	湘潭市欣荣塑料制品有限公司	湖南宏邦建材有限公司
湘潭县宏发化工塑料助剂有限公司	湘潭市华光机械制造有限公司	广州酒家集团利口福(湘潭)食品有限公司
湘潭海鑫金属节能制品有限公司	湘潭县亿鑫锌业有限公司	湖南恒誉新材料有限公司
湘潭鑫华特种钢制造有限公司	湘潭县建华建材有限公司	湖南迪辉塑业有限公司
湖南南电电气有限公司	湘潭炜达机电制造有限公司	湘潭金兴汽车零部件有限公司
湘潭市银汉设备制造有限公司	湖南腾宇称重设备系统有限公司	湘潭铸宇材料科技有限公司
湖南彩达包装印务有限公司	湘潭宏强机械制造有限公司	湘潭万洁通风环保设备有限公司
湘潭市新大粉末冶金设备制造有限公司	湖南皇爷食品有限公司	湘潭恒源金属制品有限公司
湘潭京湘供水有限责任公司	湖南伍子醉食品有限公司	湘潭华中有色金属有限公司
湘潭县康大工贸有限责任公司	湖南飞山奇建筑科技有限公司	湘潭天和医药塑料包装有限公司
湘潭市仙女竹业有限公司	湘潭珺旭科技有限公司	湖南四维抗震科技有限公司
湖南中联陶瓷机械有限公司	湘潭华夏锌钢科技有限公司	湖南兆诺新型建材有限公司
湘潭华宇电炉制造有限公司	湖南长乐建材有限公司	湖南星欣钢结构有限公司
湖南五洲通药业有限责任公司	湘潭弘茂湘莲产业发展有限责任公司	湘潭县顺业污水处理有限公司
湘潭市三星液压机械制造有限公司	湘潭百晟金属材料有限公司	城投(湘潭)制水有限公司
小龙王食品有限公司	湘潭市烘尚食品有限责任公司	湖南亨瑞全健体育产业有限公司
湘潭县虹达彩印有限责任公司	湖南国雅彩印有限公司	湘潭靖通汽车配件有限公司
湘潭离心机有限公司	湘潭北汽大世汽车系统有限公司	湘潭振宏材料科技有限公司
湖南力威液压设备有限公司	湖南普卡科技制造有限公司	湖南宝峰炉料有限公司
杨嘉桥(16)家		
湖南常乐新型建材科技有限公司	湘潭县玉桥化工有限公司	湖南华绿生态农业发展有限公司
湘潭冠杰塑料制品有限公司	湘潭熙源建材有限公司	湘潭羊鹿茶业有限公司
湘潭海大饲料有限公司	湘潭华旺建设工程有限公司	湖南鑫湘木业有限公司
湘潭县瑞珑文体用品有限公司	湘潭市嘉鸿包装有限公司	湘潭家园建材有限公司

续表3

湘潭县湘海新材料科技有限公司	湖南老子兴食品有限公司	湖南绿旺食品有限公司
湖南嘉瑞达自动化设备有限公司		
河口(13)家		
湘潭县荷味食品有限公司	湖南华森板业有限公司	湖南巨丰舜发农业装备股份有限公司
湘潭执邦混凝土有限公司	湘潭县离心机厂有限公司	湖南豪杰包装制品有限公司
湘潭南方电机车制造有限公司	湘潭东升电气制造有限公司	湘潭县众鑫机械有限公司
湖南东方管桩有限公司	湖南三农设施科技股份有限公司	湘潭县湘稻农业科技有限公司
湘潭县东凌彩印有限公司		
青山(12)家		
湘潭县昌峰机械制造有限公司	湘潭凤舞九天鞋业有限公司	湖南省花之王鞋业有限公司
湘潭志高缘鞋业有限责任公司	湖南爱丽丝鞋业有限责任公司	湘潭着意乐鞋业有限公司
湘潭红玫瑰鞋业有限公司	湖南百舌鸟鞋业有限公司	湖南琪尔美鞋业有限公司
湘潭伊利莱鞋业有限公司	湘潭县顺昌鞋底有限公司	湘潭湘荣包装有限公司
茶恩(2)家		
湖南祥盛竹业有限公司	湖南湘宝竹木制品有限公司	
花石(17)家		
湖南堂皇湘莲食品有限公司	湖南荷香村食品有限公司	湘潭县泽润生态农业发展有限公司
湘潭泵业集团有限公司花石水泵厂	湖南莲冠湘莲食品有限公司	湖南金隆食品有限公司
湖南和亿莲业有限公司	湖南万荷堂湘莲食品股份有限公司	湘潭县华龙湘莲食杂果品有限公司
湘潭泵业集团有限公司	湘潭县新辉湘莲食品有限责任公司	湘潭文军湘莲有限公司
湖南良源食品股份有限公司	湖南花石陶瓷玻璃机械有限公司	湘潭兴宏运湘莲食品有限公司
湖南粒粒珍湘莲有限公司		
射埠(7)家		
湖南农其农林科技发展股份有限公司	湘潭赛普新材料有限公司	湘潭县万力石业有限责任公司
湘潭县和成建材有限公司	湘潭至诚农业发展有限公司	湘潭县众利冶金炉料有限公司
湘潭县佳昱玻灯有限公司		
云湖桥(17)家		
湖南华绿生物科技有限公司	湘潭县恒老爷食品有限公司	湘潭县东兴木业有限责任公司
湘潭鑫达油脂有限公司	湖南鑫通恒发炉料有限公司	湘潭市康盛玻璃制品有限公司
湘潭县淀粉制品有限公司	湘潭县中隽新材料有限公司	湘潭县恒发建材有限公司
湘潭森科木制品有限公司	湘潭大雷特种玻璃有限责任公司	湖南锦恒电力物资有限责任公司
湘潭县胜者油脂有限公司	湘潭槟之皇食品有限公司	湘潭亿格印务有限公司
湖南代代福食品有限公司	湘潭路宝沥青有限公司	湘潭赛睿食品科技有限责任公司
谭家山(5)家		
湘潭通用离心机有限公司	湖南瑞兴锌业有限公司	湖南百里醇油茶科技发展有限公司
湘潭县湘佰亿煤业有限公司	湖南新昌福食品有限公司	
中路铺(4)家		
湘潭皓月玻璃有限公司	湖南省湘潭县电焊条辅料有限公司	湘潭三兴工业科技有限公司
湘潭县朝辉硅砂有限责任公司		

续表 3

石鼓(1)家		
湘潭县怡和顺食品有限公司		
石潭(4)家		
湘潭湘涟农机制造有限公司	湘潭县旺润玻璃制品有限公司	湘潭双禾米业有限公司
湖南中阁节能门窗有限公司		
白石(3)家		
湘潭宇诚电子有限公司	湘潭盛华塑业有限公司	湘潭智投建材有限公司
排头(5)家		
湘潭县华远莲业有限责任公司	湘潭县莲城湘莲食品有限公司	湖南潇湘制泵有限公司
湘潭华为湘莲有限公司	湖南宝云轩木业有限公司	
锦石(1)家		
湘潭飞跃湘莲食品有限公司		

2019年湘潭县主要工业经济指标汇总一览表

表 4

项　目	单位	2018年	增长率(%)	2019年	增长率(%)
规模企业个数	个	248		252	
规模工业产值	亿元	593.3	12.3%	667.4	12.02%
规模工业增加值	亿元	168.7	7.8%	197.4	8.90%
天易示范区产值	亿元	451.8	15.0%	518.2	13.0%
天易示范区产值占比	%	76%		78%	
工业固定资产投资	亿元	117.07	28.9%	126.43	8%
工业技改	亿元	68.1	50.3%	93.68	37.60%

主要行业

【机电工业】　2019年年末，在全县规模工业企业中，机电类企业67家，实现产值199.7亿元，同比增长5.0%。湘潭市电机车厂有限公司生产的管式阀控密封免维铅酸蓄电池，湖南鼎珩智能生产的桥梁检测车，湖南力威液压设备有限公司节能型全自动保压卸荷水阀和液压升降式拦河坝（水闸）等是该产业的主要发展领域。

【医药工业】　2019年年末，在全县规模工业企业中，医药类企业5家，其中年产值过亿元的企业有3家。全年实现产值13亿元，同比增长-6%。主要有湖南五洲通药业有限公司。

【食品工业】　2019年年末，在全县规模工业企业中，有食品类企业48家，其中年产值过亿元的企业有32家。全年实现产值260亿元，同比增长16.97%。主要产品是槟榔、湘莲等。

【信息化产业】　2019年年末，在全县规模工业企业中，信息化产业类规模企业13家，实现产值63.9亿元，同比减少4.56%。主要产品是电线电缆、通信电缆、机器人、自动物流生产线、电子元器件、互感器等。

【新材料】　2019年年末，在全县规模工业企业中，新材料类企业28家，其中年产值过亿元的企业有17家。主要产品有康宁达医疗设备公司生产的环保型辐射防护材料、信诺颜料科技公司生产的新型无机非金属功能搪瓷材料等。是年实现产值62.3亿元，同比增加10%。

【园区建设】　乡镇园区认真贯彻县委县政府“一区带多园”经济发展战略，全力推进园区建设工作，乡镇园区工业经济呈现出良好的发展态势。2019年，茶恩、青山、杨河3个乡镇工业园，分别完成规模工业产值0.9亿元、25.8亿元、40.3亿元，合计完成规模工业产值67亿元，占全县规模工业总产值的10%。

（袁　晶）

交通·邮政·通信

交通运输

【概况】 2019年，县交通运输局按照县委、县政府部署安排的各项目标任务和省、市交通主管部门的具体要求，全力推进交通运输基础设施建设。完成交通基础设施建设投资178300万元（其中干线公路108800万元，农村公路建设51900万元，农村公路养护17600万元，以上未包含天易经开区的投资）。燃油税省转移支付资金1643万元，全部用于交通建设（含养护配套资金665万元）。全年争资争项到位资金35755万元。

是年，承办县人大代表建议78件、县政协委员提案15件，实现见面率100%，满意率100%，办结率100%。受理“市长信箱”“县长信箱”“政风行风”“红网百姓呼声”等各类信访件150件，回复率100%。办理网上信访件10件。整理归卷文书档案22盒249件，电子备存文件13.7GB。

【交通项目建设】 交通重点工程项目建设扎实推进。青山大道（晓南互通至G240湘青公路连接线项目）完成主体工程，累计完成投资11581万元。S331白马公路项目一标段K0+000~K3+600段完成路基工程及路面主体工程，二标段K3+600~K5+600段完成抛石挤淤12900立方米，完成上庵子中桥施工，完成马家堰大桥12根桩基和下部结构施工、20片箱梁架设、第1~3跨湿接缝施工。累计完成投资9392.3万元。德怀大道（岳临高速射埠互通—乌石连接线）完成附属工程并办理交工验收手续。累计完成投资66000万元。青山河石鼓段河堤加固（山花线改线段）完成路基填土方32303.35立方米，换填碎石土35409.32立方米，浆砌挡墙17958.8立方米，圆管涵31道，盖板涵7道，边沟1430米，改沟150米，完成桩基及下部结构施工。累计完成投资6901万元。莲花线（湘潭下摄司经易俗河至花石公路）二期（一标段）完成用地规划许可、建设用地批准、初步设计及项目调估、建筑工程施工许可等前期项目工作，项目前期费用和土地征收完成投资2960万元。年度省市实事考核任务全面完成。自然村通水泥（沥青）路建设实际完成904千米，超额完成25千米，完成投资约44800万元；按要求完成农村公路拓宽提质改造94.4千米；完成投资4453万元。

【公共交通建设】 2019年，完成现有4条城区公交线路优化调整的前期工作，开通城乡公交线路607路，全县拥有跨区公交线路6条共计190台公交车，县内公交线路4条共计46台公交车，城乡公交线路1条合计10台城乡公交车，总计246台，公共交通车辆保有量为14.06标台/万人。公交综合用地面积为50532平方米，公交车综合用地面积为205.4平方米/标台。全县17个乡镇，321个建制村，拥有客运班线90条，客运车辆251台，建制村通客车率保持在100%。

【交通运输安全生产】 2019年，开展“防事故保安全”集中宣传活动、“强宣传提素质防事故”“安全生产月”活动。下发预警预告2000余条，向社会发放交通运输安全宣传折页4000份、安全宣传挂历800份、安全儿童绘本1500份。严格按照《湖南省道路运输“隐患清零”管理办法》《〈湖南省道路运输安全“隐患清零”管理办法〉考核细则（修订）》工作要求，结合实际开展农村客运和城市公交等领域“隐患清零”工作。严格按照“一单五制”工作要求，对交办的隐患建立台账进行管理，实时跟踪、及时督促相关隐患整改销号。对湘运湘潭县分公司立案1起，处罚金5000元；停班整顿车辆23台次累计197天次；督促企业对从业人员培训教育约谈29次。对“两客一危”企业下发交办函29份，交办隐患整改67处，经验收同意销号67处，隐患清零工作周公布40期，月通报10期。开展城区环境整治行动36次，走访维修企业40家。整治“僵尸”船舶16艘，切割存在严重安全隐患的船舶3艘，纠正违章39次，检查渡口、码头102次，制止码头非法卸货18次，处罚船舶7艘，撤销渡口1处（花石四中渡口）。组织交通运输工程建设季度性安全专项检查3次，对全县交通运输工程共检查121次，现场提出整改要求83次，下达安全整改通知书71份，发现问题及时要求施工方进行整改，所辖工地未发生一起安全生产事故。

【交通综合执法】 2019年，交通综合执法把依法行政作为第一任务、把严管重罚作为第一要责、把清正廉洁作为第一要求、把人民满意作为第一追求。全年巡查公路250个工作日，共计45521千米。巡查水域200个工作日，共计2700海里。行政执法类案件立案473起（其中公路日常案件34起，运政类案件402起，海事类案件7起，超限案件21起，处罚源头企业9家），结案473起，结案率100%。全年处罚金319.62万元。路政管理。将干线公路路域环境管控作为工作重点，采取抓源头、严控制、多协调等措施，对各类侵占路产、路权的违法行为进行集中清理。全年，共下达法律文书288份，驱逐占道经营的摊点42处，拆除非公路标志标牌62块，清理占道堆放物47处共计306.8立方米，清理公路用地内种作物173处共计5142.8平方米，拆除公路用地内空心房23处共计619.3平方米、违法搭建棚屋173处共计4974.8平方米，参与乡镇组织的人居环境整治行动16次，罚没金额20.22万元。

运政业务。按照“疏堵结合、标本兼治、综合治理、依法监管”的工作原则，在全县范围内持续开展“交通运输秩序整治”工作，严厉打击“非法营运”车辆、加强客运市场秩序监管、开展安全隐患清零行动。全年，共检查客运车辆632台次、货运车辆1200余台次，检查巡游出租车62台次，查处各类违法案件17起。海事执法。以“重安全、防事故”为执法重心，以整治各类货运码头乱象为突破口。全年，共检查各类船舶180余艘，强制报废非法改装吸沙船3艘，查处配员不足擅自航行、标识不明等违法行为7起，依法对原河口百货码头进行查处并在码头设置限宽和限高设施。治超工作。主动出击，与公安交警部门实行联合执法。全年，开展联合执法行动102次、出动执法人员1135人次、查处超限超载运输车辆700台次、卸（驳）载货物14465.25吨、处罚金额254.19万元。全方位履行交通安全监管职责，持续强化工程质量、造价的监管，项目受监率达100%，项目良好率达100%。

【公路建设与管理】 2019年，县域境内公路养护国省道76.54千米，成建制管养县道265.1千米，农村公路县、乡、村道1875.52千米，投入日常养护资金1092.34万元。县域境内国省道优良路率为86.74%。农村公路PQI值中等以上比例≥92.53%，绿化达78.3%。完成农村公路预防性养护（清灌缝）388千米、危桥加固改造8座、安保工程485千米、农村公路大中修考核任务40千米。创建X027陈龙线、Y232金神线、C733直坝–土塘3条文明示范路。

在日常养护的基础上，投入专项整治经费100万元，及时清理公路可视范围内的垃圾，投入455个人工、清扫车62台班，修整路肩480600平方米、路堑边坡280500平方米，清理淤积水沟321.06千米、公路沿线种植物85千米120处，修复石砌水沟1540米，绿化补植786棵，修剪行道树176千米，桥梁防护栏及公路防撞墙刷漆12056平方米。

（旷　军）

邮　政

【概况】 湘潭县邮政有32个营业网点，含3个（云湖桥、日华、石潭坝）空白乡镇网点，大鹏路、天易、吴家巷3个揽投部。县分公司党委下设6个党支部，机关设有7个部室，全县邮政在册员工266人（含寄递事业部），其中AB类正式工153人，劳务工68人，劳务承揽2人，退养1人，保留关系2人。寄递事业部原邮政在编人员30人，原速递12人，外聘人员37人。全县邮政男职工111人，女职工155人。本科以上学历67人，大专135人。是年，全县邮政实现业务收入12049.77万元，增幅9.04%，较好完成市公司下达的各项经营指标。

注重加强学习，强化政治思想引领。在主题党日，组织观看廉政专题警示教育片、《榜样4》《其美多吉》等系列讲话视频、宣教材料；购买发放《习近平新时代中国特色社会主义思想三十讲》等书籍，倡导大家自学；要求全体党员通过“学习强国”“中邮先锋”APP自觉自主参加线上学习；狠抓“两学一做”“不忘初心、牢记使命”主题教育学习。以党的政治建设为统领，加强领导班子建设。严格“三重一大”决策制度，对后勤大修项目、房屋租赁、客户维护礼品采购、人员调整等涉及重大决策的问题提交集体研究，规范决策行为，促进廉洁从业。加强组织建设，推进支部规范化建设水平。7月，按照党委换届规定，按程序完成县分公司党委部换届工作，选举出新一届党委委员。同时，将原来20个支部整编为6个支部，组织各支部书记参加县委举办的专题培训班，全面提升基层支部书记的思想觉悟、业务水平和工作能力。坚持人本思想,为员工谋福祉。是年，元旦、春节慰问劳模、带病上班、困难职工41人次，送上慰问金2.3万元。全年，慰问职工265人次，共发放慰问2.65万元，为4名困难职工帮扶1.2万元。对县分公司食堂进行装修改造，全年，投入50余万元实现机关员工、城区网点员工中餐全免，农村网点员工实行每月小伙食补助，办公楼热水和饮用水净化等健康保障等。积极开展文娱活动。在“三八”“五四”期间还举办钓鱼、登山、唱歌等各类文体活动，丰富职工的业余生活，增强员工对企业的归属感。

生产经营稳步发展。金融转型持续向纵深推进。2019年，完成收入8536.86万元，达到年计划的92.75%，占分公司总收入的70.84%，金融总资产方面实现全面增收，全年新增总资产6.21亿元。在2019年“开门红”竞赛月中，月日均总资产新增7.53亿元，顺利完成C档计划。保险业务做到稳重有升，亮点迭出。全年，累计新增保费2.15亿元，点均保费769万元，全省排名第六。本年度实现代理保险手续费收入1149万元，全年新增期交保险5614万元，其中，中邮期交1528万元。以收入为导向的方针初显成效，是年，保险收入占金融板块收入的13.5%。中间业务成为“促增收”的牢固抓手。全年，新增理财0.98亿元，手机银行新增激活数23018户，网上支付类（微信绑卡）业务新增25152户，ETC拓展9163台，各项新增规模位列全区第一。寄递改革成效明显。2019年，实现寄递收入976.39万元，完成年计划103.54%，同期增幅52.88%。紧盯政务营销，传统项目添新彩。开发县法院文书专投项目年创收39万余元，较同期增幅143.75%。推进“一镇一品”，夯实本土电商快包。全年，共签订有效客户25家，其中三级以上客户10家、超月均万元以上6家，共揽收协议客户734449件、创收396万元。打通“最后一公里”，基本实现揽投转型。科技赋能，提升服务、降低成本。渠道创收持续提升。渠道平台专业全年累计完成收入1261.42万元，完成全年任务125.27%。两险业务不断推进，其中简易险业务量8414笔，保费规模109.21万元，同比增幅41.77%，简易险收入进度全市排名第2位。全县代理车险累计完成531台，保费规模140.2万元，车险规模全市排名第1位。分销业务成绩显著，全年，分销业务收入1138.36万元，完成全年计划的147.07%。批销全年销售额3237.65万元，完成全年计划的117.09%；邮乐湘潭馆销售20134单，金额29.85万元。聚焦“精准扶贫”，助力产业脱贫，联合湘潭县茶恩寺镇人民政府主办的首届“茶恩猕猴桃网销节”暨邮政“9·19”扶贫助农电商节，通过在邮乐等平台大力宣传推广，销售6500单，金额达45万元；继续推行花石心·湘莲——新鲜莲蓬爱心扶贫项目，通过线上线下预定1万多单。文传业务圆满收官。2019年，以高标准、高要求实现集邮与文传业务高质量发展，全年实现收入1249.34万元，完成计划任务127.74%。收入同比增幅23.6%。收入规模全市第一。函件专业转型凸现，实现收入263.01万元。聚焦旅游和媒体两大核心项目，电影票、旅游卡、跟团游等产生收入20多万元；研学项目产生收入82万多元。发行业务取得突破。全年实现收入560.15万元。2020年大收订全县进机流转额1202万元，完成市定计划101.01%。与财政对接实现资金统扣，确保在年底缴款率达到80%。

管理效益持续提升。人力资源配置优化。邮速整合效果明显。将原邮政企业网运管控、城投和原速递人员内部岗位和人员优化整合，组建调整揽投部、电商、同城、政企等营销队伍。规范薪酬管理，突出薪酬激励作用。通过完善弹性工资的考核，进一步凸显多劳多得的分配原则。加大培训力度。全年共计组织95人报名技能鉴定考试，其中47人双科通过，通过率为50%。财务管控效益明显。加强收入管控，提升高效收入。狠抓储蓄结构调整，提高活比，提高中间业务创收；进一步规范和控制外包等重点管控成本，成本结构持续优化，全年成本费用总支出7197万元，加强资金回笼和存货周转率，实现目标利润。“平安邮政”建设扎实推进。严格落实邮件收寄“三个100%”制度，切实做好寄递渠道邮件安全，圆满完成节假日期间及全国“两会”期间安全生产及运营工作，完成中华人民共和国成立70周年庆祝活动、第二届“一带一路”高峰论坛等各项重大活动安全生产服务保障任务。加大安全督查和隐患整改，提升全县邮政金融安全技防水平。顺利完成第六轮金融网点安全评估应检工作，持续开展“平安邮政”创建工作，荣获县委、县政府“平安建设合格单位”荣誉称号。

【普服质量管理工作】 2019年，多措并举强化普遍服务重点指标管控。对全县32个普遍服务局所从网点外部形象标识、内部硬件设施、服务规范等方面再次进行全面自检和整改。举办5期“营投服务人员培训班”，面向营业员、投递员、片区经理等群体宣传普服知识。多部门合作共同促进普服网点达标工作，切实保障邮政普遍服务局所的正常运营。个人平信条码化不断推广。通过对平信收寄、盖戳、封发、投递全程跟踪监控，实现有效管控。是年，平信丢损率控制在0.2‰，远低于达标值1‰，指标排名全市第一位。同时加强投递日戳的配备与加盖操作培训，加强对信件的全程时限、盖戳、投递反馈等情况的监督检查，确保条码平信全程时限达标。

（左秋梅）

电 信

【概况】 2019年，湘潭县分公司设有综合管理部、销售服务部、网络部、渠道分部、维系分部、管线巡护中心、政企分部、易俗河营业部、天易营业部、商客分部、校园分部、接入网维护中心、易俗河区域维护中心、天易区域维护中心共14个部门。农村设15个支局、4个区域维护中心，分别为河口支局、石潭支局、云湖桥支局、杨嘉桥支局、梅林桥支局、中路铺支局、谭家山支局、白石铺支局、茶恩寺支局、射埠支局、乌石支局、排头支局、花石支局、青山桥支局、石鼓支局和中路铺区域维护中心、花石区域维护中心、石潭区域维护中心、杨嘉桥区域维护中心。在职员工99人，退休人员65人。在职人员具有本科学历38人，大专学历39人。

是年，县分公司获“中国电信湖南公司明星县分公司”称号，“中国电信湖南公司一类县分公司”称号且排名第一。县分公司被中国电信湖南公司授予2019年度“天翼先锋双提升奖”。综合管理部吴又红被评为2019年天翼“安康杯”竞赛活动先进个人奖，天易营业部主任王树辉被评为中国电信湖南公司2019年度最佳小CEO，张乔榛获中国电信集团公司第13届“创优杯”劳动竞赛个人铜奖。

是年，县分公司累计完成经营收入18225万元，平台收入同比增长1280万，增幅7.55%，强县工程综合评估得分在全省同类县分公司中排名第三。净增移动用户3.80万户，净增宽带用户1.91万户，

经营管理。年内，按照省、市公司的相关文件精神，结合湘潭县的实际情况策划和组织开展劳动竞赛。一季度渠道销售部组织开展了“岁末年初”劳动竞赛、三季度开展“集镇攻坚”活动、四季度开展“平安乡村”活动。

门店建设全面提速，优化渠道门店布局。是年，建设门店17家，截至年底，有效门店个数达到121家；湘潭县城区门店达到40家，其中商圈17家，金桂路核心商圈的电信门店占比达到42.5%。实体渠道生卡+宽带发展从2014年的月均2500户提升到2018年月均的8900户，提升到近3.6倍。严格按照省、市公司的文件执行社会渠道佣金体系，制订佣金明白纸，并定期组织社会代办网点开展渠道业务竞赛，奖优罚劣促进社会渠道业务发展。

客户服务。2019年，湘潭县分公司积极推进网络优化建设提升客户服务感知。完善偏远农村光网深度覆盖，共计新建个8526FTTH端口。农村新建91个800M基站，扩容87个基站，4G信号已全面覆盖湘潭县地区。提升装维人员素质和装维质量。对农村区维进行三轮次的装维技能、服务意识、划小指标、智能组网等方面的培训；通过每月组织全县装维员大晨会和每周区维小晨会，加强对装维人员的日常管理，打造标准化装维团队。

2019年，全面推广湘潭县“平安乡村”业务发展和平台搭建工作，辖区内17个乡镇完成监控平台搭建上线和342个村共6000路的视频监控接入，按照集中存储模式，为新增摄像头提供7天连续存储存储设备，12月份将平台在县委政法委正式上线，得到县委政法委及各乡镇党委政府的一致好评。

【设备维护与建设】 2019年，湘潭县的三台BAS设备总共扩容140G上行，总上行达到400G。全年，共计新增11台OLT，扩容1216个PON口，对11台OLT进行更换整合下线。全年新建政企EPON设备18台，有效的支撑政企单位的语音需求。为持续对光功率进行整治、提高单个用户的上行带宽，提升客户感知。全年，裂变割接74个端口，割接用户达到2294户。湘潭县C网基站在网225个，4G基站638个，其中800M基站374个，城乡基本覆盖4G信号。

移动通信

【概况】 2019年，湘潭县移动通信分公司是湘潭县域内经营移动语音、数据、宽带、IP电话和多媒体业务的主导运营商，下设综合部、网络部、政企客户部、市场部（包括营业中心、8个乡镇营业部）。

湘潭县移动通信分公司自成立以来累计投入逾15亿元建设通信网络基础设施，为县域经济的高速发展提供强有力的通信保障。通过公司授权合作经营的渠道网点为社会提供上千个就业岗位。在实现企业高速发展的同时，该公司积极配合、参与县委县政府组织的文明县城建设、新农村示范村建设、联点共建和联点扶贫工作，在新农村建设、农村联点扶贫等工作中累计扶助资金50余万元，历年来出资近百万元开展春节慰问困难群众、惠农助学等活动，为湘潭县精神文明建设做出了应有的贡献，先后获“全国模范职工小家”“省级文明单位”“省级青年文明号”“省级芙蓉标兵岗”“先进党支部”“先进团组织”“学习型工会”“先进集体”称号。

【宽带网络建设】 2019年，湘潭县移动通信分公司坚持“立足地方，服务人民，奉献社会”的宗旨，始终践行中国移动“正德厚生 臻于至善”的企业核心价值观，积极响应国家“提速降费”的工作要求，加大宽带网的建设及基础通信网络力度，累计完成353个社区和行政村的宽带通达建设，实现全县4G网络的全覆盖，4G基站达到1012个，并率先开通5G基站，企业人均劳动生产率、服务质量在全省、市同行业中名列前茅。 （谭希玲）

联通通信

【概况】 2019年，湘潭县联通分公司坚持党建引领与创新管理、决策部署、人才建设、生产经营、企业文化向融合，文化兴企，将党建融入贯穿公司发展中，在工作和生活上打造“小而美”的湘潭联通，推进互联网化运营，贯彻能力为本，聚焦实体渠道稳盘赋能、强化渠道产能、网络精准高效提升支撑能力和内部活力迸发动能，聚焦能力为本，加速实现高质量的发展。

【基站建设】 2019年，新建基站19个，物理站点达716个，用户17.6万户，年收入1.01亿元。为推动国民经济建设和社会信息化建设做出贡献。 （卢洋洋）

贸易·旅游

商 务

【概况】 2019年，1—12月社会消费品零售总额完成106.27亿元，同比增长10.7%，在全市五个县市区中增速排名第二。其中限额以上企业（单位）实现零售额18.43亿元，同比增长16.32%,培育限额商贸流通企业8家。加强限上企业的培育，将湘之坊等5家批发零售住宿餐饮企业列为限上重点培育对象。对全县生活必需品价格进行定期监测，积极应对价格异动，并主动面向全县发布市场运行信息。同时，为确保“两节”期间猪肉市场供应稳定,从2019年12月27日开始，每天在同丰步步高投放360公斤冻猪肉，时间约一个月。深刻汲取花石“9·22”事故教训，对全县100处集贸市场及农村马路市场分类施策。建成湘潭县特色产品溯源体系，已投入使用。引导石鼓镇3个省定贫困村开设工艺伞厂线上销售，销售额超千万元。开展电商扶贫之“帮销季”系列活动，实现经济效益近500万元。举办电商培训班10期，培训学员达300余人次。获评“全省电商扶贫专项行动优秀县”。稳定槟榔产业发展态势，促进产业转型升级，目前槟榔行业全产业链从业人员达12万人，带动三产业收入4亿元以上。1—12月累计输出劳务人员4496人次，完成劳务合作营业额10116万美元，同比增幅40.5%。

【成品油监管】 2019年，会同相关部门开展无证加油站专项整治、“安全月”活动，对全县68家加油站（点）开展拉网式专项检查。牵头开展成品油“自流黑”、报废汽车拆解、外派劳务等市场检查工作，督促相关企业按照行业标准规范整改到位。牵头开展加油站历史遗留问题处置工作，确保商务系统行业有序运行。加强对成品油市场的监管和服务工作。全年，开展安全生产检查500余人次，下达责令停业整改通知书18份，油站停业13家，立案7件。

【对外贸易】 2019年1—12月，实现进出口总额21986万美元，完成任务数的113.4%，同比增长30.4%，在全市五个县市区中增幅排名第一。外贸企业破零12家，倍增5家。全年组织企业参加境外展会17家次，境内国际性展会30家次。成功引进外向型企业7家，其中已有6家顺利投产，4家开展进出口业务，全部投产后外贸业绩将增长2000万美元。开展暖企走访行动，共走访外贸企业40余家，签订外贸综合服务协议30余份，协助11家企业办理好进出口相关资质，接受咨询及疑难解答100余家次。组织外贸企业参加全市外贸业务培训班，并举办全县外贸知识培训班，参训人员150人。

招 商

【概况】 2019年，招商引资引进引进新项目93个，其中过亿元项目13个，引进500强企业4个。全县实现县外到位省外境内资金67.41亿元，完成任务数的111.98%，在全市五个县市区中完成率、增幅均排名第二；实际利用外资1.5亿美元，完成任务数的112%，全市五个县市区中排名第一。

夯实招商引资工作基础。领导小组定期商议和决策招商引资工作，实施县乡两级考核及奖励办法。县级领导带队前往广东、北京、江西、上海等省、市开展招商推介和项目洽谈活动达100余次。着力开展小分队招商，小分队考察、拜访和对接企业、项目和知名人士300多人次。推动重大项目落地。组织开展专题调度等活动30余次，开展“奋战2019，全力促投资、稳增长”重点项目推进活动，各项目均在稳步推进。完善法律顾问体制机制，有效预防和降低政府签约履约法律风险。2018年3个省签项目均已履约并开工，2019年省签项目7个，市签合同项目8个。开展招商竞赛比拼。继续在全县17个乡镇和57个县直单位中开展“招商引资竞赛”，各竞赛单位通过找准自身目标定位，做到有专人负责、有专项经费、有包装项目、有跟进对象，各园区、乡镇和县直机关单位的招商积极性进一步得到提升。

【编印《湘潭县投资指南》】 2019年，策划包装33个有市场潜力、技术含量高、吸引力较强的招商引资项目，编印成《湘潭县投资指南》。

（周术清）

供销合作

【概况】 2019年，湘潭县供销合作总社有直属公司5家，即湘潭县洁美再生物资回收有限公司、湘潭县农业生产资料有限公司、湘潭县供销社社有资产管理公司、湘潭县锦绣莲乡商贸有限公司、湘潭振兴农业有限公司。

深入开展“不忘初心，牢记使命”主题教育。按照县委统一部置安排，组织社党组成员和全体机关党员认真学习习近平新时代中国特色社会主义思想等系列文件精神和讲话，做到“读原著、学原文、悟原理”，按照“守初心、担使命、找差距、抓落实”的总要求，围绕自身工作职责和工作目标任务，认真开展工作调研，同时积极开展谈心谈话活动，认真开好民主评议和民主生活会，确保党的思想和各级方针、政策入心入脑，更好地树牢“四个意识”，坚定“四个自信”，坚决做到“两个维护”。

积极开展精准扶贫活动。认真搞好走访慰问，按照县乡的统一安排部署，每月至少走访一次结对帮扶贫困户，宣传精准扶贫相关政策，让贫困户积极参与脱贫攻坚工作中，同时，对确有困难的贫困户进行慰问。做好扶贫解困。针对不同类型致贫困难户，因户施策帮助制订脱贫方案，共同实施脱贫办法，让贫困户真脱贫，脱真贫。积极协助发展村级集体经济。协助槐北村成立村级惠农公司，共投入股本金33万元，帮助村惠农公司开办糯米酒厂，与立华牧业有限公司共建养鸡大棚3个，年收益7.8万元。

强化支部建设。2019年，根据上级党委安排，如期完成机关总社和老干支部的改选，党的基层堡垒作用和战斗力得到进一步增强。

认真落实巡察整改工作，提升干部的战斗力。是年7月至9月，县委第五巡察组对该社进行为期2个月的政治巡察，并于11月8日对巡察情况进行反馈，对巡察组反馈的5个方面、18个问题，该社党组召开专题会议，制订整改措施，明确责任领导和责任人，并且针对巡察中发现的问题，社党组召开专题民主生活会议，党组成员认真开展批评与自我批评，通过巡察整改，供销社干部职工服务“三农”意识得到进一步强化，凝聚力、战斗力得到进一步增强。

加强理论业务学习，提高干部综合能力水平。通过“不忘初心，牢记使命”主题教育党课、主题党日等形式，加强干部的思想政治教育，使干部的意识形态与党中央保持高度一致，通过精准扶贫专题教育、消防安全专题讲座、深化供销体制改革培训等方式方法，增强干部的业务能力和综合素质，通过工会活动，交心、谈心，更好地促进团结，增强彼此的认识，拉近干部之间的距离，增强干事创业的凝聚力和工作激情。

积极服从和服务全县大局。根据县委政府的安排部署，安排干部职工积极投身创文创卫工作中，为文明城市建设添砖加瓦，同时加大对社有企业的投入力度，不断扩大混合制经济企业规模。2019年，信达蚕桑、北马峰薯业、龙凤茶庄在生产规模，经济效益和企业形象上都有较大改善，为创建全国百强县贡献力量。

结合益农信息进村入户工作，启动全县262家益农信息社的融合建设工作。11月12日，成功组织第一次农村信息员培训大会，参训人员达245人。年内，10个专业社已建成。

加快推进项目建设，增强为农服务实力。6月，该社组织全县有代表性的涉农企业、专业合作社负责人，召开专题会议，就关于申报《湘潭市开展湖南省深化供销合作社综合改革整体推进市建设》项目专项资金进行专题解读。经过项目单位自愿申报，县、市社多轮实地考察和第三方中介机构固定资产评估结果，最终确定由湖南华绿生态农业有限公司牵头打造湘潭县现代供销惠农服务有限公司大田托管中心总平台，合作建设青山桥衡香、分水瓦叶、云湖桥狮形3个区域土地托管中心。同时，确定建立花石北马峰和信达蚕桑、中路铺龙凤庄园3个农产品标准化生产基地。大力发展农村电子商务，网络体系基本建成。以县锦绣莲乡商贸有限公司为主体与银河商贸有限公司达成合作协议，由他们融合运营“供销e家”和“城乡惠”网络平台，该公司电商网点已达200余家，截至10月底，线上交易已完成5000万元，其中农产品销量达340万元。同时，整合县社投资50万元建设的县级农产品公共品牌展销中心门店和白石广场“银河易购”门店以及湘潭县女经纪人协会农产品展销点，作为电商业务实体店，并成功将这3家门店纳入政府农产品公务采购和干部职工餐卡余额指定购物点，都已走上运营正轨，助力“消费扶贫”活动。

发展村级供销惠农服务公司，壮大村级集体经济。2017年、2018年，湘潭县从精准扶贫专项资金中切块405万元，按每村5万元的额度以股本金的形式，精选81个村成立村级供销惠农服务有限公司，股本金用于发展扶贫产业，所获收益用于帮扶贫困户，并提留部分作为生产发展基金。经过一年多的摸索，很多村已找到适合自己的产业，已初见成效。如，石鼓镇石鼓村种植香芋的发展种植业模式，可获利12万元以上；射埠镇射埠村的养殖鱼苗的发展养殖业模式，年创收可达8万元左右；分水乡的分水、槐北、虎形山3个村级公司都采取与立华牧业合作建立扶贫养鸡场的形式，鸡棚建好后，以每条棚2.5万元／年的额度租赁给贫困户，每村年收入在5万～7.5万元不等；分水乡槐北村酿制糯米酒的发展加工业模式，米酒市价在20～30元／千克，除去成本，年获利2万～3万元左右；分水的大垅、花石的新加、红中3个村把股本金投入专业合作社或家庭农场的发展合作经营分红模式，每年按约定分红3000元。这些模式，都一定程度上实现社有资产保值增值，在发展壮大村级集体经济上迈出可喜的一步。2019年度，有20家村级公司的注册业务，在发展壮大村级集体经济工作中发挥主力作用。

抓示范引导，开展再生资源回收体系建设试点工作。根据《湘潭市开展湖南省深化供销合作社综合改革整体推进市建设方案》(潭办发〔2019〕8号)提出，要建立“户分类、村回收、乡转运、县分拣加工、再生资源基地综合利用”的动作模式，形成一条资源回收利用闭合回路。经过前期实地调研，结合全县工作实际，在梅林桥农业示范园建立农业废弃包装物回收利用点，在中路铺、花石、云湖桥建立3个乡镇回收分拣中心，3个点已完成建设并投入运营。通过抓点示范、典型引导，为全面推进再生资源回收利用体系建设积累经验。

切实维护系统平安稳定。县供销社系统有下岗职工5000余人，其中涉军人员700多人。该社坚持思想疏导和拉近感情为主，坚持政策底线不突破，对确实困难群体，结合双联双走、访贫问苦，给予照顾和帮助，妥善做好重点对象矛盾纠纷的化解工作。全年县供销社系统总体稳定，全年没有发生集体上访和越级上访。

【供销社综合改革工作】 2019年，全面推进深化供销社综合改革工作。围绕“服务三农”，强化基层组织体系建设。认真做好成立县、乡镇农村合作经济组织联合会成立相关工作，分别召开县、镇农合联成立筹备和推进工作会议，为做好资源共享，有效集中人力、物力和财力，同时整合“乡镇农合联”“乡镇电商服务站”和“乡镇惠农综合服务中心”的机构和功能，因时因地制宜，积极探索整合“村级惠农综合服务社”和“村级供销社”机构和功能，融合电商服务点建设，解决为农服务最后“300米”的问题，村级惠农综合服务社任务96家，实际完成137家，村级电商服务点任务数160家，完成率超100%。（李　波）

粮食购销

【概况】 2019年，县发改局深入基层一线了解实际情况，发挥主观能动性克服一切困难，及时掌握粮食收购动态，提前做好粮食收购准备工作，落实国家粮食收购政策。全年，共收购粮食57529吨（其中：早籼稻30694吨，中晚稻26835吨），有效保证余粮应收尽收，杜绝“卖粮难”现象的发生。

【粮食销售和监管工作】 2019年，以订单收购和品牌建设为抓手，做好粮食销售工作，助推粮食产业发展。全年，完成6615吨县级储粮轮换任务，处置完成19960吨2018年县级临储粮。牵头做好落实粮食安全责任制工作，认真做好日常粮食执法和政策性粮食出库驻库监管等工作，确保全县粮食市场运行平稳。（左　军）

烟草专卖

【概况】 2019年，湘潭县烟草专卖局（分公司）坚持“稳中求进”工作总基调和新发展理念，扎实推进各项工作。

牢记初心，深化主题教育。围绕主题教育总要求，抓实抓细四个环节。组织集中学习4次，邀请专家辅导3次。开展专题调研、座谈会10场，发放调查问卷115份，整改问题29项。筑牢堡垒，加强支部建设。对照“五化支部”建设标准，筑牢基层战斗堡垒。是年，湘潭县局机关党支部被湘潭市委组织部评为“五星党支部”。监督常在，严实纪律建设。开展党风廉政教育21次，警示教育17次，实施日常工作纪律检查20次，开展一线人员作风检查4次，与新任副股级负责人进行任前谈话和廉政谈话4次，“天价烟”治理提醒谈话2人次。全年，未发生违纪现象。立足实际，推动党建工作延伸。组织青年学习班，开展读书活动5次。收集83户党员零售户信息，开展党建培训宣讲13场。结对帮扶4个村、99个贫困户，累计完成走访822人次，捐款70800元。另为贫困学子捐款11600元。

卷烟营销质量更优。在卷烟销售目标上求进。2019年，湘潭县烟草税利稳步提升。实现卷烟销量40199箱，完成卷烟销售额12.98亿元，同比增加5.86%，卷烟均价达32291元/箱，上缴税收6718.52万元。在零售终端建设上求进。改善基层烟草市场经营环境，着力对卷烟零售终端进行提质升级改造，累计改造湖南中烟U型陈列客户400户、“细短中爆”分区陈列客户125户、示范街39条、现代终端180家。推进卷烟销售明码实价，客户盈利率达10%以上，为湘潭县社会经济发展做出应用贡献。在提升服务水平上求进。梳理客户经理标准拜访流程，将客户服务事项细化、优化、规范化。持续加强客户培训，为日常经营做出指导。利用日常拜访，宣传烟草专卖法律法规，维护市场经营秩序。

规范依法行政。积极组织执法人员学习培训，提升依法行政能力。定期组织行政执法案卷评查，规范执法行为。全年未发生行政诉讼、行政复议。落实“放管服”改革要求，许可证办理窗口正式入驻政务服务中心，全年新办证708户。

【烟草专卖管理工作】 2019年，专卖管理力度更大。着力涉烟案件查办。参与“春雷9号”“破阵行动”等专项行动，加强与公安、市场管理、邮管等部门协作，坚决打击涉烟违法行为，共查办涉烟案件233起，其中5万元（5万支）以上案件44起；查获违法卷烟711.08万支，其中真烟563.99万支，假私烟147.09万支。查办国标级假烟网络案1起，查办真烟涉刑案件2起。加强卷烟市场监管。重点规范卷烟经营大户的经营行为，坚决杜绝大户扰乱市场经营秩序。加强市场网格化监管和“双随机、一公开”监管，及时发现并处理违规现象。

旅　游

【概况】 2019年，新增湖南省三星级乡村旅游区（点）1个（竹盛农庄）。至年末，全县已拥有1个国家AAAA级旅游景区（乌石风景名胜）、4个国家AAA级旅游景区（五龙山大杰寺、周小舟故居、齐白石文化旅游区和梅林农业公园）、1家五星级旅游饭店（鑫田国际大酒店）、2家三星级旅游饭店（润玉酒店和长江宾馆）、2个省级特色旅游名镇（乌石镇和白石镇）、2个省级特色旅游名村（乌石村和金霞村）、4家五星级乡村旅游区（点）、1个省级红色旅游景点（周小舟故居）、1家省级三星级旅行社（金侨国际旅行社）、10家省级家庭旅馆等旅游品牌。全年，共接待游客1146.05万人次，超往年同期水平11.11%。旅游综合收入达92.95亿元，超往年同期水平6.25%。其中乡村旅游餐饮、住宿、休闲和农特产品销售收入达 31.46亿元，超往年同期水平23%。

2019年，继续获得湖南省精品旅游线路重点县（第三批）项目1000万元的建设资金支持。推进景区（点）提档升级，实施彭德怀故里旅游区创国家AAAAA级景区工程，着力推进齐白石文化旅游区、大杰寺等等级景区提档升级工作。多角度的宣传推介湘潭县旅游产品，在县内主要景区（点）沿线道路等醒目位置投放户外广告宣传牌和旅游标识标牌，编印《江边有个湘潭县——湘潭县全域旅游手册》宣传册和《湘潭县全域旅游地图》，组织全县旅游企业参加全省旅游商品博览会，推送旅游商品参加旅游商品大赛。

【旅游线路开发工作】 2019年，开发旅游线路和新业态，开发“穿越昌山户外运动”“湖湘文化研学”“乡村休闲体验”“环湘骑行”等多条旅游线路和骑行绿道、白石安定林场自行车越野赛道、石鼓露营基地项目，启动彭德怀故里、梅林农业公园等省级研学旅行基地建设，继续推进梅林山庄文化会展康养项目。组织主办“庆新春·闹元宵”、石鼓·顶峰之旅、锦石乡碧泉潭“花朝节”、“书香中路铺·古韵五龙山”湘潭龙文化节、谭家山“杨梅文化旅游节”、梅林夏季乡村旅游节等各类旅游节会。县内5家国家等级景区全部实现互联互通，完成韶茶线、潭花线复线路段的规划设计等前期工作。实施“德怀大道”快速旅游干线、G107全域旅游景观大道、齐白石文化旅游区旅游环线建设。

风景名胜

【周小舟故居】 周小舟故居位于湘潭县排头乡黄荆坪管区，始建于1805年，为一幢大型双天井复合式传统建筑，建筑面积共800多平方米，大小房屋30多间。房子坐西北朝东南，依山面塘，属典型的湘中民居建筑，但规模比一般的民居大两倍以上。房子自左至右共9弄相连，每弄有3~4进，堂屋两侧的厢房设左、右两个天井。夹在其他房间中间，既不靠外墙，又不靠天井的“聋子屋”，从房顶上安装“采光斗”采光。1912年11月11日，周小舟诞生在这里，并在此度过童年和少年时代，后参加革命，中华人民共和国成立后曾担任中共湖南省委第一书记，1958年进行农村调查时回过这里。2011年被公布为湖南省省级文物保护单位，并划定保护范围与建筑控制地带，2009—2011年进行全面维修。2013年，周小舟故居被评为国家AAA级景区（点）和湖南省红色旅游示范点，2017年，周小舟故居被评为第四批湖南省爱国主义教育基地。

【五龙山大杰寺】 五龙山大杰寺地处湘潭县中路铺镇境内，始建于明代崇祯五年（1632年），寺院建筑属于重檐宫殿式，飞檐斗拱，琉璃瓦盖、金碧辉煌。寺院占地面积53000平方米，建筑面积10000多平方米，坐北朝南，由山门、天王殿、大雄宝殿、万圣殿四部分组成，自南而北排列在一条中轴线上，左右两侧分别设有钟鼓楼、念佛堂、玄帝殿、寿佛殿、龙山客堂。清光绪年间（1888—1892年），齐白石、王仲言等7人在此成立“龙山诗社”，公推齐白石担任社长。1997年，唯静法师接过弘法之棒，化缘上千万元修建山门，天王殿、钟鼓楼、念佛堂、斋堂、寮房、藏经楼、观音殿、禅堂、万佛堂等。寺院现已成为省内规模较大的寺院。先后被确立为“湖南省重点宗教活动场所”“湖南省首届和谐寺院先进集体”“湘潭市宗教文化旅游示范点”。2013年，成功创建为国家AAA级旅游景区（点）。

【湘潭梅林农业公园】 湘潭梅林农业公园位于湘潭县易俗河镇，辖梅林桥、高桥、谷洪3个村。2013年7月，开始投资建设。2015年，建成对外开放。公园以生态田园为主题，以紫荆河、梅林山庄、虎形山为亮点，建设紫荆河骑行、田园风光走廊、虎形山登山健步、汽车越野、航空飞行营地、儿童乐园、花海乐园等项目，打造春看油菜、夏赏荷花、秋摘葡果、冬观梅林为“四季景观”。美女晒羞、石人石马、虎笑潭、眺岳峰四大景点吸引众多游客。公园被选定为省市美丽乡村建设示范片、市城乡统筹发展示范片、市两型综合示范片。2016年，成功创建为国家AAA级旅游景区（点）。

【齐白石文化旅游区】 齐白石文化旅游区位于湘潭县白石镇杏花村107国道旁，是杰出的人民艺术家、世界文化名人、国际和平奖获得者齐白石的家乡。景区处于美丽的莲花峰下，距县城35千米，与衡阳相距60千米，是长沙—南岳人文黄金旅游线的重要景区。景区总规划面积4平方千米，是以齐白石故居为核心，以国画创作基地、自行车游道、农家休闲体验项目为辅的旅游区，年接待游客达20余万人次。2016年，成功创建为国家AAA级旅游景区（点）。

宾馆酒店选介

【鑫田国际大酒店】 鑫田国际大酒店投资总额4.5亿元。2010年3月正式开业，是一家集商务、旅游、会议宴会、健康美食、休闲娱乐为一体的综合性豪华酒店，2014年被正式评为国家五星级旅游饭店。该酒店占地面积4万多平方米，建筑面积5万多平方米，园林绿化面积达70%，名花古木簇拥，环境优雅。酒店有各式客房，房间装饰豪华典雅，设备高档齐全。酒店有大、中、小各类会议室，能满足不同会议需求，其中多功能国际会议中心可容纳600多人，配备同声传译、多媒体投影、视频会议等先进设备。酒店有中餐厅、西餐厅、大小贵宾房、酒吧等，可同时满足2000多人用餐，其中宴会大厅可供600多人用餐。酒店设有KTV、桑拿、按摩、足浴、棋牌、健身、美容美发、游泳池、乒乓球、网球等娱乐休闲项目，购物商场、大型停车场一应俱全。

【润玉酒店】 润玉酒店由湘潭润玉房地产公司投资兴建，总投资4800万元，是集客房、餐饮、商务、会议、休闲于一体的综合型商务旅游度假酒店。酒店功能齐全，设施一流，格调优雅，管理科学。酒店内客房别致舒适，有豪华休闲间、豪华套间、行政套间、标准单人间、高级单人间和高级双人间，客房内均装有宽带。酒店提供叫醒服务、留言服务、叫车服务、洗衣服务、全天候送餐服务等。茶吧清静、优雅、舒适，会议室多功能，可满足40–200人不同规格、不同层次的会议需求。2015年成功通过三星级旅游饭店复核评定。

【长江宾馆】 长江宾馆是湘潭县首家旅游星级饭店，总投资5000余万元，占地面积4000余平方米，集餐饮、住宿、会务、娱乐于一体，是度假、休闲、旅游、商务、集会的理想场所。宾馆设有宴会厅7个、风格各异的大小餐饮包厢25个，可供2000多人同时就餐；设有豪华套房、商务套房、标准单人间、标准双人间、标准三人间等106间，还设有会议室、茶座、足浴、棋牌等，能满足宾客不同需求。2015年，成功通过三星级旅游饭店复核评定。

湘潭县旅游景区基本情况一览表

表5

景区(点)名称	等级	地　址
乌石风景名胜区	AAAA	乌石镇乌石村
周小舟故居	AAA	排头乡星星村
五龙山大杰寺	AAA	中路铺镇柱塘村
齐白石文化旅游区	AAA	白石镇
梅林农业公园	AAA	易俗河镇

彭德怀纪念馆

【概况】 彭德怀纪念馆坐落在湘潭县西南的乌石镇，于1998年10月建成开馆，是以全国重点文物保护单位——彭德怀故居为依托建立起来的全国唯一一座完整、系统地介绍彭德怀生平业绩的传记性专馆。负责管理彭德怀故居、彭德怀纪念馆、彭德怀铜像、彭德怀墓、德怀亭、烈士墓等纪念设施，控制面积30公顷，占地面积10.67公顷，有陈列室1400平方米。文物资料库房200余平方米，展线370余米，拥有文物藏品2302件，照片资料3000余件全馆共有干部职工53人，拥有国家AAAA级旅游景区、全国爱国主义教育基地、国家国防教育示范基地等8项国家级荣誉纪念馆、被上海同济大学、中国农业银行上海分行、湖南步步高连锁有限公司等160余家企事业单位确定为爱国主义教育基地和德育教育基地。

主题教育亮点纷呈。在自身主题教育开展的同时，主动作为，勇于担当，提前谋划，创新推出“菜单式”主题教育服务模式，策划推出“不忘初心、牢记使命”——彭德怀元帅精神宣讲报告会，研发《学习和弘扬彭总精神，做“忠诚、干净、担当”的好干部》《以“石穿”精神守初心》《彭老总的衣食住行》《乌石峰下铸忠魂》等系列党课及学习资料片《彭大将军》，用彭总的伟大人格为党员干部树起一个感人肺腑的“守初心、担使命”的不朽标杆，在全省打造一个主题教育的高地。主题教育期间，共接待活动团队逾4.5万人，讲解440批次，讲授党课80余堂，演出报告会20余场，播放资料片38场次。国家、省、市、县等多家媒体进行宣传报道，得到省、市、县领导及前来开展主题教育党员干部的一致好评。

政治巡察“体检”合格。从2019年3月14日到8月23日，接受县委第二巡察组为期5个月的政治巡察，重点围绕政治建设、组织建设、思想建设、作风建设、纪律建设、巩固反腐败斗争压倒性胜利等方面进行深入的巡察督查。彭德怀纪念馆党组以高度的政治责任感逐一整改落实，建立健全17项规章制度，扎紧制度的笼子，清退违规发放的津补贴，追回欠付利息，给班子成员和全体员工进行一次全面的“体检”，压实落实党组全面从严治党的主体责任，切实加强党对一切工作的领导。

基层党建不断夯实。根据工作需要完成支部换届选举；着力抓好支部“五化”建设，荣获湘潭市“五星党支部”荣誉称号；规范党内组织生活，认真落实“三会一课”制度，把“主题党日”活动与“三会一课”有机结合起来。

队伍建设不断加强。以党组名义向县委推荐一名工作责任心强、敢于担当、任劳任怨的专业人员进入班子，提升班子的战斗力。始终把班子建设和队伍建设摆在最重要的位置，以主题教育、政治巡察为契机，从转变观念入手，整顿思想作风；从建章立制入手，转变工作作风。坚持示范带头、以上率下，在班子中营造既有集中又有民主、既有纪律又有自由、既有统一意志，又有个人心情舒畅、生动活泼的和谐局面，在队伍建设中不断构建团结协作、昂扬向上的工作氛围。

服务游客迈上新台阶。彭德怀纪念馆始终牢记“游客满意是我们最大的心愿”这一服务宗旨。全年，共接待游客172万人次，再创历史新高，讲解1100余批次，以周到的服务、热情的态度赢得社会各界的广泛赞誉。

文物征集取得新业绩。迎接庆祝中华人民共和国成立70周年大会阅兵式、群众游行活动“致敬方阵”中的彭德怀同志像回馆供游客瞻仰；争取到中国楹联学会和湘潭市楹联家协会面向社会征集的纪念彭德怀同志诞辰120周年的25件获奖作品纳入馆藏；征集《彭德怀传》编写组成员蒋宝华老师文字资料256件。

消防安防保持“零”事故。技防和人防相结合，定期进行消防、安防隐患排查，加强检查督查，开展消防安全知识培训和实地消防疏散演练，确保全年“零”事故，有效保障纪念馆的安全营运。

宣传教育再现新亮点。成功举办“五四”青年节、“5·18”国际博物馆日、“5·19”中国旅游日等宣传活动，精心营造国庆70周年节日氛围，庄严简朴举办彭德怀诞辰121周年系列活动，引发社会各界广泛共鸣。

争资争项取得新突破。免费开放资金463万元，争取国家专项资金830万元，非税创收20余万元，全年综合收入逾1300万元。

中心工作展现新作为。坚决维护核心、服务全局，全面落实县委、县政府重大决策部署，全力支持乌石景区创建国家AAAAA级旅游景区工作，圆满完成创文、创卫迎检工作，对外展示湘潭县窗口单位的良好形象。依托彭总故里这一独特红色旅游资源优势，在如何推进产业扶贫，提高扶贫效益，壮大村经济，增加农民收入上下大功夫，多措并举开展脱贫攻坚工作。推进产业扶贫，为对口扶贫村乌石峰村引进绢花制作工艺，作为后盾单位提供免费场地作为该村农副产品销售点，大力推广革命“传统教育+乡村生活体验研学”旅行项目。全年引流1.2万中小学生到乌石峰村开展研学活动，“三农”体验团队30个。全年，集体经济收入50余万元，带动村里60余户农户平均增收5000元，村级基础设施得到改善，农村环境日益美化。

工程扫尾有新进展。严格按照县委巡察整改意见，结合工作实际，扎实推进120周年工程项目竣工验收、结算和审计工作。截至2019年年底，彭德怀故居本体维修项目、消防工程和安防工程完成初验；彭德怀纪念馆故居绿化改造工程、彭德怀纪念馆后门局部绿化提质改造工程结算送财评，已出具审计报告；虎头门广场、求是楼前广场提质改造工程、新建传达室完成结算审计；彭德怀纪念馆低压出线工程结算送财评，已出具审计报告；彭德怀纪念馆维修维护提质改造工程完成验收；彭德怀纪念馆公厕工程结算送财评，完成现场踏勘；彭德怀纪念馆改造工程结算送财评。

【“五好讲解员”试点工作进展情况调研】 2019年3月12日，文化和旅游部资源开发司江波、韩冰一行到彭德怀纪念馆调研“五好讲解员”试点工作进展情况。省文化旅游厅裴泽生处长、市文旅体局副局长方新文、县文旅体局副局长符双之、彭德怀纪念馆副馆长陈艳陪同，彭德怀纪念馆全体讲解员随行学习。

【“不忘初心、牢记使命”主题教育启动仪式】 2019年9月16日，湘潭县在职党员县级领导到彭德怀纪念馆举办“不忘初心、牢记使命”主题教育启动仪式，并在彭德怀精神宣讲中心观看“不忘初心、牢记使命”——彭德怀元帅精神宣讲报告会。随后在彭德怀精神宣讲中心报告厅进行“不忘初心、牢记使命”主题教育体会分享交流，李日方馆长作主题发言。（彭　炼）

财政·税务

财 政

【概况】 2019年，全县完成一般公共预算收入287747万元，为调整预算的100.4%，比2018年增加637万元，同比增长0.22%。公共财政支出638807万元，比2018年减少32679万元，同比下降4.87%。

财税收入稳中提质。2019年，紧紧围绕“挺进全国百强县、创建全国文明城市”的总体目标和全省“收入质量提升三年行动”的工作要求，合理规划收入，实现组织收入稳中提质。全年完成财政总收入28.77亿元，比2018年增加0.06亿元，同比增长0.22%。其中，全口径税收收入完成22.26亿元，同比增加1.28亿元，增长6.11%；非税完成6.51亿元，同比减少1.22亿元，下降15.76%；全口径税收收入占财政总收入的比重为77.36%，同比上升4.3个百分点。

重点支出务实增效。强化“三保”支出。坚持将“三保”放在财政支出的优先位置，全力保障国家制订的工资、民生等政策落实到位，保障财政平稳运行。重点保障民生支出。2019年，不考虑消赤列支部分，全年民生支出415055万元。同比上年增长12612万元，较上年同期提高3.13%。积极开展惠民惠农补贴改革工作，成功发放补贴项目61项，发放资金约4.19亿元。社会保障和就业支出11.27亿元。严格控制一般性支出。牢固树立“过紧日子”思想，2019年预算安排在2018年压减一般性支出10%的基础上继续压减20%，部门压减面100%，全县压减金额1.1亿元。积极开展争支争项竞赛。截至12月，全县16个责任单位争取上级转移支付资金150160万元。

服务发展积极有效。认真落实减税降费政策。2019年，全年新增减税降费2.8亿元，超9万人享受个税改革的“减税大礼包”。支持乡村振兴发展。是年，县本级共计用于乡村振兴方面的财政预算达1.34亿元，比上年增长7%。至12月底，已整合涉农资金近1.5亿元，用于支持全县三个现代农业园区发展。大力推进农村文化建设力度，完善公共文化服务体系建设。全年，为文化活动提供资金264.32万元。持续助力三大“攻坚战”。依据“369化债思路”，积极筹集资金化债，成功申请政府债券42.04亿元置换部分高息产品、即将到期融资产品。通过平台公司整合转型，盘活国有资产，筹措化债资金。全年，拍卖土地55.09公顷，实现土地出让收入8.81亿元。通过对接14家银行实现对高成本融资项目债务成功降息、展期等，共计29.31亿元,平滑债务风险。是年，中央、省、市、县安排财政专项扶贫资金7898万元。争取上级对湘潭县生态保护修复专项资金共计2.09亿元。进一步完善政府购买服务预决算管理。实现政府购买服务项目管理与部门预算同步进行。是年，县直机关录入单位15个，政府购买服务项目51个，项目金额达8544.51万元。同时，逐步完善建立政府购买服务绩效第三方评估机制。多渠道筹措资金，保障一村一辅警项目顺利实施。是年，共安排一村一辅警建设运行经费2242万元。

财政监督成效显著。严格财务核算管理。对实行财务集中核算的指挥机构及各项目工程款，严格按照规定的流程审核审批后支付。全年，审核集中核算项目资金313笔，通过国库支付项目资金1.59亿元。完善会计核算，土地综合整治项目109个，结转项目结余资金841万元。建立健全全县政府投资项目管理。2019年，共审定项目427个，审减金额13374万元，审减率8.76%。积极推进清理行政事业单位拖欠民营企业账款工作，至2019年12月底，共清理偿还361万元账款。加强信息化基础建设，实施财政信息化等保测评建设。

干部队伍建设振奋人心。加强机关作风建设。密切关注“四风”问题新动向，聚焦习总书记指出的形式主义、官僚主义十种新表现，严防各种不良之风卷土重来、反弹回潮。开展作风督查检查，告诫全体机关严守纪律，切实转变工作作风，提升工作效能。完善选人用人标准。局党组推荐、县委组织部门考察任命张燕为金融办主任，陈争光为财政局党组成员、副局长，李江为金融办副主任，陈佳妮为县委组织部党员服务中心副主任。通过公开招考从乡镇财政所选调6名人员到局机关工作，营造有利于优秀人才脱颖而出、健康成长的发展环境。改进考核评价机制。结合实际,科学调整年度考核评价方法,突出日常考核机制，采取民主测评和党组研究相结合的方式,统筹考量干部的担当作为、履职尽责情况。强化考核结果运用，激发干部工作干劲和活力。

党建引领谱写新篇。健全党建工作制度。以内控制度为抓手，修订完善党员组织生活会等制度。落实“一岗双责”，做到“谁主管，谁负责”，一级抓一级,层层抓落实。建立机关党委委员联系支部制度，加强对支部党建工作的业务指导与督导，统筹推进“三会一课”、民主评议、民主生活会等制度。制订《湘潭县财政局党建工作考核办法》，充分发挥党建考核体系的作用。扎实开展“不忘初心、牢记使命”主题教育活动。编写“口袋书”，建立微信群，进行学习测试，深入调查研究，深刻剖析问题。开展“党建+红色革命胜地学习教育”活动，先后分别到毛泽东故居、任弼时故居、杨开慧故居等红色革命圣地参观学习。举办“不忘初心，牢记使命"主题书法展览。坚持党建带群建。成立太极拳、乒乓球等7个工会兴趣小组。积极组织干部职工参加全国第四届“万步有约”健走大赛、湖南省武术节、市妇幼摄影比赛、庆祝中华人民共和国成立70周年莲乡大合唱等活动，取得特等奖等多项傲人成绩。“三八”节，组织全局妇女干部赴宁乡炭河学习。

抓好驻村帮扶和结对帮扶工作。在结对帮扶方面，县财政局145名干部结对帮扶云湖桥镇13个村300户贫困户，认真的完成“一月一走访、一月一主题”的走访工作，共收集到147条贫困户的问题与诉求，购买贫困户农产品7万余元，帮助残疾鉴定12人、办理残疾证3人，帮助就业3人、危房改造3户，帮助解决安全饮水10户，干部捐赠鸡苗1650只、种羊4头，帮助10户贫困户实现脱贫。在驻村帮扶方面，调优配强驻村帮扶工作队，选派黄以文、黄君剑、黄清贵3名基层经验丰富的优秀干部到云湖桥镇的云湖村、芦塘村、新中塘村任第一书记，全职负责村级基础工作与脱贫攻坚工作。

是年，认真贯彻落实县委组织部的要求，为全面决胜脱贫攻坚做出应有的贡献。帮助芦塘村硬化4.7千米的村级道路，完成两户危房修缮；积极推进新中塘村发展产业扶贫，兴办五黑土鸡养殖场和丰乐源家庭农场合作肉牛养殖项目，完成6户危房改造，解决一户自来水入户；帮助云湖村脱贫4户，危房改造6户，就业扶贫57人（安排环卫公益岗位5人、扶林员1人、到金都现代农业基地永洪亮种养殖场就业13人、到县域境内槟榔厂和私企就业15人）。

【财政改革工作】 2019年，加快推进县管投融资公司重组和转型发展工作，新组建湘潭天易发展集团有限公司和湘潭莲乡实业集团有限公司。深入开展财政绩效评价。扩大绩效评价范围和运行监控范围。2019年，全县涉及预算绩效管理资金达51.22亿元，同比增长62.76%。持续覆盖国库集中支付电子化改革，涉及69家县直机关及17个乡镇财政所和民社办。上线预算动态监控系统。有力的提高单位规范支付，避免违规行为。全面深化政府会计制度改革。从2019年1月1日起，积极组织县直一级预算单位及17个乡镇全面实施新的政府会计准则制度，着力构建统一、科学、规范的政府会计核算体系。 （王 汝）

税　务

【概况】 2019年，国家税务总局湘潭县税务局（以下简称县局）全体干部职工上下同心、齐心协力，克服难以想象的困难，付出无比艰辛的努力，取得可圈可点、可喜可贺的成绩。

主题教育“入脑入心”聚合新动能。“不忘初心、牢记使命”主题教育开展以来，根据上级统一部署，在市局第一巡回指导组的精心指导下，牢牢把握“守初心、担使命、找差距、抓落实”总要求，紧扣“四个步骤”，推动主题教育走深走心走实。通过党委中心组、领导班子、党支部集体学习和个人自学等方式，开展“8+4”专题研讨；通过组织党员参观红色教育基地、开展“担当作为”大讨论、召开纪念建党98周年和中华人民共和国成立70周年大会等活动，不断丰富学习形式，切实增强广大党员干部守初心、担使命的思想自觉和行动自觉；举办主题教育专题培训班5期，支部书记培训班3期，参加培训人员500余人次。党委委员、支部书记先后讲党课15场，覆盖党员200余人次；围绕强化党建、组织收入、税费征管等重点工作，明确10个重点调研专题，形成调研报告12篇；召开干部座谈会、纳税人缴费人座谈会4次，走访党政部门10个，走访纳税人缴费人530余户次，归纳整理各类意见建议5类263条，出台纳税服务优化升级10条措施，经验在全市系统推介；开好专题民主生活会、组织生活会，抓实巡察反馈意见整改，开展违规经商办企业、党员教育管理宽松软等11个问题的专项整治，检视问题125个，完成整改108个，整改进度86%；修订完善劳动纪律、财务管理、办文办会等10余项管理制度，新建制度5个，进一步巩固成效。通过主题教育，党组织和广大党员干部理想信念更加牢固，初心使命更加彰显，作风纪律更加严明，赢得了上级领导和巡回指导组的充分肯定，得到基层干部、纳税人缴费人的广泛认可。

基层党建“走深走实”呈现新气象。按照税务总局新纵合横通强党建机制体系，拧紧从上至下的责任链条，凝聚税务系统和地方党委政府的“条块”合力。认真贯彻《关于新形势下党内政治生活的若干准则》，党委书记严格落实第一责任人责任，党委委员抓好分管领域党建工作。以“五化”建设为重点，以“五星”创建为目标，推动支部建设创“星”提质，县局荣获湖南省税务系统“基层党建工作示范点”，机关一支部被市委组织部授予“五星”党支部称号，易俗河税务所支部获全市系统“五化”先进党支部。深入开展为党员过政治生日、主题党日等活动，不断提高政治生活规范性、政治仪式严肃性。持续推进党建“示范引领工程”，贺昌泰被评为全省税务系统优秀共产党员，官红获评湘潭市“最美女职工”，丁武等4人在全省税务系统分别记三等功、嘉奖，县局获评湖南省留守儿童关爱帮扶活动爱心单位、湘潭市五四红旗团总支等荣誉称号。扎实落实“两个责任”，制订党委工作规则、全面从严治党工作要点等多项制度规定，重新制订全面从严治党主体责任和监督责任清单，将主体责任细化为8方面77项任务、监督责任细化为4方面22项任务，确保各项工作有规可依、规范运转。开展“形式主义、官僚主义”问题集中整治，查找问题48个，制订整改措施35条。加大执纪问责力度，依规依纪处置移交问题线索1件，开展教育提醒、明察暗访、通报警示等近20次，全年实现干部“零违纪”。

【中路铺镇三代人自发宣传税收法律法规】 2019年1月10日，湘潭市电视台、湘潭市日报社的记者对湘潭县中路铺镇三代人自发宣传税收法律法规33年的事迹进行采访，《一段延续三十年的税宣情》得到总局局长王军肯定性批示。

【全县小微企业普惠性税收减免政策宣讲会】 2019年1月30日，湘潭县委、县政府组织全县小微企业普惠性税收减免政策宣讲会在县委党校大礼堂开讲。宣讲会由湘潭县政府办主任胡厚浪主持，湘潭县委常委、常务副县长周贤，县局党委书记、局长贺昌泰出席会议并发表讲话。全县2269户纳税人参加此次政策宣讲会。

【税收宣传月政策宣讲会】 2019年4月22日，第28个税收宣传月暨“创响三湘 减税降费进园区”政策宣讲会在湘潭县子敬学校举行。此次活动由国家税务总局湘潭县税务局、湘潭天易经开区管委会、湘潭县财政局、湘潭县科技和工业信息化局、湘潭县发展和改革局五部门联合举办。湘潭天易经开区党工委委员、管委会副主任胡庚，县局党委书记、局长贺昌泰及相关部门的领导及园区230余名企业法人代表参加此次活动。

【开展“不忘初心，牢记使命”联点共建活动】 2019年7月15日，中共国家税务总局湖南省税务局老干部处党支部到湘潭县税务局开展“不忘初心，牢记使命”联点共建活动，召开老干部管理工作座谈会。国家税务总局湖南省税务局老干部处处长庹海渊以“不忘初心牢记使命”为主题，结合全省税务系统老干工作为参会人员上一堂主题鲜明又接地气的党课。省局老干部处副处长李朝辉对县局老干工作给予高度评价。国家税务总局湘潭市税务局党委成员、副局长唐益民，县局党委书记、局长贺昌泰，国家税务总局湘潭市税务局老干部科全体人员、各县市区局代表、老干部代表参加会议。

【湘潭县税务局办税服务大厅搬迁】 2019年8月1日，国家税务总局湘潭县税务局办税服务大厅搬迁至玉兰中路308号，正式“开门迎税”。县局办税服务大厅（新址）1、2层共设有窗口20个，其中，综合服务窗口13个、新办纳税人窗口4个、发票发售岗3个。设置咨询导税台、办税服务区、自助办税区、电子办税区、后台审核区、等候休息区六大功能区域，配置16台自助办税电脑、6台互联网办税终端，确保办税工作运行平稳、顺畅。

【“不忘初心、牢记使命”专题党课】 2019年10月17日，国家税务总局湘潭市税务局党委委员、副局长符应军到县局讲授“不忘初心、牢记使命”专题党课，并开展“平衡落实减税降费和组织收入矛盾关系”主题调研。县局领班子成员、中层正职干部参加此次学习调研。县局获评湖南省“七五”普法中期先进集体。

【《做实基层“小”文章 促进管理“大”跨越》】 2019年10月21日，国家税务总局湘潭县税务局供稿的《做实基层“小”文章 促进管理“大”跨越》一文刊登在《中国税务报》2019年10月21日版第04版。稿件介绍县局机构合并以来各项工作开展的典型经验。

【税务工作调研】 1月29日，湖南省税务局财行税处处长莫曲波到县局调研督导财产行为税工作，听取县局2019年财行税工作汇报和建议，充分肯定县局土地增值税征管工作管理底子清、征管力度大、工作效果好。国家税务总局湘潭市税务局总会计师胡国平等人陪同参加。

10月24日，湖南省税务局党委委员、副局长皮本固，党委委员、总经济师孙险峰一行到县局走访、调研，重点了解“不忘初心、牢记使命”主题教育开展情况，并为县局党员干部代表讲授一堂“不忘初心、牢记使命”主题教育专题党课。同时，皮本固局长对县局的征期办税情况、纳税服务、个人所得税缴纳情况进行走访调研。国家税务总局湘潭市税务局党委书记、局长谷一飞，党委副书记、副局长肖辉陪同参加。县局领导班子成员、中层正职干部参加此次走访调研。

【减税降费】 2019年，始终把落实减税降费政策作为必须扛牢抓实的重大政治责任，在政策落实上实打实、硬碰硬，在宣传辅导上重实效、全覆盖，在办税缴费上提效率、求便捷，坚决打赢减税降费这场攻坚战。全体干部职工加班加点、连续作战，以税务人的负重前行换来纳税人、缴费人的轻装上阵。构建“一揽子统筹、一竿子插到底”的统一指挥体系和真实、完整、可靠的统计分析体系，减税降费领导小组发挥合力，出台14项具体落实措施，细化8大类78项243个阶段性任务，挂图作战、对表推进。

对外开展小微企业优惠政策、深化增值税改革等“面对面”培训18场，参训人员9000余人次，实现全覆盖；对内制作《减税降费应知应会》系列学习资料，方便干部高效掌握各项政策；法制、纪检督察工作组不定期检查、开展第三方服务乱收费行为专项整治等多种方式，查找政策落实中的问题，立行立改，确保纳税人和缴费人应知尽知、应享尽享；主动向县委县政府、纪委监委汇报减税降费政策落实情况，为120余位县、乡（镇）领导深入解读减税政策；在《中国税务报》《湖南日报》《湘潭日报》等媒体刊发减税降费新闻报道32篇，减税降费工作得到各级领导和社会各界的充分肯定，工作经验在全省系统推介。2019年，累计减税降费2.67亿元，有效激发企业活力，有力促进经济发展。

组织收入“做稳做实”迈上新台阶。全系统坚持“一刻都不能放松”的组收工作理念，知难不畏难、吃苦不言苦，坚持组织收入纪律，做到“三个务必、三个坚决”，不折不扣把该减的减到位。坚持组织收入工作全局“一盘棋”，多次召开专题会议，深入研究湘潭县税源结构情况、经济发展态势，坚持向落实税收政策、加强税收监管和解决历史遗留问题要收入，推出土地增值税清算等7项重点组收措施，努力挖潜增收。各税源管理单位同心同向，不折不扣落实县局工作部署，有的放矢加大组收力度，有效弥补收入缺口。按税种、按行业、按企业逐项查找税收增长点，在堵漏增收、稳中提质、分析研判上狠下功夫，处理好减税降费和组织收入的关系，实现“两手抓、两手硬”。是年，累计完成税收22.26亿元，同比增加1.29亿元，增长6.15%；全年累计办理出口退税304万元，促进残疾人就业退税1981万元，资源综合利用退税388万元。圆满完成调整后的预算任务，为湘潭县发展提供坚实财力保障，受到县委县政府的充分肯定。

【税收征管】 2019年，健全岗责体系、加强人员保障，以明晰的目标、明确的职责、精干的力量，合力驱动个税改革任务落地。会同县财政、人社、医保、银行等单位组建对接工作小组，合力推进社保费划转工作，初步形成“党政主导推动、税务主责推进、乡镇主抓落实、部门配合有力”的社保费征缴体制。2019年1月1日、7月1日分别顺利实现机关事业单位五险、城乡居民养老保险的接收征收。10月1日起，启动城乡居民医疗保险征收工作。全年，全县入库机关事业单位“五险”收入3.57亿元、城乡居民基本养老保费5250余万元，入库非税收入5.99亿元，在全省社保费征缴工作会议上作经验交流发言。深化财行税、资源税、环境税等各税种改革，夯实税源基础。落实落细各项税收政策，耕地占用税法、车辆购置税法顺利实施。做好土地增值税清算工作，入库土地增值税1.96亿元，同比增加8806万元，增长81.92%。同时，全体干部职工以“啃硬骨头”的精神，夜以继日、连续奋战，30多名业务骨干组成4个专项工作组，集中办公100多个日夜，圆满完成金税三期系统并库工作，成功上线增值税发票管理系统2.0版，加速推进系统合并、业务融合、信息聚合。

【纳税服务】 2019年，以全国第28个税收宣传月为契机，开展“五上”“五进”系列活动，走访辅导企业5000余户次，培训纳税人1万余人次。压缩申领发票时间，简化企业登记流程，压缩企业注销登记时间，为企业松绑减负。创新推出3项不动产租售业务“便民清单”，推进税务窗口入驻人社大厅和政务中心等便民举措，最大程度便利纳税人和缴费人。优化升级窗口设置，打造高标准的玉兰路办税大厅，对基层税务分局（所）办税大厅进行提质改造，纳税人办税获得感进一步增强。

推出量化积分考核办法，纳税人办税平均等待时间缩短6.6分钟，纳税服务进一步提质增效。抓实纳税信用等级评定，通过银税合作为纳税信用良好的中小微企业发放贷款5000余万元，核实“两代表一委员”、先进典型人物纳税信用情况50余户次，纳税信用体系建设持续推进。在2019年全省纳税人满意度调查中，办税大厅服务指标排名全市系统第一，便捷服务等多项指标名列全省系统前列。

【依法治税】 2019年，贯彻落实“双随机、一公开”制度，全面推行“三项制度”，规范执法行为，维护纳税人权益，营造公正高效的税收法治环境。组织对“放管服”改革落实情况、增值税发票风险管理情况、减税降费政策宣传辅导情况等开展执法督查。扎实做好税收规范性文件管理、重大案件审理工作。落实税收执法普法责任机制，县局的普法工作得到上级认可，被授予“湖南省‘七五’普法中期先进集体”荣誉称号。以“双打”、大要案件查处、扫黑除恶专项斗争等为重点，开展重点行业、重点领域风险防控。强化税收风险应对。2019年，完成风险管理全流程1621户次，查补入库税款2792万元，入库滞纳金及罚款293万元。持续推进欠税清理，追缴入库欠税2956万元，欠税变动率和强制执行率居全市系统第一。

干部队伍“合心合力”进入新境界。努力践行社会主义核心价值观，开展庆“三八”、户外拓展、“新税务新征程”文体竞赛等税务文化建设活动，在促进“四合”方面发挥重要作用。2019年，县局荣获“全国模范职工之家”，获评全省系统“四合”示范单位荣誉称号。以素质提升“115”工程和人才库建设为牵引，组织干部参加全市系统“岗位大练兵，业务大比武”竞赛活动，获得团体第一名，8名干部被评为岗位能手，1名青年干部确定为全省系统首批“青年才俊”。承接省局构建基层税务干部减税降费政策培训生态系统课题，荣获总局教育培训科研课题三等奖。全面抓好精准脱贫、困难帮扶等工作，积极参与“全国文明卫生县城”“全国文明城市”创建迎检工作，县局继续保留湖南省文明标兵单位称号。开展向“中国好税官”学习和“税月芳华”宣讲等活动，形成“学习先进、崇尚先进、争当先进”的良好风尚。大力组织丰富多彩的党工团活动，发挥桥梁纽带作用，广大干部在融合中聚力奋战、在奋战中加速融合。扎实推进绩效管理工作，全面上线数字人事系统，引导干部敬业守责、履职尽责。

提高会议、公文、保密、涉税舆情和督查督办等规范化水平，更好发挥综合保障作用；做好数字人事“双测”工作，校核数字人事系统信息数据和干部档案情况，为实施职务与职级并行做好前期准备；加强财务管理，保障事业发展需要和干部待遇水平；加强公务用车管理、物业管理、综合治理等有关工作，连续三年获得湘潭县平安建设（综治工作）先进单位。

（王志标）

银行·证券·保险

概　述

【概况】 2019年，驻县银行类金融机构16家，年末全县银行类金融机构存款余额454.96亿元，较上年末增加25.41亿元，增长5.92%；年末贷款余额360.73亿元，较上年末增加50.06亿元，增长16.11%。驻县保险公司22家，其中寿险保费收入7.85亿元，产险保费收入3.66亿元。驻县证券公司1家，至2019年底累计开户数20266户，客户资产2.29亿元。

银　行

湘潭天易农商银行

【概况】 2019年年末，湘潭天易农商银行各项存款余额185.63亿元，较年初净增17.00亿元，增幅10.08%；各项存款日均余额180.74亿元，存款日均较年初净增12.84亿元；低息存款余额26.94亿元，较年初净增1.65亿元，低息存款占比14.51%；各项贷款余额128.23亿元，较年初净增22.09亿元，增幅20.81%；不良贷款余额4.23亿元，较年初下降1600万元，不良贷款占比3.3%，较年初下降0.84个百分点；全年累计收回表外不良贷款4048.2万元；实现经营利润3.12亿元；贷款个人客户新增-528户；法人客户新增33户；手机银行有效客户净增9007户；社保IC卡激活率为86.37%；电子银行替代率为80.03%；客户信息治理76.88%。

【服务地方经济发展】 2019年，湘潭天易农商银行积极推进“信用村、信用乡镇”的创建工作。截至12月末，已经成功推荐22个行政村创建为市级信用村，实现县域每个乡镇至少一个市级信用村的成果，累计信息采集户数为21.96万户，采集率69.31%；已授信户数21.32万户，已授信金额40.69亿元。积极推进“政银担”合作，配套推出“惠农担·粮食贷”“惠农担·油茶贷”等信贷产品，为县域家庭农场、种养殖大户、农民合作社等农业适度规模经营主体解决资金难题，截至12月末，已经发放农担贷款33笔，金额3460万元。积极参加银企对接、参与“三长”联动。扎实将“湘潭县2019年银企项目对接会”精神、“三长”联动工作落到实处，积极谋划、主动对接，用实际行动将对接会的成果转化为实实在在地支持县域经济发展的资金动力。截至12月末，已经发放民营小微企业贷款（含农民专业合作社、家庭农场等新型农业经营主体贷款）192户，金额21.42亿元；向普惠型小微企业（单户1000万元以内对公客户）投放贷款204户，金额22亿元。以“两进两促”“网格化营销”“访客户、问需求、优服务”活动为载体，加大激励考核，细分客户群体，实行差异化营销。积极落实《乡村振兴战略规划》及《关于打造农业优势特色千亿产业 促进乡村振兴的意见》的工作要求，至12月末，累计对茶叶、蔬菜、粮食、油茶等十大特色产业投放贷款8亿元。

中国农业银行湘潭县支行

【概况】 2019年年末，中国农业银行湘潭县支行有网点12个，其中，县城城区网点3个，乡镇网点9个。全行各项存款余额62.1亿元，较年初增加5.05亿元。其中，对公存款余额6.79亿元。储蓄存款余额55.31亿元，较年初净增5.29亿元，日均较年初净增4.09亿元。全行各项贷款余额29.78亿元，较年初增加1.44亿元，增幅5.8%。其中，对公贷款余额20.49亿元，个人一般贷款9.29亿元。在个人贷款中，农户贷款余额2.02亿元。

【服务地方经济发展】 截至2019年12月底，惠农e贷余额10548万元，较年初增长6731万元，支持农业经营主体发展。全年实现智能POS布放升级360台，实现金融性交易笔数32.3万笔，台月均交易笔数82笔，交易总金额5.6亿元。其中助农取款

1213万元，电费代缴2416万元，民生缴费282万元，社保代缴56785笔，金额1330万元。重点支持小微企业发展。2019年，全行普惠小微企业贷款客户新增48户，金额6441万元。着力降低小微企业贷款利率，所投放贷款年利率仅为4.5%~4.8%。重点支持农业合作社、家庭农场发展。是年，对湘帮农机合作社等31家合作社，投放粮食贷、特色贷1443万元。强化创新创业金融服务。针对小微企业推出纳税e贷产品，纯信用方式，以税定贷线上操作，投放41户，金额2100万元。抵押e贷新增4户，金额1200万元，有力支持实体小微企业发展。针对烟草经销商、药品经销商分别推出烟商贷和药商贷，投放56户，金额460多万元。

中国农业发展银行湘潭县支行

【概况】 2019年年末，中国农业发展银行湘潭县支行各项贷款余额为340348.32万元，比年初增加22687万元，增长7.14%；不良贷款余额和不良贷款比率为0；各项存款余额136995万元，比年初增加7662.54万元，增长5.92%；各项存款日均余额为135272.23万元，较年初增加28592.14万元，增长26.8%;中间业务收入10.16万元，同比增加6.82万元，增幅204.19%；办理国际结算业务量245.2万美元，同比增加54.5万美元；资金自给率为42.71%。

【服务地方经济发展】 2019年，中国农业发展银行湘潭县支行全面履行政策职能，扎实做好粮食收购资金供应与管理，确保粮食安全。扎实做好储备粮轮换，支持裕湘公司轮入地方储备粮6615吨，发放贷款1558.39万元；积极支持收购地方调控粮。扎实做好2018年度超标粮19960吨的处置，收回地方调控粮贷款3960万元。积极支持2019年度超标粮收购工作，发放地方调控粮贷款5681万元。其中，发放早籼稻调控粮1659万元，累计支持收购超标粮早籼稻2993吨；发放贷款4022万元，收购中晚稻3757.8吨。积极落实精准扶贫工作，助力脱贫攻坚。大力支持湘潭县农村基础设施建设，切实履行农发行作为国有政策性银行的职能。

中国银行易俗河支行

【概况】 2019年，中国银行易俗河支行围绕“科技引领、创新驱动、转型求实、变革图强、建设新时代全球一流银行”的战略目标，大力发展各项业务助推县域经济，创新营销模式、勇担社会责任、助力精准扶贫，实现各项业务全面发展。

【服务地方经济发展】 通过贷款投放加大对县域经济的支持力度，重点跟进县域重点项目，学校、医院、污水处理等民生相关项目的落地。2019年，投放湘潭县天易物流园PPP项目5.05亿元，累计投放贷款7.05亿元，其中投放拆迁资金3亿元。先后对湘潭县第二污水厂、湘潭县人民医院、湖南莲乡路桥建设投资公司、江声实验中学、湘潭县九中、湘潭县四中、湖南统塑管业有限公司、湘潭圣康医院、湖南傲派自动化设备有限公司、湘潭县鸿丰物流有限公司、湘潭市益友科技有限公司等县内企业进行贷款投放，为县域企业发展发挥积极作用。

中国建设银行易俗河支行

【概况】 2019年，中国建设银行易俗河支行共辖3个营业网点、2个离行式自助服务区构成，拥有员工34名。年底，支行各项贷款时点余额达32亿元，贷存比120%。

2019年，建行总行、省建行的乡村金融团队先后5次到湘潭县进行实地调研、座谈。在县委、县政府的大力支持下，凭借良好的县域经济环境，建总行确认以湘潭县作为建设银行乡村金融试点县，推进建设银行最新的乡村金融信贷政策及信贷产品在湘潭县先试先行。金湘通在湘潭县17个乡镇、355个行政村（社区、居委会）全覆盖，农村实体经济的“最后一公里”终被打通。中国建设银行湘潭县支行满足辖内乡镇客户助农取款、助农信贷、便民缴费等多项需求，在加快发展现代农业、培育新型经营主体、推进美丽乡村建设上发挥了积极作用。

中国工商银行湘潭县支行

【概况】 2019年，中国工商银行湘潭县支行共辖3个物理网点，其中易俗河县城区两个，谭家山镇一个。共有从业人员36人。至2019年年末，共计缴纳各项税额241万元；各项贷款余额10.34亿元，同比增加1.02亿元，增幅10.88%；各项存款余额15.44亿元，同比增加1.69亿元，增幅12.99%。

【服务地方经济发展】 2019年年末，中国工商银行湘潭县支行对县属单位融资总额为8.37亿元，其中融资金额较大的本地国有公司有天易基础设施建设投资服务有限公司（3.2亿元）、湘潭县人民医院（0.9亿元）、湘潭县建设投资有限公司（0.9亿元）。

成功为湖南胖哥食品有限公司申请授信15000万元，新发放贷款1亿元，为伍子醉食品有限公司发放贷款1亿元，支持本地民营企业的发展。加强与县域最大医院的合作，向湘潭县人民医院新发放贷款4000万元，融资余额达到9000万元。向金力型材、泽康商贸、诺伯特高温设备等一大批小微企业共计发放普惠贷款2000余万元，余额较年初新增1000万元。

中国邮政储蓄银行湘潭县支行

【概况】 2019年年末，中国邮政储蓄银行湘潭县支行共有员工71人，其中信贷从业人员15人。县支行内设综合管理部、综合业务部2个部门，下辖营业部、青山桥镇支行、凤凰路支行、云湖桥镇支行、谭家山镇支行5个自营网点。全年完成收入5041.4万元，完成年计划的100.43%，较上年同期增长651万元。完成利润3307万元，完成年计划的88.78%，较上年同期增长435万元。截至12月31日，个金储蓄存款余额为10.94亿，本年净增2924万元；公司存款余额1.98亿元；零售信贷贷款余额124172万元，本年净增16925

万元；累计收回不良资产819.77万元。

中国邮政储蓄银行与省农担共同合作，2019年全年受理农担贷款41笔，金额3950万元；完成4个扶贫站和3个三站融合的梳理、巩固工作，为县域经济发展发挥积极作用。

华融湘江银行湘潭县支行

【概况】 2019年年末，华融湘江银行湘潭县支行一般性存款余额为179832万元，较年初新增存款7498万元，其中储蓄存款余额为118628万元，对公存款为61205万元；贷款余额为250184万元，较年初增长45036万元。全年累计向县域投放各类对公及个人贷款1221笔，金额143000万元。全年，华融湘江银行湘潭县支行向县国税局共缴纳税款872.68万元，较2018年增长50余万元，其中企业所得税388.74万元、增值税370.56万元、其他税种113.38万元。

【服务地方经济发展】 2019年，华融湘江银行湘潭县支行支持五洲通药业新厂一、二期项目建设，新增一期项目贷款7000万元，新增二期项目贷款4500万元，帮助顺利进行厂区搬迁，助力企业生产经营发展；支持伍子醉槟榔食品有限公司新增综合授信5000万元，模式化授信5000万元，企业2019年顺利实现产业链的自动化升级，年产值稳步攀升。针对企业无抵押、无担保的情况，开展货押业务，如伍子醉槟榔食品和胖哥槟榔食品等企业均采用以货押为主导的产品，给予流动资金贷款支持，共计授信34000万元；同时对C级以上连续纳税24个月以上的小微企业主，推行线上税联e贷产品，免抵押、免担保，10分钟即可以取得授信并提款，使用快捷方便，日利率低至万分之1.6，目前正在推广期。

上海农商银行湘潭县支行

【概况】 2019年，上海农商银行湘潭县支行内设5个部门，分别是综合管理部、合规内控部、风险管理部、公司金融部和零售金融部，下辖3个营业网点，分别是营业部、花石分理处、九华分理处。全行在编员工54人。

截至2019年年末，上海农商银行湘潭县支行各项存款余额9.94亿元，较年初增加0.55亿元，日均余额8.81亿元，比年初减少2.21亿元；各项贷款余额39.51亿元，较年初增加6.28亿元，日均余额34.88亿元，比年初增加5.49亿元；不良贷款（五级）余额3.05亿元，比年初减少1.07亿元，不良贷款率7.69%，比年初下降了4.87个百分点。实现营业收入1.47亿元，较上年同期增加0.27亿元，增幅22.7%，营业支出0.27亿元，较上年同期减少0.037亿元，降幅12%。

【服务地方经济发展】 2019年，上海农商银行湘潭县支行支持湘潭县槟榔产业发展，创新产品，开展供应链金融服务，围绕伍子醉、胖哥槟榔等核心企业，拓展上下游客户，为企业提供优质供应链金融服务，同时扩大对槟榔行业授信，相对2018年，授信余额增长率达到100%。支持一批天易经开区入园企业和项目。2019年是湘潭县入园企业较多的一年，也是湘潭县政府招商引资成果丰硕的一年，为支持县域经济发展，该行支持凯伊克物流、靖通汽车、奥派自动化设备等一批新入园企业和项目，其中为凯依克物流发放项目贷款5000万元。与湘潭县莲乡担保公司达成合作意向，授信1亿元，创新担保方式，全力支持县域小微企业发展。

中国光大银行湘潭天易支行

【概况】 2019年年末，中国光大银行湘潭天易支行一般性存款余额12.06亿元，日均余额8.9亿元。时点余额较年初减少4亿元。其中对公存款余额为6.97亿元，零售存款余额5.09亿元，客户金融总资产10.32亿元。支行表内贷款余额19.32亿,较上年新增1.29亿元。其中对公贷款余额为17.23亿元，个人贷款余额2.07亿元。不良贷款余额20万元。净利润9666万,比上年新增3101万元，增幅47.25%。

【业务多元化发展】 对公方面，2019年，营销新开机构户4个，机构存款新增6000万元。其中重点在学校、医院存款及教育基金方面有突破。对私方面，客户金融资产总量持续增长，搭建湘潭县农民工工资代发渠道，信用卡发卡态势良好，为县内单位和个人提供优质的金融产品和金融服务。

长沙银行湘潭县支行

【概况】 2019年年末，长沙银行湘潭县支行对公存款时期数6.30亿元，较年初减少2763万元，储蓄存款时期数9.93亿元,较年初新增2.25亿元。表内外对公贷款余额20.38亿元，较年初新增6930万元，零售贷款余额1.78亿元，较年初新增4957万元。

【服务地方经济发展】 长沙银行湘潭县支行对湘潭县大部分的在职公务员进行团办的快乐秒贷授信业务，为有需求的客户及时提供快乐秒贷业务。2019年，长沙银行湘潭县支行深耕农村金融服务，全年发展达双50的助农服务点34家，更好地让老百姓在家门即可享受优质的金融服务。长沙银行湘潭县支行为湘潭县县域经济发展提供更优质的金融服务，支持县域经济更好、更快地发展。

兴业银行湘潭易俗河支行

【概况】 兴业银行股份有限公司成立于1988年8月，是经国务院、中国人民银行批准成立的大陆首批股份制商业银行之一，2007年2月5日在上海证券交易所挂牌上市（股票代码：601166），注册资金190.52亿元。开业20多年来，兴业银行始终坚持“真诚服务，相伴成长”的经营理念，致力于为客户提供全面、优质、高效的金融服务。

兴业银行湘潭易俗河支行于2015年4月23日正式开业。网点位于湘潭县易俗河镇雪松路口彩虹大厦一楼。成立以来，该行秉着为客户量身定制个性化、精细化的金融服务方案，以最优质的金融产品、最优惠的政策，为各企事业单位和个人提供高品质的金融服务。

截至2019年12月31日，机构一般性存款38062万元，贷款余额86625万元。

中信银行湘潭易俗河支行

【概况】 中信银行湘潭易俗河支行成立于2017年7月1日，位于湘潭县易俗河镇大鹏路金铃大厦，是中信银行湘潭分行下辖的县域行，主要从事经营中国银行业监督管理委员会依照有关法律、行政法规和其他规定批准的业务。

中信银行湘潭易俗河支行针对小微企业发展的融资需求，率先开发以供应链金融为核心的供应链金融、小微企业贷、票据贷等一系列创新型金融产品，为更好地服务县域企业，开设专门的小微企业服务窗口，为县域小微企业的发展发挥积极作用。

截至2019年年末，中信银行湘潭易俗河支行存款时点余额为6.78亿元，贷款时点余额12.55亿元。其中对县属国有公司及项目发放融资贷款共计4.34亿元，新增贷款1.1亿元。中信银行湘潭易俗河支行始终秉承“扎根县域，服务当地”的愿景，助力县域经济又快又好发展。

湖南湘潭湘淮村镇银行

【概况】 湖南湘潭湘淮村镇银行始终坚守“支农支小”定位，坚定“质量效益”经营理念，加强党建引领，提高政治站位，突出人本管理，增强发展保障，打牢发展根基。为服务县域经济发展贡献力量。

截至2019年12月末，湖南湘淮村镇银行各项资产6.71亿元，较年初增加1.26亿元，增幅23.14%。其中，各项贷款4.23亿元，较年初增加6409万元，增幅17.85%；总负债5.08亿元，较年初增加1.29亿元，增幅34.14%。其中，各项存款4.03亿元，较年初增加1.29亿元，增幅46.98%；不良贷款为零，实现利润总额1382.79万元，同比增加226.79万元，增幅19.62%。

【服务地方经济发展】 湖南湘淮村镇银行针对农村个体工商户、农民专业合作社、农村家庭农场等新型经营主体大部分无抵押又急需发展经济脱贫致富的实际情况，创新推出“和家贷”产品。从开业三年多来，累计授信“和家贷”产品客户343户，授信金额3956万元，累计发放金额8857万元，现有存量客户317户，金额3309万元，无一笔贷款形成不良。

创新企业服务方式，助推县域经济发展。针对县域企业的融资需求和实际困难，量身打造信贷产品，为企业发展注入资金。截至2019年年末，该行共计投放规模工业企业贷款98家，投放其他小微企业贷款304家，累计投放贷款4.2亿元，占贷款投放总量的79.2%，有力促进地方经济发展，

交通银行湘潭大鹏支行

【概况】 2019年，交通银行湘潭大鹏支行针对县域纳税中小微实体经济企业，积极推动结算服务、普惠业务以及重点授信项目投放，全年上报重点授信项目3个，合计金额25000万元；普惠项目4户（含线上产品投放），金额2001万元。积极提升客户服务水平，树立良好市场口碑。通过提升专业技能，强化服务意识和服务能力，为县域客户提供优质、高效的金融产品和服务，助力县域经济高质量发展。

浦发银行湘潭易俗河支行

【概况】 浦发银行湘潭易俗河支行围绕“调结构、稳增长、严合规、提质量，优管理、强能力”的工作主线和“打造一流数字生态银行”战略目标，始终服务县域经济发展，为企业及个人客户提供优质的金融产品和金融服务。

2019年，浦发银行湘潭易俗河支行一般性存款时点余额16559.63万元。其中，对公存款时点余额6993.77万元，储蓄存款时点余额15505.37万元。一般性存款日均余额12694.4万元。其中，对公存款日均余额5539.65万元，储蓄日均余额12140.43万元。个人金融资产时点余额39483.99万元，个人金融资产日均余额30583.29万元。贷款余额25747.61万元。

证　券

方正证券
湘潭县大鹏中路证券营业部

【概况】 方正证券股份有限公司湘潭县大鹏中路证券营业部成立于2012年6月，营业部位于湘潭县中特慧谷时空综合楼一楼，营业面积240平方米，是湘潭县唯一一家合法的证券经营机构，方正证券为全县人民提供全金融牌照的投融资理财平台。公司业务范围包括证券经纪业务、投资银行业务、资产管理业务、证券自营业务、研究咨询业务、场外市场业务、另类投资业务、收益凭证业务、融资融券业务、期货IB业务、QFII业务、基金代销业务等，属于综合型证券公司。

2019年，营业部客户资产达3亿元，同比增长50%，全年累计实现交易量44.3亿元。随着市场变化，营业部积极向财富管理转型，增强投资顾问服务质量，加大金融理财产品的普及和覆盖，推进融资融券业务、期货IB业务、个股期权业务等，实现多方面共赢。

营业部秉承以客户为中心，以专业稳健的态度服务广大客户，力求为湘潭县的金融产品普及、投资者教育做出贡献。

保　险

中国人民财产保险湘潭支公司

【概况】 中国人保财险湘潭支公司是中国人民保险集团公司在湘潭县的县级支公司，下辖5个乡镇级三农营销服务部，经营的业务主要有车辆保险、财产保险、责任保险、信用保障保险、货运保险、健康保险、意外保险及政策性农业保险。

2019年，中国人民财产保险湘潭支公司完成保费收入18272万元，

(缴纳各类税金634万元)。其中车险保费4551万元，非车非农险保费698万元，常规险种签单保费5249万元；因2019年政策性农业保险的特殊性，仅完成签单保费2023万元;社保保费11000万元。直接赔款合计15882万元。该公司下辖花石、石潭、河口、中路铺、青山桥5个“三农”营销服务部，覆盖全县17个乡镇321个村。2019年，牲猪保险赔款预计3500万元（已赔付到位1590.5万元），理赔受益户预计1.06万户。

中国人寿保险湘潭支公司

【概况】 中国人寿保险股份有限公司是国内寿险行业的龙头企业，作为《财富》世界500强和世界品牌500强企业——中国人寿保险（集团）公司核心成员，公司以悠久的历史、雄厚的实力、专业领先的竞争优势及世界知名的品牌，赢得社会各界和广大客户的信赖，始终占据国内保险市场领导者的地位，被誉为中国保险业的“中流砥柱”。

湘潭支公司隶属于公司的下属机构，成立于1995年5月。在长期发展历程中，公司拥有一支年轻、积极向上、稳定的专业化管理团队，积累丰富的经营管理经验。目前在易俗河、射埠、中路铺、石潭、青山桥、河口、花石、杨嘉桥、白石、石鼓10乡镇有服务机构，并且按照银保监局的监管要求，在以上10个乡镇分别办理“经营保险业务许可证”和“工商执照”两证。目前公司有13个服务团队，保险代理从业人员1000余人，有个险、银保、团险三个销售渠道、7个管理部门，29名管理人员。平均年龄36岁，本科学历27人，专科学历2人。

太平洋产险湘潭县支公司

【概况】 2019年，太平洋产险湘潭县支公司坚守农险市场，力保非洲猪瘟疫情时期平稳过渡，迎难而上，实现各项业务健康、有序发展，为支持县域经济发展贡献力量。

是年，太平洋产险湘潭县支公司完成保费收入5100万元，达成目标93%，同比增长12%，市场排名第三。其中，车险完成3100万元，同比增长23%，市场排名第三；农险完成1590万元，同比持平，市场排名第二；非车险完成420万元，同比增长-5%，市场排名第三。

中国平安财产保险股份有限公司湘潭县支公司

【概况】 中国平安财产保险股份有限公司湘潭县支公司位于湘潭县易俗河镇海松四路10号，职场面积450平方米，共有正式员工26人，营销人员256人。2019年，共实现保费收入1.561亿元。其中，车险12817万元，财产险109万元，责任险182万元，意健险930万元，货运险及其他险种小计12万元，农业险1561万元。在湘潭县的保险市场主体中名列前茅。是年，共计为湘潭县创造税收1959万元。共计支付赔款6666万元，其中赔付意健险件数2288件，赔付金额293万元；车险结案件数6488件，赔付金额4971万元；农险1299万元，财产险和责信险103万元。

中国平安财产保险股份有限公司湘潭县支公司坚持以“专业领先、诚信服务、创造价值、回馈社会”的公司训导及“对客户负责、对股东负责、对员工负责、对社会负责”的使命，用专业创造价值，坚持人性化、科技化的服务，以客户需求为中心，利用平安先进的服务技术及服务网络，为客户提供平安特色化、线上化、人性化服务，根据客户相关需要提供特色产品及服务。

中国平安财产保险股份有限公司湘潭县支公司自成立以来，积极担负各项社会责任，坚持打造一支服务优、素质高、管理好的员工队伍，为客户提供优质稳定的服务，理赔时效迅速，有一支高效、富有人情味的理赔队伍，保证赔款迅速到位，保证社会再生产的顺利进行，有利于社会稳定，为湘潭县经济的稳健发展提供有力的保障功能。

中华联合保险湘潭县支公司

【概况】 2019年，中华联合保险湘潭县支公司围绕以“坚持合规经营，扭亏为盈，全力以赴完成年度目标”为工作主题，调整经营思路，把握工作重点，全年各项工作取得良好发展，为县域经济发展提供有力支撑。

是年，中华联合保险湘潭县支公司共完成生效保费收入2332.64万元。其中，车险保费完成837.75万元；非车险保费完成441.45万元；农险保费完成1053.45万元（含商业农险420万元）。商业险保费合计完成生效保费收入1279.19万元。完成税收任务127.75万元。其中，增值税39.75万元；城市维护建设税1.98万元；印花税1.18万元；车船税82.86万元；教育费附加1.98万元；个人所得税1.38万元。 （朱晓雅）

教育·科技

教　育

【概况】　2019年，建成天易贵竹学校一期，增加学位2700个；建成云湖桥和杨嘉桥中心幼儿园；启动新建天易水竹幼儿园、白石中心幼儿园、天易贵竹学校二期、子敬初中，确保2020年投入使用；分步落实湘潭县中小学校幼儿园布局规划，重点建设两类学校（小规模、寄宿制），投入资金8300万元完成分水乡较场中学等10个新建项目和106个维修改造项目。完成中小学教室灯光改造150间。

出台《中共湘潭县委湘潭县人民政府关于全面深化新时代教师队伍建设改革的实施意见》。公开招录422名中小学教师（幼师）、接收68名公费定向培养师范生补充教师队伍；通过开展送教、开设讲座、举办论坛，帮扶薄弱、送培到县、国培项目等活动，全年培训培养教师、园长及校长共3000人次；将教师绩效考核奖提高至人均6000元/年，晋职、评优、评先等优先向边远地区教师倾斜；县内3所学校同永顺县结成帮扶学校。

进一步深化湘潭县办学模式改革。出台《湘潭县人民政府关于进一步深化湘潭县办学模式改革的通知》，加快推进全县教育从基本均衡向优质均衡发展，在全县教育系统扩大办学模式改革范围，深化办学模式改革。采用集团办学、融合办学、合作办学、帮扶办学等模式，实现办学模式改革覆盖全县。湘潭县一中教育集团新增县二中、县四中；县五中与湘潭县云龙中学组建湘潭县云龙中学教育集团；县十中纳入湘潭凤凰教育集团。江声实验中学在继续与天易水竹学校融合办学的基础上，与原易俗河镇一中实行融合办学（原则上三年以上）。确定河口中学等十所学校作为第二批为2019—2020年度合作办学单位。县财政拨付对口集团办学单位5个、融合办学单位2个、合作学校10个，每年每校40万元（其中10万元用于合作学校奖教奖学工作），用于办学模式改革经费支出。进一步巩固2018年化解超大班额的成果，再通过扩班、加强城区学位扩充、解决师资缺口、乡镇内调剂等措施，2019年，共计消除义务教育阶段大班额179个（省定保底目标175个），超额完成省定保底任务。

学前教育

【概况】　全县共有幼儿园224所，农村幼儿教学点19个。有市级普惠性民办幼儿园139所，市级优秀普惠性民办幼儿园22所，市级民办骨干幼儿园3所，市保育教育规范幼儿园4所，省级民办骨干幼儿园2所，省保育教育规范幼儿园1所。全县在园幼儿人数为22539人，学前三年入园率为81.93%，学前一年入园率为100%，普惠性幼儿园在园幼儿占比为79.67%。

普通中小学教育

【概况】　全县招收六周岁一年级学龄儿童8798人，适龄儿童少年入学率达100%，年巩固率为100%，残疾少年儿童入学率达94.33%；小学毕业生7428人，根据“就近入学”原则整体升入初中；全县在校初中生28741人，初中辍学率控制在0.1%以内，毕业发证率99.47%，初中毕业生升入高中阶段学校的入学率96.31%。

全县有普通高中学校9所，其中公办7所，民办2所（云龙实验中学、凤凰高中），省级示范性高中3所（县一中、凤凰中学、县五中），市级示范性高中4所（县二中、县四中、县九中、云龙实验中学）。普通高中在校生17846人，其中公办学校在校生12725人，民办学校在校生5124人。2019年，高考本一、本二录取率达到46.24%，中考普高上线率为65.72%，各科及格率、优秀率、人均分都位居全市县市区前列。

职业教育

【概况】　湘潭县有县级职教中心1个，职业技能培训机构22所，中职学校4所（公办职校1所，民办职校3所），在籍学生6845人。县职校先后获评为“国家级重点职业中专学校”“省示范性中等职业学校”“省示范性县级职教中心”；湘潭县就业中等职业技术学校获评为“湖南省骨干民办学校”；湘潭县科旺中等职业技术学校获评为“湘潭市骨干民办学校”。

特殊教育

【概况】 全县6~16周岁适龄残疾儿童494名，其中完成九年义务教育15人，随班就读245人，送教上门118人，在各级各类特殊教育学校就读88人（含县外特殊教育学校）。

有特殊教育学校1所，位于易俗河镇金雀东路，占地面积2500平方米，现有教学大楼和生活用楼，有教职工25人，其中正式教师12人，临聘老师5人，实习教师3人，生活教师2人，食堂工作人员2人，门卫1人。在校7至14周岁的多动症、脑瘫、自闭症、唐氏综合症、癫痫等各类智力障碍学生共计58人（学生来自全县各个乡镇，除易俗河镇学生外全部在校寄宿，且绝大部分学生家庭条件困难），设有5个教学班。特教学校根据求亲培智学校义务教育阶段课程标准，设置生活语文、生活数学、生活适应等7门课程。

民办教育

【概况】 2019年，全县有民办学校286所，其中幼儿园186所，小学1所，初中2所，高中1所，完全中学1所，职校3所，民办培训学校92所。云龙小学、就业职业技术学校、江声实验学校、英才幼儿园、中路铺欣欣幼儿园为“湖南省骨干民办学校”，易俗河快乐幼儿园、云湖桥天骄幼儿园、中路铺晨曦旗舰幼儿园、科旺职业技术学校为市级“骨干民办学校”。 （李　阳）

农民素质教育

【概况】 全县共认定新型职业农民1697人。2019年，培训新型职业农民302人，线上培训1000人。另外遴选和组织50名现代青年农场主到湖南生物机电学院参加培训；培育新型农业经营主体带头人19人，培育农业经理人4人；培育新型农业女农民5人。遴选和推荐彭力强、李媛、彭水平、彭进文、彭银花、陈萌、胡培源、刘铁牛、陈升根等9位优秀职业农民赴日本、韩国及台湾参加境外培训。

打造农民培训实训基地。确定乌石镇众兴村、石鼓镇将军村、分水乡分水村、排头乡团结村、青山桥镇三富村、花石镇罗汉村、乌石镇双庙村7个村为农民培训示范村；湖南华绿生物科技有限公司、湘潭新怡生态农业发展有限公司、湘潭县湘峰养鸡专业合作社、湘潭县春静水稻种植专业合作社、湘潭惠农水稻种植专业合作社、湘潭顺天农业科技开发有限公司、湘潭迅丰生态农业有限公司等7个新型农业经营主体为农民培训实训基地。支持彭银花、胡威、徐友信、符艳红、陈晓芳、姜文志、张萍、徐星、周辉、刘花香10名优秀青年农场主创新创业。同时推荐湖南华绿生物科技有限公司申报国家级农民培训实训基地，推荐湘潭迅丰生态农业有限公司申报湘潭市农业农村局农民培训实训基地。

开展“三下乡”和培训活动。举办培训班6期次，共培训农民369人次，发放各种技术资料400多份；开展“三下乡”活动7期次，参与农民600余人次，共向农民群众赠送实用科技书籍3600册，免费发放辣椒、丝瓜、黄瓜、豆角、蕹菜、苋菜等蔬菜种子3600余包。

开展全民素质提升工程。按照《2019年湘潭县全民素质提升工程工作方案》的要求，深入开展农业技术到基层宣讲活动，因地制宜，把最新的农业政策和实用的农业种植养殖技术带到群众中间，让群众更好地了解政策、掌握致富本领，切实提高农民素质，培养更多的明政策、有思想、懂技术的新农民，为乡村振兴战略的实施提供坚实的人才保障和技术支持，全年举办培训班40期次，共培训农民1700多人次，发放各种技术资料4000多份。

开展“冬春农民大培训”活动。全县共举办各种技术培训班360期次，培训4.5万人次，发放技术资料7.5万份。 （唐　杰）

科　技

【概况】 2019年，湘潭县新增高新技术企业29家，其中重新认定5家，有效高企达到72家；全年全县实现高新技术产值409亿元，增加值达到129亿元，占GDP比重26.7%；全年的快报数据规模以上企业科技投入达到11亿元；完成技术合同交易额2.5亿元，完成科技成果登记7项。

【科技特派员工作】 2019年，共选派科技特派员108名。其中，省派科技特派员4名，市派科技特派员25名，县派科技特派员50名，县派科技特派专家29名。6月，协助县委组织部对27家科技特派专家单位进行走访；10月，协助市委组织部、县委组织部开展2019年湘潭市科技特派员“振兴乡村，科技助农”交流研讨活动；制订《湘潭县科技专家服务团2019年工作要点》，明确科技专家服务团的工作目标和任务，搭建企业与专家之间的桥梁，为湘潭县的农业发展提供技术引领。10月23日，组织开展科技专家服务团活动——神糯高粱产业现场观摩会。神糯高粱初步形成“种—酿—销—养”生态产业链，为县农业企业带来可观的经济效益，为种植结构调整指引新方向。9月，组织10名专家教授组成巡诊团，赴县内20家企业开展实地调研和现场观摩，重点解决被巡诊企业在内部管理、技术瓶颈、品牌建设、文化建设等方面存在的突出问题，为企业发展助力。

10月，邀请周清燕、谢辉、赵立国等6名县级农业科技专家、农业科技特派员在花石镇见楼村成功组织一场科技专家巡诊现场对接会，现场解答农业企业（经营组织）的难题，解决技术难题20个，发放培训资料400余份。

【科普宣传】 2019年，湘潭县科技和工业信息化局围绕“科技创新、强国富民”主题，开展科技知识“进企业”、应急知识“进社区”、科普知识“进学校”、科技知识“进园区”、科技知识“进农村”等一系列活动，采用现场培训，科技宣传、科技特派专家专题讲座、现场巡诊等多种形式相结合，累计培训1600人次，现场咨询1200人次，解答技术问题200人次，发放技术资料1500余份；组织科技“三下乡”活动，邀请种养技术专家在中路铺镇现场进行农业政策、种养技术的咨询服务。发放果蔬种植、水产养殖、牛羊养殖、防震减灾等各类实用技术宣传资料500多份，接受群众咨询50多人次；积极落实新时代文明实践活动，组织一支科技科普宣传志愿服务队，每月开展1~2次送科技下乡、下企业活动，以机关科技工作人员和科技特派员为骨干力量，发挥服务队员的特长。围绕帮老、帮困、帮病、帮教、帮心等项目，在“帮”中实现传承和实践。将习近平新时代中国特色社会主义思想、社会主义核心价值观传播到基层、传播到群众，促进文化传承，实现科技和经济融合发展。

【项目申报工作】 2019年，湘潭天易众创申报省级众创空间项目。县财政在年初部门预算安排科技特派员专项资金140万元。严格按照《2019年科技特派员项目资金管理办法》《湘潭县2019年度科技特派员项目申报的通知》文件精神，经过发布通知、项目申报、项目初审、专家评审和集体议决5个程序，从65个自愿申报项目中进行层层遴选，选出49个立项项目。10月，该局组织3名专家教授对2018年的科技特派员项目和科技创新专项重点项目进行实地验收。6月，湖南省科技厅举办的创新创业大赛，该局积极组织企业和团队参加，有湖南名茂信息技术有限公司、中薇新材料有限公司等10家企业报名参加比赛。8月，牵头组织一场“智造莲城”创新成果转化项目路演。此次路演选出10个优秀项目参加，呈现湘潭县在先进装备制造业、互联网、农产品精深加工（食品医药）三大主导产业的优秀成果，获得25家投资机构和11家金融机构共给出20票意向投资，现场签订意向投资金4.43亿元。

【科技项目建设】 坚持以项目建设为抓手，年初即开展相关农业企业和合作社走访活动，对农业科技基本情况进行摸底调研，了解当前农业和社发科技领域需要重点关注的攻坚领域和关键技术难点，对接中央和省项目申报，引导全县农业企事业单位、农民合作社和农民协会加强项目申报，组织申报湖南省重点领域研发计划2019年度项目，组织协调海泡石的“海泡石基重金属稳定剂研发及产业化项目”申报省5个100重大科技创新项目，引导“三农”大棚等企业申报2019年省科技厅企业研发财政奖补资金工作，获得省研发奖补资金1.8万元，组织智能环保、“三农”大棚等企业申报第8批湖南省两型产品，做好2019年度湖南省科学技术奖农业领域提名工作的组织宣传申报工作。 （袁 晶）

文化·体育·传媒

文 化

【概况】 2019年，湘潭县文化旅游广电体育局紧紧围绕县委县政府挺进“全国百强县”、创建“全国文明城市”工作目标,积极开展文化艺术创作和群众文化活动，各项工作稳步推进，取得明显的效果。建成合格村综合文化服务中心266个，县文化馆和图书馆分馆7个、健身驿站5处，亿万农民体育健身工程全覆盖，完善停车场、旅游厕所等公共服务配套。成功组织正月十五“庆新春·闹元宵”系列文化体育活动、“欢乐潇湘·大美湘潭·莲乡大舞台”全县群众文艺会演活动、中国农民丰收节体育健身活动暨“幸福新农村”湘潭县首届农民趣味体育活动、庆祝中华人民共和国成立70周年莲乡大合唱活动等。县文化馆、县图书馆实行免费开放，县文化馆共接纳文艺爱好者18300余人次，派出专业人员深入各机关单位、各乡镇和社区开展各种辅导共116次，受益人群达到7300余人次。继续推进17个乡镇文体广电站免费开放工作，组织17个乡镇321个行政村以321家农家书屋为阵地，开展阅读、科技培训等系列活动。放映农村公益电影、广场电影7775场，开展“送戏下乡、演艺惠民”演出110场次。

【文化产业】 2019年，湘潭县51家文化产业统计单位全年上报文化产业总产值45.66亿元，新增入库企业10家：湘潭艺德盛文化传媒有限公司、湘潭高峰文化旅游发展有限公司、湖南乌石情深文化传媒有限公司、湖南东剑文化旅游开发有限公司、湖南厚哥旅游文化发展有限公司、湖南丰农文化旅游发展有限公司、湘潭县竹盛农业开发有限公司、湘潭宇昌工艺伞业有限公司、湖南红创新教育发展有限公司、湘潭兴韵文化传媒有限公司。

【文艺创作】 根据湘潭市最美扶贫人朱文礼带着孩子去扶贫的真实事例创作出小品《扶贫心路》，参加由湘潭市委宣传部在市广电中心主办的“脱贫攻坚，乡村振兴”专题文艺演出深受好评，参加庆祝新中国成立七十周年湖南省“欢乐潇湘”全省群众文艺会演获得全省优秀节目奖。莫柏槐被评为2019年国家级非遗代表性传承人“薪传奖”“青山唢呐”吹打乐《青山乡韵》在“湘音·乡韵”湖南原生态民族民间音乐会上一展风采。

【2019年湘潭县庆祝中华人民共和国成立70周年“欢乐潇湘·大美湘潭·莲乡大舞台”全县群众文艺会演活动】 自2019年4月底启动以来，湘潭县相继组织17场海选专场，1场县级初赛专场、1场市级复赛专场，参加海选的人员达5200余人，登台表演人员达3500余人，通过微信和现场观看演出的群众达24万余人次。湘潭县文化馆编排的《带着孩子去扶贫》《老来俏》以及《江边有个湘潭县》3个优秀节目入选参加省级决赛并获优秀奖。

【“庆新春·闹元宵”欢乐嘉年华活动】 2月19日，湘潭县2019年“庆新春·闹元宵”欢乐嘉年华活动在县城白石广场举行，县文旅广体局全体干部职工齐上阵，为全县人民送去节日的问候和新春的祝福。当天，参与活动的群众达到30000余人次，通过网络直播参与、观看活动的群众达20000余人。

【湘潭县“文化和自然遗产日”暨“非遗·戏曲进校园”宣传展示活动】 2019年6月5日，宣传展示活动在县云龙小学举行，600余名云龙小学学生参与了此次活动，营造广大青少年了解本民族、本地区传统文化，积极参与非物质文化遗产保护工作的良好氛围。

【中国农民丰收节体育健身活动暨“幸福新农村”湘潭县首届农民趣味体育活动】 9月24日，湘潭县文旅广体局成功举办2019中国农民丰收节体育健身活动暨“幸福新农村”湘潭县首届农民趣味体育活动。此次活动是湘潭县首次承办的全国性活动，在石鼓镇铜梁山举行，上千名当地群众和游客参与，国家、省、市、县20余家媒体进行全程报道，有力提升湘潭县知名度、美誉度和影响力。

【莲城大合唱】 2019年9月27日晚，湘潭市庆祝中华人民共和国成立70周年“我和我的祖国”——莲城大合唱比赛在湘潭大学体育馆举行，湘潭县代表队获得一等奖第一名的好成绩。

【莲乡大合唱】 2019年9月29日，庆祝中华人民共和国成立70周年“我和我的祖国”——莲乡大合唱比赛在县文体广场举行，来自全县各乡镇、县直机关单位及天易经开区各局室的29支合唱队深情歌唱，表达对祖国母亲的深深挚爱与无比自豪。

【广电管理】 2019年，全面落实广播电视“户户通”工程，完成4500户入户工作，及时将直播卫星用户资料录入直播卫星户户通用户管理系统，切实解决县内偏远山区群众听广播看电视难的问题。深入乡镇有线广播电视站进行检查，确保湘潭县广播电视安全播出无事故。

【文化市场】 切实加强执法队伍素质建设，完善文化市场监管机制。组织开展“扫黄打非”等各类专项整治及安全生产大检查行动，大力整顿文化经营秩序，全县文化市场经营秩序进一步规范，全年没有发生安全生产事故。2019年，共计开展执法检查189次，检查经营单位1342家次。实施各类行政处罚案件12起，其中处罚违规经营网吧12家，关停涉嫌营利性陪侍歌厅22家，对有严重违法情节的2家歌厅和1家网吧作出吊销文化经营许可证的处罚。

【图书管理】 2019年，湘潭县图书馆新增纸质书籍5600余册，网络电子资源3万余种。拥有持证读者12200余人，全年接待读者18万余人次，借阅15万余册次。新增哪吒看书电子借阅机一台，该机器访问量达10余次，阅读量达7万册次。湘潭县移动图书馆注册读者数量达6200余人。是年，新建设图书馆分馆4个，分别是白托中学分馆、严冲中学分馆、社会联和办分馆、易俗河“和+24”小时图书馆分馆。8个分馆均实现零门槛进入，免费开放，通借通还，运行状态良好，一定程度解决文化服务不均等的状况，获得较好的社会效益。全年，进行各类基础业务培训12场次，配送图书6000册次。

【阅读活动】 正月十五，在白石广场开展“庆新春·闹元宵”系列猜灯谜竞赛和免费办证活动、中华诗词大赛活动。举办“4·23”世界读书日网络诗词大赛活动、《我与图书馆的股室》征文活动、走进图书馆“书香伴成长”活动、2019我最喜爱的50本优秀童书展、清风村24小时自助图书馆活动、“春风送暖，爱上阅读”爱心传递活动读书征文及读书分享系列活动。组织“书香湘潭”2019年全县少年儿童庆祝新中国成立70周年系列读书活动，“爱国诗词阅读暨书中人物景致寻访”——读毛主席诗词、走毛主席成长之路研学活动、爱国诗词书写活动、“少年儿童阅读之星”推选活动，选送相关优秀作品参加省级评选。获得2019年第38届全省少年儿童庆祝新中国成立70周年系列读书活动先进集体；选送学生李臻一、余佳蕾、王睿琪的作品获爱国诗词书法比赛一等奖；罗晓婷获湖南省少年儿童阅读之星研学笔记组金奖。书法组获优秀作品的8人，优秀入藏作品的3人。绘画组优秀作品3人，优秀入藏作品1人。全年，开展18场不同形式的读书活动。丰富多彩的全民阅读系列读书活动吸引2万余名读者的广泛参与。

【文物管理与保护】 2019年，开展“保护革命文物、传承红色基因”为主题的文化和自然遗产日集中宣传活动，发放宣传资料6000余份；完成齐白石故居、周小舟故居、尹氏宗祠、濂溪书堂、石家大屋的白蚁防治；完成周小舟故居消防工程建设，增设电器火灾防控和火灾自动报警系统，扩容消防水池容量；配合陈鹏年廉政文化基地建设，编制陈鹏年墓保护修缮设计方案获省文物局批复通过；完成文物保护单位的晋级申报工作，新增彭德怀墓、陈鹏年墓、王闿运墓、湘潭大学早期建筑群、砚井、云湖天河渡槽、南河石渡渡槽、英雄关隧洞8处省级文物保护单位；完成昌山风电场建设项目、分水110千伏变电站项目、锦石220千伏变电站项目、青山石鼓风电场项目、乌石、白石、花石风电场项目、杨嘉桥高速出口连接线扩容项目的考古调查、勘探工作。

（娄思逸）

2019年湘潭县文物保护单位一览表

表6

序号	名称	年代	保护级别	地点	保护范围	建设控制地带
1	彭德怀故居	民国	全国重点文物保护单位	乌石镇乌石村	围墙基至东20米,南52米,西55米,北40米	建控地带四至为东至乌石希望小学西墙,并延伸其北至山脊,南至新塘,西至后山脊及机耕道,北至山脊
2	齐白石故居	清	全国重点文物保护单位	白石镇杏花村	墙基四至30米	保外50米
3	尹氏宗祠	清	省级文物保护单位	白石镇莲花村	围墙基四至30米	保外100米
4	寺门前义渡	清	省级文物保护单位	白石镇潭口	渡口外沿起至30米	保外30米
5	黎氏故居	清	省级文物保护单位	中路铺镇菱角村	外墙墙基起至30米	保外30米
6	周小舟故居	清	省级文物保护单位	排头乡狮龙村	外墙墙基起至50米	保外50米
7	胡安国、胡宏墓	南宋	省级文物保护单位	排头乡隐山村	墓外缘起至50米	保外30米
8	彭德怀墓	1998年	省级文物保护单位	乌石镇乌石村	文物边界向外延伸20米处	保护范围边界向外延伸40米处
9	陈鹏年墓	清	省级文物保护单位	分水乡槐北村	文物边界向外延伸10米处	保护范围边界向外延伸30米外
10	王闿运墓	民国	省级文物保护单位	杨嘉桥镇白鹿冲村	文物边界向外延伸15米处	保护范围边界向外延伸30米处
11	砚井	宋	省级文物保护单位	易俗河镇砚井社区	文物边界向外延伸10米处	保护范围边界向外延伸20米处
12	湘潭大学早期建筑群	民国	省级文物保护单位	杨嘉桥镇王家山社区	文物边界东向延伸18米处,东南向至西南向延伸15米处,西向延伸18米处,西北向至东北向延伸15米处	保护范围边界向外延伸30米处
13	韶山灌区工程——云湖天河渡槽	1963年	省级文物保护单位	云湖桥镇云湖村	文物边界向外延伸9米处	保护范围边界向外延伸21米处
14	韶山灌区工程——英雄关隧洞	1963年	省级文物保护单位	云湖桥镇古湖村	文物边界向外延伸9米处	保护范围边界向外延伸21米处
15	韶山灌区工程——南河石渡渡槽	1963年	省级文物保护单位	射埠镇方上桥村	文物边界向外延伸9米处	保护范围边界向外延伸21米处
16	濂溪书堂	清	市级文物保护单位	排头乡隐山村	墙基起至50米	保外50米
17	左宗棠故居(桂再堂)	清	市级文物保护单位	排头乡辰山村	墙基起至50米	保外50米
18	碧泉潭	唐	市级文物保护单位	锦石乡锦石村	潭口外沿东2米、南6米、西10米、北6米	保外东3米、南7.5米、西9米、北32.5米
19	石家大屋	民国	市级文物保护单位	排头乡排头岭村	墙基起至东8米、南22米、西8米、北10米	保外东25米、南45米、西30米、北20米
20	汉城桥	清	县级文物保护单位	花石镇长岭村	桥四至各10米	无
21	乌石峰庙	清	县级文物保护单位	乌石镇乌石村	庙墙外四至150米	无
22	天妃宫	民国	县级文物保护单位	白石镇杏花村	墙基起至10米;建:保外20米	保外20米

体 育

【概况】 2019年，湘潭县全面贯彻执行《体育法》《国务院全民健身实施计划（2016—2020年）》文件精神，推动体育事业和全民健身活动的深入开展，巩固全民健身示范城市成果，精心组织系列大型群众体育活动。

开展全民健身运动，群众体育活动丰富多彩。正月十五组织开展“庆新春·闹元宵”系列文体活动，拉开全县全民健身活动序幕。机关干部千人拔河赛吸引观众眼球；与疾控中心共同主办全国第四届“万步有约”职业人群健走激励大奖赛（湘潭县赛）；5月和11月，委托县篮球协会举办35岁以上男子篮球赛和篮球联赛比赛；8月8日，全民健身日举办龙盛华府杯乒乓球比赛；9月8日，在易俗河镇举办湘潭县首届社会趣味运动会；9月24日，湘潭县首次承办国家级体育活动赛事中国农民丰收节暨湘潭县首届农民趣味体育运动会。此次活动由中华全国体育总会国家体育总局群众体育司主管，中体产业集团股份有限公司主运营，国家体育总局社会体育指导中心、湖南省体育局联合主办，县委、县政府承办，县文化旅游广电体育局、县农业农村局、县商务局、石鼓镇人民政府联合执行。来自全国14个省区市相关代表和近千位农民运动员参与此次活动。这次活动不仅欣赏到国家级非物质文化遗产保护——青山唢呐演奏和油纸伞制作，还进行丰收节套圈大赛，剁辣椒能手竞赛，巧手剥莲子竞赛，农人三项赛、泥塘摸鱼赛和拔河赛等。10月31日，在县一中艺体馆承办省级赛事全省社会体育指导员交流展示大赛，近200名运动员参赛；12月27日，在省定贫困村碧云村举办全民健身志愿服务趣味运动会进贫困村活动。各类全民健身赛事活动有序开展，进一步丰富人民群众的生活，增强人民群众体质。

【群众体育】 湘潭县全民健身服务中心已投入使用，并承办多项比赛和大型活动；对全县范围内的体育健身器材进行维修维护，保障人民群众运动健身的安全和正常开展；举办大众广播体操、气排球、广场舞、篮球等多个项目培训班，参与培训的人员超过600人，全县共注册登记的社会体育指导员达1000余名。成立篮球协会、微马协会，足球协会等各种群众体育，健身协会组织10余个，有会员近万名。石鼓顶峰之旅登山比赛，万步有约职业人群健走大赛、白石山地自行车赛、梅林山庄铁人三项接力赛、千里湘江第一湾自行车邀请赛成为常年赛事。

【竞技体育】 2019年，湘潭县一中足球队代表湘潭市高中足球在全国“体校杯”足球赛中，晋级全国八强争夺赛，最终获得第八名。

【体育产业】 2019年，体彩站转变工作作风，根据市场变化及时制订各项工作目标及应对措施，全面加快湘潭县体彩事业又好又快发展。湘潭县体育彩票销量门店26家，总销量达2102万元。 （娄思逸）

广播电视

【概况】 2019年，湘潭县融媒体中心围绕县委、县政府创文创卫、党建领航、庆祝新中国成立70周年、乡村振兴、重点项目、扫黑除恶、精准扶贫、垃圾焚烧发电项目建设等中心工作，充分发挥电视台、报纸、网站等各平台特色，开展形式多样的报道，确保每个时期都有不同的宣传重点和主题。全年，共制作播出《湘潭县新闻》256期、播出稿件1700余条，《湘潭县报》编发报纸49期、稿件1300余条，《江边有个湘潭县》编发6期，湘潭县网站共编发稿件2900余篇，《湘潭县手机报》编发240余期，“湘潭县发布”微信公众号编发260余期，农村广播村村响累计播放814次，用心打造台、报、网、广播、手机合一的集成新闻平台。

【外宣工作】 实行融媒体改革后，湘潭县融媒体中心以“中央厨房”（总编室）为龙头，准确把握重大节点、敏感话题、社会热点，主动对接中央、省、市主流媒体，积极主动做好外宣上稿工作。2019年，中心在省级以上媒体上稿470余篇次，创造建台以来年度上稿最高纪录。其中，《壮丽70年 奋斗新时代 听！这是湖南的声音》上央视专题报道，在《光明日报》、中国新闻网等中央级媒体上稿16篇，如《湘潭县：一份遗嘱破旧俗 简朴葬礼引领文明新风》《愿天堂没有病痛 战友一路走好》《知否，知否！欠债不还？法院执行强查封》等；“学习强国”上稿60条，《湖南湘潭：打通服务群众最后一公里》在“学习强国”全国平台上稿。《八旬老人迷路、热心司机助其回家》荣获“红网2018年度分站优秀新闻作品”，电视消息《湘潭县盐埠村：一网“团圆鱼”全村同享四十年》获得2018年省广播电视新闻评比三等奖。通过开展正面有效的宣传推介，构建湘潭县奋发向上的对外形象。

【栏目专题报道】 2019年，湘潭县融媒体中心以“贴近实际、贴近群众、贴近生活”为宗旨，全力打造以新闻资讯节目为主，服务本土的县内新闻媒体。自办栏目有六档《湘潭县新闻》《大美莲乡》《走进新农村》《法治天地》《莲乡卫健》《莲乡党建》。

【公益宣传】 2019年，湘潭县融媒体中心调整出更多时段和版面开展公益宣传，公益广告每天播放时间较去年增加半个小时，每天保证1个半小时、60条以上公益广告，重点刊播“讲文明 树新风”、时代楷模等公益广告。自拍公益广告《精准扶贫 一路同行》获评湖南省2019年度广播电视公益广告大赛三类扶持项目。

【电视专题片】 湘潭县融媒体中心切准视频传播的时代脉搏，组建摄制中心，精美细腻的快闪、小视频让群众更便捷、更愉快掌握新闻资讯。2019年，共制作专题片40余部（包括PPT）。独立策划、拍摄、制作的快闪《我和我的祖国》通过“学习强国”等平台推广，反响良好。《江边有个湘潭县》宣传片、《大美莲乡》暖场片在粤港澳招商会上播放产生良好影响；创新制作闹元宵、村党支部书记轮训班等多个H5。制作《文明实践在莲乡》《幸福莲乡初长成》创文创卫专题汇报片。视频创作成为该中心广受欢迎的文化产品。

【非税创收】 湘潭县融媒体中心新闻采编和经营“两分开”，由广告中心对外统一承接台、报、网站的商业广告，建设大广告中心，扩大中心职能，配强基础设施，提高组织协调策划调度能力。该中心以承办各类活动为抓手，实行大型活动经费承包制，加强成本核算，提高活动效益，实现产业经营的新突破，2019年非税创收达340万元。

【主办(承办、协办)活动】 湘潭县融媒体中心精心策划组织“2019年湘潭县百姓春晚”“我爱我的祖国”快闪、“相约红领巾 安全文明行——湘潭县创建全国文明城市主题宣传活动”等一系列大型主题文化活动。承办组织部“熠熠党徽耀莲乡·建功立业正当时”身边的共产党员微故事宣讲等活动。

【成功举办“2019年湘潭县第五届K歌之王竞选赛”】 竞选赛融入庆祝新中国成立七十周年红色情怀的主题元素，吸引500余组选手热情参与，成为历届比赛中参赛选手年龄跨度最大，地域分布最广的一届。包括4场初赛、2场复赛、1场晋级赛和1场总决赛。10月25日，总决赛当晚通过现场观看、网络投票、微信直播等方式，近30万观众参与比赛互动，来自全县及周边城市数千位“音乐爱好者”放声歌唱，成为展现湘潭县县域文化和精神文明建设的一张闪亮的名片，成为文化惠民、文化暖民、文化乐民的广阔舞台。

【改革创新】 2019年，湘潭县融媒体中心实行“全员竞聘、双向选择”的上岗方案，整合县台、县网站、县报社的人员、技术、硬件资源，创新工作流程，以“中央厨房”（总编室）为龙头，通过数据库的资源共享，各传播渠道、子媒体根据自身需要对数据库中的素材进行二次加工，逐级发布、传播，不仅节省资源，也大大提高工作效率，走出一条集台、报、网、微、端、广播的多平台县级媒体融合发展的新路，受到省市行业主管部门的高度肯定。

【事业建设】 充实广播“村村响”内容，提升节目质量。2019年是农村广播“村村响”全面投入使用的第二年，湘潭县融媒体中心作为责任单位全力推进，在充实人员力量的同时，精心组织编排节目，完成新闻类《新闻播报》，气象类《莲乡气象》，戏曲音乐类《乐曲欣赏》，学习类《好好学“习”》《三创一治进行时》《莲乡纪检监察之声》《小主播讲堂》，服务类《美丽新农村》8档节目的改版，推动乡村振兴、非洲猪瘟、精准扶贫、灾害预警和扫黑除恶等宣传工作，较好地完成了各类宣传任务；出台《2019年度湘潭县广播“村村响”考核细则》，对全县17个乡镇的广播“村村响”设备进行督查，督促乡镇着力维护维修，重点解决“村村响”广播全面正常运营及维护的问题。各乡镇利用镇、村广播平台，开展民调走访、农村环境卫生整治讲评、防灾减灾和灾害预警等宣传，减少各种会议和管理成本，提高应急处置能力，拉近干部与群众距离，有效推动农村工作开展。

有线电视以“确保收入为目标，与时俱进谋发展”的经营方针自我加压，切实发扬创新求实、发展进步的工作作风，高标准、严要求地做好各项工作，各项经营指标取得有效进展。2019年，完成总收入1036.13万元。其中基本业务987.54万元，宽带数据业务23.06万元，增值付费3.32万元，其他业务22.21万元，完成总预算收入的94.72%，实现经营利润-29.07万元。

网络公司发展负重前行。受政策及市场制约，无线用户大面积流失，经营形势更加困难，处境艰难。2019年，网络公司一方面保用户、促稳定，另一方面保公司正常运转、保安全播出，积极配合对易俗河主塔进行降塔除险，同时拓展新市场、寻找新的创收项目、增收节支、积极完成年度目标任务。是年，实现经营收入175万元。

《湘潭县报》

【概况】 《湘潭县报》每周一期、对开彩版，内部刊物，免费赠阅，每期1万份，发行到县内各乡镇、机关、企事业单位、县籍知名人士和县城主要街道门面。

2019年，湘潭县报社在中央、省、市级媒体发稿共计40篇次，其中《湘潭县：“大党建”促进“微治理”》在《湖南日报》刊发，《湘潭县向全国百强县 全国文明城市迈出坚实步伐》在《湘潭日报》整版刊发，关于扶贫典型“追记湘潭县青山桥镇晓南村第二党支部书记王申华”的报道在《湖南日报》（市州版）头条、《湘潭日报》头版头条以及中新网、中国网等省市多家媒体刊发。

是年，出版《湘潭县报》49期，每期4版，共发稿1200余条；编纂出版县刊《江边有个湘潭县》6期。

（谭勇利）

文学艺术界联合会

【概况】 2019年，湘潭县文联认真开展湘潭县创建“中国楹联文化县”创建工作，打造乌石、河口楹联文化镇，推出晓南、江声等学校楹联教学全省全国先进学校，打造乌石楹联文化一条街。是年12月，经中国楹联学会验收合格并授牌。这是湘潭县继获得“中国诗词之乡”美誉后又一块闪亮的文化金字招牌。

【全国基层文联经验交流】 2019年，湘潭县文联注重将工作重心向乡镇延伸，促进全县17个乡镇文联团结2000余名本土文艺骨干经常开展文艺活动，成为乡风文明建设的一支生力军，在全县形成了崇尚文明、践行文明、传播文明的一道亮丽风景。湘潭县文联作为湖南省优秀基层文联单位参加在湖北省潜江市召开的全国基层文联工作座谈会。会上，湘潭县文联主席苏新波作典型发言，为莲乡争得荣誉。

【文艺创作与发表】 2019年，湘潭

县文联牵头举办“我的中国梦·莲乡巨变”庆祝新中国成立70周年系列文艺创作活动，以文学（含古体诗词与楹联）、书法、美术、摄影等多种艺术形式为载体，深度挖掘莲乡人文底蕴、民俗风情，展现莲乡魅力。活动征集文学作品345篇，评优17篇；书法作品200余件，评优51件；美术作品60余件，评优18件。县作家协会会员在省、市媒体发表文学作品20余篇，在市作协举办的“玺宇悦城国际杯”我与伟人故里主题征文大赛中共有13人获奖；民间文艺家协会刘辉在中国《文史博览》发表作品2篇。

【文艺精品展览】 2019年10月，以湘潭县文联为主体，联合福建省云霄县文联及其美术协会在易俗河凯旋国际酒店开展大规模文艺精品展览，展出书法、美术、摄影精品230件。湘潭县书协胡思群、刘铁成作品入全国第十二届书法篆刻国展；冯再新、谷峰、杨会昌、许琼璇、胡育红、陈铁庚6人作品入选湖南省首届书法展。湘潭县美协周伟红作品入“美好中国主题性创作”画国展；张福泉作品入中国女画家作品邀请展；周伟红、赵炽光、张福泉、廖跃、刘春晓、陈铁、邱罡7人美术作品参加第十三届全国美展并获湖南展区优秀作品奖。

【文艺刊物】 2019年，湘潭县文联刊《白石文苑》4期；嘤鸣诗社编《嘤鸣诗集》1本、《纪念彭德怀诞辰120周年诗词集》1本、《纪念卢冬生诞辰110周年诗词集》1本；洛口诗词楹联学会编《湘潭风韵》《湘潭县古今楹联选》《中国对联集成·湘潭县卷》《楹联教材》各1本；湘潭县作协刊《莲乡作家》2期。

（罗石光）

卫生医疗

卫 生

【概况】 2019年，县卫健局围绕中心工作，创新举措、狠抓落实，聚力实施健康脱贫工程，持续深化医药卫生体制改革，加快推进计划生育工作转型发展，坚持把人民健康放在优先发展的战略地位，以群众的健康需求为导向，积极开展各项工作，着力提高全县医疗卫生健康服务水平，全县卫生与健康事业实现“量”的倍增和“质”的提升。

【疾病预防控制】 2019年，全县共报告法定传染病6943例，发病率为799.42/10万。其中无甲类传染病报告；乙类传染病报告14种1896例，发病率为218.31/10万；丙类传染病报告7种5047例，发病率为581.12/10万。水痘、流腮、流感共报告10起学校疫情，通过及时开展调查处置和病例隔离治疗、卫生消毒、落实晨午检和因病缺课追踪登记等相关防控措施，疫情均得到有效控制。免疫规划疫苗全程接种率保持在90%以上，麻疹类疫苗接种率达95%以上，乙肝疫苗首针及时接种率、麻风疫苗及时接种率达90%以上。结核病病人系统管理率达99.7%；艾滋病抗病毒治疗率90.7%。全县累计建立居民健康档案742902份，建档率为85.86%；体检老年人59886人，老年人健康管理率为69.21%；已管理高血压患者57864人，规范管理的患者为40133人，规范管理率69.36%；管理糖尿病患者17147人，规范管理的患者为12714人，规范管理率74.15%。累计登记在册重性精神障碍患者4445人，报告患病率4.56‰；管理严重精神障碍患者4308人，管理率96.92%。

【卫生监督】 2019年，湘潭县卫生计生综合监督执法局对全县1778家卫生监管单位的监督覆盖率、信息录入率达100%。完成160家单位“双随机”监督监测目标任务。全年，共受理、发放、公示“卫生许可证”348个（其中，公共场所309家、生活饮用水38家、放射单位1家）。开展打击非法行医、学校传染病防控、“五小行业”等专项整治行动，立案查处卫生案件37起，处罚款15.09万元、没收非法所得0.4258万元，取缔无证行医窝点14户、收缴药品、器械2箱；征收社会抚养费68.4384万元，1人被纳入全国失信被执行人查询平台。处理投诉举报事件9起。

【医疗服务】 2019年，继续推进“平安医院”创建，加强对医疗机构的监管，狠抓医疗质量与安全管理措施的落实，坚决落实“巡查、点评、约谈、处罚、通报”。贯彻落实《医疗技术临床应用管理办法》，对发证医疗机构开展的医疗技术进行全面清理，对2家医疗机构的血液透析技术进行备案。严格实行医疗机构准入制度，加强医疗机构及医务人员的注册管理，不断优化和规范医师、护士注册审批流程。截至年底，由该局核发的《医疗机构执业许可证》的医疗机构共807家，2019年，新办医疗机构46家，依法注销医疗机构7家；办理医师执业注册业务245件，其中首次注册人67人，助升师20人，变更注册150人，注销注册2人，备案6人；办理护士执业注册业务573件，其中首次注册84人，重新注册34人，变更注册129人，延续注册290人，注销注册36人。开展乡村医生再注册工作，共换发新证363个，注销33人。配合招录免费培养助理全科医生10名和农村订单定向免费医学生5名，并与之签订培养协议。开展各类学习培训14次，培训医务人员4000余人次。朱红艳被评为“湘潭好医生”，胡伏保等6人被评为湘潭优秀医务工作者，蔡志强等10人被评为“莲乡好医生”。新立项科研项目5项，在研课题13项，科研结题2项。获市医学会科研成果奖二等奖、三等奖各1名。全年共发表医学论文16篇，其中国家级2编，省级3篇。获市自然科学一等奖优秀论文1篇，获市自然科学三等奖优秀论文6篇。

【爱国卫生】 2019年，爱国卫生运

动深入开展。启动创建国家卫生县城工作，9月11日至12日，接受并顺利通过湖南省国家卫生县城技术评估专家组的技术评估，成功创建为国家卫生县城。创建国家、市级卫生镇4个，省级、市级卫生村（社区）43个，省、市级文明卫生单位26家,无烟单位12家，其中，乌石镇成为全市第一个国家卫生镇。县城区蚊虫、蝇类密度控制水平达标国家C级标准，巩固鼠类、蟑螂密度控制水平C级达标成果。开展农村“厕所革命”技术培训工作，对全县每个改厕村的首厕进行现场指导。组织动员全县广大群众积极参与4月“爱国卫生月”、元旦、春节等重要节日环境卫生大清扫、每个月最后一天的全县“爱国卫生日”活动，开展“5·31”世界无烟日的宣传活动，全年发放各类宣传资料近100万份。

【农村卫生】 2019年12月1—8日，锦石、射埠、易俗河、花石、白石5个乡镇迎接省级脱贫攻坚考核，健康扶贫实现零扣分。2019年度“优质服务基层行”活动通报表扬的机构名单，石潭镇、射埠镇、花石镇中心卫生院成功获评推荐标准（全市湘潭县3家、岳塘区1家），持续推进基层医疗卫生机构“6S”（整理、整顿、清扫、清洁、素养、安全）精益化管理。是年，高质量完成19个“空白村”卫生室建设。县人民医院新建内科住院楼及门急诊、医技综合楼；县妇幼保健院相继投入使用；花石二甲医院积极筹备中。

【妇幼保健】 2019年，湘潭县妇幼健康服务工作围绕省市县行政主管部门制订的妇幼健康工作重点指标，推进妇幼健康优质服务，认真开展实事项目工作，全面完成各项工作任务。全县孕产妇零死亡；5岁以下儿童死亡率5.71‰；婚前医学检查率93.76%；出生缺陷发生率62.63/万，活产出生缺陷发生率52.59/万，孕前优生目标人群覆盖率100%，早孕随访率100%，妊娠结局随访率99.47 %；叶酸服用率94.22%，叶酸服用依从率90.51%；新生儿疾病筛查率99.31%，听力筛查率98.57%；母婴保健核心知识知晓率85.84%；孕产妇艾滋病、梅毒和乙肝孕28周前检测率98.44%，感染孕产妇用药及所生儿童用药干预率100%；妇女病普查完成率102.59%；基本公共卫生服务中新生儿访视率99.17%，0～6岁儿童健康管理率93.44%，0~6岁儿童眼保健覆盖率90.64%，早孕建册率89.61%，产后访视率95.8%；出生医学证明废证率0.45%；实事项目中免费产前筛查完成率108.61%，高危人群干预诊断率74.91%；免费“两癌”检查完成率111.97%；免费新生儿遗传代谢病检测项目完成率108.86%。

医疗机构选介

湘潭县人民医院

【概况】 湘潭县人民医院始建于1939年3月，是全省成立较早的公立医院之一。医院位于长株潭两型社会城市实验区的南大门，是一所集医疗、科研、教学、康复于一体的国家三级综合医院，是湘潭县胸痛中心、卒中中心、危重孕产妇救治中心和省创伤救治中心试点单位。

2019年，医院持续推进深化公立医院改革，践行健康中国发展战略，认真履行公立医院的职责使命，实现医院的稳步发展。积极开展“不忘初心，牢记使命”主题教育。院党委委员联点党支部，到支部讲党课，全程指导支部开展教育活动。各支部对规定内容组织学习，按要求开展专题讨论，推进党员的思想建设。

全力推进医改，促进医共体建设。2019年，又有石潭中心卫生院和云湖、排头、易俗河、锦石乡镇等5家卫生院加入湘潭县人民医院医共体，形成“17+1”的模式。组织五批次“医共体支援小分队”分赴青山桥、石潭、花石、射埠、茶恩寺及杨嘉桥卫生院，常驻受援单位3~4个月。

医院核定编制床位数为928张，2019年底，实际开放床位1214张。开设临床专科38个，医技、药、辅科室11个。同时长期领办乌石中心卫生院。医院于2012年经核准的人员编制数为1120人。2019年底，全院在职职工1313人，在编人数为639人。其中中、高级专业技术职称人员486人。院党委下设6个支部，有中共党员256人。院团委下设8个支部。

12月5日，中国胸痛中心认证专家组到医院进行现场核查。12月12日，医院胸痛中心顺利通过中国胸痛中心标准版认证。

是年，卒中中心共收治溶栓治疗时间窗内急性缺血性脑卒中病例114例，溶栓45例，占比40%。其中38例溶栓DNT达标，达标率84%，较上年同期增长10%。是年，危重孕产妇救治中心收治危重孕产妇98人。经全院多学科紧密协作与配合，已连续多年实现孕产妇“零”死亡，危重孕产妇救治成功率为100%。

2019年9月22日，在花石镇日华村发生重大交通事故救治过程中，集全院力量收治伤者。该院突发事件应急处理能力得到省、市领导和专家的肯定。

全面完成医院门急诊医技综合楼、内科住院楼项目主体工程和配套、附属工程的建设任务，于2019年11月26日投入运行。

医院加大“以名医带名科”的工作力度，引进湘雅二医院的神内科专家谭利明教授和湘雅医院的肾内科专家彭佑铭教授为特聘专家。引入先进信息化技术，融合现有自助服务，采用互联网+思维，打造智慧门诊，通过多聚合支付平台、自助服务、“一站式”出入院结算等信息服务功能。诊区功能整合，推出日间手术。自2019年7月开始，医院将普外科、泌尿外科、骨科、妇科、五官科共25项手术列入日间手术目录，已为544例患者施行日间手术。

作为长沙医学院附属临床教学基地、湘潭医卫职院教学医院，临床教学工作有序进行。2019年，多项科研项目及论文获奖。

是年，全院完成36.9万诊疗人次；完成门急诊34.4万人次，住院病人5.57万人次，手术1.71万台次。实际开放床位数1214张，病床使用率105.09%。平均住院日7.5天。完成业务总收入4.84亿元。

人口和计划生育

【概况】 2019年，计生审查制度依法履行。全面落实一、二孩生育登记制度，进一步规范再生育审批服务，办理一孩生育服务证2830本，二孩生育服务证4272本，生育证266本，互联网申办1047人，在整个工作中未出现不作为、乱作为情况。切实做好政策咨询及各类证明的审查、把关工作。是年，接到各类实访、电访卫健政策咨询200余人次，审查户口迁移、婚育证明、收带养申请、招工、就学等证明300余份，无一错签情况。对有违法生育行为的对象耐心做好思想工作，协助乡镇社会抚养费征收工作多例。针对市、县人大代表、政协委员、非公有制经济代表人士初步候选人、入党和评先单位及个人进行严格的计划生育审核，全年，共计审核单位207家、2466人次，自1990年以来违反计划生育的120人次，确保计划生育审查制度真正落到实处。

计生综合治理协同有序，切实履行信息共享职责。2019年，承担有信息共享职责的综治单位分别以“实时通”或数据打包的方式通报相应信息。如公安部门向卫健部门通报新上户、迁入育龄妇女及死亡注销人员信息共计7932条；教育部门通报新入学一年级学生信息8646条、录入七年级信息9727条，共计18375条；民政部门通报婚姻登记信息4256条。切实履行协同管理职责。各综治单位在表彰评选、人才提拔任用等方面严把计生审查关。

计生惠民政策得到落实。规范、扎实开展“两扶”工作，经过严格的初审、复审和公示等程序最终确认奖励扶助对象新增818人，特扶对象新增109人，共计年审“两扶”对象12693人。11月，严格按照潭卫发〔2018〕45号文件要求，对计划生育特殊困难家庭的提标资金和失独家庭一次性抚慰金落实到位。正常有序开展城镇独生子女父母奖励工作，共计年审9619人。对全县770个曾经享受一次性5000元奖励的城镇独生子女父母奖励对象进行审核，于3月启动继续发放程序。联合民政部门、各乡镇人民政府开展形式多样的慰问活动，一共走访失独家庭393户，发放资金19万余元；慰问困难家庭100户，发放资金5万余元；慰问特殊家庭604户，发放资金19万余元。同时，针对60周岁以上计生失独家庭开展一年一次的家政服务活动。

【湘潭县妇幼保健院入选国家分娩镇痛试点医院】 2019年3月20日，国家卫生健康委员会发布《关于印发第一批国家分娩镇痛试点医院名单的通知》，全国共有913家医院入选。其中，湖南47家医院入选此次试点医院，湘潭3家，湘潭县妇幼保健院名列其中。这标志着湘潭县妇幼保健院的分娩镇痛技术和规模达到较高的标准和水平。27日，湘潭市卫生健康委员会公布湘潭市第三批临床重点专科和建设专科名单，湘潭县妇幼保健院妇产科、儿科榜上有名。

【第70个“世界卫生日”】 2019年4月7日是第70个“世界卫生日”，活动主题为“维护人人健康，迈向全面小康”。为普及民众健康知识、做好宣传活动工作，4月23日，湘潭县卫生健康局组织湘潭县妇幼保健院、湘潭县疾病预防控制中心、局医政股、公卫股、妇幼保健股、宣教股、县健教中心在步步高广场开展宣传活动。

【云湖桥镇良湖村率先完成“空白村”卫生室建设】 8月3日，云湖桥良湖村率先完成“空白村”卫生室建设。消除村卫生室空白村，是落实省政府2019年重点民生实事项目之一。2019年云湖桥镇共需完成3所“空白村”村卫生室标准化建设任务，均为改扩建项目，全部动工修建，在8月中旬完工。

【2019年乡村医生能力提升培训班】 9月3日，湘潭县举办2019年乡村医生能力提升培训班。全县在岗的500多名乡村医生及县直三家医院、县疾控中心、19家乡镇（中心）卫生院的业务骨干参会。县卫健局农卫股股长胡向阳对当前的农村卫生重点工作进行安排，县卫健局副局长齐先强、市卫健委基卫科科长龙和清、县人民医院副院长王新球等出席会议并讲话。

【妇产科风险防控和新生儿护理研讨班】 2019年9月28日，湘潭县护理质量控制中心和湘潭县人民医院主办的2019年湖南省妇产科风险防控和新生儿护理研讨班，在湘潭县人民医院多功能厅举行。护理学博士、美国耶鲁大学访问学者、硕士生导师、湘雅三医院产科护士长秦春香，护士学硕士肖咏蓓出席。

【全县预防接种人员培训会议】 2019年10月9日，全县预防接种人员培训会议在鑫田大酒店召开。湘潭县卫健局副局长齐先强、疾控股股长陈利平、县疾控中心主任陈天柱出席开班仪式。此次培训特邀请湖南省疾控中心免疫规划科科长张淑君、中山大学法学院教授罗斌讲课，全县各预防接种单位共计180余人参加此次培训。

【湘潭县人民医院胸痛中心通过认证】 2019年12月5日，中国胸痛中心认证专家余宏伟、薛伟珍、戴翠莲、林吉怡到湘潭县人民医院进行胸痛中心现场核查。通过对标对表实地核查，湘潭县人民医院顺利通过现场评估。12月28日，被中国胸痛中心授予国家胸痛中心标准版认证的牌匾。

【湘潭县妇幼保健院新院试运行】 2019年12月19日，湘潭县妇幼保健院新院试运行。上午，县委书记傅国平一行到新院实地调研指导,对新院就医环境、服务能力、医疗设施、职工精神风貌等给予充分肯定，要求持续培养专业技术人员，进一步加强医院精细化管理，不断提升医疗技术服务水平，为广大妇女儿童提供更加安全、便捷、高效、优质的医疗保健服务，为建设健康湘潭做出新的更大的贡献。 （胡志美）

计划生育协会

【概况】 2019年，湘潭县计生协各级协会组织395个，协会会员7.8万余人，其中骨干会员7120人，重点联系户7120户，县、乡、村三级协会组织网络健全。着力推进计生基层群众自治示范点创建工作，积极探索完善计生基层群众自治工作新机制，着力推进计生基层群众自治先进乡镇和村的创建工作，易俗河镇和中路铺镇创建省级计生基层群众自治先进乡镇，易俗河镇云龙社区等24个村（社区、居）创建县级以上计生基层群众自治先进村，其中云龙社区等3个村（社区、居）创建省级先进村。

全县开展计生困难家庭慰问、计生“三结合”、计生家庭创业贷款贴息、计生特殊家庭健康保险、计生特殊家庭重病大病住院护理补贴等“生育关怀”项目。年初，市计生协会会长谭岳，常务副会长杨孜，县委书记傅国平，县委常委、县委办公室主任谭捍卫，副县长、县计生协会会长杨欣荣等领导先后深入计生困难家庭和计生特殊家庭进行慰问。同时，积极做好脱贫攻坚工作。与射埠镇来仪村12名建档立卡的贫困户建立结对帮扶，按照“一户一策”原则，为贫困户量身定制帮扶措施。10月17日扶贫日，为该村38户建档立卡贫困户送去慰问物资。同时，到射埠镇开展扶贫工作，投入资金6万元。积极争取省、市项目资金，扶持计生“三结合”项目，其中，省、市级“三结合”项目4个，创建县级项目3个，解决计生家庭“三结合”项目资金23万元。8月2日，在全省计划生育协会工作会议上，县计生协作《做大做强三结合项目，助力精准扶贫》典型发言，其作法在《湖南计生协会简报》上推介。申报省计生家庭创业贷款贴息项目2个，获得补助经费17万元。积极争取省能力补助资金和宣传服务窗口项目经费10万元。认真做好计生家庭“生育关怀”系列保险工作。4月，为全县2985名留守儿童购买一份人身意外险（40元/人），为农村留守儿童保驾护航；6月，争取省计生协资金16.215万元，为1081户计生特殊家庭购买健康保险150元/人/年；同时，扎实开展计生特殊家庭重病大病住院护理补贴工作。全年，审核和发放住院护理补贴对象220人次，补贴金额21.24万元。

2019年，县计生协在省考核评估中，被湖南省计生协授予“模范单位”荣誉称号，全市排名第一，湘潭县计生协被评为“全省计划生育协会先进集体”。

【计生工作宣传】 2019年，积极开展宣传教育活动。5月28日，县计生协会在杨嘉桥镇党建文体广场，举行“关爱计生家庭 助力健康莲乡”主题宣传服务活动，纪念中国计生协会成立39周年暨第21个“计生协会员活动日”。市计生协会会长谭岳、市计生协会专职副会长陈小剑、县人民政府副县长、县计生协会会长杨欣荣等参加活动。6月，联合县总工会、县卫健局为湖南伍子醉食品有限公司、湖南胖哥食品有限公司和小龙王食品有限公司各赠送2台避孕药具发放机，提高育龄群众生殖保健意识和避孕节育措施，促进流动人口社会融入和公共服务。11月29日，县计生协、县卫健局、县疾控中心等单位在同丰大厦前坪开展“12·1”集中宣传活动。积极参与中国计生协组织的庆祝新中国成立70周年主体宣传活动，县计生协报送的2幅艺术作品分别获省剪纸类优秀作品奖和书画类三等奖（会员作品）。（谭素文）

社会生活

人民生活

【概况】 2019年，湘潭县城镇居民人均可支配收入37665元，比上年增长8.1%。全年工资性收入23016元，比上年增长7.3%，对可支配收入增长的贡献率为55.2%，工资性收入占人均可支配收入的比重为61.1%；经营净收入6882元，增长7.5%，贡献率为17.1%，占18.3%；财产净收入2123元，增长5.4%，贡献率为3.9%，占5.6%；转移净收入5645元，增长13.5%，贡献率为23.8%，占15.0%。

全县城镇居民人均消费支出21650元，增长8.9%。消费结构中，食品烟酒支出6167元，占28.5%；衣着支出1912元，占8.8%；居住支出4033元，占18.6%；生活用品及服务支出1330元，占6.1%；交通通信支出2600元，占12.0%；教育文化娱乐支出3793元，占17.5%；医疗保健支出1437元，占6.6%；其他用品和服务378元，占1.7%。年末，人均居住面积为56平方米。

2019年，农村居民人均可支配收入20076元，增长8.9%。全年工资性收入9900元，比上年增长7.4%，对可支配收入增长的贡献率为41.4%，工资性收入占可支配收入的比重为49.3%；经营净收入6158元，增长8.8%，贡献率为30.2%，占30.7%；财产净收入365元，增长13.2%，贡献率为2.6%，占1.8%；转移净收入3655元，增长13.1%，贡献率为25.8%，占18.2%。

农村居民人均生活消费支出15833元，增长7.8%。消费结构中，食品烟酒支出4810元，占30.4%；衣着支出764元，占4.8%；居住支出3199元，占20.2%；生活用品及服务支出967元，占6.1%；交通通信支出1410元，占8.9%；教育文化娱乐支出2601元，占16.4%；医疗保健支出1702元，占10.7%；其他用品和服务支出380元，占2.4%。年末，人均居住面积为58平方米。

（胡州益）

劳动就业

【概况】 2019年，城镇新增就业6756人，完成目标任务的107%；新增农村劳动力转移就业4617人，完成目标任务的123%；新增贫困劳动力转移就业437人，完成目标任务的125%；城镇登记失业率保持在3.43%的较低水平。“两后生”技能培训101人，完成目标任务184%；贫困劳动力技能培训233人，完成目标任务的106%；创业培训915人，完成目标任务的102%；新增创业主体5414家，带动就业8100人；发放创业贷款2530万元，贴息63.5万元。

加强政策宣传，落实稳就业二十四条措施。印发《关于贯彻落实〈湘潭市进一步做好稳就业工作二十四条措施〉的通知》，制订《湘潭县就业形势预测分析季度会商机制实施方案》，压实稳就业工作责任。编印就业创业宣传手册，利用网络媒体、手机报、微信等方式，结合“春风行动”、就业援助月，“送政策、送岗位、送服务”等就业服务专项活动对就业政策进行深入宣传。《湘潭县着力打造三大体系、建设促进就业创业工作综述》在9月27日《湘潭日报》头版发表。

稳步推进创新创业工作。深入实施“双百资助工程”和“2151工程”推荐、评选活动，走访调查单位85家。组织申报省、市、县创新创业带动就业示范典型66家，其中省级9家、市级24家、县级33家。

做好创业服务。开展“创业服务三湘行”系列活动,联合湘潭天易众创空间组织创业服务专家团前往中路铺镇、天易经开区工业园实地走访创业企业，围绕创业融资、创业政策、种养殖技术、销售推广渠道等方面为创业者排忧解难。组织10多个专家组成志愿团为湘潭县部分企业巡诊把脉。

【创业培训工作】 2019年，组织3名创业培训讲师参加市创业培训讲师大赛。开展创业培训26期，培训学员915人。对符合条件的创业者申请创业贷款给予贴息扶持，全年发放创业贷款2530万元，贴息63.5万元。

强化职业技能培训。组织培训机构赴易俗河镇、杨嘉桥镇等14个乡镇开展育婴师、养老护理员、保育员等职业技能培训，在县职校开展农村劳动力（含“两后生”）短期的焊工培训、维修电工培训、汽车修理工等工种订单式培训，共计培训3026人。依托企业自培和校企合作培训等形式，通过在岗培训、脱产培训、技能竞赛等方式，开展技能提升培训，共培训2818人。对珠江啤酒、湖南敏锐科技有限公司等10家企业中符合享受技能提升补贴条件，取得三、四、五级职业资格证书的17名在职职工给予技能提升补贴，共计补贴金额2.2万元。探索具有县域特色的槟榔加工、皮鞋制作、湘莲制作、防腐保温等工种及特色养殖的培训，在青山桥、花石等乡镇举办特色专业培训班，共培训453人。

做好就业服务，落实就业优惠政策。2019年，组织开展精准扶贫“春风行动”“周三招聘会”“高校毕业生招聘周”“就业扶贫行动日”“百家名企高校行”“湘西永顺、古丈劳务协作”等各类招聘活动80余场次，提供空岗信息15000余个，现场达成就业意向3822人，其中2157人成功就业。新确定高校毕业生就业见习基地6家，全县共计达20家，提供各类见习岗位848个，新增见习人员224人,审核发放见习补贴157.89万元。为4个制造行业就业的高校毕业生落实岗位补贴共1.6万元；落实公益性岗位吸纳就业困难人员337人（其中退役军人137人，大学生62人，贫困对象99人，下岗失业人员39人），发放补贴254万元；落实灵活就业人员社保补贴539人共240万元；落实职业技能鉴定补贴3.81万元。

认真落实就业扶贫工作。2019年，全县新增贫困劳动力转移就业437人，“四个渠道”（有组织劳务输出、扶贫车间吸纳、公益性岗位安置、返乡创业带动）吸纳就业674人；组织贫困劳动力技能培训229人、贫困家庭“两后生”培训101人。全县9442名有就业意愿且有劳动能力的建档立卡贫困劳动力实现就业，月平均就业收入达2757元。深入开展“311”就业服务，促成湘潭百纳天英人力资源有限公司与我县42名劳务经纪人建立对接，为贫困劳动力实行点对点的精准服务，多渠道推荐就业。培育1家省级就业扶贫基地、5家市级就业扶贫基地、33家县级就业扶贫车间。为9346名跨区域外出务工贫困劳动力发放交通补助235.38万元，为8079名贫困劳动力发放求职创业补助242.37万元。

劳动监察

【概况】 2019年，共受理劳动人事争议仲裁案件69件，结案68件，结案率98.5%；调解41件，调解率60%；裁决25件，终局裁决12件，终局裁决率48%，为劳动者挽回经济损失420.5万多元。稳步推进“互联网+调解”服务平台工作。平台系统乡镇申请案件7件，全部完成调解结案。

全年，登记受理劳动维权举报投诉案件183起，其中协调解决126起，立案查处57起，罚没收入1.3万元，移送公安机关案件1件，督促53家用人单位为劳动者补签劳动合同书764份，为443名劳动者追讨农民工工资320.95万元。新增农民工工资保障金2135.91万元，结余7324.95万元，比上年同期增长41%。

深入开展农民工工资支付情况、清理整顿人力资源市场秩序、打击娱乐场所非法使用童工和未成年工等专项检查行动。积极开展2018年度用人单位劳动保障书面审查及守法诚信等级评价工作，全县有295家单位参加评定，13家评定为A类单位。强化行政执法与刑事司法联动，加强与公安、检察、法院、司法等部门联系，严厉打击恶意欠薪行为。5月，湘潭县首例拒不支付劳动报酬案获一审宣判，有力震慑拖欠农民工工资的违法行为。

社会保障

【概况】 2019年，积极推动全民参保登记计划成果转化，社保覆盖范围持续扩大，社保卡慢卡制卡1.28万张，快速制卡3000余张，全县社保卡持卡达86.79万人，新增快速制卡网点银行5个，实现即办即取，方便群众办事。

【机关事业单位养老保险】 2019年，全县在职参保人数15832人，实际缴费人数14853人，占参保人数的93.8%。全年，征缴养老保险费2.56亿元，征缴职业年金6594.3万元，基本养老保险基金滚存结余6512.3万元，职业年金滚存结余242.2万元。发放养老金4.5亿元，基本养老金支出较上年同期增加13%，从5月份开始，落实降低社会保险费率政策，养老保险单位缴费比例降至16%，为机关事业单位减轻养老保险费负担2000万元。对全县退休人员进行调资，人均月增资168元。推进机关事业单位养老保险制度改革，完成全县新制度改革待遇计发1864人，完成新制度关系转移171人和原试点转移302人。

【企业职工养老保险】 2019年，企业社保新增参保企业215家，参保企业累计888家；新增参保缴费5294人，累计在职参保人数54000余人，完成基金征缴4.21亿元，同级财政补助1610万元；新增待遇领取2041人，退休人员累计30330人，养老金支付6.95亿元。制订单位补缴工作方案，落实《湖南省人力资源和社会保障厅湖南省财政厅关于妥善处理企业职工基本养老保险费缴纳有关问题的通知》（湘人社发〔2017〕103号）的补缴政策，切实维护广大劳动者权益。推动困难企业养老保险费“缴一办一”，解决无力足额清缴养老保险历史欠费和滞纳金的企业职工享受权益的问题，维护困难企业职工养老保险权益和社会和谐稳定。按政策实现养老金待遇“十五连增”，人均增加125元/月。

【城乡居民社会养老保险】 2019年，城乡居民基本养老保险累计参保人数51.05万人，完成目标任务的102%；征缴保费5383万元。为33872名符合城乡居保参保缴费条件的各类特殊人群代缴保费321.5万元。为切实做好城乡居民基本养老保险待遇领取人员资格认证工作，确保社会保险基金安全。根据上级文件，落实生存认证工作经费，有效调动乡镇协理员积极性。

【工伤保险】 2019年，新增新开工工程建设项目参保24家，新增参保972人，累计参保人数8.08万人，完成目标任务8.03万人的106%。基金总收入3975万元，其中征缴基金3018万元，利息收入857万元，财政配套老工伤资金100万元。全年，发生工伤事故421起，其中因工死亡14人，享受工伤待遇4136人次，支付工伤医疗费、伤残补助金、工亡补助、抚恤金共计7967万元，基金累计结余40472万元。基金运作规范、安全完整。

【工伤认定】 2019年，下达《认定工伤决定书》471起，《不予认定工伤决定书》15起，调解4起，召开工伤认定听证会12次，实地调查核实160起。收集、初审劳动能力鉴定资料，向湘潭市劳动能力鉴定委员会申报劳动能力鉴定216起，及时做好鉴定结果的公示、送达工作。

【失业保险】 2019年，全县新增参保单位93家，总参保单位487家，总参保人数29020人，私营企业及湘潭矿业失业人员待遇享受共429人(其中湘潭矿业集团23人)。失业保险基金征缴930万元，支出460万元。强化失业保险参保扩面工作，积极主动进行失业保险政策宣传，积极拓展基金征缴方式，加大对参保单位缴费基数的核定及基金征缴力度。对新增参保和批量申报失业的单位，上门核对工资发放表、会计台账，维护基金安全。

（李圣权　张　波）

医疗保障

【概况】 湘潭县医疗保障局于2019年3月组建，属湘潭县人民政府的工作部门，主管全县的医疗保障工作，下设办公室、规划财务和法规股、待遇保障和医药服务管理股、医药价格和招标采购股、基金监管股五个股室和副科级二级事业单位“湘潭县医疗保障事务中心”。

【参保征缴】 2019年，全县城镇职工参保45296人、城乡居民参保762117人,合计807413人，基本医疗保险参保率95.03%，达到各级政府考核指标和全面建成小康社会指标。城乡居民医保筹集资金帐面总额为57649万元，城镇职工医保全年实缴17067.72万元，生育保险实缴786.70万元，离休干部医疗费、伤残军人医疗费按要求和标准征缴到位。全面完成征缴指标，全县实现应保尽保，全面参保。

【政策实施】 2019年，按照省、市统筹政策，与市级同步调整城乡居民医保住院报销比例、大病保险、职工生育保险、特殊病门诊、普通门诊、意外伤害等政策。落实推进106个病种按病种收付费工作。新版药品目录收载药品2709个（其中中成药1316个），增加500余种，药品自付比例整体下调两个百分点。将36种国家谈判药品纳入医保目录乙类范围，门诊特殊病种由34种增加到46种，大病特药由16种增加到50种。城乡居民在乡镇卫生院报销比例提高到90%，中、末期肾病透析治疗报销比例提高到80%。将新增加的60天产假纳入生育保险生育津贴发放范围，每年可为参保单位降低用工成本约200万元。

【医保精准扶贫】 2019年，精准扶贫对象46234人达到100%参保。对参加城乡居民医保的建档立卡贫困人口、特困供养人员（暂不适应于农村和城市低保对象），在各级定点医疗机构住院就医的政策范围内的医疗费用报销比例提高10%；对建档立卡贫困人口、特困供养人员、城乡低保对象大病保险起付线降低50%,；对参加城乡居民医保的建档立卡贫困人员提高门诊统筹最高基金支付限额为1500元/人/年；实施健康扶贫“一站式”结算，县域内实际报销比例达到91.35%，有效缓解人民群众“因病致贫、因病返贫”问题。

【管理经办服务】 2019年，加强内控制度建设，规范经办服务流程，精简医保报销手续，各类参保人在所有定点医药机构就医购药均可享受“一站式”结算。加强意外伤害、大病保险经办指导。全面推进“智能监审、智能监控、在线查房”医保监控系统。全面实施省内和跨省异地联网结算。率先在省市开设异地就医专门微信公众号，建立“网络窗口”，实现服务零距离的“秒办”。

【基金运行】 2019年，全县职工医保征缴12582.2万元（不含个人帐户），支出12189.13万元，收支相抵结余393.07万元，享受住院待遇16184人次；特殊人群财政补助收入1154万元（离休干部234.5万元，荣残军人1319.5万元），支出1826.87万元；生育保险征收858.22万元，支出724.84万元，享受生育待遇3940人次；城乡居民医保账面基金收入57649万元，其中个人缴费16766万元，中央补助收入23778万元，省级补助收入11096万元，县级补助收入4755万元，利息收入87万元，其他收入6万元。支出55075.17万元，其中住院基金支出51782.81万元（含意外伤害保险支出），门诊统筹（含特殊病）支出3292.36万元，大病保险支出4882.73万元。账面累计结余2573.83万元。按照国家和省、市统一部署，深入开展打击欺诈骗保专项行动，拒付医保资金200万元，切实维护医保基金安全。

（王建业）

住房保障

【概况】 2019年，完成省市农村危房改造和实事工作任务，由财政直接通过银行“一卡通”系统分5批拨付（含2018年）的1690户共计2996.53万元危改资金直接发放给农户，并顺利通过国家、省脱贫攻坚检查。是年，湘潭县棚户区改造350户（烟塘片区城中村项目），按照棚户区货币安置计算办法完成439户，超额完成年度工作任务。全年，农村危房改造任务916户，开工1303户，竣工1303户，超额完成省、市、县年度工作任务。

社会事务

【城乡低保】 2019年，全县有兜底保障对象14265人，发放资金4836万元；有农村特困人员6869人，城市特困人员57人。开展自理能力评估复核和照料护理工作，下拨照料护理经费792.18万元；有城市低保对象1372户，2187人；有农村低保对象9169户，17280人。全年发放城乡低保资金5990.1万元。完成核对2099户，6961人，新增低保对象1329户、2576人；取消529户、1555人；共实施临时救助6395人次，发放临时救助资金756.668万元；救急难151人次，发放救急难资金156.2万元。

【婚姻登记】 2019年，湘潭县办理结婚登记4558对，离婚登记2346对，补发结婚证1103对，补发离婚登记证200人，登记合格率100%。

【福利事业】 2019年，全县有投注站65家，其中刮刮乐岗亭4个，城区站点33家，乡镇站点32家，中福在线销售厅1家。全年共计完成总销量5556.72万元。全年，未出现安全事故或重大负面舆情。

【慈善事业】 2019年，残疾人“两项补贴”审定发放工作稳步推进，享受生活补助11513人，护理补助8702人，发放资金1698.431万元。扎实开展慈善工作，开展“迎新春送温暖”“伟人故里弘扬博爱、可菲香料温暖人心”“生命之光”“共庆端午，情暖老人”“圆梦微心愿”“关爱空巢老人、残疾人”“看得见的希望”等系列慈善活动，发放受捐资金和物资共计约145万余元。

【老龄工作】 2019年，全县创新开展“莲湘颐老”农村养老服务体系建设，坚持以农村养老为主线，全力推进农村居家养老，村、社区邻里互助养老；乡镇敬老院集中照料护理供养；县级福利中心兜底养老等四个养老模式，做到让老人“生活有人问、困难有人帮、生病有人理”。全县有各类养老机构356个，总床位7670张。其中农村敬老院30所，公办福利中心1家。其中公办民营敬老院7所，农村幸福院201个，设立许可的民办养老机构8家、备案1家，城乡养老服务示范点25个，老年人日间照料中心25个，老年活动中心59个。建立社区老年协会34个，建会率100%；建立村老年协会321个，建会率100%。发放2748名90~99岁高龄老人和887名80~89岁高龄老人补贴共350.47万元，发放47名百岁老人长寿保健金23.1万元。

【殡葬管理】 2019年，湘潭县持续推进殡葬领域突出问题专项整治行动，全县共排查公墓1处，集中治丧场所3处，活人墓58处，“三沿六区”豪华墓、大墓11处，殡仪服务和丧葬用品销售场所69处，医院2处，对查找出的问题整改并查处非法墓地8处，拆除活人墓、豪华墓75座；拆除非法搭设灵棚11起，劝导教育271起，查处违规烧纸放炮207起。县城区基本实现无违法违规治丧行为。取缔城区非法棺木销售点10处，取缔320国道两旁非法石材加工销售点3处。 （黄添水）

残疾人联合会

【概况】 2019年，湘潭县残联紧紧围绕县委、县政府中心工作，认真贯彻落实残疾人小康进程的决策部署，加强残疾人康复服务，推进残疾人脱贫攻坚，残疾人事业得到全面发展。

残疾人脱贫攻坚。全面完成2019年中央和省对湘潭县残疾人脱贫攻坚考核工作，落实扶残助学政策，积极配合民政、人社部门发放全县7966名建档立卡贫困残疾人两项补贴、按政策代缴残疾人城乡居民医保和最低缴费档次城乡居民养老保险。

开展“连千村帮万户”和“干群一家亲，党群心连心”工作，县残联结对帮扶花石镇琵琶村和石潭镇杨田村共26户贫困残疾人家庭，“一户一策”制订帮扶方案，帮扶资金10万余元，建立长效的助残扶贫解困机制。实施农村残疾人阳光增收计划，对330名农村贫困残疾人展开帮扶，增强就业创业脱贫技能，提升造血功能。培育30名自主创业脱贫致富优秀残疾人典型，每人创业扶持5000元。开展贫困残疾人和残疾人工作者慰问活动，县乡残联系统共走访慰问321人，发放慰问金及物资合计16.05万元。

残疾人精准康复。2019年，出台残疾儿童康复救助制度实施细则，开展“0~6岁贫困残疾儿童抢救性康复项目”，全县126名贫困家庭残疾儿童得到免费康复训练；为120户贫困残疾人家庭进行无障碍改造；开展贫困精神病患者免费服药救助，与市五医院医生下乡为637名贫困精神障碍患者免费检查，发放500元/人/年基础类药物，救助资金31万元；免费为20名贫困家庭成年残疾人适配高品质耳塞式助听器；开展辅具器具服务车下乡适配活动，适配辅具1963人次，帮助残疾人恢复或者补偿功能，减轻功能障碍。扶持建设5个乡镇（社区）残疾人辅助器具服务站，为基层残疾人就近就便提供辅助器具供应和适配服务。

残疾人民生保障服务。认真开展全县残疾人基本服务状况和需求信息新据动态更新工作，及时掌握和更新全县17个乡镇355个村（社区）26808名残疾人基本服务状况和需求信息数据；配合民政、财政等部门，认真做好困难残疾人生活补贴和重度残疾人护理补贴对象认定工作。年内，全县残疾人获生活补贴11511人，护理补贴8727人，全县共发放“两补”资金2000余万元；全面落实资助政策，开展“智力扶残、后代扶强”助学活动，共实施各类扶残助学项目合计76.2万元，资助残疾人学生和贫困残疾人家庭子女高中生、大学生578名，其中大学生123名，高中生239名，初中生、小学生共216名；实施阳光家园计划，首次采取政府购买服务方式，组织湘潭县三湘福星园残疾人托养中心为全县230名（居家服务200人，每人1650元；日间照料30人，每人3000元）就业年龄段重度肢体残疾人提供居家服务、护理照料、生活自理能力和社会适应能力训练；审核申报残疾人机动轮椅车燃油补贴1174人，发放2019年度残疾人机动轮椅车燃油补贴1212人。

残疾人平等权益保障。切实维护好残疾人合法权益，信访办公室认真做好残疾人来信来访的接待和处理工作、认真做好县长热线和“12385”残疾人服务热线平台工作。全年通过网上信访信息系统办理网上信访12件，处理市、县交办件8件，提供法律救助1例，回复网络舆情信息12条。及时妥善处理残疾人各类诉求，化解矛盾，维护社会稳定。

残疾人文化体育。组织开展“全国助残日”“国际残疾人日”等节日活动，大力营造扶残助残社会氛围；指导残疾人专门协会开展集中观看爱国主题电影等符合各类别残疾人情况的文体活动；推进文化助残“五个一”工程，县残联与县特殊教育学校师生共同开展“读一本书、看一场电影、游一次园、参观一次展览及参加一次文化活动”的“五个一”活动，丰富残联干职工和残疾儿童家庭的精神文化生活；选送并积极培养县籍残疾人运动员；根据公平、就近、便捷的原则，为残疾人提供必要的文化活动用品，开展丰富多彩的基层残疾人文化体育活动。

【残疾人就业培训工作】 2019年，建立健全残疾人就业、培训信息档案，对各乡镇、单位残疾人就业现状进行调查统计，掌握全县残疾人就业情况。年末，共有407名残疾人在全县企事业单位就业，185名残疾人从事个体经营。全年新增求职人员登记187人，安置41人；组织开展农村残疾人实用技术和职业技能培训工作。17个乡镇组织开展农村残疾人实用技术培训450人次，职业技能培训123人（计算机应用培训60人、电子商务培训30人、创业培训30人、中医康复理疗师自主培训3人）。全年共计培训残疾人573人，投入资金58.5万元；实施残疾人创业扶持专项行动，争取省级扶持县内37名残疾人创业，市级帮扶19名农村残疾人阳光致富带头人、建档立卡贫困残疾人创业对象；开展残疾人创业之星评选活动，评选“创业之星”30人，按5000元/人的标准进行奖励，发放奖励资金15万元，推荐残疾人王文斌、欧阳其明、肖加强3人获评省残联“最美阳光致富带头人”。 （胡汝斌）

红十字会

【概况】 2019年，县红十字会紧紧围绕党的十九大战略部署、县委“两大核心目标”和红十字事业发展总任务，加强理论武装和指导，践行初心使命，积极作为，努力推进机关党建、主责业务和中心工作。

年内，先后被评为“2016—2018年度全县无偿献血工作先进单位”“（湘潭县）2019年度‘学习强国’推广使用先进集体”，成功创建“湖南省文明卫生单位”。

2019年，开展“红十字博爱送万家”活动。采取本级采购一批（46800元）和上级调拨一批（14621元）的方式，积极筹集并及时向困难群众发放救助物资，让其过上愉快祥和的春节。春节前对石鼓镇将军村3户贫困家庭送去慰问金500元/户，组织5名红十字青少年会员对县城社区5名贫困学生发放救助物资和慰问金。实施人道救助。指导并受理困难群众的人道救助申请，及时向市、省红十字会成功申报省级人道救助金9人，县级人道救助12个困难群众11600元。开展应急救护培训。围绕“急救，关注易受损群体”的2019年“世界急救日”主题，9月6日赴茶恩寺镇中心小学对六年级师生、11月15日赴排头乡杨家岭小学对全校师生进行心肺复苏、创伤包扎等急救知识互动培训。

【“三献”工作】 2019年，开展第3个“中国器官捐献日”和第16个“世界献血者日”纪念活动，以及无偿献血和造血干细胞捐献表彰活动，对全县已登记注册的22位遗体和人体器官捐献志愿者、78人无偿献血26000毫升的现场献血志愿者发放纪念品和慰问品，对2016—2018年全县无偿献血和造血干细胞捐献工作的11个先进单位和31名先进个人表彰奖励。接受爱心企业捐赠。接受烟草公司湘潭县分公司定向捐赠3.7万元、湖南五百年装饰设计工程有限公司捐赠0.5万元的脱贫攻坚和帮扶慰问爱心款。 （唐碧泉）

乡 镇

云湖桥镇

【概况】 云湖桥镇地处湘潭县西北部，因有始建于清同治年间的云湖桥而得镇名。东靠雨湖区，北连宁乡市、韶山市，西接湘乡市，南通湘潭县石潭镇、杨嘉桥镇，为五区通衢之地，地理位置极其重要。2019年，镇域面积127.9平方千米，辖21个村、1个社区，总人口62855人，20670户，其中男性32020人，占比50.94%；女性30835人，占比49.06%。320国道与325省道在七里铺交会，石井铺村有湘黔线货站，沪昆高速与韶山高速在向红村互通，并设银田、楠竹山出口；镇内公路纵横交错，交通网络发达，区位条件极其优越。

云湖桥镇是湘潭县传统的农业大镇、工业重镇。全镇共有各类耕地0.45万公顷，除传统的水稻种植外，脐橙、油茶、杨梅、茶叶、苗木花卉等新型作物种植发展迅速。近年来，依托临近韶山、乌石的优势，文旅一体的休闲观光产业异军突起，脐橙协会已成功举办五届脐橙节。作为湖南省诗词文化重点发展乡镇之一，文化底蕴深厚，是晚清经学家、文学家王闿运的家乡，成功创建“中华诗词之乡”，荣获“全国诗教先进单位”。

全镇共有党的基层组织107个，其中党委1个，党总支23个（其中村党总支21个，机关党总支1个，“两新”党总支1个），党支部83个（其中村党支部67个，社区党支部1个，机关党支部9个，“两新”党支部6个）。全面推进党支部“五化”建设，突出重点，形成示范。对照市、县印发的实施细则，积极开展党支部星级创评工作，培育市级“五星”党支部6个，整顿软弱涣散党组织2个，调整村党组织书记2人。深入开展扫黑除恶专项斗争工作，立案2起2人。把好党员入口关，提升党员发展质量，共计发展预备党员20名，其中35岁及以下13名，专科及以上学历10人。组织农村党员开展党员冬春训活动，轮训党员1800余人次。全力推进村级服务阵地建设，完成新建阵地3个、改扩建2个。深入开展“不忘初心、牢记使命”主题教育，通过集中学习、研讨交流、党课教育等多种形式开展学习交流，共计开展集中学习3次，学习研讨3次，专题党课10次；全镇各党支部开展学习研讨63次，开展集中学习63次。针对年老体弱、出门不便的老党员开展“送学上门”活动，发放学习资料200余份；针对外出务工的流动党员，通过网上支部开展学习教育，收集学习心得100余篇，确保全镇不落一人，主题教育实现全覆盖。

按照潭县机改办〔2019〕5号文件精神要求，2019年7月云湖桥镇进行机构改革。此次机构改革设置党政机构6个，即党政综合办公室、党建工作办公室、经济发展办公室（农业农村和扶贫工作办公室）、社会事务办公室（卫生健康办公室）、自然资源和生态环境办公室（村镇建设管理办公室）、社会治安和应急管理办公室。设置直属事业机构5个，即社会事务综合服务中心（文化综合服务站）、农业综合服务中心、政务（便民）服务中心、退役军人服务站、综合行政执法大队。人武部、财政所维持原有不变。人大、纪检监察和群众团体等组织按照有关规定设置，不再保留民政和社会管理办公室、综治维稳办公室、卫生和计划生育办公室（卫生计生监督所）、水利站、文体广电站、村镇规划建设环保站、林业站、安全生产监督管理站、农技农机畜牧水产推广服务中心。

全镇共有企业64家，其中规模工业企业17家。全年，实现工农业总产值49.86亿元，完成税收1.321亿元。其中，实现农业总产值5.56亿元（主要为水稻和畜牧），农业增加值2.18亿元，农民人均纯收入20358元，同比增长2134元；实现工业总产值44.3亿元，同比增长25%，其中规模以上实现工业总产值37.4亿元，同比增长26.2%。工业实现利润9197万元，同比增长11%。固定资产投入项目22个，完成投资7.5亿元，完成全年目标，其中工业企业技术改造项目17个，完成投资5.9亿元。是年，招商引资项目3个，总投资1.5亿元，到位资金6620万元，并完成500万美元的外资。

鼓励全镇企业参加银企洽谈会，积极对符合条件的企业进行股改，做大做强；协助鑫通恒发、大雷玻璃、康盛玻璃、康永达生态农业等十多家企业进行环保节能改造；积极推进闾运大道建设，为该镇一、二、三产业融合发展区建设的推进尽职尽力。

全镇耕地面积0.45万公顷，其中水田面积0.39万公顷，旱地面积0.06万公顷；林地面积共计0.56万公顷；水面面积0.08万公顷；森林覆盖率高达44.2%。全年，播种水稻面积共计0.61万公顷，生产粮食4.35万余吨；经济作物种植面积0.07万公顷，主要种类脐橙、油菜、西瓜、茶叶等。在养殖业方面，生猪存栏2.32万头，出栏6.96万头；鸡鸭鹅存栏12.11万羽，出笼26.81万羽；牛羊存栏0.19万头，出栏0.20万头。

做好建中堤、新南堤、云湖堤、飞轮水库以及镇域内各排灌渠防汛工作，确保无险情。

城乡居民医保参加人数50972人，参合率95.83%；新型城乡居民基本养老保险参保完成16209人，参保率83.9%；年末，共有城镇低保91人，农村低保9794人、发放低保金225.48万元；对镇内282人发放临时救助金24.15万余元，发放退伍军人优抚救济款10.3万余元。

全年，总计完成农村劳动力转移就业22470人次，其中省外就业11818人次，省内10652人次（其中市内就业6727人次）。全镇农村劳动力转移就业新增302人，城镇劳动力转移就业新增506人。2019年，有特困供养对象325人，其中入住敬老院85人;全镇共有优抚对象678人，全年领取优抚补助共计68万余元；有三属人员8名，年领取补助金14.17万元。扶贫方面，全年脱贫33户计88人，有66人申请并已获得“雨露计划”教育助学补助金9.9万元。全镇享受春季贫困幼儿资助94人，享受寄宿生补助小学生54人，初中生307人，其中23人获得“及时雨”教育助学。

年内，全镇共计出生582人，人口自然增长率为0.796‰，出生率9.26‰；死亡532人，死亡率8.465‰。出生中符合政策生育的有568人，符合政策生育率97.59%；男孩出生297人，女孩出生285人，男女性别比104.21：100；本年度落实长效节育措施184例，落实补救措施61例。

全镇有初级中学4所，小学12所，幼儿园21所，教师211人，中小学生总人数2545人，其中初中学生836人，小学生1709人，幼儿园1208人。2019年，新申报建设9个村级文化综合服务中心，组织开展免费送戏下乡6场，成功举办第五届云湖脐橙文化旅游节，连续17年坚持出版《云湖》双月刊，镇、村文化氛围浓厚。

全年，共发出安全生产监督现场检查记录共152份，发现问题及隐患共64项，下达责令整改指令22份，完成整改复查22份；行政处罚决定书10份，其中立案调查处罚9份，简易处罚1份，共处罚金额32400元。

2019年云湖桥镇各行政村基本情况一览表

表7

村名	面积（平方千米）	户数（户）	人口（人）	农村经济总收入（万元）	农村经济总费用（万元）	农村经济净收入（万元）	农民人均纯收入（元）
合计	127.9	20670	62855	115066	78929	36137	20358
北岸村	9.6	1381	4237	8150.81	5645.33	2505.48	21668
良湖村	6.2	858	2746	5870.74	3626.28	2244.46	19173
向红村	3.7	806	2573	5408.25	3594.29	1813.96	18680
新联村	10.05	1434	4538	9931.91	3286.66	6645.25	19946
清风村	5.7	1089	3513	7830.92	5166.24	2664.68	20453
东石村	9.2	1068	3328	6946.39	4832.33	2114.06	20843
烟山村	7.2	864	2657	6323.17	3656.33	2666.84	21038
黄金村	6.6	810	2450	5671.68	3228.36	2443.32	19083
古湖村	6.7	920	2885	5646.91	3624.79	2022.12	18881
云湖村	7.6	1323	4138	8096.66	5421.78	2674.88	21046
飞栏村	5.7	819	2667	6067.80	3856.16	2211.64	19853
新中塘村	3.9	839	2704	6546.67	3858.44	2688.23	19674
新中湾村	2.8	735	2286	5265.86	3021.32	2244.54	18936
七里铺村	5.7	1248	4029	7504.80	4978.06	2526.74	20148

续表7

村　名	面　积（平方千米）	户　数（户）	人　口（人）	农村经济总收入（万元）	农村经济总费用（万元）	农村经济净收入（万元）	农民人均纯收入（元）
烈马村	7.1	579	1807	4720.56	2652.77	2067.79	18956
芦塘村	6.5	600	1871	4404.82	2568.24	1836.58	17788
天鹅村	5.8	616	1910	4260.79	2572.45	1688.34	18937
响石村	4.6	637	1996	4537.26	2588.68	1948.58	18170
狮山村	5	693	2204	5066.54	3021.25	2045.29	18955
楠竹村	3.3	741	2394	4819.69	2893.31	1926.38	18947
石井铺村	3.8	916	2973	6163.93	4041.25	2122.68	20486
云湖社区		1692	2949				

【云湖桥镇工作调研】 2019年4月19日，县委书记傅国平到云湖桥镇调研并召开座谈会。镇党委书记刘奇志对上年度工作进行回顾并对2019年度工作计划进行汇报。傅国平对各项工作充分肯定并提出工作要求，主要是发展思维要理得清、党建基础要夯实、工业产业要做强、三大攻坚落实落细、环境整治要紧抓等。

2019年5月14日，市委常委、市委秘书长陈忠红到云湖桥巡查云湖河，对河长制工作给予肯定。他指出河长制组织体系实现全覆盖，保护管理实现全面化，问题整改实现全方位，同时要求在常态长效、严防共治、落地见效等下功夫。

6月20日，县长段伟长到云湖桥镇调研工作，他指出要进一步做好经济强镇的各项工作，要做好土地规划和经济开发工作，要做好农村集体经济收入工作，要做好脱贫攻坚和人居环境整治工作。

8月14日，县委组织部部长罗霄一行到云湖桥镇，对云湖桥镇下辖的部分村进行实地走访调研，通过查阅相关资料、检视相关工程进度等方式，对各村党建工作进行监督检查，重点考察驻村帮扶队的队伍情况，对村里扶贫的详细情况进行了解，并对帮扶队的人员进行慰问。

【党建业务培训会】 2019年5月8日，云湖桥镇在镇政府508会议室召开党建业务培训会。会议由镇党委副书记阳旭东主持，镇党建站干事、全镇部分党支部书记和各党支部组织干事等人参会。会议印发《云湖桥镇村（社区）党建业务培训资料》文件，并通报本年一季度党建工作落实情况，表彰部分党建工作先进支部，并就下一步党建工作指出方向、作出要求。会议采取以会代训的方式开展发展党员、“五化”建设、扫黑除恶等基层党建业务培训。

【市委统战部率队到云湖桥镇开展“千企联万户”活动】 2019年6月19日下午，市委统战部率领湖南瀚信科技有限公司、湖南朝晖实业投资集团到云湖桥镇召开“千企连万户”现场对接座谈会。云湖桥镇宣传统战委员，省定贫困村七里铺村、新中塘村党总支书记、驻村帮扶队等参加会议。此次会议进一步落实市委统战部“千企联万户”行动要求，巩固脱贫成效。

【云湖桥镇第六届人民代表大会第六次会议】 2019年6月20日，云湖桥镇第六届人民代表大会第六次会议召开，全镇各个村（社区）、企业、学校等160余位正式代表、列席人员参加会议。会议听取《政府工作报告》《财政预算执行情况的报告》《人大主席团工作报告》。听取报告后，与会代表分为四个代表小组对报告内容进行分组探讨。会议选举云湖桥镇人民政府镇长，宾博韦高票当选为镇长。

【云湖桥镇文联第五次代表大会】 2019年6月28日，云湖桥镇文联第五次代表大会暨湘绮楼诗社成立十周年庆祝大会胜利召开。湘潭市文联组联部主任冯焕、湘潭市诗协副主席兼秘书长陈湘衡、云湖桥镇主要负责人、各站所、各村（社区）负责人、全镇文艺界的代表、湘绮楼诗社成员和兄弟诗社代表欢聚一堂，共商新形势下全镇文艺事业繁荣发展大计。

【开展2019年“送戏曲进万村”活动】 11月14日，湘潭县文化旅游广电体育局组织湘潭县湖湘文化艺术有限责任公司的文艺队，到云湖桥镇新中塘村和古湖村，开展2019年“送戏曲进万村”、精准扶贫、文化惠民活动。

【天易示范区云湖化工园（金宏泰）项目建设工作现场办公会】 2019年11月23日，县委副书记周贤带队前往云湖桥镇，就天易示范区云湖化工园（金宏泰）项目建设工作进行现场办公会。县委办、县政府办、天易经开区经济发展局、县委政法委、县应急管理局、县发改局、县自然资源局、县住建局、县环保局、县交通局、县科工局、县建设投资有限公司、云湖桥镇、金宏泰肥业有限公司负责人参加会议。

（陈敬波）

石潭镇

【概况】 石潭镇位于湘潭县西部边陲，北接云湖桥镇，南临乌石镇，东临杨嘉桥镇和射埠镇，西接湘乡市东郊乡。320国道和湘黔铁路复线与涟水平行，横穿镇北，省道330线横跨东西，省道219线纵贯南北，交通便利，区位优势明显。2019年，镇域总面积124.87平方千米，森林覆盖率31.65%，全镇耕地面积4304.3公顷，其中水田面积4082.3公顷，旱土面积222.1公顷。辖4个管区（古城、白托、列家桥、石潭）、24个村、5个居委会，630个村（居）民小组。2019年年末，人口71864。年内人口出生数676人，出生率9.41‰；死亡395人；死亡率5.50‰，人口自然增长率3.91‰

经济指标持续上升。全镇共完成财政收入5548.04万元，财政支出5215.41万元，总体表现稳中向好；完成固定资产投资6700万元，规模企业工业总产值8607万元；累计完成招商引资4420万元；2019年，全年农民人均所得增幅9%。

农业生产持续增长。持续巩固农业大镇优势地位，土地确权工作已基本完成，全镇已流转耕地面积达0.15万公顷，土地使用效率大大提升。全年，种植水稻面积达到0.75万公顷，总产量5.4万吨。存栏生猪15000余头，存笼家禽286250羽,300羽以上养禽户48户。存栏羊1345头，牛248头，水产品出产2806吨。

招商引资持续升温。湘潭双禾米业有限公司仓储精选配送基地建设项目于6月开工，投资3500万元，计划建成2条大米加工生产线，仓储面积4000平方米，达到粮食加工量1.5万吨，粮食储存2.5万吨的产业规模，打造石潭米业品牌，年总营业额达1亿，解决劳动力就业200人；大力实施“引凤筑巢”战略，株洲市神龙砖瓦有限责任公司（计划投资1.2亿元）、湖南省新型墙体材料有限公司与该镇达成投资意向。

项目建设持续推进。污水处理厂基本完工，进入设备调试、竣工验收工作。石潭中学入选省级芙蓉学校建设项目，投资2700万元，已完成相关设计规划，项目进入土地征收阶段。全力维护项目施工环境，“1121”工程顺利实施。

精准扶贫持续巩固。是年，全镇1157户贫困户实现干部结对帮扶全覆盖，24个村均配备扶贫专干，建档立卡贫困人口城乡居民医保均参保，贫困人口家庭医生签约服务100%。严格实行“一月一主题”结对帮扶走访，开展好“三个活动”。核准贫困户住房情况，查出C、D级危房和无房户123户，核实“因病致贫”帮扶目标户数825户。精准识别退出底数，危改工作动工80户，完成率111%，竣工率100%。探索驻村干部管理模式，安排财政资金用于驻村帮助队经费，其中生活物资和租金分别为300元/人/月，待遇为500元/人/月，工作经费与网格数和贫困户数关联，激发驻村干部的积极性和创造性。全镇实行脱贫攻坚工作“责任到人、考核到人”制度，在镇村干部的共同努力下，石潭镇在全县脱贫攻坚工作一季度考核中获得第一名。

人居环境持续优化。在全市第一季度环境整治评比中石潭镇被评为五差乡镇。党委、政府多措并举，实现镇容村貌显著提升。五星创建解决农户的问题，以五星农户创建作为示范带动，号召全镇人民以主人翁的态度，从自家庭院做起，搞好环境卫生，注重群众参与，明确入户评选程序和评选标准，评选小组由镇村干部、志愿者和村民代表组成。第一批颁发五星农户630户，在村组之间反响热烈。专业队伍解决面上问题，建立三支队伍。保洁员负责面上卫生的打扫，志愿者负责环境卫生评比、指导和群众发动，纠察队负责对违反整治条例的情况进行有效处理。成立40人的镇区管理队伍，负责镇区长效治理，巩固整治效果。集中力量解决难点问题，健全和完善街长制管理方案，形成“街长—段长—户长—村（居）干部—保洁员”的管理链，每周一、三、五，镇村干部上街参与人居环境整治，将治理行动责任到人、考核到人，采取暗访、巡查、考核等方式，将整治效果与个人年度绩效挂钩，做到奖惩分明。在大家的不懈努力下，石潭镇不仅在二、三季度全市人居环境整治考核评比中摘掉五差乡镇的帽子，相关做法还多次被推介到湘潭电视台新闻夜间黄金时间段播出。在11月暗访抽查中勇打翻身仗，获得全县第一。

中心工作持续发力。入户走访察民情。全面完成2次民情大走访，累计走访群众2万余户，收集400条反馈意见，实现“见面”“交办”“反馈”100%；牢牢把握扫黑除恶的任务要求，累计摸排线索21条，核查21条，打造“综治中心+网格化管理模式”，形成横向到边、纵向到底的基层社会治理网格体系。是年，该镇综治民调抽查考核评分跃居湘潭市乡镇第一名。防汛抗旱守底线。制订《堤防工程度汛预案》《防汛岗位责任制》《防山洪预案》，加强巡查值守，做好对三条韶山灌区支渠实施清淤扫障，完成堤防路面整修5千米，2座危桥改造。“非洲猪瘟”严防控。强化“非洲猪瘟”防控知识宣传，配足防控设施设备，把好流通环节，设立临时动物检疫消毒站，切断疫情传播链条，竭尽全力确保“非洲猪瘟”有效防控。

安全生产持续严抓。巩固省级安全示范镇成果，常态化开展各类安全生产检查。全年，开展安全检查80次，责令整改24次，立案6起，处罚13200元；开展联合执法行动共计30余次，共计出动近400人次，取缔非法经营场所6处；开展燃气执法42次、建筑执法24次，查处燃气黑网点3家，没收钢瓶160个；组织全镇14家工贸企业、7家加油站负责人、安全员共计35人进行集中约谈，多次开展《中华人民共和国安全生产法》《湖南省生产经营单位安全生产主体责任规定》等安全生产知识专题培训。

民生福祉持续改善。全镇24个村均建有村级卫生室，覆盖率100%。落实“厕所革命”，按照县级农厕改造的任务要求和标准，年底完成1490户改造任务，完成数量和完成率居全县第一；户户通已完成56户，各项实事工作稳步推进。全年，共计出生676人，出生人口性别比为108，符合政策生育率96.3%。前三季度实施多孩补救措施18例，免费孕前检查已完成350对，免费中筛300例。发放临时救济款23.79万元，救助292人次。新增城镇就业人员672人，完成全年任务的100%。新增农村劳动力转移就业488人，超额完成任务47%。新增贫困劳动力转移就业35人，新增贫困劳动力技能培训10人，贫困家庭“两后生”技能培训3人。

政府建设持续规范。认真贯彻全面从严治党要求，深入开展“不忘初心，牢记使命”主题教育，坚决执行中央八项规定精神，扎实推进“纠四风”“治陋习”和党风廉政建设工作。全年，纪委立案并办结11件，处分11人；严格对标，对全镇2019年的一般商品和服务支出压减10%。制订《石潭镇固定资产收回工作方案》，加强对镇属固定资产的日常管理。

2019年石潭镇各行政村基本情况一览表

表8

村　名	总面积（平方千米）	耕地面积（公顷）	户　数（户）	村民小组（个）	人口数（人）	农村经济总收入（万元）	农村经济总费用（万元）	农民人均纯收入（元）
合计	124.87	3735.8	17373	596	67024	2737	2763	17005
古城	4.4	198.47	1021	25	4504	46	98	17980
莳竹	2.5	103.26	522	11	2080	49	41	17085
联盟	2.7	108.07	625	17	2658	64	76	17078
兆托	2.5	164.2	632	19	2586	44	50	17083
托下	204	114.6	620	14	2467	55	46	17217
天桥	3.7	184.13	706	21	2640	74	79	16953
石桥	10.9	236.67	1245	37	4824	168	143	16714
向韶	3	120	574	15	2145	45	81	17006
芙蓉	3.2	165.93	645	27	2595	28	18	17046
八角	3.3	156.53	638	20	2585	43	65	17465
青和	3.5	114.47	501	24	1985	129	117	16463
甘泉	6.2	151.87	659	27	2380	133	103	16401
列家桥	3.8	107.07	500	18	1872	227	194	17148
中新	4.8	143.07	610	23	2017	121	104	16596
双红	9.1	208.47	782	32	2875	75	109	16424
同庆	5	140.47	594	23	2242	107	138	16976
骏马	8.5	217.53	1083	38	3670	203	180	16705
红佳	7.2	219	933	37	3572	94	119	17020
杨田	5.8	180.53	787	31	3217	317	134	16949
中山	7.9	150.73	696	24	2695	209	220	17018
紫涟	3.3	128.13	589	28	2362	61	117	16817
白托寺	5.1	213.6	982	34	3462	144	134	16905
象塘新	6.7	114.33	661	27	2461	127	149	16436
新合	8.1	94.67	765	24	3130	174	248	17126

【经济工作务虚会议】 1月24日，石潭镇召开2019年经济工作务虚会，回顾总结2018年工作，谋划安排2019年工作。该镇党政领导班子成员及各站办所负责人参加会议。各站办所负责人对2018年工作的亮点、难点进行阐述，并就2019年工作计划展开讨论。随后，党政负责人着重阐述各分管领域2019年重点工作的推进方案。该镇主要负责人强调，2019年全体干部要审时度势、顺势而为、借势作为，为将石潭打造为“五马奔槽”之地、“五强并举”之镇而不懈奋斗。同时，对节前工作进行安排部署。该镇负责人逐一对各单位2018年度工作进行客观点评，要求各站办所制订2019年度工作要点，把务虚变为实干，并提出来年工作思路，要求在党建、政法、农业等领域下足功夫，推行党建“输血”“造血”“活血”三大计划；集中精力开展政法领域工作；打造特色农业，促进产品升级，产业转型，实现石潭高质量发展。

【石潭镇第六届人民代表大会第六次会议】 2019年7月4日上午，石潭镇第六届人民代表大会第六次会议胜利召开，正式代表、列席代表共计160余人参加会议。该镇镇长、镇人大主席分别就《政府半年度工作报告》《人大主席团半年工作报告》作汇报，会议选举唐术为石潭镇人民政府镇长。

新当选镇长唐术向宪法宣誓并致辞，他表示：一要坚定理想信念，旗帜鲜明“讲政治”。二要勇于争先进位，全力以赴“拼经济”。三要不忘为民初心，全心全意“爱石潭”。四要始终心怀戒尺，矢志不渝“守底线”。一百个表态不如一个表率，将把初心写在石潭的大地上，把使命刻在奋斗的年轮中，决不辜负全镇人民的信任和重托。

会议要求，深入学习习近平新时代中国特色社会主义思想，贯彻党的十九大精神和乡村振兴发展战略，牢牢把握稳中求进工作总基调和推动高质量发展总要求，一届接着一届干，一棒接着一棒传，继承历届政府好的工作方法，不胡来，不折腾，不浪费，力争各项指标全面完成，各类考核全面争优，基本待遇全面落实，为把石潭打造成“五强并举、五马奔槽之地而不懈奋斗！

【水利建设】 2019年，为解决困扰当地多年的防汛重点难点问题，石潭镇联合县水利局召开涟水河石潭段古城堤、白托堤除险加固工程开工建设动员大会。县水利局工程技术负责人详细介绍该项目的工程实施方案，中标施工单位代表做严谨而负责的表态发言，石潭镇相关职能站所和管区、属地村代表积极建言献策，水利局和石潭镇党政负责人就安全文明施工、确保工程项目顺利实施、如期如质完成任务作具体部署和工作强调。

与会人员纷纷表示，要群策群力、分工合作，将这项重点水利惠民工程做实、做好。该项目预算投资接近3000万元。该镇将以此项重点工程建设为契机，在已安排实施的水利冬修项目基础上，再度掀起新一轮建设热潮。

【石潭镇工作调研】 自2019年2月12日起，石潭镇党政负责人率队走进辖区各村（居）进行调研，深入了解他们2019年的发展形势和目标，并勉励他们在新的一年里创出新实绩，为将石潭打造成“五马奔槽”之地、“五强并举”之镇贡献力量。

在此次走访过程中，班子领导充分肯定各村（居）在2018年取得的成绩，并通过个别交谈、小型座谈会等形式认真听取他们对来年工作的意见和建议，并就村干部提出发展中遇到的问题给予答复。在座谈会上，该镇负责人要求，要集中心思开好局，以时不我待的紧迫感迅速把各项工作抓起来，找准结合点和切入点，发挥一线作用，通过出实招、干实事、解难题，一步一个脚印地推动石潭镇更高质量、更快速度发展。

2月21日下午，石潭镇党政负责人一行到石潭镇古城中学，古城中心小学调研开学工作。镇负责人一行仔细查看教学楼、运动场、食堂等校园环境，详细了解学校师生到校数量、食堂卫生、活动场所安全等各个方面的情况。在听取学校负责人的工作汇报后，石潭镇负责人对各学校开学工作给予充分肯定。

石潭镇负责人指出，学校安全工作是重中之重，影响大、涉及广，是学校一切工作的保障。认识要到位，要切实提高对学校安全工作的重视，要时刻紧绷安全之弦；宣传教育要到位，要充分利用校园广播、网站、宣传版面等，大力宣传安全知识，加强安全教育，提高师生的安全防范意识和能力；部署要到位，要认真落实学校安全各项规章制度，细化工作措施，明确工作职责；问责要到位，真正构建起校园安全网络，确保学校安全、师生安全。

【“食品安全护苗行动”】 2019年，为确保石潭镇校园及周边食品安全质量，杜绝食品安全事故的发生，保证广大师生的身体健康。3月1日，该镇相关负责人带领镇卫计、安监、食安、食药质检等部门开展护苗行动。

此次行动主要对该镇幼儿园、中小学校的食品安全进行检查，对全镇中、小学、幼儿园的食堂及小卖部进行全面细致的检查。对检查中发现的食材来源证件不齐、台账填写不规范、小卖部经营范围与经营许可证不符、存在少量过期食品等现象，校方负责人现场做出批评指正，并下发整改通知书，限定整改时间，明确相关责任，尤其强调管理不严可能造成的后果，要求校方警钟长鸣，常抓不懈。

【爱心企业公益行】 2019年6月23日，由中共湘潭市工商业联合会商会协会委员会主办，中共湘潭县石潭镇党委、中共湘潭市莲城企业家协会支部委员会承办的“户帮户亲帮亲，互助脱贫奔小康”公益一日行捐赠仪式在湘潭县石潭镇石桥村隆重举行。来自长沙、湘潭两地的17家爱心企业及爱心人士踊跃参与，献出爱心。

仪式上，爱心企业及爱心人士为当地部分贫困户捐赠单车、台扇、书包、电饭煲等物品，共为53户建档立卡贫困户捐赠了价值近5万元的善款和物资，为当地村委会捐赠电脑、打印机等办公用品。随后，爱心企业及爱心人士走访慰问当地5户贫困户，并购买当地农副产品，帮助农户增加收入，并表示以后会继续收购农副产品，支持贫困户发展产业。

【政协委员调研香菇种植基地】2019年10月24日，石潭镇政协联工委组织全体政协委员对该镇八角亭村彩霞家庭农场香菇种植基地和甘泉村强君农业生态科技有限公司香菇生产基地进行视察，助力石潭特色农业和镇域经济发展。

石潭镇八角亭村彩霞家庭农场香菇种植历史已有近20年，香菇种植技术不断成熟。成功实现“工厂化生产”“水帘式温控”“立体型育菇”“半生料灭菌”四大技术攻关，进入国家领先水平。湖南强君农业生态科技有限公司投资约1500万元，在该镇甘泉村流转3.33余公顷土地，种植香菇2.33公顷，植菇35万棒。收获期每天平均采摘超过2000斤，吸引大量村民主动到基地学习，种植散户逐渐增加。

视察中，政协委员深入生产基地大棚中现场查看香菇种植和采摘情况，认真听取各基地负责人介绍今后的规划以及发展中遇到的困难和问题。委员们充分肯定彩霞家庭农场香菇种植基地和强君农业生态科技有限公司香菇基地为镇域经济和特色农业发展做出的贡献，并提出发展中相关意见和建议，特别是站在消费者的角度为两个香菇生产基地的建设和销售渠道拓展提出建议和想法，并表示将持续关注生产基地的建设和发展，大家携手共进，一起为石潭经济振兴做出努力。

（张煜华）

乌石镇

【概况】乌石镇位于湘潭县西部偏中，东与锦石乡、射埠镇相邻，南与排头乡接壤，西与湘乡市近郊，北与石潭镇相连，距县城约40千米，是彭德怀元帅的故乡。2019年，总面积96.12平方千米，辖13个村和1个居委会，385个村民小组。耕地面积2143.2公顷。其中，水田1959.4公顷，旱土171.8公顷。林地4403.6公顷，水面825.0公顷。总户数10964户，总人口37658人。其中，男性19466人，占比51.69%；女性18619人，占比49.44%；少数民族15个162人。全年出生370人，人口出生率1.94‰；死亡人数201人，人口死亡率1.10‰。人口自然增长率0.84‰。

全年，实现财政总收入5960万元，财政总支出5960万元。税收任务数450万元，总计完成494万元，农村集体经济收入813.24万元，增长24.58%。工业总产值4400万元，农业总产值6.67亿元。工业企业11家，以家具制造、槟榔加工、箱包制造为主。

是年，粮食播种总面积1866.67公顷，粮食总产量1.5万吨，冬种油菜466.67公顷。克服非洲猪瘟疫情影响，全镇生猪存栏0.6万头，年出栏5万头，生产恢复情况良好。家禽存栏25万羽，年出栏50万羽，鱼类产品240万斤。天龙村、平山村黄花菜、夏橙、沃柑，景泉村贡菊，华龙村龙虾、甲鱼等特色种养殖面积66.67公顷。全年，累计发放农机购置补贴资金25.59余万元，有效推动农业机械化，提高农业产业化。

成立全县首个乡镇特色农产品协会，全力打造“乌石情”农业产业品牌，上报到国家工商总局窗口。以红色旅游为切入点，深入挖掘旅游业潜力，实现产业融合发展。其中乌石峰村以研学旅行基地模式，带动65户农户参与民宿经营。大力培育大禹兴农农业科技有限公司、乌石寨养蜂专业合作社、斑竹种养专业合作社、乌石镇稳根家庭农场等新型农业经营主体，发掘其优势与特点，开展社销零线上培育，乌石腐乳、黄花菜、绿壳鸡蛋等农副产品的年销售额达到1800万元以上。

全年，7个项目共完成投资3.9亿元。其中，乌石镇镇区环境综合整治项目续投5255万元，彭德怀故里创建国家AAAAA级旅游景区建设项目续投2.75亿元，湘潭县乌石镇慕缘家具厂完成工业技改1000万元，县重点项目民宿投资1200万元。争取上级财政资金、项目资金支持达512万元。

新引进项目4个，计划总投资5240万元，已完成总投资5275万元。其中众旺竹木公司完成投资1250万元，乌石峰养老服务有限公司完成投资1975万元，乌石醉米酒厂完成投资850万元。

全镇查处非法开采行为3起，罚款收入35000元。查处非法储存销售烟花鞭炮点5处，没收伪劣烟花鞭炮138封件，罚款1000元，查处木工企业安全生产违法违规行为两处，罚款2.5万元，关停一家整改不到位的木工厂。在2018年全面取缔马路市场的基础上，巩固双庙、中塘坳、瓦子坪3个集市的整治成果，对平山、锦绣集市进行搬迁，在5个集市共安装标识标牌50块。成功依法拆除联塘水库8处围堰。

完成不良贷款清收685.5万元，开展打击非法集资宣传“七进”活动10余次，重点开展打击养老领域非法集资行动，稳控善林金融、善心汇重点人员共20人，引导“钜富外汇”和“e租宝”参与人员11人到法院和公安机关进行登记，全镇没有发生非法集资、“三贷”、金融领域进京赴省上访事件。探索制订《乌石镇村级项目管理办法》，对村级项目进行规范。一批信访积案、历史遗留问题有效化解。开展安全生产执法检查92次，排查安全隐患40处，全部整改到位。

扎实开展扫黑除恶专项行动，扫黑除恶线索核查交办15条，破获涉恶类刑事案件3起，查处涉恶类行政案件3起。

全年，实现脱贫共计120人，投入产业扶贫资金179.58万元，基础设施资金32万元。办理交通补助省内426人，省外231人，共计15.62万元，一次性求职补助534人，共计16.02万元，实现有就业意愿和就业能力的贫困劳动力转移就业全覆盖。危房改造新建26户，维修26户全部核实整改完毕。

2019年度，完成各类水利工程建设360处，移动土石方量10万立方米，渠道清淤扫障120千米，对红卫水库进行整修，完成多类投资共计500万元；完成40.87千米自然村通水泥路建设，道路拓宽12.1千米，乌石峰村、众兴村完成扶贫公路硬化4千米，全镇补板1800平方米，完成清灌缝23.2千米，乡村日常公路养护27千米；完成宣讲中心工程、智慧景区、导向系统采购安装、亮化系统采购安装等工程竣工验收工作。深入开展农村人居环境整治“五大行动”，厕所革命颇见成效，累计完成453座，拆除空心房33户，6753平方米，评选出“五美家庭”162户。

是年，全镇参加城乡居民基本医疗保险30538人，参保率达95.65%，缴费总共筹资572万元，报销9558人次，报销金额2498余万元。落实临时救助270人次，发放资金24.91万元，救助困难家庭240户。解决优抚对象123人次，发放救助资金16.7万元；认真开展统筹城乡就业工作，新增农村劳动力转移就业完成293人，就业扶贫交通补助总计完成申报657人。正在新建标准化的乌石养老服务中心，新增床位450个。

成功引进江声实验学校与百花小学分别与该镇的乌石峰中学、彭德怀红军小学进行联合办学。争取城投制水100万元的教育基金落户红军小学，争取50万元用于红军小学礼堂提质改造。

开展第二届“将军颂”文艺会演，受到人民群众的好评；开展新时代文明实践试点工作，打通与群众的“最后一公里”；组织开展第五届采茶节旅游文化活动，开启四季乡村旅游的局面；广泛开展“最美乌石人”“道德模范”“文明家庭”评选活动；全面推行殡葬改革；全面建立农村村民议事会、道德评议会、禁毒禁赌会，红白理事会议事逐步制度化、规范化、常态化，有效遏制婚丧嫁娶大操大办、铺张浪费现象。

是年，该镇荣获湘潭市农村人居环境整治第二、三季度“五好乡镇”，成为全市首个顺利通过“国家卫生镇”技术评估的乡镇。

乌石镇以彭德怀文化景区为依托，采用“公司+合作社+农户”的模式，根据各村自身的地理、人文等情况进行相应农产品的深入开发，打造乌石一村一品特色农副产品。乌石镇以乌石村与乌石峰村为核心打造腐乳基地，以双庙村为核心打造乌骨鸡、绿壳鸡蛋、香米种植基地，以天龙村为核心打造黄花菜、绿茶种植基地，以众兴村为核心打造生猪养殖、腊肉熏制基地，以锦绣村为核心打造蜂蜜基地等。

2019年乌石镇各行政村基本情况一览表

表9

村名	面积（平方千米）	户数（户）	人口数（人）	农村经济总收入（万元）	农村经济总费用（万元）	农村经济净收入（万元）	农民人均纯收入（元）
合计	96.1	10964	36953	67401	44006	23395	18246
大明	6.6	808	2783	3582	2322	1260	19048
华龙	6.7	770	2587	3893	2518	1375	17917
锦绣	9.7	992	3575	4125	2782	1343	17598
景泉	9.9	687	2401	6750	4374	2376	16155
平山	6.9	860	2777	4283	2725	1558	19100
石峰	5.8	626	2339	4712	3162	1550	17066
双庙	5.6	640	2212	4011	2619	1392	21001
四美	3.4	362	1359	994	654	340	16380
天龙	6.4	824	2746	5896	3839	2057	19100
瓦子坪居委会	2.1	560	800	0	0	0	0
乌石	10.9	1413	5102	7948	5211	2737	19282
乌石峰	5.3	575	2057	9196	5970	3226	17247
岳冲桥	6.9	705	2349	3576	2342	1234	19031
众兴	9.9	1142	3866	8435	5488	2947	18277

【乌石镇第二届“将军颂”文艺会演】 2019年1月25日，乌石镇举行第二届“将军颂”文艺会演暨“文明家庭”系列表彰颁奖典礼。此次活动还结合全国文明村镇创建工作要求，对“文明家庭”“好公婆”“好媳妇”的获奖者代表进行现场颁奖。

【江声教育集团到乌石镇开展联合办学】 2019年2月22日，江声教育集团董事长一行到乌石镇就江声实验中学与乌石峰中学联合办学相关事宜开展调研活动。通过实地考察与座谈，该镇与江声教育集团就联合办学相关事宜达成共识。江声实验学校将用其先进办学理念与优质教学资源为该镇教育发展助力。

【乌石景区四季乡村旅游活动启动】 2019年5月12日上午，乌石景区四季乡村旅游启动仪式暨湘潭县采茶劳动技能竞赛在乌石镇羊鹿茶基地举行。乌石镇秉承旅游资源大整合、旅游规划大格局的发展理念，按照“举红色旗、打文化牌、走生态路”的发展战略，创新性地将本土红色旅游文化和绿色田园山水有机融合，打造“到彭德怀纪念馆接受革命传统教育，到乌石峰看红枫、赏杜鹃，到留君庵下采绿茶、摘黄花，到九节龙去越野，到云盘寨去登高”的乌石景区四季乡村旅游品牌。

【第二届“最美乌石人”评选活动】 2019年6月26日起，乌石镇持续开展第二届“最美乌石人”评选走访考察工作。此次“最美乌石人”评选共评出37位不分年龄、民族、性别、职业的“助人为乐”“见义勇为”“诚实守信”“敬业奉献”“孝老爱亲”五类“最美乌石人”，并在大会上予以表彰。

【“欢乐潇湘·大美湘潭·莲乡大舞台”群众文艺会演乌石专场】 7月4日，乌石镇在彭德怀红军小学大礼堂举行2019年“欢乐潇湘·大美湘潭·莲乡大舞台”群众文艺会演乌石专场文艺演出。在现场，地道的乡土节目吸引成百上千的周边群众前来观看，气氛热烈。活动现场还穿插进行“学习强国”宣传推广及知识抢答竞赛和“小头盔大安全”交通文明宣传，为答题的群众和现场演员发放精美礼品、安全头盔。

【人大代表评议部门工作会议】 7月5日上午，乌石镇组织召开人大代表评议部门工作会议，对镇规建站、农推中心、卫生院、1名副镇长的工作进行民主评议。党政负责人、镇人大代表、站办所长、被评议部门工作人员等60余人参会，人大代表对被评议对象进行评议发言并进行满意度测评。

【通过“国家卫生乡镇”技术评估】 2019年9月19日，“国家卫生乡镇”技术评估专家组一行4人到乌石镇，对该镇创卫工作进行现场检查。专家组组长向英甲当场宣布，湘潭县乌石镇顺利通过“国家卫生乡镇”技术评估。

【基层党建现场交流会】 2019年10月14日，湘潭县基层党建现场交流会在乌石举行。各乡镇党委书记与组委参会，乌石镇作典型经验发言，介绍该镇“党建+社会治理百千万工程”的相关情况。

【省委组织部到乌石镇调研基层党建工作】 2019年10月22日，省委组织部前往乌石镇大明村调研党建引领基层治理，到乌石峰村调研村级集体经济，在彭德怀纪念馆听取报告会后，开展调研座谈会，了解相关情况。

【荣获“中国楹联文化镇”称号】 2019年11月，乌石镇通过“中国楹联文化镇”验收，获得“中国楹联文化镇”称号。

【乌石镇第六届人民代表大会第七次会议】 2019年12月13日，乌石镇召开第六届人民代表大会第七次会议，会上依法补选蔡剑锋、朱建成为乌石镇政府副镇长。

【湘潭乌石腐乳】 乌石腐乳的原材料均来自本地农家，用街坊之间流传数百年的传统手工制作，最终形成独特的乌石味道。2015年年底，乌石腐乳成功推出“罗氏腐乳”品牌，采用传统工艺配方自然发酵，豆腐好、腐乳发酵期长，其发酵期和发酵效果都严格把关，口感非常好，深受广大消费者的喜爱和好评。经过短短三年时间，乌石腐乳便成为周边家喻户晓的桌上美食。乌石腐乳2019年产量大概是5万坛左右，计划投资50万元新建厂房，进一步扩大生产规模。

【湘潭乌石腊肉】 “湘潭乌石情腊肉”是选用皮薄、肉嫩、体重适宜的沙子岭猪为原料，经切条、配制辅料，腌渍、洗盐、晾干和熏制六道工序加工而成，鲜五花肉产腊肉的出品率为64%~68%。其特点是肉质干爽、结实、富有弹性，入口熏香浓郁、肥不腻口，瘦不塞牙。不仅风味独特，还具有开胃、去寒、消食等功能。湘潭乌石情腊肉由本地古油茶树低温熏制，夏季蚊蝇不爬，经三伏而不变质，产品的保质期长（至少为6~10个月），甚至可以全年保存。因采用低温腌制、低温烟熏的工艺，腊肉的有毒物质含量非常低，安全性相对于传统腊肉制品较高。

【湘潭乌石黄花菜】 湖南湘潭乌石镇是黄花菜的主要原产地之一，乌石黄花菜，誉满三湘，已经有500多年的种植历史。黄花菜是一种黄绿色花卉食品，营养丰富，富含维生素、蛋白质、脂肪、氨基酸、胡萝卜素以及钙、镁、锌等多种微量元素。在湘潭县乌石镇，经过日晒天然加工而成的黄花菜被称为“原菜”，收购时每千克可卖到8~10元钱。原菜的加工，必须在日照充足的情况下，经过两三天的暴晒才能制成。乌石黄花菜已成为乌石的主要农业产业和4万户菜农重要经济收入来源。全镇黄花菜种植面积达上千亩，总产量达600余吨。

【湘潭乌石乌鸡】 湘潭县特种养殖场1996年开始繁殖美国王鸽，珍珠鸡，乌骨鸡等5.85万羽，其中乌石镇重点养殖的中华黑羽鸡被国家农业部列为“全国重点种质资源保护”项目。这种鸡全身内外均为黑色，血液中也带有黑色素，所产的蛋为绿色（九黑一绿），具有特殊的药用价值，因此被称之为“中华黑羽十全鸡”。据中科院遗传研究所测定结果表明，这种乌鸡是一种宝贵的特异性品种资源，国内外罕见的遗传基因群，也是中国独有的鸡种。它像一个天然的营养加工厂，不仅自身蛋白质、维生素、微量元素及18种氨基酸含量显著高于普通地方鸡种。

【湘潭乌石绿壳蛋】 乌鸡和绿壳鸡蛋作为乌石镇的特色农产品，其发展已有十年之久。是年，乌石镇饲养产绿壳蛋的乌鸡户有30多户，这些养殖户分布在坝湾村、龙塘村等地。绿壳蛋并不是完全呈现绿色，而是隐隐的泛着青绿色，深浅有别。据了解，这种绿壳蛋也叫青壳蛋，被中国著名营养学家于若木称之为“东方神蛋”，富集各种营养物质和微量元素、维生素、矿物质，蛋内的主要营养成分含量都明显高于土鸡蛋。如胆固醇只有普通鸡蛋的一半，而卵磷脂是普通鸡蛋的4倍，硒是普通鸡蛋的5倍，是儿童老人孕妇保健名副其实的“食疗”神蛋。

【湘潭乌石毛尖】 绿茶是湘潭县传统作物，1988年，全县就有茶园792公顷，1995年，为纪念彭德怀诞辰100年特别研制“大将军”“乌石毛尖”两个献礼茶和其他四个茶叶品种参加全省名茶评审，获得3个金杯奖和1个银杯奖，并在第二届中国农业博览会上展出。2015年，乌石举行首届采茶之旅活动，2018年，举行首届湘潭县采茶技能比赛活动，将乌石绿茶和乌石毛尖推广出去。

【湘潭乌石香米】 乌石镇内种植业历来以水稻为主，红薯、豆类、玉米等作物为辅。2000年，政府引导农民向优质高效农业转型，推广种植优质稻，探索两粮分流途径，发展种植春玉米及高产饲料稻，种植业效益大幅提高。2005年，全镇种植优质水稻0.24万公顷、玉米100公顷，总产粮食39697吨。双庙、坝湾两村连片种植优质稻“衡晚香3号”33.33公顷。2019年，镇粮食作物播种总面积0.31万公顷，总产粮食2.1万吨，早稻亩产0.45吨，晚稻亩产0.55吨。总产旱粮1860吨，亩平单产0.62吨。 （黄祎俤）

杨嘉桥镇

【概况】 杨嘉桥镇地处湘潭县西部，因当地邓家坝村有一座桥名曰杨嘉桥而得名。该镇东、南面与河口镇相连，西靠石潭镇，北接姜畲镇，距县城15千米，距湘潭市区8千米。该镇是个大镇，农业以典型的农业种粮食、蔬菜、发展农副产品为主。羊鹿茶声名远播，曾多次获国家、省、市各类奖项。矿藏以海泡石、石灰石为主，特别是海泡石矿藏十分丰富，占全国90%以上，为全国之最，该镇也因此被誉为“中国海泡石之乡”。2019年，镇域总面积115.92平方千米，其中陆地100.34平方千米，水域15.29平方千米，林地面积3002.60公顷。耕地面积3815.33公顷，灌溉面积4600公顷。全镇有4个堤垸，13千米长烈雁金河，有4座小二型水库，有骨干山塘3000余口，其中1万立方米以上的骨干塘750口，有斗渠以上的灌溉渠道180千米。辖杨嘉桥、峡山口、荆州、雁坪4个管区，21个行政村，1个社区，2个居委会，585个村民小组，8个居民小组，19045户，62959人。

2019年，杨嘉桥镇紧紧围绕建设富强秀美和谐的都市农业新镇这个目标，按照“农业稳镇、工业兴镇、生态靓镇”的工作思路，不忘初心、砥砺前行，基本完成镇六届人大五次会议确定的目标任务，经济保持稳中有进、社会更加和谐安定、人居环境明显改善，镇机关成功创建省级文明卫生单位。

杨嘉桥镇适应新形势，抢抓新机遇，逆流而上，取得远超预期的好成绩。截至11月底，全镇14家规模企业完成工业总产值18亿元，同比增长42%。新增社会零售销售总额超500万元限额以上企业1家，新增产值过2000万元规模以上企业3家，完成一、二、三产业固定投资5.5亿元，完成税收4391万元，全年税收突破6000万元，农民人均纯收入16965元。全年，招商引资引进新建项目3个，其中湖南宏辉建材有限公司、湖南赛恩新材料科技有限公司湘潭县分公司均正式投产，湖南意祥新能源开发有限公司项目开工建设。

园区发展呈现新跨越。杨嘉桥镇把准“杨河新城”定位，以园区经济发展为引擎，带动镇域其他中小微企业实现年创税收1800余万元。湘钢金属资源综合利用项目、湘潭垃圾焚烧发电项目顺利开工。稳步推进园区基础设施建设，修建园区大道，进一步完善水、电、污水管网，征收九江村陡坡组10公顷土地，园区储备土地18公顷左右。全年，接待客商12批次，签订投资意向1个，招商引资到位资金1亿元，完成率111.1%，完成城乡建设用地增减挂钩12公顷。

农业发展呈现新面貌。杨嘉桥镇盘活农村资源，维护农民权益，释放农业农村发展潜力，推进农业农村现代化发展进程。全年，落实水稻种植面积0.63万公顷，粮食总产量9.1万吨。存栏生猪2.85万头，存笼家禽33.6万羽，存栏牛850头，存栏羊4200头，水产养殖363.33公顷，产值1962万元。全面完成雁银、柳福等2个村333.33公顷耕地轻度污染治理任务，完成雁银、合金、金笔等3个村51.89公顷休耕农田复种任务，完成农作物种植结构调整80公顷。加大水利设施建设力度，投资3100万元完成堤垸防渗灌浆1320米、涵闸接长2处，涵闸拆除重建2处，六方块护坡、砼护脚4.2千米，完成骨干塘建设27口，建设高标准渠道4条1.2千米。全年，检验农用拖拉机32台，送训拖拉机收割机驾驶员6人，农机购置补贴机具4台套。新增合作社11家，新增家庭农场7家，0.12万公顷流转土地生产经营正常。农村集体产权制度改革工作中完成清产核资、集体经济组织成员身份界定、村集体经济组织成立工作。全面完成土地确权颁证和全国第四次经济普查。

三大攻坚呈现新进展。杨嘉桥镇凝聚社会共识，动员社会力量，在打好三大攻坚战上沉下身子，撸起袖子加油干。防范化解重大风险。牢固树立过“紧日子”思想，严把财源出口，严控新增债务，争取化债资金500万元。完善三资监管各项制度，规范使用流程，村级5万元以上重大项目建设及1万元以上的采购项目全部实现公开招投标流程。扎实开展金融安全和打击防范非法集资，摸排出“湖南德寿养老产业有限公司”等疑似非法集资活动线索。严密防控“非洲猪瘟”，加大疑似疫情处置力度，设立24小时临时消毒检测点12处，分发消毒药物11.4吨，洒放石灰559吨，处置疑似疫情504次，有效防止疫情进一步扩散。深入推进精准脱贫。紧紧围绕“一超过、两不愁、三保障”，切实做好“六个精准”，以脱贫攻坚“九个一批”为抓手，健全脱贫攻坚工作常态化督查机制。全年，完成脱贫43户133人，九江村、柳福村、燕荆村等三个村全部脱贫。大力开展“一进二访”活动，补齐配强驻村帮扶队，成立两支脱贫攻坚专业小分队，压实工作责任。全面提高“三率一度”，各类扶贫政策落到实处，完成危房改造124户，其中建档立卡贫困户55户。医疗救助1009人次，教育助学696人，发放助学金76.8万元，雨露计划131人，一次性求职创业325人，交通补贴348人，农村饮水安全巩固提升27人。全面加强污染防治。全力推进秸秆禁烧工作，严格落实“镇主导、村负责、组管户”的禁烧工作机制，成立21支应急扑火队，各村民小组均设有流动哨，配齐灭火工具。深化河长制责任落实，实现涟水河总退养352户，退养面积60718平方米。开展河湖“清四乱”专项行动，拆除乱建8处600平方米、清理乱堆乱占12处1万平方米。加大环境卫生整治力度，实施“十百千万”工程，出动1.2万余人次，清理陈年垃圾300余吨，卫生死角320余处，清理沟渠池塘等500余处，清障35公里，拆除高空废旧招牌35块，铲除牛皮癣3420多处。更加严格执法，开展环境破坏、非法采砂、采矿等执法巡查150余次，立案12起，缴扣挖机10部，拆毁洗砂设备2处，罚款2.2万元。

镇村建设呈现新格局。杨嘉桥镇注重镇村建设，全镇整体面貌和对外形象显著提升。加大镇区建设力度，投资近500万元，完成青湖路、邓家坝桥、镇区污水管网建设，污水处理厂建设有序推进。投入80多万元改造杨嘉桥集贸市场、新建荆州集贸市场和雁坪集贸市场，镇域内14个马路市场全部取缔到位。深入推进农村人居环境整治，狠抓“六乱”等专项整治，拆除主干道沿线垃圾池35个，整改垃圾箱停放点22处，新增移动式垃圾箱17个、垃圾桶2200个，划定停车位356个。绿化、亮化3处荒地约2400平方米，安装隔离设施1处，硬化改造破损路面450平方米，拆除乱搭乱建棚子7处270平方米，人居环境得到明显改善。在金福村召开农村人居环境整治现场会，在全镇推广“定时定点集中收集生活垃圾”模式，得到人民日报客户端报道宣传。广泛开展“美丽庭院”创建，创建市级示范户2户、县级示范户27户、镇级示范户270户。扎实开展植树造林，完成造林13.33公顷，封山育林20公顷，中幼林抚育间伐6.67公顷，义务植树8万余株，全力推进一村一品美化，寻笔港退耕还林还湿成效初显。

民生福祉得到新改善。杨嘉桥镇始终坚持以人为本，民生优先，积极顺应人民群众对美好生活的新期待，切实维护社会团结稳定。八件民生实事全面完成，新增城镇就业473人，新增农村劳动力转移就业349人。完成通自然村村道硬化70余千米，道路补板2000余平方米,水泥路面沥青灌缝20.7千米。完成孕产妇免费产前筛查280例，“两癌”免费检查782人，扶助60周岁以上失独老人13人，救治救助贫困重性精神障碍患者12人。建设九江村卫生室，消除村卫生室“空白村”，完成“厕所革命”任务1150个，完成“四类对象”危房改造124户。通过惠农补贴“一卡通”系统发放各类补贴42项2518万元，其中农村低保307万元，城镇低保35.56万元，特困保障金435.7万元。城乡居民医疗保险参保率达95%。投资800万元新建雁坪中心幼儿园，推行“一校一品”，打造荆洲中学诗词特色学校、峡山口中学足球特色学校。2019年中考，22名学生达到县一中分数线，学生毕业率达98.89 %，六年级文化检测排名全县第四。举办“迎新春、送春联”、第二届广场舞联谊等丰富多彩的文艺活动，新时代文明实践所挂牌成立，评选杨嘉桥镇首届八类“最嘉人物”，持续更新村级文化墙、公益广告牌等，将习近平新时代中国特色社会主义思想、社会主义核心价值观、移风易俗等内容通过通俗易懂、图文并茂的形式展现给基层群众，营造文明新风良好氛围。王闿运墓及湘潭大学早期建筑群成功申报为省级文物保护单位。

社会团结稳定呈现新进步。杨嘉桥镇坚定不移推进社会团结进步，维护稳定安全，创造全镇上下团结一心、和谐稳定的新局面。纵深推进扫黑除恶专项斗争，有效扼制罪案发生，刑事治安案件呈下降趋势。强化企业安全生产主体责任。全年，开展执法检查169次，排查安全隐患211处，立案15起，罚款2.6万元。扎实开展入户走访、“平安创建”活动，“雪亮工程”127个摄像头分布于镇区、村部、交通路口等人流密集处，实现社会公共区域监控点位镇域全覆盖。成功应对湘江湘潭站历史第一洪峰流量的特大洪水，保住不死一人，不溃一堤一垸底线。积极开展国防教育，加强民兵队伍建设，完善国防动员体制，选送优秀适龄青年应征入伍，推进武装部正规化建设。全年，受理网上信访49件，办结48件，办结率97.9%，群众安全感和满意度调查排名全县第五。回复市长热线、县长热线、红网百姓呼声、“12345”热线等投诉、意见及建议208条，回复满意率100%。调处矛盾纠纷178起，调解成功率达99%。是年，没有发生群体性事件和重特大安全事故。

2019年杨嘉桥镇各行政村基本情况一览表

表10

村 名	总面积(平方千米)	耕地面积(公顷)	村民小组(个)	户数(户)	人口数(人)	农村经济总收入(万元)	农村经济总费用(万元)	农村经济净收入(万元)	农民人均纯收入(元)
合金村	6.87	143.19	23	883	2497	4824	3104	1720	16177
金笔村	5.681	159.66	24	893	2813	5024	2992	2032	17764
三湘村	6.482	226.38	31	1300	3859	6756	3978	2678	16946
华东村	5.659	166.33	31	891	2866	5480	3155	2325	16342
金蛟村	5.462	206.53	34	993	3159	5734	3002	2732	16075
白鹿村	6.297	162.8	29	1089	3100	5684	3034	2650	16048
铺子岭村	4.883	127.73	22	893	2390	4562	2940	1622	16117
九江村	5.316	119.8	21	697	1878	3915	2079	1836	16346
富家村	7.608	238.81	32	1021	3214	5968	3168	2800	15995
杨嘉桥村	6.944	150.24	30	955	2602	5212	3237	1975	16085
金福村	5.193	215.57	27	1099	3540	6599	3182	3417	16960
燕荆村	4.668	134.34	28	802	2656	4828	2933	1895	15781
金河村	6.361	181.3	33	933	2872	5330	2933	2397	16368
雁银村	7.961	215.93	35	951	2910	5212	3045	2167	15374
柳福村	6.535	223.98	35	1155	3759	6621	3963	2658	16128
同福村	3.312	171.53	20	793	2627	5048	3019	2029	16413
金凤村	2.057	104.71	11	541	1908	3616	1724	1892	16317
金洪村	4.552	155.84	28	1045	3237	6001	3031	2970	16358
旷家新村	5.884	211.64	30	1069	3314	6084	3997	2087	16345
新福村	2.67	164.56	22	615	2092	4054	2751	1303	16214
新桥村	5.525	259.16	35	1069	3495	6298	4019	2279	16182
机关居委会	—	—	—	506	827	—	—	—	26503
王家山居委会	—	—	—	620	1010	—	—	—	26603
电厂街居委会	—	—	—	308	468	—	—	—	27024

【杨嘉桥镇第六届人民代表大会第六次会议】 5月7日，杨嘉桥镇第六届人民代表大会第六次会议召开，72名镇人大代表和77名列席人员参加会议。会议听取杨嘉桥镇2019年上半年政府工作报告、上半年人大主席团工作报告、杨嘉桥镇2018年1—4月财政预算执行情况汇报，会议选举产生新的镇人民政府副镇长，副镇长候选人刘雪舞以72票全票当选杨嘉桥镇人民政府副镇长，并庄严宣誓。

【集贸市场提质改造】 2019年，为改善农村集贸市场秩序不规范、店外经营难以管理、违章建筑侵占市场、主干道交通拥堵等问题，杨嘉桥镇斥资60余万元对镇区内杨嘉桥农贸市场进行历时两个月的提质改造。11月7日，杨嘉桥农贸市场重新开业，所有摊贩进入市场经营，市场经营井然有序，店外经营及占道经营得到有效遏制，主干道交通安全畅通，人民群众拍手称赞。

【杨嘉桥镇人大代表调研民生问题】 为提升群众用水安全，进一步提高群众满意度，2019年5月29日，杨嘉桥镇人大主席团组织人大代表及相关个人、单位、站办所共30余人，开展镇域自来水生产、用水、收费等方面的调研。

调研组一行首先前往该镇和生缘自来水厂的水源、水塔所在地现场查看生产环境，并到电厂街、王家山3位村民家、1家园区企业了解情况，提取4份水样。随后该镇人大主席团组织县镇人大代表19人，居民代表4人、园区企业代表2人及卫生院、中心校、中心小学等镇域用水大户召开座谈会。与会各级代表对自来水厂入户费用过高、水厂监管不规范、水质不佳等问题进行反馈，并从完善水厂管理制度、加强政府监管、添置设备改善水质等多方面提出建议和意见。

镇人大主席表示，饮水是最大的民生问题，饮水安全是最大的安全。下一步，将理顺工作思路，形成调研报告，开展专门交办会议，尽快推动问题的解决，并将就民生问题的督查监督形成镇级人大相关工作机制。

【调研巡查列雁金河】 2019年7月22日上午，市公安局副局长、副县长、县公安局局长彭世辉带队，实地对列雁金河开展调研巡查，并在杨嘉桥镇组织石潭、射埠、杨嘉桥三个乡镇召开列雁金河综合治理工作会商会。石潭、射埠、杨嘉桥三个乡镇相关负责人分别对列雁金河当前治理工作及后期工作规划作简要汇报。以杨嘉桥镇为例，该镇通过对列雁金河杨嘉桥段的突出问题进行治理，践行属地责任，推进综合治理，主要包括四个方面：一是做好水面的清理，每天安排专人打捞漂浮物；二是组建义务巡查队巡逻，相关职能部门、支村两委、辅警定期、周边群众协同对列雁金河沿线进行监督，制止乱丢乱排现象；三是加大教育惩处力度；四是宣传水域保护重要性，培养群众生态环保观念，改变群众向河中倾倒垃圾杂物的行为习惯。

就做好列雁金河综合治理工作，彭世辉指出，一是要强化河道治理危机意识，立足民生、环保，切实提高对列雁金河综合治理工作的重视程度；二是要强化工作合力，进一步发动群众，推进信息互通；三是强化治理机制，各乡镇河长制办公室制订完善综合治理维护宣传等方案，确保列雁金河水清岸绿；四是要强化工作措施，做好动员，对标执行，让工作落到实处；五是要强化工作成效，保证列雁金河水流畅通、水质良好，让人民群众满意。

【市总工会结对帮扶杨嘉桥镇扶贫扶智】 2019年8月29日，市总工会负责人到结对帮扶的杨嘉桥镇金福村开展金秋助学活动，向该村9户建档立卡贫困户家庭中的12名在读学生发放3.32万元助学金。

金福村有建档立卡户40户，其中有12名建档立卡贫困户子女在校读书。为支持帮助困难家庭减轻子女上学经济负担，市总工会通过“金秋助学”活动，对全村建档立卡贫困户中所有在读学生进行助学资助，累计为全村贫困家庭子女发放助学金5.8万余元。同时，通过捐赠图书、设置宣传栏、邀请专家来村授课、举办穿插知识问答文艺演出、开办育婴师培训等方式，因地制宜，不断提升全村人民群众的素质，“输血又造血”，确保“扶真贫、真扶贫”。

【关心下一代委员会开展扶贫助学活动】 9月4日，杨嘉桥镇关心下一代委员会开展扶贫助学活动，当天，镇组织委员、专干一行到8名贫困学子家中，送上助学金共计20000元。镇组织委员对贫困学子提出三点希望：一是要珍惜学习机会；二是要常怀感恩之心；三是要努力回报社会。该镇关工委把爱心助学工作作为贯彻“以人民为中心”发展思想的生动实践，作为开展精准扶贫工作的具体行动，2019年发动广大干部职工和社会各界人士，共募集捐款10000余元，这些爱心助学金将全部用于资助贫困学生完成学业。

该镇关工委始终坚持“急党政所急、想青少年所需、尽关工委所能”的工作方针，发挥“五老”优势，将重心下移基层，践行“三知、三多、三沟通”承诺，助推孩子们点亮“求学梦”。

【杨嘉桥镇第六届代表大会第四次会议】 2019年12月26日，杨嘉桥镇第六届代表大会第四次会议召开，147名正式代表出席会议，县党代表及该镇非代表的党政负责人、村党总支书记、机关事业单位支部书记等19人列席会议。 （林岱山）

河口镇

【概况】 河口镇位于湘潭县中部偏北，东临县城、梅林桥，南界射埠，西邻杨嘉桥，北与湘潭市隔江相望，涟水、涓水在此汇入湘江，省道216线、潭衡西线贯穿全镇，水陆交通便利、区位优势明显。2019年，镇域总面积93.78平方千米，耕地面积3683.65万平方米，水田面积3405.78万平方米，旱地面积277.87万平方米。辖16个行政村，1个居委会，434个村民小组。全镇共有13634户，4.59万人。其中，男性23549人，占比51.3%；女性22377人，占比48.7%；农业人口4.3万人，占比93.7%。

工业经济实现稳步提升。在稳增长中突出稳工业，围绕杨河工业园机械制造、彩印包装、食品深加工、节能建材等特色产业和重点企业抓创新、调结构、促发展，工业发展速度实现跨越式增长。2019年12月底，园区落户16家企业，其中规模企业13家，总产值为19.8亿元；固定资产投资6.9亿元；财税收入已达8187万元。

招商引资提振经济实力。2019年，建成投产4个项目，累计投资额约1.7亿元。分别是湖南巨丰舜发农业装备股份有限公司、湘潭银源金属制品有限公司、湘潭佳程建材有限公司和英达机电生产线建设项目。建设的项目有3个，分别是长乐建材、湖南择利和天意和建。

重点项目筑牢支撑。以重点项

目稳增长为基石，让重大项目成为河口经济发展的“源动力”。湘莲大道三期工程、沿江风光带杨河段堤防工程、易俗河港千吨级码头一期工程、河口110千伏变电站、河口镇卫生院整体搬迁、同康精神病医院等重大项目相继开工建设。

现代农业发展步伐加大，是年抓好土地承包和流转工作，累计流转土地面积0.24万公顷；积极培育新型农业经营主体，累计培育农村新型合作社40家，家庭农场26家；稳妥推进农村产权制度改革，完成华中村农村产权制度改革试点工作；切实做好农业技术推广服务，全年召开农业技术培训大会3场次，培训农民共150人次，培育基层农业生产科技示范户55户，技术指导科技示范户40户；丰富农业种植结构，调整种植面积100余公顷；农业总产值实现4.15亿元，农民人均纯收入达到24220.9元。

完善城镇基础设施配套功能。完成自然村通水泥（沥青）路任务48.84千米，对河口镇区所有的路灯加装铜铝线夹，解决镇区路灯不亮的问题；完成古塘桥集镇排污、排水渠建设及绿化、亮化工程。

深入推进脱贫攻坚。2019年，严格按照“一超过两不愁三保障”的标准，认真贯彻落实脱贫攻坚“回头看”及“双月四清零”工作的决策部署，强力推进河口镇脱贫攻坚工作。精准选派驻村帮扶队，大力推进产业扶贫、就业扶贫和教育扶贫等政策，为河口镇612户1636名建档立卡贫困人员提供精准帮扶：投入产业扶贫资金49万元，用于发放化肥、农药、种子以及鸡苗、鹅苗等物资，帮助贫困户增产增收；为贫困人员申报劳动力转移就业交通补助和贫困劳动力一次性求职创业补助；为职业类贫困学生申报“雨露计划”72人次；共收集整理上报微心愿150余条，认领144条；对1167户四类对象进行房屋鉴定，对55户危房贫困户和28户三类人员完成危房改造；对8户贫困家庭存在的饮水安全进行整改。

大力夯实社会民生。是年，新增农村劳动力转移112人，城镇就业262人，其中失业人员实现再就业41人、就业困难人员实现就业13人。做好城乡医保筹资参保及报销，参保率达92.68%，医保报销2446.4万元；落实城乡低保、临时救助、残疾人救助和特困对象救助工作，完善敬老院配套设施建设；对以政府安排工作方式的退役士兵，完成申请补缴社会保险工作。

加快发展公共事业。2019年，成立河口镇新时代文明实践所；组织开展新中国成立70周年庆祝活动，选送湘潭生活垃圾焚烧发电项目宣传节目《我和我的家园》参加市、县“欢乐潇湘·大美湘潭·莲乡大舞台”群众文艺演出；完成8所中小学校提质改造工程；狠抓辖区中小学校教学管理，认真落实完善各项教育教学制度。做好出生缺陷防控和生育咨询指导帮助工作，落实孕产妇免费产前筛查、免费孕前优生健康检查及农村妇女“两癌”筛查工作；完成卫健监督工作；推进爱国卫生运动。

加强社会治理创新。2019年，开展禁毒、平安建设、扫黑除恶集中宣传活动，发放有关宣传资料。收集、交办及办结群众反映的意见和建议456条；排查矛盾纠纷150余次，调解纠纷62件，调解成功60件，调解成功率达97%。共接待群众信访41批206人次，受理网上信访27件，来信4件，来访17件，受理中央扫黑除恶信访交办件6件，全部办结，着力化解一批影响社会和谐稳定的信访问题和突出矛盾。完善综治中心建设，严格落实相应管理制度；充分发挥“雪亮工程”作用，通过“雪亮工程”协助破获偷盗、扒窃、交通逃逸、垃圾倒运等案件11起。

自身建设全面加强。2019年，成立综合行政执法大队，大力推动社会治理水平全面提升，推进行政执法规范化建设；开展行政执法人员法制培训11人次，规范执法行为，提高行政质量，强化依法行政意识。完善政务（便民）服务中心窗口管理制度，热心接待群众，共办理各类证件1400余件。安排专人对门户网站及电子政务平台进行维护更新，在政府门户网站发布新闻56条,回复市长热线、市长信箱、县长热线、县长信箱115件，网络舆情34条。开展明察暗访6次，结合扫黑除恶、精准扶贫、民调走访、人居环境、厕所革命工作及干部作风问题开展督查10次，下发督查通报6期，全镇通报批评7人次，诫勉谈话3人次，提醒谈话5人次。

2019年河口镇各行政村基本情况一览表

表11

村　名	面　积（平方千米）	户　数（户）	人　口（人）	农村经济总收入（万元）	农村经济总费用（万元）	农村经济净收入（万元）	农民人均纯收入（元）
合　计	93.8	13555	45816	154306.63	52659.95	101646.62	353670.83
河口村	5.6	2059	5172	17380.93	5697.45	11683.48	22589.88
中湾村	5.7	983	3432	11709.29	3648.67	8060.62	23486.65
先丰桥村	8.1	984	3482	11280.56	3767.63	7512.93	21576.47

续表11

村　名	面　积（平方千米）	户　数（户）	人　口（人）	农村经济总收入（万元）	农村经济总费用（万元）	农村经济净收入（万元）	农民人均纯收入（元）
涓水村	4.5	1120	3885	12613.94	3949.82	8664.12	22301.47
卓江村	4.1	954	3547	12305.96	3720.37	8585.59	24205.21
华中村	8.1	1072	3641	12109.84	4255.83	7854.01	21571.02
紫杨村	5.7	780	2709	9055.20	3182.47	5872.73	21678.59
莲托村	3.4	596	2041	7208.54	2591.22	4617.32	22622.83
宏兴村	5.7	789	2977	9971.47	3580.16	6391.31	21468.95
红陶村	7.7	568	2076	7250.24	2688.13	4562.11	21975.50
上桐村	6.4	796	2770	10041.84	3975.32	6066.46	21900.56
三华村	9.2	981	3465	11190.56	3839.41	7351.15	21215.45
西京村	4.8	476	1635	5277.34	1902.20	3375.14	20643.07
古星村	4	453	1635	5801.59	1955.87	3845.72	23521.22
石泉村	7.2	523	1853	6228.82	2159.49	4069.33	21960.76
石枫村	3.6	421	1496	4880.51	1745.91	3134.60	20953.20

【湘潭生活垃圾焚烧发电项目】 2019年，湘潭生活垃圾焚烧发电项目落户以来，河口镇先后组织41批次4000余名干部群众到益阳、永州和常州等地考察学习观摩生活垃圾焚烧发电工艺流程。同时，组织镇村干部挨家挨户发放项目宣传手册4套，发放宣传单共计17600份，利用媒体、村村响、微宣讲等形式，广泛宣传生活垃圾焚烧发电的基本知识。全面整合基础设施建设项目和资金，加大对项目村及周边村的基础设施投入，完成道路加宽硬化6.4千米，修建骨干山塘24口，水渠硬化9条，新建路灯200盏，完成紫杨村村部改造、红陶村新村部扩建，增强村级基础设施能力。此项目12月10日，顺利动工。

【纪念中国共产党98周年诞辰庆祝大会暨“七一”表彰大会】 2019年6月28日，河口镇召开纪念中国共产党98周年诞辰庆祝大会暨“七一”表彰大会。镇党政领导班子成员，镇属站办所负责人及镇村两级干部共计90余人参加会议。会上，隆重举行“重温入党誓词”宣誓仪式。面对鲜红的党旗，全体参会党员举起右臂，在镇党委书记欧阳钧的带领下，庄严宣誓。铿锵有力的入党誓言，使在场的每一位党员都重新接受心灵洗礼，激发全体党员的党性热情，进一步增强党员意识。6个先进基层党组织、8名优秀党务工作者、48名优秀共产党员获得表彰。

【河口镇第六届代表大会第四次会议召开】 12月25日，中共湘潭县河口镇第六届代表大会第四次会议隆重召开，全镇103名党代表、43名列席的同志参加会议。此次大会听取和审议通过中共河口镇2019年党委工作报告，听取和审议通过中共河口镇纪委工作报告，听取和审议通过关于代表提案收集以及提案提议的决议。代表们认真阅读该镇党委班子成员述职述廉报告，并开展党委领导班子及其成员民主评议。大会共收集代表提案7件，其中民生建设2件、党的建设4件，经济建设1件。大会经过充分酝酿和民主选举，补选1名党委委员。大会强调，要坚持以习近平新时代中国特色社会主义思想为指导，全面贯彻落实党的十九届四中全会精神，为全面建成小康社会而努力奋斗。

【河口镇第六届人民代表大会第七次会议】 12月26日，河口镇第六届人民代表大会第七次会议在镇二楼大会议室拉开序幕，全镇63名人大代表及60名列席代表出席会议。大会宣读表彰优秀人大代表、优秀人大工作者、优秀代表小组名单；听取、审议并通过《政府工作报告》《人大主席团工作报告》；审议并通过《河口镇2019年财政预算执行情况及2020年财政预算安排（草案）的报告》；补选2名副镇长，当选人员向宪法进行庄严宣誓，圆满完成会议各项议程。（谭　楸）

射埠镇

【概况】射埠镇位于湘潭县中部，涓水中游，与易俗河、河口、谭家山、中路铺、锦石、乌石、花石、石潭8乡镇毗邻。省道216线、省道330线在此交会，岳临高速由南往北纵穿射埠，区位交通优势明显。境内盛产茶油，为有名的茶油之乡，镇内矿产丰富，蕴藏着铁矿石、石灰石、黄金、矽砂等矿产资源。2019年，镇辖22个行政村，1个社区；面积170.96平方千米，镇区总面积为3.2平方千米；耕地面积5069.2公顷，其中水田4602.3公顷，旱土466.9公顷，山地面积8349.5公顷，森林覆盖率48.21%。总户数20248户，总人口数62490人。其中，男性32519人，占比52%；女性29971人，占比48%；少数民族263人，占比0.4%，主要为土家族、苗族、壮族。

2019年，射埠镇农村居民人均可支配收入达14320元，完成规模工业总产值5.00亿元，固定资产投资3.57亿元，招商引资到位资金5900万元，全年完成税收2452万元。全镇有中小企业18家，以生石灰、机械加工、玻璃灯饰和农业企业为主，其中规模以上工业企业8家。

农业基础有效夯实。是年，全镇粮食年总产量5.1万吨、水产品2630吨，出笼禽类65.5万羽；完成油茶低改200公顷，油茶新造81.33公顷，义务植树11万株；扎实做好防汛抗旱工作，全年完成水损水毁工程7项，水库检修13座，骨干山塘整修64口、渠道建设1.5千米；交通网络不断完善，完成自然村通水泥路148千米，农村公路拓宽改造3.1千米，危桥改造1座；对18个行政村进行农村电网升级改造；从严防控“非洲猪瘟”，及时扑灭疑似疫情点，积极开展生猪复产工作，全年集中组织“非洲猪瘟”防控与生猪复产培训班4期，覆盖养殖户400余人，13户规模养殖户完成畜禽粪污资源化利用项目改造。

项目建设推进有力。是年，全力推进项目建设，射埠二桥、三桥建设接近尾声；800千伏特高压项目后续还水还路工程全面完成，备用水源工程建设有序推进；德怀大道项目后续工程全面完成；土地增减挂钩和耕地占补平衡工作全面完成，5.33公顷农村宅基地、方上桥4公顷，石灰岩工矿用地复垦复绿项目建设任务全部完成。

园区建设稳打稳扎。是年，以“碳酸钙精深加工”为主导产业定位的射埠建材产业园，已完成方上桥片区碳酸钙资源勘探，园区配套基础设施不断完善，拉通一条长300米、宽20米的基础道路；总投资8000万元的立华牧业年产24万吨饲料项目进入报批程序，启动土地平整工程，与立华牧业达成战略合作，为实现“公司、合作社、村级、农户”四赢局面奠定基础。

改革工作蹄疾步稳。是年，高质量完成22个村的农村集体资产清产核资和村集体经济组织成员身份确认工作；全面完成农村土地确权登记颁证工作；做好供销合作社综合改革，成立湘潭县射埠镇农村合作经济组织联合会，22个村全面建立供销惠农服务站，蟠龙村成立村级供销惠农服务公司；种植结构调整稳妥推进，共计在杨基、高凤、继述桥等11个村调整种植面积500公顷；土地流转力度加大，全年新增流转土地233.33公顷；深入实施“品牌强农”工程，支持农其农林科技、船形茶业等农业产业化企业加快发展，创市级示范性专业合作社3家、县级示范性家庭农场4家，形成市级农业产业化龙头企业1家。

乡风文明持续提升。是年，进一步巩固创文成果，拆除破损广告招牌2380块，组织开展“小手拉大手·清洁家园”“迎双节千人大清扫”、志愿文明劝导等活动；严格规范赶集点、农贸市场秩序，坚决防止马路市场反弹；成功举办欢乐潇湘射埠专场文艺会演，在庆祝中华人民共和国成立70周年“我和我的祖国”莲乡大合唱比赛——乡镇专场中荣获“特等奖”；射埠镇新时代文明实践所、23个村（社区）新时代文明实践站全部挂牌；射埠镇获评“2018年湘潭市文明镇”，杨基村等10个村获评“2018年湘潭县文明村”；积极整治不良习气，推进移风易俗，专项整治经营性麻将馆，定期检查网吧、KTV、音像书店等场所，完成数字广播电视“户户通”工程安装任务200户；教育“软实力”不断提升，射埠镇中心小学获市级“生态文明校园”、县级“农耕文化”特色校园称号，方上桥中学获县级“两型示范校园”称号。

脱贫攻坚扎实推进。是年，围绕“两不愁、三保障”总要求，对1070户、2271名贫困户开展结对帮扶，实现稳定脱贫32户75人；实施并完成农村“四类人员”危房改造167户；排查整改饮水安全问题81户；实现建档立卡贫困人口城乡居民医保、大病保险、家庭医生签约全覆盖，贫困户县内医院“先诊疗后付费”政策全面落实，住院报销比例达90%；社会兜底实现应保尽保；整合各级产业扶贫资金130万元，惠及贫困户726户。在2019年扶贫迎省检工作中，群众满意度超过98%。成立邓述东工作室，不断丰富“一亩田脱贫”模式内涵。全年，推广88户10.13公顷，该模式荣获2019年国家科技创新发明成果奖，邓述东本人获评2019年“全国十佳农技推广标兵”荣誉称号；镇扶贫办工作人员周海龙获评省、市“最美扶贫人物”称号。

环境质量持续好转。是年，以蓝天、碧水、净土保卫战为抓手，积极开展企业违法排污、垃圾秸秆露天焚烧、生活建筑垃圾堆积、道路扬尘等专项整治行动，处理群众环保信访举报件25件，打击非法采砂洗砂、采石碎石行为3起，1家问题企业完成整改；深入开展涓水流域综合治理，镇、村河长全年巡河2000余次，全面推行河湖“清四乱”、黑臭水体治理、粪污污染治理、河道保洁等工作，完成继述桥河项目区国家水土保持重点治理工程，涓水段面水质达到二类；农村人居环境整治工作有序开展，完成蟠龙等7个村的800座改厕任务，镇区“六乱”治理、村庄清洁、农村生活垃圾治理工作有效推进，镇容镇貌进一步提升。

重大风险有效防范。牢固树立过“紧日子”思想，按照“保工资、保运转、保基本民生”的支出顺序，科学合理调度财政资金，确保机关正常运转，各项民生实事任务、中心工作如期如质完成；积极压减一般性支出，确保政府不新增债务；不断健全财务管理制度，逐步化解积累的财政债务。

社会事业持续向好。征缴新型农村社会养老保险基金310.75万元，12375名参保人按月领取养老保险金。积极开展劳动力转移培训，开办就业技能培训班2期，举办“春风行动”招聘会1场。全年，新增城镇就业529人、农村劳动力转移就业420人。完成城乡居民医保筹资968.06万元。全年，兑付城乡居民住院、特门、特药、普门补偿10168人、1383.5万元，大病保险发放398万元；发放救助资金37.8万元,救助各类困难群众445户；落实48项惠农补贴，发放补贴资金2752.6万元。全镇全年共计出生585人，其中政策内出生572人，符合政策率为97.8%，完成孕前优生免费检查286例、实事项目产前筛查241例、农村适龄妇女“两癌”筛查1018例。积极推进退伍军人及其他优抚对象信息采集和悬挂光荣牌工作，完成1852名对象的信息采集。

社会大局和谐稳定。深入开展民情大走访、平安创建、网格化管理等工作，扎实推进“雪亮工程”、“一村一辅警”“一村一法律顾问”工作，社会治理格局逐步优化，民调成绩综合排名全市第4名、全县第2名；维稳工作取得实效，全国“两会”等特护期实现重点人员零进京零非访；以“扫黑除恶”专项斗争为突破口，全年排查矛盾纠纷490起，调处率100%，调处成功率98.2%，全年无一起民转刑案件，公众安全感和人民群众的满意度获得双提升；落实安全生产责任制，开展安全生产日常检查、联合检查370次，组织各项执法活动52次，下发各类交办函21次，立案调查2次，对2家企业进行经济处罚，责令1家企业停产停业整顿，全年安全生产形势平稳。

从严治党引向深入。有序推进机构改革，设立党政综合办公室等11个机构改革新部门，大胆启用6名“88”后新任中层干部。党支部“五化”建设持续加强，完成继述桥、桂塘、金龙霞等6个村级服务阵地的新建或改扩建，成功申报4个市级“五星”支部，树立标杆典范。强化党管武装，开展基层武装部正规化建设，着力打造“五星”基层武装部并完成验收，选拔25名合格青年输送到部队。扎实开展“不忘初心、牢记使命”主题教育，列出“学习、调研、问题、整改”4个清单，分支部组织开展集中学习30次，班子及班子成员查摆问题130个，整改落实问题119个。坚定不移做好新时代意识形态工作，抓实“学习强国”平台学习，“村村响”工程成为巩固和扩大宣传舆论的重要工具。严格落实党风廉政建设主体责任和“一岗双责”，严格执行中央“八项规定”，持之以恒正风肃纪。全年，立案查处党员干部违纪违法案件10起，营造了风清气正的政治生态环境。

政府效能持续优化。入驻农村综合服务平台集中办公，扎实推进综合执法体制改革，办事效率和服务水平全面提高；推行“首问负责制”“马上就办”“一站式办理”工作模式，群众办事更加便捷;推进“12345”热线工作，受理、转办各类诉求120件次；积极开展各类调研活动，形成较高质量调研文稿11篇，为科学决策提供参考依据。

法治建设有力推进。健全政府议事规则，坚决贯彻落实“三重一大”决策制度；加强依法行政，健全法律顾问制度，聘请法律顾问一名；抓好全民普法，组织开展法治宣传月、法治进家庭、宪法宣传周等活动和机关干部普法考试；做好法律援助初审工作，全力维护弱势群体的合法权益；高标准打造人大代表联系群众工作室、“政协委员之家”，主动接受人大和政协的民主监督，办理人大议案、建议40件，政协提案3件；扎实推进政务公开工作，政府门户网站发布政务信息101条。

2019年射埠镇各行政村基本情况表一览表

表12

村　名	面　积（平方千米）	村民小组（个）	户　数（户）	人　口（人）	农村经济总收入（万元）	农村经济总费用（万元）	农民人均纯收入（元）
合　计	168.5	637	16736	64075	137970.61	46214.98	314914
射埠村	3.4	25	793	3202	7189.68	2498.88	14650
霞湾村	5.6	27	815	3314	7284.95	2397.85	14747
新烟塘村	5.5	28	710	2818	6482.39	2448.52	14315
上春村	4.3	28	585	2184	5229.94	2104.95	14309
新建村	4.5	21	484	1901	4686.18	1978.22	14245
蟠龙村	9.6	33	768	3044	6256.2	1919.95	14245
旺冲村	7.9	29	791	3135	6928.56	2432.93	14340
百水村	6.3	34	804	3388	6892.89	2134.29	14045

续表12

村　名	面　积 (平方千米)	村民小组 (个)	户　数 (户)	人　口 (人)	农村经济总收入 (万元)	农村经济总费用 (万元)	农民人均纯收入 (元)
高丰村	7.7	34	1015	3639	7589.38	2407.74	14239
方上桥村	8.1	30	887	3342	7092.58	2296.92	14350
金龙霞村	8.6	35	925	3394	6945.18	2128.15	14192
巨鱼村	7.8	29	893	3268	6827.38	2136.88	14352
吟江村	7.8	25	701	2501	5828.17	2252.97	14295
盛源村	8.8	35	794	2944	6225.14	2016.53	14296
谷合村	5.8	30	748	2812	5908.49	1909.99	14219
土桥铺村	10.1	26	804	2882	6020.4	1902.39	14289
桂塘村	7.2	26	476	1865	3855.21	1201.29	14230
来仪村	3.4	18	480	1770	3967.07	1446.59	14240
涓江新村	7.9	22	630	2428	5134.38	1659.9	14310
继述桥村	12.6	35	902	3298	6882.56	2169.98	14289
高凤村	13	37	849	3460	7259.78	2315.38	14290
杨基村	12.6	30	882	3486	7484.1	2454.68	14427

【射埠镇人民政府与湘潭立华牧业有限公司签订投资协议】 2019年1月4日上午，射埠镇人民政府与湘潭立华牧业有限公司签订《湘潭立华牧业年产18万吨饲料生产线建设项目投资协议》，项目拟用地约3.33公顷，建饲料生产线、办公、研发及配套用房，待正式交地后，18个月内可建成并投产。

【春风行动专项招聘会】 2月13日，射埠镇在潭花社区文化广场举办“2019年湘潭县精准扶贫春风行动专项招聘会”。50余家信誉比较好、用工比较规范的企业，提供将近500多个用工岗位供应聘者进行选择，吸引1500余人前来求职。

【义务植树活动】 2019年3月12日，射埠镇政府组织干部职工、青年志愿者等40余人到杨基村开展义务植树活动，种植油茶树、血橙树，营造全民义务植树良好氛围，增强“绿水青山就是金山银山”的意识，加快“精美射埠”的建设进程。

【机构改革工作】 2019年6月28日，射埠镇完成机构改革工作，举行授牌仪式为11个机构改革新站所“授章”“授牌”，各机构随即挂牌成立。

【安全生产工作】 2019年9月23日，射埠镇组织全体班子成员和经发、安监、综治等7部门负责人及村党组织书记召开安全生产工作会议，部署马路市场取缔工作及校车、食品安全等其他领域的安全工作。同时，在全镇开展安全生产大检查。该镇全体负责人分线带队，经发、安监、市场监督等部门集体出动，前往加油站、敬老院、宾馆、网吧、交通要道等地进行安全检查，进一步排查各类安全隐患，切实防范安全事故发生。 （易　杰）

锦石乡

【概况】 锦石乡位于湘潭县境中部，涓水中游，距县城36千米。东与花石镇的金塘和金丰村、射埠镇金岭等村毗邻，西连乌石镇的明德、龚泉村，南与排头乡的回龙、雪佳、苍冲、辰山、龙潭、紫山、长山等村接壤，与花石镇的盐埠、涓江等村隔涓水相望，北临射埠镇方仑、长延、上春、张公、新塘、余家、众星村，因境内涓水西岸有历史悠久的锦石小集市，乡依地名。2019年，总面积56.70平方千米，辖11个行政村，323个村民小组，总户数7215户，总人口30436人。其中，男性15245人，占51%；女性15191人，占49%。非农业人口1001人，人口自然增长率4.2‰。耕地面积1989公顷，其中水田1882公顷。经济结构以传统的种植业、养殖业为主。境内的碧泉潭乃湖湘文化发祥地。

2019年，实现工农业总产值97570.2万元，比上年增长7.5%；财政总收入4467万元，增长17.6%；财政总支出4467万元，增长24.8%。上缴税收305万，增长33.8%。农村经济总收入91196.5万元，增长7%；农村集体经济收入22848.63万元，增长7.4%；农民人均纯收入16860.63元，增长7.2%。年末，银行存款余额1.43亿元，增长1.4%。全年规模企业用电量1862万千瓦时，下降2%。

全年，累计实现工业总产值

11785.5万元，比上年增长7%；工业税金194.3万元，利润总额275.6万元。

现代农业。全年，完成粮食播种面积5.11万亩，总产2.4万吨以上；推广“一季水稻+再生稻”“水稻+油菜”等双季作物耕作模式。发展高档优质稻1万亩以上的订单农业；推进农业生产标准化，推广运用先进适用农技和农机，提升农业科技化水平。

畜牧疫病防。全年，出栏生猪2.3万余头、出笼家禽45万余羽、水产品1600余吨，完成禽流感疫苗注射45万羽，完成牲畜口蹄疫、猪瘟苗3.5万头。

林业建设。全年，造林共计33.33公顷，其中幼林抚育20公顷，间伐林13.33公顷；建立3.33公顷义务植树基地，新植小苗8万余株；林业有害生物成灾率控制1.0‰以内，种苗产地检疫率达到100%以上，松材线虫病监测普查率达到100%，严防危险性病虫害疫情的传播蔓延。

水利设施建设。开展主要干渠清淤扫障工作；完成5.21、6.22强降雨造成水利设施破坏的抢险抢修；乡村两级每月按时巡河打卡，实现全乡23.5千米河道“河长”全覆盖。解决大荷塘村2个组34户153人安全供水。

涉农改革工作。全乡11个村全覆盖完成农村集体产权制度改革工作，最终确认集体经济组织成员7853户，28614人。有10个村成立集体经济合作社，1个村成立股份经济合作社。

园区建设。道路建设总投资4000万元，完成6条开工建设的道路，园区立体空间基本形成。农开项目东干支渠800米建设全面完成。完成文佳村、东边新村、清塘村10千伏电力线路改造。

扶贫攻坚。全乡建档立卡贫困户441户1067人，脱贫366户959人，脱贫142人。建档立卡户家庭全部享受到教育助学、家庭医生签约、扶贫特惠保等扶贫政策，覆盖率100%。向建档立卡贫困户发放鸡苗3050羽；为45户符合条件的贫困户发放小额信贷共计225万元。

人居环境整治。全年，出动环卫工人400余人次集中除杂，清理沟渠3000余米，清理乱堆乱放垃圾80余处300余吨，乡村道路清除杂草16公里；整治乱贴乱挂，清理破损广告招牌及门店招牌112处、牛皮癣300余处、乱涂刻画类广告200余处。金湖村引导群众筹集50余万元，建设长塘、筒车坝美丽屋场和毛主席铜像广场；持续推进“厕所革命”，完成改厕633座。人居环境整治工作得到市县肯定，被评为全市“五好乡镇”。

镇区建设管理。深入开展东风街美化行动，规划停车位450个；取缔全乡5个马路市场；移除门店活动棚50余个、拆除违建棚4处、清除杂物堆3处、移除倒树3处；组织“空心房”拆除行动2次，拆除房屋6处，总面积约1000平方米。

扫黑除恶工作。实行“乡村一切工作到网格”的管理模式，划定52个网格，选优配强52名网格指导员；发放《扫黑除恶宣传资料》5000余份。

安全生产常抓不懈。深入开展隐患排查治理和“打非治违”“打击非法集资”专项行动，常态化开展对校车管理、校园安全、交通安全、食品安全、特殊行业等重点领域的专项安全巡查监管。全面查处关停涓江沿线全部非法采砂、洗砂行为，地毯式清查全乡存在安全隐患的商店。全年，未发生较大及以上安全事故。

司法保障。全乡累计接受社区矫正对象56名，期满解除社区服刑人员51名；建成规范化村调委会9个，乡村调委会化解调处各类矛盾纠纷144件。

民生保障工作。特困人员精准认定248人，农村低保精准认定548人，申请临时救助562人次，发放救助资金34.55万元；发放优抚对象临时救助103人次，救助资金6.65万元；为34户精神病患者免费发药，为5户肢体残疾患者进行无障碍改造；城乡养老保险缴费7426人，居民医保参保率达95%，收缴447.06万元；发放耕地地力保护、退耕还林、“五保”、低保等各项惠农补贴资金1170万元；发挥群团组织功能，慰问帮扶困难党员、群众、失独家庭、孤寡老人及贫困学生400余人，慰问金额20余万元。

就业扶持。全年，新增农村劳动力转移就业人数为263人，新增城镇就业58人，其中精准扶贫就业14人，失业人员再就业12人，就业困难对象再就业5人，失业人员办理就业失业登记40人次；推荐4名残疾对象到市职校进行就业培训，培训育婴师49人；扶持企业6户，其中新创业的2户；发放交通补助209人次，共计4.9万元，发放求职创业补贴180人次，共计5.4万元。

卫计工作。关爱妇女健康，组织570名适龄妇女参加“两癌”免费筛查、发动群众购买3365份妇女安康险；全乡全年共出生人口281人，其中政策内出生277人，男孩144人，女孩137人，出生率9.2‰，符合政策生育率98.5%；全年共为142对夫妇进行免费孕前优生健康检查，为183例孕产妇提供免费产前筛查。

文教工作。完成11个村的文艺宣传队标准化建设。3月，成功举办第二届花朝节暨新引进项目集中签约仪式；6月，承办“欢乐潇湘·大美湘潭·莲乡大舞台”锦石专场；7月举办首届荷花节；9月组织机关干部参加庆祝中华人民共和国成立70周年大合唱。完成锦石村、东剑村、胜利村综合性文化服务中心建设。教育质量持续提升，全乡初中毕业生的总均分居全县第四，优秀率居全县第二，小学四、六年级抽测成绩均居全县第一。

2019年锦石乡各行政村基本情况一览表

表13

村　名	面　积(平方千米)	户　数(户)	人　口(人)	农村经济总收入(万元)	农村经济总费用(万元)	农村经济净收入(万元)	农民人均纯收入(元)
合　计	56.5	7736	30359	77339.3	25516.4	37599.1	246641
太阳村	5.40	812	3186	8610.70	2956.40	4041.10	27024
金湖村	2.70	615	2392	5940.30	2029.30	2782.30	24832
东剑村	9.90	761	2986	8341.40	2767.10	4013.90	27934
大荷塘村	4.80	852	3329	8683.70	2797.20	4317.00	25637
东边新村	4.20	672	2676	6493.10	2041.10	3071.20	25536
碧泉村	10.60	952	3657	8890.10	2789.80	4515.80	25512
锦石村	3.20	458	1779	4462.20	1406.20	2267.30	12887
清塘村	4.90	701	2776	6675.60	1975.30	3315.30	25499
文佳村	4.00	643	2576	5680.90	2031.30	2393.60	25910
唐家湖村	1.80	573	2254	6510.20	2341.50	3205.50	12960
胜利村	5.00	697	2748	7051.10	2381.20	3676.10	12910

【锦石乡工作调研】 2019年2月25日，市委副书记杜俊峰到碧泉潭现代农业示范园视察，实地考察园区道路建设、华绿生物科技有限公司基地建设，县人民政府副县长陈义陪同视察。

8月6日，市人民政府市长张迎春到碧泉潭现代农业示范园调研指导工作，县人民政府县长段伟长陪同调研。

9月3日，省人民政府副省长隋忠诚带领省人大代表考察碧泉潭现代农业示范园，调研园区项目建设和产业发展。县人民政府县长段伟长陪同视察。

排头乡

【概况】 排头乡位于湘潭县境西南，是湖湘学派的发源地。2019年，全乡总面积124.7平方千米，乡辖一管区、二管区2个管区，18个行政村，638个村民小组。耕地面积4323.5公顷，其中水田3756.5公顷、旱地567公顷，林地面积2533公顷，水面面积1733.3公顷。全乡总户数18123户，总人口61144人，其中男性31322人，女性29822人；农业人口59678人，非农人口1466人。全乡全年出生508人，出生率为8.31‰；死亡367人，死亡率为6‰。人口自然增长率为2.31‰，男女比例为107：100。

2019年，排头乡党委、政府围绕“特色农业稳乡、优势工业强乡、生态旅游兴乡、湖湘文化促乡、村镇建设亮乡”的工作思路，科学谋划、集中力量、突出重点、整合资源、狠抓落实，努力实现农业增产、农民增收、农村稳定。

机构改革构建新格局，按照中央、省、市、县委深化机构改革的统一部署和要求，为推进乡村振兴战略和农业农村发展提供坚强的体制机制保障，排头乡将原有的11站8办2所精简合并，设置党政机构6个、直属事业机构3个，为整合审批、服务、执法力量，新设立退役军人服务站和综合行政执法大队，进一步提升公共服务、公共管理、公共安全水平，构建简约高效便民的服务新格局。

经济发展实现新突破，2019年，排头乡财政总收入4191万元，实现税收770万元，同比增长20.31%；完成规模工业总产值4.3亿元，规模工业增加值1.29亿元，同比增长12.5%。12月19日，举行2019年度招商引资项目集中签约仪式，签约项目4个，分别是华懿水生植物二期建设项目，湘潭电化集团楠木冲锰矿绿色矿山建设项目，湘潭日当午湘莲食品有限公司年加工3000吨湘莲生产线建设项目，湖南天秀科技有限公司年加工生产20万平方米钢化玻璃生产线建设项目。项目涉及回龙桥、团结、严冲、松梓4个村，工业、农业、矿产资源3个类别。

农业农村工作持续加强，新增种植结构调整面积141.67公顷，全乡共计609.55公顷；完成0.35万公顷水稻种植，其中优质稻种植0.19万公顷；在严冲村打造1000亩高档优质稻湘晚13号种植示范区；推进新型职业农民培育，开展农业技术培训1600余人次；推广高速插秧机3台、水稻烘干机3组、大型轮式拖拉机8台；大力开展植树造林，在龙佳、严冲、辰山等村完成长防林造林任务3.1公顷，在隐山村落实封山育林13.33公顷、狮龙村完成森林抚育13.33公顷；组织乡村干群开展义务植树活动，发放油茶树苗1.5万株。面对“非洲猪瘟”防控的严峻形势，乡、村两级群防群控，做好重大动植物疫病防控，全面开展疫情排查监测和生猪调运、畜禽屠宰、餐厨剩余物和监管领域的专项整治。截至至2019年12月，排头乡存栏生猪0.8万头（其中能繁母猪800头）鸡存栏19.1万只、鸭存栏15.2万只、鹅存栏0.5万只、羊存栏4522只、牛存栏0.25万头。2019年，全乡累计出栏生猪7.2万头，鸡、鸭出栏28.2万羽、羊0.5万只、牛0.14万头。

“河长制”工作全面落实，对全乡12座水库、涓水、胜天河等主要河道制作河长指示牌，落实河库保洁、巡查、整治工作，对南田水库水质污染进行重点整治。完成水渠疏通及硬化渠道17千米，硬化山塘27口，清污山塘20口，完成13座水坝改建，12座水库保养；渠道清淤扫障3处约7.8千米，隧道清污4处约500米，恢复毫光水库泄洪渠。排头乡河长制工作做法受到广泛肯定，《水清岸美河道畅——湘潭县排头乡打造“河长制”升级版》在“学习强国”平台推介。

环境整治成效显著，以“加减乘除”工作法优化排头人居环境，改造农村厕所301个，清除牛皮癣、小广告15000余处，修复杂屋82处，拆除“空心房”7597平方米，归置整齐55户村民入户线，处理废弃电线杆2处，处理废弃吊线615米；建设垃圾中转站两个；以省道219线、省道216线和回龙桥高速路口、回龙桥镇区为重点，绿化美化面积共计6000平米。开展对回龙桥镇区“六乱”整治行动，建立完善村规民约，利用主题党日活动、劳动节、国庆节等契机充分发动党员群众参与，发出村庄百日清洁行动倡议书，推出清洁示范户专栏，树立榜样示范，人居环境整治氛围日益浓厚，群众自觉意识不断增强。排头乡“加减乘除”工作法助推人居环境整治工作的经验获得市县认可并在《湘潭日报》上进行推介；“‘五一’全民大扫除”在市电视台播出。

脱贫攻坚有效推进，排头乡建档立卡贫困户共有955户2588人，围绕“两不愁三保障”，推进“双月四清零”，通过“点线面网”工作法推进脱贫攻坚，“雨露计划”补助学生67人，完成贫困户危房改造57户，解决饮水安全问题85户，家庭医生签约率达100%；申报5家产业扶贫企业，获得上级扶贫引导资金50万元，带动104户256人实现产业增收。是年，排头乡共计完成脱贫41户、100人，全乡贫困人口人均年收入达到9631.3元。在湘潭市乡镇（街道）党委和政府脱贫攻坚工作考核中取得A类好成绩，在全县脱贫攻坚工作考核中获得优秀等次。

社会环境和谐有序，全年，共受理信访件24件，及时受理率100%；共排查信访矛盾纠纷27件，调处27件；接待来访群众115批186人次，解释疏导11批51人次，受理登记4批28人次，全部办结。扎实推进“雪亮工程”“一村一辅警”和“一村一法律顾问”，深入开展民情大走访、平安创建、网格治理等工作，持续进行扫黑除恶专项斗争，共计发放扫黑除恶专项斗争宣传资料4万余份、悬挂横幅200余条。全年，召开安全生产党政专题会议4次，召开安委会全会4次；明确18个村党（总）支部书记为各村安全生产信息联络员，开展安全生产培训会2次和“安全生产月”系列活动；加强地质灾害避险工作宣传工作，利用安全生产知识宣传发放资料260份；严格落实领导干部带队检查工作制度，共计检查单位65家，发现隐患69处，按要求全部上报、管控、整改。深入开展马路市场专项整治和镇区“六乱”治理。全年，开展巡查执法187次，秸秆焚烧处罚2起，行政执法立案8起，处罚案件10个，拆违控违面积达1100平方米，共计罚款27800元。

民生福祉不断增进，2019年，全乡“新农合”参合人数达49291人，总参合率达95%，参合农户累计补偿460人次，补偿金额达215.23万元。退役军人和其他优抚对象信息采集工作基本完善，优抚对象1528人，其中重点优抚对象447人。新增农村劳动力转移就业370人，新增城镇转移就业107人，失业人员再就业20人，城镇就业困难人员再就业10人，创业培训24人，技能培训90人。在湘潭市2019年乡镇（街道）就业工作考核中，排头乡获评一类乡镇。

文化教育全面发展，全乡有学校13所，3所初中（其中严冲中学是九年一贯制学校），10所小学，在校老师162人，上学期在校学生2117人，下学期在校学生2024人；民办幼儿园8所，上学期在园幼儿775人，下学期在园幼儿638人。是年下学期，排头中心幼儿园（公办）开园。排头中学被评为2019年县级文明校园；黄荆坪中学在2019年全县初中教育教学综合评价中获得质量提高奖；严冲中学刘颖老师辅导的《雨天智能开关窗装置设计》获得湖南省第四十届青少年科技创新大赛优秀创新成果三等奖。文联全年编发《隐山》刊物两期，全乡已建设好15个乡村文化服务阵地；完成数字广播电视“户户通”安装210台。

推进基础设施建设，完成道路补板1000平方米，清缝灌缝13.3千米，恢复水毁工程3处，农村道路建设51.4千米，扩宽4.3千米；新建高压线路11.9千米，新建及改造低压线路101.2千米，新建及改造配电变压器59台。

夯实基层组织建设，排头乡党委辖37个党支部（其中机关事业党支部7个）有党员1667名。全乡开展党员冬春训2期，覆盖党员1500余人；开展党的理论宣讲46场，覆盖党员、群众1800余人；全乡共计组织支村两委班子成员各项专题培训12次；联点干部和第一支部书记集中学习4次；选拔村级后备干部96名；举办入党积极分子培训班一期，共计有96名积极分子和预备党员参加培训，择优选择18名发展对象，严肃纪律，坚决执行“六不批”，无一例违规发展的党员。

加强政府作风建设，是年，严格落实《排头乡机关干部日常管理制度》等各项制度，坚持以制度管人、管事，强化干部作风建设；召开各类专项整治会议5次，组织开展作风督查12次，对“不忘初心、牢记使命”主题教育、精准扶贫、扫黑除恶等中心工作的督导检查等中心工作督查10次，印发督查通报6期，开展廉政谈话35人次，给予相关人员提醒谈话10人次，诫勉谈话7人次。严肃查处违纪违法案件，处置11名乡村干部，其中给予行政警告2人，党内警告处分3人，党内严重警告处分3人，开除公职1人，开除党籍处分2人。

2019年排头乡各村基本情况一览表

表14

村　名	总面积（平方千米）	户　数（户）	人　口（个）	农村经济总收入（万元）	农村经济总费用（万元）	农民人均纯收入（元）
合荣村	3.6	625	2143	6239	6228	16619
先劲村	6.9	670	2353	10768	9358	16617
红祺村	6.9	1010	3480	8210	7397	16618
松梓村	3.3	617	2154	9146	7134	16692
仓冲村	4.8	569	2011	9935	9385	16616
南下村	9	1449	4853	18295	17562	16618
兴田村	4.6	927	3135	14396	13952	16619
华宇村	5.9	1168	3752	14396	8278	16618
回龙桥村	10.4	1637	5515	17269	16982	17718
排头岭村	9.1	1151	3912	13986	12973	16631
人雄山村	5.6	814	2700	15968	15685	16618
严冲村	7.9	1303	4280	14953	13876	16734
龙佳村	7.3	913	2876	19658	18782	18989
隐山村	7.9	1085	3742	5869	5587	16620
狮龙村	11	1361	4616	14657	12864	16618
辰山村	6.3	896	3016	14758	13978	16745
双联村	7.3	916	3226	19867	14543	16618
团结村	6.9	1008	3394	19897	18992	12804

【排头乡第六届人民代表大会第六次会议】 6月28日，排头乡第六届人民代表大会第六次会议召开，78名人大代表、70名列席代表参会。会议听取并审议《排头乡政府工作报告（1—6月）》和《排头乡人大主席团工作报告（1—6月）》；书面审议《排头乡2019年1—6月财政预算执行情况的报告》。

【庆祝中国共产党成立98周年暨“七一”表彰大会】 2019年6月30日，排头乡召开庆祝中国共产党成立98周年暨“七一”表彰大会。会议邀请湘潭市委党员教育中心副主任彭娟进行党的理论宣讲；会上，与会成员一同重温入党誓词；共5个优秀党组织、5名党务工作者、78名优秀共产党员受到表彰。

【排头乡机构改革授牌仪式】 2019年7月17日，排头乡举行机构改革授牌仪式。通过本次机构改革，排头乡设置党政机构6个。即党政综合办公室、党建工作办公室、经济发展办公室（农业农村和扶贫工作办公室）、社会事务办公室（卫生健康办公室）、自然资源和生态环境办公室（村镇建设管理办公室）、社会治安和应急管理办公室。设置直属事业机构3个。即社会事务综合服务中心（文化综合服务站）、农业综合服务中心、政务（便民）服务中心。并根据相关规定，成立排头乡退役军人服务站和综合行政执法大队。会议宣读《排头乡机构改革实施细则》，通报改革后的机构、岗位职责设定以及岗位人员的安排。

【传统文化(国学)进校园国学讲座活动】 2019年11月7日，由湘潭县文学艺术界联合会、湘潭县关心下一代工作委员会主办，排头乡中心学校与排头乡文学艺术界联合会、排头乡关心下一代工作委员会共同承办传统文化进校园国学讲座活动。排头乡文联副主席、《隐山》刊总编颜佑申通过精彩的讲演诠释国学概念、展示国学魅力，深受师生好评。

【湘潭县“精准扶贫、文化惠民——2019年送戏曲进万村”惠民演出活动】 11月19日，湘潭县“精准扶贫，文化惠民——2019年送戏曲进万村”惠民演出活动走进排头乡团结村。活动送去丰富和活跃的文化生活的同时，激发贫困群众自力更生、艰苦奋斗的内生动力，为脱贫攻坚提供坚强的精神保障。

【湘潭县“世界儿童日”主题活动暨排头乡“阅享童年·启智人生”儿童绘本捐赠活动】 2019年11月20日，在排头中心小学成功举办湘潭县“世界儿童日”主题活动暨排头乡“阅享童年·启智人生”儿童绘本捐赠活动。

【排头乡招商引资集中签约仪式】 2019年12月19日，排头乡举行招商引资集中签约仪式，4个项目正式落户排头：湘潭电化集团有限公司楠木冲锰矿绿色矿山建设项目、湖南华懿生态农业有限公司水生植物二期建设项目、湖南天秀科技有限公司年生产加工20万平方米钢化玻璃生产线建设项目、湘潭日当午湘莲食品有限公司年加工3000吨湘莲生产线建设项目。其中，湘潭电化集团有限公司楠木冲锰矿绿色矿山建设项目计划总投资约4000万元，是4家企业中投资金额最大的一家，公司建成后年产值预计可达2亿元，年创税收约400万元，解决劳动力就近就业约100人。县政协主席刘铁强出席并就弘扬新乡贤精神、优化营商环境、守住安全和环保的底线三个方面作重要讲话。

【排头乡召开第六届人民代表大会第七次会议】 12月26日，排头乡召开第六届人民代表大会第七次会议，全乡应到人大代表79人，实到76人。会议听取并审议《2019年排头乡人民政府工作报告》《2019年排头乡人大主席团工作报告》，书面审议《排头乡人民政府2019年1—11月财政预算执行情况的报告》；同时，会议根据《中华人民共和国地方各级人民代表大会和地方各级人民政府组织法》相关规定，补选排头乡副乡长3名。

【排头乡第六届代表大会第四次会议】 2019年12月31日，召开中共排头乡第六届代表大会第四次会议，全乡121名党代表，列席代表35人参加会议。会议听取并审议中共湘潭县排头乡委员会工作报告、乡纪律检查委员会工作报告，书面审议党费收缴使用管理情况报告，书面传阅乡党委成员述职报告进行民主测评。会议通过关于乡党委工作报告决议、乡纪检工作报告决议以及党费收缴使用管理报告。

（林 荟 刘政林）

花石镇

【概况】 花石镇位于湘潭县西南部，衡峰远峙，涓水穿流。镇域总面积为201.25平方千米，城镇面积4.2平方千米，耕地面积3780.29公顷，其中水田面积3434.23公顷，旱土面积346.06公顷，林地面积10618.4公顷，森林覆盖率55.4%，水面面积2062.74公顷。全镇辖31个行政村，1个社区，总人口92290人。2019年，出生人口数912人，男孩473人，女孩439人，出生率1%。人口死亡数644人，死亡率0.7%，人口自然增长率0.37%。全年规模工业总产值15亿元，招商引资5600万元，固定资产投资2亿元，财税收入完成1845万。

发展态势稳中向好。2019年，花石镇经济发展态势稳中向好。全年完成税收收入1856万元，超出年度任务2%，完成规模工业总产值15亿元，招商引资5600万元，固定资产投资2亿元。利用北京世园会“湖南日”、2019小镇中国（湘潭）发展大会等多种推介契机，加大对花石的宣传力度，取得良好效果。新增规模企业2家，培育限额以上企业1家。在产业与特色小镇招商方面，中农城投有限责任公司、香港荣华食品、湖南美村建设发展有限公司、北京嘉博文和华厦伟业（中国）控股集团有限公司相继到花石镇进行考察。北京嘉博文公司与花石镇初步达成合作协议。

产业布局更趋优化。湘莲产业蓬勃发展。稳定扩大湘莲种植规模，借助种植结构调整契机，发展稳定湘莲种植面积近3万亩。湘莲协会积极承担行业与政府联系的桥梁与纽带作用，年调处行业内矛盾10余起。持续推进湘莲产业园建设，初步确定片区范围和面积，湘莲文化展馆已基本完工。现代农业增量提质。稳扩粮食生产面积，全镇粮食播种总面积近0.35万公顷，同比增长6%。积极做好种植结构调整，全镇已调整面积稳定率达90%以上，新扩面积达66.67公顷以上。持续推动天马现代农业园建设，园区基础项目建设共计12个，完成投资3866万元。其中，道路建设完成投资3026万元，水利项目完成投资800万元，电线杆线迁移项目完成投资40万元。全面开展防疫接种及政策性保险，全部完成春秋季集中免疫任务和目标。对能繁母猪、育肥猪继续实行政策性保险，规模户育肥猪参保率达100%。落实“非洲猪瘟”防控各项措施，全年，无害化处理病死猪2万头。加强农业农村防灾应对，结合“河长制”强化防汛工作的精细调度和应急处置，确保安全度汛。加强封山育林和护林防火，义务植树19万余株，生态环境进一步好转。经营主体发展壮大。全镇家庭农场共计114家，其中5家获评为县级示范家庭农场。专业合作社共计116家。其中，2家获评国家级示范性合作社，1家获评市级示范性合作社，2家获评县级示范性合作社。高效推进集体产权制度改革，完成第一步清产核资工作，第二步成员身份界定工作也进入尾声。

城乡面貌明显改观。强化顶层设计。进一步完善《湘潭县花石镇总体规划（2016—2030）》,完成特色镇核心区控制性详细规划。2019年，编制“多规合一”，31个行政村全部落实到位，完成村庄规划编制的全覆盖。发力项目建设。花石镇人行桥（花石二桥）改建完成地勘和可行性研究报告，同步开展防洪评价、环评和设计工作。镇垃圾中转站完成供电线路安装，污水处理站及配套管网建设正在实施中。省道219线复线（龙口段）硬化项目完成路基建设。荷花桥—马三桥渠道护砌已完成财评，正在进行规划设计和河道清淤。特色小镇一期开发项目科研报告完成前期规划设计，标识标牌开始设计制作。湘莲市场四期消防工程已在实施中。仓储物流中心完成征地和建筑规划设计，进入土地审批。农村厕所革命全部完成三格化粪池1850座，危房改造完成改造134户。深耕环境整治。2019年，花石镇集中开展镇区“六乱”治理，实行“路长制”，共清理镇区“六乱”门店1200多个，活动场均出动人次240余人，动用机械设备20余台次。镇区主要道路新增9个监控摄像头、加设停车位396个，摩托车车位818个，镇区面貌焕然一新。坚决取缔新加州、马家嘴2处严重影响交通、镇容镇貌的马路市场，成功拆除观政桥老农贸市场，启用花石镇新农贸市场。日华马路市场也搬迁至新集贸市场。

社会民生持续改善。深入推进精准脱贫。产业扶贫完成申报一般项目8个、自主创业项目1个，申报资金68.1万元，实施项目31个，共计150多万元。人饮安全全年开展2次全覆盖式饮水安全大排查，为39户100人解决饮水安全问题。易地搬迁共计6户18人。小额信贷已对64户第一批信贷户发放扶贫小额信贷贷款320万。扶贫宣传上，在“学习强国”等中央级媒体发表推介信息11篇，在《新湖南》等省级媒体上发表推介信息10篇，在市、县级媒体推介花石脱贫攻坚工作20余次，扩大花石镇扶贫工作的影响。2019年，花石镇扶贫工作迎省检取得较好成绩，得到上级领导高度认可。持续创新社会治理。加强信访积案的化解，全力稳控重点对象。处理网上信访系统信访事件42件，成功接劝返上访对象44人次。特别是在“9·22”事故发生后，全力稳定遇难者家属情绪，做好善后处理工作，9户10人全部签订协议。大力推进民调与矛盾纠纷调解工作，共排查各类不稳定因素和矛盾隐患150多件，其中成功调处解决80余件，共收集问题358件，全部办结。重点推进“扫黑除恶”专项斗争，破除扫黑除恶案件4起，抓获涉恶人员6人，另外还查处涉恶类行政案件17起，行政拘留24人。紧绷安全生产红线。是年，全镇共排查安全隐患386处，目前已整改到位379处。其中开展“大排查、大整治、大管控”专项行动，共排查出安全隐患84处，整改到位77处，余下7处责令期限整改到位。取缔1处非法销售燃气点，重点整顿2家非煤矿山和3处建筑工地，保持安全生产形势的总体稳定。社会事业全面进步。大力推进民生实事工作，将优抚对象享受的各项抚恤、补助、优待政策落到实处。为全镇949户农村低保对象发放低保金46.1万元，发放特困供养人员供养金40.8万元。申请临时医疗救助1089人次，共计75.3万元。为263对夫妇提供免费孕前检查,为344例孕产妇提供免费产前筛查。落实社会劳保工作，全年，新增农村转移就业450人，城镇新增就业539人，失业人员再就业106人，新增贫困劳动力转移就业39人，完成各类技能培训共220余人。

政府效能不断提升。民主法治不断规范。坚持依法行政，加快建设法治政府。落实重大决策公众参与和责任追究等制度，提高依法、科学、民主决策水平。深化政务公开，让权力在阳光下运行。各项改革稳步推进。完成所有镇级部门机构改革，确保政府运转更加规范、高效。坚持厉行节约，设立文印室，统一管理办公用品和文件打印，大幅节约政府成本。建设干部周转房，设立廉政食堂，公务人员一律在食堂就餐。坚持用制度管人、管钱、管事，政府合同管理、重大事项决策、“三公”经费管理、镇村干部考核管理等制度不断完善。

2019年花石镇各行政村情况一览表

表15

村名	面积（平方千米）	户数（户）	人口（人）	农村经济总收入（万元）	农村经济总费用（万元）	农村经济净收入（万元）	农民人均纯收入（元）
合计	201.25	26595	92290	195855.6	56508	137067.7	16525.6
和平村	9.5	1415	4999	7943.2	2086.3	5856.9	12584.6
花石社区	2	791	2478	——	——	——	——
中华村	12.3	1200	4349	8165.3	2074.5	6090.8	14200.9
罗汉村	5.86	1066	3079	6617.5	1060.6	4256.9	18504.5
花石村	2.8	771	2833	6983.3	2056.7	4926.6	17973.7
马垅村	5	1267	3070	7856.6	2112.4	5744.2	20042.5
新加村	5.95	1089	2680	7469	2587	4882	18216.4
红中村	3.5	995	3292	7033.6	2123	4910.6	16158.6
双溪村	4.5	475	1850	4285.2	900.8	3384.4	19284.3
金莲村	6.16	724	2624	5042.8	1402.7	3640.1	14456.3
涓江村	3.5	722	2595	5084.5	1235.2	3849.3	15533.8
盐埠村	4.94	1255	4282	7882.3	2003	5879.4	14129.5
永仁村	4.84	551	1953	4332	824	3508	18521.6
金枫村	18.5	1094	3746	6903	1457	5446	13808.3

续表15

村名	面积（平方千米）	户数（户）	人口（人）	农村经济总收入（万元）	农村经济总费用（万元）	农村经济净收入（万元）	农民人均纯收入（元）
润塘村	6.8	643	2403	5647	1744	3903	17231.7
龙潭村	9.5	991	3575	6064.3	1554	4510.3	12842.5
石坝村	10.6	800	2675	5051.3	998.6	4052.7	15316.3
紫荆村	8	928	3254	6080.5	1548	4532.5	14084.8
天马山村	8	794	2812	5554.8	1007.7	3567.1	16546.9
中心村	6	503	1878	4278	1001	3277	18175.2
铜锣村	4	519	1780	4554	1231	3323	18399.7
见楼村	4.6	1007	3497	7076	2489	4587	14087.8
九如村	3.1	498	1786	4674	2000	2674	15683.2
泥湾村	4.5	870	3262	9257	3547	5710	17815.9
长潭村	6.7	1059	4116	9020	3039.4	5980.6	15574.4
龙口村	3	830	2845	8020.2	2434.1	5586.1	19518.1
天石村	4.7	427	1543	4532	1615	2917	18758.8
日华村	8.8	975	3474	7917.2	2264.6	5652.6	16243.1
湘江村	3.9	516	1936	5436.8	2210	3226.8	18323.6
百和村	5.3	496	1851	5643.5	2147.4	3496.1	19433.5
琵琶村	5.6	582	2199	5417.7	1723	3694.7	16043.2
双桥村	8.8	747	2626	6033	2031	4002	14789.3

【花石镇工作调研】 2019年2月13日下午，县委副书记、县长段伟长率队前往花石镇开展调研活动，着重了解特色小镇建设和打造县域次中心情况。县领导谭捍卫、荣虎成参加调研。段伟长在听取花石镇汇报后，要求花石镇要把准一个定位，把握好湘莲产业特色小镇建设和打造好县域次中心；要完善一个规划，次中心调研要更系统；要推行一种模式，实行片区开发模式，财政适当奖补；要搭建一个载体，成立一个按照现代企业制度管理的混合所有制公司；要策划一批项目，包括物流中心、学校医院的提质及对外招商等；要出台一个政策，花石镇要草拟一个关于支持湘潭县次中心建设的政策；要强化一个体系，主要是组织指挥体系，做实领导小组办公。

2月20日，湘潭市市委副书记何俊峰一行到花石镇，调研天马现代农业示范园建设情况。花石镇镇长苏征锋和相关负责人分别就花石镇天马农业示范园项目建设与新兴红薯产业发展情况向何俊峰进行汇报。

3月21日，湘潭市副市长刘永珍一行到花石镇天马现代农业示范园调研，副县长陈义、县直相关职能部门代表、镇长苏征锋陪同。会上，镇长苏征锋、示范园代表胡孝阳分别就当前园区产业布局、产业扶贫效果以及下一步生产规划向刘永珍一行做详细汇报，并提出农业园当前发展面临的困境。副县长陈义、相关市直单位代表分别就产业定位、品牌建设、基础设施配置、发展规划等方面进行沟通交流，并提出相关发展建议。刘永珍对调研结果表示满意，她强调要紧紧围绕省委、市委决策部署，坚持产业精准定位，在特色种养业与农产品加工上大做文章；要聚力打造特色镇，追逐品牌优势；要强化要素保障，各职能部门要切实做好梳理对接，把建设用地保障、人才支撑、资金供应、基础设施配套等方面的支持措施落到实处。

4月2日，省农业农村厅厅长袁延文一行到花石镇考察调研，湘潭市副市长刘永珍、湘潭市农业农村局局长刘良丰、湘潭县县长段伟长、湘潭县副县长陈义、湘潭县农业农村局局长肖军、花石镇镇长苏征锋陪同调研。先后通过走现场的方式，对盐埠区休耕区复耕工作、莲冠公司湘莲产品加工、花石湘莲原种场基地进行实地考察，详细了解湘莲的品种、价格、销售等情况，听取湘莲产业园项目建设运行相关情况汇报。袁延文对当前花石镇休耕区复耕工作非常满意。他指出，要抓紧时间，扎实做好农田水利设施建设，尽快恢复农作物生产。要抓住花石镇湘莲种植面积广、规模企业多、从业人员多、市场广阔的湘莲产业基础优势，争创国家、省级农业特色小镇。

7月19日，湖南省副省长隋忠诚到湘潭县花石镇，就农业产业化发展和湘莲小镇建设进行调研。湘潭市副市长刘永珍、湘潭县县委副书记、县长段伟长、市县其他相关单位主要负责人及花石镇主要负责人陪同调研。隋忠诚一行先后到“寸三莲”原种场、万亩湘莲示范片、湘莲大市场，详细了解湘潭县湘莲产业发展规划和花石湘莲特色小镇总体规划。隋忠诚指出，农业产业化发展要强化质量意识和品牌意识，湘潭县花石镇要发挥优势，把湘莲品牌做深做强，提高产品附加值，探索发展湘莲树状经济。

8月13日，省农业农村厅副厅长唐道明一行深入花石湘莲特色小镇考察农业特色小镇建设及湘莲特色产业发展情况。副市长刘永珍、市农委主任刘良丰、副县长陈义、县农业农村局局长肖军、花石镇镇长苏征锋陪同。

【督导扫黑除恶专项斗争工作】 2019年4月3日，湘潭县委书记傅国平一行赴花石镇督导扫黑除恶专项斗争工作部署，并赴双溪村查看软弱涣散村党组织整治情况。县委政法委副书记赵文彬、县委办公室常务副主任赵勇光、花石镇全体在家党政负责人陪同。

【考察特色小镇建设情况】 2019年5月10日，由湖南省财政厅农业处处长张利武带队，湖南省农业特色小镇考察组一行赴花石镇考察农业特色小镇情况。湘潭县县长段伟长、副县长荣虎成陪同考察。

5月23日，全联房地产商会特色小镇分会秘书长匡洪广、上海协信多利董事长雷志强、吉林长电集团董事长韩宇、蓝城集团拓展总监韩杰、阿卡农庄董事长江宇虹一行到花石镇考察特色小镇建设情况，花石镇镇长苏征锋陪同此次考察。

【“伟人故里，大美湘潭”专题招商推介会】 2019年7月9日，湘潭市借助世界园艺博览会的平台，以“湖南日”主题活动为契机，举行“伟人故里，大美湘潭”专题招商推介会，全面展示湘潭生态文明建设成果。来自京津冀地区的50余家企业、单位及商协会嘉宾代表参加这次推介会。作为全市仅有的两项产品推介之一的湘莲，花石镇政府、湘莲协会也选派代表，向在场客商嘉宾现场做出推介。

【花石镇第六届人民代表大会第七次会议】 2019年7月26日上午，花石镇第六届人民代表大会第七次会议于镇政府三楼大会议室召开，全镇98名人大代表出席会议，驻镇市县人大代表、党代表、政协委员，各站办所负责人、村（社区）党组织书记、村主任共计105人列席会议。镇长苏征锋代表花石镇人民政府向大会作工作报告，镇党委书记胡卫发表讲话。

【“9·22”重大交通事故】 2019年9月22日8时40分许，花石镇日华街上发生一起重大交通事故。一辆车牌号码为湘A20816自卸低速货车从衡山县聚能沙场出发，沿湘潭县衡花线由南往北行驶，途径花石镇日华街时，撞到多名赶集的行人。共造成10人死亡、16人受伤。

【花石镇第六届人民代表大会第八次会议】 2019年12月15日上午，花石镇第六届人民代表大会第八次会议于镇政府三楼大会议室召开，全镇100名人大代表出席会议，驻镇市县人大代表、党代表、政协委员，各站办所负责人、村（社区）党组织书记、村主任共计99人列席会议。花石镇镇长马勇根代表镇人民政府向大会做工作报告，镇党委书记何海军讲话。

【湘潭市2019年“三下乡”集中示范活动启动】 1月21日上午，湘潭市2019年文化、科技、卫生“三下乡”集中示范活动在花石镇启动。市县领导吴小月、阳建民、周佩珞、李豪雄、曾耀辉、杨欣荣、何晓春参加活动。

当天，市委宣传部（市文明办）、市发改委、市卫计委、市农委、市教育局、市科技局、市人社局、市公安局等单位以及专家学者等，为农民朋友送去慰问金和物资，并现场开展义诊、赠送春联、发放科普书籍等活动。市艺术剧院还奉上精彩的文艺表演。

【花石镇获得“醉美湘镇”奖杯】 2019年1月28日，由湖南省委宣传部、省农业农村厅指导，湖南广播电视台主办的大型乡镇文化电视竞演活动《醉美湘镇》在长沙正式录制，花石镇从全省35个乡镇中脱颖而出，成功捧回“醉美湘镇”奖杯，成为湘潭市唯一获评的乡镇。

【督导花石镇农村人居环境整治工作】 2019年4月11日，县委书记傅国平一行到花石镇，调研督导农村人居环境整治工作。是年，花石镇加大人居环境整治，加快农村生活垃圾治理，通过加强组织领导、明确工作重点、筑建宣传阵地、加强设施建设、加强队伍建设、加强污水治理、强化监督手段等措施，农村人居环境整治工作取得一定的成效。

听取汇报后，就花石镇如何抓好下阶段农村人居环境整治工作，傅国平要求，要深入宣传发动，动员老百姓共同参与；要坚持规划引领，不能让规划停留在纸上；要明确工作标准，对标开展整治工作；要改造落后设施，加大力度推进“厕所革命”；要组织考核评比，形成良好氛围；要整合部门资源，发挥资源聚焦的优势；要形成示范效应，确保农村人居环境整治工作取得实效。

【建设美丽宜居乡村启动仪式】 2019年6月5日是世界环境日，“美丽中国，我是行动者”——湘潭县建设美丽宜居乡村启动仪式在花石镇举行，志愿者现场发起环保倡议，用实际行动践行绿色环保理念。县领导唐仁光、刘新玉参加此次活动。活动向全县居民发出倡议，争做农村人居环境整治的推动者、实践者和维护者，齐心协力塑造干净、整洁、有序、文明的莲乡乡村形象，共同建设生态绿色宜居乡村，营造人人、事事、处处崇尚生态文明的氛围。随后，全体志愿者依次在倡议书上签名，承诺以实际行动践行绿色环保理念。

【“欢乐潇湘”花石镇专场活动】 6月20日，湘潭县2019年决胜脱贫攻坚聚力乡村振兴“欢乐潇湘·大美湘潭·莲乡大舞台”海选花石镇专场在湘莲市场内隆重举行，17个文艺节目登台表演节目精彩纷呈。

上午9时，一支中国古典舞——

《青莲》拉开文艺会演的序幕，优美的旋律与动人的舞姿，充分展示莲乡群众蓬勃向上的精神面貌。整台会演的17个节目基本上都是群众自导自演的原创节目，包括蒙古筷子舞、军鼓、鬼步舞等多种表演形式。其中，快板《扶贫就是好》将当前扶贫工作以“接地气”的方式进行演绎，轻快活泼的节奏吸引附近群众前来观看，赢得阵阵掌声。经过激烈角逐，最终，由罗汉村选送的舞蹈《荷韵》夺得一等奖。

（雷 琴）

分水乡

【概况】 分水乡位于湘潭县西南边陲，距县城70余公里，北邻湘乡市梅桥镇，东与排头乡毗邻，西与石鼓镇接壤，南临青山桥镇。2019年，全乡总面积85.33平方千米，耕地面积2321公顷。2019年，全乡有12619户，计40910人，其中男性21106人，女性19804人。农业人口数39074人，占全乡人口数96%；少数民族人数172人，占比0.42%。辖15个行政村，410个村民小组。乡经济以农业为主，村民主要从事制皮鞋、种养等产业，农作物除水稻等常规作物外，经济作物以油茶种植为主，境内锰、磷、铀的藏量较大，只进行小容量开采，效益较好。交通线路有G240国道、X030、X028、X026县道经过境内，交通较为便利。

是年，全乡完成固定资产投资8740万元，实现财政总收入3369万元，实现国税入库315万元。实现生产总值11.2亿元，社会消费品零售总额1.35亿元。

招商引资工作再创佳绩。成功引进湖南仝丰建设工程有限公司，注册资本3000万元，年纳税在2000万元以上，于12月开始纳税。虎形山、珍鸽、旗山、分水村共争取县农业农村局820万元资金用于高标准农田建设项目。种植结构调整大力推进。完成种植结构调整任务320公顷。多年生作物续种96.51公顷，一年生作物续种35.65公顷，一年生改种多年生作物31.33公顷。农业产业规模不断壮大。乡粮食播种总面积超过4000公顷，其中高档优质稻面积2086公顷。发展种植2公顷以上的适度规模经营户68户，家庭农场43家，水稻种植合作社29家，村级土地股份专业合作社10家，农机专业合作社7家、农业公司2家。槐北村发展种植连片20公顷糯稻基地1个，虎形山村发展13.33公顷小籽花生态基地1个，新增较场村、珍鸽村2个莲虾共养基地共计33.33公顷、彭何村红心矮晚柚种植基地33.33公顷。分水村禾香水稻合作社带领周边群众种植再生稻166.67公顷、迅丰农业带领周边群众种植红薯53.33公顷，完成虎形山村白茶新造6.67公顷，全乡油茶新造65.33公顷，其中53.33公顷省油茶扶持项目已通过验收。产业品牌优势逐渐明显。巩固推进分水黑山羊养殖项目，致力于打造分水“黑山羊之乡”，以永红海兰、湾头祥瑞黑山羊养殖基地为龙头，发展黑山羊养殖专业合作社6家，存栏黑山羊300头以上的专业大户5户、100头以上的21户，目前海兰黑山羊专业合作社已全面开工建设，全乡存栏黑山羊1.1万余头，是湘潭市唯一黑山羊存栏过万的乡镇。争取资金300余万元，推进南方草地畜牧业项目，年底将全面完工。虎形山村投资80万元打造清泉生态养殖基地。利用分水坳黑山羊、北冲糯米酒两个地域商标的优势，不断提高乡特色农产品“北冲”糯米酒、“分水”黑山羊、“禾香”再生米、“迅丰”红薯粉等的市场份额。充分利用好电商扶贫小店，其中北冲糯米酒今年净利润预计已达7万元，为槐北村集体经济创收3万余元，带动10余户贫困户脱贫。

脱贫攻坚成效显著。全乡共有建档立卡的贫困户804户，2226人，2019年新识别2户5人，已脱贫774户2181人。实现驻村帮扶工作队全覆盖，广泛开展贫困人口“漏评”“错退”排查及复核工作，确保“一人不漏一人不错”。全年，成功脱贫25户81人。全乡建档立卡贫困学生义务教育阶段适龄人口249人，就学249人，无辍学现象。贫困学生应享受各项教育补助均通过扶贫明白卡发放到位；建档立卡贫困人口医保参保2226人，参保率100%，家庭医生签约率100%，在县域内定点医院住院实行“先诊疗后付费”和“一站式结算”；四类重点对象完成危房改造74户；解决饮水安全69户199人。通过发布社会招聘信息、举办精准扶贫招聘会等多种形式推荐全乡贫困人口实现就业665人。加快推进电商扶贫，新增湖南电商扶贫小店12家。投入资金70余万元，通过乡内6家合作社、家庭农场进行产业帮扶，带动贫困户141户306人参与黑山羊养殖和蛋鸡养殖产业，造血能力不断加强。

民生保障不断健全。实现乡村两级窗口集中和柜台式办公全覆盖，并实行24小时值班制。建设500平方米政务服务大厅，内设11个便民服务窗口，受理39项政务服务事项，是年，累计服务群众万余人次，办结3500多项民政事项，大幅提高为民服务的效率和质量。进一步完善低保申请、入户调查、民主评议审核审批等工作环节和程序，切实做到低保对象有进有出，及时动态调整。对因病致贫和因学致贫的困难户，符合条件的及时纳入保障范围，实现动态管理下的应保尽保。共确认低保户329户648人，集中供养“五保户”68人，散居“五保”特困户248人，困难救助330人，临时救助148人次，慰问特困特殊优抚对象36人，发放各类慰问金5万余元。全乡城乡医保参保28486人，新增奖扶32人、特扶2人、严重精神障碍患者监护人以奖代补11人，免费进行孕前检查82人、“两癌”筛查530人。

基础建设日益完善。实施乡村亮化工程，投资4.2万元更换集镇区街道太阳能路灯、新装政府周转房路灯40盏。彭何村、晓冲村、旗山村共安装太阳能路灯240余盏，切实方便群众出行。投资3万余元在谭故场和较场街道划300余个停车位以及安放警示牌、减速带等安全设施，规范街道停车，保障镇区安全秩序。建设水利工程46处，自然村通水泥路27.8千米，拓宽公路2.5千米，公路养护清灌缝9.7千米，安装波形护栏7.92千米，改造大冲垅村、分水村危桥2座，完成珍鸽、分水、较场等村骨干山塘的清淤扩容和塘堤硬化加固以及新山、大垅、旗山、较场4个村农村电网改造、旗山村8公顷滩涂田国土改造项目。

教育事业多点发力。乡村教师

队伍建设成效突出，近40名教师被授予县乡级荣誉称号。教育教学质量再传捷报，3所中学共考入县一中16人、公费师范1人，初中学生毕业率99.57%。较场中学人均分再居全县前列。

在全乡组织开展村庄清洁行动，配备70名村级保洁员、2台垃圾托运车、购置800个垃圾桶到各村。投资150万元，建设垃圾中转压缩站。对集镇区违章建筑及“六乱”行为集中力量进行整治，依法拆除乱搭棚屋3820平方米，清除乱堆乱放点120余处，拆除破败招牌90余块、乱搭敞篷5家，清理泡沫箱种菜50余处。整治并规范谭故场、较场、晓冲、分水坳4个集市。在第4季度首轮暗访抽查中，分水乡环境整治工作受到市级表彰。开展分水籍机关干部和全体村专职干部家庭卫生检查评比活动，共检查32户分水籍机关干部家庭、75户村级专职干部家庭，及时将每户卫生情况进行公示。成立“美丽庭院”示范户创建评选工作小组，公选出具有先进性、典型性的乡级“美丽庭院”示范户153户，县级“美丽庭院”示范户17户，形成你追我赶的浓厚氛围。对农作物秸秆禁烧核心区域谭故场、较场两个集居点以及排较线、湘青线、狗钟线道路两侧等重点区域开展禁烧巡查工作，制止秸秆、垃圾焚烧38次。联合乡执法大队、自然资源所等职能部门严格执法，针对非法采洗砂开展巡查147次，捣毁非法采砂、洗砂3处，扣押采砂挖机2台，拆除设备5处，行政处罚6000元，有效打击非法采洗砂人员的嚣张气焰。积极组织复绿补植，完成7处非法采砂的复绿工作。进行义务植树1400余株。

坚持把强化理论学习作为抓班子带队伍的有力抓手。全面启动“不忘初心、牢记使命”主题教育，组织全体党政负责人、支部书记赴乌石彭德怀纪念馆学习红色精神，号召全体党员干部读原著、悟原理。邀请县领导、新中国成立七十周年国庆受阅分水籍女兵回乡上国防教育党课，举办学习强国知识竞赛、“我与祖国共成长”演讲比赛等系列活动，全乡党员干部党性修养、政治觉悟得到进一步提升。坚持把党建引领治理作为凝聚发展合力的关键工作。深入开展“三亮三联三带”活动，明确村党组织书记为村级集体经济组织负责人，打造以党员为主体的村组管家队伍，提升村级治理能力、引导乡风文明、发展集体经济、助力乡村振兴。坚持把党风廉政建设作为强基固本的重要途径。深入推进“四责四诺，五联五问”工作，落实村书记“双述双评”、党员积分制管理，在乡机关干部中开展谈心谈话活动，乡纪检监察室开展作风监督检查12次，发布督查通报7期，营造出全乡风清气正的良好氛围。

2019年分水乡各行政村基本情况一览表

表16

村名	人数（人）	户数（户）	行政区面积（平方千米）	农村经济总收入（万元）	农村经济总费用（万元）	农村经济净收入（万元）	农民人均纯收入（元）
合计	40910	12619	85.33	118433.77	52203.51	66230.26	16337
旗山	2672	848	7.5	7712.51	3331.08	4381.43	16596
永红	2943	931	6.62	8588.93	3843.17	4745.76	16142
湾头	2475	722	6.66	7250.93	3256.5	3994.42	16094
大垅	1936	561	3.83	5661.68	2411.3	3250.38	16772
大冲垅	3674	1075	8.18	10765.38	4822.61	5942.77	16127
合家	1677	499	3.63	4890.43	2187.58	2702.86	16146
虎形山	4692	1414	8.18	12749.01	5483.85	7265.16	16648
分水	4376	1295	7.59	13231.04	5270.07	7960.98	17578
彭何	3180	1017	5.77	9214.11	4027.13	5186.98	16446
晓冲	2138	682	4.05	6330.69	2883.62	3447.06	15907
较场	2576	825	3.18	7113.62	3181.93	3931.69	16147

续表16

村 名	人 数（人）	户 数（户）	行政区面积（平方千米）	农村经济总收入（万元）	农村经济总费用（万元）	农村经济净收入（万元）	农民人均纯收入（元）
石桥	2651	840	5.04	7697.9	3529.95	4167.95	15818
珍鸽	2068	689	4.86	6003.49	2664.86	3338.62	16246
新山	1992	661	4.95	5828.2	2585.32	3242.89	16255
槐北	1860	560	5.29	5395.84	2724.53	2671.31	14463

【文明创建工作】 2019年，积极开展乡文化群娱活动，举办群众文艺会演分水专场、组织乡机关干部参加“莲乡大舞台”群众文艺会演、“莲乡大合唱”等赛事活动。抓好宣传载体，多角度打造“绿色、美好、幸福、活力新分水”，在国庆节期间推出“走进分水”专栏。是年，分水乡在中央媒体上稿3篇，“学习强国”湖南平台上稿5篇，省级媒体上稿23篇，市级媒体上稿25篇。在全乡范围内安装广播直播卫星“户户通”，完善乡内公共产品和服务的供给促进文化和信息消费。开展以“大家齐动手，净化我家园”为主题的宣传活动，让新时代文明实践活动常态化、经常化。扎实推进陈鹏年廉政文化园建设。深入挖掘陈鹏年事迹和民间故事，完成陈鹏年墓保护工程修缮设计方案，拟制“陈鹏年廉政文化园”项目建设方案，已报县委县政府，分别成立县乡两级陈鹏年廉政文化园建设项目领导小组，做好建设东雾山陈鹏年廉政文化园前期准备工作。

【综合治理工作】 2019年，开展分水乡综治中心标准化建设，在乡内布点95处“雪亮工程”视频监控，分布在15个村主要路口和与湘乡市交界处，有效解决群众安全满意度“最后一公里”的问题。全力做好“扫黑除恶”宣传工作，向全乡群众发放宣传资料共32000余份，发放扫黑除恶基础知识11000份。全面排查化解矛盾纠纷，成功调处98起，调解成功率97.0%，把隐患消除在萌芽状态。深入开展严打整治专项斗争，共处理涉黑涉恶案件1起，打击处理2人。查获各类违法犯罪35件，其中查破刑事案件10件，抓获刑事犯罪嫌疑人8名，查处行政治安案件25件，行政拘留5人。以最大的力度打击犯罪行为，进一步提高人民群众的安全感。筑牢安全生产防线。严格按照执法计划对全乡1家加油站、27家烟花爆竹零售经营店开展执法检查，下达责令限期整改指令书31份，督促指导相关单位整改31条。制作现场检查记录99份，行政处罚决定书2份，现场处理措施决定书1份，立案审批2份。进行烟花爆竹“打非治违”清缴行动3次，查处非法销售摊点3个、门店6家，行政处罚3300元。对辖区小学、幼儿园、企业等29家单位开展消防安全大检查4次，发现安全隐患26处并及时予以整改，关闭存在重大安全隐患的娱乐场所1家，切实保障人民群众生命财产安全。 （刘瑶芝）

石鼓镇

【概况】 石鼓镇位于湘潭县西南边陲，有着“湘潭西藏”之称，西与湘乡市、双峰县接壤，东南毗邻青山桥镇，东北接分水乡。拥有湘军古道、石龙寺、曾国藩稍息亭等丰富的人文资源，昌山、曹家坳瀑布、铜梁水库等自然资源和大理石等多样的矿产资源。2019年，总面积为96.05平方千米。全镇辖有16个行政村、1个居委会，14032户，总人口50587人，党员1436人，人口自然增长率0.033%。耕地面积为2584.82公顷，其中水田2343.97公顷、旱土240.85公顷，水域面积为452.38公顷。全镇共有学校20所，内含高中1所，初中2所，小学11所，幼儿园6所（公办1所）。

机构改革工作。是年，石鼓镇党委政府严格按照乡镇机构改革的要求，遵循“精简、统一、效能”和实事求是、因地适宜的原则合理设置机构、调整职能、安排人员。机构改革后，原有的站所撤并成11个新站所，其中党政内设机构6个，事业机构4个，执法大队1个。分别为党政综合办公室、党建工作办公室、经济发展办公室（农业农村和扶贫工作办公室）、社会事务办公室（卫生健康办公室）、自然资源和生态环境办公室（村镇建设管理办公室）、社会治安和应急管理办公室；社会事务综合服务中心（文化综合服务站）、农业综合服务中心、政务（便民）服务中心、退役军人服务站；综合行政执法大队。人大、纪检监察和群众团体等组织按有关规定设置。

抓实抓牢农业发展。是年，粮食生产稳定增长，完成水稻播种2375.53公顷，落实优质稻1400公顷。有序引导种植结构调整，全镇种植油茶193.33公顷、冬种油菜233.33公顷。家禽累计出栏12万羽，牛200头，羊1400只。海南村、将军村等7村建成连片266.67公顷的湘莲种植基地、龙虾养殖基地，农业产业提效增优明显。

生态建设不断加强。巡查整治焚烧垃圾和秸秆行为，做好大气污染防控工作。是年，未发生土地污染和水污染事件；开展打击非法采砂、洗砂“利剑行动”，对山花复线地段非法挖砂、福霄村非法洗砂进行制止和处罚。完成镇级河长巡河360余次，组织河道垃圾清理200余人次。完成新修旅游专线路边花草种植和历年绿化管护任务。推进全县全民义务植树基地建设，建立赤壁坳梅花基地1公顷，栽植红梅1000株，落实公益林管护3978.33公顷。

稳步推进项目建设。总投资约9166万元的青山河石鼓段河堤加固项目（山花复线），完成河堤护坡工程85%。总投资约1.35亿元的城乡供水一体化PPP项目（铜梁水厂二期工程），取水泵房建设已基本完成主体工程。投资4.1亿元的石鼓昌山风电项目重新启动，2019年，完成环评手续及道路、林地勘查工作。石鼓派出所改扩建工程基本完成。

大力助推乡村旅游。积极对外推介非遗文化石鼓·青山唢呐和油纸伞制作工艺。2019年5月，石鼓油纸伞制作工艺代表湘潭市参加北京·亚洲文化旅游展，扩大石鼓油纸伞知名度。推动乡村旅游发展，是年，成功承办“第二届中国农民丰收节——湘潭县农民趣味运动会”“第三届穿越昌山徒步活动”，吸引游客4万余人；邀请多名高校旅游专家和10家省内户外运动协会负责人在石鼓开展“穿越昌山”户外体验路线活动。年内，新增农家乐7家，新增高档民宿3处。

基础设施更加完善。2019年，硬化及拓宽公路43.23千米，建设骨干山塘10口，恢复面上重点水毁工程3处，完成各类水利工程370处，修建垃圾临时堆放点6个，并配备垃圾清扫车、垃圾清运车、定期添置垃圾清扫设施；投资15万元对镇区交通标识、中心线、边缘线、停车线进行改造，并在主要干道增设网格线、人行线和减速带。

大力开展专项治理。开展马路市场取缔和镇区“六乱”治理工作，出台《石鼓镇镇区环境综合整治工作实施方案》，2019年创新采用领导包段、干部包片、居委会总负责的工作方法，规范经营秩序，石鼓镇区面貌焕然一新；开展“空心房”整治和拆违控违专项行动，拆除违章建筑及“空心房”40余处，完成土地增减挂钩任务7.67公顷（其中异地扶贫搬迁项目3.8公顷）。

脱贫攻坚深入实施。开展“一月一走访”“双月四清零”行动，2019年，石鼓镇共计实现64户213人如期脱贫。对1497户贫困户的结对帮扶进行动态调整，及时完善帮扶措施。推进产业扶贫，探索发展“企业+合作社”“合作社+贫困户”的模式，因村因户实施鸡、羊养殖，扶贫车间，资金入股分红等帮扶项目，重点打造彭老倌养蜂基地，确保集中安置的贫困户稳定脱贫。年内，申报产业帮扶经营主体5个，自主创业1个，发放产业帮扶资金226万元，实现石鼓镇有劳动能力、有发展意愿的贫困人群产业帮扶全覆盖。落实安居工程，是年，完成危房改造135户，全部竣工验收，其中建档立卡贫困户111户，农村分散供养特困人员22户，低保户2户，确保四类对象应改尽改。深入开展“大走访大排查”活动，整户识别，严格程序，对贫困户和贫困人口做到应纳尽纳，对识别不准的贫困人口坚决予以清退，对贫困边缘户和脱贫监测户重点排查，严防漏评返贫现象发生。强化志智双扶，举办养蜂培训班1期，养鸡技术培训12场，送产业送技术到户210余次；26位贫困人口参加“育婴师”技能培训并结业，6人参加SYB创业技能培训并结业。开展“扶贫记者在一线”活动，挖掘出石鼓扶贫的“石鼓模式”，先后在《湖南日报》、湖南卫视《新闻联播》和《湘潭日报》进行推介，树立脱贫致富的典型，激发贫困户内生动力，营造贫困户自力更生、脱贫光荣的氛围。

民生福祉不断改善。开展职业技能培训，2019年，累计培训87人次，举办精准扶贫“春风行动”招聘会，完成农村劳动力转移就业121人，新增城镇就业122人。为876名建档立卡贫困户申报交通补助，为820名建档立卡贫困户申报一次性求职创业补贴。实现建档立卡贫困户家庭医生签约服务全覆盖。新增农村低保43户71人，取消48户53人。办理老年人证279张，发放高龄补助225人。共有特困供养人员334人，其中集中供养人员44人。临时救助354人次，发放救助金38万余元。

平安建设稳步推进。持续推进扫黑除恶专项斗争。发放扫黑除恶宣传资料4万余份，悬挂横幅100余幅，白化标语200余处。2019年，共收到扫黑除恶线索15条，排查15条，移交湘潭县扫黑办2条，做到有线索必查。坚持定期召开安全生产会议制度，深入开展“打非治违”百日攻坚行动，开展安全生产专项巡查58次，立案14起，罚款10050元，排查安全隐患144处，整治140处，实现安全生产连续五年“零”事故。

2019年石鼓镇各行政村基本情况一览表

表17

村名	面积（平方千米）	户数（户）	人口（人）	农村经济总收入（万元）	农村经济总费用（万元）	农村经济净收入（万元）	农民人均纯收入（元）
合计	96.05	14361	50611	86508.58	24188.94	62319.64	209546.72
大桥居委会	2.8	516	1018	3269.43	1736.08	1533.35	15062.42
歇马村	8.6	1226	4254	6605.57	1682.65	4922.92	11572.44
沿红村	4.6	744	2707	4546.14	1345.26	3200.88	11824.46

续表 17

村 名	面 积（平方千米）	户 数（户）	人 口（人）	农村经济总收入（万元）	农村经济总费用（万元）	农村经济净收入（万元）	农民人均纯收入（元）
路口村	4.9	837	3086	5059.88	1388.70	3671.18	11896.25
高家坪村	3.4	449	1580	2645.09	780.63	1864.46	11800.40
西冲村	5.2	737	2593	4292.52	1226.19	3066.33	11825.43
石鼓村	8.4	1141	3906	7699.91	1938.66	5761.25	14749.74
将军村	5.5	1030	3417	5551.41	1640.21	3911.20	11446.30
安乐村	6.2	688	2437	3971.22	1169.02	2802.20	11498.57
七家坪村	3	494	1878	3066.31	845.05	2221.26	11827.81
四路村	5.55	721	2534	4315.47	1220.05	3095.42	12215.54
铜梁村	5	779	3035	4864.01	1450.80	3413.21	11246.17
福霄村	4.3	776	2723	4499.05	1268.30	3230.75	11864.66
海南村	9.9	1491	5383	9231.07	2301.04	6930.03	12873.92
栗梅村	5.8	892	3376	5548.29	1370.36	4177.93	12375.39
明道村	6.2	918	3419	5901.58	1412.05	4489.53	13131.11
珠联村	6.7	922	3265	5441.63	1413.89	4027.74	12336.11

【脱贫攻坚结对帮扶业务培训暨工作推进会召开】 2019年5月17日，湘潭县纪委主办的石鼓镇脱贫攻坚结对帮扶业务培训暨工作推进会在县委党校召开。会议由县委常委、县纪委书记、县监委主任胡亚湘主持，来自市、县、镇、村各级的800多位帮扶责任人参加会议。

【石鼓镇工作调研】 2019年8月6日，市委副书记、市长张迎春在石鼓镇调研农业农村和精准扶贫工作，走访调研石鼓镇易地扶贫搬迁安置点和铜梁村生态资源的保护和生态旅游业的发展现状。

8月28号，市委书记、市人大常委会主任曹炯芳以市人大代表身份，到石鼓镇开展“参加代表小组活动、密切联系人民群众”主题活动，与市十五届人大代表湘潭县第二小组的代表一起，调研石鼓镇重点项目建设情况，参加人大代表接待日活动，深入基层察民情、听民意、聚民智。

【石鼓镇第六届代表大会第四次会议】 2019年12月25日，中共湘潭县石鼓镇第六届代表大会第四次会议召开，全镇各战线共92名代表参会。会议听取和审议《石鼓镇党委工作报告》《石鼓镇纪委工作报告》，各党代表进行分组讨论，提出建设性意见。会议审议并通过两个报告决议草案，并对党委领导班子及其成员进行民主测评。会议补选赵强为石鼓镇党委委员。

【石鼓镇第六届人民代表大会第七次会议】 2019年12月26日，石鼓镇召开第六届人民代表大会第七次会议。全镇各战线共73名代表参会，会议听取并审议通过《石鼓镇2019年政府工作报告》《2019年人大主席团工作报告》和审议《石鼓镇2019年财政预算执行情况》。会议补选莫柏华为石鼓镇副镇长。

【启动2019年中国农民丰收节体育健身活动】 9月24日，国家体育总局社体中心主任范广升在湘潭县石鼓镇的铜梁峰下宣布：2019中国农民丰收节体育健身活动暨“幸福新农村”湘潭县首届农民趣味体育活动正式启动。中国农民丰收节活动由中华全国体育总会、国家体育总局群众体育司主管，国家体育总局社会体育指导中心和湖南省体育局联合主办，湘潭县委、县政府承办。30多家国家、省、市媒体报道这一盛况，上千名当地群众和游客参与。活动以“全民健身，活力中国”为主题，以“体育+农事”的形式进行体育健身活动，旨在传承和弘扬中华农耕文明和优秀传统文化，不断满足农民日益增长的美好生活需要，全面调动社会各界投身和服务“三农”的积极性，营造强农助农的浓厚氛围。

活动中，各地代表和农民运动员不仅欣赏到国家非物质文化遗产保护项目青山唢呐表演和省级非物质文化遗产保护项目石鼓油纸伞，还进行丰收节套圈大赛、剁辣椒能手竞赛、巧手剥莲子竞赛、“农人三项”赛、泥塘摸鱼赛和拔河竞赛等将农业生产技能融入到体育竞技的趣味竞赛项目。

【2019年健康中国行（湖南）湘潭站活动举行】 2019年12月22日，为宣传健康理念，普及健康知识，从源头上减少“因病致贫、因病返贫”现象，提升贫困人群健康素养水平，助力全面脱贫攻坚战，湖南省卫生健康委、湖南省扶贫办、湖南省教育厅、湖南省妇联主办，湘潭市卫生健康委、湘潭市健康教育所承办，

健康中国（湖南）行湘潭站之“健康促进助力脱贫攻坚，健康教育走进青春校园”活动在湘潭县石鼓镇歇马村村部举行，活动吸引周边群众近千人参与。

健康大舞台上，湘潭市一医院等4个获得湘潭市健康科普宣讲赛的优秀节目，在现场巡演。通过寓教于乐和互动问答的形式，引导当地群众树立正确的健康理念，形成健康的生活方式。

湘潭市中心医院等10余家医疗卫生单位在活动现场搭建起健康义诊区域，组织专家，开展健康义诊、视力测试、口腔保健、心理咨询、慢阻肺测试、发放健康宣传资料等。针对歇马小学留守儿童较多的现状，活动邀请湘潭市健康传播专家，开展日常卫生习惯和秋冬季节传染病防治类健康大讲堂。国家级心理咨询师在歇马小学开展心理咨询讲座，通过纸牌游戏帮助小学生培养自信、乐观的性格。活动当天，相关单位向歇马村村部、歇马小学赠送一批健身设施、健康教育支持工具、健康知识读本、健康书包等。

（张　幸）

青山桥镇

【概况】 青山桥镇位于湘潭县的西南边陲，北连分水乡和石鼓镇，西与双峰县接壤，南抵衡山县，东邻本县花石镇、排头乡，距县城70千米，该镇素有“皮鞋之乡”“唢呐艺术之乡”之美誉。2019年，全镇总面积109.37平方千米，镇区面积2.7平方千米，辖18个村、1个社区。耕地面积2197公顷（其中水田面积2093公顷、旱土面积104公顷），山地面积5732公顷，水域面积650公顷，林地面积5648公顷，森林覆盖率达52.67%。2019年，全镇总人口50450人，其中镇区人口18430人。总人口中，男性25584人，占50.71%；女性24866人，占49.29%。是年，该镇共出生455人，人口出生率1.41‰；共死亡人口721人，人口死亡率1.60‰。人口自然增长率-0.51‰。

全年，完成农业总产值5.4亿元，同比增长7.4%。工业总产值17.2亿元，同比增长6.4%。规模企业实现利润4515万元，工业固定资产投资完成6.8亿元，实现社会消费品零售总额5.1亿元，税收760万元，财政收入6205万元，人均纯收入15245元。

经济实力稳步提升。推动皮鞋产业发展，加强建设特色小镇。特色产业蓬勃发展。成功创建湖南省特色产业小镇，青山皮鞋产业链被列入湘潭市十三大工业新兴优势产业链之一。园区皮鞋行业协会通过与湘潭市先锋鹏博电子商务有限公司达成合作，共同在天猫网开设“青山桥鞋业”品牌旗舰店，实现网上销售15万双。基础设施稳步推进。园区投入680万元进一步完善排水、电力等基础设施，投资1000万元建设液化气供应站，投资1.9亿元建设青山大道。招商引资成效明显。新引进企业3家，到位资金1850万元。完成出口到美国外贸订单50万双，创造外汇460万美元。发展绿色农业，不断优化农业结构。大力抓好粮食生产。落实粮食播种面积0.4万公顷，粮食总产3.1万吨，优化种植结构调整110公顷，在晓南村成功创建“县再生稻观摩培训示范点”，在三富、晓南等村创建“粮食绿色高产优质万亩示范片”。大力发展生态林业。完成新造林5.33公顷、封山育林40公顷、林相提质改造13.33公顷、森林修复20公顷。非洲猪瘟防控工作深入推进。进一步巩固清理非法畜禽养殖业整治工作成效，形成从源头到出栏的全链条管控机制，坚决遏制反弹。探索集体经济，大力推进乡村振兴。霞岭村成立鳌山种植专业合作社，发展种植、养殖两大基地。全年，集体经济创收12万元，三富村集体经济创收6.8万元。

民生福祉日益增进。脱贫攻坚紧抓不放。高标准完成273人脱贫任务。聚焦解决“两不愁、三保障”突出问题，实施危房改造共93户、人饮安全饮水项目245人，严格落实各项政策措施，结合镇皮鞋产业特色，打造2个扶贫车间，产业扶贫实现全覆盖，解决68户贫困户就业。环境整治持续发力。坚持“党支部领着干、党员带头干、群众跟着干”，加强各村保洁员队伍建设，印发村庄清洁行动倡议书12000余份。第一季度被评为县级农村人居环境整治“一类乡镇”，第三季度被评为市级农村人居环境整治“五好乡镇”。创新组织社区五老人员每天参与镇区整治；镇区“六乱”现象专项整治持续发力，“路长制”工作已实现常态化，门店出店经营现象得到有效整治；镇区已划分455个停车位；成立村级环保协会，打造村级示范片，全力助推农村人居环境整治工作。取缔1处马路市场，综合整治搬迁6处马路市场。民生保障水平提高。全年，共出生人口482人。实现城乡医保参保人数36279人，累计报销金额为1846万元。发放救助款32万余元，发放救灾资金19万余元。新增城镇就业260人、新增农村劳动力转移就业206人。文化教育事业健康发展。举办“新农村、新农民、新体育、新风尚”为主题的“鳌山杯”第二届农民运动会；举办“庆祝新中国成立70周年”——“欢乐潇湘·大美湘潭·莲乡大舞台”文艺会演活动；全镇14所学校成功创建县级“平安校园”，青山中学成功创建市级“平安校园”。

镇区面貌焕然一新。全面推进社会治安综合治理。深入推进“扫黑除恶”专项斗争，扎实开展涉黑涉恶线索摸排上报和依法打击工作。共处理信访积案5个，特护维稳期实现“四个零”突破；摸排上报涉黑涉恶线索7条，悬挂横幅60条，广告宣传牌15块，张贴宣传标语1900张，永久性墙体宣传标语15处，出动宣传车20台次，各网格分别确定1名党员义务宣讲员，进行政策宣讲和民情收集工作。着力防范化解重大风险，与农商行等金融机构共同开展信用村评定工作，新铺村获批“市级信用村”。切实加强行政综合执法水平。规范行政执法工作，结合“河长制”“利剑行动”“蓝天、碧水、净土保卫战”等行动大力开展污染防治工作。组织河道巡查400余人次、制止水政违法行为12余次，捣毁简易洗沙设备2处；查处违章建设行为6起，责令整改单位4家，下发停工通知16次；完成行政处罚16起，处罚金额4.6万元。着力抓好安全防控体系建设。成功通过“省级安全生产示范乡镇”验收，开展各类安全生产专项执法68次，出动执法人员246人次，检查各类生产经营单位203家，排查各类安全隐患315处，依法关闭烟花鞭炮非法储存销售点、证照到期等生产经营单位24家；对辖区企业、学校等人员密集场所开展食品安全检查42次，排查安全隐患28处，下达限时整改通知书18份；深入开展消防检查和火灾隐患重点区域整治。

制度建设全面加强。大力推动政风行风转变。加强干部队伍建设，完善教育管理，强化财政审核，严控“三公”经费支出，强化廉政风险防控。全年，开展作风监督检查10余次。加强政务服务改革创新。加大政务公开力度，规范政府重大决策事项行为和程序，促进政府工作公开透明，阳光下运行。建设服务型政府，加强政务服务水平。积极推进法治建设。推动依法行政，依法办事，开展好法治宣传，做实“一村（社区）一法律顾问”工作，推动全镇19个村（社区）全面创建成为“民主法治村（社区）”

2019年青山桥镇各行政村基本情况一览表

表18

村　名	面　积（平方千米）	耕地面积（公顷）	户　数（户）	村民小组（个）	人　口（人）	农村经济总收入(万元)	农村经济总费用(万元)	农村经济净收入(万元)	农村人均纯收入(元)
合　计	104.6	2617.4	12150	495	50448	77907.58	55530.85	22376.7	292043
青山社区	2.7	0	570	18	2288	4206.94	3028.99	1177.95	18387
青山桥村	6.6	206.4	1028	33	4053	6783.91	4748.73	2035.18	16738
高屯村	3.5	122.4	577	19	2231	3543.27	2522.8	1020.47	15882
马栏坝村	7	197.4	1002	44	3939	6165.32	4408.2	1757.12	15652
观元村	6.6	173	822	35	3531	5338.85	3801.26	1537.59	15119
三富村	8.9	224	970	36	3868	5932.73	4241.9	1690.8	15338
松柏村	5	124.1	482	17	1907	3043.19	2169.79	873.4	15958
龙舞村	5.2	54	360	12	1332	1927.13	1352.84	574.29	14468
大兴塘村	7.6	98.4	533	21	2093	3037.78	2175.05	862.73	14514
霞岭村	4.9	84.5	487	15	1917	2878.75	2023.76	854.99	15017
石门村	6.6	121.5	525	25	2660	3929.08	2770.02	1159.06	14771
天塘村	7.6	77.9	469	28	1766	2519.9	1796.68	723.22	14269
桥头铺村	5.4	117.2	622	22	2571	3739.26	2733.55	1005.71	14544
高强村	5.6	169.3	534	39	2251	3342.5	2346.43	996.07	14849
新铺村	2.7	127.4	488	18	2157	3333.85	2387.03	946.82	15456
高山寺村	2.6	127.6	540	20	2423	3761.22	2670.46	1090.76	15523
晓南村	4.6	220.3	917	37	4082	6353.22	4548.9	1804.32	15564
四境村	7.4	233.2	724	32	3085	4641.38	3352.51	1288.87	15045
扶冲村	4.1	138.8	500	24	2294	3429.3	2451.95	977.35	14949

【督导脱贫攻坚迎国检工作】 2019年1月4日，县委书记傅国平一行采取“四不两直”的方式督导青山桥镇脱贫攻坚迎国检工作，并在该镇政府召开座谈会。会上，傅国平指出，为更好地迎接国检到来，全镇各级要认真落实精准扶贫相关要求。一是要提高思想认识，对脱贫攻坚工作要高度重视，及时全面了解贫困户所思所盼，掌握当前扶贫工作实情；二是把握重点，明确对策，补齐短板；三是要保证数据准确；四是切实做好迎检准备，熟悉扶贫政策和情况。会后，傅国平一行还前往该镇高屯村现场指导相关工作。

1月8日，湘潭市委副书记何俊峰以不发通知、不打招呼、不听汇报、不用陪同接待、直奔基层、直插现场的“四不两直”方式，到青山桥镇青山桥村督导脱贫攻坚迎检工作。何俊峰查看青山桥村“2016—2018年年度脱贫人口花名册”“2018年新识别贫困户花名册”“2018年返贫贫困户花名册”及翻阅扶贫手册后指出，为更好地迎接国检，要高度重视脱贫攻坚工作，各级各部门务必把交叉考核方案吃透，对照考核资料，掌握考核内容，把握记分标准和考核流程，对相关政策和评分标准要做到心中有数，对实地考核中的关键指标更要重点抓好；要把工作做实做细，细化考核方案、责任落实，确保考核验收工作有序进行；把信息摸准，选拔培训一批政策的明白人和评估检查的带路人，对核查中发现问题及时向上反馈，高效、精准做好问题分析和解释工作，确保考核评估工作顺利过关。

【青山桥镇工作调研】 2019年1月11日，湘潭市信访局局长曹伟宏带领市、县信访局相关领导到青山桥镇调研指导该镇综治中心建设和信访维稳工作，并在该镇综治中心会议室召开座谈会。会上，曹伟宏充分肯定该镇2018年信访工作所取得的成绩，并用"四个不容易"概括该镇信访工作，一是作为偏远乡镇经济发展的很好不容易；二是作为大乡镇信访工作保一方稳定不容易；三是2017、2018年该镇连续两个年度综治考核成绩好，2018年"零"进京信访达到"三无"乡镇的标准不容易；四是党政班子高度重视信访维稳工作，真抓实干取得的成绩不容易。曹伟宏还对该镇信访维稳工作提出下一步建设的建议：一是要狠抓责任落实；二是要突出工作重点；三是要做好"三大攻坚战"信访问题的解决；四是要全力推进"三无"工作的落实；五是要发挥好部门协调配合作战的能力；六要严厉对缠访闹访的打击。会后，曹伟宏查看该镇信访相关工作资料档案，指导完善相关工作。

5月6日，县委书记傅国平到青山桥镇，走访调研脱贫攻坚、农村人居环境整治和基层党建等工作。县领导谭捍卫参加。在青山桥镇三富村村部，傅国平听取三富村支村委班子的工作汇报，并就结对帮扶和基层党建等工作进行强调。随后，傅国平一行到原省定贫困村青山桥村，详细了解青山桥村脱贫攻坚情况，并听取相关工作汇报。傅国平一行还到青山桥镇政府听取青山桥镇2018年工作亮点、2019年工作思路、基层党建、特色小镇有关情况的汇报。傅国平高度肯定青山桥镇的工作，他指出，青山桥镇产业发展有新突破，项目建设有新成效，脱贫攻坚有新进步，基层党建有新亮点，班子队伍有新形象。就做好下阶段工作，傅国平强调，要把特色产业进一步做大，经济实力进一步做强，人居环境进一步做优，精准扶贫进一步做实，社会治理进一步做细，基层党建进一步做深。

8月28日，县委副书记、县长段伟长一行到青山桥镇现场办公。就如何加快推进皮鞋皮具产业链和青山桥皮鞋特色小镇建设，段伟长指出，要明确工作目标，青山桥镇党委、政府要切实担当园区发展建设的主体责任，制订三年行动计划；要明确项目清单，包括基础设施项目、招商引资项目库、片区开发模式等；要明确园区建设融资主体，做好建设用地"增减挂钩"工作；要明确发展方向，围绕皮鞋皮具特色产业园，重点抓好招商和项目建设。当天，段伟长还就加快推进皮鞋皮具产业链和青山桥皮鞋特色小镇建设的具体问题进行现场办公。

【青山桥镇重点工作调度】 2019年2月12日，县委副书记、县长段伟长到青山桥镇调度重点工作。县领导赵苏阳参加。段伟长一行到皮鞋皮具特色产业园，详细了解励诚鞋业有限公司等企业外贸出口情况，以及中美贸易摩擦对企业的影响，并询问企业当前所面临的困难与问题。湖南省(青山桥）皮鞋皮具特色产业园主导皮鞋皮具生产、研发与销售，有各类入园企业32家。2018年，园区发展信心更加充足，实现年产各类皮鞋695万双，安排就业3500余人，年发放工资1.15亿元，实现年产值6.86亿元；招商引资不断加强，新增投资项目2个，园区综合服务平台项目获省发改委1000万专项资金支持；转型升级不断加快，全面完成出口到欧美市场的外贸订单30万双；产业链条不断完善，被确定为市重点发展的18条产业链之一。段伟长对园区的发展予以充分肯定。他要求，青山桥镇抓党建要持之以恒，以政治建设引领带动各项工作，加强对上级文件、经济发展政策的学习和研究；抓质量要转型发展，转变发展模式，实行片区开发，抓住三产融合的发展理念；抓项目要注重效益，做到经济效益与社会效益并行发展，防范风险；抓攻坚要严守职责，真正把自身职责履行到位；抓维稳要综合施策，带头做好表率，提升群众素质，加强民风建设。随后，段伟长还就相关具体问题进行安排部署。

【开展脱贫攻坚"三走访三督导三签字"工作】 5月6日，市委书记、市人大常委会主任曹炯芳轻车简从，到石鼓镇、青山桥镇、分水乡、花石镇，开展脱贫攻坚"三走访三督导三签字"工作。曹炯芳强调，要进一步统一思想，提高站位，正视问题，强化责任，凝心聚力，坚决打赢脱贫攻坚战。曹炯芳直插基层一线，深入青山桥镇四境村、花石镇天马山村、石鼓镇卫生院、分水乡迅丰生态农业有限公司等地，面对面听取基层干部群众关于脱贫攻坚工作的意见建议，督导乡镇党委政府、驻村帮扶工作队、结对帮扶责任人履职责任落实情况，调研"两不愁、三保障"和产业扶贫等扶贫政策落实情况。曹炯芳强调，要围绕脱贫攻坚目标任务，坚持问题导向，以群众满意度为工作标准，及时发现问题，正确对待问题，主动解决问题。要坚持责任到位，各级党委政府、行业部门、驻村帮扶工作队、结对帮扶责任人都要严格落实责任，着力提高脱贫攻坚质效。要坚持自我造血，扶智扶志相结合，根据地域特色、个人能力，因地制宜、因户施策，多渠道推进产业扶贫。要坚持精准施策，聚焦"两不愁三保障"，切实做到扶贫对象精准、项目安排精准、资金使用精准、措施到户精准、因村派人精准、脱贫成效精准。要坚持以点带面，始终把脱贫攻坚工作摆在极端重要位置，巩固已有脱贫成效，统筹推进乡村振兴、基层党建、基层治理等工作，不断提高人民群众的获得感、幸福感、安全感。

【"不忘初心、牢记使命"主题教育专题党课】 2019年9月28日下午，在新中国成立70周年大庆前夕，县委常委、县委组织部部长罗霄到青山桥镇讲"不忘初心、牢记使命"主题教育专题党课。该镇全体机关干部、各村（社区）专职干部、各村（社区）第一书记、"两新"党组织负责人、离退休干部代表聆听党课。罗霄以“深入学习领会习近平总书记关于党的初心和使命的重要论述”为主题，阐述“习近平总书记对初心和使命有哪些重要论断?”“如何理解我们中国共产党人初心的内涵?”“在学习、工作、生活中如何践行初心?”。

【调度皮鞋皮具产业链建设工作】2019年11月19日，县委书记傅国平带队到青山桥镇调度皮鞋皮具产业链建设工作。傅国平一行仔细查看青山大道项目施工现场，要求相关负责人一定要抓好工程扫尾，并做好排水等工程措施；在志高缘鞋业有限公司，傅国平认真询问公司的生产经营情况，并深入扶贫车间了解具体工作。在随后召开的调度会上，青山桥镇负责人汇报皮鞋皮具产业链建设相关情况，与会人员围绕推进皮鞋皮具产业链建设提出意见和建议。近年来，在县委、县政府“一区带多园”战略指引下，青山桥镇皮鞋工业园取得较快发展，已成为湖南省最大的皮鞋生产基地。园区现有各类企业34家，上下游产业链条、配套、物流等得到进一步完善。2019年1—10月，园区累计生产销售各类皮鞋570万双，皮鞋产业规模在省内占比达30%。

（彭雅琳）

易俗河镇

【概况】　易俗河镇古称洛口，是湘潭县城关镇，坐落于湘江河涓水汇合处，是长株潭“两型社会”综合配套改革试验区核心区。交通十分便利，有107国道、京港澳高速公路、芙蓉大道、天易大道等贯穿其中。2019年，城镇面积212.41平方千米（城区面积23平方千米、美丽乡村示范片24.5平方千米、天易经济开发区规划建设区99平方千米）。全镇分9个管区，辖31个村和13个社区，有976个村居民小组，总人口约23.2万人（其中农业人口约8.2万人）。2019年，共完成税收收入2.29亿元，完成规模工业产值18.1亿元，实现固定资产投资17.3亿元；引进湖南宏邦建材等3个项目，完成投资5000万元；发放政策性补贴56项，补贴金额总计4888.14万余元，受益者88251人次。

2019年，各类媒体上稿400余篇，其中《湖南湘潭县：党支部建在小区里，打通党建服务“最后一公里”》在学习强国平台上推介，《2000多名中小学生引领文明风尚——“小手牵大手”创文影响大》在《湖南日报》上刊登，《易俗河镇开展系列新时代文明实践活动》在《新湖南》上报道，梅林桥村人居环境整治“五个一”工作法在央广网推介，并在市县推广；共举办“周周乐”社区文化节、“欢乐潇湘”等大型群众文化活动14场；公众号更新9篇，美篇发布2篇，村村响广播每日播放。

是年，完善农村基础设施，完成水利工程925处、12个村农网改造升级项目、完成通自然村公路硬化47.2千米；落实重点民生实事工程，城镇新增转移就业2391人，农村劳动力新增转移就业251人，农村危房改造67户，全镇1100位产妇接受了免费产前筛查、1800名女性参加适龄妇女“两癌”免费检查，消除村卫生室“空白村”。全面开展农业生产工作，抓好种植结构调整，发放奖补资金407.27万元；开展各类农机具普查1530台，农机安全生产实现全年零事故；全民义务植树18.5万株，人工造林面积45.16公顷，做好森林防火工作；严防严控“非洲猪瘟”，做好“高代次”种猪场周边暂停牲猪养殖工作，落实春秋两季集中防疫任务，推进湘潭县畜禽粪污资源化利用项目，落实湘江干流禁渔、渔民退捕禁捕工作，严厉打击“电渔”行为；落实最严耕地保护措施，开展综合执法行动，处置违章搭建行为18处、制止农村违规建房行为10处，开展建筑行业市场集中整治4次；加快推进梅林桥现代农业示范园建设，完成四季花海、公共厕所、停车场、道路等基础建设。

是年，开展农村人居环境整治村庄清洁行动，落实“四清四治四提升”、国省道沿线专项整治“三治三化”等工作，开展农村“厕所革命”工作，年内，完成改厕617个，并通过验收；在各村建立卫生收费制度，配备保洁队伍，放置移动垃圾箱、垃圾桶680余个，投入150万余元用于垃圾清运，投入70余万元，在宝塔村建设垃圾中转站。完成梅林桥村污水处理厂的建设；投入178万元，建设谷洪村污水处理项目，完成畜禽粪污资源化利用整县推进项目12户；开展“美丽庭院”示范户的评选工作，评选86户镇示范户和49户县示范户。

是年，全镇新增结构调整269.74公顷，休耕式治理46.87公顷，继续实施重金属污染治理项目333.33公顷。梅林桥现代农业示范园春水农业已建成33.33公顷蔬菜基地，新怡农业建设无花果基地3公顷、火龙果基地12公顷、花卉基地3.33公顷、草皮基地53.33公顷，景鸿湘莲完成莲虾、莲鱼共养74公顷，辰星农业栽植13.33公顷高档水果、花卉，农业耕种收综合机械化率达80%。收集各类咨询、投诉、建议等314件，回复率达100%；办理网上信访件120件。

是年，完成脱贫退出16户53人；对全镇建档立卡贫困户开展动态调整，整户新识别2户7人，整户清退2户10人，单个人口清退44人，标识为不享受政策8户35人，自然增加45人，自然减少200人，单个贫困人口补录61人，综合回退1人，现有建档立卡贫困户1244户，贫困人口3400人；为31个村配齐驻村工作队，为1244户贫困户配优配强结对帮扶责任人，落实脱贫攻坚“大排查、大整改、大提升”工作，开展“三个一”活动和“一月一主题”走访；落实“一超过两不愁三保障”要求，建档立卡贫困户中完成兜底保障427户713人，城乡居民医疗保险参保率达100%，危房改造35户，教育助学234人次，发放助学资金69.5万元，发放贫困劳动力转移就业交通补助478人10.56万元，发放一次性求职创业补贴329人9.87万元，安全饮水实现问题清零；接收并处置环保投诉件8件，巡查并处置垃圾露天焚烧和秸秆焚烧115起；集中开展河湖“清四乱”，检查摸排发现并处理“四乱”问题10个，重点打造紫荆河样板河工程；对8个裸露地块共计10万余平方米的场地进行生态复绿，开展“清废行动”，对3处垃圾废品堆放场地进行清理。

是年，全镇压缩一般性支出870万元；成功创建市级信用村2个；严格落实防范和处置非法集资专项工作，制订工作方案，在企业、市场、学校、养老机构等人员密集处开展集中宣传40余次，发布预警信息60余条，顺利通过国家、省、市专项检查；开展不良贷款清收行动，收回不良贷款339笔，共计94.36万元。全年，共出动车辆958车次，检查人员2726人次，检查、巡查单位2543家次，查处非法违法行为16起，下达执法文书351份，立案11起，经济处罚72600元，查处非法烟花爆竹销售行为6起，责令停业整顿企业3家，关停不符合安全条件的建设单位1家，集中整治关停6个马路市场。

2019年易俗河镇各行政村基本情况一览表

表19

村　名	面　积（平方千米）	户　数（户）	人　口（人）	农村经济总收入（万元）	农村经济总费用（万元）	农村经济净收入（万元）	农民人均纯收入（元）
合　计	199.62	21492	89198	232470.8	103962.1	128508.7	18912
烟塘村	3.9	946	3708	6598.5	1665.1	4933.4	21105
山塘村	3.5	433	1685	3245.3	1072.6	2172.7	20145
金霞村	3.41	499	1786	4498.6	1208.7	3289.9	20705
赤湖村	6.49	678	3205	6795.4	1992.2	4803.2	20245
八角村	5.76	647	2608	6082.2	1776.5	4305.7	20042
青光村	8.23	889	3875	7198.8	2692.4	4506.4	19236
水竹村	5.67	526	2176	6059.6	1682.6	4377	19618
京竹村	2.31	597	2572	5898.7	1492.1	4406.6	22113
樟树村	3.46	442	1715	4297.4	1085.3	3212.1	20165
赋江村	6.54	848	3232	5998.5	2382.1	3616.4	18124
杉荫村	7.76	699	2658	7435.6	3392.5	4043.1	17686
银塘村	7.39	1098	4335	8398.5	3372.8	5025.7	19194
万荷村	6.6	796	2882	8748.6	4095.2	4653.4	16932
安联村	6.1	702	2655	8374.2	4302.8	4071.4	17905
麦子石村	10.9	935	3512	13285.5	6301.4	6984.1	17913
石壁村	5.4	658	2593	5856.8	2876.3	2980.5	16401
双梅村	9.3	699	2721	8144.5	4582.5	3562	17302
黄竹村	6.3	627	2182	6188.5	3786.4	2402.1	17185
梅林村	11.2	987	3577	14082.7	5272.8	8809.9	19032
谷洪村	5.8	602	2212	9705.5	5188.5	4517	17662
高桥村	8.7	735	2815	8756.6	5392.4	3364.2	17878
宝塔村	6.4	466	1748	6144.3	2886.1	3258.2	16806
友谊村	5.6	402	1525	4952.7	2777.9	2174.8	16806
白云村	8.5	587	2238	4842.3	1085.1	3757.2	17198
飞龙桥村	5.7	758	2798	8865.4	4665.1	4200.3	18195

续表19

村 名	面 积（平方千米）	户 数（户）	人 口（人）	农村经济总收入（万元）	农村经济总费用（万元）	农村经济净收入（万元）	农民人均纯收入（元）
新虎村	4.5	469	1788	5212.4	2762.4	2450	17397
新塘村	8.2	1112	4298	13205.7	6975.3	6230.4	18177
踏龙村	6	468	1798	5792.4	3085.1	2707.3	16405
高岭村	8	682	2687	9105.8	4863.2	4242.6	16502
凫杨村	5.7	676	2555	8997.5	4573.5	4424	16945
郭家桥村	6.3	829	3059	9702.3	4675.2	5027.1	17148

2019年易俗河镇社区基本情况一览表

表20

社区名称	面 积（平方米）	居民小组数（个）	党员人数（人）	户籍人口数（人）	流动人口数（人）	总人口数（人）	服务用房面积（平方米）	公共活动场所（处）
合 计	19830000	92	1063	63102	100963	164065	6601	60
富豪阁社区	550000	7	70	2128	6165	8293	480	3
吴家巷社区	350000	3	46	2027	17693	19720	440	2
城塘社区	3000000	9	117	5233	111	5344	600	4
百花社区	980000	11	215	5713	10815	16528	1280	1
牛头岭社区	4000000	10	120	10560	2002	12562	260	5
砚井社区	2000000	4	144	5832	295	6127	600	4
云龙社区	2000000	9	60	8755	9587	18342	960	6
赵家洲社区	1090000	16	49	1848	13612	15460	368	10
凤形山社区	1800000	8	122	8312	10933	19245	535	10
大湖塘社区	1100000	5	13	248	6148	6396	230	1
瓦屋湾社区	820000	4	34	1421	8286	9707	228	3
花果山社区	960000	3	47	10742	6000	16742	400	1
晓木塘社区	1180000	3	26	283	9316	9599	220	10

【督查调研】 2019年5月7日，市委书记、市人大常委会主任曹炯芳带队到湘潭县，督查调研防汛备汛和河长制落实等工作。实地督查易俗河镇邯郸港黑臭水体治理情况，就现场存在的问题，提出针对性解决措施。

【易俗河镇第一届人民代表大会第六次会议】 6月2日，易俗河镇第一届人民代表大会第六次会议在县委党校顺利召开。共有125名镇人大代表、10名特邀代表及93名列席代表参加会议。会议听取和审议通过《2019年易俗河镇人民政府上半年工作报告》《2019年易俗河镇人大主席团上半年工作报告》《易俗河镇2019年1—4月财政预算执行情况的报告》。大会简要回顾易俗河镇2019年上半年各项工作取得的成绩，明确下阶段的工作任务。号召全镇各级党组织、广大党员和干部群众要坚定信心、主动担当，努力实现经济社会和谐发展；要履行职责、主动监督，加快推进政治文明建设；要围绕中心、发挥作用，努力提高代表综合素质。

【易俗河镇政协委员调研养老服务机构】 2019年6月4日，易俗河镇政协联工委为探索该镇养老机构公办民营新模式可能存在的管理盲区和漏洞，深入分析当前社会养老服务的客观环境和基本特点，探索如何提升养老护理员职业技能标准，更好地促进养老服务高品质发展的新方法、新路子，创新工作模式，通过走访、听取介绍、座谈等形式对易俗河镇养老服务机构开展深入调研。养老服务机构6所，其中民办2所，敬老院4所，集中供养的特困老人165人。另有农村幸福院19个，日间照料中心3个。省级养老服务示范点8个，县级养老服务示范点3个，县级老年活动中心5个。其中梅林敬老院与湖南普亲老龄产业发展有限公司签订经营管理委托合同，由湖南普亲管理和使用。委员们肯定易俗河镇镇养老服务类型多样，也发现许多现实问题，如发展养老服务业在城市规划、土地供应、税收优惠、融资补贴、人才培养等方面的优惠政策难以落实、服务组织数量较少，服务能力和专业化水平低等等。下阶段将把这些问题形成提案，商量寻找解决办法，为社会养老服务工作提供更强大的推力。

【走访调研驻村帮扶工作队工作】 2019年6月14日，易俗河镇党委书记带队先后到该镇石壁村、麦子石村、友谊村、高岭村、新塘村走访调研驻村帮扶工作队工作，并召开座谈会。调研组一行先后详细询问了解队员们在工作和生活中遇到的困难和问题，并认真听取驻村队长驻村工作开展情况、村党组织书记当前工作情况汇报；还对他们深入研究、因地施策，扎实勤勉的工作作风给予肯定，并对县、镇两级帮扶干部舍小家、顾大家，扎根基层、驻村帮扶表示感谢。陈赞书记指出，帮扶队员要进一步增强责任感和紧迫感，从讲政治的高度开展工作，确保严格按照时间节点完成任务，并特别嘱咐工作队员，高温酷暑时段将来，工作强度大、条件艰苦，大家在完成工作的同时，要加强自身防护，确保身体健康。

【纪念建党98周年暨“七一”表彰大会】 2019年6月30日，易俗河镇召开庆祝中国共产党成立98周年暨“七一”总结表彰大会。会议由镇长黄宏伟主持，全体党政负责人、管区主任、各支部书记、总支书记、所有受表彰对象参加会议。在组织委员带领下，全体党员一起重温入党誓词。随后大会表彰9个先进基层党组织、92名优秀共产党员，镇党政负责人为获奖的先进基层党组织和个人颁奖。镇党委书记陈赞要求要以建党98周年为契机，在服务中心发展中展现新作为；要凝心聚神、强基固本，在抓基层打基础中树立新标杆；要知责思为、勇于担当，在敬业奉献中彰显新形象。

【“不忘初心、牢记使命”主题教育工作会议】 2019年9月17日上午，易俗河镇召开“不忘初心、牢记使命”主题教育工作会议，该镇全体党政负责人、党组织负责人、站办所负责人及部分机关党员等100余人参加会议。湘潭县委第三指导组相关领导出席工作会议并讲话，镇党委书记陈赞作动员部署。会议主要传达学习习近平总书记在“不忘初心、牢记使命”主题教育工作会议上的讲话精神，传达省、市、县委主题教育工作会议精神，要求对照主题教育“守初心、担使命，找差距、抓落实”十二字总要求抓落实；要紧扣主题教育“理论学习有收获、思想政治受洗礼、干事创业敢担当、为民服务解难题、清正廉洁作表率”总目标抓落实。要把开展主题教育同推进“两学一做”学习教育常态化制度化结合起来，把主题教育的成效体现在推进全镇各项工作任务的落实上，高标准高质量开展好第二批主题教育，以实际行动践行初心担当使命，推动全镇各项工作取得新成效，做出新贡献，以优异成绩迎接新中国成立70周年！

【走访调研村、社区情况】 2019年11月6日至8日，易俗河镇镇长黄宏伟带队对村、社区进行走访调研。调研组实地查看村、社区的办公、服务设施等情况，并与村、社区工作人员进行面对面交流座谈。听取了解村、社区发展和工作开展情况等介绍，并详细询问便民服务站、基础设施建设等情况现状。一行对各村、社区工作取得的成绩给予充分肯定，并要求各村、社区要继续发扬好的做法。镇长黄宏伟指出，村、社区工作人员要熟悉业务，加强协作沟通；要继续围绕当前重点工作，理清工作思路，切实抓好重点工作落实；要以群众利益为根本、以方便群众为要求，着力打造幸福民生。走访调研活动结束后，调研组认真梳理调研中收集到各村、社区当前发展切实存在的困难和问题，集体讨论研究，切实推进解决各项问题。

（刘永明）

谭家山镇

【概况】 谭家山镇位于湘潭县东部中段，距县城15千米，南与中路铺镇、西与射埠镇、北与易俗河镇接壤，东与株洲市天元区雷打石镇、三门镇、株洲县古岳峰毗邻。2019年，总面积100.45平方千米。辖14个村，农业人口数34324人；3个社区，城镇居民数12273人；总户数17335户，人口总数46537人。其中，男性24344人，占比52.31%；女性22193人，占比47.69%。绝大部分为汉族，有土家、苗、侗、壮等14个少数民族163人。耕地面积2556.93公顷，其中水田2393.09公顷、旱地161.6公顷，山塘1690口，山林面积5306.67公顷，森林覆盖率52.83%。境内矿产资源丰富，交通便利，107国道纵贯南北，省道S329公路横穿东西，武广高铁从中穿越，东距京广澳高速铁篱笆入口仅3千米。娄醴高速从南部穿过、且与107国道互通，对外交通联系便捷，城镇规划控制区3.6平方千米，其中核心镇区规划控制区1.2平方千米。

2019年，完成税收收入3538万元，完成税收任务的113%。全镇企业26家，规模工业企业5家，规模工业总产值4.0亿元，同比增长2%；营业收入2.82亿元，同比增长8%；利润885万元，同比增长5.6%。固定资产投资1.927亿元。全年，招商引资42批次，签约项目2个，新引进企业2家。完成招商引资任务7000万元，分别为湖南恒宇建材有限公司湘潭县分公司3000万元、湘潭县万兴建材2300万元、湘潭宏大玻璃有限公司续投1700万元。大力推进项目建设，龙亭母猪繁育场完成投资2100万元，完成场地建设；宏大玻璃建设项目完成投资3500万元，完成前期工作。将“产业振兴”作为乡村振兴首要任务，全年，完成替代种植面积102.87公顷。林泉山科技有限公司追加投资500余万元，在紫竹村、霞峰村流转土地39.33公顷，种植油茶、苗木、药材；龙宇丹种养合作社投资70余万元，在石荷村流转土地26.67公顷，进行红薯、南瓜、油茶套种；永红家庭农场在石荷村流转土地10余公顷，种植高粱；建家家庭农场在棠霞村流转土地13.33余公顷，种植高粱；胜佳种养专业合作社在龙亭流转40余公顷土地，种植南瓜；周柳专业合作社在高丰村流转土地20余公顷，种草皮。休耕区域复耕工作稳步推进，完成333.33公顷。是年，新增农民合作社9家、家庭农场4家，全镇共有合作社87家、家庭农场36家。

全镇共有建档立卡贫困人口776户1632人，脱贫636户1414人，仍有140户218人未脱贫。2019年，精心组织实施产业扶贫，有石垅村乌梅合作社、香香家庭农场、富群种养合作社、龙宇丹种养合作社、泰鸿生态农业有限公司等5家公司投入65万元进行产业扶贫，带动周边3250个贫困户积极投身于养殖业、种植业，年收入大幅增加；重点抓好安居扶贫，55户建档立卡贫困户完成危房改造，解决建档立卡贫困户10户17人的饮水安全；大力推进教育扶贫，对146名建档立卡贫困学生进行教育扶贫，2019年春季，享受雨露计划22人，金额3.3万元；积极开展就业扶贫，完成省平台系统录入935条贫困劳动力信息，开展精准扶贫人岗匹配49人次，完成精准扶贫“春风行动”招聘会1场。完成新增贫困劳动力转移就业12人，贫困劳动力技能（育婴师）培训5人，“两后生”技能培训1人，与本地企业新昌福食品有限公司、湘潭县龙宇丹种养专业合作社进行对接，吸纳贫困劳动力11人在家门口就业。发放交通补助243人55700元，一次性创业补助226人68100元。

全镇营造全民参与蓝天保卫战良好氛围，成立禁烧日常巡查队，设立巡查台账，实行禁烧工作交办制度和月通报制度，处理焚烧秸杆垃圾79起。处理农业面源污染5个，处理养殖粪污污染11个，处理非法采砂、非法采石、非法洗砂共9起，约谈非法开采者10余人，按要求全部停工拆除清理到位，罚没4.85万元；对存在环境污染破坏风险的企业进行约谈，并收取环境治理保证金，共计13万元；对全镇范围内新建房屋地基、厂房扩建涉及沙土进行处理，资金进政府财政收入共计7.6万元。县环保局执法大队下达现场监测文书40余份，整改指令95条，移送公安处理1处。整治裸露黄土15处，共计32080平方米，复绿工作已于2019年6月全部完成，树木长势良好。

积极推进防范地方金融风险不良贷款清收工作，年末，累计清收转化天易农商银行谭家山支行不良贷款303.38万元，排名全行23个支行中的第3名。高度重视创建省级金融安全区工作，先后创建霞峰村、铁竹村两个“市级信用村”，成为创建数量最多的乡镇之一。

农田面积2261.07公顷，其中2019年休耕面积473.33公顷。严格管控区1713.33公顷，进行替代种植面积880.67公顷。早稻种植面积188公顷。存栏生猪3000头，家禽13.4万羽，羊3500只，牛100头。抓好春秋两季动物防疫、检疫工作，做好“非洲猪瘟”防控工作，发放“非洲猪瘟”明白纸2000份，宣传标语、横幅100条，另设立检疫哨卡一处。

通自然村公路建设完成78.1千米，C150道路拓宽项目、镇区户外广告规范化工作、污水处理厂建设工作全部按进度有序开展。道路安保工程已全部完工，覆盖道路7条，里程36.5千米。自来水城乡一体化镇区主管道已全部铺设完毕。13个移民项目总投资107万元，完成7个项目，其他项目相继启动。完成镇区弱电杆线综合整治工作，铺设入地管道1.86千米，将弱电线路全部入地，废旧杆线全部拆除到位，“弱电下地”专项整治工作圆满收官。

积极推进人居环境整治工作。4月起，对国道进行大力度整治，清理两侧乱堆乱放物品和杂草，部分区域进行硬化或铺设草皮，对旧房屋进行白化美化，对国道新街口段的建材市场进行整改。共投入人力3000余次，专业机械120台次，资金60余万元。全年，共拆除破败空心房1.2万平方米。开展专项大清扫活动，每周五为环境整治日，由各网格指导员带队，组织网格员、桥头堡人员、组长、妇女组长、党员开展大清扫，同时启动“小手拉大手”清洁家园行动。推进“厕所革命”，全镇改厕指标400户，在107国道沿线的高丰村、茶金村、棠霞村、长岭村4个村进行改厕试点，404户改厕任务如质如期全部完成（含建档立卡贫困户142户）。

积极落实惠民政策。设立“一门受理、协同办理”工作机制和服务平台，政府办公楼大厅设置城乡低保、医疗救助、社会救助、五保申请、老年证办理、殡改、流浪救助及残联工作服务窗口，共接待各类来访对象近万人次。深入推进农村低保和社会救助兜底保障对象专项治理工作，全镇农村低保388户，城镇低保61户，特困分散供养253人，集中供养36人。完成临时救助419次，44万元；自然灾害救助112户，11.39万元。办理老年优待证1306个，补办79个，发放高龄老人生活补贴8万余元。全年，新增农村劳动力转移就业104人，新增城镇转移就业253人，失业人员再就业42人，困难人员再就业10人。完成农村危房改造70户，有效改善农村住房条件。新型城乡居民医保参保率完成95%，全镇城乡居民基本医疗保险整体报销率达到近60%，真正解决居民看病难、看病贵的问题。

全镇出生417人，符合政策生育率为98.32%，人口出生性别比为95.75：100。慰问计划生育特殊家庭、困难家庭45户，发放慰问金1.51万元。慰问失独家庭36户，发放慰问物资8000余元。全年参加免费孕前检查151对，随访率做到100%，孕产妇免费产前筛查162例，“两癌”筛查502人。对32名离任计生专干发放生活补助4.6万余元。在茶金村与棠霞村完成2间“产权公有化”村级卫生室任务。严抓医疗与护理质量，完善医疗服务水平，实现医疗差错事故为零。

是年，对全镇14768户进行全覆盖走访到位，积极排查梳理矛盾纠纷，涉及具体问题129件，办理完成88件，移交41件，发放宣传资料3

万份。在2019年湘潭市群众安全感和满意度调查数据中，取得全县第4名，全市第8名的好成绩。共开展9次专项涉黑涉恶线索摸排工作，排查发现95条线索。坚持全方位宣传发动，共悬挂扫黑除恶800条横幅、张贴5000条标语、绘制150处墙漆，发放、张贴各类宣传资料3万余份。上访事件同比下降70%以上，全镇实现国家信访局零登记、零非访和零滋事和五个“不发生”的工作目标，社会治安综合治理水平显著提升。安全生产检查执法活动13批次，出动执法人员85人次，检查生产经营单位65家，查出各类安全隐患135条处，累计下达各类责令限期整改决定书47份。立案调查3起，行政处罚4.1万元。开展2次道路交通安全检查，处罚6台非法营运车辆，在全镇12条村级道路上设置28块道路交通安全警示牌，对非法接送学生车辆进行登记造册。共查处严重违法33台次，违法接送学生车辆34台次。没收烟花鞭炮零售店“三无”烟花爆竹30余件，责令整改无证经营烟花爆竹南杂店3家，收缴无证销售的烟花鞭炮50余件。食安办检查各类单位、经营户276家/次，出动检查人员78人/次；取缔马路市场3个。根据《湘潭市安全生产领域机动式巡查组对湘潭县安全生产巡查反馈意见整改方案》中关于谭家山村西冲组因矿区地质灾害引起的3户农户房屋塌陷问题进行整改，将对其中2户人家进行房屋拆除、异地重建，另1户人家进行维修补偿。

2019年谭家山镇各行政村基本情况一览表

表21

村(社区)	面积(平方千米)	户数(户)	人口(人)	农村经济总收入(万元)	农村经济总费用(万元)	农村经济净收入(万元)	农民人均纯收入(元)
合计	106.5	17794	52722	84691	28171	55773	206480
高丰村	5.7	876	2746	5124	1737	3218	12223
茶金村	2.8	596	1762	3087	1005	2311	11985
龙亭村	7.7	878	2741	4695	1638	3099	11107
谭家山村	5.3	867	2451	4516	1287	3125	16812
铁竹村	6.9	850	2616	4879	1659	3284	12043
紫竹村	8.8	1182	3370	6377	2307	4091	11034
霞峰村	7.7	1085	3074	5534	1798	3825	12210
花塘村	6.6	770	2509	4816	1654	3129	12006
红星村	8.5	967	3092	5517	1866	3659	12034
棠霞村	3.2	707	2653	4807	1568	3087	10573
长岭村	4.5	897	2230	3735	1345	2571	11194
石垅村	12.8	955	3099	5031	1746	3549	12073
月仙村	8.4	1043	3127	5845	1891	3927	12036
石荷村	10.0	869	2661	5216	1684	3267	11884
土地庙社区	3.0	2843	6648	5024	1587	3149	12364
佐塘社区	2.1	1383	4825	5017	1643	3134	11962
分路口社区	2.5	1026	3118	5471	1756	3348	12940

【举办“春送岗位”专场招聘会】 2019年2月20日，谭家山镇工会联合劳保站等部门在土地庙社区举办“春送岗位”专场招聘会。此次招聘会谭家山镇工会通过微信公众号、下村走访等多种形式进行广泛宣传。招聘会采取发放宣传单、现场咨询，招聘展板等多种方式，提供1000多个岗位供参与者选择，现场有30余家企业进行面对面招聘，达成初步就业意向和留下联系方式的有80余人。同时，结合本次招聘会对扫黑除恶、平安创建、职工维权等内容进行宣传，共发放各类宣传资料万余份，方便群众了解更多的就业资讯，同时便于掌握政府相关政策。

【推进“平安桥头堡”建设助推基层社会治理】 2019年3月27日，谭家山镇召开“平安桥头堡”动员大会，各村（社区）按方案要求，成立组织机构，召开专题会议，通过网格全面宣传发动。4月，各村（社区）居民小组正式成立“平安桥头堡”，由各村（社区）组织进行挂牌。全镇14个村、3个社区建立312个“平安桥头堡”，1168名平安志愿者共同参与。该项工作正式挂牌运行以来，“平安桥头堡”成员主动调解矛盾纠纷300余起，自发组织开展义务劳动400余次，在民情走访、环境整治、脱贫攻坚和扫黑除恶等各项工作中发挥重要作用。

【开展移风易俗行动】 谭家山镇各村（社区）建立健全“一约四会”制度，开展“殡葬改革”和“天价彩礼”治理行动。2019年，全镇自主申报火化达11人，共排查出违法违规私建墓154座，活人墓17座，乡风文明进一步提升。2019年，全镇举办大型群众会演文艺活动5场，在“欢乐潇湘·大美湘潭·莲乡大舞台暨庆祝新中国成立70周年”大型群众文艺会演活动中选送歌舞节目《再唱山歌给党听》参加县文艺会演活动专场获得一等奖。6月，组织干部群众参与工间操比赛，取得全县第一名的好成绩；9月，组织干部群众参与“我和我的祖国”莲乡大合唱比赛，在乡镇专场获得第二名的好成绩。

【举办“五四运动”100周年系列活动】 2019年5月10日，谭家山镇在分路口文体广场举办新时代文明实践活动暨纪念五四运动100周年系列活动。活动中，10名新团员代表在团旗下举行集中入团仪式，新老团员代表分别就团员的义务和权利、做一名合格共青团员等内容作发言。在授旗仪式上，谭家山镇全体党政负责人对7支新时代文明实践志愿服务队以及17个村(社区)志愿服务队授旗，为促进志愿活动常态、长效化开展奠定良好的基础。

【开展贫困户“微心愿”达成活动】 2019年6月5日，谭家山镇对全镇794户贫困户进行实地走访，了解贫困户在巩固脱贫攻坚成果、脱贫致富过程中的生活状况和内心愿望。谭家山镇党委政府发出“为贫困户圆梦”活动倡议，号召全体新时代文明实践志愿服务队队员们，为贫困户圆梦。帮扶单位、企业和个人纷纷响应号召，捐款、捐物，访贫扶困，为贫困户送温暖、送物资，解决生产生活实际问题。

【举办2019年“金秋助学”爱心助学金发放仪式】 2019年8月28日，谭家山镇“金秋助学”爱心助学金发放仪式得到上级部门、社会各界人士、驻镇各企事业单位、站办所及广大机关干部的大力支持。此次共计募集助学资金81800元，共资助77名学生。

【煤矿区生态保护修复项目】 2019年10月23日，紫荆河生态修复项目顺利开工。先后组织9个村召开村、组推进会60余次，发动干部300余人次，征集意见600余条。积极主动化解施工中存在的问题，每一个标段都明确项目协调员专门负责村、组、群众、施工方的协调，化解涉及工程的各类矛盾。经费保证到位，优先保证化解项目实施工程中产生的矛盾的费用和因施工带来的影响到群众生产生活的费用。 （彭 凯）

中路铺镇

【概况】 中路铺镇位于湘潭县境东南部，距湘潭市区35千米，距县城28千米。东与株洲县接壤，南靠白石，西与花石、射埠毗连，北接谭家山。古为驿站，因居长沙至衡阳古驿道中点而得名中路铺，是湘潭县南部重要的商贸中心，是一座充满生机和活力的历史重镇。2019年，镇域总面积183.6平方千米，其中耕地面积3919.93公顷。辖20个行政村、1个社区，镇区面积为2.55平方千米。全镇总人口6.2万人。全镇拥有1所高中、4所中学、6所小学。镇区已形成两纵五横的街道，有大型超市2家，中型超市5家，小型超市7家，大型连锁药店2家，综合性农贸市场1个，农产品集散中心每月逢三、八赶集，入市人数每次近5000人，日成交额在200万元左右，是湘潭、衡山、株洲等市、县相邻数十个镇的主要的物资集散地，也是湘潭市乃至湖南省农村集贸重镇之一。中路铺镇区位优势明显，G107国道纵穿南北，S330省道横贯东西；地形地貌多样，主要矿产以石灰石、矽砂、硅砂为主。“古驿今安在，风景旧曾谙”，这里自然环境优美，生活环境清新，全镇森林覆盖率达67%，有“山奇、云雾奇”的晓霞山齐白石省级森林公园，有“日出水美”的百泉湖，古铺“一山两水一故居”名片不断被擦亮,文化、教育等社会事业蓬勃发展。

2019年，完成税收1762万元，比上年同期增长170万元，其中国税完成919万元；实现工业总产值4.26亿元，完成固定资产投资3.25亿元。

招商引资稳中有进，到位资金8980万元，R&D科研投入完成投资890万元；年内，完善名录库300余家个体户及企业数据的调整修改工作，成功引进万盛园农业科技有限公司、东莞依文电子有限公司、湘潭轻质隔墙板制造有限公司3个项目。

项目建设快速实施。湘潭立华牧业3500万羽一体化养鸡、万盛园农业科技有限公司蛋鸡养殖场项目2个重点项目共计完成投资1.7919亿元。其中湘潭立华牧业3500万羽一体化养鸡项目完成投资1.45亿元，总部办公物流区已建成并投入使用，种鸡场清表已完成80%，孵化厂土方全部完成；万盛园农业科技有限公司蛋鸡养殖场项目完成投资0.34亿元，前期手续已全部办理，桩基础和高压线、变压器已完成安装，钢结构已安排进场，鸡苗已预订。

特色农业持续增强。2019年是种植结构调整质量效益年，此前调整的1493.33公顷中80%以上的面积得到巩固和稳定，实现新增调整面积86.67公顷。“竹冲尝花生、柳桥采夏橙、潭湖赏菜花、庄园品新茶”的“一村一品”布局初步形成，凤形山村、中路铺村等村种植结构调整成效明显。中路铺镇备案登记的合作社共有39个，省级合作社1家，市级合作社3家。家庭农场47个，土地股份合作社3家。

推进村级集体经济发展试点工作，柳桥村、凤形山村被确定为中央财政资金扶持村。产权制度改革成员身份确认公示工作已经完成602个小组，完成率100%，顺利通过省检。菱角村获评湘潭县同心美丽乡村。乡风文明持续向好，21个村（社区）建立健全“一约五会”组织，成立21支村级文明实践志愿者队伍，推进乡风文明建设。

全面稳定和巩固种植结构调整，80%以上调整的面积得到巩固和稳定，完成新调整面积86.67公顷。按照稻谷补贴工作的要求，全面启动并完成稻谷补贴申报工作；抓实农业生产工作以及产业扶贫工作，落实各项惠农政策。年内，推广补贴旋耕机6台、粮食烘干机1组、收割机4台、遥控飞行喷雾器2台、起垄机1台、轮式拖拉机4台、田间运输机15台、秸秆粉粹机2台，合计补贴金额74.9万元。春秋两季防疫做到各防疫员入户率100%，耳标100%，免疫率100%，针对“非洲猪瘟”重大疫情，畜牧站在全镇河流及水库周边深埋病死猪52起，病死猪400多头，有效的杜绝疫病的传播和环境的保护。

年内，完成长江防护林新造35公顷，封山育林35公顷，森林抚育40公顷。同时，积极为民服务，通过“一站式”服务平台，为农民代办砍伐、运输证等相关手续共计35件，生物防治放飞赤眼蜂9万头。继续承担市县级义务植树基地的建设任务，精心组织，周密安排，与晓霞山森林公园齐力打造的义务植树基地百亩碧桃园，共计义务植树10000株。

5月，开展以“法治进乡村，培育新农民”为主题的“农村法治宣传月”集中宣传活动，并实现村（社区）公共法律服务点全覆盖，并严格落实一村（社区）一顾问。全镇20个村及1个社区全部聘用村（社区）法律顾问，进一步满足人民群众的法律需求。

成功应对7月份的强降雨，确保不溃一坝、不死一人的目标。全县河长制工作考核排名第一，获得2019年度湘潭县河长制工作先进单位；完成水利建设任务412处，总投资3500万元，包括印子山水库中型干渠配套节水工程、银泉河水保项目和朝阳渠综合治理项目等水利重点项目建设；全年，安排移民后扶项目32个，投入移民后扶项目资金683万元，其中有2个投入210万元以上的整村推进移民项目；走访慰问困难移民、医疗扶助、计生奖补、避险安置建房等各类对象105户。4月，成功举办一期有70人参加的移民实用技术培训班；确保农村饮水安全，全年，新增解决15户30人的精准扶贫对象饮水安全问题。

是年，编制中路铺镇产业专项规划，优化产业结构，为振兴农村经济奠定基础。同时，编制11个村的村庄规划，实现村庄规划全覆盖。集镇规划区内商业区、住宅区、工业区等布局合理。投资1000万余元，建设中路铺镇污水处理厂及配套设施，在全县范围形成良好的示范效应；投资100万余元，建设湘中路行人道；投资40万元，建设饮用水源保护设施，设置标识标牌21处，退养禁养区养殖户15户，有效的保护饮用水水源安全。

基础设施日趋完善。自然村通水泥(沥青)路完成99.6千米，公路提质改造完成11.91千米。中路铺村中云桥、中马桥和潭湖村大队部桥危桥重建项目于4月完工并投入使用。完成水利工程401处、土石方40万立方米、小型水库维护7座、万方以上骨干山塘建设25口，群众自筹资金260余万元，获全县水利建设二等奖。同时强力推进土地综合整治，其中，柱塘村整理项目总投资100万元，建设规模58.47公顷，施工完毕；潭湖村自建项目总投资100万元，建设规模20.25公顷。

人居环境整治成效明显。深入开展农村人居环境整治村庄清洁百日行动，做好村级示范工程。响鼓村、石潭坝村首倡农村垃圾分类，村民自发参与垃圾回收；竹冲村既抓基础设施，也抓素质提升；柱塘村党员率先，全民参与环境整治。各村累计出动整治人员22334人次，工程车辆2680次，清理垃圾2251吨，清理河塘沟渠3665处，拆除“空心房”60栋7597平方米，复绿面积6892.2平方米，新创建6个美丽屋场和240个美丽庭院，厕所革命完成1101座，超额完成任务数。农村人居环境整治中路铺模式在《湘潭日报》重点推介。

中路铺镇有学校24所，其中初中4所，小学6所，幼儿园14所，在校学生4583人。设有农村书屋20个、文化活动室20个，均免费开放。群众文艺活动深入人心，20个农村文化服务中心投入使用。广播“村村响”工程全面使用。

年内，全镇出生551人，政策内出生536人，政策外出生15人，符合政策生育率97.28%，性别比为106.37：100，出生率8.81‰；死亡率5.89‰，人口自然增长率2.92‰。落实长效节育措施243例，按政策办理生育证件461本，征收社会抚养费52.925万元，完成免费孕前检查248对，“两癌”筛查35~64岁农村妇女858人。现场集中开展宣传7次，发放卫计宣传资料2.4万余份，发放卫计宣传礼品4000余份。

2月，成功举办一场大型精准扶贫“春风行动”招聘会，30多家企业参加招聘，200多名求职者与用人单位达成就业意向。全镇农村劳动力新增转移就业353人，初次新增转移就业人员122人,再次转移就业231人；城镇新增就业479人，自然减员人数12人，失业人员实现再就业人数52人，分别举办一期护理人员培训班和育婴师技能培训班，一期创业培训班；完成扶持创业共12户，新扶持创业共3户。均超额完成目标任务，被评为湘潭市2019年乡镇就业工作考核一类单位，中路铺村被推荐为市级“创业带动就业示范村”。

2019年，有488名残疾人享受两项补助，有208名残疾人享受生活补助，7名残疾人享受护理补贴。新办残疾证268个。对5户残疾人家庭进行无障碍改造。8名“智力扶残，后代扶强”，发放助学金3200元；为9名高中阶段残疾学生和高中阶段贫困残疾家庭子女，发放助学金12000元；为3名残疾大学生和贫困残疾家庭大学生，发放助学金11000元。免费为34名贫困精神病患者发药2次约17000元。帮助建档立卡的24户残疾人致富增收，为1689个残疾人搞好动态更新，免费发放残疾人辅助器具136件。

年内，共开展安全生产执法检查45次，累计检查生产经营单位326次，发现隐患156余处，下达执法文书195份，立案19起，关闭取缔非法生产经营场所4处，立案调查13起，处罚金额42000余元，组织企业开展安全知识讲课和开展安全生产警示教育14场次，参与企业应急演练7次。全年，出动宣传车15余次。安全生产监管有力，严格落实“一岗双责”制度，党政负责人管行业必须管安全已成为工作常态。同时，全力保障食品安全，开展联合执法检查26次，出动执法人员136人次，共检查学校幼儿园24所，下达责任整改书21份，规范引导办证2个，严格落实农村集体聚餐申报备案制度，全年，未发生农村集体聚餐食物中毒事故。

马路市场整治规范有序。由主要领导带队，组织管区、支村两委、派出所辅警、巡防队员，巡查劝导达150次以上，出动人员近2000人次。截至年底，石狮村、石潭坝村拗柴集市、菱角村集市新建市场验收并完成搬迁，群力村亦完成搬迁。金凤路步行街实施赶集日交通管制的模式，并在交通路口加设升降式固定防撞桩，全力保证群众生命安全。

2019年，中路铺镇党委辖下级党组织50个，1个村党委，15个党总支，50个党支部，其中农村党支部42个，机关事业党支部5个，“两新”组织党支部3个。有党员2178人，预备党员26人。其中，女性党员356人，占比16.3%；大专及以上学历党员371人，占比17%；60岁以上党员993人，占比45.6%。各机关党支部到村开展共建活动50余次，帮扶慰问困难群众300余户。发展新党员19名。镇党校开办各类教育培训18期，参训人数2239余人次。

年内，组织党风廉政建设专题学习4次，开展专项督查12次，印发督查通报4期，严格落实廉政谈话制度，共开展廉政谈话64次。坚持惩治腐败高压态势不放松，着力把党风廉政建设向各个领域延伸，全年，立案9件9人，给予党内警告1人，严重警告6人，开除党籍1人，政务处分1人。严肃查处扶贫领域腐败案件1起，政务警告处分1人，追缴违纪资金12.35万元。

2019年中路铺镇各行政村基本情况一览表

表22

村 名	总面积（平方千米）	耕地面积（公顷）	户 数（户）	村民小组（个）	人口数（人）	农村经济总收入（万元）	农村经济总费用（万元）	农村经济净收入（万元）	农民人均纯收入（元）
合 计	181.11	4711.2	16866	613	62638	191903	72446	119457	529247
竹冲村	8.60	318.30	866	35	3056	9805	3914	5891	25422
柳桥村	14.00	514.80	1437	70	5384	17122	6404	10718	27025
柱塘村	8.30	270.50	802	35	3065	7839	3240	4599	21365
凤形山村	6.00	147.00	519	18	2088	6599	2298	4301	58420
碧云村	8.30	322.10	802	24	3053	9233	3571	5662	22433
潭湖村	11.60	446.10	1221	44	4738	13856	5367	8489	22893
中路铺村	3.40	147.50	480	18	1816	5348	2106	3242	23524
金银村	7.10	185.70	624	25	2399	6063	2628	3435	21605
茅塘村	5.90	181.40	486	17	1926	5756	2361	3395	23649
荷塘村	6.40	151.90	600	20	2456	7346	3017	4329	26268
天螺村	5.80	150.50	610	23	2172	6928	2690	4238	27077
石狮村	7.61	225.80	759	30	2901	9410	3814	5596	23181
拗柴村	8.60	226.90	834	26	3203	8904	2969	5935	22692
水口桥村	6.70	194.70	640	23	2415	7116	2675	4441	22981
响鼓村	6.60	167.20	659	30	2443	7185	2698	4487	24216
金石村	17.8	183.2	888	36	3515	8572	3613	4959	21490
菱角村	12.70	203.20	732	36	3225	9225	3470	5755	22468
群力村	7.90	139.50	562	20	2248	6610	2274	4336	22980
大湾桥村	9.80	194.30	709	29	2696	8071	3468	4603	21532
石潭坝村	15.40	340.60	1193	44	4468	13859	5233	8626	24225
凤形社区	2.60	—	1443	10	3371	17056	4636	12420	23801

【湘潭县“三下乡”活动启动仪式在中路铺镇举行】 2019年1月29日，湘潭县2019年文化科技、卫生“三下乡”活动启动仪式在中路铺镇举行。活动仪式分为两部分。第一部分，该镇党委书记王鑫和县委常委、宣传部部长李豪雄分别致辞和讲话，镇长代表镇党委、政府接受县直各部门的捐赠，县级领导现场慰问5户贫困户。第二部分，县文旅体局带来一场精心准备的文艺表演节目，现场还有28家县级单位带来农业科技资料和科技知识，以及政策法规、医疗卫生等服务。这次活动既丰富农民的精神生活，也提升农民的致富能力，十分有意义。

【“书香中路铺·古韵五龙山”湘潭第二届龙文化节】 2019年3月25日，“书香中路铺 古韵五龙山”湘潭第二届龙文化节在湘潭县中路铺镇五龙山大杰寺开幕。此次龙文化节开幕正值观音诞辰日，近万名游客到大杰寺共赏精彩纷呈的节目，从神圣肃穆的五龙祈福，到精彩热闹的狮龙起舞，再到丰富多彩的民俗表演，这些渲染力十足的节目为观众们带来一场视听盛宴。中路铺镇大力发展全域旅游、乡村旅游，在充分利用和结合历史渊源、人文地理特色的基础上，着力打造“古铺新驿”新名片。

【举行“腾飞中国·辉煌70周年”庆典暨新时代文明实践志愿服务活动】 2019年6月10日，中路铺镇举行“腾飞中国·辉煌70周年”庆典暨新时代文明实践志愿服务活动。活动由中路铺镇新时代文明实践所、湘潭县环保协会、中路铺镇关工委、中老年保健协会、老科协以及中路铺镇广场协会联合举办，中路铺镇以及周边乡镇共30余支广场舞蹈队参加。湘潭县环保协会秘书长王淑仁现场宣读关于保护环境共建美好家园的倡议书，并号召大家一如既往的支持爱国主义教育事业。

【举办湘潭县第一期养老护理员培训班】 2019年6月12日，湘潭县第一期养老护理员培训班在中路铺镇举办。此次培训得到湘潭县人社局以及天人中等职业技术学校的大力支持。中路铺镇社会事务综合服务中心通过前期对贫困劳动力摸底，充分了解贫困劳动力培训意愿，并积极进行动员，共有44名扶贫对象参加，培训时间长达10天。培训班围绕增长学员们的护理技能及必备知识为主要授课内容，如讲解老年人居室环境设置、心理特征和养生保健的知识等，为服务老人提供技术上的指导。

【“全民健身 你我同行”趣味运动进贫困村活动】 2019年12月27日，由湖南省体育局主办的“全民健身 你我同行”2019年湖南省全民健身志愿服务系列活动暨2019湖南省趣味运动进贫困村活动在中路铺镇唯一的省定贫困村碧云村隆重举办。此次趣味运动会共设置丢沙包、乘风破浪、摸石头过河3个项目，由碧云村村民组成的10支队伍参加比赛，经过约2个小时的角逐，最终碧云村海塘队、剑池队分别获得3个项目的一等奖。此次活动的开展，大大丰富人民群众的业余文体生活，增进村民之间的团结协作。 （柳 静）

白石镇

【概况】 白石镇地处湘潭县东南部，毗邻株洲县、衡东县，距湘潭市48千米，近瞰湘江，远眺南岳。有世界文化名人齐白石故居和台湾地区领导人马英九的祖籍地，武广高速铁路、107国道贯穿全境，青山绿水，有得天独厚的自然生态环境。2019年，总面积100.4平方千米，辖13个行政村、1个居委会，331个村民小组，11279户。总人口41894人，其中，男性21624人，占总人口51.6%；女性20270人，占总人口48.4%。耕地2700.7公顷。其中，水田2130公顷，旱地400公顷。林业用地5680公顷。

2019年，全镇实现工业总产值6.9亿，完成税收597万元。农村年人均纯收入19412元，较2018年增长10%。实现规模以上企业工业总产值3.3亿元，技术改造投入1.8亿元，能耗下降10%，全年实现固定资产投入1.8亿元，工业企业实现利润5900万元。成功引进2家企业，其中湘潭宏祥新能源科技有限公司投资500万，该公司利用秸秆木屑等制作环保燃料，有效提高秸秆利用率，于11月挂牌营业。湖南鑫振工业科技有限公司，投资约1000万元，尚在建设厂房，将解决本地就业70余人，创税约150万元，其中以总部经济方式创税近百万元。

全镇土地流转总面积达1600公顷，水田流转面积达1300公顷，6公顷以上的流转大户55户。逐步由家庭经营向种养大户、家庭农场、专业合作社等新型经营主体转变。全年，新增专业合作社4个，共达44个，注册资金近2500余万元；新增家庭农场1家，总数发展到33家。以各村统一预流转土地进行调整为基础，调整种植结构面积1333公顷，包括莲鱼、莲虾共养、百香果、吊瓜、艾草、油菜种植等新农产品种。

全年，共落实水稻面积880公顷。高中档优质稻的推广力度进一步加大，湖田、马家堰、深溪等村再生稻生产示范片渐成规模。土地确权上，合同签订工作全部到位，确权颁证全部完成。农村集体产权制度改革工作上，入户核查、三轮公示和数据录入等年度任务全面完成。有养殖户118户，生猪存栏8469头、鸡鸭存栏22.72万羽、牛存栏1668头、羊存栏3231头，登记入户率100%。完成春秋两季动物防疫、非洲猪瘟防控、粪污治理项目、春季禁渔、能繁母猪和育肥猪保险工作、病死猪（畜禽）无害化处理和申报补贴等工作。林业工作上，新造长防林13.4公顷、中幼林抚育、间伐100公顷；“杨梅园”“银杏园”“杏花园”三园6.7公顷抚育除杂工作全部完成。杏花村作为义务植树基地，3月县级单位开展大型义务植树活动。

项目推进加速，齐白石故居旅游环线公路19千米地基工程建设已基本完成。S331白马公路建设全程5.66千米，一标段实现通车，二标段思变涵工程进展顺利，全年，实现公路维修养护补板1700平方，清缝灌浆22千米，完成通自然村道路27千米。

全年，镇级河长巡河600余次，其中每月的“党政班子集体大巡河”受到上级好评；组织河道类执法80

余次，拆除违建2处。制订更新各类防灾预案，补充监测设施，设立防汛抗旱快反装备库；修复水损水毁工程135处，成功应对7月连日汛情。完成各类水利工程232处，解决农村安全饮水新增41人。

结合县“三创一治”工作要求，开展马路市场集中整治行动30余次，在全县率先完成马路市场取缔工作，确保良好的市场经营秩序；多次配合水利部门对潭口非法采砂行为进行打击，在湘江内河口设立管桩50根，有效防止运砂船靠岸；开展市级卫生镇创建，通过省爱卫办考核；白石镇潭口示范片2019年成功创建省级同心美丽乡村。

加强综治维稳工作。全年，共接待来访113批次126人，调解矛盾纠纷103例，交办答复网上信访案件32起；将扫黑除恶专项斗争与民调走访相结合，入户讲解宣传，在人员密集区、重点场所张贴各类通告，营造良好的宣传氛围。全年，共打击处理涉黑涉恶违法犯罪嫌疑人6人。年内，无赴省进京上访人员，为全县唯一“三无”乡镇，镇村民调成绩提升显著。

严格落实安全生产“党政同责、一岗双责”制度，与各站办所、村、企业等单位层层签订安全生产责任状，督促企业完善安全生产各项制度，明确其主体责任。是年，组织安全生产集中学习4次，实操演练1次；开展燃气市场、食品药品等领域突击执法检查等30余次，“大排查 大管控 大整治”20余次，立案1起，消除安全隐患19处，处罚1万余元。

全镇贫困户每户明确一名干部作为帮扶责任人，按照一户一策、一人一档的工作思路，分类制订计划有效帮扶。全年，完成贫困农户小额贷款贴息99户、495万余元；贫困户家庭子女享受“雨露计划”33户；易地搬迁贫困户3户全部整改到位。在结对帮扶基础上，积极探索解决就业、稳定脱贫新路子。宇诚电子、黄茅槟榔厂等企业雇佣贫困户26人；各农业主体吸收带动贫困户280余户，直接增收80余万元。

完成新增农村劳动力转移就业193人，新增城镇就业60人；失业人员实现再就业12人，扶助就业困难对象实现再就业任务5人。城乡居民养老保险参保人数5198人，正常享受“新农保”待遇领取人员7254人，新增缴费人数77人，新增待遇领取人员814人。完成企业退休人员视频认证80人。全民参保登记全面完成，社保卡发放应发率达90%以上。

1个文体广场全部建成并投入使用；13个公共文化设施建设全面达标完成。25个“村村响”广播室，228个广播接收点运行基本正常。文艺队伍进一步壮大，村级文艺队伍发展至18支，文艺爱好者上千人，文艺节目包括广场舞蹈、腰鼓、相声、小品等。开展“欢乐潇湘·幸福湘潭·莲乡大舞台”大型群众文艺会演、送戏下乡等活动，在湘潭县“献礼新中国成立七十周年”职工工间操大赛暨“千名职工同唱《我和我的祖国》”歌咏活动中获得三等奖、湘潭县“我和我的祖国”合唱比赛中获一等奖，协助各村在元旦、重阳节等传统节日举办文艺活动，为群众提供丰富的精神文化生活。

全镇出生人口411人，其中男孩221，女孩190人，性别比116.32:100，符合政策生育率96.11%。

2019年，白石镇党委辖12个党总支，45个党支部。其中，农村党支部31个，占所有党支部的68.89%。有党员1195名。其中，农村党员1057名。发展党员15名，预备党员转正12名，培训入党积极分子45名。全年，组织中心组学习10次、书记大讲堂6次，邀请市县领导开展党的十九大精神、十九届二中、三中全会精神专题授课12次，班子成员开展“不忘初心，牢记使命主题教育”集中研讨3次，检视问题120余条，党委委员各开展调研1次，并形成调研报告；结合班子成员联村、主题党日等宣讲140余场，培训党员干部8000余人次。各支部定期将学习资料上传至“红星云”平台、支部交流群，引导党员积极学习。同时，开展学习心得交流活动，进一步凝聚共识，在全镇掀起学习讨论热潮。对机关各支部党员进行合理调整，打造标准化党员活动室；先后4次组织村级党建督查，针对所发现问题及时交办；组织各村集中参观学习，深入开展交流探讨；杏花等3个五星党组织成功创建。通过领导挂点、部门帮扶、干部驻村整合各方资源力量，完成昭金村软弱涣散党组织整顿；龙凤村申报新建村部，做到标准化全覆盖。

实行干部联村制度，及时为群众联系、代办日常业务，开展政府服务中心便民、利民一站式服务；强化惠农资金使用管理与监督，落实政务公开制度；建立互联网+监督平台，打造“阳光政务”，全面完成村级财务网上公开；进一步完善各项规章制度，保持政令畅通，推动政府由“管理型”向“服务型”的积极转变。

开展政府职能建设、狠抓工作作风，组织廉政谈话人数达到70余人次，制订机关微信考勤制度，实行站办所人员日报告；实现干部作风监督检查工作的常态化、制度化，以民调走访、基层党建、精准扶贫等工作为重点，开展专项督查30次，通报批评20人，提醒谈话20人，诫勉谈话9人。查办各类案件14件，党纪政纪处分13人，追回违纪资金14.8万元。通过制度落实和日常监管，镇、村两级干部作风明显好转，机关行政效率明显提高。

2019年白石镇各行政村基本情况一览表

表23

村名	面积（平方千米）	户数（户）	人口（人）	农村经济总收入（万元）	农村经济总费用（万元）	农村经济净收入（万元）	农民人均纯收入（元）
合计	104.3	11103	41956	109844	45395	65285	283375
白石村	10.2	891	4180	10793	4338	6602	20227
杏花村	4.2	645	2419	3252	1496	1737	20541
深溪村	8.1	931	3481	12574	3440	5461	20134
莲花村	14.9	1004	3662	6295	2694	3751	20602
潭口村	10.1	1138	4394	8442	4083	4813	20162
马家堰村	5.1	919	3522	9400	3959	5700	20147
龙凤村	11.1	1131	4192	9990	4130	6070	20395
湖田村	7.9	1006	3700	11233	4382	6967	20394
昭金村	10.8	1144	4173	11027	4585	6784	19931
双新村	4.6	410	1492	6127	2509	3752	20523
友爱村	6.8	574	2136	6109	2836	3570	19452
黄毛村	6.8	644	2399	6284	2723	3821	20423
团山村	2.5	248	923	2587	1381	1447	19967
望江楼居委会	1.2	418	1283	5731	2839	4810	20477

【白石镇工作调研】 2019年1月8日，市委书记、市人大常委会主任曹炯芳带队赴白石镇对脱贫攻坚情况进行督查并召开现场会，县委书记傅国平、相关单位负责人、白石镇主要负责人参加此次会议。

2月21日，市委常委、市委统战部部长杨真平带领相关单位负责人到白石镇调研侨联组织建设情况，并召开座谈会，县委常委、县委统战部部长陈卫兵、县侨联主席、白石镇、易俗河镇相关负责人，白石侨联小组负责人等参加座谈。

【职工工间操大赛】 2019年6月26日，白石镇机关代表队在湘潭县“献礼新中国成立七十周年”职工工间操大赛暨千名职工同唱“我和我的祖国”歌咏活动中获得三等奖。

【“我和我的祖国”合唱比赛】 2019年9月29日，白石镇代表队参加“湘潭县庆祝中华人民共和国成立70周年，我和我的祖国合唱比赛乡镇专场”并获得一等奖。

（黄小佩　姜乐铃）

茶恩寺镇

【概况】 茶恩寺镇位于湘潭县南端，东临湘江，与衡东县隔江相望，南与衡山县交界，西与花石镇接壤，西北与中路铺镇毗邻，北与白石镇相连。2019年，全镇总面积13703公顷，耕地2943公顷，其中水田面积2670公顷，旱土面积273公顷；全镇林业用地面积8274公顷，有林面积4012公顷。全镇辖17个村，1个居委会，374个村民小组、2个居民小组，总人口49311人，其中男性25430人，女性23881人。2019年，工农业总产值19.92亿元，其中工业总产值1.77亿元，农业总产值18.15亿元。

经济指标持续上升。全镇共完成财政收入3777.07万元，财政支出3777.07万元，总体表现稳中向好。

2019年茶恩寺镇各行政村基本情况一览表

表24

村名	面积（平方千米）	户数（户）	人口（人）	农村经济总收入（万元）	农村经济总费用（万元）	农村经济净收入（万元）	农民人均纯收入（元）
合计	137.12	12630	49188	191420.46	100835.32	90585.14	18416.105
上丰村	4.4	489	1832	6926.74	3831.21	3095.53	16897
吴家村	4.4	569	1638	6472.37	3271.39	3200.98	19542
茶恩村	6.31	446	2002	9207.52	5214.33	3993.19	19946
青坪村	5.23	624	2143	8888.79	5036.96	3851.83	17974
樊田村	6.77	618	2432	7215.73	3268.96	3946.77	16228
双阳村	8.66	726	3096	12677.82	7222.36	5455.46	17621
茶花村	8.24	666	4106	12543.99	5203.69	7340.30	17877
金坪村	7.76	860	3280	13348.09	7120.35	6227.74	18987
双凤村	10.72	783	2900	13143.84	7354.28	5789.56	19964
晓花村	4.06	450	1826	7572.90	4126.14	3446.76	18876
花桥村	9.33	767	3279	12337.21	6364.84	5972.37	18214
千家村	11.1	1123	4460	15153.31	6724.36	8428.95	18899
双花村	9.22	990	1886	8323.37	4763.36	3560.01	18876
柏棠村	8.21	862	3418	13046.62	6563.36	6483.26	18968
东三村	16.06	1262	5112	19452.47	10315.28	9137.19	17874
桥市村	7.72	714	2725	11714.37	7118.11	4596.26	16867
宁桥村	8.93	681	3053	13395.32	7336.34	6058.98	19846

【农业生产】 2019年，完成涉及茶恩、双花等3个村的道路拓宽2千米，涉及千家、宁桥、金坪等8个村的道路硬化13千米，总投入达720万元；全镇共投入158万元开展水损工程修复和河道清淤，争取上级各类水利建设项目投资规模达712万余元，其中在柏棠、宁桥、双花建设高标水渠5700米，在晓花、樊田等4个村硬化水渠2000米，双凤、柏棠、桥市等6个村硬化修缮水塘16口；争取在千家村、吴家村、青坪村、双阳村、樊田村实施农网改造项目，总投资达680余万元，农村供电水平得到显著优化和提升，群众满意度不断提高。在青坪、桥市、茶花3个村争取实施高标准农田建设项目，总投资达420万元；围绕茶花村向阳渠2公里打造的“样板河”建设项目和农田生态修复项目已启动建设；在上丰、双花村实施村部新（改）建项目；争取100余万元在花桥村新建桥梁一座；落实农业结构调整政策，全镇水稻种植面积0.15万公顷，2019年，新增种植结构调整面积116公顷。成功注册“茶花牌”商标，覆盖时鲜蔬果和大米、藕粉等农产品。全镇农机总拥有量和动力拥有量继续保持全县一类农机大镇水平。积极开展防汛工作，安全度过近20年以来的最高洪峰，做到“不垮一堤不伤一人”。严格落实非洲猪瘟防控措施。加大森林防火工作力度，全镇全年未发生一起较大及以上森林火险。

【园区建设】 2019年，园区基础设施建设强力推进，园区国防光缆改迁依程序进行招投标，自来水及消防管网已完成同步设计，完成园区土地平整5.8公顷，园区投资和建设环境全面优化。以“走出去，请进来”和“以商招商”等多种方式，先后引进湘潭瑞薪炭业、湘潭恩竹炭业2个环保炭生产项目和湘潭佳富液化气项目，共计总投资5000万元，其中，湘潭瑞薪和湘潭恩竹2个项目共计投资3000余万元，解决就业150人，年创造税收60万元，湘潭恩竹建成投产，湘潭瑞薪于11月底建成投产，一丰粮油、湘宝竹筷和湘潭佳富项目在12月全部正式开工建设。全镇有涉及竹木产业的电商企业30余家，2019年电商交易额破亿元。全年，各项经济指标运行平稳，截至10月31日，完成企业总产值1.98亿元，其中规模企业完成工业总产值8589万元，工业企业实现利润621万元，完成税收306万元。

【三大攻坚战】 2019年，对镇、村两级债务进行全面摸底，制订政府隐性债务偿还方案，建立健全债务风险预警和监管机制，大力压缩开支。全年，共消赤化债45万元。创新打造产业扶贫专项项目13个，在湘宝竹业、新盈佳鞋厂建立扶贫车间。全面落实扶贫政策，完成危房改造32户，解决疑似安全饮水问题33户，发放扶贫小额贴息贷款220万，405名贫困学生享受教育助学政策，59户174人顺利脱贫。开展扶贫领域腐败和作风问题专项治理及“一季一专题”专项整治工作。东三村开展两型项目建设；在茶花村、双阳村、桥市村等7个村积极引导推动农厕改造改革工作，完成850座，完成总任务的100%，居全县第一，加强对破败空心房整治，共拆除破败空心房123处栋，面积近2万平方米。大力开展秸秆禁烧及综合利用工作，全镇未发现一处较大规模焚烧点，全年，共处理各类养殖污染群众投诉10起，下达安全隐患整改文书12份，深入开展环保专项执法18次、发现并整改问题8起，依法责令整改拆除一家未办理任何环保手续的新入园竹炭企业，积极整改吴家村片石场、东三村非法洗砂场、渡口砂场相关问题。

【创建文明卫生乡镇】 2019年，围绕创建文明卫生乡镇为目标，加大农贸市场管理和改造，加深国省道环境“三治三化”整治，组建志愿者队伍积极开展文明劝导工作，集中拆除市场违章建筑3658平方米，对镇区农贸市场和金坪村农贸市场全面提质改造，市场4个重要路口增设防撞杆，确保集市日人车分流，人民群众安全得到进一步保障。深入推进垃圾分类减量；茶花村省级卫生村创建通过验收；在青坪村、樊田村建设村卫生室；全镇新增农村劳动力转移就业完成222人，城乡居民养老保险、医疗保险有序开展；全年，新增低保88户193人，退出31人，发放临时救助14.36万元。星月小学成功创建市级教育特色学校，新建茶花学校、樊田小学教师周转房，樟树小学学生公寓，茶恩寺中学综合楼建设和中心小学改厕工程有望2019年开工。对镇区23家学校、幼儿园进行全年不定期卫生巡查，未出现重大的突发公共卫生事件及传染病爆发流行。在柏棠等村投资建设乡风文明广场、新时代文明实践站。积极组织开展各类文化活动，在“庆祝新中国成立70周年”——“欢乐潇湘·大美湘潭·莲乡大舞台”群众文艺会演活动中，《老来俏》节目获县级二等奖，并进入湖南省群众文艺会演省级决赛，在参加湘潭县庆祝中华人民共和国成立70周年“我和我的祖国”——莲乡大合唱比赛中，茶恩寺镇以优异的成绩获一等奖和组织奖。

【综治工作】 2019年，全面落实安全生产责任制，全年，共下达限期责令整改通知书36份，发现安全隐患并督促整改29处，安全形势稳中向好。全年，保持安全生产“零事故”，茶恩村被评为2018年度全省“十大平安”系列创建“平安村（社区）”创建示范单位。深化网格化管理落实，雪亮工程实践运用不断拓宽，组织镇村网格员开展地毯式民情大走访，收集和处理各类矛盾纠纷62起；顺利完成新中国成立70周年特护期安保工作，实现“三无”目标。扫黑除恶形成浓厚氛围，全镇社会治安和稳定进一步向好发展。

【农村集体产权制度改革清产核资工作验收】 2019年1月28日，市农经站周知任带队、市县农经站相关负责人以及第三方公司对茶恩寺镇农村集体产权制度改革清产核资工作进行检查验收。

当天上午，综合检查验收小组一行查看该镇农村集体产权制度改革清产核资工作台账资料，通过听汇报、查阅资料、实地抽查，充分肯定该镇清产核资工作扎实，报表填制规范、数据支撑材料完整。全镇17个村全部完成清产核资表填写、资产资源调查核实、数据公示、数据资料上传、出具报告和账务调整，较好地完成农村集体产权制度改革清产核资目标任务。验收工作有助提升全镇农村财务管理水平、健全和完善各项规章制度、提升村级治理水平，为发展壮大农村集体经济，探索多种经营机制奠定坚实的基础。

检查验收组对该镇农村集体产权制度改革清产核资工作给予充分肯定，该镇农村集体产权制度改革清产核资工作开展组织有力，工作程序规范，质量把关严格；希望进一步整改工作存在的不足和问题，完善细节漏洞，加强档案整理归档，确保农村集体产权制度改革工作顺利完成。

【成功签约怀化恒裕和邵阳恩竹】 为更好地促进茶恩寺镇经济发展，镇党委政府经过与怀化恒裕和邵阳恩竹多次交流、沟通，成功将两个竹炭项目引入镇竹木工业园，并于2019年5月10日正式签约。两家公司总投资额3200万元，净利润可达600万元/年，用工人数200余人。

自县委“一区带多园”战略实施以来，茶恩寺镇各竹木企业逐渐走向集约化、机械化生产道路，产能得到大大提升。下阶段，该镇在全力打造竹木产业园二期工程的基础上，还将建设竹木产业电商平台中心和货物配送中心，为园区提供电商服务，为全镇经济发展插上科技的翅膀。（罗　昕）

人物·荣誉录

“五一劳动奖章”获得者

【唐　伟】

湘潭市电机车厂有限公司机械加工车间主任。为公司加工主产品车制转轴和轮轴3万余根，无一次品。单件耗时和刀具消耗是其他普通车工的50%，按3万根轴计算，工费、车床磨损费、电费、刀具费合计节约近18万元。共计为公司培养车工20多名，为湘潭经济的发展培养技工。车工班月月能按期完成任务，特别是在2013年公司开展的劳动竞赛中，他领导班员共超额工时2000多个；2014年，他一年完成一年半的工作量，2015年至2017年，他带领全班人员，如期如质地完成公司下达的各项任务。2018年，公司提拔他为机加工车间主任，他把主产品的配件加工任务全部承担起来并完成好。2003—2014年连年获得公司年度先进个人称号和县级荣誉；2008年被省劳动厅评定为“高级技工”；2010年被湘潭县非公党委授予“优秀党员”称号；2014年获得湘潭市五一先锋和最美班组长；2015年获得湘潭县劳动模范称号和全国优秀农民工称号；2016年，被党组织推荐为中共湘潭市第十二次代表大会代表；2017年获得公司先进个人称号；2018年获得县总工会名师带高徒活动“名师高徒”称号。2019年被湖南省总工会评为“五一劳动奖章”获得者。

【钟金盆】

县妇幼保健院院长。1996年10月参加工作，她先后在湘潭县人民医院妇产科、县妇幼保健院从医，任主任、院长。她锐意进取，先后获湘潭县“劳动模范”，湘潭市“优秀共产党员”“职工职业道德标兵”“首届好医生”，湖南省“五一劳动奖章”等荣誉。24年来，她成功抢救患者的事例有600多人次，牺牲休息日的事例有820多次。她组织下乡村免费为孕产妇做健康检查、义诊，使200多名患者在家门口接受诊治。她为病友解囊相助，垫付治疗费有50多人次，累计金额2.8万多元。她订阅医学杂志、书报10多种，近5年，做笔记2.5万余字，作重点标记达1.4万处。她钻研医术，使300多个年轻妇女圆做妈妈的梦想。近10年撰写专业论文有21篇，12篇发表在市、省、国家级医学刊物上。成功自创“顺产、剖宫产、中期引产一整套止血方法”。她先后被授予“湘潭县优秀专家”“湘潭市专业技术骨干人才”称号。2018年，她晋升为主任医师职务。她廉洁从医，24年来，她拒收病愈者和下属人员感谢费近9万余元。24年来，她完成妇产科手术2万多台，无一例出现意外。她协调解决新院基建大小问题20多个，使新院提前8个月交付使用。节省基建经费支出近10万元。在她的引领下，湘潭县妇幼保健院先后获湖南省“模范职工之家”“优秀基层妇幼保健院”“全国百强妇幼保健院”“全国农村妇女两癌免费检查工作先进集体”等殊荣。2019年被湖南省总工会评为“五一劳动奖章”获得者。

【王丹蕾】

湘潭江声实验学校七年级语文备课组组长。多次指导学生在全国语文知识能力竞赛中获得一等奖，指导学生参与省市作文竞赛获得一等奖，指导学生在省级刊物《初中生》上发表作品，是学生们心中的可亲、可敬、可爱的“老王”“红花老师”。一直秉承“以爱、以诚对待课堂，栽培生命”的教育教学理念教书育人。2016年参加湘潭县“杏坛之星”教学竞赛获得一等奖；2019年，获得湘潭市第一届中小学青年教师教学竞赛一等奖第一名，“湘潭县中小学教学能手”“湘潭市中小学教学能手”“湘潭市五一先锋”，湖南省第一届中小学青年教师教学竞赛一等奖第一名，“湖南省中小学教学能手”称号。10月加入教育部领航工程璩艳霞名师工作室，成为核心成员。2019年被湖南省总工会评为“五一”劳动奖章获得者。

市级劳动模范

【邓述东】

射埠镇农业综合服务中心农艺师。1992年参加工作,已有28个年头，一直从事农技推广工作，先后获县、市劳动模范，湖南百县科技创新十大领军人物，科普中国最美科技致富带头人、全国科技助力精准扶贫先进个人、全国十佳农技推广标兵、全国农林牧渔业丰收奖个人贡献奖等荣誉，受到国务院副总理胡春华接见，院士袁隆平为他9次题词赞赏。他爱岗敬业。他因热爱农技工作，27年致力于推广超级稻、优质稻、再生稻、富硒五彩稻累计6.67万公顷，年培训农民100余期5000多人次。他研发的技术在全省推广，尼泊尔、柬埔寨等国内外89个团队到县考察学习，政府专为他成立邓述东工作室。他勇于创新。他凭借自身努力，对当地农业做出七大贡献。选育富硒五彩稻获国家金奖；研究水稻降镉技术获国家发明专利；提炼再生稻高产栽培方法，可实现“一亩田种一次收两次养活三个人”的目标，全县年推广0.27万公顷，年增产粮食8000多吨；探索稻草露天种菇新技术，使稻草变废为宝，治理稻草1万多亩，产生效益1000多万元；创建“一亩田脱贫”模式助力脱贫攻坚，在全市12个乡镇推广，个人累计帮助600多位贫困户脱贫；创办校农合作教学模式，乡村振兴从娃娃着手；建设农业科技产品孵化园，为乡村振兴孵化新产品。他甘于奉献。2010年，为解决群体矛盾，个人种植巨鱼村8公顷荒废的农田。2018年12月，他在试验田扭伤右脚，却放不下试验和用新技术帮扶的149位贫困户，坚持工作，导致肌肉萎缩及多处关节病变。他的工资80%用于农田试验和指导农民生产。

【曹铁光】

中路铺镇柳桥村党委书记。市党代表，荣获市“百好书记”，致富带头人等荣誉。自担任村党委书记以来，以强化基层党建为主攻方向，着力推进阵地建设，成功打造示范样板，推动乡村振兴，2019年获评湘潭市“五星”党组织，获中组部到村考察调研组高度评价。作为一线代表，让“示范村”发展更典型。抢抓种植结构调整契机，以党建领航凝聚合力，在1个月时间内成功将村内全部耕地6645亩流转到村级平台，实现种植结构调整“柳桥速度”，夏橙种植、小籽花生种植、龙虾养殖、莲鱼共养、订单蔬菜五大特色产业雏形初具，解决贫困户、返乡农民工1500余人就业，增加农民收入2000余万元，村内96户贫困户全部脱贫，获评湘潭市产业扶贫示范村，村集体经济收入达到50万元，2019年被确定为中央财政资金扶持村，省农业厅计划以柳桥村为核心示范区建设长株潭耕地安全利用种养模式示范和培训基地。作为一方楷模，让“同心村”家园更美丽。移风易俗与环境整治两手抓，一方面率先垂范，带头简办女儿婚事，以“莲湘颐老”推进农村养老，深化乡风文明治理，同时完善基础设施，村落环境做到常态靓化，清洁到位，荣获省级卫生村和市级同心美丽乡村称号。

【符利辉】

湘潭县动物疾病预防控制中心主任。畜牧科技推广的拼命“三郎”。她几十年坚守专业技术岗位，潜心致力于将畜牧科学新技术新品种转化为现实生产力，推动16种新产品，15项新技术的推广应用，推广的“牛的冷配技术”农户新增产值每年至少在500万元以上；推广“高档食用菌（灵芝、猴头菇）+安全优质猪+发酵床+蔬菜”的生态种养循环模式得到农业部畜牧业司司长马有祥等领导的肯定；创造性的推广四有两分离一封闭多级化粪沉淀处理模式，形成湘潭县独具特色的生态粪污治理模式，实现产业发展和生态环境和谐发展新格局。产业转型、结构调整的领头雁。主持组织育种改良关键技术研发与应用，提质改造万头种猪场4个，3个猪场获评国家级核心示范场；推动龙湖清生态农业发展有限公司等4家企业与省高等院校建立产学研合作方式，1家院士工作站落户该县。先后为多家企业农产品销售推广“互联网+”，破解农产品销售的难题。养殖业的健康稳步持续生态发展的保护神。面对人畜共患疫病发生，果断处置，率先力足，落实综合防控措施，确保人畜安全，开展禽流感等重大动物人畜共患病的防控，实现重大动物疫病免疫率达100%的目标，没有发生区域性重大动物疫情。

职工最可信赖娘家人

【胡理芬】

湘潭县总工会党组书记、副主席。她先后担任共青团湘潭县委副书记、书记、县直机关工委书记、县妇联党组书记、主席、县总工会党组书记、副主席。2007年度、2009年度、2012年度、2013年度、2015年度、2016年度、2018年度、2019年度考核优秀，获县政府嘉奖，2014年度获三等功，2013年荣获“湖南省维护妇女儿童权益先进个人”。

作为党组书记，她强化政治引领，团结凝聚广大职工听党话、跟党走。认真组织习近平新时代中国特色社会主义思想，党的十九大和十九届三中、四中全会精神，中国工会十七大精神学习，开展职工公益课堂152场次，基层理论宣讲135场次；扎实开展“不忘初心、牢记使命”主题教育，持续深化“中国梦·劳动美”主题宣传教育，积极参与“我和我的祖国—湖南百万职工同声唱”主题活动和市总庆祝新中国成立70周年全市职工歌咏活动；加强对县总工会微信公众号、工作群的政治方向、舆论导向和价值取向引领，牢牢掌握意识形态工作主导权。

她深化工会改革创新，不断增强基层工会活力。不断深化县总直管工会的调整改革，工会组织体制进一步理顺；全县工会系统改革取得初步成效，基层工会职工活动阵地建设全面推进，乡镇工会经费县级管理模式已全面成形，各级工会领导班子、干部队伍建设得到全面加强，新建工会605家，发展会员1.8万人，分别创建省、市、县级模范职工之家1家、6家、34家；举办“一户一产业工人”培养工程培训班52期，培训学员3896人；广泛开展“师带徒”活动，全县共实现师徒结对1165对；举办职工职业技能焊工、砌筑工、采茶制茶、油纸伞、槟榔加工等培训和竞赛，带动相关行业技术练兵1.4万人次。

她关心困难职工，积极稳妥地推进维权帮扶工作，引导职工构建和谐社会。“送温暖”帮扶活动共走访慰问各类人员6939人次，发放慰问资金及物资折合144.14万元，其中走访慰问重点人群1525次，发放慰问帮扶资金117.75万元；2019年，职工医疗互助活动共参保20563人，共报销1393人次，共计报销金额758111元，其中女职工特殊疾病报销金额5万元；“送清凉”活动共为坚守在高温一线的环卫工人、交警、重点项目建设工地工人、非公企业职工送去清凉药品2万份；“金秋助学”活动共计募集、组织并发放助学金52.25万元，帮扶困难职工、农民工子女370人；参与劳动争议调解112起，依法维权为职工追讨工资135.95万元。接待法律咨询230人次，参与办理法律援助3起。女职工维权行动月活动常态化开展，坚决维护劳动关系领域政治安全，坚决维护企业和社会大局和谐稳定。

（胡　伟）

荣誉录

2019年湘潭县获中央部委级表彰的先进集体一览表

表 25

获奖单位	获奖名称	授奖单位
湘潭县	国家卫生县城	全国爱国卫生运动委员会
湘潭县人民武装部	2019年度民兵调整改革先进单位	中央军委国防动员部
湘潭县	铜牌健走示范区、省内优秀健走示范区	中国疾控中心慢病中心
湖南省湘潭县人力资源和社会保障局人力资源管理服务中心	2019年全国清理整顿人力资源市场秩序专项执法行动取得突出成绩单位	人力资源和社会保障部办公厅、国家市场监管总局办公厅
子敬小学	全国青少年足球特色学校	教育部
云龙幼儿园	全国足球特色幼儿园	教育部
湘潭县司法局	“七五”普法中期先进县	全国普法办
湘潭县人民医院	中国胸痛中心——湘潭县人民医院	中国胸痛中心联盟、中国胸痛中心认证工作委员会
湘潭县疾病预防控制中心	2004—2019年中国死因登记报告工作先进集体奖	中国疾控中心慢病中心
县一中	“全国中学生英语能力竞赛”优秀组织奖	国家基础教育实验中心外语教育研究中心组织
县一中	“第十七届全国中学生英语能力竞赛”优秀生源基地和人才培养基地	全国创新英语大赛组委会
云龙小学	第十九届中国青少年机器人竞赛“优秀学校”	中国科协青少年工作部
河口镇	中国楹联文化镇	中国楹联学会
乌石镇	中国楹联文化镇	中国楹联学会
乌石镇	国家卫生镇	全国爱卫生运动委员会

2019年湘潭县获省厅级表彰的先进集体一览表

表 26

获奖单位	获奖名称	授奖单位
湘潭县	全省二类县(非贫困县)优秀等次	湖南省商务厅
湘潭县人民政府	高标准农田建设先进县市区	湖南省农业农村厅
湘潭县人民政府	农村人居环境整治工作先进县市区	中共湖南省委农村工作领导小组
县委办公室	全省党委信息工作先进单位	中共湖南省委办公厅

续表 26

获奖单位	获奖名称	授奖单位
县委督查室	全省督查系统先进单位	中共湖南省委办公厅
县委宣传部	湖南省“扫黄打非”优秀集体	湖南省“扫黄打非”工作小组
县委党史研究室	省级文明卫生单位	湖南省爱国卫生运动委员会
湘潭县计划生育协会	模范单位	湖南省计划生育协会
湘潭县计划生育协会	先进集体	湖南省计划生育协会
白石镇人民政府	湖南省“省级同心美丽乡村”	中共湖南省委统战部
湘潭县商务局	全省商务工作(外贸)先进单位	湖南省商务厅
湘潭县民政局	五化民政进步县	湖南省民政厅
湘潭县福利中心	全省民政工作先进集体	湖南省人社厅、湖南省民政厅
湘潭县文化旅游广电体育局	湖南省首届“体彩之星”评选活动暨体彩首届销售员营销技能大赛二等奖	湖南省体育局体育彩票管理中心
湘潭县文化旅游广电体育局	直播卫星户户通工程建设先进单位	湖南省广播电视局
湘潭县文化旅游广电体育局	舞蹈《老来俏》获庆祝新中国成立70周年“欢乐潇湘”全省群众文艺会演“优秀奖”	中共湖南省委宣传部、湖南省文化和旅游厅
湘潭县文化旅游广电体育局	歌伴舞《江边有个湘潭县》获庆祝新中国成立70周年“欢乐潇湘”全省群众文艺会演“优秀奖”	中共湖南省委宣传部、湖南省文化和旅游厅
湘潭县文化旅游广电体育局	小品《扶贫心路》获庆祝新中国成立70周年“欢乐潇湘”全省群众文艺会演“优秀奖”	中共湖南省委宣传部、湖南省文化和旅游厅
湘潭县文化馆	庆祝新中国成立70周年“欢乐潇湘”全省群众文艺汇演“优秀文艺团队”	中共湖南省委宣传部、湖南省文化和旅游厅
湘潭县	湖南省平安校园建设先进县市区	湖南省教育厅
江声中学	湖南省五四红旗团委	共青团湖南省委
彭德怀希望小学	湖南省“两型”校园	湖南省“两型”办
县八中	湖南省学校心理健康教育先进单位	湖南省教育协会
县四中	省级文明卫生单位	湖南省爱国卫生运动委员会
县十中	省级诗教先进单位	湖南省诗词协会

续表26

获奖单位	获奖名称	授奖单位
县十中	省级文明卫生单位	湖南省爱国卫生运动委员会
云龙小学	湖南省生态文明示范学校	湖南省教育厅
青山桥镇人民政府	安全生产示范乡镇	湖南省人民政府
湘潭县财政局	全省财政支农政策培训工作先进单位，先进县市财政局，三等奖	湖南省财政厅
湘潭县财政局	全省财政系统信息宣传工作先进单位(省级)	湖南省财政厅
湘潭县财政局	乡村财政财务绩效管理工作先进单位、一等奖	湖南省财政厅
排头乡统计站	统计基层基础工作示范性建设单位	湖南省统计局
湘潭县统计局	湖南省第四次全国经济普查先进单位	湖南省第四次全国经济普查领导小组办公室
河口镇河口村刘炳南家庭	湖南省“最美家庭”	湖南省妇联
湘潭县行政审批服务局	湖南省文明卫生单位	湖南省爱国卫生运动委员会
易俗河司法所	全省司法所工作表现突出单位	湖南省司法厅
花石司法所	全省青少年维权岗荣誉称号	湖南省司法厅
湘潭县农业农村局	“三品一标”工作先进单位	湖南省绿色食品办公室
湘潭县农业农村局	全省农业行政处罚优秀案卷(渔政)	湖南省农业农村厅
湘潭县卫生健康局	真抓实干示范县	湖南省人民政府
湘潭县疾病预防控制中心	湖南省免疫规划工作先进单位	湖南省疾病预防控制中心
湘潭县疾病预防控制中心	2016—2019年湖南省传染病报告管理工作先进单位	湖南省疾病预防控制中心
湘潭县疾病预防控制中心	湖南省农村环境卫生监测先进单位奖	湖南省卫生健康委员会疾控处
湘潭县疾病预防控制中心	湖南省食品安全风险监测工作先进单位	湖南省卫生健康委员会疾控处
易俗河镇梅林桥村	省级“同心美丽乡村”	中共湖南省委统战部
易俗河镇晓木塘社区	省级文明社区	湖南省文明办
易俗河镇瓦屋湾社区	湘潭市“社区消防大擂台”技能趣味比武竞赛活动团体二等奖	湘潭市人民政府，湘潭市消防安全委员会

续表 26

获奖单位	获奖名称	授奖单位
中路铺镇人民政府	全省计划生育基层群众自治先进乡镇	湖南省计划生育协会
湘潭县公安局	全省公安机关侦破命案工作成绩突出单位	湖南省公安厅
湘潭县公安局监督室	全省公安机关信访工作成绩突出集体	湖南省公安厅
河口镇人民政府机关	湖南省文明单位	湖南省爱国卫生运动委员会
湘潭县住房和城乡建设局	房地产调控和监管工作突出单位	湖南省住建厅
湘潭县住房和城乡建设局	建设工程招标投标与稽查工作突出单位	湖南省住建厅
湘潭县住房和城乡建设局	城建档案管理工作突出单位	湖南省住建厅
红网湘潭县站	媒体建设先进单位	湖南红网新媒体集团
红网湘潭县站	手机报建设先进单位	湖南红网新媒体集团
红网湘潭县站	优秀分站	湖南红网新媒体集团
云湖桥镇农民田间学校	湖南省五星级服务农技推广机构	湖南省农业农村厅
云湖桥镇农技农机畜牧水产推广服务中心	湖南省五星级服务农技推广机构	湖南省农业农村厅

2019年湘潭县获中央部委级表彰的先进个人一览表

表 27

姓　名	单位与职务	获奖名称	授奖单位
童柳柏	湘潭县价格认证和监测中心主任	全国价格监测先进个人	国家发展和改革委员会价格监测中心
罗　毅	市生态环境局湘潭县分局监察大队副队长	2018–2019年蓝天保卫战重点区域强化监督第十四轮次第一名	生态环境部
郑尚志	湘潭县云湖桥镇林业站站长	全国森林防火工作先进个人	国家林业和草原局
莫柏槐	湘潭县文化旅游广电体育局	国家级非遗代表性传承人“薪传奖”	文化和旅游部非物质文化遗产司
曹　彬	县农业农村局畜牧水产推广中心	中国技能大赛——全国农业行业职业技能大赛优异奖	农业农村部

续表27

姓　名	单位与职务	获奖名称	授奖单位
张应龙	江声中学	全国中小学教师创新教育说课十佳说课名师	中国发明协会中小学创造教育分会
谷　峰	湘潭县人民法院	荣誉天平奖	最高人民法院
唐荷兰	湘潭县人民法院	荣誉天平奖	最高人民法院
谭歆玲	湘潭县人民法院	荣誉天平奖	最高人民法院
彭冬林	湘潭县人民法院	荣誉天平奖	最高人民法院
邓述东	邓述东工作室	“一亩田脱贫”2019年科技创新发明成果 中国科技创新领军人物	中国科学家论坛组委会
邓述东	邓述东工作室	全国农牧渔业丰收奖 ——农业技术推广贡献奖	农业农村部
邓述东	邓述东工作室	全国科技助力精准扶贫先进个人	全国科技助力精准扶贫领导小组办公室
邓述东	邓述东工作室	全国十佳农技推广标兵	农业农村部办公厅
杨铁强	云湖桥司法所所长	全国优秀司法所长	司法部
李　瑶	湘潭县疾病预防控制中心 纪检监察员	全国农村饮用水卫生监测十年成绩突出个人	中国疾病预防控制中心 农村改水技术指导中心
陈海峰	湘潭县疾病预防控制中心 慢病科副科长	2004—2019年中国死因登记报告 工作突出贡献先进个人奖	中国疾控中心慢病中心

2019年湘潭县获省厅级以上表彰的先进个人一览表

表28

姓　名	单位与职务	获奖名称	授奖单位
欧阳广	县委办综合组科员	全省党委信息工作先进个人	中共湖南省委办公厅
周　坤	县委督查室副主任	全省督查系统先进个人	中共湖南省委办公厅
冯　丹	县委督查室副主任	全省督查系统先进个人	中共湖南省委办公厅
莫金明	县计生协党组书记、 常务副会长	“先进个人”荣誉称号	湖南省计划生育协会
马彪文	白石镇计生协会会员	庆祝新中国成立70周年 会员艺术作品书画类三等奖	湖南省计划生育协会

续表28

姓　名	单位与职务	获奖名称	授奖单位
陈钟文	茶恩寺镇计生协会会员	庆祝新中国成立70周年会员艺术作品剪纸类优秀作品	湖南省计划生育协会
彭　艳	湘潭县社会组织孵化中心主任	湘潭市优秀人才	中共湘潭市委、湘潭市人民政府
罗　涛	湘潭县文化馆	庆祝新中国成立70周年“欢乐潇湘”全省群众文艺会演“组织工作先进个人”	中共湖南省委宣传部、湖南省文化和旅游厅
谢　倩	湘潭县文化馆	庆祝新中国成立70周年“欢乐潇湘”全省群众文艺会演“组织工作先进个人”	中共湖南省委宣传部、湖南省文化和旅游厅
王利星	江声中学	湖南省教育教学能手	湖南省教育厅
蓝希平	江声中学	湖南省教育教学能手	湖南省教育厅
王丹蕾	江声中学	湖南省“五一劳动奖章”	湖南省教育厅
刘金连	杨嘉桥镇中心校	湖南省优秀乡村教师	湖南省教育厅
黄　洁	子敬小学	向上向善湖南好青年	共青团湖南省委
赵国庆	湘潭县纪委监委第三纪检监察室主任	百名业务能手	中共湖南省纪律检查委员会、湖南省监察委员会
阳　敏	湘潭县财政局党组成员	2019年度全省财政系统信息宣传工作先进个人	湖南省财政厅
周海龙	射埠镇人民政府扶贫办主任	湖南省2019年“最美扶贫人物”	湖南省扶贫开发领导小组
邓述东	邓述东工作室	全省农村专业技术协会先进工作者	湖南省农村专业技术协会联合会
肖义红	湘潭县社会保险服务中心主任	全省人力资源和社会保障工作先进个人	湖南省人力资源和社会保障厅
刘胜林	县妇联党组成员、副主席	湖南省“最美妇联人”	湖南省妇联
彭水平	湘潭县春静水稻种植专业合作社理事、县妇联兼职副主席	湖南省“三八红旗手”	湖南省妇联
邓　军	射埠司法所所长	全省司法所工作表现突出个人	湖南省司法厅
方琳玲	湘潭县法律援助中心副主任	全省优秀法律援助律师	湖南省司法厅
曹　彬	县农业农村局畜牧水产推广中心	第三届全省水产技术推广职业技能竞赛一等奖	湖南省农业农村厅、湖南省人力资源和社会保障厅、湖南省总工会
赵容波	县农业科技教育推广服务站副站长	湖南省农业技术推广工作先进个人	湖南省农业技术推广总站
邓述东	射埠镇农业综合服务中心农艺师	湘潭市劳动模范	中共湘潭市委、湘潭市人民政府
曹铁光	中路铺镇柳桥村党委书记	湘潭市劳动模范	中共湘潭市委、湘潭市人民政府
符利辉	湘潭县动物疾病预防控制中心主任	湘潭市劳动模范	中共湘潭市委、湘潭市人民政府
唐　伟	湘潭市电机车厂有限公司机械加工车间主任	湖南省“五一劳动奖章”	湖南省总工会

续表28

姓　名	单位与职务	获奖名称	授奖单位
钟金盆	湘潭县妇幼保健院院长	湖南省"五一劳动奖章"	湖南省总工会
胡理芬	湘潭县总工会党组书记、副主席	湖南省职工最可信赖娘家人	湖南省总工会
陈一新	湘潭县公安局党委副书记、副局长	个人二等功	湖南省公安厅
赵伟兵	湘潭县公安局谭家山派出所所长	个人二等功	湖南省公安厅
胡　军	湘潭县公安局茶恩寺派出所民警	个人二等功	湖南省公安厅
肖　京	湘潭县住房和城乡建设局质安站	"2019年湖南省'守护一湖四水,建设生态强省'住建行业职业(建设工程质量监督)技能大赛"三等奖	湖南省住建厅
张春城	湘潭县信访局	信访工作基础业务"百佳业务能手"	湖南省信访局
李思源	融媒体中心	优秀新闻作品	中共湖南省委宣传部
陈玲芳 彭　洁 刘安获	融媒体中心	湖南广播电视二等奖 湖南新闻电视消息三等奖	中共湖南省委宣传部

2019年湘潭县获正高级以上职称人员一览表

表29

姓　名	职　称	单　位
颜京湘	主任医师	湘潭县人民医院
刘志华	主任医师	湘潭县人民医院
肖庆如	主任医师	湘潭县妇幼保健院
柳银华	主任医师	湘潭县妇幼保健院
符小乔	主任医师	湘潭县妇幼保健院
贺免之	中小学正高级教师	湘潭县第一中学
贺　慧	中小学正高级教师	湘潭县易俗河镇中心学校

统计资料

2019年湘潭县国民经济主要指标一览表

表30

指　　标	单位	2019年	2018年
一、综合			
地区生产总值(按当年价格计算)	亿元	485.0	443.6
第一产业	亿元	59.1	51.2
第二产业	亿元	259.0	229.9
第三产业	亿元	166.9	162.5
人均地区生产总值	元	55681	51175
三次产业结构比	%	12.2:53.4:34.4	11.5:51.8:36.7
二、农业			
农业总产值	亿元	102.0	87.5
粮食种植面积	万公顷	8.0	9.04
粮食总产量	万吨	59.9	62.6
蔬菜种植面积	万公顷	2.0	1.92
蔬菜产量	万吨	61.6	60.1
水产品产量	万吨	4.5	4.18
禽蛋产量	万吨	1.9	1.85
三、工业			
规模工业企业数	个	245	233
规模工业企业总产值	亿元	667.4	593.3
规模工业增加值	亿元	197.4	168.7

续表30

指　　标	单位	2019年	2018年
规模工业企业实现主营业务收入	亿元	619.2	548.7
规模工业企业实现利润	亿元	22.2	19.0
四、建设领域			
(一)固定资产投资	亿元	226.4	194.8
按经济类型分			
国有投资	亿元	44.2	31.7
非国有投资	亿元	182.1	163.1
按投资方向分			
产业投资	亿元	172.9	136.5
基础设施投资	亿元	11.9	18.8
房地产开发投资	亿元	38.1	36.2
施工项目数	个	476	501
其中:新开工项目数	个	403	447
(二)建筑业			
具有资质等级的总承包和专业承包建筑业企业数	个	40	32
具有资质等级的总承包和专业承包建筑业企业总产值	亿元	62.7	47.8
具有资质等级的总承包和专业承包建筑业企业利润总额	亿元	2.4	1.99
具有资质等级的总承包和专业承包建筑业企业完成房屋施工面积	万平方米	318.3	273.4
具有资质等级的总承包和专业承包建筑业企业完成房屋竣工面积	万平方米	172.6	183.0
五、贸易			
社会消费品零售总额	亿元	106.3	96.0

(县统计局　提供)

2019年湘潭县预算内财政收入情况一览表

表31 单位：万元

项目	2018年	2019年
一、地方收入	178759	174407
(一)、税收收入	101438	107800
1.增值税(37.5%)	43546	46088
2.其他税收收入	41	39
3.企业所得税(28%)	8892	8845
4.个人所得税(28%)	3933	3123
5.资源税(75%)	114	111
6.城市维护建设税	5958	5409
7.房产税	2078	2600
8.印花税	1522	1261
9.城镇土地使用税（70%）	4120	7661
10.土地增值税	12858	10719
11.车船税	1759	1856
12.耕地占用税	636	5001
13.契税	15952	15060
14.环保税(70%)	29	27
(二)、非税收入	77321	66607
1.专项收入	27084	23326
其中 教育费附加收入	5884	5181
2.行政事业性收费收入	6124	5387
3.罚没收入	4343	3787
4.国有资本经营收入		0
5.国有资源(资产)有偿使用收入	1614	1364
6.捐赠收入	73	2
7.政府住房基金收入	5590	2792
8.其他收入	32493	29949
二、上划收入	108351	112200
1.增值税	72576	76815
2.消费税	914	1213
3.企业所得税	22865	22745
4.个人所得税	10112	8031
5.其他税收收入	68	65
6.资源税	38	37
7.城镇土地使用税	1766	3283
8.环保税	12	11
收入分两大块(不含基金)	287110	286607
1.税收收入	209789	220000
2.非税收入	77321	66607
全口径税收收入占财政总收入的比例	73.07%	89.03%

2019年湘潭县预算内财政支出情况一览表

表32　　单位:万元

项　　目	2018年	2019年
一、一般公共服务支出	77298	118410
二、国防支出	749	930
三、公共安全支出	25690	26853
四、教育支出	111009	95310
五、科学技术支出	7231	10800
六、文化体育与传媒支出	11000	11371
七、社会保障和就业支出	107513	112658
八、卫生健康支出	88302	71745
九、节能环保支出	16500	9250
十、城乡社区支出	49306	22669
十一、农林水支出	90700	88006
十二、交通运输支出	40295	12474
十三、资源勘探信息等支出	12462	12420
十四、商业服务业等支出	3100	2700
十五、金融支出		32
十六、自然资源海洋气象等支出	6322	8527
十七、住房保障支出	10450	9029
十八、粮油物资储备支出	2028	1800
十九、债务付息支出	11231	15607
二十、灾害防治及应急管理支出		1924
二十一、其他支出	300	300
二十二、预备费		6000
公共财政支出合计	671486	638815

(县财政局　提供)

2019年湘潭县住户抽样调查情况一览表

表33

指 标 名 称	单位	总计	城镇住户	农村住户
一、调查样本住户数	户	140	50	90
1.期内住户常住成员数	人	523	169	354
二、人均可支配收入	元	26647	37665	20076
1.工资性收入	元	14799	23016	9900
2.经营净收入	元	6428	6882	6158
3.财产净收入	元	1021	2123	365
4.转移净收入	元	4398	5645	3655
三、人均消费支出	元	18006	21650	15833
1.食品烟酒	元	5317	6167	4810
2.衣着	元	1118	1812	704
3.居住	元	3585	4233	3199
4.生活用品及服务	元	990	1230	847
5.交通通信	元	1917	2600	1510
6.教育文化娱乐	元	3096	3894	2621
7.医疗保健	元	1678	1337	1882
8.其他用品和服务	元	304	378	260
四、人均住房建筑面积	平方米	62	60	65
五、住户耐用消费品拥有情况				
1.汽车	辆	71	34	37
2.洗衣机	台	148	53	95
3.冰箱	台	146	49	97
4.空调	台	218	110	108
5.手机	台	408	132	276

（县财政局　提供）

文献文摘

湘潭县人民检察院工作报告

——2020年1月3日在湘潭县第十六届人民代表大会第五次会议上

湘潭县人民检察院检察长 胡湘晖

2019年工作回顾

2019年，我院在县委和上级检察机关的坚强领导下，在县人大及其常委会的有力监督下，在县政府、县政协及社会各界的关心支持下，深入学习贯彻习近平新时代中国特色社会主义思想，紧紧围绕全县发展大局、坚决执行县委决策部署，强化法律监督，深化司法改革，加强队伍建设，为县域经济社会发展贡献检察力量。全年受各级各类表彰47人次，获全国检察机关检务保障先进个人、全省检察机关纪念五四运动先进单位、全市先进基层院等荣誉，月形农牧场养殖污染行政公益诉讼案、彭滔恶势力团伙寻衅滋事案等4案被省院评为优案。

一、主动服务中心大局，切实营造和谐共赢的发展环境

精准服务打好“三大攻坚战”。把依法办案与维护稳定相结合，防范化解金融风险，重点惩治非法吸收公众存款、集资诈骗、非法经营、组织、领导传销活动等涉众型经济犯罪，批准逮捕8件11人，提起公诉16件40人，对涉案金额达63亿余元、涉及会员10万余人的“伊思多尔”案以涉嫌组织、领导传销活动罪依法提起公诉，11名被告人分别被判处两年至十二年不等的有期徒刑；把检察职能与精准脱贫相结合，改善民生促进发展，落实上级对扶贫工作的部署，深入开展对口帮扶工作，坚持进村入户，全院干警结对帮扶88户，全年走访帮扶对象共计1100余人次，选派2名干警驻村任驻村帮扶工作队队长，对扶贫领域犯罪案件起诉3人；把法律监督与污染防治相结合，服务生态文明建设，积极参与农村环境问题综合治理，开展涟水河流域水质达标综合整治专项监督，与相关职能部门联合排查安全隐患，对污染环境、非法采矿等犯罪批捕5件8人，起诉8件16人。如对非法处置废矿物油污染生态环境的吴某某等五人提起刑事附带民事公益诉讼①，要求污染者承担环境侵权责任的诉求得到法院支持，督促五人赔偿71万余元对破坏的生态环境进行了修复。

综合施策助推创新发展。加强权益平等保护，切实维护企业合法权益。打击侵犯企业财产权、经营权和知识产权类犯罪案件22件31人，打击破坏社会主义市场经济秩序类犯罪案件43件80人，对生产、销售假茅台、五粮液，涉案金额达数百万元、非法获利40余万元的贺某某等8人以假冒注册商标罪提起公诉。全力支持县重点项目的推进，对涉嫌妨害公务的张某进、方某强、涉嫌聚众冲击国家机关的胡某新等29人依法提起公诉，确保湘潭垃圾焚烧发电项目顺利推进。注重对民营企业保护，对涉嫌经济犯罪的企业，在综合评估社会危害性、处罚适当性后，通过制发检察建议、公开听证等方式督促企业整改，对整改到位且符合条件的，依法适用不起诉，最大限度保护市场主体的发展空间，对1家民营企业及3名民营企业家依法作出不起诉决定。

扎实推进扫黑除恶专项斗争。坚决贯彻上级决策部署，强化政治担当，明确工作任务，依法快捕快诉，确保案件不在检察环节“梗阻”。批捕涉黑涉恶犯罪18人、起诉18人。加强与公安、法院的沟通协调，统一执法尺度、证据标准，做到精准打击。健全快速办理、提前介入引导侦查、与监察机关线索移送机制，提升打击实效，提前介入涉黑涉恶案件8起，移送“保护伞”线索6条、涉恶线索5条。依法严惩以暴力、胁迫等方式欺行霸市、强揽工程、强买强卖、敲诈勒索等黑恶势力犯罪，如我院通过对几起刑事案件缜密审查、串并违法犯罪事实，成功发现一个在多家麻将馆作威作福、强迫交易的涉恶犯罪团伙，起诉后所有成员均被判处有期徒刑以上刑罚。注重检察职能延伸，对重点行业、重点领域、重点地区治理发出检察建议11份。

切实维护正常的信访秩序。严格落实最高法、最高检、公安部联合出台的《关于依法处理信访活动中违法犯罪行为的指导意见》，坚持依法治访。对于非法上访、缠访闹访、以访施压、制造极端事件的违法上访人员，特别是对违法上访的策划者、组织者和煽动者，坚决从重从快打击，批捕5件7人，起诉4件6人。如引导公安侦查取证后，对以进京上访为要挟、多次向政府索要财物的退休军人欧阳某斌以涉嫌寻衅滋事罪依法批准逮捕。

二、全力保障平安建设，切实营造安全稳定的社会环境

深化“平安莲乡”建设，认真履行司法办案职能。严厉打击刑事犯罪，着力净化治安环境，切实增强人民群众安全感和幸福感。全年受理提请逮捕案件421件564人，批准逮捕342件453人，逮捕率80.3%。全年受理移送审查起诉案件548件765人，审结537件727人（含积案），审结率87.8%，提起公诉443件607人。在司法办案中注重多重效果的有机统一，如对以病死猪肉制作腊肉流向市场的刘某某等11人以涉嫌生产销售不符合安全标准的食品罪提起公诉，一审均被判处六个月至一年八个月不等的有期徒刑和5000元至28万元不等的罚金，该案被检察日报、湖南都市频道等媒体报道，起到了良好的法律效果和社会效果。

依法惩治职务犯罪，深入开展反腐败斗争。坚决贯彻党中央反腐败斗争决策部署，构建“纪法贯通、法法衔接”[②]工作机制，加强与监察委的沟通协调，健全日常联络、个案协调、重大事项通报、提前介入和线索双向移送机制，受理监察委移送案件15件17人，提前介入案件15件，作出逮捕决定8人，起诉15人，如对未经检疫的生猪出具检疫合格证明、收受他人贿赂的我县茶恩寺镇动物防疫站站长王某斌以涉嫌受贿罪、动植物检疫徇私舞弊罪提起公诉，一审被判处有期徒刑三年二个月，有效发挥了检察机关在反腐败斗争中的职能作用。

实行专业化办案模式，切实加强未成年人检察工作[③]。实行“捕诉合一+专业化”办案模式，推行未成年人刑事案件捕诉监防一体化[④]。批捕侵害未成年人犯罪11人、起诉17人。批捕未成年人犯罪10人，起诉15人。积极开展犯罪记录封存、亲情会见等工作，加强对涉罪未成年人的感化和挽救，坚持慎捕、慎诉和不诉，不捕4人，不诉7人。落实最高检一号检察建议[⑤]，大力开展“法治进校园”活动，检察长、副检察长分别担任辖区3所中小学法制副校长，定期开展法律讲座。积极防治校园欺凌，举办“携手关爱、共护明天”检察开放日等活动10场次，发放法律知识读本6000余册。未检工作走在全市前列。

高度重视控告申诉，积极化解社会矛盾。深化涉法涉诉信访机制改革[⑥]，压实“群众来信件件有回复”工作责任，确保每一件群众来信七日内程序性回复、三月内实体性答复。共受理群众来信来访73件105人次，办理刑事申诉案件3件、司法救助案件3件、国家赔偿案件1件。设立“12309”检察服务中心，开通检察服务热线，实行院班子成员坐班接访制度，推行律师代理申诉、律师参与化解和代理涉法涉诉信访工作。严格落实“谁执法谁普法”的普法责任制。

三、聚焦法律监督职能，切实营造公平正义的法治环境

稳步推进刑事诉讼监督。加强刑事立案和侦查活动监督，注重程序公正和实体公正，监督公安机关立案8件、撤案1件、追捕5人，追诉漏犯9人，追诉漏罪28笔，发出纠正侦查活动违法通知书9件，采纳9件。如监督公安机关对失火造成过火面积达3.96亩的谭某以涉嫌失火罪进行立案。加强对审判机关刑事审判活动监督，提起抗诉1件1人，获改判5件5人（含积案），纠正法院审理程序瑕疵和不规范问题14件，纠正意见采纳率100%。检察长列席同级审委会发表意见3次，加强检法两院在重大疑难案件法律适用等方面的良性沟通，形成司法共识，维护司法公正。

继续强化民行诉讼监督。通过抗诉、检察建议等方式，对民事、行政诉讼活动实行法律监督。办结民事行政诉讼监督案件130件，其中生效裁判监督案件5件、审判活动程序违法案件90件、执行监督案件24件、督促履职案件1件。向审判机关发出检察建议124件，采纳并回复123件（1件未结）。如对在石某非法采矿案中某行政机关怠于履职的情况发出检察建议，该局对该案相关责任人给予纪律处置并完善相关工作制度。

深入开展公益诉讼检察。部署生态环境和资源保护、食品药品安全等专项活动，通过使用无人机等高科技手段、遍访全县17个乡镇，摸排线索，共立公益诉讼[⑦]案件110件，发出诉前检察建议[⑧]110份，行政机关回复率100%。针对人民群众反映强烈的食品安全问题，通过开展“保障千家万户舌尖上的安全”、网络外卖平台入网监管等专项监督，打击无证经营、超范围经营等餐饮违法行为，对城区校园周边食品安全隐患进行重点排查，共立案22件，均督促市场监督管理部门整改到位。如对网上曝光湘潭县某食品有限公司不符合卫生标准生产的情况进行公益诉讼立案，督促职能部门调查核实，并帮助企业整改落实。

均衡开展刑事执行监督。强化驻所检察，通过受理控告、安全检察、专项清理，及时监督纠正违法情形，切实保障在押人员合法权益和监管场所安全稳定，强化刑罚变更执行监督，开展羁押必要性审查[⑨]12人，经审查后建议改变强制措施10人，被采纳10人。书面纠正刑罚执行和监管活动违法3件，发出检察建议8份均被采纳。如我院书面纠正湘潭市岳塘区人民法院判决的尹某（羁押于湘潭县看守所）刑期计算错误，法院已裁定核减刑期2个月25天。常态化开展社区矫正检察，对交付执行违法和监管活动违法进行监督纠正，有效遏制社矫人员脱管漏管虚管现象，审查社区矫正评估意见345份，办理报请审查特赦案件11件。

四、增强检察工作动能，切实营造优质高效的创新环境

深化司法责任制改革。深入推进检察体制改革，进一步落实检察

官办案责任制，确保权限划分明确、办案流程规范。坚持领导干部带头办案，院领导办理各类案件138件。完善“捕诉合一”办案机制，扁平化管理体制得到进一步加强。落实重大监督事项“案件化”办理[10]，强化检察机关审前程序中的主导和把关，打造刚性、规范监督模式，以“案件化”方式办理重大监督事项11件。强化检察官业绩考核，严把办案质量关。

落实认罪认罚从宽制度[11]。贯彻宽严相济的刑事政策，扎实抓好认罪认罚从宽制度，形成繁简分流、有序衔接的多层次诉讼制度。严格把握从宽尺度，审慎提出量刑建议。规范办理流程，强化人权保护，建立值班律师制度，律师提供法律帮助并全程见证犯罪嫌疑人签署《认罪认罚具结书》。对犯罪情节较轻、社会危害性较小等情况的犯罪嫌疑人依法从宽处理，决定不批捕103人，不起诉116人。推进检调对接工作[12]，促成刑事和解53件。

探索检察工作机制创新。不断加大检务公开力度，公开法律文书信息549条，案件程序性信息947条。加大检察宣传力度，编发莲乡检察报4期、莲乡检察手机报6期，依托“两微一端”发布重点工作、重大案件信息等300余条，在各类新闻媒体发表宣传稿件120余篇，及时回应社会关切。构建良性互动的新型检律关系，引导律师在检察案件信息公开网上注册并预约查询案件，接待律师阅卷107人次。抓好智慧检察建设，检委会案件讨论实现无纸化，检委会会议网上流转；探索推行大数据辅助办案系统，如建设档案数字化，将建院以来所有档案进行电子化归档。

五、提高队伍综合素能，切实营造干事创业的人文环境

坚持政治立检。坚持党对检察工作的领导，扎实开展“不忘初心、牢记使命”主题教育，组织干警深入学习习近平新时代中国特色社会主义思想的丰富内涵，深化政治纪律、政治规矩教育，增强“四个意识”、坚定“四个自信”、做到“两个维护”。加强党建工作，扎实开展“主题党日”活动，加强支部“五化”建设。完成了总支和支部的换届选举，夯实组织基础。积极开展检察官进社区、志愿者服务、四责四诺、五联五问、创文创卫、河口执勤等中心工作，着力铸造干警忠诚、干净、担当的政治品格。

坚持从严治检。始终把党风廉政建设作为队伍建设的首要任务来抓，严格落实两个责任和一岗双责。坚持挺纪在前，坚守纪律红线，狠抓队伍纪律作风建设。重视掌握干警思想动态，班子成员带头开展谈心谈话，及时发现和解决队伍中苗头性、倾向性问题。严格执行廉政谈话、诫勉谈话和述职述廉等制度，确保队伍“零违纪”。建立“八小时内”和“八小时外”监督管理机制，通过日常纪律作风督查、每月警示教育、发送廉洁警示提醒短信等方式，全面筑牢检察干警的思想防线。

坚持素质兴检。加强学习型机关建设和学习型干警培养，突出实战式培训、“点单式”培训，开展疑难复杂案件业务探讨、听庭评议，优秀案件、法律文书评比活动，全年组织和参加各类培训200余人次。深入推进检察文化建设，组织扫黑除恶知识竞赛、读书交流会、“颂祖国、感党恩”歌唱比赛等活动，积极参加省检察院庆祝“五四运动百年”活动、县“七一”“身边的党员”微故事宣讲等活动，人才队伍建设成效明显。

坚持监督强检。牢固树立监督者更应主动接受监督的意识，加强与人大代表、政协委员的工作联络，主动报告检察工作和专项工作的开展情况，努力实现代表、委员联络工作常态化、规范化，全年联系、走访人大代表、政协委员100余人次，举办检察开放日4次。认真办理代表、委员对司法改革等工作提出的建议、意见，切实将建议意见转化为推动检察工作发展的动力。进一步强化内部监督，持续开展检务督察活动，及时纠正执法办案中存在的问题。加强案件质量管理，规范涉案财物管理，每季度开展案件评查和讲评工作，全年评查案件967件。规范运行检察统一业务应用系统，对执法办案实行统一、实时、动态监督。

检察事业的发展，离不开县委的正确领导，离不开县人大、政府、政协以及社会各界的监督、关心和支持。在此，我代表县人民检察院全体干警向在座的各位领导、人大代表、政协委员和社会各界人士表示衷心的感谢！并致以崇高的敬意！

在取得成绩的同时，我们也清醒地看到，当前检察工作仍存在一些问题和不足：一是服务县域经济高质量发展的意识和能力有待进一步提高；二是法律监督的力度和效果有待进一步增强；三是符合新时代检察发展的创新意识和创新能力有待进一步提升；四是检察队伍结构和检察队伍素质有待进一步优化；五是检察宣传工作的力度有待进一步加大。对此，我们将坚持问题导向，厘清弱项短板，下大力气予以解决。

2020年工作安排

2020年，我院将以习近平新时代中国特色社会主义思想为指导，紧紧围绕“讲政治、顾大局、谋发展、重自强”新时代检察工作总体要求，坚决贯彻县委和上级检察机关的决策部署，在推进国家治理体系和治理能力现代化进程中体现检察担当，布局谋篇、凝心聚力，全力护航县域经济发展，维护社会大局稳定，促进社会公平正义，不断满足人民群众对民主、法治、公平、正义、安全的新要求新期待。

一、着力在聚焦主责主业上下功夫，做公平正义的守护者

坚持以人民为中心的发展思想，以人民群众的司法需求为导向，积极履行职能，主动防控风险，突出打击盗抢骗、黄赌毒、电信网络诈骗等犯罪，深入推进扫黑除恶专项斗争。严格实行宽严相济刑事政策，做好打击与保护并重。全面加强刑事、民事和行政诉讼活动的法律监督，完善工作机制，重点围绕食品药品安全、环境资源保护、国有资产、国土出让金等领域，深入推进公益诉讼，提升监督力度和实效。全面深化未成年人刑事检察工作，持续推进“法治进校园”活动，切实加强对未成年人的司法保护。

二、着力在服务中心大局上下功夫，做创新发展的护航员

始终把检察工作融入到党委政

府经济社会发展工作大局，准确把握新发展理念对法治建设提出的新要求，找准检察工作服务大局的着力点和切入点。持续服务非公经济，开展法律咨询、以案释法等活动，准确把握法律政策界限，妥善处理涉企案件，依法维护企业合法权益和正常经济活动。围绕创新驱动战略，依法保护和促进科技创新，加大对侵犯知识产权犯罪的打击力度，努力营造良好的创新环境。充分发挥检察机关刑事司法、法律监督职能，为优化生态环境、发展环境提供法治保障。继续做好“谁执法谁普法”的法制宣传工作，打通“服务群众最后一公里”。积极开展检调对接，将检调对接纳入社会大调解格局，积极做好刑事和解工作，切实维护社会和谐稳定。

三、着力在健全体制机制上下功夫，做各项改革的践行者

深入推进司法体制改革，完成内设机构改革，提高司法公信力。确保员额检察官依法独立办案，强化监督管理责任，加强案件质量评查，完善检察官绩效考核，落实司法过错责任追究，确保检察权依法正确行使。深化司法体制综合配套改革，全面落实司法责任制。扎实做好与纪检监察机关的有效衔接，推动反腐败工作的深入开展。全面深化以审判为中心的诉讼制度改革，坚持证据裁判原则，继续推进认罪认罚从宽处理、强化“四类人员”出庭作证工作，进一步促进刑事诉讼活动公正高效。

四、着力在打造过硬队伍上下功夫，做从严治检的排头兵

深刻领会、全面贯彻新时代党的建设总要求，严守政治纪律、政治规矩，继续把“不忘初心、牢记使命”主题教育融入到检察工作全过程，把主题教育成果落实到实际工作中。更加突出党内政治生活的严肃性。加强检察文化建设，不断提升检察队伍精气神，汇聚争先创优正能量。加大队伍能力素能培养，牢牢把握“五个过硬”的要求，以岗位练兵、专业培训、跟班锻炼等形式推进检察队伍专业化建设。健全检察权运行制约和监督体系，狠抓作风建设，坚持不懈反对“四风”，从严治检，公正司法，努力建设一支信念坚定、司法为民、敢于担当、清正廉洁的检察队伍。

关山初度尘未洗，策马扬鞭再奋蹄。新的一年，我院将切实履行宪法和法律赋予的神圣职责，认真贯彻落实本次大会各项决议，以“追梦未有穷期”的心态开拓奋进、再启新程，努力为莲乡高质量发展、实现我县创建“全国文明城市”和挺进“全国百强县”贡献更多检察智慧、检察力量！

注释：

①刑事附带民事公益诉讼：人民检察院对破坏生态环境和资源保护、食品药品安全领域侵害众多消费者合法权益等损害社会公共利益的犯罪行为提起刑事公诉时，可以向人民法院一并提起附带民事公益诉讼，由人民法院同一审判组织审理。

②纪法贯通、法法衔接：“纪法贯通”指党的纪律和国家法律的贯通，“法法衔接”指监察法与刑事诉讼法及相关行政法等部门法的衔接。

③未成年人检察工作：全称是未成年人刑事检察工作，是检察机关根据《中华人民共和国刑法》《中华人民共和国刑诉法》《中华人民共和国未成年人保护法》《中华人民共和国预防未成年人犯罪法》等规定，办理涉及未成年人案件，同时，开展帮教和预防未成年人犯罪、维护未成年人合法权益的工作。

④捕诉监防一体化：指以未成年人这一特殊主体为适用标准，将审查逮捕、审查起诉、诉讼监督和预防帮教四项检察职能统归未检机构，由同一承办人跟进同一案件的全过程，最大限度预防、矫治、减少未成年人违法犯罪

⑤最高检一号检察建议：2018年10月，最高人检察院就加强校园安全管理、预防性侵害幼儿园儿童和中小学学生违法犯罪的发生等问题向教育部发出首份检察建议书。

⑥涉法涉诉信访改革：把涉及民商事、行政、刑事等诉讼权利救济的信访事项从普通信访体制中分离出来，由政法机关依法处理。各级信访部门对到本部门上访的涉诉信访群众，应当引导其到政法机关反映问题；对按规定受理的涉及公安机关、司法行政机关的涉法涉诉信访事项，收到的群众涉法涉诉信件，应当转同级政法机关依法处理。

⑦公益诉讼：指针对危害国家和社会公共利益的行为提起的诉讼，可以分为民事公益诉讼和行政公益诉讼。检察机关是法律监督机关，主要是通过公权力对公权力实施法律监督，检察机关探索公益诉讼的重点是针对行政机关侵害公益的违法行政行为提起诉讼。

⑧公益诉讼诉前检察建议：检察机关在提起行政公益诉讼前应当先行向相关行政机关提出检察建议，督促其纠正违法行政行为或者依法履行职责。行政机关在收到检察建议书后一个月内依法办理，并将办理情况及时书面回复检察机关。

⑨羁押必要性审查：是指人民检察院依据《中华人民共和国刑事诉讼法》规定，对被逮捕的犯罪嫌疑人、被告人有无继续羁押的必要性进行审查，对不需要继续羁押的，建议办案机关予以释放或者变更强制措施的监督活动。

⑩重大监督事项案件化办理：指检察机关推进监督事项从办事模式向办案模式+办事模式转变的重要举措，将重大监督事项作为独立案件办理，建立从监督线索受理、立案、调查核实、实施监督、跟踪反馈、复查复核到结案归档的完整流程。

⑪认罪认罚从宽制度：指对犯罪嫌疑人、刑事被告人自愿如实供述自己的罪行、对指控的犯罪事实没有异议、同意人民检察院量刑建议并签署具结书的案件，可以依法从宽处理。

⑫检调对接：是指检察机关在履行法律监督职能的同时，在刑事和解工作中，依托人民调解组织进行调解，被害人或其亲属自愿同犯罪嫌疑人就财产损失、人身伤害达成和解协议，并经检察机关依法监督和认定，如确属犯罪嫌疑人认罪悔过、积极赔偿、被害人谅解、社会危害性不大的案件，可以依照法律规定对犯罪嫌疑人做出相关从轻处理，以求运用刑事和解努力化解矛盾纠纷。

湘潭县人民法院工作报告

——2020年1月3日在湘潭县第十六届人民代表大会第五次会议上

湘潭县人民法院院长　余清华

2019年工作回顾

2019年，湘潭县人民法院在县委的坚强领导、县人大及其常委会的有力监督和县政府、县政协的全力支持及上级法院的正确指导下，全面贯彻落实十九大精神，紧紧围绕“努力让人民群众在每一个司法案件中感受到公平正义”工作目标，不断提高审判质量效率、队伍素质能力和司法公信力。全年共受理各类案件7671件（含旧存），审执结7014件，结案率91.4%，法定审限内结案率99.6%[①]。内设机构改革如期完成，审判法庭项目全面开工，原花石法庭庭长崔赣入选《人民法院报》2018年度全国法院十大亮点人物。

一、全面履行审判职能，服务县域经济社会发展大局

依法惩治刑事犯罪。共审结各类刑事案件557件，判处罪犯737人，其中129人处三年以上有期徒刑。积极开展扫黑除恶专项斗争。受理涉恶案件7件全部审结，30名罪犯全部被判处实体刑。深挖黑恶线索。法官对自己承办的案件进行“回头看”，逐案过筛审查“保护伞”线索，做到“一案三查”[②]。对中央扫黑除恶专项斗争督导组及省、市、县级交办的线索，均已办结。派专人对审结的涉黑恶类案件逐一排查，深挖“关系网”“保护伞”，对排查出的8条有价值的涉恶线索，依法处理。对在办案中发现的管理漏洞，向有关单位发出司法建议6条。在公开审理的唐某军犯寻衅滋事罪、强奸罪，张某犯寻衅滋事罪、故意伤害罪，刘某林犯寻衅滋事罪一案中，对上述罪犯依法从严从重分别判处七年、四年、二年六个月有期徒刑，并就该恶势力团伙犯罪案件反映出的问题向行政机关发出司法建议，引起相关单位高度重视，并重点整治娱乐场所存在的无证经营、超时经营、无巡查制度、安保不规范、涉“黄赌毒”等违法犯罪行为，取得成效。依法严惩危害群众生命财产安全犯罪。判处黄赌毒、盗抢骗、传销和电信网络诈骗等犯罪222案293人。判处危险驾驶、交通肇事等犯罪151案151人。判处危害食品药品安全犯罪2案17人。判处涉环境类犯罪7案17人，重点案件由院长担任审判长进行审理。继续推进反腐败斗争。对贪腐类犯罪案件，均由员额法官组成合议庭、专业法官会议集体研究，从严把关，判处贪污贿赂等职务类犯罪13案13人。

妥善化解民商事纠纷。共受理民商事案件4174件（含旧存），审结3863件，其中以调解、撤诉方式结案1865件，调撤率达48.3%。审结交通事故、产品责任、医疗纠纷等人身、财产侵权纠纷620件，依法保障民生权益。审结婚姻、继承等家事纠纷815件，切实保障未成年人、妇女、老年人、残疾人等合法权益。审结劳动争议案件140件，为劳动者维权打开绿色通道。审结买卖合同纠纷、民间借贷纠纷案件1598件，积极打造法治营商环境。审结金融纠纷案件633件，为打造湘潭县金融安全区提供有力的司法保障。继续做好湖南龙畅房地产有限公司破产清算工作，依法处置破产财产，提高债权清偿率。

监督和支持行政机关依法行政。全力支持县域重点项目征地拆迁及维稳工作，确保垃圾焚烧发电、白马公路、湘莲大道、西城片区棚户区改造等重点工程顺利推进。共审结行政诉讼案件82件，非诉审查结案43件，其中行政机关负责人出庭应诉35人次，较往年有较大进步。新成立国家赔偿、司法救助机构，规范了办理国家赔偿、司法救助案件流程，办理国家赔偿案件3件和司法救助案件70件，司法救助金额87万元。

巩固“基本解决执行难”成果。共受理各类执行案件2629件（含旧存），执结2335件，执结标的5.18亿元。开展专项执行。集中行动40余次，在“涉工程机械行业执行案件专项执行活动”中，两次派30余名干警赴江浙一带进行强制执行，现场交付37万元，约谈、拘留被执行人9人，查封各类设备48台，控制财产金额5000余万元。强化联动协作。加强与公安、民政、人力资源和社会保障、自然资源、住房城乡建设、税务等部门的协调和互联互动，形成工作合力，在全市法院率先开展不动产登记信息实时共享合作，以及关于不动产执行案件网络司法拍卖定向询价合作事项，提高了执行效率。打击拒不执行人民法院生效裁判行为。移送拒不执行裁判犯罪2案，司法拘留137人次，并将1157名“老赖”纳入失信被执行人名单及限制高消费，有效震慑了拒执行为。规范执行行为。对执行案件实行繁简分流，设置速执、普执、保全及异议审查团队，提升执行质效。全面落实“一案双查”和电子卷宗随案同步生成，确保办案过程全程留痕。涉案财产处置一律依法在互联网上公开拍卖，网拍成交金额8038万元。所有执行案款一律实行“一案一账号”，案款一一对应，杜绝挪用、拖延支付等违规现象。

二、深入推进司法改革和信息化建设，提升司法质量、效率和公信力

稳妥推进内设机构改革和审判团队建设。根据司法改革精神，我院于3月完成内设机构改革，将原有的院机关16个机构合并为10个，提高了办公和办案效率。同时，根据省高院关于在全省范围内统一开展基层人民法院一审行政诉讼案件集中管辖的决定，自2019年5月1日起，原由我院管辖的行政诉讼案件由湘潭市雨湖区人民法院集中管辖。为此我院积极宣传、解释并配合有关单位相关工作，确保这一改革的顺利推进。将一部分80后、90后年轻干警充实到法庭，并担任庭长职务，激发中层干部队伍活力。组建以员额法官为主、法官助理和书记员为辅的审判团队，明确审判团队中的承办法官、合议法官、法官助理、书记员的权力清单和职责任务，实现以审判团队作为审判、管理、考核的基本单元。积极开展书记员聘用制改革。根据湖南省高级人民法院要求，面向社会公开招聘38名书记员，推进了聘用制书记员正规

化、专业化和职业化建设。

落实刑事诉讼制度改革。严格执行罪刑法定、疑罪从无、非法证据排除③，启动非法证据排除1案2人，依法宣告1名自诉案件被告人无罪。完善侦查员、鉴定人、证人出庭作证机制，上述人员出庭作证23人次。强化控辩双方平等对抗，保障被告人和律师诉讼权利，并为16名盲、聋、哑人或者限制行为能力的人、开庭审理时不满十八周岁的未成年人被告人，指定律师出庭辩护。大力推进示范开庭，做到诉讼证据出示在法庭、案件事实查明在法庭、控辩意见发表在法庭、裁判结果形成在法庭，办案质量得到进一步提升。

推行两个“一站式”服务。9月份，我院改建的600多平方米的诉讼服务中心全面启用，具备安检、导诉咨询、立案审查、自助立案、跨域立案④、信访化解、诉讼调解、便民服务等功能，做到诉讼服务“一站式”，矛盾化解“一站式”。搭建诉调对接平台，安排5家人民调解、行业调解组织、20名调解员、律师进驻法院，仅11月份就有246件纠纷在诉前调解，调解成功68件。完成网上立案232件，跨域立案29件。推进案件繁简分流，民事简易程序适用率78.4%，立案速裁庭98%以上案件均在一个月内办结。

坚持院庭长带头办案。落实院庭长到一线办案，率先垂范，逐级压实责任。以一线法官人均承办案件数量为基准，院长、副院长、庭长办案数分别不得低于10%、30%、70%的任务，且每月内部公示，定期通报，促进了院庭长办案常态化。一年来，院庭长办案1951件，占全院结案总数的27.8%。强化院庭长对“四类案件”⑤的监督管理职责，落实办案部门、承办法官、分管领导等在立案、审理、执行多个环节对“四类案件”进行甄别、监督，并通过院庭长参加庭审、提交主审法官会议和审判委员会议研究等方式进行监督，如在审理一起参与人数10万余人、涉案金额60余亿元、案卷3000多卷的重大疑难犯罪案件中，由刑庭庭长任审判长，院长多次召开会议，研究案情，制订协调“三同步”方案，督促召开有代理人、公诉人参加的4次庭前会议，从而为案件的顺利办结打下了良好基础。

大力推进智慧法院建设。近年来，我院着力推进智慧法院建设。目前已实现电子卷宗随案同步生成和深度应用，全面开通了法院门户网站和微博、微信，“裁判文书、审判流程、执行信息、庭审直播录播”四个平台对外公开已成常态，裁判文书上网率100%。通过新浪网等新媒体平台直播庭审活动1080场，实现公众对庭审过程的全程监督。全力推进档案数字化。目前已完成近八年的诉讼案卷电子卷宗扫描，上传四百余万页。待档案数字化全部完成后，将来当事人即可在网上查询自己的案件情况。湘潭县人民法院审判法庭已建至4层。因法院财物省级统管相关工作需要深入对接等原因，该项目在7月底才全面开工，2020年上半年主体可竣工。

三、坚持党建领航，促进法院队伍建设

坚持以政治建设为统领，牢牢把握党对审判工作的绝对领导。紧紧围绕主旋律，弘扬正能量，深入学习习近平新时代中国特色社会主义思想。加强党的组织建设。9月份新成立中国共产党湘潭县人民法院机关委员会，对5个党支部全部进行改选。认真开展“不忘初心、牢记使命”主题教育，院领导为全院干警上党课，组织全体党员干警参加主题演讲比赛、观看彭德怀元帅精神宣讲报告，并通过调研、谈话、自查等方式，找到班子成员在干事创业等方面存在的差距，并认真整改。强力推进廉政建设。组织全体干警参加省、市法院党风廉政建设和反腐败工作学习培训，对违纪违规的1名干警予以政纪处分、5名干警提醒谈话。在民情大走访中增加为民情感。全体干警深入到砚井社区1697户老百姓家中宣传政策、体察民情、广泛听取和收集群众意见建议，为民解忧。在“三创一治”工作中锻炼干警的综合素质。全年抽调干警200余人次，参与每周上路进行文明劝导，每天晚上派法警和警车在垃圾焚烧发电项目附近执勤巡逻。在精准扶贫攻坚中提升干警服务大局的能力。安排3名干警任三个村扶贫队长，全院干警参与8个村脱贫攻坚行动，结对帮扶144户贫困户，主动为贫困户提供法律援助、接受咨询。

四、主动接受监督，推进阳光司法

依法接受人大监督、政协民主监督和法律监督。全年邀请人大代表、政协委员近百人次视察调研、见证执行、庭审观摩，充分展示法院工作全貌，其中7月20日至10月21日邀请人大代表、政协委员37人次观摩庭审和集中宣判涉黑涉恶案件。及时办结人大代表书面建议1件，回复口头建议11件，回复政协提案1件。对检察机关提出建议的案件依法办理，其中立案再审5件。

增强司法公开透明度。主动邀请社会各界人士参加法院“公众开放日”活动，参观人数累计近千人次。进一步加强人民陪审工作，159名人民陪审员参与2405件案件的审理，参审率达到100%。加强与新闻媒体合作沟通，主动邀请新闻记者来院旁听庭审或参与执行，传播法院好声音。切实履行司法领域意识形态安全责任，筑牢“互联网+”时代司法网络安全“防火墙”。加强互联网宣传阵地建设，实现网站、微信、微博、客户端全覆盖，全力构建开放、动态、透明、便民的阳光司法机制。在微信公众号上发表宣传文章126篇，微博400余条，关注我院审判工作的粉丝逐年增加，影响力与日俱增，如在湖南法院新媒体传播力10月排行榜中，我院官方微博月榜排名全省第九、官方微信月榜排名全省第四。加大法制宣传力度，组织干警深入乡镇、社区和企业开展巡回开庭、法制讲座等63场次，发放司法宣传资料1.6万份。

各位代表，2019年人民法院工作的发展进步，离不开县委坚强领导和县人大及其常委会的有力监督，离不开县政府、县政协和社会各界的大力支持，离不开人大代表、政协委员的关心帮助。在此，我代表县人民法院表示衷心的感谢并致以崇高的敬意！

同时，我们也清醒地认识到，法院工作还存在不少问题和困难：一是案多人少矛盾日趋严重。干警经常加班加点，多数法官超负荷工作，身心健康越来越令人担忧。二

是干警的司法能力和综合素质与司法责任制的要求仍有差距，导致少数案件审判质效不高。三是信息化的投入还不够，依靠科技推进司法办案的成效还不够明显。同时，基础建设资金缺口较大，有待逐年解决。四是运用市场化、社会化机制破解司法工作难题的办法不多，执行攻坚任务艰巨，信访维稳压力较大等。对于这些问题，我们将在今后的工作中采取有效措施切实加以解决。

2020年工作安排

2020年，我院总体工作思路是：以习近平新时代中国特色社会主义思想为指导，增强“四个意识”、坚定“四个自信”、做到“两个维护”，组织全院干警深入学习习近平总书记重要讲话和十九届四中全会精神上来，紧紧围绕县委中心工作，切实履行好维护国家政治安全、确保社会大局稳定、促进社会公平正义、保障人民安居乐业的职责，为我县决胜全面建成小康社会提供高质量的司法保障。

一是充分发挥人民法院在国家治理体系和治理能力现代化中的职能作用，狠抓执法办案第一要务。深入开展扫黑除恶专项斗争，依法惩治各类刑事犯罪，促进建设更高水平的平安湘潭。全面贯彻新发展理念，加大产权司法保护力度，防范化解金融风险。围绕“执行合同”“办理破产”“保护中小投资者”三个方面加大工作力度，着力营造更加稳定、公平、透明、可预期的法治化营商环境。加大非诉行政纠纷案件办理和行政案件审理协调力度，支持和监督行政机关依法行政，促进法治政府建设，为建设人民满意的服务型政府提供司法支持。依法妥善审理涉及教育、就业、医疗、养老、住房和社会保障等各类案件，加强民生司法保障。认真执行最严格的生态环境保护制度，完善环境公益诉讼，使生态环境保护修复责任制度和环境保护禁止令制度得到有效落实。加强涉军案件审判，强化涉军维权工作。继续巩固“基本解决执行难”工作成果，保障胜诉当事人及时实现权益。

二是以破解法院工作难题为导向，全力推进司法改革。继续加强院庭长对“四类案件”的监督力度，确保案件质效。进一步明确员额法官“权力清单”和“责任清单”，科学划分办案权限，凸显主审法官在办案中的主体地位。 深入推进以审判为中心的诉讼制度改革，发挥庭审决定性作用，全面贯彻认罪认罚从宽的刑事政策，减少社会对立面。对信访人在信访活动中或者以信访为名，实施扰乱信访秩序、妨害社会管理秩序、危害公共安全、侵犯人身权利、利用信息网络实施违法犯罪等行为予以坚决打击，轻刑快判，维护法律尊严。充分保障律师依法履职，确保犯罪嫌疑人、刑事被告人的合法权益。深入推进诉讼服务两个“一站式”建设，深化多元化纠纷调解机制，下大气力把纠纷解决在诉讼之前。进一步强化审判流程、庭审活动、裁判文书、执行信息四大公开平台建设，在满足当事人知情权、自觉接受监督的同时，倒逼法官提升司法能力。加大司法救助力度，依法为困难当事人缓减免交诉讼费、进行司法救助、提供法律援助等，让人民群众切实感受到司法人文关怀。加强网络舆情应对处置工作，积极回应群众诉求。加大法制宣传，通过巡回开庭、法制讲座、集市普法、微宣讲等多种形式进行法制宣传，提高人民群众知法、守法水平。加快审判法庭建设，努力为全县人民打造一个文明规范的现代化诉讼场所。

三是以推进全面从严治院为抓手，打造让党放心让人民满意的过硬队伍。毫不动摇地坚持党对人民法院工作的绝对领导，坚持把法院的政治建设摆在首位，不断巩固“不忘初心、牢记使命”主题教育成果，严格贯彻执行《中国共产党政法工作条例》，切实把党的领导落实到人民法院工作各领域各方面各环节，确保在党的领导下依法独立公正行使审判权。始终坚持人民主体地位和司法为民宗旨，自觉接受人大监督、民主监督、法律监督和社会各界监督，完善人民陪审员制度，保障人民有序参与司法。按照革命化、正规化、专业化、职业化要求，进一步加强法院队伍建设，并积极培养干警在互联网、人工智能、大数据、云计算、区块链、5G等现代科技方面的深度应用能力。严格落实意识形态工作责任制，确保司法领域意识形态安全。严格落实全面从严治党主体责任，健全完善审判权力运行监督制约机制，以零容忍态度严惩司法腐败，以廉洁司法确保司法公正。

做好新时代人民法院工作，使命光荣、责任重大。我院将认真落实本次大会决议，不忘初心，牢记使命，充分发挥人民法院审判职能作用，为挺进“全国百强县”、创建“全国文明城市”做出新的更大贡献！

注释：

①司法数据采集自2018年12月1日至2019年11月30日。

②一案三查：既要查办黑恶势力，又要追查黑恶势力背后的“关系网”和“保护伞”，还要倒查党委、政府的主体责任和有关部门的监督责任。

③非法证据排除：是对非法取得的供述和非法搜查扣押取得的证据予以排除的统称，司法机关不得采纳非法证据。

④跨域立案：是指当事人或诉讼代理人通过选择就近的人民法院诉讼服务中心向有管辖权的异地法院提交立案申请，人民法院为其提供相应的立案登记诉讼服务。

⑤四类案件：涉及群体性纠纷的案件、疑难、复杂且在社会上有重大影响的案件、可能发生类案裁判冲突的案件、可能发生违法审判的案件。

关于湘潭县2019年国民经济和社会发展计划执行情况与2020年国民经济和社会发展计划(草案)的报告

——2020年1月2日在湘潭县第十六届人民代表大会第五次会议上

湘潭县发展和改革局局长　赵龙江

受县人民政府委托，现向大会报告湘潭县2019年国民经济和社会发展计划执行情况与2020年国民经济和社会发展计划草案，请予审查，并请各位代表和列席会议的同志提出意见。

一、2019年国民经济和社会发展计划执行情况

今年以来，全县上下以习近平新时代中国特色社会主义思想为指引，认真贯彻落实党的十九大精神，坚持稳中求进总基调，坚持高质量发展新要求，以供给侧结构性改革为主线，统筹稳增长、促改革、调结构、惠民生、防风险，狠抓年度计划落实。全年实现地区生产总值增长8.2%（预计，下同），其中一、二、三产业增加值分别增长2.6%、9.5%和8.9%，三次产业结构调整为11.1:52.4:36.5。完成财政总收入28.7亿元，其中税收收入22.1亿元，税收占比77%。全县经济和社会运行保持总体平稳，稳中有升。

1. 产业结构持续优化。全年完成粮食种植面积8.21万公顷，粮食总产58万吨，完成结构调整0.47万公顷，蔬菜种植1.99万公顷。全年新增规模工业企业28家，总数达到241家，实现规模工业总产值670亿元，同比增长12.7%，实现规模工业增加值188亿元，同比增长9.1%，其中先进装备制造、食品医药、新材料三大主导产业实现规模工业总产值491.5亿元。完成高新技术产值450亿元，实现高新技术产业增加值135亿元，全社会研发经费投入完成11.5亿元，投入强度达到3.98%。现代服务业加速发展，新增规上服务业单位6家，全县实现社会消费品零售总额106亿元，增长10.4%；实现第三产业增加值177亿元，增长8.8%。二三产业增加值占GDP比重达到88.9%。

2. 项目建设有效推进。持续推进“产业项目建设年”活动，以重点项目带动有效投资。全县完成固定资产投资226亿元，增长16%，产业投资158亿元，占比达70%，技改投资占产业投资比重69.2%。全年批回建设用地211.39公顷，实施重点建设项目96个，完成投资120亿元，其中重点产业项目78个，完成投资70.2亿元，市级重点产业项目37个，完成投资56.8亿元。五洲通药业、海泡石纳入省“五个100”工程，佳海食品入选省重点工程。全年新引进项目92个，其中中交集团、清华控股、昆仑能源、京东物流等“500强企业”项目4个。为全力促投资，稳增长，在全县开展争支争项竞赛，全年完成争资12.76亿元，增长42%，争取上级转移支付和专项补助资金30亿元；推行产业项目全程代理服务机制，建立“项目护建”长效机制和落实突出问题交办机制，柏屹三期、佳海食品一期、胖哥耀晨、垃圾焚烧发电、西城片区开发等项目快速推进。

3. 区域融合协同发展。注重区域协同，着力构建融合互补、竞相发展的新格局。县域经济与县域综合发展评价位列全国第91位，较上一年度前进16位。成功纳入湖南省国土空间规划编制试点县，有序推进《湘潭县国土空间总体规划(2018—2035年)》编制工作，完成“多规合一”村庄规划27个，农村人居环境整治村庄规划136个。天易经开区在全省133个省级以上产业园区综合评价中排名第16位，较上一年度前进10位，获评全省“发展开放型经济优秀园区”，技工贸收入稳定在千亿以上，完成工业总产值706亿元，财政收入21.1亿元。柏屹产业园、宏信产业园和佳海食品医药产业园成功落户企业150余家。“一区带多园”发展模式日趋成熟，杨河、青山和茶恩三个乡镇园区完成规模工业总产值46.9亿元。

4. 改革创新纵深推进。县、乡二级机构改革全面完成。经济社会领域推动实施54项改革，主要围绕经济体制、财税金融、“放管服”、民生保障、社会治理等方面发力，成效显著。财政改革不断深化，国库集中支付电子化系统全面覆盖81家县直机关单位、17个乡镇财政所和民社办，预算动态监控系统正式上线；深入推进“多证合一”市场改革，整合19个部门37项涉企证照事项，实现公平公正市场环境，企业名称自主申报比例达到97%，内资企业设立登记全程电子化比例达到60%；深化医疗卫生体制改革，强化医共体内部医疗技术共享共建，不断完善医共体内双向诊疗制度；深入推动企业股改，完成14家优质企业股改挂牌，重组天易发展集团和莲乡实业集团，国有公司市场化转型迈出实质性步伐；加快构建社会治理体系改革，完善应急救援、综合防灾减灾救灾和安全生产制度体系。有序推进信用体系建设，充分发挥平台信息成果运用。

5. 城乡品质不断提升。深入推进环境整治工程，基础设施优化、小区综合治理、示范点创建、居民文明素质提升“五大行动”，顺利通过全国文明城市创建工作省级复检，成功创建“国家卫生县城”，城市内涵进一步提升，乡村面貌进一步改善。城区设施不断完善，县人民医院内科住院楼及门诊急诊医技综合楼项目、县妇幼保健院整体搬迁项目、贵竹学校项目已投入使用。牛头岭片区棚户区改造以及子敬学校初中部、湘莲大道二三期、湘南路、下摄司大桥等项目有序推进。城市主干道路、金霞山广场等绿化工程提档升级；乡村振兴全面铺开，稳步推进梅林桥、碧泉潭、天马山现代农业示范园建设，全县农村耕地流转面积达2.87万公顷，流转比例达57.6%。持续开展国省县道沿线环境卫生治理、农村空心房拆除、马路市场整治、“厕所革命”等专项行动，自然村通水泥（沥青）路建设完成904千米，拓宽提质改造农村公路90千米。积极推进种植结构调整，大力培育新型农业主体，农民合作社达1825户，家庭农场发展至1057家，乌石镇成功获评全国卫生镇。

6. 生态环境有效治理。坚持“绿水青山就是金山银山”的发展理念，坚决打好污染防治攻坚战。打好蓝天保卫战，开展夜间大气执法“夜鹰”行动，依法查处涉气环境违

法行为42起。启动县城区内重污染企业搬迁改造，控制全县煤炭消费总量，实现2019年单位GDP能耗较2018年下降3.66%以上。完成79处裸露黄土控尘整治工作和13个重点污染源整治任务；打好碧水保卫战，完成城区引调水工程建设，每日调水能力2万吨以上。加强农村饮用水源保护，推进饮用水源地划定和整治，5个省控考核断面全部达到Ⅲ类水质及以上；打好净土保卫战，推进乡镇垃圾中转站建设，射埠镇等11个乡镇垃圾中转站建成并投入使用。完成牛头化工（一期）被污染地块治理工作，推进谭家山矿区生态环境保护修改、牛头化工（二期）治理和红燕氧化锌污染地块土壤修复；完成治理式休耕1万亩，治理式耕地修复2万亩。完成生态绿心地区总体规划调整，对生态绿心地区实行严格监管。

7. 社会民生切实改善。树立过“紧日子”意识，优先保障民生投入，完成民生支出29.57亿元，占公共财政支出80%。脱贫攻坚持续发力，围绕“两不愁三保障”，在教育扶贫、健康扶贫、就业扶贫、饮水安全等领域投入扶贫资金9279万元，年内实现脱贫人口2380名，贫困发生率降至0.22%，“一亩田脱贫”模式荣获国家科技创新发明成果奖；就业创业稳步向好，全年新增城镇就业6750人，新增创业主体4337家，城镇登记失业率为3.44%，城乡居民人均可支配收入达37561元、20039元，分别增长7.8%和8.7%；医疗服务逐步完善，全县参保人数为81万余人，参保率稳定在95%以上。建档立卡贫困人口基本医保、大病保险参保率达100%，落实健康扶贫“一站式”结算26531人次，县内报销比例达91%；社会保障提质升级，退休人员养老金标准、城乡居民基本医疗保险、基本公共卫生服务财政补助标准稳步提高，全县特困人员集中和分散供养标准分别达到8400元和7200元，完成6个“莲湘颐老”村级互助点、启动3所区域性敬老院建设。教育强县扎实推进，分步落实中小学校幼儿园布局规划，公办园占比达到23.25%，全县消除大班额179个，职业学校学生就业率达98%以上；文旅广体事业蓬勃发展，成功举办2019中国农民丰收节体育赛事和全国柔力球推广活动等2项国家级体育竞赛活动。完成266个村级综合性文化服务中心建设。全年共计接待游客1018万人次,实现旅游综合收入68亿元；社会治理能力不断增强，深入推进“扫黑除恶”，全年侦破涉恶案件127起，处理涉恶人员239人，其中刑拘141人，打掉恶势力团伙5个。实现全县行政村驻村辅警、警务室全覆盖。

过去一年，我县国民经济和社会发展各项工作虽稳中有进，但受经济下行压力的制约，叠加脱贫攻坚、污染防治、风险化解等多重因素的影响，导致财税占比、城乡居民收入等部分指标与年初的计划目标还有一定差距，需要我们2020年进一步正视差距、直面问题，针对性地采取强有力的举措，确保圆满完成全年经济和社会发展各项目标任务。

二、2020年国民经济和社会发展计划（草案）

（一）2020年我县经济和社会发展主要预期目标

——地区生产总值增长9%；

——固定资产投资增长14%；

——规模工业增加值增长10%；

——财政总收入过30亿元，其中税收收入增长9%；

——社会消费品零售总额增长11%；

——城乡居民人均可支配收入分别增长8%、9%。

（二）主要工作举措

1. 突出规划引领，科学谋划重点工作。按照“发展设想进规划、项目进笼子”的原则，围绕补短板、强弱项、提质量，科学做好“十四五”规划工作。策划包装重大项目，在基础设施、农林水利、工业经济、能源交通、生态节能环保、现代服务、社会民生等领域谋划一批带动支撑作用强的重大项目，全力包装湘潭县涓水流域绿色经济带建设项目、湘潭县国省干线“互联互通”项目、湘潭县智慧城市建设等项目，力争纳入省、市“十四五”规划重大项目库；研究提出专项课题，坚持战略导向、问题导向、发展导向，明确“优势产业和战略性新兴产业发展研究”“养老产业发展”等14个专项课题；收集遴选专项规划，围绕经济和社会发展重点领域和关键环节，全面开展“融入长株潭一体化发展战略专项规划”“工业经济和科技信息化专项规划”“现代服务业发展专项规划”等10个专项规划编制，对接县国土空间规划，致力片区开发，为全县“十四五”规划纲要提供重要支撑。

2. 突出项目建设，切实增强发展后劲。全力争支争项，充分发挥有效投资的关键性作用，着力抓好重大产业项目落地达效。计划安排县级重点项目100个，年度完成投资125亿元；申报市重点项目40个，年度投资计划80亿元，较上年提高15个百分点；拟申报省重点工程3个，年度计划投资14.2亿元。聚焦国、省、市重大规划、重点投资领域，科学策划包装优质项目，力争全年完成争支争项14亿元以上。全力推进垃圾焚烧发电项目建设，积极推动胖哥耀晨、返乡农民工创新创业园、佳海产业园一期、海泡石产业园、轨道交通智能制造等项目早开工、早投产、早达效，确保产业投资增速20%左右，产业投资占固定资产投资比重达70%以上，技改投资占产业投资60%左右，高新技术投资占产业投资12%左右，提高项目建设对投资拉动的贡献率。

3. 突出改革创新，有效转变发展方式。以改革和创新破解发展难题，激发产业转型升级活力。深化“放管服”改革，进一步推进“多证合一”“证照分离”“最多跑一次”等改革，减少审批事项，缩短企业开办时间，优化营商环境，激发市场主体活动；深化文旅融合改革，做实文旅产业，撬动社会资本，重点推进重大文旅项目和重要文化旅游基础设施建设，打造精品旅游路线，构建“文化+旅游+体育”产业融合升级发展新格局，探索莲乡“夜经济”发展新模式，打造消费带动经济发展新引擎；深化农村重大改革，持续推进农村集体产权制度改革和农村集体用地和宅基地改革，进一步激活乡村内生动力；大力推进园区平台公司转型改革，按照市场化和实体化的运作模式，进一步做大做强天易发展集团的资产，增强造血功能；坚持把债务化解作为园区发展的第一要务，拓宽融资渠道，积极发行企业债券和“PPP”等融资模式，确保园区正常运转和刚性兑付，防范债务风险。

4．突出园区建设，做大做强主导产业。紧扣工业产值过千亿和创建国家级经开区两大目标任务，深入开展“产业项目建设年”活动，推动丰达铂赛、商业电磁炉等10个以上产业项目开工建设，推动佳海食品等15个以上在建项目竣工投产。力争实现园区工业总产值增长12%；规模工业总产值增长13%；规模工业增加值增长10%；高新技术产值增长15%；财税总收入增长10%；完成固定资产投资190亿元，其中产业投资115亿元。加强与三类500强企业和行业前20强企业深度对接，重点引进优质企业，引领园区高质量发展。围绕食品医药、智能制造、新材料三大主导产业和湘莲、槟榔、海泡石、皮鞋皮具、竹木等特色产业，重点扶持30家骨干企业，力争全年新增规模企业20家以上，高新技术企业12家以上。

5．突出生态保护，深入改善环境质量。围绕“改善环境质量”中心任务，坚决打赢污染防治攻坚战，着力改善空气环境质量，全域开展秸秆垃圾禁烧、烟花爆竹禁燃工作。加强低碳政策研究和技术示范应用，加大政策引导力度，推广绿色循环低碳技术应用，加强清洁能源车辆推广应用。抓好饮用水水源地水质保护工作，确保水源水质达标率100%。加快邯郸港黑臭水体治理销号挂零，坚决治理重污染水体问题。实施土壤治理修复工程，完成谭家山矿区生态环境治理工程，有效控制和消除环境风险，保障人居环境健康。同时，以深入开展“全国文明城市、国家园林县城、国家卫生县城”三项创建工作为依托，持续推进县城提质计划，加快湘南路、梧桐南路、莲花线二期（一标段）等城区主干道建设。深化“林荫行动”，丰富城区绿化景观，提高绿化档次。

6．突出发展重点，强力推进乡村振兴。完成0.45万公顷高标准农田建设，推进生猪生产复养试点示范和规模养猪场建设，加快恢复稳定生猪产能，持续巩固“粮猪大县”标兵地位，全力推进梅林桥、天马山、碧泉潭现代农业示范园建设，积极引进和培育农业农头企业、农产品深加工企业，推动农业产业集群化发展。加大特色农产品品牌建设力度，打造“铺里香”“乌石情”“湖湘源”等县域品牌，推进石鼓油纸伞、花石豆腐、湘潭木雕、剪纸等地域文化保护利用。全面完成涓水和青山河二期、四水治理卓江堤和涟水保护圈堤防加固，切实提升防汛抗旱能力。继续推进城乡供水一体化PPP项目、城乡天然气一体化项目建设。投资7.78亿元，完成白沙洲、烟塘变电站新建和古塘桥变电站扩建，完成30个村农网改造升级。完成400千米自然村通水泥（沥青）路和40千米窄路加宽；白马公路、青山河石鼓段河堤、排较线提质改造等项目建成通车，启动西二环、醴娄高速（湘潭县段）建设。深入开展美丽乡村“十百千万”创建活动，重点推进花石湘莲小镇、乌石军旅小镇建设，全力打造洛口古镇、陈鹏年廉政文化园、昌山铜梁古道文化旅游景点。

7．突出民生保障，大力提高幸福指数。落实省市基本公共服务标准，努力提高基本公共服务均等化水平。密切关注市场消费预期，切实做好重要民生商品保供稳价工作；抓好粮食安全生产和应急物资储备；深入推进“莲湘颐老”农村养老服务体系建设，建成17个村级互助点，重点打造6所特困失能老人集中照料护理中心；深化乡村治理三年行动，推进基层自治、法治、德治融合发展，全面推广“1+4”高品质生活社区建设；加快义务教育薄弱环节改善与能力提升，继续推进贵竹学校二期和子敬初中建设，确保秋季开学投入使用。加快智慧校园建设步伐，全面推进教育信息化“三通两平台”建设，加强小区配套幼儿园专项整治，确保公办幼儿园在园人数占比达到50%；全力推进“1+N”卫生健康平台建设，促进分级诊疗服务体系，重点推动花石镇中心卫生院二级甲等医院、茶恩寺镇卫生院建设，努力打造紧密型医共体，积极争创全国医改真抓实干示范县；提高基层公共文化服务供给能力，建成57个标准化村级综合性文化服务中心；开展政法大数据平台省级试点，建立“一个中心、两张网络、三大平台”服务体系，推进治理体系和治理能力现代化。

关于湘潭县2019年财政预算执行情况及2020年财政预算（草案）的报告

——2020年1月2日在湘潭县第十六届人民代表大会第五次会议上

湘潭县财政局局长　杨　林

受县人民政府委托，向大会报告我县2019年财政预算执行情况和2020年财政预算（草案），请予审查，并请各位代表和其他列席人员提出宝贵意见。

一、2019年全口径预算预计执行情况

1.公共预算执行情况

2019年，全县财政总收入28.7亿元，其中税收收入22.1亿元、非税收入6.56亿元，税收占比77%。全年公共财政总收入预计完成65.29亿元，其中：地方一般公共预算收入17.44亿元，上级补助收入34亿元，调入资金10.17亿元，债务转贷收入2.98亿元，动用上年结余资金0.10亿元。公共财政支出预计完成65.29亿元，其中：一般公共预算支出63.88亿元，上解支出1.41亿元。

2019年，一般公共预算支出63.88亿元，其中：一般公共服务支出11.84亿元，国防支出0.09亿元，公共安全支出2.69亿元，教育支出9.53亿元，科学技术支出1.08亿元，文化体育与传媒支出1.14亿元，社会保障和就业支出11.27亿元，医疗卫生与计划生育支出7.17亿元，节能环保支出0.93亿元，城乡社区事务支出2.27亿元，农林水事务支出8.8亿元，交通运输支出1.25亿元，资源勘探电力信息等事务支出1.24亿元，商业服务业等事物支出0.27亿元，金融支出0.003亿元，国土资源气象等事务支出0.85亿元，住房保障支出0.9亿元，粮油物资储备事务支出0.18亿元，灾害防治及应急

管理支出0.19亿元，债务付息支出1.56亿元，其他支出0.63亿元。

2.政府性基金预算执行情况

2019年，政府性基金收入完成18.92亿元，支出完成18.92亿元，调入公共财政预算10.17亿元。全年收支平衡。

3.国有资本经营预算执行情况

2019年，国有资本经营收入完成1.55亿元，支出完成1.55亿元。全年收支平衡。

4.社会保险基金预算执行情况

2019年，社会保险基金收入完成14.81亿元，支出完成14.28亿元，当年结余0.53亿元。

以上具体收支情况待省财政厅决算批复后，按程序提请县人大常委会审查。

二、2019年财政主要工作

2019年，在决胜全面建成小康社会第一个百年奋斗目标的关键之年，我们在县委、县政府的坚强领导下，紧紧围绕年初工作目标，坚持稳中求进，积极作为，促使各项工作顺利推进，财政运行平稳。

1.助力经济高质量发展。一是提升财政综合实力。稳步提升收入质量，税收占比达到77.11%，同比增长4.04%。积极开展争支争项竞赛活动，预计全年共争取上级资金34.59亿元，同比增长7.55%。二是支持实体经济减负，认真落实减税降费政策。全年减税3亿元左右，9万人享受个税改革政策红利。三是支持乡村振兴发展。2019年县本级共计安排用于乡村振兴方面的财政预算达1.34亿元，比上年增长7%。

2.全力支持三大攻坚战。一是积极防范化解政府债务风险。积极推进外部发债融资，拓宽偿债来源。加强政银对接力度，调优债务结构。制订风险应急处置预案，强化风险预警。成功申请建制县隐性债务风险化解试点，平滑解决政府隐性债务偿债压力。二是加大支持脱贫攻坚资金监管力度。对全县财政专项扶贫资金严格监督检查，加快扶贫资金下达和拨付进度，并进一步完善扶贫资金动态监控系统等。三是加大污染防治资金投入。争取上级对我县生态保护修复专项资金共计2.09亿元。

3.着力补齐民生短板。2019年，公共预算民生支出46.77亿元，占一般公共预算支出73.21%。重点保障“三农”、教育、社会保障和医疗卫生等基本民生支出。支持完善基本公共卫生服务项目的考核力度，进一步提高基本公共卫生服务均等化水平。

4.提升财政管理水平。一是推进预算绩效管理。扩大绩效评价范围和运行监控范围，通过促进工作规范化、制度化、精细化，确保整个绩效管理工作在高标准框架内运行，程序公开透明，结果公平公正。二是国库集中支付电子化改革全覆盖。财政资金拨付效率和行政效能大幅提升，财政资金安全得到进一步保障。三是预算动态监控系统正式上线。实现从事后查账到事前和事中监督转变，提高财政资金运转透明度，确保财政资金支付安全。四是进一步完善政府购买服务预决算管理。实现政府购买服务项目管理与部门预算同步进行。五是建立健全政府投资项目管理。将县直各单位、各乡镇以及融资平台公司的政府投资性项目预结算全部纳入到评审范围。

三、2020年财政预算（草案）

1.公共财政预算安排情况

2020年全县地方财政总收入为30.09亿元，增长5%，其中税收收入为24.09亿元，增长9%,税收占比达到80.06%。全年公共财政收入为65.57亿元,其中：地方一般公共预算收入为17.81亿元，上级补助收入预算安排37.11亿元，调入资金10.65亿元。2020年全县公共财政支出为65.57亿元,其中：安排一般公共预算支出64.16亿元，上解上级支出1.41亿元。

一般预算支出分科目安排如下：一般公共服务支出10.69亿元，国防支出0.05亿元，公共安全支出3.07亿元，教育支出9.34亿元，科学技术支出1.08亿元，文化体育与传媒支出0.87亿元，社会保障和就业支出11.32亿元，医疗卫生与计划生育支出7.11亿元，节能环保支出0.97亿元，城乡社区事务支出2.13亿元，农林水事务支出8.04亿元，交通运输支出1.90亿元，资源勘探电力信息等事务支出0.12亿元，商业服务业等事务支出0.15亿元，金融支出0.10亿元,自然资源海洋气象等事务支出1.31亿元，住房保障支出1.45亿元，粮油物资储备事务支出0.24亿元，灾害防治及应急管理支出0.18亿元，其他支出0.03亿元，预备费0.60亿元，债务付息支出3.40亿元。

2.政府性基金预算安排情况

2020年，政府性基金预算收入为18.00亿元。安排政府性基金支出预算18.00亿元，其中：安排政府性基金预算支出7.35亿元，调入公共财政预算支出统筹使用10.65亿元。

3.国有资本经营预算安排情况

2020年，国有资本经营收入预算为0.05亿元，安排支出预算0.05亿元。全年收支平衡。

4.社会保险基金预算安排情况

2020年，社会保险基金收入预算为15.74亿元，安排基金支出预算15.19亿元。当年结余0.55亿元。社会保险基金收支预算执行情况整体良好，累计滚存结余稳中有升。

四、2020年财政工作重点

2020年是实现全面建成小康社会宏伟目标和“十三五”规划的收官之年，全县财政工作的指导思想和基本思路是：以习近平新时代中国特色社会主义思想和党的十九大以及十九届二中、三中、四中全会精神为指导，紧扣全面建成小康社会目标任务，积极贯彻落实中央、省委、市委、县委经济工作会议精神，坚持稳中求进工作总基调，坚持新发展理念，坚持产业引领，服务高质量发展；坚持科学规范，提升财政管理水平；坚持增收节支，夯实财力保障基础；坚持统筹兼顾，补齐薄弱短板环节，为县域经济社会平稳健康发展提供坚强的财力支撑。围绕上述指导思想和基本思路，2020年全县财政部门将重点抓好以下工作：

1.突出财源建设。一是加强财源培植，一方面落实减税降费政策，减轻企业负担激发市场活力；另一方面加大实体经济支持力度，扶持中小微企业发展壮大，努力培植重点税源和新兴优质税源。二是加强税收征管。贯彻落实全省“推进依法征管提升税收管理效能二十条举措”，坚持“依法征管、应收尽收”，切实加强协税护税齐抓共管，建立高效严密的征管制度，从机制上防止“跑冒滴漏”，减少税收流失。建立财税综合信息共享机制，确保税收收入应收尽收，提升收入质量。三是加强争支争项 。积极与上级对接，认真研究各项财政经济政策，积极争取一般性转移支付收入，实现上级转移支付规模不断增大。

2.突出“保工资、保运转、保基本民生”。按照省委、省政府《关于牢固树立“过紧日子”思想大力压减一般性支出的通知》文件要求，围绕县委、县政府的重大战略决策部署安排预算。牢固树立过“紧日子”思想，兜牢“三保”底线，大力压缩一般性支出，2020年一般性支出在2019年的基础上原则上再压减10%。

3.突出财政改革。一是深化预算编制改革。以省财政厅将我县列为县级预算编制及财政运行指导试点县为契机，加大“四本预算”统筹、统编、统批、统管力度，推动预决算网上公开常态化制度化。二是深化绩效管理改革。进一步扩大财政绩效评价覆盖面，探索建立绩效评价结果与预算管理有效结合的长效管理机制。三是深化财政投资评审“放管服”改革。进一步梳理、完善投资评审工作流程，健全干部定岗、服务承诺等多项制度，提升评审服务效能。四是进一步理顺县财政与天易经开区及乡镇财政体制关系。

4.突出财政监管。一是强化专项资金全程监管。将监督管理贯穿于专项资金使用全过程，实现“以监督促管理、以监督促服务”。二是强化政府债务监管。全面贯彻“停缓调撤”要求，压减投资规模。优化政府债务结构，确保债务在可控范围，拓宽偿债来源，防范和化解政府债务风险。三是强化政府采购和政府购买服务监管。坚持依法采购，进一步强化和规范流程；坚持管采分离，进一步完善监管和运行机制；坚持预算约束，进一步提高政府采购和政府购买服务效率和质量。

财政工作任务艰巨、责任重大，我们将在县委县政府的坚强领导下，在人大、政协的监督和支持下，围绕全县重大决策部署，依法理财，深化改革，科学谋划，攻坚克难，为加快县域经济社会发展作出更大的努力！

文件目录

中共湘潭县委重要文件目录

1. 潭县发〔2019〕1号,《关于落实农业农村优先发展要求深入推进乡村振兴的实施意见》;
2. 潭县发〔2019〕2号,《关于创建国家卫生县城的决定》;
3. 潭县发〔2019〕5号,《关于湘潭县县级党政机关机构设置的通知》;
4. 潭县发〔2019〕8号,《关于促进民营经济高质量发展的意见(试行)》;
5. 潭县发〔2019〕9号,《关于印发〈湘潭县关心企业家成长的实施方案〉的通知》;
6. 潭县发〔2019〕10号,《关于印发〈湘潭县建设“1+4”高品质生活社区工作方案〉的通知》;
7. 潭县发〔2019〕12号,《关于创建国家森林城市的决定》;
8. 潭县发〔2019〕15号,《关于全面深化新时代教师队伍建设改革的实施意见》;
9. 潭县发〔2019〕17号,《关于建立县人民政府向县人大常委会报告国有资产管理情况制度的意见》。

湘潭县人民政府重要文件目录

1. 潭县政函〔2019〕37号,《关于严格控制红色旅游线德怀大道两厢建设活动的通告》;
2. 潭县政函〔2019〕50号,《关于启动湖南湘潭县牛头化工有限公司污染土地修复二期项目实施的通告》;
3. 潭县政函〔2019〕59号,《湘潭县人民政府通告(9.22花石事件)》;
4. 潭县政函〔2019〕61号,《森林防火禁火令》;
5. 潭县政函〔2019〕70号,《关于扩大调整县城高污染燃料禁燃区的通告》;
6. 潭县政函〔2019〕71号,《关于全县长江流域重点水域实施常年禁捕的通告》;
7. 潭县政发〔2019〕1号,《关于公布规范性文件清理结果的决定》;
8. 潭县政发〔2019〕2号,《关于委托乡镇行使人民政府部门部分行政处罚权的实施意见》;
9. 潭县政发〔2019〕3号,《关于印发〈湘潭县深化放管服改革优化营商环境十条措施〉的通知》。

中共湘潭县委办公室重要文件目录

1. 潭县办发〔2019〕1号,《关于印发〈湘潭县机构改革实施方案〉的通知》;
2. 潭县办〔2019〕5号,《关于认真学习贯彻〈中国共产党纪律检查机关监督执纪工作规则〉的通知》;
3. 潭县办发〔2019〕6号,《关于印发〈湘潭县开展湖南省深化供销合作社综合改革整体推进县建设工作方案〉的通知》;
4. 潭县办发〔2019〕8号,《关于印发〈湘潭县安全生产和消防工作考核办法〉的通知》;
5. 潭县办〔2019〕58号,《关于印发〈2019年度湘潭县脱贫攻坚“大排查、大整改、大提升”实施方案〉的通知》;
6. 潭县办〔2019〕62号,《关于印发〈2019年湘潭县基层党建工作思路〉的通知》;
7. 潭县办〔2019〕63号,《关于进一步做好离任村干部生活补助工作的通知》;
8. 潭县办〔2019〕98号,《关于印发〈湘潭县深化取缔马路市场和规范农村集贸市场建设管理工作方案〉的通知》;
9. 潭县办〔2019〕101号,《关于印发〈湘潭县学习宣传贯彻党的十九届四中全会精神工作方案〉的通知》。

湘潭县人民政府办公室重要文件目录

1. 潭县政办发〔2019〕2号,《关于印发〈湘潭县工业用地先租后让暂行办法〉的通知》;
2. 潭县政办发〔2019〕3号,《关于印发〈湘潭县推行政务服务集中办理工作方案〉的通知;
3. 潭县政办发〔2019〕4号,《关于全面开展工程建设项目审批制度改革的实施意见》;
4. 潭县政办发〔2019〕5号,《湘潭县城乡建设用地增减挂钩指标使用管理暂行办法》;
5. 潭县政办发〔2019〕6号,《关于印发〈行政执法三项制度的实施方案〉的通知》;
6. 潭县政办函〔2019〕39号,《关于印发〈湘潭县融资担保风险补偿资金管理办法(试行)〉的通知》;
7. 潭县政办函〔2019〕42号,《关于印发〈湘潭县城乡建设用地增减挂钩工作实施方案〉的通知》;
8. 潭县政办函〔2019〕51号,《关于进一步推进教育基金公益事业发展的意见》;
9. 潭县政办函〔2019〕60号,《关于印发〈湘潭县人民政府领导成员工作分工〉的通知》;
10. 潭县政办函〔2019〕83号,《关于印发〈湘潭县长江流域重点水域禁捕退捕工作实施方案〉的通知》。

索 引

说 明

一、本索引采用分析索引方法，按索引条目第一字汉语拼音（同音字按声调）顺序排列。第一字相同，按第二字音序排列，以此类推。

二、部类用蓝体字标明。标引词后的阿拉伯数字表示内容所在页码。

数字、首字母

A

B

Z